Gesetz über die Errichtung von Testamenten und Erbverträgen

vom 31. Juli 1938

Erläutert von

Dr. Werner Vogels †

Ministerialdirigent im ehem. Reichsjustizministerium

Vierte Auflage

bearbeitet von

Dr. Karl Seybold

Notar in Sulzbach-Rosenberg (Opf.)

1949

J. Schweitzer Verlag, Berlin und München

Verlag für Rechtswissenschaft vorm. Franz Vahlen GmbH., Berlin

Gesamtherstellung: Dr. F. P. Datterer & Cie., Freising.

Vorwort zur dritten Auflage

(auszugsweise)

Die im vorliegenden Buch gegebene Erläuterung des Testamentsgesetzes hat sich in den beiden ersten, von Vogels gestalteten Bearbeitungen schon einen festen Platz im deutschen Rechtsschrifttum erobert. Als Sachbearbeiter im ehem. Reichsjustizministerium hat Vogels an der Gestaltung des Gesetzes von Anfang an entscheidend mitgearbeitet; er hat den Entwurf geschaffen, der später Gesetz geworden ist. Wer beobachten konnte, wie er sich mit dem ganzen Gewicht seiner Person bei der inhaltlichen Gestaltung einsetzte, wundert sich nicht, daß das Gesetz nun auch seine Züge trägt. Er war es, der gegen alle anfänglichen Widerstände dem eigenhändigen Testament den Weg auch im neuen Recht ebnete und für seine Erhaltung so lange kämpfte, bis es im vorliegenden Gesetz seine neue, von den Fallstricken strenger Förmlichkeit befreite Gestalt gefunden hat. So ist das vorliegende Buch nicht nur durch seine Erläuterungen, sondern mehr noch durch das Gesetz selbst ein Denkstein für sein unermüdliches Schaffen am deutschen Recht, aus dem er durch seinen plötzlichen Tod am 6. März 1942 gerissen wurde.

Die Erläuterungen sind in ihrem Aufbau und in ihrem Inhalt möglichst unverändert in die neue Auflage übernommen. Gesetzgebung, Rechtsprechung und Schrifttum sind bis 31. Mai 1943 berücksichtigt und eingearbeitet. Die Fragen, die sich aus der Eingliederung weiter Gebiete in das Deutsche Reich ergaben, sind ebenso behandelt, wie die Fragen, die bei der Testamentserrichtung von Personen auftauchen, die in den letzten Jahren in ihre deutsche Heimat zurückgewandert sind. Die als Folge des Krieges gebotene Raumbeschränkung hat allerdings dazu geführt, daß viele dabei hereinspielenden Rechtsquellen nur nach ihren Fundstellen, nicht unter genauer Inhaltsangabe erwähnt werden konnten.

Sulzbach-Rosenberg, im Juni 1943.

Seybold.

Vorwort zur vierten Auflage

Seit Jahren ist die vorhergehende Auflage vergriffen. Der Mangel an Papier, an Arbeitskräften und die Ungewißheit über die zu erwartenden Änderungen des in Deutschland geltenden Rechts haben eine frühere Neubearbeitung unmöglich gemacht. Nun liegt sie im verkleinerten Umfang vor. Gesetzgebung, Rechtsprechung und Schrifttum sind in ihr nach dem Stand vom 1. 4. 49 berücksichtigt. Die Vorschriften für die Wehrmacht und für die deutschen Konsuln sind weiterhin mitbehandelt. Auch wenn sie für die Neuerrichtung von Testamenten kaum mehr eine Rolle spielen, so werden sie doch für die rechtliche Beurteilung von früher errichteten Testamenten und Erbverträgen noch längere Zeit von Bedeutung sein.

Leider war es nicht möglich, eine Reihe von Zeitproblemen mit der Präzision zu bearbeiten, die man von einem juristischen Erläuterungswerk erwarten müßte. Dies liegt aber nur zum geringsten Teil im Willen des Verfassers. Die Zeitumstände sind hier stärker. Der verlorene Krieg, die Aufteilung Deutschlands in vier Besatzungszonen, die Ausweisung, Vertreibung oder Flucht der Menschen deutscher Zunge aus fast allen Ländern Europas, der Aufenthalt versprengter Gruppen fremder Nationalität im Reichsgebiet sind Tatsachen, an die sich nicht nur schwerwiegende menschliche Probleme, sondern ebensosehr eine unübersehbare Reihe ungelöster Rechtsfragen knüpft, die zum Teil auch für das Testamentsrecht von Bedeutung sind. Der Verfasser eines Erläuterungsbuches kann sie vielfach nur andeuten; ihre Lösung im Sinne einer von Auslegungskünsten freien Klärung liegt noch in der Zukunft.

So trägt auch dieses Buch den Stempel seiner Zeit an sich. Es ist, wie so Vieles heute, der Versuch, das Gebliebene mit ordnendem Auge zu überschauen und dadurch einen Ausgangspunkt für die weitere Rechtsentwicklung zu bilden.

Sulzbach-Rosenberg, im April 1949.

Seybold.

Inhaltsübersicht

Seite

Abkürzungsverzeichnis VI

Überblick über das Testamentsrecht nach dem Gesetz vom 31. Juli 1938 1

Erster Teil. Wortlaut der Vorschriften 12

I. Testamentsgesetz mit Durchführungsvorschriften.

1. Gesetz über die Errichtung von Testamenten und Erbverträgen vom 31. Juli 1938 (RGBl. I S. 973) . . 12
2. Kontrollratsgesetz Nr. 37 über Aufhebung einiger gesetzlicher Bestimmungen auf dem Gebiete des Erbrechts (bayer. GVBl. 1947 S. 13) 26
3. Verordnung über den Anwendungsbereich erbrechtlicher Vorschriften vom 12. Dezember 1941 (RGBl. I S. 765) 27
4. Allgemeine Verfügung des Reichsministers der Justiz über die Verwahrung von Verfügungen von Todes wegen vom 4. August 1938 (Deutsche Justiz S. 1259) mit Änderung vom 16. August 1939 (Deutsche Justiz S. 1398) 28
5. Allg. Verf. des RMdJust. über die Benachrichtigung in Nachlaßsachen vom 15. Juni 1939 (Deutsche Justiz S. 1078) 35
6. Gemeinsamer Erl. des Reichsministers der Justiz und des Reichsministers des Innern über die Mitteilung von Sterbefällen vom 20. März 1940 (Deutsche Justiz S. 395) 43
7. Allg. Verf. des Reichsministers der Justiz über Eröffnung gemeinschaftlicher Testamente vom 12. März 1940 (Deutsche Justiz S. 366) 44
8. Allg. Verf. des RMdJust. über die Aufnahme von Nottestamenten durch die Bürgermeister und Gutsvorsteher vom 16. Dezember 1938 (Deutsche Justiz S. 2013) 46
9. Allg. Verf.en des RMdJust. über Sicherung der Testamente vom 22. November 1943 (Deutsche Justiz S. 545) und vom 24. Juni 1944 (Deutsche Justiz S. 201) 57

II. Vorschriften für die Wehrmacht.

1. Gesetz über die freiwillige Gerichtsbarkeit und andere Rechtsangelegenheiten in der Wehrmacht vom 24. April 1934 (RGBl. I S. 355) i. d. F. der VO. vom 6. September 1943 (RGBl. I S. 537) . 60
2. Verordnung zur Durchführung und Ergänzung des Gesetzes über die freiwillige Gerichtsbarkeit und andere Rechtsangelegenheiten der Wehrmacht vom 3. Februar 1936 (RGBl. I S. 99) 66

III. Vorschriften für die deutschen Konsuln. Seite

1. Gesetz zur Vereinfachung des Verfahrens der deutschen Auslandsbehörden bei Beurkundungen und Beglaubigungen vom 14. Mai 1936 (RGBl. I S. 447) 71
2. Bekanntmachung über die Änderung der Allgem. Dienstinstruktion zum Konsulargesetz vom 5. November 1938 (RMinBl. Nr. 47) 73
3. AV. d. RJM. über die gerichtliche Verwahrung von Urkunden der deutschen Konsuln vom 11. März 1937 (DJ. 531) 80

Zweiter Teil. Erläuterungen zum Gesetz über die Errichtung von Testamenten und Erbverträgen vom 31. Juli 1938 (RGBl. I S. 973) 82

Erster Abschnitt. Errichtung eines Testaments (§§ 1—28) . 82
Zweiter Abschnitt. Errichtung eines Erbvertrags (§§ 29—31) . 218
Dritter Abschnitt. Aufhebung des Testaments (§§ 32—36) . . 235
Vierter Abschnitt. Amtliche Verwahrung und Eröffnung von Testamenten und Erbverträgen (§§ 37—47) . . . 257
Fünfter Abschnitt. Schlußvorschriften (§§ 48—52) 297

Sachverzeichnis 319

Abkürzungsverzeichnis

a. A.	=	am Anfang
a.a.O.	=	am anderen Ort
a. E.	=	am Ende
ABGB.	=	Allgemeines Bürgerliches Gesetzbuch (österreichisches)
Abs.	=	Absatz
AG.	=	Amtsgericht
AGBGB.	=	Ausführungsgesetz zum Bürgerlichen Gesetzbuch
AGFGG.	=	Ausführungsgesetz zum Gesetz über die Angelegenheiten der freiwilligen Gerichtsbarkeit
AkDR.	=	Akademie für Deutsches Recht
AktO.	=	Aktenordnung
Allg.	=	Allgemein
Anm.	=	Anmerkung
AV.	=	Allgemeine Verfügung
AVO.	=	Ausführungsverordnung
Bay. Just.-Min.Bl.	=	Bayrisches Justizministerialblatt
Bayr. GVBl.	=	Bayrisches Gesetz- und Verordnungsblatt
BayRpfZ.	=	Zeitschrift für Rechtspflege in Bayern
BGB.	=	Bürgerliches Gesetzbuch
Bem.	=	Bemerkung
betr.	=	betreffend
DA.	=	Dienstanweisung
DDJ.	=	Der Deutsche Justizbeamte (Organ der Fachschaft IO. des Reichsbundes der Deutschen Beamten)

DFG.	=	Deutsche Freiwillige Gerichtsbarkeit
DGO.	=	Deutsche Gemeindeordnung
DGWR.	=	Deutsches Gemein- und Wirtschaftsrecht
d. h.	=	das heißt
DJ.	=	DtJust. = Deutsche Justiz
DNotZ.	=	Deutsche Notar-Zeitschrift
DOfNot.	=	Dienstordnung für Notare
DR.	=	Deutsches Recht
DRM.	=	Deutsches Reich, Monatsausgabe (früher Deutsche Rechtspflege)
DRW.	=	Deutsches Recht, Wochenausgabe
DRpfl.	=	Deutsche Rechtspflege
DRZ.	=	Deutsche Richterzeitung bzw. Deutsche Rechts-Zeitschrift
EGBGB.	=	Einführungsgesetz zum Bürgerlichen Gesetzbuch
EHFV.	=	Erbhoffortbildungsverordnung
EHRspr.	=	Rechtsprechung in Erbhofsachen, herausgegeben von Vogeld und Hopp
EHRV.	=	Erbhofrechtsverordnung
EntmO.	=	Österr. Entmündigungsordnung
Erl.	=	Erläuterung bzw. Erlaß
FGG.	=	Gesetz über die Angelegenheiten der Freiwilligen Gerichtsbarkeit
GBl.	=	Gesetzblatt
GBO.	=	Grundbuchordnung
Ges.	=	Gesetz
GS.	=	Gesetzsammlung
GVBlWi.	=	Gesetz- und Verordnungsblatt des Vereinigten Wirtschaftsgebietes
Hans RGZ.	=	Hanseatische Rechts- und Gerichtszeitung
HEZ.	=	Höchstrichterliche Entscheidungen in Zivilsachen
HRR.	=	Höchstrichterliche Rechtsprechung
i. d. F.	=	in der Fassung
i. V.	=	in Verbindung
JFG.	=	Jahrbuch der freiwilligen Gerichtsbarkeit
JMBl.	=	Justizministerialblatt
JMBlNRW.	=	Justizministerialblatt f. d. Land Nordrhein-Westfalen
KG.	=	Kammergericht bzw. Konsulargesetz
KGJ.	=	Jahrbuch für Entscheidungen des Kammergerichts in Sachen der freiwilligen Gerichtsbarkeit, in Kosten-, Stempel- und Strafsachen
KostO.	=	Kostenordnung
LZ.	=	Leipziger Zeitschrift für Deutsches Recht
MDR.	=	Monatsschrift für Deutsches Recht
MilStGB.	=	Militärstrafgesetzbuch
Nds. Rpfl.	=	Niedersächsische Rechtspflege
nF.	=	neue Fassung
NJ.	=	Neue Justiz
NJW.	=	Neue Juristische Wochenschrift
OffAnz.	=	Offizialanzeiger
OLG.	=	Oberlandesgericht
OstRpflVO.	=	Ostrechtspflegeverordnung
PolVO.	=	Polizeiverordnung
Prot.	=	Protokolle der Kommission für die 2. Lesung des Entwurfs des BGB.
RAbgO.	=	Reichsabgabeordnung

RdA.	=	Recht der Arbeit
Recht	=	Das Recht, Übersicht über Schrifttum und Rechtsprechung
RegBl.	=	Regierungsblatt
RGBl.	=	Reichsgesetzblatt
RGRKomm.	=	RGRK. = Kommentar der Reichsgerichtsräte zum Bürgerlichen Gesetzbuch
RGZ.	=	Reichsgerichtsentscheidungen in Zivilsachen
RJA	=	Entscheidungen in Angelegenheiten der freiw. Gerichtsbarkeit und des Grundgesetzbuchrechts, zusammengestellt im Reichsjustizamt
RJM.	=	RJustMin. = Reichsjustizminister
RKO.	=	Reichskostenordnung
RMBliV.	=	Ministerialblatt des Reichs- und Preußischen Ministerium des Inneren
RMdInn.	=	Reichsminister des Inneren
RMdJ.	=	Reichsminister der Justiz
RMinBl.	=	Reichsministerialblatt
RNotO.	=	Reichsnotarordnung vom 13. 2. 1937
RStGB.	=	Reichsstrafgesetzbuch
RZPO.	=	Reichszivilprozeßordnung
SchlHA.	=	Schleswig-Holsteinsche Anzeigen
S.	=	Satz oder Seite
Seuff. A.	=	Seufferts Archiv für Entscheidungen der obersten Gerichte
SJZ.	=	Süddeutsche Juristen-Zeitung
TestG.	=	Gesetz über die Errichtung von Testamenten und Erbverträgen
u. a.	=	unter anderem
u. U.	=	unter Umständen
vgl.	=	vergleiche
VO.	=	Verordnung
VOBlBZ.	=	Verordnungsblatt für die britische Zone
WarnR.	=	Warneyers Jahrbuch der Entscheidungen, Die Rechtsprechung des Reichsgerichts auf dem Gebiete des Zivilrechts
ZAkDR.	=	Zeitschrift der Akademie für Deutsches Recht
z. B.	=	zum Beispiel
Ziff.	=	Ziffer
ZJBl.	=	Zentral-Justizblatt für die britische Zone
ZPO.	=	Zivilprozeßordnung (deutsche).

Überblick über das neue Testamentsrecht

nach dem Gesetz vom 31. Juli 1938, RGBl. I S. 973.

Die offenkundigen Mängel des geltenden Rechts haben es notwendig gemacht, einen Teil der erbrechtlichen Bestimmungen des Bürgerlichen Gesetzbuchs aufzuheben und durch eine selbständige Regelung, das Gesetz über die Errichtung von Testamenten und Erbverträgen vom 31. Juli 1938 (RGBl. I S. 973) zu ersetzen. Diesem Gesetz liegen langjährige Vorarbeiten zugrunde. Zur Durchführung des Gesetzes ist die AV. des RJM. vom 4. August 1938 DJ. 1259 ergangen, die durch die AV. des RJM. vom 16. August 1939 DJ. 1398 geändert wurde. Die Begründung des Gesetzes ist abgedruckt in DJ. 38, 1254. Das Gesetz hat im wesentlichen folgenden Inhalt:

I. Das eigenhändige Testament.

Das Gesetz hält daran fest, daß ein Privattestament zulässig und daß es eigenhändig geschrieben und unterschrieben sein muß. Anfertigung mit der Schreibmaschine oder durch eine Schreibhilfe sind beim eigenhändigen Testament nicht zugelassen. Das Gesetz sieht gegenüber dem bisherigen Recht jedoch eine Reihe von Formerleichterungen in anderer Hinsicht vor.

1. Angabe von Ort und Zeit der Errichtung.

Nach § 2231 Nr. 2 BGB. konnte ein Testament in ordentlicher Form errichtet werden „durch eine vom Erblasser unter Angabe des Ortes und Tages eigenhändig geschriebene und unterschriebene Erklärung". Die Vorschrift sieht harmlos aus, hat sich aber doch wegen ihrer übertriebenen Formstrenge in vielen Fällen als verhängnisvoll erwiesen. Der wesentliche Fehler dieser alten Regelung bestand darin, daß hier die eigenhändig geschriebene Orts- und Zeitangabe zu einem Wesenserfordernis des Testamentes gemacht worden war; dies hatte zur Folge, daß z. B. ein Testament schon deshalb als ungültig angesehen werden mußte, weil der Ort der Errichtung vorgedruckt und nicht handschriftlich angegeben war (vgl. den Beschluß des KG. vom 3. Februar 1938, DJ. 428).

Das österreichische ABGB. war in diesem Punkt glücklicher gefaßt; es bestimmte in § 578, daß beim eigenhändigen Testament „die Beisetzung des Tages, des Jahres und des Ortes, wo der letzte Wille errichtet wird, zwar nicht notwendig aber zur Vermeidung der Streitigkeiten rätlich ist." In Übereinstimmung hiermit sagt auch das neue Gesetz (§ 21 Abs. 2), daß beim eigenhändigen Testament die Angaben über Ort und Zeit der Errichtung nicht mehr Wesenserfordernis sind. Das Testament kann also auch dann gültig sein, wenn diese Angaben auf andere Weise als handschriftlich gemacht oder wenn sie unrichtig sind oder ganz fehlen.

Das Gesetz hat nicht verkannt, daß sich bei einem Testament, das kein Datum enthält, unter Umständen Schwierigkeiten ergeben können. War der Erblasser z. B. zeitweilig entmündigt, so bedarf es der Prüfung, ob das

Testament während oder außerhalb der Entmündigungszeit errichtet ist. Der Nachlaßrichter oder auch die Parteien im Erbrechtsprozeß können sich zur Führung dieses Nachweises aller erreichbaren Beweismittel bedienen. Lassen sich die Zweifel über die Zeit der Errichtung nicht mit genügender Sicherheit ausräumen, so ist das Testament ungültig (§ 21 Abs. 5). Diese Regelung ist auch von Bedeutung, wenn der Erblasser mehrere einander widersprechende Testamente hinterläßt, von denen eines oder mehrere nicht datiert sind. Hat der Erblasser z. B. in einem datierten Testament den A. zum Alleinerben und in einem undatierten den B. ebenfalls zum Alleinerben eingesetzt, so kommt es darauf an, welches von den beiden Testamenten das jüngere ist; läßt sich nicht feststellen, daß das undatierte Testament später als das datierte entstanden ist, so ist es ungültig und steht der Durchführung des datierten Testamentes nicht im Wege (vgl. § 36, § 21 Abs. 5).

Diese Regelung gilt entsprechend, wenn die Zweifel über die Gültigkeit des Testamentes dadurch verursacht sind, daß das Testament keine Ortsangabe enthält. Hat z. B. ein Ausländer, dessen Heimatrecht das eigenhändige Testament nicht kennt, ein der Ortsangabe entbehrendes eigenhändiges Testament hinterlassen, so kommt es nach Art. 11 EGBGB. auf den Nachweis an, daß das Testament auf deutschem Staatsgebiet errichtet ist; läßt sich dieser Nachweis nicht erbringen, so ist das Testament ungültig (§ 21 Abs. 5 Satz 2).

2. Die Unterschrift des Erblassers.

Bisher bestanden Zweifel darüber, welche Mindestanforderungen man an die Unterschrift eines eigenhändigen Testaments zu stellen habe. Die Rechtsprechung sah z. B. die Unterzeichnung mit den Worten: „euer Vater" stets und die Unterzeichnung mit dem bloßen Vornamen in manchen Fällen als unzureichend an. Das neue Gesetz legt hier einen milderen Maßstab an, indem es bestimmt: Unterschreibt der Erblasser anders als mit dem vollen Vor- und Zunamen, also etwa lediglich mit dem Vornamen oder durch Angabe der Familienstellung und reicht diese Unterzeichnung zur Feststellung der Urheberschaft des Erblassers und der Ernstlichkeit seiner Erklärung aus, so steht eine solche Unterzeichnung der Gültigkeit des Testamentes nicht entgegen (§ 21 Abs. 3).

3. Das gemeinschaftliche eigenhändige Testament.

Ein wahrer Fallstrick war bisher die Vorschrift in § 2267 BGB., wonach beim gemeinschaftlichen eigenhändigen Testament der eine Ehegatte das Testament schreiben und der andere Ehegatte eigenhändig unter Angabe von Ort und Zeit die Erklärung beifügen mußte, daß das Testament auch als sein Testament gelten solle. Unzählige Testamente sind an dieser Vorschrift gescheitert. Man konnte geradezu von einem glücklichen Zufall sprechen, wenn es einem Ehepaar einmal gelang, ein formgültiges gemeinschaftliches Testament zu errichten.

Jetzt heißt es, zur Errichtung des gemeinschaftlichen Testamentes genügt, wenn der eine Ehegatte das Testament eigenhändig schreibt und unterschreibt und der andere Ehegatte die gemeinschaftliche Erklärung mitunterzeichnet. Ort und Zeit sind sowohl bei der ursprünglichen Erklärung wie bei der Zusatzerklärung unwesentlich. Man darf hoffen, daß jetzt die bedauerlichen Fälle, in denen inhaltlich einwandfreie Testamente lediglich wegen Nichtbeachtung von an sich belanglosen Formvorschriften nichtig waren, sich kaum mehr wiederholen werden.

II. Das Testament vor Richter oder Notar.

Auch das neue Gesetz hält grundsätzlich das öffentliche Testament vor Richter oder Notar für die beste und zuverlässige Form des Testamentes. Die in einzelnen Ländern, z. B. in Bayern noch geltenden Vorschriften, wonach für die Errichtung eines ordentlichen öffentlichen Testamentes oder eines Erbvertrages nur die Notare zuständig sind, bleiben bis auf weiteres unberührt (§ 50 Abs. 5). Das Gesetz hat sich bemüht, die Form des öffentlichen Testamentes in zahlreichen Einzelheiten zu verbessern.

1. Milderung des Zeugenzwangs (§ 6).

Bisher war die Errichtung des öffentlichen Testaments durch die Vorschrift erschwert, daß der Richter oder der Notar in jedem Falle weitere Personen zuziehen mußte, nämlich der Richter einen Urkundsbeamten der Geschäftsstelle oder 2 Zeugen und der Notar einen zweiten Notar oder 2 Zeugen (§ 2233 BGB.). Bei der Beurkundung eines gewöhnlichen Rechtsgeschäfts bestand Zeugenzwang nur, wenn derjenige, dessen Erklärung beurkundet werden sollte, taub, blind, stumm oder sonst am Sprechen verhindert ist (FGG. § 169). Eine ausdrückliche Vorschrift, wonach die Zeugen zur Verschwiegenheit verpflichtet sind, besteht nicht. Da aber gerade beim Testament in der Regel mit Recht der Wunsch nach Geheimhaltung besteht, wirkt sich der Zeugenzwang dahin aus, daß der Erblasser sein Testament durch Übergabe einer verschlossenen Schrift oder lediglich eigenhändig errichtet. Hierdurch wird der Urkundsperson die Möglichkeit genommen, auf den Inhalt des Testaments Einfluß zu nehmen und dadurch Unklarheiten und daraus entstehende Streitigkeiten zu verhüten.

Das neue Gesetz hat sich hier nicht gescheut, mit einer alten Überlieferung zu brechen. Der Zeugenzwang ist für den Regelfall abgeschafft: Es steht im freien Belieben des Richters oder des Notars, ob er eine Überwachungsperson zuziehen will; es ist ihm sogar zur Pflicht gemacht, die Zuziehung zu unterlassen, wenn der Erblasser ihr widerspricht, während er anderseits die mitwirkenden Personen zuziehen soll, wenn der Erblasser es verlangt (§ 6 Abs. 2). Befürchtet aber der Notar oder der Erblasser, die Erben könnten später den Einwand erheben, daß der Notar den Willen des Erblassers nicht richtig wiedergegeben habe oder daß der Erblasser bei der Testamentserrichtung seiner geistigen oder körperlichen Kräfte nicht mehr hinreichend mächtig gewesen sei, so wird sich die Zuziehung von Zeugen empfehlen. Besteht diese Besorgnis nicht, so wird sie besser unterbleiben. Durch diese elastische Regelung werden die Vorteile der Zeugenzuziehung beibehalten, ihre Nachteile jedoch vermieden.

Lediglich dann, wenn der Erblasser taub, blind, stumm oder sonst am Sprechen verhindert ist, muß der Richter auch in Zukunft die Überwachungspersonen beiziehen, denn es geht wohl nicht an, in diesem Punkt an die Testamentserrichtung geringere Anforderungen zu stellen als an die Beurkundung eines gewöhnlichen Rechtsgeschäfts.

2. Eignung der mitwirkenden Personen.

Daß als Richter, Notar, Urkundsbeamter der Geschäftsstelle, Zeuge oder Dolmetscher niemand mitwirken darf, wenn er der Ehegatte des Erblassers oder mit dem Erblasser in gerader Linie oder im zweiten Grade der Seitenlinie verwandt oder verschwägert ist, wird im alten wie im neuen Gesetz ausgesprochen (§ 7).

Nicht mitwirken kann ferner, wer im Testament selbst bedacht oder mit dem Bedachten in der vorerwähnten Weise verwandt oder verschwägert ist. Neu ist, daß jetzt auch die Ernennung zum Testamentsvollstrecker als eine Zuwendung aufgefaßt wird, die eine Mitwirkung des Ernannten bei der Testamentserrichtung verhindert; wirkt er jedoch mit, so ist zwar nicht das ganze Testament, wohl aber die Zuwendung oder Ernennung unwirksam (§ 8).

Als Überwachungspersonen sollen ferner diejenigen nicht mitwirken, die mit dem Richter oder dem Notar in einem nahen Verwandtschafts- oder Schwägerschaftsverhältnis stehen. Ein Verstoß hiergegen machte bisher das Testament nichtig; nach dem neuen Gesetz handelt es sich nur um einen die Gültigkeit des Testaments nicht berührenden Verstoß gegen eine Ordnungsvorschrift (§ 9).

3. Die eigentliche Testamentserrichtung (§§ 11, 14, 15).

Das Gesetz behält die drei Arten der Errichtung bei: mündliche Erklärung, Übergabe einer offenen Schrift und Übergabe einer verschlossenen Schrift.

Das Gesetz schreibt jetzt ausdrücklich vor, daß der Richter oder Notar sich Gewißheit über die Person des Erblassers verschaffen und etwaige Zweifel in der Niederschrift zum Ausdruck bringen soll; die Urkundsperson soll sich ferner von der Testierfähigkeit des Erblassers überzeugen (§ 14). Dem Richter oder Notar wird zur Pflicht gemacht, den Erblasser auf Bedenken gegen den Inhalt des Testaments oder auf Zweifel an dessen Gültigkeit aufmerksam zu machen (§ 15); er soll ihn also auf Unklarheiten, Irrtümer oder auch auf die Unzweckmäßigkeit der beabsichtigten Erklärung hinweisen und ihn belehren, wenn dem Testament wegen Entgegenstehens einer erbvertraglichen Bindung, wegen Fehlens der Testierfähigkeit oder aus irgendeinem sonstigen Grund die Gefahr der Nichtigkeit droht. Steht die Nichtigkeit außer Zweifel, so hat der Notar die Beurkundung abzulehnen (§ 15 RNotO.).

Um den Richter oder Notar hierzu imstand zu setzen, klärt das Gesetz eine bisher bestehende Streitfrage dahin, daß der Richter oder Notar von dem Inhalt der offen übergebenen Schrift Kenntnis nehmen darf und soll (§ 11 Abs. 2).

Bisher konnte ein Minderjähriger das öffentliche Testament nur durch mündliche Erklärung errichten; das führte dazu, daß ein stummer Minderjähriger überhaupt nicht testieren konnte. Das Gesetz hat keine Bedenken getragen, dem Minderjährigen die Errichtung des Testaments auch durch Übergabe einer offenen Schrift zu gestatten (§ 11 Abs. 3).

4. Die Niederschrift über die Testamentserrichtung.

Manchem öffentlichen Testament sind die Vorschriften über die Niederschrift zum Verhängnis geworden. Daß auch einem erfahrenen Notar, der in Eile und in Aufregung am Sterbebett ein Testament aufzunehmen hat, Formfehler unterlaufen, kommt zwar sehr selten vor, hat aber auch schon zur Nichtigkeit von Testamenten geführt. Das Gesetz bemüht sich auch hier, die typischen Fehlerquellen nach Möglichkeit auszuräumen.

a) Ort und Zeit der Errichtung.

Während Orts- und Zeitangabe bisher unbedingtes Wesenserfordernis war, begnügt sich das neue Gesetz bei der Ortsangabe mit einer bloßen Sollvorschrift (§ 13 Abs. 3). Die Zeitangabe ist zwar noch ein Mußerfordernis. Das Fehlen der Zeitangabe steht jedoch der Gültigkeit des Testaments nicht entgegen, wenn diese Angabe sich aus dem Vermerk auf dem Testamentsumschlag ergibt (§ 13 Abs. 4). In Abweichung vom bisherigen Recht heißt es in § 13 Abs. 5, daß das Testament nicht schon deshalb ungültig ist, weil die Angabe über den Tag der Verhandlung unrichtig ist. Bisher stritt man sich z. B. darum, ob ein Testament, dessen Errichtung am 21. begonnen und erst am 22. beendigt wurde, mit dem Anfangs- oder mit dem Beendigungstage zu datieren sei. Diesem Streit um des Kaisers Bart ist durch die Neuregelung der Boden entzogen.

b) Verlesung, Genehmigung und Unterzeichnung (§ 16).

Nach altem und neuem Recht muß die Niederschrift vorgelesen, vom Erblasser genehmigt und eigenhändig unterschrieben werden. Ferner mußte bisher in der Niederschrift festgestellt werden, daß diese drei Dinge geschehen seien. Fehlte der Vermerk ganz oder teilweise, so war die Urkunde nichtig. Das neue Gesetz begnügt sich auch hier mit einer Sollvorschrift: Hat der Erblasser unterschrieben, so wird vermutet, daß die Niederschrift vorgelesen und von ihm genehmigt ist (§ 16).

Ist der Erblasser taub, so nützt ihm das Vorlesen nichts; daher wird jetzt angeordnet, daß ihm die Niederschrift zur Durchsicht vorgelegt werden soll. Kann der taube Erblasser auch nicht lesen, so ist ihm auch eine Durchsicht nicht möglich. In diesem (allerdings wohl recht seltenen Fall) soll der Notar eine Vertrauensperson zuziehen, die sich mit dem Erblasser zu verständigen vermag. Für diese Person gelten nicht die Vorschriften über den Ausschluß wegen Verwandtschaft oder Schwägerschaft. Als Vertrauensperson kann also z. B. auch der Ehegatte des tauben Erblassers oder eine mit einer Zuwendung bedachte Person zugezogen werden (§ 16 Abs. 2). Die Regelung lehnt sich an Art. 41 des preuß. FGG. vom 21. September 1899 (GS. 249) an.

Der Erblasser muß die Niederschrift unterschreiben. Nach bisherigem Recht konnte von der Unterschrift abgesehen werden, wenn der Erblasser erklärte, nicht schreiben zu können. Das neue Gesetz entbindet den Erblasser erst dann von der Unterschrift, wenn er nach der Überzeugung des Richters oder des Notars (wegen mangelnder Kenntnis oder wegen Verletzung der Hand oder aus sonstigen Gründen) nicht schreiben kann (§ 16 Abs. 3).

Ist diese Voraussetzung gegeben, so wird die Unterschrift durch die Feststellung der Überzeugung des Richters oder Notars in der Niederschrift ersetzt. In einem solchen Fall muß der Richter oder Notar einen besonderen Zeugen bei der Vorlesung und Genehmigung zuziehen (vgl. FGG. § 177 Abs. 2). Von dieser Zuziehung kann der Richter oder Notar nur absehen, wenn er bereits aus anderen Gründen einen Urkundsbeamten der Geschäftsstelle, einen zweiten Notar oder Zeugen zugezogen hat, etwa auf Grund des § 6 des Gesetzes.

Die Niederschrift muß von den mitwirkenden Personen unterschrieben werden (§ 16 Abs. 4). Wesentlich ist also namentlich die Unterschrift des Richters oder Notars. Hat der Richter den Urkundsbeamten oder die Zeugen oder hat der Notar den zweiten Notar oder die Zeugen lediglich nach der Kannvorschrift des § 6 Abs. 2 zugezogen, so sollen die zugezogenen Personen zwar auch in diesem Fall die Niederschrift mitunterzeichnen; sollte dies im Einzelfall unterblieben sein, so schadet das der Gültigkeit des Testaments nicht; denn das Testament wäre auch gültig, wenn der Urkundsbeamte der Geschäftsstelle, der zweite Notar oder die Zeugen überhaupt nicht mitgewirkt hätten.

III. Die Nottestamente.

1. Das Nottestament vor dem Bürgermeister (§ 23).

Für das bisher in § 2249 BGB. geregelte sogenannte Dorftestament sieht das neue Gesetz u. a. folgende Neuerungen vor:

Die Besorgnis, daß die Errichtung eines Testaments vor einem Richter oder vor einem Notar nicht mehr möglich sein wird, soll in der Niederschrift festgestellt werden; diese Bestimmung war bisher eine Mußvorschrift und ist jetzt zu einer Sollvorschrift abgeschwächt.

Der Bürgermeister soll den Erblasser darauf hinweisen, daß das Testament in der Regel nach 3 Monaten seine Gültigkeit verliert und über den erteilten Hinweis eine Feststellung in der Niederschrift treffen (§ 23 Abs. 3).

Das Testament kann auch vor dem zuständigen Vertreter des Bürgermeisters oder Gutsvorstehers errichtet werden.

Der Bürgermeister hat ebenso wie bisher bei der Errichtung des Testaments die Vorschriften über das öffentliche Testament entsprechend anzuwenden. Allerdings mit dem Unterschied, daß stets zwei Zeugen zuzuziehen sind. Beim Bürgermeistertestament ist der Zeugenzwang also bestehen geblieben.

Bei der Abfassung der Niederschrift sind dem Bürgermeister bisher begreiflicherweise nicht selten Fehler unterlaufen, die zur Nichtigkeit des Testaments führten. Um die hiermit verbundenen Unzuträglichkeiten zu ersparen, bestimmt § 23 Abs. 6: Sind bei Abfassung der Niederschrift Formfehler unterlaufen, ist aber dennoch mit Sicherheit anzunehmen, daß das Testament eine zuverlässige Wiedergabe der Erklärung des Erblassers enthält, so steht der Formverstoß der Gültigkeit des Testaments nicht entgegen. Diese Milderung gilt gleichviel, ob sich der Verstoß gegen eine Soll- oder gegen eine Mußvorschrift richtet. Sie gilt aber nur für Fehler, die sich auf die Abfassung der Niederschrift beziehen. Ein Verstoß gegen andere wesentliche Vorschriften hat nach wie vor Nichtigkeit zur Folge: Hat der Bürgermeister z. B. keinen Zeugen zugezogen oder sind die Zeugen mit dem Erblasser in gerader oder im zweiten Grade der Seitenlinie verwandt oder verschwägert, so ist das Testament nichtig.

2. Das Dreizeugentestament (§ 24).

Das Dreizeugentestament ist zunächst ebenso wie bisher vorgesehen für denjenigen, der sich an einem Ort aufhält, der infolge außerordentlicher Umstände abgesperrt ist. In § 2250 BGB. war als Beispiel für eine solche Absperrung der Ausbruch einer Krankheit angeführt. Dieses Beispiel paßt jetzt nicht mehr, da zur Seuchenbekämpfung polizeiliche Absperrungen nicht mehr angewandt werden. Man wird jetzt an Absperrungen zu denken haben, die etwa durch eine Überschwemmung oder durch sonstige außergewöhnliche Ereignisse verursacht sind.

In § 24 Abs. 2 ist ein neuer Anwendungsfall des Dreizeugentestaments vorgesehen, nämlich für denjenigen, der sich in so naher Todesgefahr befindet, daß voraussichtlich auch die Errichtung eines Nottestaments vor einem Bürgermeister nicht mehr möglich ist. Im Gesetz selbst ist als Beispiel ein Unfall im Gebirge angeführt.

Auch für dieses Dreizeugentestament ist die Abfassung einer Niederschrift vorgeschrieben, und zwar auch hier mit der Milderung, daß Formverstöße, die bei ihrer Abfassung unterlaufen, die Gültigkeit des Testaments nicht berühren.

IV. Errichtung eines Erbvertrags.

Auf die Errichtung eines Erbvertrags sind die Vorschriften über die Errichtung eines öffentlichen Testaments vor Richter oder Notar entsprechend anzuwenden (§ 30 Abs. 1). Die oben unter II dargelegten Änderungen und Milderungen der Formstrenge gelten also auch für den Erbvertrag. Zu erwähnen sind z. B.:

Der Zeugenzwang ist abgeschafft (§ 6); die Angabe über den Ort der Errichtung ist zur Sollvorschrift abgeschwächt (§ 13 Abs. 3). Die Angabe über die Zeit der Errichtung kann durch einen Vermerk auf dem Umschlag ersetzt werden; Unrichtigkeit der Zeitangabe ist unschädlich (§ 13 Abs. 4, 5). Die Feststellung, daß die Niederschrift vorgelesen, genehmigt und unterschrieben ist, bildet nur noch den Gegenstand einer Sollvorschrift (§ 16).

Das Gesetz hat vom Erbvertragsrecht nur einen kleinen Ausschnitt geregelt, nämlich die Art der Errichtung sowie die Verwahrung und Eröffnung des Erbvertrags. Alle übrigen Vorschriften des Bürgerlichen Gesetzbuchs über den Erbvertrag sind unberührt geblieben, insbesondere die Bestimmungen über die Anfechtung und die Aufhebung des Erbvertrags. Im Geltungsgebiet des österreichischen Rechts sind diese Vorschriften über die Errichtung von Erbverträgen nie in Kraft getreten.

V. Aufhebung des Testaments.

Testament und Erbvertrag fallen unter den Oberbegriff der Verfügung von Todes wegen. Der Erbvertrag enthält eine Bindung für den Erblasser. Das Testament ist dagegen jederzeit frei widerruflich (§ 32); deshalb wird in unserer Gesetzessprache auch nur das Testament als eine „letztwillige Verfügung" bezeichnet.

Der Widerruf eines Testaments ist ein Rechtsgeschäft. Daher können Geschäftsunfähige, z. B. Personen, die wegen Geisteskrankheit entmündigt sind, ein etwa vor der Entmündigung in einem lichten Augenblick errichtetes Testament nicht widerrufen.

Wer durch die Entmündigung lediglich in der Geschäftsfähigkeit beschränkt ist, also namentlich, wer wegen Geistesschwäche, Verschwendung oder Trunksucht entmündigt ist, kann zwar kein Testament errichten (§ 2 Abs. 1); er kann aber wohl ein vorher errichtetes Testament widerrufen (§ 32 Abs. 2). Diese bereits im bisherigen Recht enthaltene Vorschrift (§ 2253 Abs. 2 BGB.) beruht u. a. auf der Erwägung, daß das von einem solchen Psychopathen vor der Entmündigung errichtete Testament in der Regel nicht erhalten zu werden verdient.

Ebenso wie bisher gilt es als Widerruf, wenn ein in besondere amtliche Verwahrung genommenes Testament dem Erblasser auf dessen Verlangen zurückgegeben wird. Da nicht jedem Testierenden diese kraft Gesetzes eintretende Widerrufswirkung bekannt sein wird, schreibt das Gesetz vor, daß die zurückgebende Stelle den Erblasser über diese Folge der Rückgabe belehren, dies auf der Urschrift vermerken und aktenkundig machen soll, daß beides geschehen ist (§ 34 Abs. 1 Satz 2).

§ 2257 BGB. schrieb vor: Wird der durch Testament erfolgte Widerruf einer letztwilligen Verfügung widerrufen, so ist die Verfügung wirksam, wie wenn sie nicht widerrufen worden wäre. Nach § 35 des neuen Gesetzes gilt dies nur noch „im Zweifel". Die Vorschrift enthält also nicht mehr einen zwingenden Rechtssatz, sondern nur eine Auslegungsregel. Eine ähnliche Änderung findet sich in § 36 Abs. 2 für den Widerruf, der durch ein späteres Testament erfolgt.

VI. Verwahrung und Eröffnung von Testamenten und Erbverträgen.

1. Die besondere amtliche Verwahrung.

Schon bisher war vorgeschrieben, daß öffentliche Testamente von Amts wegen und Privattestamente auf Antrag „in besondere amtliche Verwahrung", d. h. unter sicheren Verschluß zu bringen sind (§§ 2246, 2248 BGB.). Dies hat das neue Gesetz beibehalten (§§ 20, 22). Früher war die Beantwortung der Frage, wie die besondere amtliche Verwahrung zu bewirken sei, den Landesgesetzen überlassen. Man sah dies als eine Aufgabe der Justizverwaltung an, in die der Reichsgesetzgeber sich nicht einmischen wollte. Ob dieser Standpunkt berechtigt war, mag dahingestellt bleiben. Jedenfalls lag nach dem Übergang der Justiz auf das Reich kein Anlaß vor, die Buntscheckigkeit des Rechtszustandes, die sich durch die verschiedenartige landesrechtliche Regelung ergeben hat, noch beizubehalten.

§ 37 bestimmt daher einheitlich (Ausnahmen s. unten), daß für die besondere amtliche Verwahrung die Amtsgerichte zuständig sind. Danach sind z. B. die Bezirksnotare in Württemberg für die Verwahrung nicht mehr zuständig. Die Annahme zur Verwahrung und die Herausgabe des Testaments oder Erbvertrags wird vom Amtsgericht angeordnet und vom Amtsrichter und dem Urkundsbeamten der Geschäftsstelle gemeinschaftlich bewirkt (§ 38). Diese Regelung schließt nicht aus, daß auf Grund der Entlastungsvorschriften die hier vorgesehenen Aufgaben des Amtsrichters von einem Rechtspfleger wahrgenommen werden.

2. Eröffnung des Testaments oder Erbvertrags.

Wer eine Verfügung von Todes wegen, die nicht in besondere amtliche Verwahrung gebracht ist, im Besitz hat (ein Fall, der z. B. beim eigenhändigen Testament oder beim Erbvertrag vorkommen kann), ist verpflichtet, sie unverzüglich, nachdem er vom Tode des Erblassers Kenntnis erlangt hat, an das Nachlaßgericht abzuliefern (§ 39 Abs. 1).

Es kann auch in Zukunft trotz dem neuen § 37 vorkommen, daß sich eine Verfügung von Todes wegen bei einer anderen Behörde als einem Gericht in besonderer amtlicher Verwahrung befindet. So wurde z. B. das Militärtestament nicht beim Amtsgericht, sondern beim Oberkommando der Wehrmacht aufbewahrt (§§ 27, 30 des Gesetzes in Verbindung mit den dort angeführten Sondervorschriften). Auch in einem solchen Fall ist das Testament nach dem Tode des Erblassers an das Nachlaßgericht zur Eröffnung abzuliefern (§ 39 Abs. 2).

Die Vorschriften über das bei der Eröffnung sonst zu beobachtende Verfahren stimmen im wesentlichen mit dem bisherigen Recht überein (§§ 40 bis 45). Neu sind § 40 Abs. 2 Satz 1, § 44 Abs. 3 und § 46.

VII. Nichtigkeit einer Verfügung von Todes wegen (§ 48).

Die ursprüngliche Fassung des Gesetzes sah die Nichtigkeit einer Verfügung von Todes wegen vor (§ 48) bei Vorstoß gegen zwingende gesetzliche Vorschriften, bei grober Pflichtverletzung des Erblassers gegenüber Familie oder Volksgemeinschaft und bei Ausnutzung der Todesnot des Erblassers. Durch Kontrollratsgesetz Nr. 37 ist die Nichtigkeit wegen grober Pflichtverletzung gegenüber Familie oder Volksgemeinschaft in Wegfall gekommen. Insoweit gelten jetzt wieder allein die Nichtigkeitsgründe aus dem allgemeinen Gesichtspunkt des Verstoßes gegen die guten Sitten (§ 138 BGB.).

VIII. Inkrafttreten und Vollzug des Gesetzes.

Das Gesetz ist mit dem auf seine Verkündung folgenden Tage, also am 4. August 1938, in Kraft getreten. Das Gesetz hat darüber hinaus in Gebieten Geltung erlangt, die nur vorübergehend dem Deutschen Reich eingegliedert oder seiner tatsächlichen Herrschaft unterstellt waren. Da Testamente, die während der Zeit dieser Geltung in diesen Gebieten errichtet wurden, auch heute noch vorhanden sind, und Anlaß zur Prüfung hrer Gültigkeit geben können, sei das Inkrafttreten des Gesetzes auch in diesen Gebieten nachstehend kurz erwähnt. In Österreich hat das Gesetzi erst nach einer Übergangszeit von 3 Monaten, also am 4. November 1938, Wirksamkeit erlangt (§ 50 Abs. 2). In den sudetendeutschen Gebieten ist das Gesetz am 1. Mai 1939 in Kraft getreten (Verordnung vom 22. Februar 1939, RGBl. I 290); die für das Geltungsgebiet des österr. ABGB. gemachten Vorbehalte (§§ 2, 3 VO. vom 22. Februar 1939) sind in den in die Länder Preußen und Bayern eingegliederten Gebietsteilen mit dem 1. Juli 1939 weggefallen, da dort von diesem Zeitpunkt an das gesamte Reichsrecht gegolten hat (§§ 3, 5 des Ges. vom 25. März 1939, RGBl. I 745). Vom 1. Mai 1939 ab ist die Wirksamkeit des TestG. auch auf das Memelland erstreckt (Gesetz vom 23. März 1939, RGBl. I 559) worden. Im Gebiet der freien

Stadt Danzig ist das TestG. am 1. Januar 1940 (s. Ges. vom 1. September 1939, RGBl. I 1547), in den übrigen eingegliederten Ostgebieten am 10. Oktober 1941 (s. § 1 Ziff. 1, § 9 Abs. 1 OstRpflVO. vom 25. September 1941, RGBl. I 597), in den Gebieten von Eupen, Malmedy und Moresnet am 1. September 1940 (FErl. vom 23. Mai 1940, RGBl. I 803) in Kraft getreten. Wann das Gesetz in all diesen heute nicht mehr zu Deutschland gehörenden Gebieten wieder außer Kraft getreten ist, kann hier nicht festgestellt werden. Dies richtet sich ausschließlich nach der Gesetzgebung dieser Gebiete. In Österreich z. B. ist es durch das 30. Bundesgesetz vom 12. Dezember 1946 (Bundesgesetzbl. 1947 Nr. 9) über die Wiederherstellung des österreichischen Testamentsrechts aufgehoben worden und seit dem 8. März 1947 außer Kraft.

Nach Art 149 EGBGB. sind die landesgesetzlichen Vorschriften unberührt geblieben, nach denen bei der Errichtung einer Verfügung von Todes wegen der Richter an Stelle des Urkundsbeamten der Geschäftsstelle oder der zwei Zeugen eine besonders dazu bestellte Urkundsperson zuziehen kann. Auf Grund dieses Vorbehalts hatte z. B. Sachsen die „Ortsgerichtsperson" als besondere Urkundsperson bestellt. Dieser Vorbehalt ist durch § 50 Abs. 3 Nr. 1 des Gesetzes beseitigt worden. Es gilt aber noch der gleichartige Vorbehalt in § 198 FGG. für die Beurkundung von gewöhnlichen Rechtsgeschäften. Nicht beseitigt ist ferner die Bestimmung in § 9 Abs. 2 des Preuß. Gesetzes betreffend die Dienstverhältnisse der Urkundsbeamten der Geschäftsstelle vom 3. März 1879 (GS. 99), wonach für einzelne dringende Geschäfte die Vertretung des behinderten Urkundsbeamten der Geschäftsstelle durch eine jede von dem Richter berufene Person erfolgen kann. Denn diese Vorschrift ist nicht auf den Vorbehalt des Art. 149 EGBGB. gestützt.

Nach Art. 150 EGBGB. sind die landesgesetzlichen Vorschriften unberührt geblieben, nach denen beim sogenannten Dorftestament an Stelle des Gemeindevorstehers oder neben dem Vorsteher eine andere amtlich bestellte Person zuständig ist. Daraufhin hatte z. B. Preußen in Art. 80 AGBGB. bestimmt, daß der Justizminister an Stelle oder neben dem Gemeindevorsteher eine andere Person bestellen könne, vor der die Errichtung von Nottestamenten erfolgen kann. Der Justizminister hat von dieser Bestimmung nur verhältnismäßig selten Gebrauch gemacht und nur in wenigen Gemeinden sind Lehrer oder sonst geeignete Persönlichkeiten mit dieser Aufgabe betraut worden.

Da die Beibehaltung dieser Einrichtung nicht mehr als nötig erachtet wurde, ist der Vorbehalt des Art. 150 EGBGB. beseitigt worden (§ 50 Abs. 3 Nr. 1 des Gesetzes). Damit sind die hierauf gestützten landesrechtlichen Anordnungen von selbst hinfällig geworden. Die Oberlandesgerichtspräsidenten hatten die Betreffenden über das Erlöschen ihrer Befugnisse zu unterrichten und den ihnen seinerzeit ausgestellten Ausweis einzuziehen (AV. vom 4. August 1938 Nr. IV, DJ. 1259).

Für die Regelung des Vollzugs des Gesetzes war der Reichsminister der Justiz zuständig (§ 52). Die durch das Gesetz notwendig gewordenen allgemeinen Verwaltungsanordnungen sind in der vorerwähnten Allgemeinen Verfügung des RJM. vom 4. August 1938 (DJ. 1259) enthalten. Hier ist u. a. die Aktenordnung dem neuen Gesetz angepaßt. Ferner ist bestimmt, in welcher Weise die Testamente, die sich bisher bei anderen als gerichtlichen Stellen in Verwahrung befinden, an die Amtsgerichte abzuliefern sind. Seit dem Fortfall einer Reichsregierung wird man annehmen müssen, daß die Befugnisse der Reichsregierung, soweit sie nicht von den Besatzungsmächten ausgeübt werden, auf die Staatsregierungen der einzelnen Länder, und die Zuständigkeiten der Reichsminister auf die entsprechenden Staatsministerien übergegangen sind. In Bayern ist dies durch Gesetz Nr. 122 vom 8. Mai 1948 (bay. GVBl. 82) ausdrücklich bestimmt.

Erster Teil.

Wortlaut der Vorschriften

I. Testamentsgesetz mit Durchführungsvorschriften

1.

Gesetz über die Errichtung von Testamenten und Erbverträgen

Vom 31. Juli 1938 (RGBl. I S. 973).

Ziel des Erbrechts ist es, überkommenes wie gewonnenes Gut des Erblassers weiterzuleiten und über seinen Tod hinaus wirken zu lassen zum Wohle von Familie, Sippe und Volk. In der Hand eines verantwortungsbewußten Erblassers dienen diesem Ziele auch Testament und Erbvertrag.

Die Anforderungen an die Errichtung oder Aufhebung einer Verfügung von Todes wegen sind so zu gestalten, daß unnötige Formenstrenge vermieden, anderseits eine zuverlässige Wiedergabe des Willens des Erblassers sichergestellt wird.

Die Reichsregierung[1]) hat daher das folgende Gesetz beschlossen, das hiermit verkündet wird:

Erster Abschnitt.
Errichtung eines Testaments.

§ 1. Persönliche Errichtung.

(1) Der Erblasser kann ein Testament nur persönlich errichten.

(2) Ein Minderjähriger kann ein Testament erst errichten, wenn er das sechzehnte Lebensjahr vollendet hat.

(3) Der Minderjährige oder ein unter vorläufige Vormundschaft gestellter Volljähriger bedarf zur Errichtung eines Testaments nicht der Zustimmung seines gesetzlichen Vertreters.

§ 2. Fehlen der Testierfähigkeit.

(1) Wer entmündigt ist, kann ein Testament nicht errichten. Die Unfähigkeit tritt schon mit der Stellung des Antrags ein, auf Grund dessen die Entmündigung ausgesprochen wird.

(2) Wer wegen krankhafter Störung der Geistestätigkeit, wegen Geistesschwäche oder wegen Bewußtseinsstörung (zum Beispiel

---

[1]) Die damaligen Überlegungen der Reichsregierung sind heute bedeutungslos. Auch für die Auslegung des Gesetzes spielen sie keine Rolle mehr. Lediglich der Text des noch geltenden Gesetzes stellt die Grundlage für seine Anwendung und Auslegung dar. Vgl. hierzu Militärregierungs-Gesetz Nr. 1 der amerikanischen Mil.-Reg. Art. III Ziff. 6.

wegen Trunkenheit) nicht in der Lage ist, die Bedeutung einer von ihm abgegebenen Willenserklärung einzusehen und nach dieser Einsicht zu handeln, kann ein Testament nicht errichten.

§ 3. Sonderfälle bei Entmündigung.

(1) Hat ein Entmündigter ein Testament errichtet, bevor der Entmündigungsbeschluß unanfechtbar geworden ist, so steht die Entmündigung der Gültigkeit des Testaments nicht entgegen, wenn der Entmündigte noch vor dem Eintritt der Unanfechtbarkeit stirbt.

(2) Hat ein Entmündigter nach der Stellung des Antrags auf Wiederaufhebung der Entmündigung ein Testament errichtet, so steht die Entmündigung der Gültigkeit des Testaments nicht entgegen, wenn die Entmündigung auf Grund des Antrags wiederaufgehoben wird.

§ 4. Ordentliche Testamentsformen.

Ein Testament kann in ordentlicher Form errichtet werden:
1. vor einem Richter oder einem Notar;
2. durch eine vom Erblasser nach § 21 abgegebene Erklärung.

§ 5. Öffentliches Testament.

Für die Errichtung eines Testaments vor einem Richter oder vor einem Notar gelten die Vorschriften der §§ 6 bis 20.

§ 6. Mitwirkende Personen.

(1) Ist der Erblasser nach der Überzeugung des Richters oder Notars taub, blind, stumm oder sonst am Sprechen verhindert, so muß der Richter einen Urkundsbeamten der Geschäftsstelle oder zwei Zeugen, der Notar einen zweiten Notar oder zwei Zeugen zuziehen.

(2) In anderen Fällen steht es dem Richter oder Notar frei, die im Abs. 1 bezeichneten Personen zuzuziehen. Von dieser Befugnis soll er Gebrauch machen, wenn der Erblasser es verlangt. Die Zuziehung soll unterbleiben, wenn der Erblasser ihr widerspricht.

§ 7. Ausschließung wegen des Verhältnisses zum Erblasser.

Als Richter, Notar, Urkundsbeamter der Geschäftsstelle oder Zeuge kann bei der Errichtung des Testaments nicht mitwirken:
1. der Ehegatte des Erblassers, auch wenn die Ehe nicht mehr besteht;
2. wer mit dem Erblasser in gerader Linie oder im zweiten Grade der Seitenlinie verwandt oder verschwägert ist.

§ 8. Ausschließung wegen des Verhältnisses zum Bedachten.

(1) Als Richter, Notar, Urkundsbeamter der Geschäftsstelle oder Zeuge kann bei der Errichtung des Testaments nicht mitwirken, wer in dem Testament bedacht oder zum Testaments-

vollstrecker ernannt wird oder wer zu einem so Bedachten oder Ernannten in einem Verhältnis der im § 7 bezeichneten Art steht.

(2) Die Mitwirkung einer hiernach ausgeschlossenen Person hat nur zur Folge, daß die Zuwendung an den Bedachten oder die Ernennung zum Testamentsvollstrecker nichtig ist.

§ 9. Ausschließung wegen des Verhältnisses zu den Urkundspersonen.

Als Urkundsbeamter der Geschäftsstelle oder zweiter Notar oder Zeuge soll bei der Errichtung des Testaments nicht mitwirken, wer zu dem Richter oder dem beurkundenden Notar in einem Verhältnis der im § 7 bezeichneten Art steht.

§ 10. Besondere Ausschließungsgründe für Zeugen.

Als Zeuge soll bei der Errichtung des Testaments nicht mitwirken:

1. ein Minderjähriger;
2. wer der bürgerlichen Ehrenrechte für verlustig erklärt ist, während der Zeit, für welche die Ehrenrechte aberkannt sind;
3. wer nach den gesetzlichen Vorschriften wegen einer strafgerichtlichen Verurteilung unfähig ist, als Zeuge eidlich vernommen zu werden;
4. wer geisteskrank, geistesschwach, taub, blind oder stumm ist oder nicht schreiben kann;
5. wer die deutsche Sprache nicht versteht; dies gilt nicht im Falle des § 19;
6. wer als Hausangestellter oder Gehilfe im Dienste des Richters oder des beurkundenden Notars steht.

§ 11. Errichtung des Testaments.

(1) Das Testament wird in der Weise errichtet, daß der Erblasser dem Richter oder dem Notar seinen letzten Willen mündlich erklärt oder eine Schrift mit der mündlichen Erklärung übergibt, daß die Schrift seinen letzten Willen enthalte.

(2) Der Erblasser kann die Schrift offen oder verschlossen übergeben. Die Schrift kann von dem Erblasser oder von einer anderen Person geschrieben sein. Der Richter oder der Notar soll von dem Inhalt der offen übergebenen Schrift Kenntnis nehmen.

(3) Wer minderjährig ist, kann das Testament nur durch mündliche Erklärung oder durch Übergabe einer offenen Schrift errichten.

(4) Ist der Erblasser nach der Überzeugung des Richters oder des Notars nicht imstande, Geschriebenes zu lesen, so kann er das Testament nur durch mündliche Erklärung errichten.

§ 12. Anwesenheit der mitwirkenden Personen.

Die bei der Errichtung des Testaments mitwirkenden Personen müssen, soweit sich aus § 16 Abs. 2, 3 nicht anderes ergibt, während der ganzen Verhandlung zugegen sein.

§ 13. Niederschrift über die Errichtung des Testaments.

(1) Über die Errichtung des Testaments muß eine Niederschrift in deutscher Sprache aufgenommen werden.

(2) Die Niederschrift muß enthalten:

1. den Tag der Verhandlung;
2. die Bezeichnung des Erblassers und der mitwirkenden Personen;
3. die nach § 11 erforderlichen Erklärungen des Erblassers und im Falle der Übergabe einer Schrift die Feststellung der Übergabe.

(3) Die Niederschrift soll ferner den Ort der Verhandlung enthalten.

(4) Das Fehlen einer Angabe über den Tag der Verhandlung steht der Gültigkeit des Testaments nicht entgegen, wenn diese Angabe aus dem vom Richter oder Notar nach § 20 auf den Testamentsumschlag gesetzten Vermerk hervorgeht.

(5) Das Testament ist nicht schon deshalb ungültig, weil die Angabe über den Tag der Verhandlung unrichtig ist.

§ 14. Feststellung der Person und Prüfung der Testierfähigkeit des Erblassers.

(1) Kennt der Richter oder der Notar den Erblasser, so soll er dies in der Niederschrift feststellen. Kennt er ihn nicht, so soll er angeben, wie er sich Gewißheit über seine Person verschafft hat.

(2) Kann sich der Richter oder der Notar über die Person des Erblassers keine volle Gewißheit verschaffen, wird aber gleichwohl die Aufnahme der Verhandlung verlangt, so soll er dies in der Niederschrift unter Anführung des Sachverhalts und der zur Feststellung der Person beigebrachten Unterlagen angeben.

(3) Der Richter oder der Notar soll sich davon überzeugen, daß der Erblasser testierfähig ist (§§ 1, 2). Er soll seine Wahrnehmungen über die Testierfähigkeit in der Niederschrift angeben.

§ 15. Bedenken gegen die Errichtung des Testaments.

(1) Der Richter oder der Notar soll den Erblasser auf Bedenken gegen den Inhalt seiner mündlichen Erklärung oder der offen übergebenen Schrift hinweisen.

(2) Bestehen Zweifel an der Gültigkeit des beabsichtigten Testaments, so sollen die Zweifel dem Erblasser mitgeteilt und der Inhalt der Mitteilung und die hierauf vom Erblasser abgegebenen Erklärungen in der Niederschrift festgestellt werden.

§ 16. Verlesung, Genehmigung und Unterzeichnung.

(1) Die Niederschrift muß vorgelesen, vom Erblasser genehmigt und von ihm eigenhändig unterschrieben werden. In der Niederschrift soll festgestellt werden, daß dies geschehen ist. Hat der Erblasser die Niederschrift eigenhändig unterschrieben, so wird vermutet, daß sie vorgelesen und von ihm genehmigt ist. Die Niederschrift soll dem Erblasser auf Verlangen auch zur Durchsicht vorgelegt werden.

(2) Ist der Erblasser taub, so soll ihm die Niederschrift zur Durchsicht vorgelegt werden, auch wenn er dies nicht verlangt; in der Niederschrift soll festgestellt werden, daß dies geschehen ist. Kann der taube Erblasser Geschriebenes nicht lesen, so soll bei dem Vorlesen eine Vertrauensperson zugezogen werden, die sich mit ihm zu verständigen vermag; in der Niederschrift soll die Zuziehung festgestellt werden.

(3) Kann der Erblasser nach der Überzeugung des Richters oder des Notars nicht schreiben, so wird die Unterschrift des Erblassers durch die Feststellung dieser Überzeugung in der Niederschrift ersetzt. In einem solchen Falle muß der Richter oder der Notar bei dem Vorlesen und der Genehmigung einen Zeugen zuziehen; der Zuziehung des Zeugen bedarf es nicht, wenn der Richter oder der Notar gemäß § 6 oder nach einer anderen gesetzlichen Vorschrift einen Urkundsbeamten der Geschäftsstelle oder einen zweiten Notar oder zwei Zeugen zuzieht.

(4) Die Niederschrift muß von den mitwirkenden Personen unterschrieben werden.

§ 17. Verhinderung des Erblassers am Sprechen.

(1) Wer nach der Überzeugung des Richters oder des Notars stumm oder sonst am Sprechen verhindert ist, kann das Testament nur durch Übergabe einer Schrift errichten. Er muß die Erklärung, daß die Schrift seinen letzten Willen enthalte, bei der Verhandlung eigenhändig in die Niederschrift oder auf ein besonders Blatt schreiben, das der Niederschrift als Anlage beigefügt werden muß.

(2) Das eigenhändige Niederschreiben der Erklärung sowie die Überzeugung des Richters oder des Notars, daß der Erblasser am Sprechen verhindert ist, soll in der Niederschrift festgestellt werden. Die Niederschrift braucht von dem Erblasser nicht besonders genehmigt zu werden.

§ 18. Unkenntnis der deutschen Sprache.

(1) Ist der Erblasser nach der Überzeugung des Richters oder des Notars der deutschen Sprache nicht mächtig, so muß bei der Errichtung des Testaments ein vereideter Dolmetscher zugezogen werden. Auf den Dolmetscher sind die nach den §§ 7 bis 10 für einen Zeugen geltenden Vorschriften entsprechend anzuwenden.

(2) Die Niederschrift muß in die Sprache, in der sich der Erblasser erklärt, übersetzt werden. Die Übersetzung muß von dem Dolmetscher angefertigt oder beglaubigt und vorgelesen werden; die Übersetzung muß der Niederschrift als Anlage beigefügt werden.

(3) In der Niederschrift soll die Überzeugung des Richters oder des Notars, daß der Erblasser der deutschen Sprache nicht mächtig sei, festgestellt werden. Die Niederschrift muß den Namen des Dolmetschers und die Feststellung enthalten, daß der Dolmetscher die Übersetzung angefertigt oder beglaubigt und sie vorgelesen hat. Der Dolmetscher muß die Niederschrift unterschreiben.

§ 19. Niederschrift in fremder Sprache.

(1) Sind sämtliche mitwirkenden Personen nach der Überzeugung des Richters oder des Notars der Sprache, in der sich der Erblasser erklärt, mächtig, so ist die Zuziehung eines Dolmetschers nicht erforderlich.

(2) Unterbleibt die Zuziehung eines Dolmetschers, so muß die Niederschrift in der fremden Sprache aufgenommen werden und die Überzeugung des Richters oder des Notars feststellen, daß die mitwirkenden Personen der fremden Sprache mächtig seien. In der Niederschrift soll die Überzeugung des Richters oder des Notars, daß der Erblasser der deutschen Sprache nicht mächtig sei, festgestellt werden. Eine deutsche Übersetzung der Niederschrift soll als Anlage beigefügt werden.

§ 20. Verschließung und Verwahrung des Testaments.

(1) Der Richter und der Notar soll die Niederschrift über die Errichtung des Testaments mit den Anlagen, insbesondere im Falle der Errichtung durch Übergabe einer Schrift mit dieser Schrift, in Gegenwart der übrigen mitwirkenden Personen und des Erblassers in einen Umschlag nehmen und diesen mit dem Amtssiegel verschließen. Der Richter oder der Notar soll das Testament auf dem Umschlag nach der Person des Erblassers sowie nach der Zeit der Errichtung näher bezeichnen und diese Aufschrift unterschreiben.

(2) Der Richter oder der Notar soll veranlassen, daß das so verschlossene Testament unverzüglich in besondere amtliche Verwahrung gebracht wird (§§ 37, 38). Dem Erblasser soll über das in Verwahrung genommene Testament ein Hinterlegungsschein erteilt werden.

§ 21. Eigenhändiges Testament.

(1) Der Erblasser kann ein Testament in ordentlicher Form durch eine eigenhändig geschriebene und unterschriebene Erklärung errichten.

(2) Es ist nicht notwendig, aber rätlich, daß der Erblasser in der Erklärung angibt, zu welcher Zeit (Tag, Monat und Jahr) und an welchem Orte er sie niedergeschrieben hat.

(3) Die Unterschrift soll den Vornamen und den Familiennamen des Erblassers enthalten. Unterschreibt der Erblasser in anderer Weise, etwa lediglich mit dem Vornamen oder durch Angabe der Familienstellung, und reicht diese Unterzeichnung zur Feststellung der Urheberschaft des Erblassers und der Ernstlichkeit seiner Erklärung aus, so steht eine solche Unterzeichnung der Gültigkeit des Testaments nicht entgegen.

(4) Wer minderjährig ist oder Geschriebenes nicht zu lesen vermag, kann ein Testament nicht nach obigen Vorschriften errichten.

(5) Enthält ein nach Abs. 1 errichtetes Testament keine Angabe über die Zeit der Errichtung und ergeben sich hieraus Zweifel über seine Gültigkeit (etwa weil der Erblasser während einer gewissen

Zeit wegen Entmündigung testierunfähig war oder weil er mehrere einander widersprechende Testamente hinterlassen hat), so ist das Testament nur dann als gültig anzusehen, wenn sich die notwendigen Feststellungen über die Zeit der Errichtung anderweit treffen lassen. Dasselbe gilt entsprechend für ein Testament, das keine Angabe über den Ort der Errichtung enthält.

§ 22. Verwahrung des eigenhändigen Testaments.

Ein nach den Vorschriften des § 21 errichtetes Testament ist auf Verlangen des Erblassers in besondere amtliche Verwahrung zu nehmen (§§ 37, 38). Dem Erblasser soll über das in Verwahrung genommene Testament ein Hinterlegungsschein erteilt werden.

§ 23. Nottestament vor dem Bürgermeister.

(1) Ist zu besorgen, daß der Erblasser früher sterben werde, als die Errichtung eines Testaments vor einem Richter oder vor einem Notar möglich ist, so kann er das Testament vor dem Bürgermeister der Gemeinde, in der er sich aufhält, errichten. Der Bürgermeister muß zwei Zeugen zuziehen. Die Vorschriften der §§ 7 bis 20 finden Anwendung; der Bürgermeister tritt an die Stelle des Richters oder des Notars. Ist ein Dolmetscher zuzuziehen, so kann der Bürgermeister den Dolmetscher beeidigen.

(2) Die Besorgnis, daß die Errichtung eines Testaments vor einem Richter oder vor einem Notar nicht mehr möglich sein werde, soll in der Niederschrift festgestellt werden. Der Gültigkeit des Testaments steht nicht entgegen, daß die Besorgnis nicht begründet war.

(3) Der Bürgermeister soll den Erblasser darauf hinweisen, daß das Testament seine Gültigkeit verliert, wenn der Erblasser den Ablauf der im § 26 Abs. 1, 2 vorgesehenen Frist überlebt. Er soll in der Niederschrift feststellen, daß dieser Hinweis gegeben ist.

(4) Für die Anwendung der vorstehenden Vorschriften steht der Vorsteher eines Gutsbezirks dem Bürgermeister einer Gemeinde gleich.

(5) Das Testament kann auch vor demjenigen errichtet werden, der nach den gesetzlichen Vorschriften zur Vertretung des Bürgermeisters oder des Gutsvorstehers befugt ist. Der Vertreter soll in der Niederschrift angeben, worauf sich seine Vertretungsbefugnis stützt.

(6) Sind bei Abfassung der Niederschrift über die Errichtung des in den vorstehenden Absätzen vorgesehenen Testaments Formfehler unterlaufen, ist aber dennoch mit Sicherheit anzunehmen, daß das Testament eine zuverlässige Wiedergabe der Erklärung des Erblassers enthält, so steht der Formverstoß der Gültigkeit des Testaments nicht entgegen.

§ 24. Nottestament in besonderen Fällen.

(1) Wer sich an einem Orte aufhält, der infolge außerordentlicher Umstände dergestalt abgesperrt ist, daß die Errichtung eines

Testaments vor einem Richter oder vor einem Notar nicht möglich oder erheblich erschwert ist, kann das Testament in der durch § 23 bestimmten Form oder durch mündliche Erklärung vor drei Zeugen errichten.

(2) Wer sich in so naher Todesgefahr befindet, daß voraussichtlich auch die Errichtung eines Testaments nach § 23 nicht mehr möglich ist (zum Beispiel infolge eines Unfalls im Gebirge), kann das Testament durch mündliche Erklärung vor drei Zeugen errichten.

(3) Wird das Testament durch mündliche Erklärung vor drei Zeugen errichtet, so muß hierüber eine Niederschrift aufgenommen werden. Auf die Zeugen sind die Vorschriften der §§ 7, 8 und des § 10 Nr. 1 bis 5, auf die Niederschrift die Vorschriften der §§ 13, 14, 16, 19, § 23 Abs. 6 entsprechend anzuwenden; ferner findet § 23 Abs. 2 sinngemäß Anwendung. Unter Zuziehung eines Dolmetschers kann ein Testament in dieser Form nicht errichtet werden.

§ 25. Seetestament.

Wer sich während einer Seereise an Bord eines deutschen, nicht zur Kriegsmarine gehörenden Fahrzeugs außerhalb eines inländischen Hafens befindet, kann ein Testament durch mündliche Erklärung vor drei Zeugen nach § 24 Abs. 3 errichten.

§ 26. Gültigkeitsdauer der Nottestamente.

(1) Ein nach § 23, § 24 oder 25 errichtetes Testament gilt als nicht errichtet, wenn seit der Errichtung drei Monate verstrichen sind und der Erblasser noch lebt.

(2) Beginn und Lauf der Frist sind gehemmt, solange der Erblasser außerstande ist, ein Testament vor einem Richter oder Notar zu errichten.

(3) Tritt im Falle des § 25 der Erblasser vor dem Ablauf der Frist eine neue Seereise an, so wird die Frist mit der Wirkung unterbrochen, daß nach Beendigung der neuen Reise die volle Frist von neuem zu laufen beginnt.

(4) Wird der Erblasser nach dem Ablauf der Frist für tot erklärt, so behält das Testament seine Kraft, wenn die Frist zu der Zeit, zu welcher der Erblasser nach den vorhandenen Nachrichten noch gelebt hat, noch nicht verstrichen war.

§ 27. Testament von Wehrmachtangehörigen.

Unberührt bleiben die besonderen Vorschriften über Testamente von Wehrmachtangehörigen (Gesetz über die freiwillige Gerichtsbarkeit und andere Rechtsangelegenheiten in der Wehrmacht[1]) vom 24. April 1924, Reichsgesetzbl. I S. 335, nebst Durchführungsverordnung vom 3. Februar 1936, Reichsgesetzbl. I S. 99; *§ 1 Nr. 14 der Verordnung über die Einführung von Wehrrecht im Lande Österreich[2]) vom 15. Juni 1938, Reichsgesetzbl. I S. 631.*

[1]) Die hier erwähnten Vorschriften sind unten S. 60ff. abgedruckt.
[2]) Heute dort nicht mehr in Geltung. Vgl. unten S. 24 Fußnote 2.

§ 28. Gemeinschaftliches Testament.

(1) Ein gemeinschaftliches Testament kann nur von Ehegatten errichtet werden.

(2) Zur Errichtung eines gemeinschaftlichen Testaments nach § 21 genügt es, wenn einer der Ehegatten das Testament in der dort vorgeschriebenen Form errichtet und der andere Ehegatte die gemeinschaftliche Erklärung eigenhändig mitunterzeichnet. Der mitunterzeichnende Ehegatte soll hierbei angeben, zu welcher Zeit (Tag, Monat und Jahr) und an welchem Orte er seine Unterschrift beigefügt hat.

(3) Ein gemeinschaftliches Testament kann nach § 23, § 24 auch dann errichtet werden, wenn die dort vorgesehenen Voraussetzungen nur bei einem der Ehegatten vorliegen.

Zweiter Abschnitt.

Errichtung eines Erbvertrags.

§ 29. Abschluß eines Erbvertrags.

(1) Der Erblasser kann einen Erbvertrag nur persönlich schließen.

(2) Einen Erbvertrag kann als Erblasser nur schließen, wer unbeschränkt geschäftsfähig ist.

(3) Ein Ehegatte kann als Erblasser mit seinem Ehegatten einen Erbvertrag schließen, auch wenn er in der Geschäftsfähigkeit beschränkt ist. Er bedarf in diesem Falle der Zustimmung seines gesetzlichen Vertreters; ist der gesetzliche Vertreter ein Vormund, so ist auch die Genehmigung des Vormundschaftsgerichts erforderlich.

(4) Die Vorschriften des Abs. 3 gelten auch für Verlobte.

§ 30. Form des Erbvertrags.

(1) Ein Erbvertrag kann nur vor einem Richter oder vor einem Notar bei gleichzeitiger Anwesenheit beider Teile geschlossen werden. Die Vorschriften der §§ 6 bis 19, 27 finden Anwendung; was nach diesen Vorschriften für den Erblasser gilt, gilt für jeden der Vertragschließenden.

(2) Für einen Erbvertrag zwischen Ehegatten oder zwischen Verlobten, der mit einem Ehevertrag in derselben Urkunde verbunden wird, genügt die für den Ehevertrag vorgeschriebene Form.

§ 31. Verschließung und Verwahrung des Erbvertrags.

(1) Die über einen Erbvertrag aufgenommene Urkunde soll gemäß § 20 verschlossen, mit einer Aufschrift versehen und in besondere amtliche Verwahrung gebracht werden, sofern nicht die Parteien das Gegenteil verlangen. Das Gegenteil gilt im Zweifel als verlangt, wenn der Erbvertrag mit einem anderen Vertrag in derselben Urkunde verbunden wird.

(2) Über einen in besondere amtliche Verwahrung genommenen Erbvertrag soll jedem der Vertragschließenden ein Hinterlegungsschein erteilt werden.

Dritter Abschnitt.
Aufhebung des Testaments.

§ 32. Widerruf des Testaments.

(1) Der Erblasser kann ein Testament sowie eine einzelne in einem Testament enthaltene Verfügung jederzeit widerrufen.

(2) Die Entmündigung des Erblassers wegen Geistesschwäche, Verschwendung oder Trunksucht steht dem Widerruf eines vor der Entmündigung errichteten Testaments nicht entgegen.

§ 33. Form des Widerrufs.

(1) Der Widerruf erfolgt durch Testament.

(2) Ein Testament kann auch dadurch widerrufen werden, daß der Erblasser in der Absicht, es aufzuheben, die Testamentsurkunde vernichtet oder an ihr Veränderungen vornimmt, durch die der Wille, eine schriftliche Willenserklärung aufzuheben, ausgedrückt zu werden pflegt. Hat der Erblasser die Testamentsurkunde vernichtet oder in der bezeichneten Weise verändert, so wird vermutet, daß er die Aufhebung des Testaments beabsichtigt habe.

§ 34. Rücknahme des Testaments aus der amtlichen Verwahrung.

(1) Ein vor einem Richter oder vor einem Notar oder nach § 23 errichtetes Testament gilt als widerrufen, wenn die in amtliche Verwahrung genommene Urkunde dem Erblasser zurückgegeben wird. Die zurückgebende Stelle soll den Erblasser über die im Satz 1 vorgesehene Folge der Rückgabe belehren, dies auf der Urkunde vermerken und aktenkundig machen, daß beides geschehen ist.

(2) Der Erblasser kann die Rückgabe jederzeit verlangen. Das Testament darf nur an den Erblasser persönlich zurückgegeben werden.

(3) Die Vorschriften des Abs. 2 gelten auch für ein nach § 22 hinterlegtes Testament; die Rückgabe ist auf die Wirksamkeit des Testaments ohne Einfluß.

(4) Ein gemeinschaftliches Testament kann nach vorstehenden Vorschriften nur von beiden Ehegatten zurückgenommen werden.

§ 35. Widerruf des Widerrufs.

Wird der durch Testament erfolgte Widerruf einer letztwilligen Verfügung widerrufen, so ist im Zweifel die Verfügung wirksam, wie wenn sie nicht widerrufen worden wäre.

§ 36. Widerruf durch späteres Testament.

(1) Durch die Errichtung eines Testaments wird ein früheres Testament insoweit aufgehoben, als das spätere Testament mit dem früheren in Widerspruch steht.

(2) Wird das spätere Testament widerrufen, so ist im Zweifel das frühere Testament in gleicher Weise wirksam, wie wenn es nicht aufgehoben worden wäre.

Vierter Abschnitt.
Amtliche Verwahrung und Eröffnung von Testamenten und Erbverträgen.

§ 37. Zuständigkeit für die besondere amtliche Verwahrung.

(1) Für die besondere amtliche Verwahrung der Testamente und der Erbverträge sind die Amtsgerichte zuständig.

(2) Örtlich zuständig ist:
1. wenn das Testament oder der Erbvertrag vor einem Amtsgericht errichtet ist, dieses Gericht;
2. wenn das Testament oder der Erbvertrag vor einem Notar errichtet ist, das Amtsgericht, in dessen Bezirk der Notar seinen Amtssitz hat;
3. wenn das Testament vor dem Bürgermeister einer Gemeinde oder dem Vorsteher eines Gutsbezirks errichtet ist, das Amtsgericht, zu dessen Bezirk die Gemeinde oder der Gutsbezirk gehört;
4. wenn das Testament nach § 21 errichtet ist, jedes Amtsgericht.

(3) Der Erblasser kann jederzeit die Verwahrung bei einem anderen Amtsgericht verlangen.

(4) Das Gericht, welches das Testament oder den Erbvertrag in Verwahrung nimmt, hat, wenn der Erblasser seinen Wohnsitz in dem Bezirk eines anderen Gerichts hat, diesem von der Verwahrung Nachricht zu geben.

§ 38. Verfahren bei der besonderen amtlichen Verwahrung.

(1) Die Annahme zur Verwahrung sowie die Herausgabe des Testaments oder des Erbvertrags ist von dem Amtsgericht anzuordnen und von dem Amtsrichter und dem Urkundsbeamten der Geschäftsstelle gemeinschaftlich zu bewirken. Bei der Führung des Verwahrungsbuchs sind die Vermerke über die Annahme und die Herausgabe von dem Amtsrichter und dem Urkundsbeamten der Geschäftsstelle zu unterschreiben.

(2) Die Verwahrung erfolgt unter gemeinschaftlichem Verschluß des Amtsrichters und des Urkundsbeamten der Geschäftsstelle. Der Hinterlegungsschein ist von ihnen zu unterschreiben und mit dem Dienststempel zu versehen.

§ 39. Ablieferungspflicht.

(1) Wer ein Testament, das nicht in besondere amtliche Verwahrung gebracht ist, im Besitz hat, ist verpflichtet, es unverzüglich, nachdem er von dem Tode des Erblassers Kenntnis erlangt hat, an das Nachlaßgericht abzuliefern.

(2) Befindet sich ein Testament bei einer anderen Behörde als einem Gericht in amtlicher Verwahrung, so ist es nach dem Tode des Erblassers an das Nachlaßgericht abzuliefern. Das Nachlaßgericht hat, wenn es von dem Testament Kenntnis erlangt, die Ablieferung zu veranlassen.

§ 40. Eröffnung des Testaments durch das Nachlaßgericht.

(1) Das Nachlaßgericht hat, sobald es von dem Tode des Erblassers Kenntnis erlangt, zur Eröffnung eines in seiner Verwahrung befindlichen Testaments einen Termin zu bestimmen. Zu dem Termin sollen die gesetzlichen Erben des Erblassers und die sonstigen Beteiligten, soweit tunlich, geladen werden.

(2) In dem Termin ist das Testament zu öffnen, den Beteiligten zu verkünden und ihnen auf Verlangen vorzulegen. Die Verkündung darf im Falle der Vorlegung unterbleiben. Die Verkündung unterbleibt ferner, wenn im Termin keiner der Beteiligten erscheint.

(3) Über die Eröffnung ist eine Niederschrift aufzunehmen. War das Testament verschlossen, so ist in der Niederschrift festzustellen, ob der Verschluß unversehrt war.

§ 41. Eröffnung durch ein anderes Gericht.

Hat ein anderes Gericht als das Nachlaßgericht das Testament in amtlicher Verwahrung, so liegt dem anderen Gericht die Eröffnung des Testaments ob. Das Testament ist nebst einer beglaubigten Abschrift der über die Eröffnung aufgenommenen Niederschrift dem Nachlaßgericht zu übersenden; eine beglaubigte Abschrift des Testaments ist zurückzubehalten.

§ 42. Benachrichtigung der Beteiligten.

Das Nachlaßgericht hat die Beteiligten, welche bei der Eröffnung des Testaments nicht zugegen gewesen sind, von dem sie betreffenden Inhalt des Testaments in Kenntnis zu setzen.

§ 43. Nichtigkeit eines Eröffnungsverbots.

Eine Anordnung des Erblassers, durch die er verbietet, das Testament alsbald nach seinem Tode zu eröffnen, ist nichtig.

§ 44. Eröffnung des gemeinschaftlichen Testaments.

(1) Bei der Eröffnung eines gemeinschaftlichen Testaments sind die Verfügungen des überlebenden Ehegatten, soweit sie sich sondern lassen, weder zu verkünden noch sonst zur Kenntnis der Beteiligten zu bringen.

(2) Von den Verfügungen des verstorbenen Ehegatten ist eine beglaubigte Abschrift anzufertigen. Das Testament ist wieder zu verschließen und in die besondere amtliche Verwahrung zurückzubringen.

(3) Die Vorschriften des Abs. 2 gelten nicht, wenn das Testament nur Anordnungen enthält, die sich auf den ersten, mit dem Tode des Erstversterbenden eintretenden Erbfall beziehen, zum Beispiel dann, wenn das Testament sich auf die Erklärung beschränkt, daß die Ehegatten sich gegenseitig zu Erben einsetzen.

§ 45. Eröffnung des Erbvertrags.

Die für die Eröffnung eines Testaments geltenden Vorschriften der §§ 39 bis 44 sind auf den Erbvertrag entsprechend anzuwenden, die Vorschriften des § 44 Abs. 2, 3 jedoch nur dann, wenn sich der Erbvertrag in besonderer amtlicher Verwahrung befindet.

§ 46. Eröffnungsfrist für Testamente und Erbverträge.

Befindet sich ein Testament seit mehr als dreißig Jahren, ein Erbvertrag seit mehr als fünfzig Jahren in amtlicher Verwahrung, so hat die verwahrende Stelle von Amts wegen, soweit tunlich, Ermittlungen darüber anzustellen, ob der Erblasser noch lebt. Führen die Ermittlungen nicht zu der Feststellung des Fortlebens des Erblassers, so ist das Testament oder der Erbvertrag zu eröffnen. Die Vorschriften der §§ 40 bis 42 sind entsprechend anzuwenden.

§ 47. Einsichtnahme, Abschrifterteilung.

Wer ein rechtliches Interesse glaubhaft macht, ist berechtigt, ein eröffnetes Testament einzusehen sowie eine Abschrift des Testaments oder einzelner Teile zu fordern; die Abschrift ist auf Verlangen zu beglaubigen.

Fünfter Abschnitt.
Schlußvorschriften.

§ 48. Nichtigkeit einer Verfügung von Todes wegen.

(1) Eine Verfügung von Todes wegen ist nichtig, soweit sie gegen zwingende gesetzliche Vorschriften verstößt.

(2) *Eine Verfügung von Todes wegen ist nichtig, soweit sie in einer gesundem Volksempfinden gröblich widersprechenden Weise gegen die Rücksichten verstößt, die ein verantwortungsbewußter Erblasser gegen Familie und Volksgemeinschaft zu nehmen hat*[1]).

(3) Eine Verfügung von Todes wegen ist nichtig, soweit ein anderer den Erblasser durch Ausnutzung seiner Todesnot zu ihrer Errichtung bestimmt hat.

§ 49. Sondervorschriften für das Land Österreich[2]).

(1) Testament im Sinne dieses Gesetzes ist auch das Kodizill (§§ 552, 553 des Allgemeinen Bürgerlichen Gesetzbuchs).

(2) Urkundsbeamter der Geschäftsstelle im Sinne dieses Gesetzes ist ein beeideter Schriftführer oder ein sonstiger Beamter der Geschäftsstelle.

(3) Die Vorschrift des § 1 Abs. 3 gilt auch für eine Person, der gemäß § 8 der österreichischen Entmündigungsordnung vom 28. Juni 1916 (RGBl. Nr. 207) ein vorläufiger Beistand bestellt worden ist.

---

[1]) Aufgehoben durch Art. I a des Kontrollratsgesetzes Nr. 37 vom 30. Oktober 1946, abgedruckt unten S. 26.

[2]) Durch Bundesgesetz vom 12. Dezember 1946 (Bundesgesetzbl. 1947 Nr. 9) über die Wiederherstellung des österreichischen Testamentsrechts ist das Testamentsgesetz in Österreich in vollem Umfang aufgehoben. Die früheren österreichischen Vorschriften sind dort wieder seit 8. März 1947 in vollem Umfang in Kraft gesetzt. Vgl. die Erl. zu § 49.

(4) Für die besondere amtliche Verwahrung der Testamente ist zuständig:

1. *im Falle des § 20 Abs. 2 das Bezirksgericht oder der Notar, vor dem das Testament errichtet ist;*
2. *im Falle des § 22 jedes Bezirksgericht;*
3. *im Falle des § 23 das Bezirksgericht, in dessen Bezirk der Bürgermeister seinen Amtssitz hat.*

(5) Die Vorschrift des § 32 Abs. 2 gilt für alle beschränkt entmündigten Personen.

§ 50. Inkrafttreten.

(1) Das Gesetz tritt mit dem auf seine Verkündung folgenden Tage in Kraft.

(2) Die Inkraftsetzung der §§ 29 bis 31, 37 bis 47 für das Land Österreich bleibt vorbehalten; die übrigen Vorschriften des Gesetzes treten im Lande Österreich drei Monate nach seiner Verkündung in Kraft. Bis zur Inkraftsetzung der §§ 37, 38 richtet sich die Verwahrung von Testamenten und Erbverträgen im Lande Österreich, vorbehaltlich des § 49 Abs. 4, nach den österreichischen Vorschriften[1].

(3) Mit der Inkraftsetzung treten jeweils die entgegenstehenden Vorschriften außer Kraft. Aufgehoben werden insbesondere:

1. die §§ 2064, 2229 bis 2267, 2272 bis 2277, 2300 des Bürgerlichen Gesetzbuchs und die Artikel 149, 150 des Einführungsgesetzes zum Bürgerlichen Gesetzbuch;
2. *die §§ 566 bis 569, 573, 577 bis 601, 713 bis 715, 717 bis 719, 721 bis 723 des Allgemeinen Bürgerlichen Gesetzbuchs und die §§ 70 bis 75 der österreichischen Notariatsordnung; die Errichtung von Testamenten durch Notariatsakt (§§ 52 und folgende der österreichischen Notariatsordnung) findet nicht mehr statt*[1].

(4) Unberührt bleiben die Vorschriften über die Errichtung von Testamenten und Erbverträgen vor den deutschen Konsuln (§§ 16a, 16b des Gesetzes vom 8. November 1867 in der Fassung des Gesetzes vom 14. Mai 1936, Reichsgesetzbl. I S. 447)[2]. Der nachstehende Abs. 6 findet Anwendung.

(5) Unberührt bleiben bis auf weiteres die gesetzlichen Vorschriften, wonach für die Errichtung eines ordentlichen öffentlichen Testaments oder eines Erbvertrags nur die Notare zuständig sind.

(6) Soweit in anderen Gesetzen auf die durch dieses Gesetz aufgehobenen Vorschriften verwiesen ist, treten die entsprechenden Vorschriften dieses Gesetzes an ihre Stelle.

§ 51. Übergangsvorschriften.

(1) Das Gesetz gilt nicht für Erbfälle, die sich vor seinem Inkrafttreten ereignet haben.

---

[1]) Vgl. oben S. 24 Fußnote 2.

[2]) Die Vorschriften sind unten S. 71 ff. abgedruckt.

(2) Die vor dem Inkrafttreten des Gesetzes erfolgte Errichtung oder Aufhebung eines Testamentes oder Erbvertrages wird nach den bisherigen Vorschriften beurteilt, auch wenn der Erblasser nach dem Inkrafttreten des Gesetzes stirbt.

(3) Bei Erbfällen, die sich nach dem Inkrafttreten des Gesetzes ereignen, sind an die Gültigkeit eines Testaments keine höheren Anforderungen zu stellen, als nach diesem Gesetz für ein Testament der betreffenden Art zulässig ist, auch wenn das Testament vor dem Inkrafttreten dieses Gesetzes errichtet ist. Dies gilt entsprechend für Erbverträge.

§ 52. Durchführungsvorschriften.

Der Reichsminister der Justiz wird ermächtigt, Vorschriften zur Durchführung und Ergänzung dieses Gesetzes zu erlassen und die Vorschriften des Bürgerlichen Gesetzbuches und anderer Gesetze zu ändern und zu ergänzen, um sie mit den Bestimmungen dieses Gesetzes in Einklang zu bringen.

Breslau, den 31. Juli 1938.

2.

Alliierte Kontrollbehörde - Kontrollrat

Gesetz Nr. 37.

Aufhebung einiger gesetzlicher Bestimmungen auf dem Gebiete des Erbrechts *(wiedergegeben nach dem Abdruck im* **bay. GVBl. 1947 S. 13).**

Der Kontrollrat erläßt das folgende Gesetz:

Art. I.

Folgende gesetzliche Vorschriften werden hiermit aufgehoben:

a) § 48 Abs. 2 des Gesetzes über die Errichtung von Testamenten und Erbverträgen vom 31. Juli 1938 (RGBl. 1938 I S. 973);

b) Verordnung vom 4. Oktober 1944 zur Regelung der gesetzlichen Erbfolge in besonderen Fällen (Erbregelungsverordnung, RGBl. 1944 I S. 242);

c) Verordnung vom 4. Oktober 1944 zur Durchführung der Verordnung zur Regelung der gesetzlichen Erbfolge in besonderen Fällen (Erbregelungsdurchführungsverordnung, RGBl. 1944 I S. 243).

Art. II.

Dieses Gesetz ist anwendbar auf Erbfälle, die bei Verkündung dieses Gesetzes noch nicht endgültig geregelt sind.

Art. III.

Dieses Gesetz tritt mit dem Tage seiner Verkündung in Kraft.

Ausgefertigt in Berlin, am 30. Oktober 1946.

(Das Gesetz ist am 5. November 1946 um 18 Uhr in Kraft getreten.)

3.

Verordnung über den Anwendungsbereich erbrechtlicher Vorschriften

Vom 12. Dezember 1941 (RGBl. I S. 765)[1].

---

[1]) Die Verordnung über den Anwendungsbereich erbrechtlicher Vorschriften war notwendig geworden, weil infolge der Eingliederung Österreichs und des Sudetenlandes in das deutsche Reich innerhalb desselben kein einheitliches materielles Erbrecht mehr bestand. Das nach dem internationalen Privatrecht in solchen Fällen maßgebende Unterscheidungsmerkmal der Staatsangehörigkeit (vgl. Art. 24 und Art. 25 EGBGB) versagte, da der größte Teil der Bewohner der eingegliederten Gebiete mit der Eingliederung auch die deutsche Staatsangehörigkeit erwarb (vgl. hierzu die Bem. zu § 1 des Ges.) und eine Staatsangehörigkeit der eingegliederten Länder nicht fortbestand (vgl. die VO. über die deutsche Staatsangehörigkeit vom 5. 2. 1934 RGBl. I. S. 85). So mußte hilfsweise der Wohnsitz als das entscheidende Merkmal für das geltende materielle Erbrecht herangezogen werden (vgl. Vogels in Dt.Just. 1941 S. 1133 und Lemmens in DNotZ 1942 S. 321). Mit der Wiederherstellung der Grenzen Deutschlands nach dem Stande vom 31. Dezember 1937 hat das Staatsangehörigskeitsprinzip für die Beurteilung der Frage, nach welchem materiellen Erbrecht eine Person beerbt wird, wieder seine Herrschaft angetreten. Die Verordnung über den Anwendungsbereich erbrechtlicher Vorschriften hat damit nur Bedeutung für Erbfälle, die vorher eingetreten sind. Diese Erbfälle werden inzwischen geregelt sein. Personen aus den ehemals eingegliederten Gebieten, die heute noch in Deutschland leben oder wohnen, können heute die deutsche Staatsangehörigkeit besitzen; sie werden dann nach deutschem Recht beerbt. Sie können auch die österreichische oder eine andere Staatsangehörigkeit besitzen und werden dann nach diesem Recht beerbt. Ob sie die deutsche oder eine andere Staatsangehörigkeit besitzen, richtet sich nach den Gesetzen der inzwischen wieder selbständig gewordenen Staaten; dies wird jedenfalls dann gelten, wenn die Personen in Deutschland nicht einen ständigen Wohnsitz mit der Absicht begründet haben, in Deutschland zu bleiben, sondern wenn sie sich dort als vertriebene oder verschleppte Personen (Displaced Persons) aufhalten, denen die Absicht zu dauerndem Aufenthalt in Deutschland fehlt. Soweit unter der Herrschaft der Verordnung über den Anwendungsbereich erbrechtlicher Vorschriften ein Erblasser durch letztwillige Verfügung bestimmt hat, nach welchem materiellen Erbrecht seine Beerbung erfolgen soll, ist anzunehmen, daß solche Bestimmungen in dem Zeitpunkt außer Kraft getreten sind, in welchem der Erblasser eine andere Staatsangehörigkeit als die des Landes erworben hat, dessen Gesetz nach der Verfügung für seine Beerbung maßgebend sein soll.

Der Abdruck der Verordnung, die hiernach kaum mehr eine Bedeutung hat, erscheint nicht mehr erforderlich.

4.

Verwahrung von Verfügungen von Todes wegen bei den Amtsgerichten

AV. d. RJM. vom 4. August 1938 (1454 — VIa[11] 861 — Deutsche Justiz S. 1259 —, geändert durch AV. d. RJM. vom 16. August 1939 (3804—IVb[2] 1384) — Deutsche Justiz S. 1398.

Aktenordnung, AV. vom 24. April 1936 — Dt. Just. S. 705 —.

Aus Anlaß des Gesetzes über die Errichtung von Testamenten und Erbverträgen vom 31. Juli 1938 — RGBl. I S. 973 — bestimme ich wegen der geschäftlichen Behandlung der Verfügungen von Todes wegen folgendes:

I. § 27 der Aktenordnung gilt künftig allgemein; entgegenstehende Bestimmungen in den einzelnen Oberlandesgerichtsbezirken sind damit erledigt.

Die Aktenordnung wird wie folgt geändert:

1. Im § 25 Absatz 5 wird eingefügt

a) hinter f):

„g) die Errichtung eines Testaments oder eines Erbvertrags, der nicht mit einem anderen Vertrag in derselben Urkunde verbunden ist, sowie die Abgabe einer Erklärung gemäß § 13 der Erbhofrechtsverordnung."[1])

b) hinter Satz 2:

„Die zu g) erwähnten Urkunden sind in das Erbrechtsregister einzustellen; auch wenn nach g) und der Erläuterung 2 zu Muster 5 ein Erbvertrag nur in das Urkundsregister gehört, sind die Vertragschließenden in das alphabetische Namenverzeichnis zum Erbrechtsregister aufzunehmen."

2. Der § 27 lautet künftig:

„§ 27

Erbrechtsregister; Verfügungen von Todes wegen.

1. Für Erbrechtsangelegenheiten wird ein Register nach dem Muster 5 geführt. In das Erbrechtsregister gehören unter IV auch die gemäß § 13 der Erbhofrechtsverordnung[1]) abgegebenen Erklärungen über den Anerben oder die Verwaltung und Nutznießung am Erbhof. Bearbeitet die mit den Erbhofsachen befaßte Abteilung der Geschäftsstelle nicht auch die Erbrechtsgeschäfte, so führt sie ein besonderes Erbrechtsregister nach Muster 5; die Spalten 4 und 5 des Registers können dann wegfallen.

---

[1]) Durch Kontrollratsgesetz Nr. 45 vom 20. Februar 1947 (abgedruckt in Bay. GVBl. 47 S. 105) ist das gesamte Erbhofrecht aufgehoben. Vgl. hiezu Anm. 11 zu § 1.

2. Über mehrere von derselben Person errichtete Verfügungen von Todes wegen (Testamente, Erbverträge, Erklärungen gemäß § 13 Erbhofrechtsverordnung[1]) wird nur ein Aktenstück geführt, zu dem alle Urkunden und Schriften über Errichtung, Verwahrung, Rückgabe oder Eröffnung der Verfügungen zu nehmen sind; das Aktenzeichen wird mit der jeweils neuesten Registernummer gebildet. Die Geschäftsstelle hat sich in jedem Falle an Hand des alphabetischen Namenverzeichnisses davon zu überzeugen, ob bereits Akten vorhanden sind, die sich auf dieselbe Person beziehen. Die Mitteilungen anderer Gerichte über die Verwahrung von Verfügungen von Todes wegen sind, wenn sie nicht in ein nach Satz 1 bestehendes Aktenstück gehören, zu besonderen Sammelakten zu nehmen; diese sind auch dann für den ganzen Gerichtsbezirk einheitlich zu führen, wenn die Erbrechtssachen auf mehrere Abteilungen verteilt sind.

3. Eigenhändige Testamente, deren besondere amtliche Verwahrung vom Erblasser verlangt wird, sind mit dem Amtssiegel zu verschließen und mit einer das Testament näher bezeichnenden Aufschrift zu versehen, die unterschriftlich zu vollziehen ist. Dabei sind die Bestimmungen der AV. vom 15. Juni 1939 — Dt. Just. S. 1078 — zu beachten.

4. Über die von dem Gericht zur besonderen amtlichen Verwahrung zu bringenden Testamente, Erbverträge und Erklärungen gemäß § 13 der Erbhofrechtsverordnung[1]) ist ein besonderes Verwahrungsbuch für Verfügungen von Todes wegen nach dem Muster 5a zu führen. Die Nummer der Eintragung ist auf dem Umschlag einer jeden Verfügung von Todes wegen oben rechts zu vermerken. Wegen der zu verwendenden Umschläge wird auf die AV. vom 15. Juni 1939 (Dt.Just. S. 1078) und auf Abschnitt III der AV. vom 14. Februar 1937 (Dt.Just. S. 258) verwiesen. Die Verfügungen sind unter dem gemeinschaftlichen Verschluß der beiden Verwahrungsbeamten an einem feuersicheren Ort in der Nummernfolge des Verwahrungsbuchs aufzubewahren. Befinden sich Erbverträge oder gemeinschaftliche Testamente in der besonderen amtlichen Verwahrung, so sind sie nach der Eröffnung beim Tode des ersten von den beiden Vertragschließenden oder Verfügenden in die besondere amtliche Verwahrung — und zwar in jedem Falle in die des Nachlaßgerichts — zurückzubringen, es sei denn, daß der Erbvertrag oder das Testament nur Anordnungen enthält, die sich auf den ersten, mit dem Tode des Erstverstorbenen eintretenden Erbfall beziehen, z. B. dann, wenn der Erbvertrag oder das Testament sich auf die Erklärung beschränkt, daß die Ehegatten sich gegenseitig zu Erben einsetzen (vgl. § 44 Abs. 2, 3; § 45 des Gesetzes vom 31. Juli 1938).

---

[1]) Vgl. oben S. 28 Fußnote 1.

5. Die Annahmeverfügung ist den Verwahrungsbeamten in Urschrift, die Ausgabeverfügung, in der die Nummer des Verwahrungsbuchs anzugeben ist, in Ausfertigung vorzulegen. Sind die Geschäfte des zweiten Verwahrungsbeamten dem Urkundsbeamten der Geschäftsstelle übertragen, dem die Bearbeitung der Verfügungen von Todes wegen obliegt, so kann auch die Ausgabeverfügung in Urschrift vorgelegt werden; in diesem Falle ist die Empfangsbescheinigung in Spalte 8 des Verwahrungsbuchs zu erteilen. Die Annahme zur Verwahrung ist auf der Annahmeverfügung zu bestätigen; die in Ausfertigung vorgelegten Ausgabeverfügungen sind als Belege nach der Nummernfolge des Verwahrungsbuchs aufzubewahren.

6. Der Hinterlegungsschein (§ 20 Abs. 2 Satz 2, § 22 Satz 2, § 23 Abs. 1 Satz 3, § 31 Abs. 2, § 38 Abs. 2 Satz 2 des Gesetzes vom 31. Juli 1938) besteht in einer wörtlichen Abschrift des Eintragungsvermerks in den Spalten 1, 2 und 4 des Verwahrungsbuchs; bei Nottestamenten soll der Hinterlegungsschein einen Hinweis auf die Bestimmungen des § 26 des Gesetzes vom 31. Juli 1938 enthalten. Ist er über eine Erklärung gemäß § 13 der Erbhofrechtsverordnung[1]) zu erteilen, so darf die Erklärung nicht als Testament oder Verfügung von Todes wegen bezeichnet werden. Der Hinterlegungsschein ist der Annahmeverfügung bei ihrer Rückleitung beizufügen und von der Geschäftsstelle dem Erblasser auszuhändigen. Bringt ein Notar oder ein Bürgermeister (Gutsvorsteher) ein Testament gemäß § 20 Abs. 2, § 23 Abs. 1 Satz 3 des Gesetzes vom 31. Juli 1938 zur besonderen amtlichen Verwahrung, so hat ihm die Geschäftsstelle auf Verlangen den Empfang zu bescheinigen. Vor der Rückgabe einer Verfügung von Todes wegen ist der Hinterlegungsschein zurückzufordern.

7. Soll eine zur besonderen amtlichen Verwahrung angenommene Verfügung von Todes wegen bei einem anderen Gericht weiter verwahrt werden, so ist ihm die Verfügung von Todes wegen mit den Akten unter Beachtung der für wichtige Postsendungen gegebenen Vorschriften zu übersenden. Der Postschein und die Empfangsanzeige des anderen Gerichts gehen zu den in Absatz 2 bezeichneten Sammelakten. Der alte Hinterlegungsschein ist gegen Erteilung eines neuen zu den Akten einzuziehen.

8. Muß eine in besondere amtliche Verwahrung genommene Verfügung von Todes wegen lediglich zur Rückgabe an den Verfügenden einem anderen Gericht übersandt werden, so ist nach den für wichtige Postsendungen gegebenen Vorschriften zu verfahren; die Akten über die Verfügung von Todes wegen sind in der Regel nicht beizufügen. Die Sache ist bei dem ersuchten Gericht nicht in das Erbrechtsregister, sondern als Rechtshilfeersuchen in das Allgemeine Register einzutragen. Die Ver-

[1]) Vgl. oben S. 28 Fußnote 1.

fügung von Todes wegen ist bis zu ihrer Rückgabe von der Geschäftsstelle aufzubewahren. Nach der Erledigung des Ersuchens sind die entstandenen Vorgänge und, falls die Akten beigefügt waren, auch diese dem ersuchenden Gericht zurückzusenden.

9. Wird ein in amtliche Verwahrung genommenes Testament, das vor einem Richter oder vor einem Notar oder nach § 23 des Gesetzes vom 31. Juli 1938 errichtet worden ist, dem Erblasser zurückgegeben, so ist in die Niederschrift über die Rückgabe des Testaments folgender Vermerk über die im § 34 Abs. 1 Satz 2 a. a. O. vorgeschriebene Belehrung aufzunehmen:

> Der Erblasser ist darüber belehrt worden, daß das Testament durch die Rückgabe als widerrufen gilt. Ein entsprechender Vermerk ist auf dem Testament gemacht worden.

Auf der Testamentsurkunde ist zu vermerken:

> Dieses Testament gilt durch die am .... erfolgte Rückgabe aus der amtlichen Verwahrung als widerrufen (§ 34 des Gesetzes vom 31. Juli 1938 — RGBl. I S. 973 —).
>
> ...., den ....
>
> .... (Name) .... (Amtsbezeichnung)

Sinngemäß ist zu verfahren, wenn eine Erklärung nach § 13 Erbhofrechtsverordnung zurückgegeben wird.

10. Sobald der Tod einer Person bekannt wird, von der eine Verfügung von Todes wegen in Verwahrung genommen ist, ist das Erforderliche zu veranlassen. Alljährlich im Oktober hat der zweite Verwahrungsbeamte das Verwahrungsbuch darauf hin durchzusehen, ob noch Verfügungen solcher Personen aufbewahrt werden, deren Tod gerichtskundig ist. Gleichzeitig hat er ein Verzeichnis darüber aufzustellen, welche Testamente seit mehr als 30 Jahren und welche Erbverträge seit mehr als 50 Jahren sich in amtlicher Verwahrung befinden (§ 46 des Gesetzes vom 31. Juli 1938)[1].

---

[1]) S. hierzu die AV. des RJM. vom 23. September 1939 (1454—VI a[11] 1070) — Deutsche Justiz S. 1558 zur Durchführung des § 46 des Testamentsgesetzes und des § 27 Abs. 10 AktO., welche lautet:

1. Nach § 27 Abs. 10 AktO. hat der zweite Verwahrungsbeamte alljährlich im Oktober ein Verzeichnis darüber aufzustellen, welche Testamente seit mehr als 30 Jahren und welche Erbverträge seit mehr als 50 Jahren sich in amtlicher Verwahrung befinden. Dieser Bestimmung kann auch dadurch genügt werden, daß ein solches Verzeichnis durch Vermerken der Eröffnungen usw. auf dem laufenden gehalten und jedesmal um den neu hinzutretenden Jahrgang ergänzt wird. Eine völlige Neuaufstellung des Verzeichnisses an Hand des Verwahrungsbuches für Verfügungen von Todes wegen wird zur Vermeidung von Irrtümern dann nur in längeren Zeiträumen erforderlich sein. Zu beachten bleibt aber, daß nach Satz 2 des

11. Die nach dem Tode des Erblassers an das Nachlaßgericht abgelieferten Verfügungen von Todes wegen (§§ 39, 45 des Gesetzes vom 31. Juli 1938) werden nicht zur besonderen amtlichen Verwahrung gebracht, sondern bis zu ihrer Eröffnung von der Geschäftsstelle bei den anzulegenden Akten aufbewahrt. Ein abgeliefertes gemeinschaftliches Testament verbleibt auch nach der Eröffnung bei diesen Akten, wenn der Überlebende nicht die besondere amtliche Verwahrung beantragt; einem solchen Verlangen ist nicht stattzugeben, wenn das Testament nur Anordnungen enthält, die sich auf den ersten, mit dem Tode des Erstverstorbenen eintretenden Erbfall beziehen (vgl. § 44 Abs. 3 des Gesetzes vom 31. Juli 1938). Dasselbe gilt für Erbverträge, die nicht in besondere amtliche Verwahrung genommen waren (§ 45 des Gesetzes vom 31. Juli 1938).

12. Bei der Erteilung beglaubigter Abschriften von eröffneten eigenhändigen Testamenten, in denen einzelne Worte oder Zahlen nicht durch Handschrift, sondern durch Druck oder auf andere mechanische Weise hergestellt sind, ist dies in dem Beglaubigungsvermerk unter genauer Bezeichnung der Worte oder Zahlen ersichtlich zu machen. Auch bei der Erteilung einfacher Abschriften solcher Testamente ist der Abschrift ein entsprechender Vermerk beizufügen.

13. In dem alphabetischen Namenverzeichnis zum Erbrechtsregister ist gegebenenfalls auch die Nummer des Verwahrungsbuchs für Verfügungen von Todes wegen anzugeben. In das Verzeichnis sind auch die Namen der Personen aufzunehmen, für die bei einem anderen Gericht eine Verfügung von Todes wegen verwahrt wird; auf die Sammelakten (Absatz 2 Satz 3) ist hinzuweisen. Wegen der nur in das Urkundsregister eingetragenen Erbverträge wird auf § 25 Absatz 5 Satz 3 verwiesen.

14. Liefert das Oberkommando der Wehrmacht auf Grund von §§ 9, 12 der V. zur Durchführung und Ergänzung des Gesetzes über die freiwillige Gerichtsbarkeit und andere Rechtsangelegenheiten in der Wehrmacht vom 3. Februar 1936, RGBl. I S. 99, oder ein Konsul auf Grund von §§ 16a, 16b des Gesetzes betr. die Organisation der Bundeskonsulate, sowie die Amtsrechte und Pflichten der Bundeskonsuln, vom 8. November 1867, Bundesgesetzbl. S. 137, in der Fassung des Gesetzes vom 14. Mai 1936, RGBl. I S. 447, eine Verfügung von Todes wegen zur amtlichen Verwahrung an das Amtsgericht

---

§ 27 Abs. 10 AktO. das Verwahrungsbuch alljährlich daraufhin durchzusehen ist, ob noch Verfügungen von Todes wegen solcher Personen aufbewahrt werden, deren Tod gerichtskundig ist.

2. Die im § 46 des Testamentsgesetzes vorgesehenen Ermittlungen über das Fortleben des Erblassers brauchen in den Fällen, in denen das Fortleben bereits festgestellt ist, nicht alljährlich, sondern nur in Zeitabschnitten von etwa drei bis fünf Jahren wiederholt zu werden.

ab (vgl. auch §§ 27, 50 Abs. 4 des Ges. vom 31. Juli 1938), so sind die vorstehenden Bestimmungen sinngemäß anzuwenden. Abs. 4 Satz 3 bleibt außer Anwendung. Der Hinterlegungsschein (Abs. 6) soll bei Militärtestamenten den in § 8 der V. vom 3. Februar 1936, RGBl. I S. 99, vorgesehenen Vermerk enthalten. Wird ein vom Oberkommando der Wehrmacht oder von einem Konsul an das Amtsgericht zur amtlichen Verwahrung abgeliefertes Testament dem Erblasser zurückgegeben, so ist er darüber zu belehren, daß mit der Rückgabe das Testament als widerrufen gilt; wegen des Vermerkes hierüber zu der Niederschrift über die Rückgabe und zu der Testamentsurkunde ist nach Abs. 9 zu verfahren."

3. Im Erbrechtsregister (Muster 5) wird in der Überschrift der Spalte 3c zwischen „in" und „amtlicher" eingefügt „besonderer". Die Erläuterung 2 des Musters erhält folgende Fassung:

„2. Erbverträge sind wie sonstige Verfügungen von Todes wegen einzutragen. Ist jedoch ein Erbvertrag mit einem anderen Vertrag (z. B. einem Ehevertrag) in derselben Urkunde verbunden und muß deshalb die Errichtung des Erbvertrags vor Gericht in das Urkundsregister eingestellt werden, so ist der Erbvertrag nur dann auch noch in das Erbrechtsregister einzutragen, wenn er in die besondere amtliche Verwahrung zu bringen ist (§ 31 des Gesetzes vom 31. Juli 1938)."

4. Im Verwahrungsbuch für Verfügungen von Todes wegen (Muster 5a) wird die Mustereintragung in Spalte 4 wie folgt gefaßt:

„Ein mit dem Dienstsiegel des Notars X. . . . in Bonn versehener Umschlag, der nach der Aufschrift das Testament des Reisenden Paul Berg in Bonn, Marienstraße 6, errichtet am 14. Oktober 1938 — Urkundenrolle Nr. 532/38 —, enthält.

Die Verwahrungsbeamten

Weiß	Schwarz
als Richter	als Urkundsbeamter der Geschäftsstelle."

II. In der AV. vom 24. April 1936 — Deutsche Justiz S. 705 — (I Nr. 1 Abs. 1, 2 Nr. 2 Abs. 1, 4 und II Nr. 1 Abs. 1)[1]) treten an Stelle der angeführten Paragraphen des BGB. die des Gesetzes vom 31. Juli 1938, und zwar für

§ 2246 BGB.	§ 20 des Gesetzes
§ 2248 „	§ 22 „ „
§ 2259 „	§ 39 „ „
§ 2276 „	§ 30 „ „
§ 2277 „	§ 31 „ „
§ 2300 „	§ 45 „ „

[1]) Die AV. vom 24. April 1936 über Benachrichtigung in Nachlaßsachen ist inzwischen ersetzt durch die AV. vom 15. Juni 1939 (DJ. 1078), abgedruckt nachstehend S. 35.

III. Entlastungsbestimmungen, nach denen die Rechtspfleger zu den Verhandlungen über Annahme oder Rückgabe von Verfügungen von Todes wegen und zu den auf Grund der Verhandlungen zu erlassenden Verfügungen ermächtigt sind, bleiben unberührt. Rechtspfleger, denen diese Ermächtigung erteilt ist, sind auch ermächtigt, die in § 38 des Gesetzes vom 31. Juli 1938 (RGBl. I 973) dem Amtsrichter zugewiesenen Verrichtungen wahrzunehmen.

IV. Wo bisher gemäß Artikel 149, 150 des Einführungsgesetzes zum Bürgerlichen Gesetzbuch zur Mitwirkung bei der Errichtung von Testamenten besondere Personen amtlich bestellt worden sind, haben die Oberlandesgerichtspräsidenten im Hinblick auf § 50 Absatz 3 Nr. 1 des Gesetzes vom 31. Juli 1938 dafür Sorge zu tragen, daß diese Personen über das Erlöschen ihrer Befugnisse belehrt und ihre Bestellungsurkunden eingezogen werden, sofern sie lediglich für die erwähnte Tätigkeit ausgestellt wurden (vgl. § 198 FGG.).

V. Für die beim Inkrafttreten des Gesetzes vom 31. Juli 1938 in der besonderen amtlichen Verwahrung befindlichen Verfügungen von Todes wegen gelten die folgenden Vorschriften:

a) Die Verwahrung erfolgt, auch soweit dies nach den bisherigen landesrechtlichen Bestimmungen nicht der Fall war, gemäß § 27 Absatz 4 Satz 4 der Aktenordnung, insbesondere also unter gemeinschaftlichem Verschluß des Amtsrichters und des Urkundsbeamten der Geschäftsstelle. Die Herausgabe ist von dem Amtsgericht anzuordnen und von dem Amtsrichter und dem Urkundsbeamten der Geschäftsstelle zu bewirken.

b) Einer Umbuchung der Verfügungen von Todes wegen bedarf es, soweit der Oberlandesgerichtspräsident nichts anderes anordnet, nicht. Die bisherigen Vorschriften für die Buchführung gelten, soweit hiernach erforderlich, weiter. Es ist jedoch durch geeignete Maßnahmen Vorsorge zu treffen, daß die Vermerke über die Herausgabe von dem Amtsrichter und dem Urkundsbeamten der Geschäftsstelle unterschrieben werden; die erforderlichen Bestimmungen erlassen die Oberlandesgerichtspräsidenten. Ist ein gemeinschaftliches Testament oder ein Erbvertrag nach dem Tode des Erstverstorbenen wieder in die besondere amtliche Verwahrung zu bringen, so erfolgt die Buchführung nur gemäß den Bestimmungen der Aktenordnung.

c) Testamente und Erbverträge, die sich noch bei anderen Stellen als bei den Amtsgerichten in besonderer amtlicher Verwahrung befinden, sind unverzüglich an das für den Bezirk der bisherigen Verwahrungsstelle zuständige Amtsgericht abzugeben. Hierbei sind die Bestimmungen der AV. vom 24. April 1937 — Dt. Just. S. 646 — entsprechend anzuwenden.

VI. Die bisherigen Vordrucke des Erbrechtsregisters (Muster 5 der Aktenordnung) sind aufzubrauchen. Es ist in Aussicht genommen, über die in Abschnitt I aufgeführten Änderungen Deckblätter zur Aktenordnung herzustellen. Die Oberlandesgerichtspräsidenten ersuche ich, den Bedarf an Deckblättern für ihren Bezirk umgehend der Kalkulatur des Reichsjustizministeriums mitteilen zu lassen.

5.

Benachrichtigung in Nachlaßsachen

AV. d. RMdJust. u. d. RMdJnn. vom 15. Juni 1939 (RJust. Min. 3804 IV b² 1065) DMdJnn. I d 134/39—5619) — Deutsche Justiz S. 1078 — i. d. F. d. AV. d. RMdJust. vom 19. Mai 1943, Deutsche Justiz S. 287.

Um zu erreichen, daß die Stellen, bei denen Testamente oder Erbverträge sich in amtlicher Verwahrung befinden, rechtzeitig vom Tode des Erblassers benachrichtigt werden, ist durch die Allgemeine Verfügung des Reichsministers der Justiz und des Reichsministers des Innern über Benachrichtigung in Nachlaßsachen vom 24. April 1936 (Deutsche Justiz S. 705) angeordnet, daß zwischen den Gerichten und Standesämtern ein gegenseitiger Austausch von Nachrichten stattfinden soll.

Inzwischen ist das Personenstandsgesetz vom 3. November 1937 (Reichsgesetzbl. I S. 1146) und die Erste Ausführungsverordnung hierzu vom 19. Mai 1938 (Reichsgesetzbl. I S. 533) in der Ostmark und in den sudetendeutschen Gebieten in Kraft getreten (Verordnung vom 2. Juli und 23. Dezember 1938 — Reichsgesetzbl. I S. 803, 1919 — und Verordnung vom 24. April 1939 — Reichsgesetzbl. I S. 818). Ferner ist der Geltungsbereich des Gesetzes über Testamente und Erbverträge vom 31. Juli 1938 (Reichsgesetzbl. I S. 973) auf das gesamte Reich (mit Ausnahme des Protektorats Böhmen und Mähren) erstreckt worden (Verordnung vom 22. Februar 1939, Reichsgesetzbl. I S. 290). Damit sind die Voraussetzungen dafür gegeben, daß in den gegenseitigen Nachrichtenaustausch zwischen Gericht und Standesamt auch die Ostmark und die sudetendeutschen Gebiete miteinbezogen werden. Unter Aufhebung der Allgemeinen Verfügung über Benachrichtigung in Nachlaßsachen vom 24. April 1936 (Deutsche Justiz S. 705) wird daher mit Wirkung vom 1. Juli 1939 ab folgendes bestimmt[1]):

---

[1]) Die AV. ist hier im letzten amtlichen Wortlaut wiedergegeben; sie hat heute aber in Österreich und in den sonstigen außerhalb des heutigen Deutschland liegenden früheren Geltungsgebieten keine Bedeutung mehr. Vgl. hier auch Bem. 2 zu § 49.

I. Benachrichtigung des Standesamts (oder Matrikelführers) von der Testamentsverwahrung.

1. Der Richter oder Notar, der ein Testament beurkundet, vermerkt auf dem Umschlag, in dem das Testament gemäß § 20 des Gesetzes vom 31. Juli 1938 zu verschließen ist, die folgenden Angaben:

a) Die Vornamen und den Familiennamen des Erblassers, bei Frauen auch den Geburtsnamen, bei sogenannten Sammelnamen (wie Müller, Schulze) auch den Namen der Eltern; unter den Vornamen ist der Rufname zu unterstreichen;
b) Geburtstag und Geburtsort des Erblassers; bei größeren Orten, wenn möglich, den Ortsbezirk und die Straße und den Standesamtsbezirk; bei Erblassern, die in der Ostmark oder in den sudetendeutschen Gebieten geboren sind, nach Möglichkeit auch den Matrikelführer, der die Geburt beurkundet hat (z. B. den zuständigen Pfarrer);
c) Stand, Wohnort, Wohnung und Staatsangehörigkeit des Erblassers.

Dieselben Feststellungen trifft der Richter oder Notar, der einen Erbvertrag beurkundet (§§ 30. 31 des Gesetzes vom 31. Juli 1938, § 1249 ABGB.) oder ein eigenhändiges Testament in amtliche Verwahrung nimmt (§ 22 des Gesetzes vom 31. Juli 1938, § 1249 ABGB.).

Für den Umschlag soll ein Vordruck nach dem Muster der Anlage 1 verwandt werden.

Bei Ehegatten sind die Personalangaben für den Ehemann unter a), für die Ehefrau unter b) auf den Umschlag zu setzen. Sind sonst in einer Verfügung von Todes wegen mehrere Personen beteiligt, so ist für jede Person ein Umschlag zu beschriften[1]). Die Verfügung von Todes wegen ist in einen der Umschläge zu legen und zu versiegeln. Die Umschläge werden mindestens an drei Stellen des unteren Randes mit der Aktenheftmaschine oder in anderer Weise dauerhaft verbunden; um zu verhüten, daß die Verfügung von Todes wegen hierbei beschädigt wird, sollen die Umschläge vor dem Einlegen der Verfügung zusammengeheftet werden.

2. Der Richter oder Notar, der ein öffentliches oder privates Testament oder einen Erbvertrag in besondere amtliche Verwahrung nimmt (§§ 20, 22, 31 des Gesetzes vom 31. Juli 1938), benachrichtigt hiervon durch Brief,

a) wenn der Erblasser nach dem 30. September 1874 in Preußen (einschließlich des Memellandes und des Hultschiner Ländchens) oder nach dem 31. Dezember 1875 in einem anderen Teil des Altreichs geboren ist, das Standesamt des Geburtsorts;
b) wenn der Erblasser in der Ostmark oder in einem Teil der sudetendeutschen Gebiete geboren ist, den Matrikelführer oder den Standesbeamten, der die Geburt beurkundet hat;

---

[1]) Siehe die AV.d.RJustMin. v. 19. Mai 1943, DtJust. 287.

c) wenn der Erblasser im Ausland, im Gebiet des Protektorats Böhmen und Mähren oder in einem heute vom Deutschen Reich abgetrennten Gebiete geboren ist, die Reichskartei für Testamente beim Amtsgericht Berlin.

Bei einem gemeinschaftlichen Testament oder einem Erbvertrag ist die Anzeige für sämtliche Erblasser zu machen. Kommt jedoch für Ehegatten dasselbe Standesamt (derselbe Matrikelführer) in Frage, so braucht nur eine, die Angaben für beide Erblasser enthaltende Anzeige gemacht zu werden; die Anzeigen an die Reichskartei für Testamente sind in jedem Fall für die einzelnen Erblasser getrennt zu erstatten[1]).

In der Anzeige ist der Erblasser gemäß Nr. 1 näher zu bezeichnen. Für die Anzeige ist ein (nach Möglichkeit mit der Schreibmaschine auszufüllender) Vordruck aus dünnem Kartenpapier nach dem Muster der Anlage 2 zu verwenden. In der Anschrift ist das Standesamt möglichst genau zu bezeichnen. Von der Rückgabe einer Verfügung von Todes wegen aus der amtlichen Verwahrung wird keine Nachricht gegeben.

Wird ein Erbvertrag nicht in besondere amtliche Verwahrung genommen, so liegt die Benachrichtigungspflicht dem Richter oder Notar ob, der den Erbvertrag beurkundet hat (§ 31 des Gesetzes vom 31. Juli 1938).

3. Der Standesbeamte (oder der Matrikelführer) versieht die Anzeigen in der rechten oberen Ecke mit einer fortlaufenden Nummer und reiht sie nach dieser Nummernfolge in eine Kartei (Testamentskartei) ein. Sobald die Zahl 100000 erreicht ist, beginnt eine neue Reihe, die sich von der vorhergehenden durch Beifügung des Buchstaben A usw. unterscheidet.

Der Standesbeamte (oder der Matrikelführer) macht am unteren Rande des Eintrags im Geburtsregister (Geburtsmatrik), und zwar in der inneren Ecke, mit Tinte einen auf die Nummer der Kartei hinweisenden Vermerk (z. B. „Nr. 25" oder bei einer späteren Reihe „Nr. A 310"). Der Vermerk wird nicht in das Nebenregister und nicht in die Registerauszüge übertragen; bei Herstellung einer Lichtbildabschrift ist der Vermerk abzudecken.

Erhält der Standesbeamte die Anzeige, daß der Erblasser eine weitere Verfügung von Todes wegen errichtet hat, so wird die neue Anzeige mit der ersten Anzeige durch Heftung am unteren Rande fest verbunden; sie erhält keine besondere Nummer. Der Vermerk im Geburtsregister bleibt unverändert.

4. Das Amtsgericht Berlin reiht die ihm gemäß Nr. 2b zugehenden Anzeigen in die nach Familiennamen, Rufnamen und Geburtsdatum der Erblasser geordnete Reichskartei für Testamente ein.

5. Die Testamentskarteien (Nr. 3, 4) sind vertraulich zu behandeln. Erst nach dem Tode des Erblassers darf über eine Ein-

---

[1]) Siehe die AV. d. RJustMin. vom 19. Mai 1943, DtJust. 287.

tragung oder über das Fehlen einer Eintragung Auskunft erteilt werden. Die Karten sind dauernd aufzubewahren.

II. Benachrichtigung des Gerichts oder Notars vom Tode des Erblassers.

1. Sobald der Standesbeamte (oder der Matrikelführer) des Geburtsorts auf Grund des § 69 der Ersten Verordnung zur Ausführung des Personenstandsgesetzes vom 19. Mai 1938 (Reichsgesetzbl. I S. 533) oder auf andere Weise von dem Tode oder der Todeserklärung des Erblassers Kenntnis erlangt, gibt er durch Brief der Stelle, bei der die Verfügung von Todes wegen in Verwahrung gegeben ist (I Nr. 2 Abs. 1), oder die den Erbvertrag beurkundet hat (I Nr. 2 Abs. 4), Nachricht darüber, von welchem Standesamt und unter welcher Registernummer der Sterbefall beurkundet worden ist. Die benachrichtigte Stelle verfährt alsdann nach den Vorschriften der §§ 40ff., § 45 des Gesetzes vom 31. Juli 1938.

Für die Anzeige soll ein Vordruck nach dem Muster der Anlage 3 verwandt werden. Der Standesbeamte vermerkt auf der Verwahrungsanzeige den Tag des Abgangs der Sterbefallanzeige.

Handelt es sich um eine Anzeige, die nicht an ein örtlich bezeichnetes „Notariat", sondern an einen namentlich bezeichneten Notar zu richten ist, und ist bekannt, daß dieser Notar verstorben oder aus dem Amt geschieden ist oder kommt die an den Notar gerichtete Anzeige als unbestellbar zurück, so ist die Anzeige an das Amtsgericht des Dienstorts des Notars zu richten.

2. Erhält ein Standesbeamter Kenntnis von dem Tode einer über 16 Jahre alten Person, die im Ausland geboren ist, so teilt er den Sterbefall der Reichskartei für Testamente beim Amtsgericht Berlin mit.

Hierbei sind anzugeben: die Vornamen und der Familienname des Verstorbenen (bei Frauen auch der Geburtsname; der Rufname ist zu unterstreichen), Ort und Tag der Geburt, Ort und Tag des Todes, der letzte Wohnort des Verstorbenen und die Registernummer des Sterbeeintrags. Für die Anzeige soll ein Vordruck nach dem Muster der Anlage 4 verwandt werden.

Das Amtsgericht Berlin prüft, ob der Verstorbene in der Testamentskartei vermerkt ist, und teilt gegebenenfalls in entsprechender Anwendung der vorstehenden Nr. 1 der verwahrenden Stelle den Sterbefall mit.

III. Inkrafttreten.

Die Vorschriften unter I und II treten am 1. Juli 1939 im gesamten Reichsgebiet mit Ausnahme des Protektorats Böhmen und Mähren in Kraft. Gleichzeitig tritt die Allgemeine Verfügung des Reichsministers der Justiz und des Reichsministers des Innern vom 24. April 1936 (Deutsche Justiz S. 705) außer Kraft.

(Anlagen siehe nächste Seite!)

Anlage 1: (Testamentsumschlag; Größe des Umschlags 165:230 mm; Größe des Aufdrucks 130:195 mm)[1] [2].

<table>
<tr><td colspan="3">— Gemeinschaftliches — Testament — Erbvertrag vom:
....
Not.-Reg. ..../........ des Notars............... in..............</td><td>Verwahrungs-
buch-Nr.
......................</td></tr>
<tr><td colspan="4">Familienname des Erblassers: ....
(bei Frauen auch Geburtsname und Namen aus früheren Ehen)
Vornamen: ....
(Rufnamen unterstreichen)</td></tr>
<tr><td>Geburts-
angaben</td><td>Tag ....
Monat........
Jahr...........</td><td>Gemeinde.................................
Stadtteil ....
(nur bei größeren Orten)
Straße und Nr...........................
Verwaltungsbezirk.....................
(nur bei kleineren Orten)</td><td>Standesamt
....
Register-Nr.
........../.........</td></tr>
<tr><td colspan="4">Stand (Beruf) .... (bei Frauen:) Stand (Beruf) des Ehemannes ....</td></tr>
<tr><td colspan="3">Wohnort ....
(mit Straße und Hausnummer)</td><td>Staatsange-
hörigkeit
......................</td></tr>
<tr><td colspan="4">Des Vaters Vor- und Familienname:...
Der Mutter Vor- und Geburtsname: ....
(nur bei Sammelnamen anzugeben)</td></tr>
<tr><td colspan="4">..................., den. ....

....
(Unterschrift)</td></tr>
</table>

[1] Aus drucktechnischen Gründen wird der Vordruck hier im Hochformat wiedergegeben. In Wirklichkeit hat der Vordruck Querformat.

[2] Für gemeinschaftliche Testamente und Erbverträge s. A. V. d. RJM. v. 19. 5. 1943, Dt. Just. S. 287.

Anlage 2: (Verwahrungsanzeige; Vorderseite; Größe der Karte: DIN. A5 = 148 : 210 mm).

Amtsgericht ...., den ....

Abt. ....

Notariat ....

An das

Standesamt ....

— Amtsgericht Berlin (Reichskartei für Testamente) —

....

Unter Bezugnahme auf die AV. des RM d. Just. u. des RM. d. Inn. über die Benachrichtigung in Nachlaßsachen vom 15. Juni 1939 (Dt. Justiz S. 1078) zeige ich an, daß die umstehend näher bezeichnete Verfügung von Todes wegen am .... unter Nr. ..... des Verwahrungsbuchs in amtliche Verwahrung genommen worden ist.

Auf Anordnung:

Anlage 2: (Verwahrungsanzeige; Rückseite; Größe des Aufdrucks 130 : 195 mm)[1].

<table>
<tr><td colspan="3">— Gemeinschaftliches — Testament — Erbvertrag vom
....
Not.-Reg........./........ des Notars.............. in..............</td><td rowspan="2">(Vom Standesamt auszufüllen:)

Nr...........</td></tr>
<tr><td colspan="3">Familienname des Erblassers: ....
(bei Frauen auch Geburtsname und Namen aus früheren Ehen)
Vornamen: ....
(Rufnamen unterstreichen)</td></tr>
<tr><td>Geburts-angaben</td><td>Tag ....
Monat........
Jahr ....</td><td>Gemeinde ....
Stadtteil ....
(nur bei größeren Orten)
Straße und Nr.............................
Verwaltungsbezirk ....
(nur bei kleineren Orten)</td><td>Standesamt
....
Register-Nr.
........../........</td></tr>
<tr><td colspan="4">Stand (Beruf) ....(bei Frauen): Stand (Beruf) des Ehemannes ....</td></tr>
<tr><td colspan="3">Wohnort ....
(mit Straße und Hausnummer)</td><td>Staatsangehörigkeit
.....................</td></tr>
<tr><td colspan="4">Des Vaters Vor- und Familienname: ....
Der Mutter Vor- und Geburtsname: ....
(nur bei Sammelnamen anzugeben)</td></tr>
<tr><td colspan="4">(Vom Standesamt auszufüllen): Sterbefallanzeige abgesandt an ....
am ....</td></tr>
</table>

[1] Aus drucktechnischen Gründen wird der Vordruck hier im Hochformat wiedergegeben. In Wirklichkeit hat der Vordruck Querformat.

Anlage 3: (Sterbefallanzeige gemäß II 1; Größe DIN. A 5).

Standesamt ...., den ....

An das

Amtsgericht — Notariat —

....

Zu der dort unter Verwahrungsbuch-Nr....... verwahrten Verfügung von Todes wegen wird mitgeteilt, daß der Erblasser ...
.... laut Anzeige des Standes-
(Vor- und Zuname)
amtes .... (Reg.-Nr. ..../....) verstorben ist.

Der Standesbeamte

Anlage 4: (Sterbefallanzeige gemäß II 2; Größe DIN. A 5).

Standesamt ...., den ....

An das

Amtsgericht Berlin (Reichskartei für Testamente)

in Berlin C 2

Neue Friedrichstraße 12—15.

D.... am .... in ....
geborene .... Beruf: ....
(sämtliche Vor- und Zunamen, Rufnamen unterstreichen; bei Frauen auch Geburtsname)
ist am .... in .... verstorben.
(Ort, Straße u. Hausnummer)
Letzter Wohnsitz war .... Der Sterbe-
(Ort, Straße u. Hausnummer)
fall ist hier unter Reg.-Nr. ..../.... beurkundet.

Der Standesbeamte

6.

Mitteilung von Sterbefällen

Gemeinsamer Erl. d. RJM. (3810 — IV. b[1] 235) und des RMdI. (I d 59 40. 5619) vom 20. März 1940 — Deutsche Justiz S. 395 —.

Nach § 297 DA. ist zwar eine Mitteilung von sämtlichen Sterbefällen an das Nachlaßgericht, soweit sie bisher örtlich üblich war, nicht weiter erforderlich. Soweit jedoch den Standesbeamten in einzelnen Ländern besondere landesrechtliche Aufgaben übertragen sind, sind die bisherigen Vorschriften nach § 611 DA. in Kraft geblieben. Es besteht Veranlassung, darauf hinzuweisen, daß zu den nach § 611 DA. unberührt gebliebenen Aufgaben auch die Mitteilung von Sterbefällen in dem bisher üblichen Umfange gehört, soweit sie auf besonderen landesrechtlichen Gesetzen oder Verordnungen beruht oder zur Durchführung landesrechtlicher Gesetze oder Verordnungen erforderlich ist.

Hiernach gilt namentlich folgendes:

In Bayern: Der Standesbeamte hat dem Amtsgericht, in dessen Bezirk er seinen Amtssitz hat, jeden Todesfall mitzuteilen, der ihm angezeigt wird (Art. 1 des Gesetzes, das Nachlaßwesen betr., vom 9. August 1902, GVBl. S. 463). Das Nachlaßgericht hatte auf Grund dieser Mitteilungen gem. § 41 Nachlaß-Ordnung den Notaren seines Bezirkes sog. Totenlisten zu übersenden. Nunmehr betrachtet das Bay. Just. Min. durch die vorgeschriebene Benachrichtigung in Nachlaßsachen (vgl. AV. v. 15. 6. 1939 oben S. 35) die Vorschrift des § 41 der bay. Nachl.-N. als gegenstandslos und hat demgemäß angeordnet, daß die Übersendung der Totenlisten in Zukunft unterbleibt (Bek. v. 30. 10. 1948, Bay. Just. Min. Bl. 1948 S. 61).

In Sachsen: Die Sterbefallanzeige ist zu erstatten, wenn der Verstorbene nicht Deutscher war oder wenn gemäß § 1960 BGB. schleunige Sicherungsmaßnahmen in bezug auf den Nachlaß angezeigt sind oder wenn der Vorstorbene ein Testament oder einen Erbvertrag hinterläßt (§ 16 des Gesetzes vom 15. Juni 1900, GVBl. S. 272, i. V. mit der VO., die Einschränkung der Sterbefallanzeigen betr., vom 22. Februar 1907, JMBl. S. 9).

In Württemberg: Der Standesbeamte hat von jedem ihm angezeigten Todesfall, ferner von jedem zu seiner amtlichen Kenntnis gelangten, außerhalb des Landes Württemberg erfolgenden Todesfall dem ordentlichen Nachlaßgericht seines Bezirks Mitteilung zu machen (Art. 82 des ABGB. vom 29. Dezember 1931, RegBl. S. 545).

In Baden: Der Standesbeamte hat monatliche Sterbelisten nach § 241 der Dienstvorschriften für die Standesbeamten in Baden dem Nachlaßgericht einzureichen (§§ 107, 108 der VO. über die freiwillige Gerichtsbarkeit vom 3. Dezember 1926, GVBl. S. 301).

In Thüringen: Der Standesbeamte hat jeden Todesfall dem Amtsgericht anzuzeigen; ausgenommen sind Todesfälle unverheirateter Minderjähriger, deren beide Eltern noch leben und die keine Kinder hinterlassen haben; auch in diesem Fall ist die Anzeige zu erstatten, wenn Grundbesitz zum Nachlaß gehört (§ 24 der AVO. z. FGG. vom 21. August 1923, GS. S. 599).

In Hessen: Der Standesbeamte hat von jedem ihm angezeigten Sterbefall dem Ortsgerichtsvorsteher Mitteilung zu machen, wenn er nicht zugleich Ortsgerichtsvorsteher ist (Art. 45 Abs. 2 AGFGG. vom 18. Juli 1899, RegBl. S. 287).

In Mecklenburg: Der Standesbeamte hat von jedem bei ihm angezeigten Sterbefall mit Ausnahme der Sterbefälle von unverheirateten Minderjährigen, deren beide Eltern noch leben und die ein Kind nicht hinterlassen haben, dem Vormundschafts- oder Nachlaßgericht Anzeige zu machen; hat der Verstorbene ein minderjähriges Kind hinterlassen, so ist dies in der Anzeige zu bemerken (§§ 49, 50 der MecklSchwAVO. z. FGG. vom 9. April 1899, RegBl. S. 227; §§ 47, 48 MecklStrAVO. z. FGG. vom 9. April 1899, Off. Anz. S. 293).

Die Herausgabe eines Deckblattes zu § 297 DA. bleibt vorbehalten.

7.

Eröffnung gemeinschaftlicher Testamente

AV. d. RJM. vom 12. März 1940 (3482 — IV. b² 553) — Deutsche Justiz S. 366 —.

Es haben sich Zweifel darüber ergeben, ob nach dem Tode des überlebenden Ehegatten ein gemeinschaftliches Testament auch dann nochmals eröffnet werden muß, wenn das Testament nur Anordnungen enthält, die sich auf den ersten, mit dem Tode des Erstversterbenden eintretenden Erbfall beziehen, z. B. dann, wenn sich das Testament auf die Anordnung beschränkt, daß die Ehegatten sich gegenseitig zu Erben einsetzen. Der Erste Zivilsenat des Kammergerichts hat die Frage in seinem Gutachten vom 8. Februar 1940 — 1 Gen. VII 1. 40/1 — verneint. Das Gutachten lautet wie folgt:

„Maßgebend für die Eröffnung eines gemeinschaftlichen Testaments ist jetzt der § 44 des Testamentsgesetzes vom 31. Juli 1938 (RGBl. I S. 973). Der § 44 hat folgenden Wortlaut:

> ‚Bei Eröffnung eines gemeinschaftlichen Testaments sind die Verfügungen des überlebenden Ehegatten, soweit sie sich sondern lassen, weder zu verkünden noch sonst zur Kenntnis der Beteiligten zu bringen.
>
> Von den Verfügungen des verstorbenen Ehegatten ist eine beglaubigte Abschrift anzufertigen. Das Testament ist wieder zu verschließen und in die besondere amtliche Verwahrung zurückzubringen.

Die Vorschriften des Abs. 2 gelten nicht, wenn das Testament nur Anordnungen enthält, die sich auf den ersten, mit dem Tode des Erstversterbenden eintretenden Erbfall beziehen, zum Beispiel dann, wenn das Testament sich auf die Erklärung beschränkt, daß die Ehegatten sich gegenseitig zu Erben einsetzen.'

Der § 44 stimmt in den ersten beiden Absätzen wörtlich mit dem bis zum Inkrafttreten des Testamentsgesetzes geltenden § 2273 BGB. überein, neu hinzugefügt ist der Absatz 3. Entsprechend dieser Neuregelung ist durch die AV. des RJM. vom 4. August 1938 (Dt. Just. S. 1259) der § 27 Abs. 4 der Aktenordnung geändert worden.

Für den bis zum Inkrafttreten des Testamentsgesetzes geltenden Rechtszustand (§ 2273 BGB.) waren nach der Rechtsprechung zwei Gundsätze maßgebend.

1. Ein gemeinschaftliches Testament ist hinsichtlich der Verfügungen des zuletzt versterbenden Ehegatten bei dessen Tode auch dann nochmals zu eröffnen, wenn es mangels Sonderungsmöglichkeiten schon beim ersten Erbfall ganz eröffnet worden war.

2. Das Nachlaßgericht hat bei der Eröffnung eines Testaments nicht zu prüfen, ob es formgültig und rechtswirksam ist.

Die für den bisherigen Rechtszustand maßgebende Rechtsprechung findet sich in RGZ. 137 S. 228ff. und 150 S. 315) (= JFG. 13, 290) und in JFG. 14 S. 168 (KG.).

Bei der Aufstellung dieser Grundsätze ist nicht verkannt worden, daß die damit geforderte rein formale Behandlungsweise im einzelnen Fall zwecklos sein kann. Es besteht kein Anlaß, davon abzugehen, soweit nicht das Testamentsgesetz eine neue, vom bisherigen Recht abweichende Regelung trifft. Für eine solche kommt nur der § 44 Abs. 3 in Betracht. Aus dieser Vorschrift ist als der Wille des Gesetzgebers zu folgern, daß in den dort bezeichneten Fällen, namentlich wenn sich die Ehegatten in dem gemeinschaftlichen Testament lediglich gegenseitig bedenken, eine Ausnahme von dem Zwange zur nochmaligen Eröffnung nach dem Tode des überlegenden Teils besteht. Nach § 44 Abs. 3 hat das Nachlaßgericht nunmehr zu prüfen, ob die Anordnungen des Testaments sich nur auf den ersten Erbfall beziehen. Dann muß es aber auch die Folgerung ziehen können, daß das Testament bei dem zweiten Erbfall nicht mehr zu eröffnen ist. Denn das Verfahren nach § 44 Abs. 2, wonach von den Verfügungen des verstorbenen Ehegatten eine beglaubigte Abschrift anzufertigen und das Testament wieder zu verschließen und in die besondere amtliche Verwahrung zurückzubringen ist, hat keinen anderen Zweck, als die Wiedereröffnung vorzubereiten (s. insoweit zu § 2273 Satz 2 BGB. RGZ. 137 S. 230 und JFG. 14 S. 172). Soll diese vorbereitende Maßnahme in den Fällen des Abs. 3 unterbleiben, dann muß für diese Fälle die Meinung des Gesetzgebers die gewesen sein, daß die Wiedereröffnung selbst zu unterbleiben habe. Für die Beibehaltung der Notwendigkeit der Wiedereröffnung fehlt in den Fällen des § 44 Abs. 3 jeder innere Grund, da ein Testament im Sinne dieser Vorschrift seinem Wortlaut und seinem Willen nach doch nur für einen Erbfall, den Erbfall nach dem erstversterbenden Ehegatten, Geltung haben soll und Geltung haben kann, der zuletztversterbende Ehegatte seine Erbfolge auch gar nicht hat regeln wollen. Im Ergebnis kommen zu derselben Ansicht Vogels, Testamentsgesetz 2. Aufl. § 44 Anm. 4 S. 256, Leopold, Testamentsrecht S. 248, Palandt, BGB. Testamentsgesetz § 44 Anm. 4 S. 1907, Witte in DFG. 1939, 32, z.vgl. auch Ebert in Deutsches Gemein- und Wirtschaftsrecht 1937 S. 79ff.; anderer Ansicht Lisken in DRM. 1939, 420 und in DRM. 1940, 9. (Zu bemerken ist, daß die von Lisken in DRM. 1939, 420 angeführte Entscheidung des OLG. München — 8 Wx 599/38 — sich auf den früheren Rechtszustand bezieht.)

Ist in dem Falle des § 44 Abs. 3 des Testamentsgesetzes ein gemeinschaftliches Testament beim zweiten Erbfall nicht nochmals zu eröffnen, so können Gerichtskosten (§§ 94, 95 RKO.) und Urkundensteuer[1]) (§ 39 des Urkundensteuergesetzes vom 5. Mai 1936, RGBl. I S. 407) hinsichtlich dieses Testaments beim zweiten Erbfall nicht zur Hebung gelangen. Das dürfte auch im Sinne des § 44 Abs. 3 liegen, da diese Vorschrift das Testament ja dahin auffaßt, daß es Anordnungen für den zweiten Erbfall überhaupt nicht enthält.

Selbstverständlich können Gerichtskosten und Urkundensteuer[1]) in dem Falle des § 44 Abs. 3 bei Eröffnung anläßlich des ersten Erbfalls nur nach dem Wert des Nachlasses des erstversterbenden Ehegatten erhoben werden."

8.

Aufnahme von Nottestamenten durch die Bürgermeister und Gutsvorsteher

AV. des RJM. vom 16. Dezember 1938 (3482 — IV. b² 2292). — Deutsche Justiz S. 2013. —.

Der nachstehende Runderlaß des Reichsministers des Innern vom 28. November 1938, abgedruckt in RMBliV. S. 2037, wird hiermit den Justizbehörden zur Kenntnis gebracht:

RdErl. d. RMdI. vom 28. November 1938 — Va 713 III/38—2114[2])

(1) Mit Rücksicht auf das Gesetz über die Errichtung von

---

[1]) Die Urkundensteuer wird seit 1. September 1941 nicht mehr erhoben (vgl. § 5 der VO. vom 20. August 1941, RGBl. I 511).

[2]) Ergänzend hierzu ist der RdErl. d. RMdJ. vom 1. Juni 1939 (abgedruckt in RMBliV. S. 1210 und in AV. d. RJM. vom 14. Juni 1939, DJ. 1076) ergangen; soweit heute noch von Bedeutung, sind die in ihm verfügten Änderungen nachfolgend berücksichtigt.

Testamenten und Erbverträgen vom 31. Juli 1938 (RGBl. I S. 973) ist die „Anweisung des Ministers des Innern und des Justizministers vom 4. April 1928 für die Gemeindevorsteher zur Aufnahme von Nottestamenten" durch die nachstehend als Anlage abgedruckte „Anweisung des Reichsministers des Innern und des Reichsministers der Justiz vom 22. November 1938 für die Bürgermeister und Gutsvorsteher zur Aufnahme von Nottestamenten" ersetzt worden.

(2) Ich ersuche die Aufsichtsbehörden, die Bürgermeister und Gutsvorsteher auf diesen RdErl. besonders hinzuweisen und sie außerdem — gelegentlich von Bürgermeistertagen, Dienstbesprechungen oder dgl. — auch mündlich mit den neuen Vorschriften bekanntzumachen.

(3) Der RdErl. vom 2. Mai 1928 — I d 26 III (MBliV. S. 500) wird aufgehoben.

Anlage.

Anweisung des Reichsministers des Innern und des Reichsministers der Justiz vom 22. November 1938 für die Bürgermeister und Gutsvorsteher zur Aufnahme von Nottestamenten.

Nach dem Gesetz über die Errichtung von Testamenten und Erbverträgen vom 31. Juli 1938 (RGBl. I S. 973) ist bei der Aufnahme eines Nottestaments folgendes zu beachten:

§ 1. Zuständigkeit.

(1) Ein Testament (vgl. § 2) kann vor dem Bürgermeister der Gemeinde, in der sich der Erblasser aufhält, nur errichtet werden,

1. wenn bei gewissenhafter Prüfung zu besorgen ist, daß der Erblasser früher sterben würde, als die Errichtung eines Testaments vor einem Richter oder vor einem Notar möglich ist; in diesem Falle ist die Vorschrift des § 12 Abs. 2 zu beachten; oder
2. wenn der Aufenthaltsort des Erblassers infolge außerordentlicher Umstände (z. B. Krankheit, Überschwemmung, Krieg) dergestalt abgesperrt ist, daß die Errichtung eines Testaments vor einem Richter oder einem Notar nicht möglich oder erheblich erschwert ist.

(2) Ehegatten können vor dem Bürgermeister ein gemeinschaftliches Testament auch dann errichten, wenn die im Abs. (1) genannten Voraussetzungen nur bei einem der Ehegatten vorliegen.

(3) Erbverträge können von dem Bürgermeister nicht beurkundet werden.

(4) Für die Anwendung dieser Anweisung steht der Vorsteher eines Gutsbezirks dem Bürgermeister einer Gemeinde gleich.

§ 2. Inhalt des Testaments.

(1) Durch das Testament kann der Erblasser einen oder mehrere Erben bestimmen; bei Einsetzung mehrerer Erben Anordnungen für die Teilung des Nachlasses treffen; für den Fall, daß ein Erbe wegfällt, einen anderen als Ersatzerben bestimmen oder nach einem Erben einen anderen als Nacherben einsetzen; einen Verwandten oder seinen Ehegatten von der gesetzlichen Erbfolge ausschließen oder einem Pflichtteilsberechtigten unter gewissen Voraussetzungen den Pflichtteil entziehen; einem anderen ein Vermächtnis zuwenden; dem Erben oder dem Vermächtnisnehmer eine Auflage

machen; ein Testament oder eine einzelne in einem Testament enthaltene Verfügung widerrufen; einen Testamentsvollstrecker ernennen; oder für ein unter der elterlichen Gewalt des Erblassers stehendes Kind einen Vormund benennen.

(2) Ist der Erblasser Bauer, so kann er ferner für den Erbhof einen Anerben bestimmen; er kann dem überlebenden Ehegatten die Verwaltung und Nutznießung am Erbhof zuwenden, jedoch in der Regel nicht über das 25. Lebensjahr des Anerben hinaus[1]).

§ 3. Keine Beurkundung sonstiger Rechtsgeschäfte.

Das Testamentsgesetz begründet für den Bürgermeister nur die Zuständigkeit zur Beurkundung von Nottestamenten, nicht dagegen von anderen Rechtsgeschäften, also nicht von Kaufverträgen, Gutsüberlassungsverträgen oder Schenkungen unter Lebenden. In die Beurkundungsbefugnis, die etwa auf Grund noch geltender anderer Gesetze besteht, greift das Testamentsgesetz nicht ein. Der Bürgermeister hat eine Beurkundung, für die er nicht zuständig ist, abzulehnen.

§ 4. Ausschließung des Bürgermeisters.

(1) Der Bürgermeister kann nicht mitwirken bei Errichtung:

1. des Testaments seines Ehegatten, auch wenn die Ehe nicht mehr besteht;
2. des Testaments einer Person, mit der er in gerader Linie oder im zweiten Grade der Seitenlinie verwandt oder verschwägert ist (Eltern, Großeltern, entferntere Voreltern; Kinder, Enkel, entferntere Abkömmlinge; Schwiegereltern und deren Voreltern; Schwiegerkinder; Geschwister, Schwäger, Stiefeltern und -kinder usw.); die Schwägerschaft dauert fort, auch wenn die Ehe, durch die sie begründet wurde, aufgelöst ist;
3. eines Testaments, in welchem er selbst bedacht oder zum Testamentsvollstrecker ernannt wird oder wenn er zu einem so Bedachten oder Ernannten in einem Verhältnis der in Nr. 1 oder 2 bezeichneten Art steht.

(2) Im Falle des Abs. (1) Nr. 3 hat die Mitwirkung des Bürgermeisters nur zur Folge, daß die Zuwendung an den Bedachten oder die Ernennung zum Testamentsvollstrecker nichtig ist.

§ 5. Vertreter des Bürgermeisters.

Das Testament kann auch vor demjenigen errichtet werden, der nach den gesetzlichen Vorschriften zur Vertretung des Bürgermeisters befugt ist (§ 35 DGO. vom 30. Januar 1935, RGBl. I S. 49). Der Vertreter soll in der Niederschrift angeben, worauf sich seine Vertretungsbefugnis stützt (z. B. „Erster Beigeordneter" oder „Zweiter Beigeordneter wegen Verhinderung des Ersten Beigeordneten").

§ 6. Zuziehung von Zeugen.

(1) Der Bürgermeister muß zur Errichtung des Testaments zwei Zeugen zuziehen.

(2) Als Zeuge kann nicht mitwirken:

1. der Ehegatte des Erblassers, auch wenn die Ehe nicht mehr besteht;
2. wer mit dem Erblasser in gerader Linie oder im zweiten Grade der

[1]) Abs. 2 ist durch die Aufhebung des Erbhofrechts durch das Kontrollratsges. Nr. 45 vom 20. Februar 1947 (abgedruckt in bay. GVBl. S. 105) gegenstandslos geworden.

Seitenlinie verwandt oder verschwägert ist (vgl. hierzu § 4 Abs. (1) Nr. 2);

3. wer in dem Testament bedacht oder zum Testamentsvollstrecker ernannt wird, oder wer zu einem so Bedachten oder Ernannten in einem Verhältnis der in Nr. 1 oder 2 bezeichneten Art steht; die Mitwirkung eines hiernach ausgeschlossenen Zeugen hat nur zur Folge, daß die Zuwendung an den Bedachten oder die Ernennung zum Testamentsvollstrecker nichtig ist.

(3) Als Zeuge soll nicht mitwirken:

1. wer zu dem Bürgermeister, vor dem das Testament errichtet wird, in einem Verhältnis der im Abs. (2) Nr. 1 oder 2 bezeichneten Art steht;
2. ein Minderjähriger;
3. wer im Altreich der bürgerlichen Ehrenrechte für verlustig erklärt ist, während der Zeit, für welche die Ehrenrechte aberkannt sind;
4. wer nach den gesetzlichen Vorschriften wegen einer strafgerichtlichen Verurteilung unfähig ist, als Zeuge eidlich vernommen zu werden;
5. wer geisteskrank, geistesschwach, taub, blind oder stumm ist oder nicht schreiben kann;
6. wer die deutsche Sprache nicht versteht; dies gilt nicht im Falle des § 18;
7. wer als Hausangestellter oder Gehilfe im Dienste des Bürgermeisters steht.

(4) Als Zeugen sind tunlichst vertrauenswürdige Personen zu wählen; besitzt der Bürgermeister selbst nicht die erforderliche Geschäftsgewandtheit, so hat er als Zeugen, wenn möglich, eine zu seiner Unterstützung geeignete Person, z. B. einen Lehrer, zuzuziehen.

§ 7. Testierfähigkeit.

(1) Der Erblasser kann ein Testament nur persönlich errichten.

(2) Ein Testament kann nicht errichten:

1. wer das 16. Lebensjahr noch nicht vollendet hat;
2. wer entmündigt ist, und zwar von dem Zeitpunkt an, zu dem der Antrag gestellt wurde, auf Grund dessen die Entmündigung ausgesprochen wird, bis zu dem Zeitpunkt, zu dem der Antrag auf Wiederaufhebung der Entmündigung gestellt wurde, sofern der Antrag zur Wiederaufhebung der Entmündigung führt;
3. wer wegen krankhafter Störung der Geistestätigkeit, wegen Geistesschwäche oder wegen Bewußtseinsstörung (z. B. wegen Trunkenheit) nicht in der Lage ist, die Bedeutung einer von ihm abgegebenen Willenserklärung einzusehen und nach dieser Einsicht zu handeln.

(3) Ergeben sich bei der Verhandlung mit dem Erblasser Zweifel über seine Fähigkeit zur Testamentserrichtung, so ist nach § 14 zu verfahren, wenn der Erblasser nicht von der Errichtung Abstand nimmt.

§ 8. Errichtung des Testaments.

(1) Die Errichtung eines Testaments vor dem Bürgermeister erfolgt in der Weise, daß der Erblasser dem Bürgermeister entweder

1. seinen letzten Willen mündlich erklärt oder
2. eine von ihm selbst oder einem anderen geschriebene Schrift offen oder verschlossen mit der mündlichen Erklärung übergibt, daß die Schrift seinen letzten Willen enthalte.

(2) Wer minderjährig ist, kann das Testament nur durch mündliche Erklärung oder durch Übergabe einer offenen Schrift errichten.

(3) Wer nach der Überzeugung des Bürgermeisters nicht imstande ist,

Geschriebenes zu lesen, kann das Testament nur durch mündliche Erklärung errichten.

(4) Wer nach der Überzeugung des Bürgermeisters stumm oder sonst am Sprechen verhindert ist, kann das Testament nur durch Übergabe einer Schrift errichten; im übrigen gilt § 16.

(5) Ist der Erblasser nach der Überzeugung des Bürgermeisters der deutschen Sprache nicht mächtig, so ist nach §§ 17, 18 zu verfahren.

§ 9. Bedenken gegen die Errichtung des Testaments.

(1) Der Bürgermeister soll den Erblasser auf Bedenken gegen den Inhalt seiner mündlichen Erklärung hinweisen.

(2) Will der Erblasser das Testament durch Übergabe einer offenen Schrift errichten, so soll der Bürgermeister von dem Inhalt der Schrift Kenntnis nehmen und prüfen, ob sie etwa ein Rechtsgeschäft enthält, für dessen Beurkundung er nicht zuständig ist (vgl. § 3). Enthält die Schrift ein solches Rechtsgeschäft, so kann das Testament nicht durch Übergabe dieser Schrift errichtet werden; der Bürgermeister lehnt die Annahme der Schrift ab und überläßt es dem Erblasser, ob er das Testament auf andere zulässige Weise errichten will.

(3) Enthält die offen übergebene Schrift sonstige Mängel, so hat der Bürgermeister den Erblasser auch hierauf hinzuweisen.

§ 10. Anwesenheit der mitwirkenden Personen.

Die bei der Errichtung des Testaments stets mitwirkenden Personen, das sind der Bürgermeister und die beiden Zeugen, müssen während der ganzen Verhandlung zugegen sein. Die Vertrauensperson, die im Falle des § 15 Abs. (3) außerdem mitzuwirken hat, braucht nur beim Verlesen der Niederschrift zugegen sein.

§ 11. Niederschrift über die Testamentserrichtung.

Über die Errichtung des Testaments muß eine Niederschrift in deutscher Sprache aufgenommen werden. Für die Fassung der Niederschrift sollen die Anl. 1 und 2 im allgemeinen als Muster dienen.

§ 12. Inhalt der Niederschrift.

(1) Die Niederschrift muß enthalten:

1. den Tag der Verhandlung;
2. die Bezeichnung des Erblassers, bei gemeinschaftlichem Testament [vgl. § 1 Abs. (2)] der Erblasser, und der mitwirkenden Personen (vgl. § 10);
3. die nach § 8 erforderlichen Erklärungen des Erblassers und im Falle der Übergabe einer Schrift die Feststellung der Übergabe.

(2) Die Besorgnis, daß die Errichtung eines Testaments vor einem Richter oder vor einem Notar nicht mehr möglich sein werde, oder die außerordentlichen Umstände, auf denen im Falle des § 1 Abs. (1) Nr. 2 die Absperrung beruht, sollen in der Niederschrift fetsgestellt werden.

(3) Die Niederschrift soll ferner den Ort der Verhandlung enthalten.

(4) Die Niederschrift soll weiter ergeben, daß der Bürgermeister den Erblasser darauf hingewiesen hat, daß das Testament als nicht errichtet gilt, wenn seit der Errichtung drei Monate verstrichen sind und der Erblasser noch lebt, daß jedoch Beginn und Lauf der Frist gehemmt sind, solange der Erblasser außerstande ist, ein Testament vor einem Richter oder Notar zu errichten.

(5) Im übrigen ist gegebenenfalls § 5 Satz 2 zu beachten.

§ 13. Feststellung der Person des Erblassers.

Die Niederschrift soll eine Angabe darüber enthalten, ob der Bürgermeister den Erblasser kennt oder, sofern dies nicht der Fall ist, in welcher Weise er sich Gewißheit über seine Person verschafft hat. Kann er sich keine volle Gewißheit über die Person des Erblassers verschaffen, wird aber gleichwohl die Aufnahme der Verhandlung verlangt, so soll er dies in der Niederschrift unter Anführung des Sachverhalts und der zur Feststellung der Person beigebrachten Unterlagen angeben.

§ 14. Prüfung der Testierfähigkeit des Erblassers.

(1) Der Bürgermeister soll sich davon überzeugen, daß der Erblasser die Testierfähigkeit, d. h. die zur Errichtung des Testaments erforderliche Fähigkeit [vgl. § 7 Abs. (2)] besitzt. Seine Wahrnehmungen darüber soll er in der Niederschrift angeben.

(2) Macht der Bürgermeister bei der Verhandlung Wahrnehmungen, welche Zweifel darüber begründen, ob der Erblasser die Testierfähigkeit besitzt, oder ergeben sich sonstige Zweifel an der Gültigkeit des beabsichtigten Testaments, so sollen die Zweifel dem Erblasser mitgeteilt und der Inhalt der Mitteilung und die hierauf von dem Erblasser abgegebenen Erklärungen in der Niederschrift festgestellt werden.

§ 15. Verlesung, Genehmigung und Unterzeichnung.

(1) Die Niederschrift muß vorgelesen, vom Erblasser genehmigt und von ihm eigenhändig unterschrieben werden. In der Niederschrift soll festgestellt werden, daß dies geschehen ist.

(2) Die Niederschrift soll dem Erblasser auf Verlangen auch zur Durchsicht vorgelegt werden.

(3) Ist der Erblasser taub, so soll ihm die Niederschrift auch dann zur Durchsicht vorgelegt werden, wenn er dies nicht verlangt; in der Niederschrift soll festgestellt werden, daß dies geschehen ist. Kann der taube Erblasser Geschriebenes nicht lesen, so soll bei dem Vorlesen eine Vertrauensperson zugezogen werden, die sich mit ihm zu verständigen vermag, in der Niederschrift soll die Zuziehung festgestellt werden.

(4) Kann der Erblasser nach der Überzeugung des Bürgermeisters nicht schreiben, so wird die Unterschrift des Erblassers durch die Feststellung dieser Überzeugung in der Niederschrift ersetzt.

(5) Die Niederschrift muß auch von den mitwirkenden Personen (vgl. § 10) unterschrieben werden.

§ 16. Verhinderung des Erblassers am Sprechen.

(1) Wer nach der Überzeugung des Bürgermeisters stumm oder sonst am Sprechen verhindert ist, kann das Testament nur durch Übergabe einer Schrift (gemäß § 8 Abs. (1) Nr. 2) errichten. Er muß die Erklärung, daß die von ihm übergebene Schrift seinen letzten Willen enthalte, bei der Verhandlung eigenhändig in die Niederschrift oder auf ein besonderes Blatt schreiben, das der Niederschrift als Anlage beigefügt werden muß.

(2) In der Niederschrift soll festgestellt werden, daß der Erblasser diese Erklärung eigenhändig niedergeschrieben hat, und daß der Bürgermeister die Überzeugung hat, daß der Erblasser am Sprechen verhindert ist. Die Niederschrift braucht von dem Erblasser nicht besonders genehmigt zu werden.

§ 17. Unkenntnis der deutschen Sprache.

(1) Ist der Erblasser nach der Überzeugung des Bürgermeisters der deutschen Sprache nicht mächtig, so muß, außer im Falle des § 18, bei der

Errichtung des Testaments ein vereideter Dolmetscher zugezogen werden. Auf den Dolmetscher sind die nach § 6 für einen Zeugen geltenden Vorschriften entsprechend anzuwenden. Steht ein im allgemeinen vereideter Dolmetscher nicht zur Verfügung, so ist der Dolmetscher von dem Bürgermeister dahin zu vereidigen, daß er treu und gewissenhaft übertragen werde.

(2) Die Niederschrift muß in die Sprache, in der sich der Erblasser erklärt, übersetzt werden. Die Übersetzung muß von dem Dolmetscher angefertigt oder beglaubigt und vorgelesen werden; die Übersetzung muß der Niederschrift als Anlage beigefügt werden.

(3) In der Niederschrift soll die Überzeugung des Bürgermeisters, daß der Erblasser der deutschen Sprache nicht mächtig sei, festgestellt werden. Die Niederschrift muß den Namen des Dolmetschers und die Feststellung enthalten, daß der Dolmetscher die Übersetzung angefertigt oder beglaubigt und sie vorgelesen hat. Der Dolmetscher muß die Niederschrift unterschreiben.

(4) Für die Fassung der Niederschrift soll die Anlage 3 im allgemeinen als Muster dienen.

§ 18. Niederschrift in fremder Sprache.

(1) Sind sämtliche mitwirkenden Personen (vgl. § 10) nach der Überzeugung des Bürgermeisters der Sprache, in der sich der Erblasser erklärt, mächtig, so ist die Zuziehung eines Dolmetschers nicht erforderlich.

(2) Unterbleibt die Zuziehung eines Dolmetschers, so muß die Niederschrift in der fremden Sprache aufgenommen werden und die Überzeugung des Bürgermeisters feststellen, daß die mitwirkenden Personen der fremden Sprache mächtig seien.

(3) In der Niederschrift soll die Überzeugung des Bürgermeisters, daß der Erblasser der deutschen Sprache nicht mächtig sei, festgestellt werden. Eine deutsche Übersetzung der Niederschrift soll als Anlage beigefügt werden. Als Beispiel der deutschen Übersetzung der Niederschrift soll das als Anlage 4 abgedruckte Muster dienen.

§ 19. Verschließung des Testaments.

(1) Der Bürgermeister soll die Niederschrift über die Errichtung des Testaments mit den Anlagen, insbesondere im Falle der Errichtung durch Übergabe einer Schrift mit dieser Schrift, in Gegenwart der übrigen mitwirkenden Personen und des Erblassers in einen Umschlag nehmen und diesen mit dem Amtssiegel verschließen. Der Bürgermeister soll das Testament auf dem Umschlag nach der Person des Erblassers sowie nach der Zeit der Errichtung näher bezeichnen und diese Aufschrift unterschreiben.

(2) Nach der Verschließung hat der Bürgermeister einen Vermerk über die Errichtung des Testaments nach dem in der Anlage 5 enthaltenen Muster aufzunehmen.

§ 20. Verwahrung des Testaments.

(1) Die nach § 19 Abs. (1) verschlossene Niederschrift hat der Bürgermeister unverzüglich zur amtlichen Verwahrung an das für die Gemeinde zuständige Amtsgericht, wenn der Erblasser jedoch die Verwahrung bei einem anderen Amtsgericht verlangt, an dieses abzuliefern.

(2) Die Ablieferung kann von dem Bürgermeister persönlich oder durch die Post bewirkt werden. Im letzteren Falle ist die Postsendung mit der Bezeichnung „Einschreiben" zu versehen.

(3) Der nach § 19 Abs. (2) aufgenommene Vermerk ist dem Amtsgericht mit einzureichen.

(4) Das Amtsgericht erteilt dem Bürgermeister eine Empfangsbescheinigung.

(5) Das Amtsgericht erteilt dem Erblasser über das in Verwahrung genommene Testament einen Hinterlegungsschein.

§ 21. Gebühren.

(1) An Gebühren erhält der Bürgermeister für die Errichtung eines Testaments bei einem Werte des Nachlasses

bis 1000 DM. einschl.	2 DM.
bis 5000 DM. einschl.	5 DM.
bis 10000 DM. einschl.	8 DM.
über 10000 DM.	10 DM.

(2) Als Wert des Nachlasses ist der Wert des gegenwärtigen Vermögens des Erblassers nach Abzug der Schulden anzusehen. Wird nicht über den ganzen Nachlaß verfügt, so ist für die Gebührenberechnung der Wert des Gegenstandes, über den verfügt wird, maßgebend.

§ 22. Auslagen.

An baren Auslagen werden vergütet:

1. die Postgebühren [§ 20 Abs. (2)];
2. die an die Zeugen gezahlten Gebühren; jedem Zeugen kann auf Verlangen für jede angefangene Stunde ein Betrag bis zu 75 Pf. gezahlt werden.

§ 23. Erhebung der Gebühren und Auslagen.

Der Bürgermeister hat die Gebühren und Auslagen von dem Erblasser zu erheben.

§ 24. Urkundensteuer[1]).

(1) Vor dem Bürgermeister errichtete Testamente unterliegen der Urkundensteuer unter den Voraussetzungen des § 39 des Urkundensteuergesetzes vom 5. Mai 1936.

(2) Die Steuerschuld entsteht jedoch erst bei der Eröffnung der Verfügung von Todes wegen.

Anlage 1.

Muster zu einer Niederschrift über die Errichtung eines Testaments durch mündliche Erklärung (§ 8 Abs. (1) Nr. 1 der Anweisung).

Adorf, den 12. Januar 1939, nachmittags 5 Uhr.

Gegenwärtig:

1. Elschner, Bürgermeister,
2. Krüger, Lehrer, } als Zeugen.
3. Lehmann, Bauer, }

Auf Antrag des hier wohnhaften Landwirts Friedrich Scholz hatte sich der unterzeichnete Bürgermeister Elschner unter Zuziehung der ihm bekannten Zeugen Lehrer Franz Krüger und Bauer Theodor Lehmann, beide von hier, heute in die Scholzsche Wohnung begeben. Sie fanden dort den Landwirt Friedrich Scholz, welcher dem Bürgermeister bekannt ist, krank und im Bette liegend, aber bei vollem Bewußtsein vor. Nach dem Zustande

---

[1]) Gemäß § 5 der VO. über die Änderung von Steuergesetzen vom 20. August 1941 (RGBl. I 511) wird die Urkundensteuer ab 1. September 1941 nicht mehr erhoben.

des Scholz erschien die Besorgnis begründet, daß ihm die Errichtung eines Testaments vor einem Richter oder einem Notar nicht mehr möglich sein werde.

Friedrich Scholz wiederholte sein Gesuch um Aufnahme seines Testaments und erklärte hierauf mündlich seinen letzten Willen, wie folgt:

I. Ich setze als meine Erben ein:
1. meine Ehefrau Marie geborene Kranz,
2. meine Tochter Luise, Ehefrau des Kaufmanns Heinrich Bähr in Bodorf,
3. meinen Sohn Karl,

und zwar zu gleichen Teilen.

II. Meinem Sohne Emil, z. Zt. in Liebstadt wohnhaft, entziehe ich den Pflichtteil, weil er meine Frau, seine Mutter, vorsätzlich körperlich mißhandelt hat.

III. Bei der Auseinandersetzung soll meine Tochter Luise verpflichtet sein, die ihr gegebene Ausstattung von 2000 (in Worten zweitausend) DM. zur Ausgleichung zu bringen.

IV. Ich vermache meiner Nichte, der Frau Schuhmachermeister Anna Friese geborenen Scholz in Wessig, die Summe von 200 (in Worten zweihundert) DM.

Der Erblasser wurde darauf hingewiesen, daß das Testament als nicht errichtet gilt, wenn seit der Errichtung drei Monate verstrichen sind, und der Erblasser noch lebt, daß jedoch Beginn und Lauf der Frist gehemmt sind, solange der Erblasser außerstande ist, ein Testament vor einem Richter oder Notar zu errichten.

Die Niederschrift ist dem Erblasser vorgelesen, auch zur Durchsicht vorgelegt, von ihm genehmigt und wie folgt von ihm eigenhändig unterschrieben worden.

Friedrich Scholz
Elschner Lehmann
Krüger.

Anlage 2.

Muster
zu einer Niederschrift über die Errichtung eines Testaments durch Übergabe einer Schrift (§ 8 Abs. (1) Nr. 2 der Anweisung).

Adorf, den 15. Februar 1939, nachmittags 4 Uhr.

Gegenwärtig:
1. Elschner, Bürgermeister,
2. Krüger, Lehrer, } als Zeugen.
3. Lehmann, Bauer, }

Auf Antrag des hier wohnhaften Landwirts Friedrich Scholz hatte sich der unterzeichnete Bürgermeister Elschner unter Zuziehung der ihm bekannten Zeugen Lehrer Franz Krüger und Bauer Theodor Lehmann, beide von hier, heute in die Scholzsche Wohnung begeben. Sie fanden dort vor:
1. den Landwirt Friedrich Scholz,
2. dessen Ehefrau Marie geborene Kranz.

Beide sind dem Bürgermeister bekannt. Die Ehefrau Scholz lag schwer krank, aber bei vollem Bewußtsein im Bett. Es erschien die Besorgnis begründet, daß ihr die Errichtung eines Testaments vor einem Richter oder einem Notar nicht mehr möglich sein werde.

Die Scholzschen Eheleute baten um Annahme ihres gemeinschaftlichen Testaments.

Sie übergeben hierauf dem Bürgermeister eine nicht verschlossene

Schrift und erklärten: Diese Schrift enthält unseren letzten Willen, nämlich unser gemeinschaftliches Testament.

Die Erblasser wurden darauf hingewiesen, daß das Testament als nicht errichtet gilt, wenn seit der Errichtung drei Monate verstrichen sind und beide Ehegatten noch lebten, daß jedoch Beginn und Lauf der Frist gehemmt sind, solange einer der Ehegatten außerstande ist, ein Testament vor einem Richter oder Notar zu errichten.

Die Niederschrift ist den Erblassern vorgelesen, von ihnen genehmigt und von dem Landwirt Friedrich Scholz und der Ehefrau Marie Scholz wie folgt eigenhändig unterschrieben worden.

Friedrich Scholz
Marie Scholz
Elschner Lehmann
Krüger.

Anlage 3.

Muster zu einer Niederschrift über die Errichtung eines Testaments durch mündliche Erklärung, wenn der Erblasser der deutschen Sprache nicht mächtig ist (§ 17 der Anweisung).

Bodorf, den 5. Mai 1939.

Gegenwärtig:

1. Elschner, Bürgermeister,
2. Krüger, Lehrer, } als Zeugen.
3. Lehmann, Bauer, }

Auf Antrag des hier wohnhaften Schneidermeisters Cyril Tomsa hatte sich der unterzeichnete Bürgermeister Elschner unter Zuziehung der ihm bekannten Zeugen Lehrer Franz Krüger und Bauer Hans Lehmann in das Anwesen Bedorf Nr. 15 begeben.

Sie fanden dort den dem Bürgermeister bekannten Schneidermeister Cyril Tomsa schwer krank im Bette liegend, aber bei vollem Bewußtsein vor. Es erschien die Besorgnis begründet, daß ihm die Errichtung eines Testaments vor einem Richter oder Notar nicht mehr möglich sein werde.

Wie sich aus der Unterredung zur Überzeugung des Bürgermeisters ergab, ist Tomsa der deutschen Sprache nicht mächtig; er erklärte vielmehr, nur die slowakische Sprache zu beherrschen. Es wurde daher, da auch ein vereideter Dolmetscher nicht zur Verfügung stand, der Kaufmann Friedrich Weber, der der slowakischen Sprache mächtig ist, als Dolmetscher zugezogen.

Der Dolmetscher wurde vom Bürgermeister vereidigt wie folgt:

„Ich, Friedrich Weber, schwöre bei Gott dem Allmächtigen und Allwissenden, daß ich treu und gewissenhaft übertragen werde, so wahr mir Gott helfe."

Durch Vermittelung des Dolmetschers wiederholte Tomsa sein Gesuch um Aufnahme eines Testaments und erklärte seinen letzten Willen wie folgt:

> „Ich setze meine Ehefrau Anna geb. Swobodnik zur alleinigen Vorerbin meines Nachlasses ein; sie soll von allen Beschränkungen und Verpflichtungen, soweit gesetzlich zulässig, befreit sein. Zu Nacherben setze ich unsere Kinder zu gleichen Teilen ein. Sonst habe ich nichts zu bestimmen."

Der Erblasser wurde darauf hingewiesen, daß das Testament als nicht errichtet gilt, wenn seit der Errichtung drei Monate verstrichen sind und der Erblasser noch lebt, daß jedoch Beginn und Lauf der Frist gehemmt sind, solange der Erblasser außerstande ist, ein Testament vor einem Richter oder Notar zu errichten.

Die ganze vorstehende Niederschrift wurde von dem Dolmetscher in die slowakische Sprache übersetzt und dem Erblasser vorgelesen. Die Übersetzung ist dieser Niederschrift als Anlage beigefügt.

Hierauf wurde die vorstehende Niederschrift vorgelesen, von dem Erblasser genehmigt sowie von ihm und allen mitwirkenden Personen eigenhändig unterschrieben.

Cyril Tomsa

Krüger Lehmann Weber

Elschner.

Anlage 4.

Muster
zu einer Niederschrift über die Errichtung eines Testaments in fremder Sprache (§ 18 der Anweisung).

(Übersetzung).

Bedorf, den 5. Mai 1939.

Gegenwärtig:

1. Elschner, Bürgermeister,
2. Krüger, Lehrer, } als Zeugen.
3. Lehmann, Bauer, }

Auf Antrag des hier wohnhaften Kaufmanns Boleslav Xhytil hatte sich der unterzeichnete Bürgermeister Elschner unter Zuziehung der ihm bekannten Zeugen Lehrer Franz Krüger und Bauer Hans Lehmann in das Anwesen Bedorf Nr. 15 begeben. Sie fanden dort den dem Bürgermeister bekannten Kaufmann Boleslav Chytil schwer krank im Bette liegend, aber bei vollem Bewußtsein vor. Es erschien die Besorgnis begründet, daß ihm die Errichtung eines Testaments vor einem Richter oder Notar nicht mehr möglich sein werde.

Nach der Überzeugung des Bürgermeisters ist Boleslav Chytil der deutschen Sprache nicht mächtig; er erklärte vielmehr, nur die tschechische Sprache zu beherrschen. Da nach der Überzeugung des Bürgermeisters die sämtlichen mitwirkenden Personen der tschechischen Sprache mächtig sind, wurde die Niederschrift in tschechischer Sprache aufgenommen und eine deutsche Übersetzung der Niederschrift als Anlage beigefügt.

Chytil wiederholte sein Gesuch um Aufnahme eines Testaments und erklärte sodann seinen letzten Willen wie folgt:

....

Der Erblasser wurde darauf hingewiesen, daß das Testament als nicht errichtet gilt, ...

Hierauf wurde die vorstehende Niederschrift vorgelesen, von dem Erblasser genehmigt sowie von ihm und allen übrigen mitwirkenden Personen genehmigt und eigenhändig unterschrieben.

Boleslav Chytil

Krüger Lehmann

Elschner.

Anmerkung: Die Urschrift ist ganz in tschechischer Sprache aufzunehmen! Das vorstehende Muster ist als die deutsche Übersetzung der Niederschrift (vgl. Abs. 2 des Musters) anzusehen.

Anlage 5.

Muster
für einen Vermerk über die Errichtung eines Testaments vor dem Bürgermeister (§ 19 Abs. (2) der Anweisung).

Urschriftlich nebst Anlage an das Amtsgericht
in Destadt zur amtlichen Verwahrung des
Testaments.

Adorf, den 16. Februar 1939.
Elschner.

Vor dem unterzeichneten Bürgermeister haben heute der Landwirt Friedrich Scholz und seine Ehefrau Marie geborene Kranz, wohnhaft in Adorf, in ihrer Wohnung durch Übergabe einer offenen Schrift ein gemeinschaftliches Testament errichtet.

Die hierüber aufgenommene Niederschrift habe ich nebst der übergebenen Schrift in Gegenwart der zugezogenen Zeugen und der Erblasser mit dem Amtssiegel zweimal verschlossen und mit folgender Aufschrift versehen:

„In diesem Umschlag befindet sich das heute aufgenommene gemeinschaftliche Nottestament des Landwirts Friedrich Scholz und seiner Ehefrau Marie geborenen Kranz in Adorf.

Adorf, den 15. Februar 1939.

Elschner, Bürgermeister."

Der Wert des Gegenstandes des Testaments ist auf 5000 DM. angegeben worden.

Elschner, Bürgermeister.

9.

Sicherung der Testamente[1])

1. AV. des RJM. vom 22. November 1943 über Sicherung der Testamente gegen Feindeinwirkung (Dt. Just. S. 545).

Auf Grund des § 52 des Testamentsgesetzes vom 31. Juli 1938 bestimme ich im Einvernehmen mit dem deutschen Staatsminister für Böhmen und Mähren:

§ 1.

Der Oberlandesgerichtspräsident kann zur Sicherung der Verfügungen von Todes wegen gegen Feindeinwirkung bestimmen, daß die in besonderer amtlicher Verwahrung eines Amtsgerichts (Verwahrungsgerichts) befindlichen Testamente und Erbverträge bei einem anderen Gericht (Aufnahmegericht) untergebracht werden. Liegen Verwahrungsgericht und Aufnahmegericht in verschiedenen OLG.-Bezirken, so ist die Bestimmung von beiden beteiligten OLG.-Präsidenten im Einvernehmen miteinander zu treffen.

---

[1]) Die Vorschriften der hier wiedergegebenen Allgemeinen Verfügungen sind noch nicht aufgehoben. Sie sind aus Anlaß des Krieges erlassen. Der Krieg ist rechtlich noch nicht beendet; die Vorschriften der Allgemeinen Verfügungen sind also noch in Geltung, soweit nicht durch die Länderregierungen inzwischen abweichende Bestimmungen getroffen worden sind.

§ 2.

(1) Die nach den allgemeinen Vorschriften begründete Zuständigkeit des Verwahrungsgerichts wird durch eine Bestimmung gemäß § 1 nur berührt, soweit sich dies aus dem Nachfolgenden ergibt. Das Verwahrungsgericht bleibt insbesondere zuständig für die Anordnung der Annahme zur Verwahrung und der Herausgabe, zur Führung des Verwahrungsbuches (Urkundenverzeichnisses) und zur Ausstellung des Hinterlegungsscheines.

(2) Im Verwahrungsbuch ist in Spalte 8, im Urkundenverzeichnis *(§ 170 der in den Alpen- und Donaureichsgauen und §§ 285, 286 der im Protektorat Böhmen und Mähren geltenden Geschäftsordnung)* [1]) an geeigneter Stelle zu vermerken, bei welchem Amtsgericht die Verfügung von Todes wegen untergebracht ist.

§ 3.

(1) Das Aufnahmegericht hat die ihm anvertrauten Testamente und Erbverträge nach den Vorschriften zu verwahren, die es anzuwenden hätte, wenn es Verwahrungsgericht wäre (§ 38 TestGes., §§ 170 und 285, 286 GeO.). Es darf sie nur auf Anordnung des Verwahrungsgerichts, die ihm in Ausfertigung zu übersenden ist, annehmen und herausgeben. Ferner hat es dem Verwahrungsgericht die Annahme und die Herausgabe zu bestätigen. Die Ausfertigungen der Annahme- und der Herausgabeverfügungen bleiben bei dem Aufnahmegericht.

(2) Das Aufnahmegericht hat über die ihm anvertrauten Testamente und Erbverträge ein besonderes Verzeichnis (VT.) zu führen; die Einrichtung des Verzeichnisses bestimmt der OLG.-Präsident, zu dessen Bezirk das Aufnahmegericht gehört. Aus dem Verzeichnis soll sich insbesondere das Verwahrungsgericht, das Aktenzeichen und die Nummer des Verwahrungsbuches (Urkundenverzeichnisses) des Verwahrungsgerichts, die nähere Bezeichnung der Verfügung von Todes wegen, der Tag ihrer Annahme und ihrer Herausgabe, sowie die Person, an die sie herausgegeben ist, ergeben. Da die Hauptakten bei dem Verwahrungsgericht verbleiben, ist das bei dem Aufnahmegericht entstehende Schriftgut unter dem Aktenzeichen des VT.-Verzeichnisses zu führen.

(3a) Dem Aufnahmegericht liegt die Eröffnung (Kundmachung) der Verfügung von Todes wegen nach dem für dieses Gericht maßgebenden Vorschriften ob.

b) Das Testament ist nebst einer beglaubigten Abschrift der über die Eröffnung aufgenommenen Niederschrift dem Nachlaßgericht zu übersenden; eine beglaubigte Abschrift des Testaments ist zurückzubehalten. Die §§ 44, 45 Test.-Ges. gelten sinngemäß. Ist das Verwahrungsgericht nicht das Nachlaßgericht, so ist ihm von der Übersendung Mitteilung zu machen.

c) Falls die Verfügung von Todes wegen der Vorschriften der §§ 37—47 Test.-Ges. nicht unterliegt, bleibt sie bei dem Aufnahme-

---

[1]) Bedeutungslos, da dort das Testamentsgesetz nicht mehr gilt; vgl. § 49 mit Anm.

gericht; eine beglaubigte Abschrift der Verfügung von Todes wegen und der über die Kundmachung aufgenommenen Niederschrift ist dem Verlassenschaftsgericht zu übersenden. Ist das Verwahrungsgericht nicht das Verlassenschaftsgericht, so ist ihm von der Übersendung Mitteilung zu machen.

§ 4.

(1) Besondere Kosten werden für die Unterbringung bei dem Aufnahmegericht einschließlich der Übersendung dorthin nicht erhoben.

(2) Wird außer bei dem Aufnahmegericht auch bei dem Verwahrungsgericht ein Testament oder Erbvertrag desselben Erblassers eröffnet, so gilt im Geltungsbereich der Kostenordnung § 95 Abs. 2 der Kostenordnung sinngemäß, wenn zwischen den beiden Eröffnungen nicht mehr als ein Vierteljahr liegt.

§ 5.

(1) In den OLG.-Bezirken, in denen Verfügungen von Todes wegen sich bei Notaren (Bezirksnotaren) in besonderer amtlicher Verwahrung befinden, kann der OLG.-Präsident, notfalls im Einvernehmen mit anderen beteiligten OLG.-Präsidenten, bestimmen, daß diese Verfügungen von Todes wegen bei einem geeigneten Amtsgericht untergebracht werden.

(2) Die Vorschriften der §§ 2—4 gelten entsprechend.

§ 6.

(1) Der Richter oder Notar hat in Zukunft von jeder vor ihm errichteten Verfügung von Todes wegen, soweit irgend tunlich, eine beglaubigte Abschrift zurückzubehalten, es sei denn, daß die Verfügung von Todes wegen durch Übergabe einer verschlossenen Schrift errichtet wird. Auf der Niederschrift über die Errichtung der Verfügung von Todes wegen ist die Zurückbehaltung zu vermerken.

(2) Diese Abschrift ist in einen besonderen Umschlag zu nehmen. Auf ihm ist zu vermerken, daß er die beglaubigte Abschrift der näher zu bezeichnenden Verfügung von Todes wegen enthält. Der Vermerk ist von dem Richter oder dem Notar zu unterzeichnen.

(3) Der Umschlag ist mit dem Amtssiegel zu verschließen und sodann an möglichst sicherem Orte zu verwahren. Im Verwahrungsbuch (Urkundenverzeichnis, Urkundenrolle) ist zu vermerken, wo die Abschrift aufbewahrt wird. Nach der Eröffnung (Kundmachung) ist die Abschrift an das Eröffnungsgericht abzugeben. Das Eröffnungsgericht soll deshalb nötigenfalls das Gericht oder den Notar, der die Abschrift zurückbehalten hat, kurz von der Eröffnung benachrichtigen.

(4) Außer Schreibgebühren werden Kosten für das hier vorgeschriebene Verfahren nicht erhoben.

(5) Die OLG.-Präsidenten werden ermächtigt, das Nähere zu bestimmen.

§ 7.

Die AV. vom 18. Oktober 1943 (Dt. Just. S. 488) ist hierdurch gegenstandslos geworden und wird deshalb aufgehoben.

2. AV. des RJM. vom 24. Juni 1944 über Sicherung der Testamente gegen Feindeinwirkung (Dt. Just. S. 201).

Auf Grund des § 52 des Testamentsgesetzes vom 31. Juli 1938, bestimme ich in Ergänzung der AV. vom 22. November 1943 — Dt. Just. S. 545 — folgendes:

Wird ein Testament aus der besonderen amtlichen Verwahrung zurückgenommen, so hat der Richter oder Notar, der gemäß § 6 der AV. vom 22. November 1943 eine beglaubigte Abschrift des Testaments zurückbehalten hat, die Rücknahme auf der Abschrift zu vermerken und diese, soweit dies ohne besondere Schwierigkeiten möglich ist, dem Erblasser zurückzugeben. War das aus der besonderen amtlichen Verwahrung eines Gerichts zurückgenommene Testament vor einem anderen Gericht oder vor einem Notar errichtet, so soll das Verwahrungsgericht in den Fällen des § 6 der erwähnten AV. das andere Gericht oder den Notar von der Rücknahme benachrichtigen.

In gleicher Weise ist zu verfahren, soweit Notare auf Grund einer Anordnung des Oberlandesgerichtspräsidenten bereits vor dem Erlaß der AV. vom 22. November 1943 beglaubigte Abschriften der vor ihnen errichteten Testamente zurückbehalten haben.

Die Oberlandesgerichtspräsidenten werden ermächtigt, das Nähere zu bestimmen.

II. Vorschriften für die Wehrmacht[1])

1.

Gesetz über die freiwillige Gerichtsbarkeit und andere Rechtsangelegenheiten in der Wehrmacht.

Vom 24. April 1934 (RGBl. I S. 335, 352) i. d. F. vom 6. September 1943 (RGBl. I S. 537).

Die Reichsregierung hat das folgende Gesetz beschlossen, das hiermit verkündet wird:

Artikel 1.

Für die im § 1 der Militärstrafgerichtsordnung (Reichsgesetzbl. 1933 I S. 924) genannten Personen gelten im mobilen Verhältnis (§ 7 des Einführungsgesetzes zur Militärstrafgerichts-

[1]) Die Vorschriften für die Wehrmacht haben heute in der Regel ihre Bedeutung verloren. Für die noch nicht entlassenen Kriegsgefangenen gelten sie allerdings auch heute noch. Außerdem werden diese Vorschriften für die rechtliche Beurteilung von Urkunden, die früher errichtet wurden, auch in Zukunft noch wichtig sein, weshalb sie nachfolgend mit abgedruckt sind. Vgl. im übrigen die Erläuterungen zu § 27.

ordnung, Reichsgesetzbl. 1933 I S. 921[1]) folgende besondere Bestimmungen:

§ 1. (1) Die im § 167 des Reichsgesetzes über die Angelegenheiten der freiwilligen Gerichtsbarkeit vom 20. Mai 1898 (Reichsgesetzbl. S. 771) den Amtsgerichten oder Notaren zugewiesenen Verrichtungen, die Aufnahme anderer Urkunden, einschließlich der vollstreckbaren Urkunden nach § 794 Abs. 1 Nr. 5 der Zivilprozeßordnung, und die Entgegennahme eidesstattlicher Versicherungen stehen auch den richterlichen Militärjustizbeamten zu.

(2) Unterschriften können auch die militärischen Disziplinarvorgesetzten oder die vorgesetzten Beamten beglaubigen.

(3) Die Oberbefehlshaber der drei Wehrmachtteile und der Chef des Oberkommandos der Wehrmacht können jeder für seinen Bereich den Urkundsbeamten der Geschäftsstellen der Militärgerichte folgende Geschäfte zur selbständigen Wahrnehmung übertragen[2]):

a) die Beurkundung der Anerkennung der Vaterschaft zu einem unehelichen Kinde nach seiner Geburt, die Zustimmung des gesetzlichen Vertreters zu einer solchen Anerkennung sowie die Beurkundung der Verpflichtung des ehelichen oder unehelichen Vaters zur Zahlung von Unterhaltsbeträgen in vollstreckbarer Form,

b) den Vermerk über die Zeit der Vorlegung einer Privaturkunde nach Artikel 1 § 4 Abs. 2,

c) die Entgegennahme von Beschwerden nach Artikel 1 § 10[3]).

§ 2. (1) Für die Beurkundung von Rechtsgeschäften und die Beglaubigung von Unterschriften oder Handzeichen nach § 1 gelten die §§ 168 bis 183 des Reichsgesetzes über die Angelegenheiten der freiwilligen Gerichtsbarkeit entsprechend. Die Gültigkeit einer Beglaubigung wird dadurch nicht berührt, daß der Beglaubigungsvermerk den Erfordernissen des § 183 Abs. 2 des Reichsgesetzes über die freiwillige Gerichtsbarkeit nicht entspricht.

(2) Für die Errichtung von Testamenten und den Abschluß von Erbverträgen nach § 1 gelten auch die Vorschriften des Bürgerlichen Gesetzbuches entsprechend[4]).

---

[1]) Die Militärstrafgerichtsordnung nebst EinfGes. ist in neuer Fassung bekannt gemacht am 29. September 1936 (RGBl. I S. 751) und in § 42 Abs. 3 durch VO. vom 24. Juli 1938, RGBl. I 993, geändert.

[2]) Die Übertragung ist vorgenommen durch Anordnungen des Oberkommandos des Heeres vom 17. Oktober 1942, des Oberkommandos der Wehrmacht vom 5. November 1942, des Oberkommandos der Kriegsmarine vom 11. November 1942 und des RMin. für Luftfahrt vom 9. Dezember 1942, sämtliche bekanntgegeben durch AV. d. RJM. vom 17. Februar 1943, Dt.Just. 138. Vgl. auch AV. d. RJM. vom 3. April 1944, Dt.Just. 138 und vom 4. August 1944, Dt.Just. 228, sowie § 19 der VO. vom 1. November 1939, RGBl. I 2293 (Beurkundungszuständigkeit bei Polizei und SS).

[3]) § 1 Abs. 3 ist eingefügt durch VO. vom 27. August 1942, RGBl. I 541; ebenso § 2 Abs. 1 S. 2.

[4]) Nunmehr treten die entsprechenden Vorschriften des TestG. an ihre Stelle (vgl. § 50 Abs. 6 TestG.).

(3) An die Stelle des Urkundsbeamten der Geschäftsstelle des Amtsgerichts tritt der Urkundsbeamte der Geschäftsstelle des Militärgerichts. Wehrmachtsangehörige können als Zeugen auch mitwirken, wenn sie minderjährig sind.

§ 3 (1) Eine letztwillige Verfügung ist als Militärtestament gültig errichtet,

a) wenn der Erblasser sie eigenhändig geschrieben und unterschrieben hat, oder

b) wenn der Erblasser sie eigenhändig unterschrieben hat und wenn sie außerdem von einem Offizier oder einem Militärbeamten im Offiziersrang als Zeugen oder von zwei sonstigen Zeugen unterschrieben ist.

(2) Enthält ein solches Testament eine Zeitangabe, so wird vermutet, daß sie richtig ist.

(3) Ein Militärtestament ist als öffentliches Testament gültig errichtet, wenn über die mündliche Erklärung des Erblassers ein Offizier oder Militärbeamter im Offiziersrang unter Zuziehung entweder eines weiteren Offiziers oder Militärbeamten im Offiziersrang als Zeugen oder zweier sonstiger Zeugen eine schriftliche Verhandlung aufgenommen hat, die dem Erblasser vorgelesen, von ihm genehmigt und vom Aufnehmenden und den Zeugen unterschrieben worden ist.

(4) Ist ein Militärtestament während des mobilen Verhältnisses des Erblassers oder innerhalb von zwei Wochen nach dessen Ende einer Militärbehörde übergeben oder ist es in einem Feldnachlaß gefunden, so wird vermutet, daß das Testament während des mobilen Verhältnisses errichtet ist.

(5) Militärtestamente verlieren ihre Gültigkeit mit Ablauf eines Jahres nach dem Tage, mit dem für den Erblasser das mobile Verhältnis aufgehört hat. Der Ablauf der Frist wird durch die Unfähigkeit des Erblassers zum Errichten einer anderen letztwilligen Verfügung und ferner dadurch gehemmt, daß nach dem Ende seines mobilen Verhältnisses ein solches für ihn wieder neu beginnt.

(6) Kriegsgefangene und Geiseln können Militärtestamente auch errichten, solange sie sich in der Gewalt des Feindes befinden. Die Vorschriften der Abs. 1 bis 5 gelten entsprechend.

§ 3a[1]).

(1) Der Gültigkeit eines vom Erblasser eigenhändig geschriebenen oder unterschriebenen Militärtestaments (Art. 1 § 3 Abs. 1) steht nicht entgegen, daß die sonstigen Formerfordernisse des

---

[1]) Die §§ 3a bis 3d sind eingefügt durch die fünfte VO. zur Ergänzung des Gesetzes über die freiwillige Gerichtsbarkeit und andere Rechtsangelegenheiten in der Wehrmacht vom 6. September 1943, RGBl. I S. 537. Nach Abschnitt II dieser VO. gelten sie nicht für Erbfälle, die sich vor dem Inkrafttreten der VO. ereignet haben, sofern nicht das Nachlaßgericht eine abweichende Anordnung trifft.

Art. 1 § 3 Abs. 1 nicht erfüllt sind, wenn mit Sicherheit anzunehmen ist, daß das Testament den letzten Willen des Erblassers zuverlässig wiedergibt.

(2) Der Gültigkeit eines öffentlichen Militärtestaments (Art. 1 § 3 Abs. 3), über das die schriftliche Verhandlung aufgenommen und vom Aufnehmenden und den Zeugen unterschrieben ist, stehen Verstöße gegen sonstige Formvorschriften nicht entgegen, wenn mit Sicherheit anzunehmen ist, daß die schriftliche Verhandlung den letzten Willen des Erblassers zuverlässig wiedergibt. Dasselbe gilt, wenn der Erblasser vor Abfassung der schriftlichen Verhandlung gestorben ist.

(3) Der Gültigkeit eines vom Erblasser nach Art. 1 § 3 Abs. 1 oder 3 errichteten Militärtestaments steht nicht entgegen, daß darin auf eine bereits errichtete deutlich bezeichnete andere Urkunde, auch wenn sie dem Testament nicht beigefügt ist, verwiesen wird. Diese andere Urkunde gilt als Teil des Testaments.

§ 3b.

(1) Auf eine vom Erblasser eigenhändig geschriebene oder unterschriebene letztwillige Verfügung, die er vor Eintritt in das mobile Verhältnis errichtet hat, sind, soweit dies zu ihrer Aufrechterhaltung dient, die Vorschriften über Militärtestamente sinngemäß anzuwenden, wenn der Erblasser zur Zeit seines Todes befugt war, ein Militärtestament zu errichten.

(2) Abs. 1 ist auf Kriegsgefangene und Geiseln (§ 3 Abs. 6) entsprechend anzuwenden.

(3) Die Abs. 1 und 2 gelten nicht, wenn feststeht, daß die Aufrechterhaltung der letztwilligen Verfügung dem Willen des Erblassers zur Zeit des Erbfalls nicht mehr entsprochen hat.

§ 3c.

(1) Der Gültigkeit einer letztwilligen Verfügung steht das Fehlen jeglicher Form nicht entgegen, wenn der Erblasser zu der Verfügung durch eine unmittelbare Todesgefahr, in der er sich befand oder zu befinden glaubte, veranlaßt ist und die urkundliche Festlegung nach den Umständen unmöglich oder ihm nicht zuzumuten war.

(2) Eine gemäß Abs. 1 vorgenommene letztwillige Verfügung gilt als nicht getroffen, wenn seit ihrer Anordnung drei Monate verstrichen sind und der Erblasser noch lebt.

§ 3d.

(1) Ist ein Militärtestament nicht in einer Urkunde enthalten (§ 3c), so hat das Nachlaßgericht auf Antrag oder von Amts wegen die erforderlichen Ermittlungen über den Inhalt des Testaments anzustellen, ihr Ergebnis schriftlich niederzulegen und mit dieser Niederschrift nach §§ 40, 42 des Testamentsgesetzes zu verfahren. Vor der schriftlichen Niederlegung durch das Nachlaß-

gericht kann das Testament im Rechtsverkehr nicht geltend gemacht werden.

(2) Ist in einem Militärtestament auf eine andere Urkunde verwiesen (§ 3a Abs. 3), so sind auf sie die Vorschriften über die Ablieferung, Eröffnung und Verwahrung eines Testaments sinngemäß anzuwenden.

§ 4. (1) Zur Beglaubigung von Abschriften genügt ein unter die Abschrift zu setzender Vermerk des richterlichen Militärjustizbeamten oder des Urkundsbeamten der Geschäftsstelle des Militärgerichts, der die Übereinstimmung mit der Hauptschrift bezeugt und erkennen läßt, ob diese eine Urschrift, eine einfache oder eine beglaubigte Abschrift oder eine Ausfertigung ist; Beglaubigungs- oder Ausfertigungsangaben sind in die beglaubigte Abschrift aufzunehmen. Soll lediglich ein Auszug aus einer Urkunde beglaubigt werden, so ist in die Abschrift außer den die Förmlichkeiten nachweisenden Teilen nur der Teil der Urkunde aufzunehmen, auf den sich der Auszug beziehen soll; er ist im Beglaubigungsvermerk anzugeben, und es ist dabei zu bezeugen, daß über ihn keine weiteren Bestimmungen in der Urkunde enthalten sind.

(2) Zur Sicherstellung der Zeit, zu der eine Privaturkunde ausgestellt ist, genügt ein Vermerk des richterlichen Militärjustizbeamten darüber, wann ihm die Urkunde vorgelegt worden ist.

(3) Die Vermerke müssen den Tag der Ausstellung enthalten und mit der Unterschrift des beurkundenden Beamten versehen sein. Sie sollen Durchstreichungen, Änderungen, Einschaltungen, Radierungen oder andere Mängel einer Schrift angeben.

§ 5. Lebensbescheinigungen und sonstige einfache Zeugnisse können durch einen Vermerk des richterlichen Militärjustizbeamten erteilt werden. Der Vermerk muß die Unterschrift des beurkundenden Beamten und den Tag der Ausstellung enthalten.

§ 6. Andere als die in den §§ 2 bis 5 genannten Urkunden sind in Form einer Niederschrift aufzunehmen, die den Beteiligten zur Genehmigung vorzulesen oder zur Durchsicht vorzulegen ist. Die Niederschrift hat den Tag der Verhandlung sowie die Unterschrift der Beteiligten und des richterlichen Militärjustizbeamten zu enthalten. Kann ein Beteiligter nicht unterschreiben, so ist dies unter der Niederschrift zu vermerken.

§ 7. Urkunden der in den §§ 2 bis 6 genannten Art bedürfen zu ihrer Gültigkeit keiner Ortsangabe; sie sollen jedoch die Dienststelle der Personen enthalten, die die beurkundete Erklärung abgegeben oder aufgenommen oder die die Urkunde errichtet haben. Das gleiche gilt für sonstige Urkunden, die im mobilen Verhältnis von einer militärischen Behörde oder einer der im § 1 der Militärstrafgerichtsordnung genannten Personen errichtet sind.

§ 8. Werden nach den Vorschriften dieses Gesetzes errichtete oder aufgenommene Urkunden oder Vermerke einem Beteiligten in Urschrift ausgehändigt, so müssen sie mit dem Dienstsiegel oder Dienststempel versehen sein.

§ 9. Für die Beglaubigung von Unterschriften (§ 1) werden keine Stempelabgaben erhoben.

§ 10. Beschwerden nach § 27 des Reichsgesetzes über die Angelegenheiten der freiwilligen Gerichtsbarkeit und nach § 78 der Grundbuchordnung können zur Niederschrift eines richterlichen Militärjustizbeamten, eines militärischen Disziplinarvorgesetzten oder eines vorgesetzten Beamten eingelegt werden. Bei sofortigen weiteren Beschwerden wird die Notfrist durch fristgemäße Aufnahme dieser Niederschrift gewahrt.

§ 11. (1) Rechtshilfeersuchen können durch richterliche Militärjustizbeamte oder im Rahmen ihrer Befugnisse durch Urkundsbeamte der Geschäftsstellen der Militärgerichte[1]) erledigt werden.

(2) Ein Ersuchen darf nur abgelehnt werden, wenn die ersuchte Stelle unzuständig und die Abgabe an die zuständige Stelle untunlich ist oder wenn die vorzunehmende Handlung nach dem Recht der ersuchten Stelle unzulässig ist.

(3) Die Kosten der Rechtshilfe werden der ersuchten Stelle nicht erstattet.

§ 12. Beschwerden aus Anlaß von Verrichtungen nach §§ 1 und 11 dieses Gesetzes werden im Aufsichtsweg erledigt.

§ 13. Bei einem Todesfall hat der zunächstvorgesetzte Offizier oder Beamte, soweit dies erforderlich ist, den Nachlaß vorläufig zu sichern.

Artikel 2.

Die Vorschriften des Artikels 1 gelten auch außerhalb des mobilen Verhältnisses sinngemäß für Personen, die zur Besatzung eines in Dienst gestellten Schiffs oder sonstigen Fahrzeugs der Reichsmarine gehören oder in anderer Eigenschaft an Bord eines solchen Schiffs oder Fahrzeugs sind, solange sich dieses außerhalb eines inländischen Hafens befindet.

Artikel 3.

Nach dem Tod einer der im § 1 der Militärstrafgerichtsordnung genannten Personen hat die Militärbehörde, der der Verstorbene angehört hat, unbeschadet der Zuständigkeit des Nachlaßgerichts, soweit dies erforderlich ist, die amtlichen Akten und sonstigen Sachen sicherzustellen, die sich im Gewahrsam des Verstorbenen befanden und auf Grund des Dienstverhältnisses herauszugeben sind. War der Verstorbene der einzige Beamte der Militärbehörde, so hat der Standortälteste diese Sachen sicherzustellen.

Artikel 4.

Für Wehrmachtsangehörige, deren Dienststelle sich im Ausland befindet und keinen Standort im Inland hat oder gehabt hat, kann der Reichspräsident auch in Friedenszeiten für Angelegenheiten der streitigen Gerichtsbarkeit einen Ort im Inland als Standort bestimmen.

---

[1]) Eingefügt durch VO. vom 27. August 1942, RGBl. I 541.

Artikel 5.

(1) Dieses Gesetz tritt am 1. April 1934 in Kraft.

(2) Gleichzeitig treten außer Kraft:

a) das Gesetz betreffend die freiwillige Gerichtsbarkeit und andere Rechtsangelegenheiten in Heer und Marine vom 28. Mai 1901 (Reichsgesetzbl. S. 185),

b) die Verordnung des Bundesrats über die freiwillige Gerichtsbarkeit in Heer und Marine vom 14. Januar 1915 (Reichsgesetzbl. S. 18),

c) die Verordnung des Bundesrats über die freiwillige Gerichtsbarkeit und andere Rechtsangelegenheiten in Heer und Marine vom 8. März 1917 (Reichsgesetzbl. S. 219),

d) § 184 des Reichsgesetzes über die Angelegenheiten der freiwilligen Gerichtsbarkeit vom 20. Mai 1898 (Reichsgesetzbl. S. 771),

e) § 38 des Wehrgesetzes vom 23. März 1921 (Reichsgesetzbl. S. 329).

(3) Der Reichswehrminister erläßt im Einvernehmen mit dem Reichsminister der Justiz die zur Durchführung und Ergänzung dieses Gesetzes erforderlichen Rechts- und Verwaltungsvorschriften.

Berlin, den 24. April 1934.

2.

Verordnung zur Durchführung und Ergänzung des Gesetzes über die freiwillige Gerichtsbarkeit und andere Rechtsangelegenheiten der Wehrmacht.

Vom 3. Februar 1936 (RGBl. I 99)[1].

Auf Grund des Art. 5 Abs. 3 des Gesetzes über die freiwillige Gerichtsbarkeit und andere Rechtsangelegenheiten in der Wehrmacht vom 24. April 1934 (Reichsgesetzbl. I S. 335) wird im Einvernehmen mit dem Reichsminister der Justiz zur Durchführung und Ergänzung dieses Gesetzes folgendes verordnet:

I. Liste.

Anlage 1 § 1. Im mobilen Verhältnis führt jede mit einem richterlichen Militärjustizbeamten ausgestattete Dienststelle nach Anlage 1 eine Liste, in die die Rechtshandlungen der freiwilligen Gerichtsbarkeit — nicht Beglaubigungen von Abschriften — der Reihe nach unter fortlaufenden Nummern eingetragen werden. Die Listen erhalten am Schluß ein alphabetisches Namenverzeichnis, das auf die Nummern verweist.

§ 2. Die Liste führt unter Mitverantwortung des richterlichen Militärjustizbeamten der Urkundsbeamte der Geschäftsstelle des Militärgerichts oder der mit den Geschäften eines solchen Beauftragte.

---

[1]) Unter Berücksichtigung des § 50 Abs. 6 des Testamentsgesetzes vom 31. Juli 1938. Siehe auch die Erläuterungen zu § 27 TestG.

II. Testamente.

§ 3. (1) Die über die Errichtung eines Testaments vor einem richterlichen Militärjustizbeamten aufgenommene Niederschrift (Art. 1 §§ 1, 2 des Gesetzes) soll nebst ihren Anlagen, insbesondere im Fall der Errichtung des Testaments durch Übergabe einer Schrift nebst dieser Schrift, von dem richterlichen Militärjustizbeamten in Gegenwart der übrigen mitwirkenden Personen und des Erblassers in einem dauerhaften Umschlag durch das Gerichtssiegel verschlossen werden. Auf dem Umschlag ist Vor- und Zuname, Stand, Dienstgrad, Truppen- (Marine-) Teil, Geburtsort, Geburtstag[1]) und Wohnsitz des Erblassers anzugeben. Die Aufschrift hat der richterliche Militärjustizbeamte zu unterschreiben.

(2) Der nach Abs. 1 verschlossene Umschlag ist unverzüglich an den Reichskriegsminister[2]) zur besonderen amtlichen Verwahrung abzuliefern.

(3) Dem Erblasser soll über die Errichtung des Testaments eine Bescheinigung nach Anlage 2 erteilt werden. **Anlage 2**

§ 4. Die Niederschrift über die Errichtung eines öffentlichen Militärtestaments (Art. 1 § 3 Abs. 3 des Gesetzes) soll von dem aufnehmenden Offizier oder Wehrmachtbeamten unverzüglich an einen richterlichen Militärjustizbeamten abgeliefert werden. Dieser bringt sie in einem mit dem Gerichtssiegel zu verschließenden Umschlag unter und verfährt im übrigen wie bei § 3. Auf dem Umschlag ist außerdem zu vermerken, daß er ein Militärtestament enthält.

§ 5. Ein eigenhändiges oder ein nach Art. 1 § 3 Abs. 1 des Gesetzes errichtetes Testament ist auf Verlangen des Erblassers von einem richterlichen Militärjustizbeamten entgegenzunehmen und unter Anwendung der Vorschriften des § 4 an den Reichskriegsminister[2]) zur besonderen amtlichen Verwahrung abzuliefern.

§ 6. (1) Der Reichskriegsminister[2]) führt eine Liste der von ihm verwahrten Testamente, in der die Militärtestamente besonders zu bezeichnen sind.

(2) Er hat dem Erblasser über das in seine Verwahrung genommene Testament einen Hinterlegungsschein zu erteilen.

§ 7. Die Annahme zur Verwahrung sowie die Herausgabe bewirkt der damit vom Reichskriegsminister[2]) Beauftragte. Die Verwahrung erfolgt unter seinem Verschluß. Er vollzieht bei der Buchführung die Vermerke über die Annahme und die Herausgabe. Er unterschreibt den Hinterlegungsschein (§ 6 Abs. 2) und versieht ihn mit dem Dienstsiegel.

§ 8. In den Hinterlegungsschein über Militärtestamente ist folgender Vermerk aufzunehmen:

Es wird darauf hingewiesen, daß ein Militärtestament seine Gültigkeit verliert mit Ablauf eines Jahres nach dem Tag, mit

---

[1]) Eingefügt durch VO. vom 27. August 1942, RGBl. I 541.

[2]) An die Stelle des Reichskriegsministers ist das Oberkommando der Wehrmacht getreten (Erlaß vom 4. Februar 1938, RGBl. I S. 111).

dem für den Erblasser das mobile Verhältnis aufgehört hat. Der Ablauf der Frist wird gehemmt durch die Unfähigkeit des Erblassers zum Errichten einer anderen letztwilligen Verfügung, ferner dadurch, daß nach dem Ende seines mobilen Verhältnisses ein solches für ihn neu beginnt.

§ 9. Der Erblasser kann jederzeit die Verwahrung des Testaments bei einem Amtsgericht verlangen. Hat der Erblasser seinen Wohnsitz im Bezirk eines anderen Amtsgerichts, so hat das Amtsgericht, das das Testament in Verwahrung nimmt, diesem Gericht von der Verwahrung Nachricht zu geben.

§ 10. Der § 34 des Gesetzes vom 31. Juli 1938 (Reichsgesetzbl. I S. 973) findet Anwendung. Ein nach Art. 1 § 3 Abs. 3 des Gesetzes errichtetes öffentliches Militärtestament steht den im § 34 Abs. 1 des Gesetzes vom 31. Juli 1938 bezeichneten Testamenten gleich.

§ 11. Nach dem Tode des Erblassers liefert der Reichskriegsminister[1]) das von ihm verwahrte Testament an das Nachlaßgericht ab (§ 39 des Gesetzes vom 31. Juli 1938)[2]).

III. Erbverträge.

§ 12. (1) Erbverträge gelten die Vorschriften unter II. §§ 3, 6, 7 und 9 entsprechend.

(2) Der Erbvertrag ist nicht nach II. § 3 zu behandeln, wenn die Parteien das Gegenteil verlangen. Das Gegenteil gilt im Zweifel als verlangt, wenn der Erbvertrag mit einem anderen Vertrag in derselben Urkunde verbunden wird. Auf übereinstimmenden Antrag der Vertragschließenden ist der Erbvertrag aus der amtlichen Verwahrung des Reichskriegsministers[1]) herauszugeben und an das Militärgericht abzuliefern, das ihn beurkundet hat. Er verbleibt in dessen Verwahrung.

IIIa. Vaterschaftsanerkenntnisse und Zahlungsversprechen[3]).

§ 12a. (1) Urkunden, in denen ein Wehrmachtsangehöriger

[1]) An die Stelle des Reichskriegsministers ist das Oberkommando der Wehrmacht getreten. (Erl. v. 4. 2. 1938, RGBl. I S. 111).

[2]) Über den Verbleib der Wehrmachtstestamente gibt das Bay. Staatsmin. d. Just. unter dem 17. 12. 1948-3804-I-2932 an die ihm unterstellten Gerichte und Notare Abdruck eines Briefes der Deutschen Dienststelle für die Benachrichtigung der nächsten Angehörigen von Gefallenen der ehemaligen deutschen Wehrmacht — Abwicklungsstelle — mit folgendem Wortlaut:

„Die bei der früheren Wehrmachtsauskunftstelle für Kriegsverluste und Kriegsgefangene hinterlegten Kriegstestamente sind bei der Besetzung Meiningens durch die amerikanischen Truppen im April 1945 und nach der Übernahme Thüringens durch die sowjetrussischen Militärbehörden im Juli 1945 dort verblieben. Es ist unbekannt, wo sie sich jetzt befinden. Mehrmalige seitens der Dienststelle unternommenen Versuche, wieder in den Besitz der Testamente zu gelangen, sind bisher erfolglos geblieben".

[3]) Eingefügt durch VO. vom 30. September 1940 (RGBl. I 1327), geändert durch VO. vom 27. August 1942 (RGBl. I 541).

die Vaterschaft anerkennt oder in denen die etwa erforderliche Zustimmung des gesetzlichen Vertreters zu diesem Anerkenntnis beurkundet wird (§ 11 Abs. 1 der Personenstandsverordnung der Wehrmacht vom 4. November 1939 — Reichsgesetzbl. I S. 2163), hat der richterliche Militärjustizbeamte dem Standesbeamten zu übersenden, in dessen Geburtenbuch die Geburt des Kindes beurkundet ist. Wenn die Geburt nicht in einem deutschen Geburtenbuch beurkundet ist, so ist die Urkunde dem Standesbeamten des Standesamts I in Berlin zu übersenden. In jedem Fall ist eine beglaubigte Abschrift der Urkunde dem zuständigen Vormundschaftsgericht zu übersenden.

(2) Ein von dem Wehrmachtangehörigen abgegebenes Versprechen auf Zahlung von Unterhalt im Sinne des § 794 Abs. 1 Nr. 5 der Reichs-Zivilprozeßordnung ist in einer besonderen Verhandlung aufzunehmen, die von dem Vaterschaftsanerkenntnis zu trennen ist. Die Urkunde über das Unterhaltszahlungsversprechen ist dem zuständigen Vormundschaftsgericht zur Verwahrung zu übersenden.

(3) Andere Urkunden, die ein richterlicher Militärjustizbeamter gemäß § 794 Abs. 1 Nr. 5 der Reichs-Zivilprozeßordnung aufgenommen hat, sind dem für den Wohnsitz des Schuldners zuständigen Amtsgericht zur Verwahrung zu übersenden. Hat der Schuldner keinen inländischen Wohnsitz, so sind die Urkunden dem Amtsgericht zu übersenden, das für den letzten inländischen Aufenthaltsort des Schuldners vor der Einberufung zuständig ist. Das Amtsgericht hat dem Gläubiger von dem Eingang der Urkunde Mitteilung zu machen.

(4) Die vollstreckbare Ausfertigung der Urkunden, die ein richterlicher Militärjustizbeamter oder ein Urkundsbeamter der Geschäftsstelle des Militärgerichts gemäß § 794 Abs. 1 Nr. 5 der Reichs-Zivilprozeßordnung aufgenommen hat, erteilt der Urkundsbeamte der Geschäftstelle des Gerichts, das die Urkunde verwahrt.

IV. Andere Beurkundungen.

§ 13. Andere Verhandlungen der freiwilligen Gerichtsbarkeit werden der Zeitfolge nach zu Akten vereinigt, es sei denn, daß sie den Beteiligten in Urschrift ausgehändigt oder auf ihren Wunsch anderen Behörden zugesandt werden. Die Aktenblätter erhalten fortlaufende Zahlen, jeder Aktenband ein Inhaltsverzeichnis. Der Urkundsbeamte verwaltet die Akten unter Aufsicht der richterlichen Militärjustizbeamten.

§ 14. Die Ausfertigung einer Niederschrift kann nur von dem Militärgericht erteilt werden, in dessen Verwahrung sich die Urschrift befindet. Der Urkundsbeamte der Geschäftsstelle soll Ausfertigungen oder Abschriften nur auf Anordnung des richterlichen Militärjustizbeamten erteilen.

§ 15. (1) Die Ausfertigung soll Ort und Tag der Erteilung angeben, die Bezeichnung der Person enthalten, der sie erteilt wird, und mit dem Dienstsiegel oder Dienststempel versehen werden.

(2) Auf der Urschrift soll vermerkt werden, wem und an welchem Tag Ausfertigungen erteilt worden sind.

§ 16. Soll eine Niederschrift auszugsweise ausgefertigt werden, so sind in die Ausfertigung außer solchen Teilen der Niederschrift, die die Beobachtung der Förmlichkeiten nachweisen, die Teile aufzunehmen, die den Gegenstand betreffen, auf den sich der Auszug beziehen soll. Im Ausfertigungsvermerk ist dieser Gegenstand anzugeben und zu bezeugen, daß weitere den Gegenstand betreffende Bestimmungen in der Niederschrift nicht enthalten sind.

§ 17. Anlagen der Niederschrift sind, soweit sie nicht einen Teil dieser selbst bilden, auf Antrag der Ausfertigung oder dem Auszug in beglaubigter Abschrift beizufügen.

§ 18. (1) Von den Niederschriften können, sofern nicht in der Urkunde oder durch eine besondere Erklärung gegenüber dem Militärgericht abweichend bestimmt ist, eine Ausfertigung fordern:

a) diejenigen, die die Rechtshandlung im eigenen Namen vorgenommen haben oder in deren Namen die beurkundete Rechtshandlung von anderen vorgenommen worden ist;
b) die Rechtsnachfolger der unter a) Bezeichneten.

(2) Die im Abs. 1 Bezeichneten sind auch berechtigt, eine einfache oder beglaubigte Abschrift zu verlangen und die Urschrift einzusehen.

(3) Hat der eine Ausfertigung Fordernde, sein Rechtsvorgänger oder sein Rechtsnachfolger schon eine Ausfertigung erhalten, so ist die Erteilung einer weiteren Ausfertigung zu verweigern, wenn ihr rechtliche Bedenken entgegenstehen.

V. Aufbewahren der Listen und Akten.

§ 19. Listen und Akten verwahrt die Dienststelle, die sie angelegt hat. Wird sie aufgelöst, so gehen sie auf die Dienststelle über, die ihre übrigen Akten zu übernehmen hat. Sie bleiben ebenso wie die Verfügung von Todes wegen von der Vernichtung ausgeschlossen.

VI. Ersuchen um Rechtshilfe.

§ 20. Ersuchen um Rechtshilfe werden nur durch das Briefbuch nachgewiesen. Sie werden mit den entstandenen Verhandlungen der ersuchenden Stelle zurückgesandt.

VII. Nachlaßsicherung.

§ 21. Enthält der Nachlaß eines im mobilen Verhältnis Verstorbenen eine Verfügung von Todes wegen, so kann der mit der Nachlaßsicherung Befaßte einen richterlichen Militärjustizbeamten zum Abliefern an das Nachlaßgericht (§ 39 des Gesetzes vom 31. Juli 1938, Reichsgesetzbl. I S. 973) ersuchen.

Berlin, den 3. Februar 1936.

III. Vorschriften für die deutschen Konsuln

1.

Gesetz zur Vereinfachung des Verfahrens der deutschen Auslandsbehörden bei Beurkundungen und Beglaubigungen.

Vom 14. Mai 1936 (RGBl. I S. 447)[1][2].

(Auszug).

Artikel 1.

Das Gesetz betreffend die Organisation der Bundeskonsulate sowie die Amtsrechte und Pflichten der Bundeskonsuln vom 8. November 1867 (Bundesgesetzbl. S. 137) wird wie folgt geändert:

III. Die §§ 16 und 17 werden durch nachstehende Vorschriften ersetzt:

§ 16. 1. Die Berufskonsuln sind befugt, Erklärungen, die vor ihnen abgegeben werden, öffentlich zu beurkunden. Sie sind auch zuständig, Auflassungen entgegenzunehmen.

2. a) Auf das bei der Beurkundung zu beobachtende Verfahren sind die Vorschriften der §§ 168 Satz 2, 170 bis 176, 177 Abs. 1, 3 des Gesetzes über die Angelegenheiten der freiwilligen Gerichtsbarkeit in der Fassung der Bekanntmachung vom 20. Mai 1898 (Reichsgesetzbl. S. 771) entsprechend anzuwenden.

b) Wenn ein Beteiligter nach der Überzeugung des Konsuls nicht sehen, hören oder sprechen kann, so muß der Konsul einen Zeugen zuziehen.

c) Erklärt ein Beteiligter, daß er nicht schreiben könne, so muß diese Erklärung im Protokoll festgestellt werden. Bei der Vorlesung der Genehmigung muß der Konsul einen Zeugen zuziehen, es sei denn, daß bereits aus anderen Gründen ein Zeuge zugezogen ist.

d) Kann ein Beteiligter nach der Überzeugung des Konsuls nicht sprechen und ist auch eine schriftliche Verständigung mit ihm nicht möglich, so muß bei der Beurkundung ein Dolmetscher zugezogen werden. Im Protokoll muß festgestellt werden, daß der Konsul die Überzeugung gewonnen hat, daß der Beteiligte nicht sprechen kann und eine schriftliche Verständigung mit ihm nicht möglich ist. Das Protokoll muß von dem Dolmetscher genehmigt und unterschrieben werden. In diesem Falle bedarf es nicht der Zuziehung eines Zeugen.

e) Erklärt ein Beteiligter, daß er der deutschen Sprache nicht mächtig sei, so sind die Vorschriften der §§ 179,

---

[1]) Deutsche Auslandsbehörden bestehen zur Zeit nicht. Die Vorschriften für sie sind trotzdem wiedergegeben, weil sie für die Beurteilung von Urkunden aus früherer Zeit auch in Zukunft Bedeutung haben können.

[2]) Vergl. § 50 Abs. 4 und 6 dieses Gesetzes und die Anm. 13 zu § 50.

180 des Gesetzes über die Angelegenheiten der freiwilligen Gerichtsbarkeit anzuwenden, jedoch bedarf es der Beeidigung des Dolmetschers nicht.

3. Die Konsuln haben die von ihnen aufgenommenen Urkunden in der Urschrift mit dem Siegel oder Stempel der Konsularbehörde zu versehen. Sie sind befugt, solange sie die Urkunde nicht ausgehändigt haben, jedem Beteiligten, der dies beantragt, Ausfertigungen zu erteilen.

4. Die von dem Konsul formgerecht aufgenommenen Urkunden stehen den von einem inländischen Gericht oder Notar vorgenommenen Beurkundungen gleich.

§ 16a. Vor den Berufskonsuln können von deutschen Staatsangehörigen Testamente und Erbverträge errichtet werden. Auf das dabei zu beobachtende Verfahren sind die Vorschriften der §§ 6 bis 20, §§ 30, 31, § 34 Abs. 1, 2 des Gesetzes vom 31. Juli 1938 (RGBl. I S. 973) entsprechend anzuwenden. Der Berufskonsul tritt an die Stelle des Richters; ein Kanzler, Oberinspektor oder Konsulatssekretär tritt an die Stelle des Urkundsbeamten der Geschäftsstelle; ein etwa zugezogener Dolmetscher braucht nicht vereidigt zu sein.

Der das Errichtungsprotokoll nebst Anlagen enthaltende verschlossene Umschlag ist dem Amtsgericht Berlin zur Verwahrung zu übermitteln; das Amtsgericht Berlin erteilt den Hinterlegungsschein. Stirbt der Erblasser, bevor das Testament abgesandt worden ist, so kann der Konsul es eröffnen; das bei der Eröffnung anzuwendende Verfahren bestimmt sich nach den Vorschriften der §§ 40, 41 Satz 2 des Gesetzes vom 31. Juli 1938 (RGBl. I S. 973).

§ 16b. Einem Wahlkonsul oder dem Vertreter eines Wahlkonsuls können die Befugnisse gemäß §§ 16, 16a durch Verfügung des Reichsministers des Auswärtigen beigelegt werden. Die Vertreter eines Berufskonsuls sollen diese Befugnisse erst ausüben, wenn sie durch Verfügung des Reichsministers des Auswärtigen hierzu ermächtigt sind.

Artikel 4.

Der Reichsminister des Auswärtigen erläßt die Rechts- und Verwaltungsvorschriften, die zur Ausführung dieses Gesetzes durch die deutschen Auslandsbehörden erforderlich sind. Er wird ermächtigt, die zur Anpassung an die Bestimmungen dieses Gesetzes erforderlichen Änderungen in dem Tarif zum Gebührengesetz für das Auswärtige Amt und die Auslandsbehörden vom 8. März 1936 (Reichsgesetzbl. I S. 137) vorzunehmen.

Artikel 5.

Dieses Gesetz tritt am 1. Juli 1936 in Kraft.

Berlin, den 14. Mai 1936.

2.

Bekanntmachung über die Änderung der Allgemeinen Dienstinstruktion zum Konsulargesetz.

Vom 5. November 1938 (Reichsministerialbl. Nr. 47).

Die Vorschriften der Allgemeinen Dienstinstruktion vom 6. Juni 1871 zu § 18 des Gesetzes, betreffend die Organisation der Bundeskonsulate sowie die Amtsrechte und Pflichten der Bundeskonsuln (Konsulargesetz — KG.), vom 8. November 1867 (Bundesgesetzbl. S. 137), und der Bekanntmachung über die Änderung der Allgemeinen Dienstinstruktion zum Konsulargesetz zum § 16a KG. vom 13. Juni 1936 (Reichsministerialbl. S. 157) werden aufgehoben und durch nachstehende Vorschriften ersetzt.

Zu § 16a.

1. An die Stelle der im Gesetz aufgeführten Bestimmungen des Bürgerlichen Gesetzbuchs sind jetzt die entsprechenden Vorschriften des Gesetzes über die Errichtung von Testamenten und Erbverträgen vom 31. Juli 1938 (Reichsgesetzbl. I S. 973) getreten.

2. (§ 6 des Gesetzes vom 31. Juli 1938.) Zur Errichtung des Testaments muß der Konsul einen Kanzler oder einen Oberinspektor oder einen Konsulatssekretär oder zwei Zeugen zuziehen, wenn der Erblasser nach der Überzeugung des Konsuls taub, blind, stumm oder sonst am Sprechen verhindert ist.

In anderen Fällen steht es dem Konsul frei, die im Abs. 1 bezeichneten Personen zuzuziehen. Von dieser Befugnis soll er Gebrauch machen, wenn der Erblasser es verlangt. Die Zuziehung soll unterbleiben, wenn der Erblasser ihr widerspricht.

3. (§ 7 des Gesetzes vom 31. Juli 1938.) Als Konsul, hinzugezogener Beamter oder Zeuge kann bei der Errichtung des Testaments nicht mitwirken:

a) der Ehegatte des Erblassers, auch wenn die Ehe nicht mehr besteht;

b) wer mit dem Erblasser in gerader Linie oder im zweiten Grade der Seitenlinie verwandt oder verschwägert ist.

4. (§ 8 des Gesetzes vom 31. Juli 1938.) Als Konsul, hinzugezogener Beamter oder Zeuge kann bei der Errichtung des Testaments nicht mitwirken, wer in dem Testament bedacht oder zum Testamentsvollstrecker ernannt wird oder wer zu einem so Bedachten oder Ernannten in einem Verhältnis der in Nr. 3 bezeichneten Art steht.

Die Mitwirkung einer hiernach ausgeschlossenen Person hat nur zur Folge, daß die Zuwendung an den Bedachten oder die Ernennung zum Testamentsvollstrecker nichtig ist.

5. (§ 9 des Gesetzes vom 31. Juli 1938.) Als hinzugezogener Beamter oder Zeuge soll bei der Errichtung des Testaments nicht mitwirken, wer zu dem Konsul in einem Verhältnis der in Nr. 3 bezeichneten Art steht.

6. (§ 10 des Gesetzes vom 31. Juli 1938.) Als Zeuge soll bei der Errichtung des Testaments nicht mitwirken:

a) ein Minderjähriger;
b) wer der bürgerlichen Ehrenrechte für verlustig erklärt ist, während der Zeit, für welche die Ehrenrechte aberkannt sind;
c) wer nach den gesetzlichen Vorschriften wegen einer strafgerichtlichen Verurteilung unfähig ist, als Zeuge eidlich vernommen zu werden;
d) wer geisteskrank, geistesschwach, taub, blind oder stumm ist oder nicht schreiben kann;
e) wer die deutsche Sprache nicht versteht; dies gilt nicht im Falle der Nr. 14;
f) wer als Hausangestellter oder Gehilfe im Dienste des Konsuls steht.

7. (§ 11 des Gesetzes vom 31. Juli 1938.) Das Testament wird in der Weise errichtet, daß der Erblasser dem Konsul seinen letzten Willen mündlich erklärt oder eine Schrift mit der mündlichen Erklärung übergibt, daß die Schrift seinen letzten Willen enthalte.

Der Erblasser kann die Schrift offen oder verschlossen übergeben. Die Schrift kann von dem Erblasser oder von einer anderen Person geschrieben sein. Der Konsul soll von dem Inhalt der offen übergebenen Schrift Kenntnis nehmen.

Wer minderjährig ist, kann das Testament nur durch mündliche Erklärung oder durch Übergabe einer offenen Schrift errichten.

Ist der Erblasser nach der Überzeugung des Konsuls nicht imstande, Geschriebenes zu lesen, so kann er das Testament nur durch mündliche Erklärung errichten.

8. (§ 12 des Gesetzes vom 31. Juli 1938.) Die bei der Errichtung des Testaments mitwirkenden Personen müssen, soweit sich aus Nr. 11 nichts anderes ergibt, während der ganzen Verhandlung zugegen sein.

(§ 13 des Gesetzes vom 31. Juli 1938.) Über die Errichtung des Testaments muß eine Niederschrift in deutscher Sprache aufgenommen werden.

Die Niederschrift muß enthalten:

a) den Tag der Verhandlung;
b) die Bezeichnung des Erblassers und der mitwirkenden Personen;
c) die nach Nr. 7 erforderlichen Erklärungen des Erblassers und im Falle der Übergabe einer Schrift die Feststellung der Übergabe.

Die Niederschrift soll ferner den Ort der Verhandlung enthalten.

Das Fehlen einer Angabe über den Tag der Verhandlung steht der Gültigkeit des Testaments nicht entgegen, wenn diese Angabe aus dem vom Konsul nach Nr. 16 auf den Testamentsumschlag gesetzten Vermerk hervorgeht.

Das Testament ist nicht schon deshalb ungültig, weil die Angabe über den Tag der Verhandlung unrichtig ist.

9. (§ 14 des Gesetzes vom 31. Juli 1938.) Kennt der Konsul den Erblasser, so soll er dies in der Niederschrift feststellen. Kennt er ihn nicht, so soll er angeben, wie er sich Gewißheit über seine Person verschafft hat.

Kann sich der Konsul über die Person des Erblassers keine volle Gewißheit verschaffen, wird aber gleichwohl die Aufnahme der Verhandlung verlangt, so soll er dies in der Niederschrift unter Anführung des Sachverhalts und der zur Feststellung der Person beigebrachten Unterlagen angeben.

Der Konsul soll sich davon überzeugen, daß der Erblasser testierfähig ist (§§ 1, 2 des Gesetzes vom 31. Juli 1938). Er soll seine Wahrnehmungen über die Testierfähigkeit in der Niederschrift angeben.

10. (§ 15 des Gesetzes vom 31. Juli 1938.) Der Konsul soll den Erblasser auf Bedenken gegen den Inhalt seiner mündlichen Erklärung oder der offen übergebenen Schrift hinweisen.

Bestehen Zweifel an der Gültigkeit des beabsichtigten Testaments, so sollen die Zweifel dem Erblasser mitgeteilt und der Inhalt der Mitteilung und die hierauf vom Erblasser abgegebenen Erklärungen in der Niederschrift festgestellt werden.

11. (§ 16 des Gesetzes vom 31. Juli 1938.) Die Niederschrift muß vorgelesen, vom Erblasser genehmigt und von ihm eigenhändig unterschrieben werden. In der Niederschrift soll festgestellt werden, daß dies geschehen ist. Hat der Erblasser die Niederschrift eigenhändig unterschrieben, so wird vermutet, daß sie vorgelesen und von ihm genehmigt ist. Die Niederschrift soll dem Erblasser auf Verlangen auch zur Durchsicht vorgelegt werden.

Ist der Erblasser taub, so soll ihm die Niederschrift zur Durchsicht vorgelegt werden, auch wenn er dies nicht verlangt; in der Niederschrift soll festgestellt werden, daß dies geschehen ist. Kann der taube Erblasser Geschriebenes nicht lesen, so soll bei dem Vorlesen eine Vertrauensperson zugezogen werden, die sich mit ihm zu verständigen vermag; in der Niedershchrift soll die Zuziehung festgestellt werden.

Kann der Erblasser nach der Überzeugung des Konsuls nicht schreiben, so wird die Unterschrift des Erblassers durch die Feststellung dieser Überzeugung in der Niederschrift ersetzt. In einem solchen Falle muß der Konsul bei dem Vorlesen und der Genehmigung einen Zeugen zuziehen; der Zuziehung des Zeugen bedarf es nicht, wenn der Konsul gemäß Nr. 1 einen Beamten oder zwei Zeugen zuzieht.

Die Niederschrift muß von den mitwirkenden Personen unterschrieben werden.

12. (§ 17 des Gesetzes vom 31. Juli 1938.) Wer nach der Überzeugung des Konsuls stumm oder sonst am Sprechen verhindert ist, kann das Testament nur durch Übergabe einer Schrift errichten. Er muß die Erklärung, daß die Schrift seinen letzten Willen enthalte, bei der Verhandlung eigenhändig in die Niederschrift oder auf ein besonderes Blatt schreiben, das der Niederschrift als Anlage beigefügt werden muß.

Das eigenhändige Niederschreiben der Erklärung sowie die Überzeugung des Konsuls, daß der Erblasser am Sprechen verhindert ist, sollen in der Niederschrift festgestellt werden. Die Niederschrift braucht von dem Erblasser nicht besonders genehmigt zu werden.

13. (§ 18 des Gesetzes vom 31. Juli 1939.) Ist der Erblasser nach der Überzeugung des Konsuls der deutschen Sprache nicht mächtig, so muß bei der Errichtung des Testaments ein vereideter[1]) Dolmetscher zugezogen werden. Auf den Dolmetscher sind die nach den Nrn. 3 bis 6 für einen Zeugen geltenden Vorschriften entsprechend anzuwenden.

Die Niederschrift muß in der Sprache, in der sich der Erblasser erklärt, übersetzt werden. Die Übersetzung muß von dem Dolmetscher angefertigt oder beglaubigt und vorgelesen werden; die Übersetzung muß der Niederschrift als Anlage beigefügt werden.

In der Niederschrift soll die Überzeugung des Konsuls, daß der Erblasser der deutschen Sprache nicht mächtig sei, festgestellt werden.

Die Niederschrift muß den Namen des Dolmetschers und die Feststellung enthalten, daß der Dolmetscher die Übersetzung angefertigt oder beglaubigt und sie vorgelesen hat. Der Dolmetscher muß die Niederschrift unterschreiben.

14. (§ 19 des Gesetzes vom 31. Juli 1938.) Sind sämtliche mitwirkenden Personen nach der Überzeugung des Konsuls der Sprache, in der sich der Erblasser erklärt, mächtig, so ist die Zuziehung eines Dolmetschers nicht erforderlich.

Unterbleibt die Zuziehung eines Dolmetschers, so muß die Niederschrift in der fremden Sprache aufgenommen werden und die Überzeugung des Konsuls feststellen, daß die mitwirkenden Personen der fremden Sprache mächtig seien. In der Niederschrift soll die Überzeugung des Konsuls, daß der Erblasser der deutschen Sprache nicht mächtig sei, festgestellt werden. Eine deutsche Übersetzung der Niederschrift soll als Anlage beigefügt werden.

15. (§ 20 des Gesetzes vom 31. Juli 1938.) Der Konsul soll die Niederschrift über die Errichtung des Testaments mit den Anlagen, insbesondere im Falle der Errichtung durch Übergabe

[1]) Auch die Zuziehung eines nicht vereideten Dolmetschers genügt, da § 16a Abs. 1 S. 3 des Gesetzes betr. die Organisation der Bundeskonsulate usw. in der Fassung des Gesetzes vom 14. Mai 1936, RGBl. I 447, ausdrücklich ausspricht, daß ein etwa zugezogener Dolmetscher nicht vereidigt zu sein braucht.

einer Schrift mit dieser Schrift, in Gegenwart der übrigen mitwirkenden Personen und des Erblassers in einen Umschlag nehmen und diesen mit dem Amtssiegel verschließen.

16. Der Konsul vermerkt auf dem Umschlag, in den das Testament zu verschließen ist, folgende Angaben:

a) Vornamen und Namen des Erblassers (bei häufig vorkommenden Namen, wie Müller, Schulze, auch die Namen seiner Eltern); unter den Vornamen ist der Rufname zu unterstreichen;
b) den Geburtstag und Geburtsort des Erblassers; bei größeren Städten, wenn möglich, auch den Standesamts- oder Ortsbezirk oder die Straße;
c) den Stand, den Wohnort und die Wohnung des Erblassers;
d) den Zeitpunkt der Errichtung des Testaments.

Der Vermerk ist von dem Konsul zu unterschreiben.

17. Wenn der Erblasser stirbt, bevor das Testament an das Amtsgericht Berlin abgesandt worden ist, so hat der Konsul die Befugnis, aber nicht die Verpflichtung, das Testament zu eröffnen. Er wird im Einzelfall zu prüfen haben, ob es zweckmäßiger ist, das Testament an Ort und Stelle oder in Deutschland zu eröffnen. Dabei wird er zu berücksichtigen haben, ob sich die Bedachten und das Nachlaßvermögen vorwiegend in dem Land seines Amtssitzes oder in Deutschland befinden.

Bei der Eröffnung des Testaments muß der Konsul folgende Vorschriften beachten:

(§ 40 des Gesetzes vom 31. Juli 1938.) Der Konsul hat, sobald er von dem Tode des Erblassers Kenntnis erlangt, zur Eröffnung des Testaments einen Termin zu bestimmen. Zu dem Termin sollen die gesetzlichen Erben des Erblassers und die sonstigen Beteiligten, soweit tunlich, geladen werden.

In dem Termin ist das Testament zu öffnen, den Beteiligten zu verkünden und ihnen auf Verlangen vorzulegen. Die Verkündung darf im Falle der Vorlegung unterbleiben. Die Verkündung unterbleibt ferner, wenn im Termin keiner der Beteiligten erscheint.

Über die Eröffnung ist eine Niederschrift aufzunehmen. War das Testament verschlossen, so ist in der Niederschrift festzustellen, ob der Verschluß unversehrt war.

(§ 41 des Gesetzes vom 31. Juli 1938.) Das Testament ist nebst einer beglaubigten Abschrift der über die Eröffnung aufgenommenen Niederschrift dem Nachlaßgericht zu übersenden; eine beglaubigte Abschrift oder Photokopie des Testaments ist zurückzubehalten.

18. (§ 30 des Gesetzes vom 31. Juli 1938.) Ein Erbvertrag kann vor einem Konsul bei gleichzeitiger Anwesenheit beider Teile geschlossen werden. Die Vorschriften der Nrn. 2 bis 14 finden Anwendung; was nach diesen Vorschriften für den Erblasser gilt, gilt für jeden der Vertragschließenden.

Für einen Erbvertrag zwischen Ehegatten oder zwischen Verlobten, der mit einem Ehevertrag in derselben Urkunde verbunden wird, genügt die für den Ehevertrag vorgeschriebene Form.

19. (§ 31 des Gesetzes vom 31. Juli 1938.) Die über einen Erbvertrag aufgenommene Urkunde soll nach Maßgabe der Nr. 15 verschlossen, mit einer Aufschrift versehen und in besondere amtliche Verwahrung gebracht werden, sofern nicht die Parteien das Gegenteil verlangen. Das Gegenteil gilt im Zweifel als verlangt, wenn der Erbvertrag mit einem anderen Vertrag in derselben Urkunde verbunden wird.

20. Soll der Erbvertrag in besondere amtliche Verwahrung genommen werden, so sind auf dem Umschlag die in Nr. 16 vorgeschriebenen Angaben zu vermerken.

Haben die Beteiligten die besondere amtliche Verwahrung des Erbvertrages ausgeschlossen (Nr. 19), so ist die Urschrift der Urkunde dem Amtsgericht Berlin zur gewöhnlichen Verwahrung zu übersenden. Die Aushändigung der Urschrift an die Beteiligten ist ausgeschlossen.

21. Die Vorschriften der Nrn. 1 und 3 der Dienstinstruktion zum § 16 KG. finden auf die Beurkundung von Testamenten und Erbverträgen Anwendung.

Zu § 18.

Allgemeines.

1. Bei der Bearbeitung von Nachlaßsachen muß der Konsul die Schranken einhalten, die ihm durch das in seinem Amtsbezirk geltende Recht gesetzt sind (§ 1 Satz 2 KG.).

Sind die Befugnisse des Konsuls auf dem Gebiete der Nachlaßbehandlung durch einen Staatsvertrag geregelt, so gelten die nachstehenden Vorschriften nur so weit, als sie den Vertragsbestimmungen nicht widersprechen.

Abschnitt I.
Fürsorge für Nachlässe deutscher Staatsangehöriger.

Abschnitt II.
Beistandsleistung bei der Geltendmachung von Nachlaßansprüchen.

Abschnitt III.
Amtshilfe der inneren Behörden.

Abschnitt IV.
Überweisung von Nachlässen oder Nachlaßgeldern nach Deutschland.

Abschnitt V.
Seemannsnachlässe.

Abschnitt VI.
Maßnahmen für steuerliche Zwecke.

Abschnitt VII.
Behandlung von Testamenten.

40. Die Errichtung von Testamenten und Erbverträgen vor den deutschen Konsuln ist in den §§ 16a und 16b des Konsulargesetzes in der Fassung des Gesetzes zur Vereinfachung des Verfahrens der deutschen Auslandsbehörden bei Beurkundungen und Beglaubigungen vom 14. Mai 1936 (Reichsgesetzbl. I S. 447) sowie in der Allgemeinen Dienstinstruktion zu § 16a des Konsulargesetzes geregelt.

41. Der Konsul soll ein Testament, das nicht vor ihm errichtet ist, nicht zu dauernder Aufbewahrung annehmen. Er kann auf Antrag ein eigenhändiges Testament eines deutschen Staatsangehörigen (§ 21 des Gesetzes über die Errichtung von Testamenten und Erbverträgen vom 31. Juli 1938 — Reichsgesetzbl. I S. 973) zur amtlichen Verwahrung an das Amtsgericht Berlin übersenden, nachdem er es gemäß Nr. 15 und 16 der Dienstinstruktion zum § 16a KG. verschlossen hat. Der Antragsteller ist dabei darüber zu belehren, daß das Testament nach seinem Tode in der Verwahrung des deutschen Nachlaßgerichts verbleiben muß, und daß daraus für die Erbbeteiligten Schwierigkeiten entstehen können, wenn die Abwicklung des Nachlasses durch ein ausländisches Gericht zu erfolgen hat und dieses die Vorlage der Urschrift des Testaments verlangt.

42. Stirbt ein deutscher Staatsangehöriger unter Hinterlassung einer letztwilligen Verfügung, so ist diese unverzüglich an das Amtsgericht Berlin abzuliefern (§ 39 des Gesetzes über die Errichtung von Testamenten und Erbverträgen). Falls die letztwillige Verfügung nicht verschlossen ist, hat der Konsul einen beglaubigten photostatischen Abdruck oder eine beglaubigte Abschrift zurückzubehalten.

Wird die Urschrift der letztwilligen Verfügung zur Regelung eines im Ausland befindlichen Nachlasses durch die Landesbehörde gebraucht, so fertigt der Konsul einen beglaubigten photostatischen Abdruck oder eine beglaubigte Abschrift und sendet sie an das Amtsgericht Berlin.

Entspricht die letztwillige Verfügung nicht den Formvorschriften des deutschen Rechts, so hat sich der Konsul bei der Übersendung der Urschrift, des beglaubigten photostatischen Abdrucks oder der beglaubigten Abschrift zugleich darüber zu äußern, ob die letztwillige Verfügung nach dem Recht des Errichtungsortes formgültig ist.

43. Stirbt ein deutscher Staatsangehöriger unter Hinterlassung eines Hinterlegungsscheins über ein in amtlicher Verwahrung eines deutschen Amtsgerichts befindliches Testament, so ist der

Hinterlegungsschein unverzüglich an dieses Amtsgericht mit einer Mitteilung über den Sterbefall zu senden.

Abschnitt VIII.

Besondere Bestimmungen für den Anwendungsbereich des österreichischen Rechts.

3.

Gerichtliche Verwahrung von Urkunden der deutschen Konsuln.

AV. d. RJM. vom 11. März 1937 (3805 — IV. b 6514)

Deutsche Justiz S. 531.

Durch das Gesetz zur Vereinfachung des Verfahrens der deutschen Auslandsbehörden bei Beurkundungen und Beglaubigungen vom 14. Mai 1936 (RGBl. I S. 447) und die Bekanntmachung über die Änderung der Allgemeinen Dienstinstruktionen zum Konsulargesetz vom 13. Juni 1936 (Reichsministerialbl. S. 157) ist die konsularische Beurkundung und die Errichtung von Testamenten und Erbverträgen vor einem deutschen Konsul neu geregelt worden. Für die Verwahrung der von den deutschen Konsuln aufgenommenen Urkunden gilt danach folgendes:

I. Testamente und Erbverträge.

1. Nach § 16a des Konsulargesetzes in der Fassung des Gesetzes vom 14. Mai 1936 finden auf die Errichtung einer Verfügung von Todes wegen vor einem deutschen Konsul die Vorschriften der §§ 6—20, §§ 30, 31, § 34 Abs. 1, 2 des Gesetzes vom 31. Juli 1938[1]) (RGBl. I S. 973) entsprechende Anwendung. Der das Errichtungsprotokoll nebst Anlage enthaltende verschlossene Umschlag ist dem Amtsgericht Berlin zur Verwahrung zu übersenden. Dies erteilt den Hinterlegungsschein, bewirkt die in Abschnitt I 2 der AV. vom 15. Juni 1939[1]) (Dt. Just. S. 1078) vorgesehene Benachrichtigung, und eröffnet nach Eintritt des Erbfalls die Verfügung (§§ 41, 45 des Gesetzes vom 31. Juli 1938).

2. Stirbt der Erblasser, bevor der Konsul das Testament abgesandt hat, so kann dieser es selbst eröffnen. Das bei der Eröffnung anzuwendende Verfahren bestimmt sich nach den Vorschriften der §§ 40, 41 Satz 2 des Gesetzes vom 31. Juli 1938: Der Konsul hat danach das Testament nebst einer beglaubigten Abschrift des über die Eröffnung aufgenommenen Protokolls dem Nachlaßgericht zu übersenden; eine beglaubigte Abschrift des Testaments behält er zurück.

3. Haben die Beteiligten bei der Errichtung eines Erbvertrags die besondere amtliche Verwahrung ausgeschlossen (§ 31 Abs. 1 des Gesetzes vom 31. Juli 1938), so ist nach § 20 Abs. 2 der All-

---

[1]) Vgl. Bem. 13 zu § 50 TestG.

gemeinen Dienstinstruktionen zu § 16a des Konsulargesetzes die Urschrift der Urkunde dem Amtsgericht Berlin zur gewöhnlichen Verwahrung zu übersenden; die Aushändigung der Urschrift an die Beteiligten ist ausgeschlossen. Das Amtsgericht Berlin bewirkt auch in diesem Falle die in Abschnitt I 2 Abs. 3 der AV. vom 15. Juni 1939 (Dt. Just. S. 1078) vorgesehene Benachrichtigung.

II. Sonstige notarielle Urkunden des Konsuls.

Wegen der gerichtlichen Verwahrung dieser Urkunden verweise ich auf die AV. vom 17. August 1935 (IVb 6780) — Dt. Just. S. 1374 —).

Die neugefaßten Bestimmungen der Allgemeinen Dienstinstruktion zu § 16 des Konsulargesetzes (Nr. 38 und 42) lauten wie folgt:

Die Verwahrung der aufgenommenen Urkunden wird von den Konsulaten nicht übernommen. Die Urkunden sind regelmäßig den Beteiligten auszuhändigen. Wünscht ein Beteiligter, daß die Urkunde in amtliche Verwahrung gebracht wird, so ist sie dem Amtsgericht Berlin zu übersenden.

Hat sich in einer Urkunde ein Beteiligter der sofortigen Zwangsvollstreckung unterworfen, so soll der Konsul darauf hinweisen, daß es sich empfiehlt, zu beantragen, daß die Urkunde beim Amtsgericht Berlin verwahrt werde, damit das Gericht in der Lage ist, eine vollstreckbare Ausfertigung zu erteilen (vgl. § 797 Zivilprozeßordnung).

Zweiter Teil

Erläuterungen
zum Gesetz über die Errichtung von Testamenten und Erbverträgen

Vom 31. Juli 1938 (RGBl. I S. 973).

Ziel des Erbrechts ist es, überkommenes wie gewonnenes Gut des Erblassers weiterzuleiten und über seinen Tod hinaus wirken zu lassen zum Wohle von Familie, Sippe und Volk. In der Hand eines verantwortungsbewußten Erblassers dienen diesem Ziele auch Testament und Erbvertrag.

Die Anforderungen an die Errichtung oder Aufhebung einer Verfügung von Todes wegen sind so zu gestalten, daß unnötige Formenstrenge vermieden, anderseits eine zuverlässige Wiedergabe des Willens des Erblassers sichergestellt wird.

Die Reichsregierung hat daher das folgende Gesetz beschlossen, das hiermit verkündet wird[1]*:*

Erster Abschnitt.

Errichtung eines Testaments

§ 1.

Persönliche Errichtung.

(1) Der Erblasser kann ein Testament nur persönlich errichten.

(2) Ein Minderjähriger kann ein Testament erst errichten, wenn er das sechzehnte Lebensjahr vollendet hat.

(3) Der Minderjährige oder ein unter vorläufige Vormundschaft gestellter Volljähriger bedarf zur Errichtung eines Testaments nicht der Zustimmung seines gesetzlichen Vertreters.

§ 1 Abs. 1 entspricht dem § 2064 BGB.; § 1 Abs. 2 entspricht dem § 2229 Abs. 2 BGB.; § 1 Abs. 3 entspricht dem § 2229 Abs. 1 BGB.

---

[1]) Vorspruch gegenstandslos; hat heute keine Bedeutung mehr. Vgl. Fußnote 1 auf S. 12.

I. Persönliche Errichtung (Abs. 1) 1
1. Verbot der Stellvertretung 1
2. Beratung und Beistand bei der Testamentserrichtung 2
II. Beginn der Testierfähigkeit (Abs. 2) 3
1. Vollendung des 16. Lebensjahres 3
2. Das Testament des über 16 Jahre alten Minderjährigen 4
a) Keine Zustimmung des gesetzlichen Vertreters (Abs. 3) 4
b) Formerschwerungen 5
III. Testament eines unter vorläufige Vormundschaft gestellten Erblassers (Abs. 3) 6
Bedeutung der Vorschrift 6
IV. Testierfähigkeit der Ausländer, der Personen in den ehemals besetzten oder eingegliederten Gebieten und der Flüchtlinge.
1. Testierfähigkeit eines Ausländers 7
2. Testierfähigkeit deutschstämmiger Personen in den ehemals besetzten oder eingegliederten Gebieten 8
3. Testierfähigkeit der Flüchtlinge 9
V. Interlokales deutsches Recht 10
VI. Ergänzende Bemerkungen
1. Erbhofrecht 11
2. Das Höferecht in der britischen Zone 11a
3. Westfälische Gütergemeinschaft 12

I. Persönliche Errichtung (Abs. 1). 1

1. Verbot der Stellvertretung.

Der Satz in § 1 Abs. 1, daß der Erblasser ein Testament nur persönlich errichten kann, stimmt mit dem früheren Recht überein (BGB. § 2064). Persönliche Errichtung ist auch vorgeschrieben für den Erbvertrag (§ 29 Abs. 1 d. Ges.). Persönliche Errichtung ist ferner vorgeschrieben für den Erbverzicht (BGB. § 2347 Abs. 2).

Der Erblasser kann also ein Testament nicht durch einen Vertreter errichten, und zwar weder durch einen gesetzlichen Vertreter noch durch einen Bevollmächtigten oder einen Boten. Bei Testamentserrichtung durch Über-Übergabe einer Schrift (§ 11 Abs. 1, 2 d. Ges.) kann also nicht etwa ein Vertreter oder Bote die Schrift mit der erforderlichen Erklärung übergeben. Wohl aber kann ein eigenhändiges Testament, das gemäß § 22 d. Ges. in amtliche Verwahrung kommen soll, durch Boten übersandt werden (KGJ. 20 A, 259). Das von einem Vertreter für den Erblasser errichtete Testament ist nichtig (§ 48 Abs. 1 d. Ges.). Der Erblasser kann eine letztwillige Verfügung auch nicht in der Weise treffen, daß ein anderer zu bestimmen hat, ob sie gelten oder nicht gelten soll (§ 2065 Abs. 1 BGB.).

Das Verbot, sich eines Vertreters zu bedienen, gilt auch für denjenigen, der selbst nicht testierfähig ist (vgl. § 1 Abs. 2, § 2). Ein Minderjähriger unter 16 Jahren oder ein Entmündigter können also überhaupt kein Testament errichten.

2. Beratung und Beistand bei der Testamentserrichtung. 2

Die Vorschrift des § 1 Abs. 1 schließt nicht aus, daß der Erblasser sich bei der Errichtung des Testaments der Hilfe eines anderen bedient. So kann z. B. bei der Errichtung des Testaments durch Übergabe einer Schrift diese Schrift vom Erblasser selbst oder von einem anderen geschrieben sein (§ 11 Abs. 2 Satz 2 d. Ges.). Der Erblasser darf sich auch des Rates anderer Personen bedienen. Dem Richter oder dem Notar ist sogar in gewissem Umfang die Beratung des Erblassers zur Pflicht gemacht (§ 15 d. Ges.). Der Erblasser kann auch bei der Errichtung des Testaments einen Beistand mitbringen (§ 13 Satz 1 FGG.).

Der Einwirkung des anderen auf den Willen des Erblassers sind Schranken gezogen: Wer den Erblasser durch arglistige Täuschung oder widerrechtlich durch Drohung bestimmt hat, eine Verfügung von Todes wegen zu errichten, ist erbunwürdig (BGB. § 2339 Abs. 1 Nr. 3); ein auf diese Weise zustande gekommenes Testament kann angefochten werden (BGB. § 2078 Abs. 1, 2). Eine Verfügung von Todes wegen ist ferner nichtig, soweit ein anderer den Erblasser durch Ausnutzung seiner Todesnot zu ihrer Errichtung bestimmt hat (§ 48 Abs. 3 d. Ges.).

3 **II. Beginn der Testierfähigkeit (Abs. 2).**

1. Vollendung des 16. Lebensjahres.

Die Testierfähigkeit, also die Fähigkeit, ein Testament zu errichten, es abzuändern oder auch wieder aufzuheben, beginnt mit der Vollendung des 16. Lebensjahres (ebenso früher § 2229 Abs. 2 BGB.). Auch die Ehemündigkeit der Frau beginnt mit 16 Jahren (§ 1 des Ehegesetzes vom 20. Februar 1946, Bay. GVBl. 1946, 81, geändert durch Gesetz vom 21. April 1947, Bay. GVBl. 1947, 115; vgl. Begründung des TestGes. DJ. 1938, 1254). Übrigens beginnt auch die Eidesmündigkeit mit dem gleichen Alter (ZPO. § 393 Nr. 1, StPO. § 60 Nr. 1).

Wer noch nicht 16 Jahre alt ist, kann kein Testament errichten, und zwar weder persönlich noch durch einen Vertreter (§ 1 Abs. 1 d. Ges.). Er ist testierunfähig; ein Testament, das durch einen noch nicht 16 Jahre alten Minderjährigen errichtet wird, ist nichtig (§ 48 Abs. 1 d. Ges.). Es bleibt auch nichtig, wenn der Minderjährige das 16. Lebensjahr überlebt.

Bei der Feststellung, ob jemand das 16. Lebensjahr vollendet hat, wird der Tag der Geburt mitgerechnet (§ 187 Abs. 2 BGB.), so daß die Testierfähigkeit also am Geburtstag, an dem die Vollendung des 16. Lebensjahres eintritt, schon von Beginn des Tages an gegeben ist. Das Geschlecht ist ohne Bedeutung.

4 2. Das Testament des über 16 Jahre alten Minderjährigen.

a) Keine Zustimmung des gesetzlichen Vertreters (Abs. 3).

Der Minderjährige ist an sich nur beschränkt geschäftsfähig. Er bedarf zu einer Willenserklärung, durch die er nicht lediglich einen rechtlichen Vorteil erlangt, der Einwilligung des gesetzlichen Vertreters (BGB. § 107). Durch die Mitwirkung des gesetzlichen Vertreters bei der Testamentserrichtung würde jedoch die freie Willensbestimmung des Minderjährigen bei diesem Rechtsgeschäft gefährdet. Daher bestimmt § 1 Abs. 3, daß der Minderjährige zur Errichtung eines Testaments nicht der Zustimmung seines gesetzlichen Vertreters bedarf. Dieser Satz stimmt inhaltlich mit BGB. § 2229 Abs. 1 überein. Der Minderjährige bedarf also nicht der Zustimmung seines Vaters oder des etwa bestellten Vormundes; auch eine Genehmigung durch das Vormundschaftsgericht kommt nicht in Betracht.

5 b) Formerschwerungen.

Der Minderjährige kann kein eigenhändiges Testament errichten (§ 21 Abs. 4 d. Ges.). Ein öffentliches Testament kann er nur mündlich oder durch Übergabe einer offenen Schrift, nicht dagegen durch Übergabe einer verschlossenen Schrift, errichten (§ 11 Abs. 3 d. Ges.); diese Beschränkung gilt auch für das Testament vor dem Bürgermeister (§ 23 Abs. 1); sie gilt aber nicht für den Wehrmachtangehörigen im mobilen Verhältnis (vgl. die Erläuterungen zu § 27).

III. Testament eines unter vorläufige Vormundschaft gestellten Erblassers (Abs. 3). 6

Bedeutung der Vorschrift.

Ein Volljähriger, dessen Entmündigung beantragt ist, kann unter vorläufige Vormundschaft gestellt werden, wenn das Vormundschaftsgericht dies zur Abwendung einer erheblichen Gefährdung der Person oder des Vermögens des Volljährigen für erforderlich hält (BGB. § 1906); wer unter vorläufige Vormundschaft gestellt ist, steht in der Geschäftsfähigkeit einem Minderjährigen gleich (BGB. § 114). Er bedürfte also an sich zu einem Rechtsgeschäft der Zustimmung des gesetzlichen Vertreters (BGB. § 107). In Abweichung hiervon bestimmt § 1 Abs. 3, daß auch der unter vorläufige Vormundschaft Gestellte nicht der Zustimmung des gesetzlichen Vertreters bedarf. Die Bedeutung dieser Vorschrift ist allerdings nur gering. Führt nämlich das Verfahren zur Entmündigung, so ist das nach Stellung des Entmündigungsantrags errichtete Testament nichtig (§ 2 Abs. 1 d. Ges.). Wird der Entmündigungsantrag zurückgenommen oder abgewiesen oder wird der Entmündigungsbeschluß infolge einer Anfechtungsklage aufgehoben, so kann die Wirksamkeit der von dem Betreffenden vorgenommenen Rechtsgeschäfte auf Grund der Anordnung der vorläufigen Vormundschaft oder der Entmündigung nicht in Frage gestellt werden (BGB. § 115; vgl. auch FGG. §§ 52, 61).

Der obige § 1 Abs. 3 ist dennoch nicht ganz bedeutungslos; die Vorschrift ist z. B. anzuwenden, wenn der unter vorläufige Vormundschaft Gestellte nach dem Entmündigungsantrag ein Testament macht und während des Entmündigungsverfahrens stirbt, ohne daß über den Antrag entschieden oder der Antrag zurückgenommen wird.

IV. Testierfähigkeit der Ausländer, der Personen in den ehemals besetzten oder eingegliederten Gebieten und der Flüchtlinge. 7

1. Testierfähigkeit eines Ausländers.

Will ein Ausländer in Deutschland ein Testament oder einen Erbvertrag errichten, so ist seine Geschäftsfähigkeit nach den Gesetzen seines Heimatstaates zu beurteilen (Art 7 Abs. 1 EGBGB.). Ist der Ausländer nach den Gesetzen seines Heimatstaates hinsichtlich erbrechtlicher Rechtsgeschäfte geschäftsunfähig oder in der Geschäftsfähigkeit beschränkt, so sind diese Hinderungsgründe bei einem in Deutschland zu errichtenden Testament oder Erbvertrag auch dann zu beachten, wenn der Erblasser nach den deutschen Gesetzen geschäftsfähig sein würde (Art. 7 Abs. 3 EGBGB.).

Ist umgekehrt der Ausländer nach seinem Heimatrecht geschäftsfähig, so stehen die deutschen Vorschriften der Gültigkeit seiner Erklärungen nicht entgegen. Erwirbt der Ausländer später die deutsche Staatsangehörigkeit, so ist dies ohne Einfluß auf die Gültigkeit eines vorher wirksam errichteten Testaments; er behält die ihm nach seinem früheren Heimatrecht etwa zukommende Testierfähigkeit, auch wenn er das nach deutschen Gesetzen erforderliche Alter noch nicht erreicht hat (Art. 24 Abs. 3 EGBGB.).

Die obigen Ausführungen gelten auch für Personen, die Angehörige der Vereinten Nationen sind[1]). Es ist aber zu beachten, daß ohne eine

[1]) Wegen der Begriffsbestimmung des Ausdrucks ,,Vereinte Nationen" wird auf das Gesetz Nr. 3 der Amerikanischen Militärregierung Bezug genommen, dessen letzte Änderung am 29. Juli 1946 erlassen wurde. An-

allgemeine oder für den einzelnen Fall erteilte Genehmigung der Militärregierung es weder einem deutschen Gericht, noch einem Beamten der Justizverwaltung (einschließlich Richter, Friedensrichter, Rechtspfleger oder Urkundsbeamten), noch einem Notar erlaubt ist, eine Urkunde aufzunehmen, oder eine Abschrift davon zu beglaubigen oder Erklärungen und Verfügungen irgendwelcher Art zu bestätigen, zu beglaubigen oder zu bezeugen, wenn sie sich beziehen

1. auf eine Person, die in den Streitkräften einer der Vereinten Nationen dient; oder
2. auf Staatsangehörige der Vereinten Nationen, die in der Alliierten Verwaltung Deutschlands ein öffentliches Amt bekleiden oder eine amtliche Tätigkeit ausüben; oder
3. auf Angehörige (Familienmitglieder) im Gefolge von Personen, der unter 1. und 2. genannten Personengruppen. (Vgl. hierzu Bekanntmachung des Bay.Staatsmin.d.Just. vom 2. April bis 30. Mai 1947, Bay.Just.Min.Bl. 1947 S. 14.)

Die Errichtung des Testaments einer Angehörigen der Vereinten Nationen unterliegt keinen Besonderheiten und Einschränkungen, wenn der Erblasser nicht zu den unter den obigen Ziffern 1—3 aufgeführten Personen gehört. Gehört er zu diesem Personenkreis, so ist die Errichtung des Testaments durch einen Richter oder Notar, oder einen sonstigen Beamten der Justizverwaltung nur statthaft, wenn die Genehmigung der Militärregierung vorliegt. Das Gesuch um Erteilung dieser Genehmigung ist nach der oben erwähnten Bekanntmachung des Bay.Just.Min. beim Gericht oder Notar anzubringen, der es mit seiner Stellungnahme auf dem Dienstwege an den Oberlandesgerichtspräsidenten weiterreicht. Ob auch die Errichtung des Nottestaments vor einem Bürgermeister mit zwei Zeugen unter diese Einschränkung fällt, mag fraglich erscheinen, ist aber wohl zu bejahen, weil durch die Anordnung der Militärregierung, auf Grund deren die Bekanntmachung des Bay. Just. Min. erlassen ist, offenbar die Beurkundung durch jede Art von deutschen Beamten ohne die vorliegende Genehmigung unterbunden werden soll.

Durch das Erfordernis einer Genehmigung ist die Zuständigkeit des deutschen Richters oder Notars usw. für die Vornahme solcher Beurkundungen verneint; ein ohne eine solche Genehmigung errichtetes Testament ist nichtig.

Da alle Arten von Beurkundungen der Genehmigungspflicht unterstellt sind, ist das Vorliegen der Genehmigung auch erforderlich, wenn bei einem Erbvertrag nur ein Vertragsteil zu dem oben in Ziffer 1—3 aufgezählten Personenkreis gehört und auch dann, wenn dieser Vertragsteil seinerseits keine letztwilligen Verfügungen trifft.

---

gehörige der Vereinten Nationen sind hiernach die nachfolgenden 51 Staaten: Argentinien, Australien, Belgien, Bolivien, Brasilien, Bjelorussische Sozialistische Sowjetrepublik, Kanada, Chile, China, Kolumbien, Costa-Rica, Kuba, Tschechoslowakei, Dänemark, Dominikanische Republik, Ecuador, Ägypten, Salvador, Abessinien, Frankreich, Vereinigtes Königreich von Großbritannien und Nordirland, Griechenland, Guatemala, Haiti, Honduras, Indien, Iran (Persien), Irak, Libanon, Liberia, Luxemburg, Mexico, Niederlande, Neuseeland, Nicaragua, Norwegen, Panama, Paraguay, Peru, Philippinen, Polen, Saudi Arabien, Syrien, Türkei, Ukrainische Sozialistische Sowjetrepublik, Südafrikanische Union, Union der Sozialistischen Sowjetrepubliken, Vereinigte Staaten von Amerika, Uruguay, Venezuela, Jugoslawien.

2. Testierfähigkeit deutschstämmiger Personen in den ehemals besetzten und eingegliederten Gebieten. 8

Diese Personen sind grundsätzlich Ausländer; ihre Testierfähigkeit richtet sich deshalb grundsätzlich nach dem Recht ihres Heimatstaates. Erst durch den Erwerb der deutschen Staatsangehörigkeit beurteilt sich ihre Testierfähigkeit nach deutschem Recht, wobei der oben erwähnte Artikel 24 Abs. 3 EGBGB. Anwendung findet. Sie konnten die deutsche Staatsangehörigkeit auf verschiedene Weise erwerben:

a) durch Dienst in der deutschen Wehrmacht und den der Wehrmacht gleichgestellten Formationen (Erl. vom 19. Mai 1943 — RGBl. I. S. 315);

b) durch gesetzliche Zuerkennung:
an die Bewohner Österreichs durch VO v. 30. 6. 1939, RGBl. I S. 1072, mit Wirkung ab 1. 7. 1939 (über die Überleitung in die österreichische Staatsbürgerschaft siehe Lauterbach in NJW. 1948 S. 569 und das Bundesgesetz v. 10. 7. 1945, BGBl. Nr. 59, das den Bewohnern Österreichs im allgemeinen ab 27. 4. 1945 die österreichische Staatsbürgerschaft zurückgibt);
an die Volksdeutschen des ehemaligen Protektorats Böhmen und Mähren gemäß Erlaß vom 16. März 1939 — RGBl. I S. 485 — mit Wirkung vom 16. März 1939 an;
die Memelländer durch Gesetz vom 23. März 1939 — RGBl. I S. 559 (siehe auch Vertrag über die Staatsangehörigkeit der Memelländer vom 8. Juli 1939 RGBl. II S. 999 und RdErl. d. RMdJ. vom 15. November 1939 RMBliV. S. 2349); für ihre Testierfähigkeit ist ab 22. März 1939 das deutsche Recht maßgebend gewesen;
die Bewohner der ehemaligen freien Stadt Danzig durch Gesetz vom 1. September 1939 RGBl. I S. 1547 mit Wirkung vom 1. September 1939 an;
die Volksdeutschen in den eingegliederten Ostgebieten durch Gesetz vom 1. September 1939 — RGBl. I S. 1547 (siehe auch Erl. vom 8. Oktober 1939 RGBl. I S. 2042, VO. über die deutsche Volksliste und die deutsche Staatsangehörigkeit in den eingegliederten Ostgebieten vom 4. März 1941 — RGBl. I S. 118 mit ÄnderungsVO. vom 31. Januar 1942 — RGBl. I S. 51) mit Wirkung vom 1. September 1939 an; die ehemals polnischen Staatsangehörigen in diesen Gebieten konnten ebenfalls die deutsche Staatsangehörigkeit mit Wirkung vom 26. Oktober 1939 an erwerben, wenn sie in die deutsche Volksliste aufgenommen wurden;
die Ukrainer mit deutscher Volkstumszugehörigkeit gemäß VO. vom 19. Mai 1943 — RGBl. I S. 321 (s. hierzu DR. 44, 634: Rückwanderer aus der Ukraine);
die Bewohner der Gebiete von Eupen, Malmedy und Moresnet durch Erl. vom 23. Mai 1940 — RGBl. I S. 803 mit Wirkung vom 18. Mai 1940 an (s. VO. vom 23. September 1941 — RGBl. I S. 584 und VO. vom 28. September 1942 — RGBl. I S. 564);
die deutschstämmigen Personen in Elsaß-Lothringen und Luxemburg durch VO. vom 20. Januar 1942 — RGBl. I S. 40 und VO. vom 23. August 1942 — RGBl. I S. 533 (s. Rd-Erl. d. RMdJ. vom 26. August 1942 — RMBLiV. S. 1741);
die Bewohner der Untersteiermark, von Kärnten und Krain durch VO. vom 14. Oktober 1941 — RGBl. I S. 648 mit Wirkung vom 14. April 1941 an;

c) durch Einbürgerung nach den Bestimmungen des Staatsangehörigkeitsgesetzes.

Neben den normalen Einbürgerungsfällen erhielten auch die Umsiedler, d. s. die deutschen Volkstumsangehörigen, die aus Lettland, Estland, Litauen, Bessarabien, Bukowina und Dobrudscha ins Reich umgesiedelt wurden, die deutsche Staatsangehörigkeit durch Einbürgerung gemäß RdErl. d. RMdJ. vom 10. November 1939 RMBliV. S. 2325, RdErl. vom 4. Januar 1940 RMBliV. S. 59, RdErl. d. RMdJ. vom 17. November 1941 RMBliV. S. 2071 und RdErl. d. RMdJ. vom 10. Januar 1942 I e 5607/41/5003 f. Zu den bei solchen Rücksiedlern maßgebenden Rechtsfragen vgl. den Aufsatz von Krauß in DNotZ. 1941, 626: Privattestamente baltendeutscher Rücksiedler; Pungs in DR. 44, 59: Das Erbrecht der Umsiedler; vgl. weiter RG. vom 10. November 1940 DJ. 431 mit Anm. Weitnauer, OLG. Posen in DR. 44, 82, sowie „Rückwanderer aus der Ukraine" in DR. 44, 634. Nach Pungs aaO. unterstehen die Umsiedler seit Beginn der Umsiedlung dem deutschen gesetzlichen Erbrecht. Die Gültigkeit der Testamente der Umsiedler, die nach dem Beginn der Umsiedlung verstorben sind, ist nach deutschem Recht zu beurteilen. Genügt das Testament den Formvorschriften des TestG., so ist es gültig. Nur wenn dies ausnahmsweise nicht der Fall sein sollte, so ist nach Art. 11 Abs. 1 S. 2 EGBGB. auch fremdes Recht anzuwenden. Dasselbe gilt, wenn der Umsiedler nach der Einbürgerung stirbt.

Ob die Personen, die nach den unter a, b und c aufgeführten Vorschriften die deutsche Staatsangehörigkeit erworben haben, diese auch heute noch besitzen, ist eine andere Frage. Soweit sie sich in Deutschland mit der Absicht aufhalten, hier ihren dauernden Wohnsitz zu nehmen, ist dies im Zweifelsfalle anzunehmen. Soweit sie wieder in ihre Heimatländer zurückgewandert sind oder sich als verschleppte Personen (Displaced Persons) gegen ihren Willen heute in Deutschland aufhalten, spielt für die Frage ihrer Staatsangehörigkeit das Recht ihrer Heimatländer eine ausschlaggebende Rolle. Die Bestimmungen dieses Rechts müssen in erster Linie herangezogen werden, um zu beurteilen, welche Staatsangehörigkeit sie heute besitzen. Für die Testierfähigkeit der in ihr Heimatland zurückgewanderten oder als verschleppte in Deutschland gebliebenen Personen ist die hiernach im einzelnen Fall recht schwierig zu beantwortende Frage der Staatsangehörigkeit zunächst zu klären. Erst wenn die Staatsangehörigkeit feststeht, steht auch fest, nach welchem Recht sich ihre Testierfähigkeit beurteilt. Die Kinder verschleppter Personen, auch wenn sie in Deutschland geboren sind, sind nicht ohne weiteres deutsche Staatsangehörige; ihre Staatsangehörigkeit beurteilt sich vielmehr nach der ihrer Eltern. Über die Frage, welche Staatsangehörigkeit eine Person besitzt, siehe Makarow: Allgemeine Lehren des Staatsangehörigkeitsrechts, W. Kohlhammer Verlag, Stuttgart 1947, insbes. den dortigen Hauptabschnitt VII über den Nachweis der Staatsangehörigkeit und den Hauptabschnitt II über die Quellen des Staatsangehörigkeitsrechts mit einem Überblick über die gesetzliche Regelung.

9 **3. Testierfähigkeit der Flüchtlinge.**

Flüchtlinge[1]) sind nach dem bayer. Flüchtlingsgesetz vom 19. Februar 1947 GVBl. S. 51 u. Ausf. Best. vom 8. Juli 1947 GVBl. S. 153:

a) alle Personen deutscher Staatsangehörigkeit oder deutscher Volkszugehörigkeit, die am 1. Januar 1945 ihren dauernden Wohnsitz außerhalb der Grenzen des deutschen Reichs nach dem Stand vom

---

[1]) Ähnlich in Hessen das Ges. v. 19. 2. 1947 (GVBl. S. 15), und in Württemberg-Baden das Ges. v. 15. 2. 1947 (RegBl. S. 15).

1. März 1938 hatten und von dort geflüchtet oder ausgewiesen oder aus der Kriegsgefangenschaft zurückgekehrt sind, in ihre Heimat nicht zurückkehren können und ihren ständigen Aufenthalt in Bayern haben;

b) alle Personen deutscher Staatsangehörigkeit, die am 1. Januar 1945 in den deutschen Gebieten östlich der Oder-Neiße-Linie beheimatet waren und von dort geflüchtet oder ausgewiesen oder aus der Kriegsgefangenschaft zurückgekehrt sind, in ihre Heimat nicht zurückkehren können und ihren ständigen Aufenthalt in Bayern haben;

c) alle Personen, auf die — ohne daß sie zu den vorgenannten Gruppen gehören —, das Gesetz durch das Staatsministerium des Innern ganz oder teilweiwe für anwendbar erklärt wird.

Die Flüchtlinge sind, auch soweit sie nicht schon die deutsche Staatsangehörigkeit besitzen, vorbehaltlich der endgültigen, gesetzlichen Regelung ihrer Staatsangehörigkeit, den deutschen Staatsangehörigen in ihren Rechten und Pflichten gleichgestellt. Ihre Testierfähigkeit richtet sich daher bis zur Klärung ihrer Staatsangehörigkeit nach dem TestGe. Steht allerdings fest, daß sie Angehörige eines anderen Staates sind, so ist ihre Testierfähigkeit nach dem Recht ihres Heimatlandes zu beurteilen. Dies wird insbesondere für Personen gelten, die nicht schon während der Wirren des Krieges, sondern im Zuge der Entwicklung der politischen und wirtschaftlichen Verhältnisse in den Nachkriegsjahren aus ihren Heimatländern geflohen sind und sich heute in Deutschland aufhalten.

V. Interlokales deutsches Recht. 10

Infolge der Eingliederung verschiedener Gebiete in das Deutsche Reich und der Verleihung der deutschen Staatsangehörigkeit an den Großteil oder einen geringeren Teil der Bevölkerung dieser Gebiete bestand innerhalb des Reichsgebietes kein einheitliches materielles Erbrecht mehr. Das formelle Erbrecht wurde dadurch einheitlich zu gestalten versucht, daß das TestG. in den eingegliederten oder der tatsächlichen Herrschaft des Reiches unterstellten Gebiete in Kraft gesetzt wurde (siehe über das Inkrafttreten in diesen eingegliederten Gebieten oben den Überblick S. 9) Die Verschiedenheit des materiellen Erbrechts blieb aber.

Für die Anwendung des materiellen Erbrechts war maßgebendes Unterscheidungsmerkmal die Staatsangehörigkeit (vgl. Art. 24 und Art. 25 EGBGB.). Dieses Unterscheidungsmerkmal versagte aber in all den Fällen, wo den Bewohnern der eingegliederten Gebiete allgemein oder nach bestimmten Richtlinien einem Teil derselben die deutsche Staatsangehörigkeit verliehen wurde, da neben dieser verliehenen deutschen Staatsangehörigkeit die Staatsangehörigkeit der eingegliederten Länder nicht fortbestand (vgl. die VO. über die deutsche Staatsangehörigkeit vom 5. Februar 1934, RGBl. I S. 85). Die hiernach sich ergebenden Unzuträglichkeiten und Unklarheiten versuchte man im Verhältnis zu Österreich und dem Sudetenland gesetzlich durch die Verordnung über den Anwendungsbereich erbrechtlicher Vorschriften vom 12. Dezember 1941 (RGBl. I, 765) auszuräumen. In den übrigen Gebieten half man sich damit, daß einfach das deutsche materielle Erbrecht angewandt wurde, obwohl hiefür vielfach keine oder nur eine unzureichende gesetzliche Grundlage vorhanden war.

Der Ausgang des Krieges hat allen eingegliederten oder unter die tatsächliche Herrschaft des Reiches gestellten Gebieten wieder ihre Selbständigkeit gebracht. Mit der Verselbständigung haben die Bewohner dieser Gebiete in aller Regel auch wieder die Staatsangehörigkeit ihrer Heimatländer erworben. Für die Zukunft ist für die Anwendung materiellen Erbrechts also wieder das Staatsangehörigkeitsprinzip maßgebend. Für in der Vergangenheit liegende Erbfälle kann es aber notwendig sein, den Rechtszustand während der tatsächlichen Herrschaft des Reiches in den fraglichen Gebieten näher zu erforschen. Soweit nicht die Anwendung deutschen materiellen Erbrechts ausdrücklich durch gesetzliche Vorschrift angeordnet war, wird man davon ausgehen dürfen, daß für solche Erbfälle das Erbrecht des Heimatlandes des Erblassers anwendbar geblieben ist, auch wenn es von den während der Herrschaft des Reiches eingerichteten deutschen Gerichten nicht angewandt wurde. Im übrigen ist vor allem darauf zu achten, welche Gesetzesvorschriften die inzwischen verselbständigten Staaten oder Länder zur Klärung dieser Fragen erlassen haben und inwieweit diesen Vorschriften etwa rückwirkende Kraft verliehen ist. Aus diesen Vorschriften ist auch zu entnehmen, inwieweit Personen, die ursprünglich die Staatsangehörigkeit des betreffenden Landes besessen haben, sich aber heute noch außerhalb des Landes, etwa in Deutschland oder Österreich aufhalten, die Staatsangehörigkeit ihres Heimatlandes wieder erworben haben. Vergleiche hierzu auch die Fußnote 1 zur Verordnung über den Anwendungsbereich erbrechtlicher Vorschriften auf S. 27 dieses Buches, und oben Bemerkung 9.

VI. Ergänzende Bemerkungen.

11 ### 1. Erbhofrecht.

Nach der durch Kontrollratsgesetz Nr. 45 vom 20. Januar 1947 inzwischen, und zwar mit Wirkung vom 24. April 1947 aufgehobenen Erbhofgesetzgebung konnte der Eigentümer eines Erbhofs nicht nur einen Erben, sondern daneben auch einen Nachfolger in das Hofvermögen, einen Anerben, bestimmen. Bei einem Ehegattenerbhof im Sinn der §§ 17, 18 EHRV., aber in manchen Fällen auch bei einem im Alleineigentum stehenden Erbhof konnten die Ehegatten den Anerben nur durch gemeinschaftliches Testament oder Erbvertrag oder doch nur in der Weise bestimmen, daß der andere Eheteil der Bestimmung zustimmen mußte (vgl. § 5 EHFV.). Auch Bestimmungen über die weitere Anerbenfolge konnten getroffen werden (vgl. §§ 8, 12, 15 EHFV.).

Anerbenbestimmungen der einen oder anderen Art, insbesondere auch Bestimmungen über die weitere Anerbenfolge, sind heute noch vielfach in Testamenten oder Erbverträgen enthalten. Diese Testamente und Erbverträge sind mit der Aufhebung der Erbhofgesetzgebung nicht ohne weiteres unwirksam geworden. Dies gilt in gleicher Weise auch für Anerbenbestimmungen nach § 13 EHRV., die einem Testament gleichstehen. Ihr Inhalt kann aber auch nicht einfach so ausgelegt werden, als ob die Erbhofgesetzgebung noch fortgelten würde. In diesen Fällen ist vielmehr an Hand des heute geltenden Rechts durch Auslegung zu ermitteln, welche Bedeutung solchen Bestimmungen nunmehr zukommt. Die Auslegung ist also nicht nach Erbhofrecht, sondern nach dem jetzt wieder geltenden bürgerlichen Recht zu suchen und zu finden[1]).

Zur Durchführung des Kontrollratsgesetzes Nr. 45 haben die einzelnen Länder gesetzliche Vorschriften erlassen, deren Aufgabe es eigentlich gewesen wäre, die Fragen des Übergangs zu klären und zu regeln. In Bayern[2]) ist die Verordnung Nr. 127 zur Durchführung des Kontrollratsgesetzes Nr. 45 unter dem 22. Mai 1947 mit Rückwirkung auf den 24. April 1947

[1]) Vergl. OLG. Schwerin Urt. v. 8. 11. 1948, NJW. 1949, 308 mit Anm. Heydtmann (Umdeutung nach § 2087 BGB) und OLG. Koblenz, Beschl. v. 25. 2. 1948, NJW. 1949, 310 (ein Fall von Rückwirkung des KontrRGes. Nr. 45).

[2]) Ähnlich in Hessen die DurchfVO. v. 11. 7. 1947 in Württemberg-Baden die VO. Nr. 166; für die britische Zone die Höfeordnung, die unten in Bem. 11a näher behandelt ist.

erlassen worden (abgedruckt in GVBl. 1947 S. 180). Diese Verordnung enthält über die Auslegung früherer Anerbeneinsetzungen nichts. In den meisten übrigen Ländern wird es ebenso sein. Die früheren Berufungen von Anerben können damit nur nach dem BGB. ausgelegt und entweder als Erbeinsetzung (Alleinerbe oder Erbe auf einen bestimmten Bruchteil mit Teilungsanordnung) oder als Vermächtnisanordnung gedeutet werden. Soweit nach der Erbhofgesetzgebung oder den getroffenen letztwilligen Verfügungen die Beerbung schon zu Lebzeiten eintreten sollte, können solche Bestimmungen in die Einsetzung eines Nacherben oder die Anordnung eines Nachvermächtnisses umgedeutet werden. Dies geht allerdings nicht, wenn ein Erbfall gar nicht vorliegt. Haben zum Beispiel Ehegatten, die einen Hof in allgemeiner Gütergemeinschaft besitzen, sich gegenseitig zu Anerben mit der Bestimmung berufen, daß weiterer Anerbe der älteste Sohn sein soll, dem der Hof bei Vollendung des 30. Lebensjahres anfallen soll, so kann diese Bestimmung eine erbrechtliche Ausdeutung nur finden, wenn beide Ehegatten vor Vollendung des 30. Lebensjahres des Sohnes verstorben sind. Ist nur ein Ehegatte vor diesem Zeitpunkt verstorben, so kann dessen Anteil im genannten Zeitpunkt auf den Sohn als Nacherbschaft oder Nachvermächtnis übergehen oder übertragen werden; der Anteil des noch lebenden Ehegatten kann weder kraft Gesetzes noch kraft der getroffenen letztwilligen Bestimmung übergehen, da dem BGB. eine solche Beerbung zu Lebzeiten unbekannt ist und das Erbhofrecht, auf Grund dessen sie eintreten sollte, nicht mehr gilt.

Ergibt die Auslegung, daß eine Anerbeneinsetzung als Vermächtnisanordnung anzusehen ist, so fällt dem Vermächtnisnehmer das Hofvermögen nicht kraft Gesetzes durch den Erbfall zu; es ist ihm vielmehr vom Erben zu übertragen. Die Übereignung bedarf dabei der Genehmigung nach dem Kontrollratsgesetz Nr. 45 und den in Ausführung hierzu ergangenen gesetzlichen Vorschriften. Vgl. hierzu Bem. 29 zu § 5.

Zu der allgemeinen Frage einer Änderung der gesetzlichen Erbfolge zwischen Testamentserrichtung und Erbfall vergleiche RG. in Recht 1923 Nr. 53 und Staudinger-Seybold Vorbemerkung vor § 2064 BGB., Anmerkung 13.

2. Das Höferecht in der britischen Zone. 11a

In der britischen Zone ist auf Grund der durch Art. IX des Kontrollratsgesetzes Nr. 45 erteilten Ermächtigung die Militärregierungsverordnung Nr. 84 ergangen und gleichzeitig mit dem Kontrollratsgesetz am 24. April 1947 in Kraft getreten. Durch diese Verordnung werden die gemäß Art. II des Kontrollratsgesetzes wieder in Kraft gesetzten landesrechtlichen Vorschriften über die Vererbung von Liegenschaften durch gesetzliche Erbfolge oder Verfügung von Todes wegen, insbesondere die in der Anlage A zu der Verordnung aufgeführten Gesetze und Verordnungen entsprechend der in der Anlage B zur Verordnung erlassenen Höfeordnung abgeändert und im übrigen aufgehoben. Diese Höfeordnung ist für das Gebiet der gesamten britischen Zone ebenfalls mit dem 24. April 1947 in Kraft getreten.

Die Höfeordnung bestimmt die Höfe, die von ihr erfaßt werden (§§ 1, 19), die Bestandteile, die zum Hof gehören (§ 2) und das Hofzubehör (§ 3). Für die Erbfolge in einen Hof ist in § 4 bestimmt, daß der Hof als Teil der Erbschaft kraft Gesetzes nur einem Erben, dem Hoferben, zufällt. Die gesetzliche Hoferbenordnung, Einzelheiten zu ihr, die Bestimmung des Hoferben durch den Eigentümer, die Hoferbenfolge beim Ehegattenhof und die Vererbung mehrerer Höfe ist in den §§ 5—9 geregelt. Ist ein hiernach rechtswirksam durch Gesetz oder Verfügung von Todes wegen berufener Hoferbe nicht vorhanden, so vererbt sich der Hof nach den Vorschriften des BGB. (§ 10). Die Ansprüche der Miterben und ihre Rechte bei der Veräußerung des Hofes richten sich nach den §§ 12 und 13. Der Eigentümer kann die Erbfolge kraft Höferechts durch Verfügung von Todeswegen nicht ausschließen, wohl aber beschränken. Er kann insbesondere den Hoferben durch Verfügung von Todes wegen oder durch Übergabevertrag frei bestimmen, und hierbei, wenn auch nur mit Zustimmung des Gerichts, sogar sämtliche Abkömmlinge übergehen (§ 7).

Über das Schicksal der unter der Geltung des Erbhofrechts errichteten Verfügungen von Todes wegen enthält auch die Höfeordnung keine Bestimmungen; soweit Erbfälle schon vor Inkrafttreten der Höfeordnung eingetreten sind, aber in diesem Zeitpunkt noch nicht geregelt waren, finden hinsichtlich der Höfe gemäß § 19 Abs. 6 die Bestimmungen der Höfeordnung nebst Verfahrensvorschriften (Verfahrensordnung für Landwirtschaftsachen vom 12. Dezember 1947, VOBl. BZ. 1947, 157) entsprechend Anwendung. Daraus ergibt sich, daß die Höfeordnung selbstverständlich für alle Erbfälle nach ihrem Inkrafttreten Geltung hat, daß sie aber auch für die vorher eingetretenen Erbfälle gilt, wenn der Erbfall nicht schon am 24. April 1947 geregelt war. Für unter der Geltung des Reichserbhofrechts errichtete letztwillige Verfügungen bedeutet das aber nicht, daß diese Verfügungen nunmehr hinfällig sind; der Inhalt ist vielmehr jetzt nach den Bestimmungen der Höfeordnung auszulegen, so als ob die Höfeordnung schon bei Errichtung der letztwilligen Verfügung in Kraft gewesen wäre. Die nach dem Reichserbhofrecht übliche Ausdrucksweise in solchen letztwilligen Verfügungen ist dabei durch Umdeutung so auszulegen, daß die Verfügung auch unter der Höfeordnung noch möglichst ihre Geltung behält (vgl. § 2084 BGB.). Im großen ganzen darf wohl angenommen werden, daß es möglich sein wird, alle früher getroffenen Bestimmungen auf dem Wege einer solchen Umdeutung in ihrem wesentlichen Inhalt aufrecht zu erhalten. Die zwingenden Vorschriften der Höfeordnung über die Rechte der Miterben stellen dabei gegenüber dem Erbhofrecht von selbst die Korrektur dar, die erforderlich ist, um die früher errichteten Verfügungen von Todes wegen der neuen Rechtsänderung anzupassen. Im übrigen wäre es ja wohl zweckmäßig, wenn früher errichtete Verfügungen von Todes wegen darauf durchgesehen würden, inwieweit die neue Rechtslage eine Änderung oder Klarstellung ratsam erscheinen läßt. Berufen zu solcher Prüfung sind die Beteiligten selbst. Soweit ein Notar Testamente oder Erbverträge errichtet hat, bei denen zweifelhaft ist, welche Bedeutung ihnen unter dem neuen Recht zukommt, mag er auch Anlaß nehmen, die Beteiligten darauf hinzuweisen; verpflichtet ist er zu einem solchen Hinweis keinesfalls.

12 **3. Westfälische Gütergemeinschaft.**

Im § 6 des preuß. Ges. betr. das eheliche Güterrecht in der Provinz Westfalen vom 16. April 1860 (GS. 165) ist folgendes bestimmt:

„Bei nicht beerbter Ehe kann jeder Ehegatte für sich allein von Todes wegen über die Hälfte des gemeinschaftlichen Vermögens verfügen; bei beerbter Ehe dagegen können Verfügungen von Todes wegen über das gemeinschaftliche Vermögen nur von beiden Ehegatten gemeinschaftlich getroffen werden. Ein jeder der Ehegatten ist bei beerbter Ehe befugt, auch durch einseitige letztwillige Verfügung die sofortige Schichtung anzuordnen."

Diese Vorschrift ist für die Ehen, bei denen dieser Güterstand am 1. Januar 1900 bereits bestand, in Geltung geblieben (EGBGB. Art. 200, preuß. AGBGB. Art. 48 § 1). Eheleute, die in der westfälischen Gütergemeinschaft leben, können daher, wenn aus der Ehe Kinder hervorgegangen sind, über das gemeinschaftliche Vermögen nicht durch einseitiges Testament, sondern nur durch gemeinschaftliches Testament oder durch Erbvertrag verfügen (ebenso Hilderscheid DNotZ. 39, 21).

Ist einer der Ehegatten gestorben und setzt der andere die Gütergemeinschaft mit den Kindern fort, so ist dieser Ehegatte berechtigt, durch letztwillige Verfügung unter den unabgefundenen Kindern die Erbfolge in das gemeinschaftliche Vermögen allein zu regeln; er muß jedoch jedem Kinde mindestens den Wert eines Schichtteils zuwenden (§ 10 des Ges. vom 16. April 1860). Die letztwillige Verfügung des überlebenden Ehegatten ist aber nicht schon deshalb unwirksam, weil er die Zuwendung des Schichtteils unterlassen hat (RG. 30. Juni 1938, 158, 65).

§ 2.
Fehlen der Testierfähigkeit.

(1) Wer entmündigt ist, kann ein Testament nicht errichten. Die Unfähigkeit tritt schon mit der Stellung des Antrags ein, auf Grund dessen die Entmündigung ausgesprochen wird.

(2) Wer wegen krankhafter Störung der Geistestätigkeit, wegen Geistesschwäche oder wegen Bewußtseinsstörung (zum Beispiel wegen Trunkenheit) nicht in der Lage ist, die Bedeutung einer von ihm abgegebenen Willenserklärung einzusehen und nach dieser Einsicht zu handeln, kann ein Testament nicht errichten.

Abs. 1 entspricht dem § 104 Nr. 3 und § 2229 Abs. 3 BGB.; Abs. 2 entspricht dem § 104 Nr. 2 und § 105 Abs. 2 BGB.

Meyer, DJ. 41, 755: Testierfähigkeit beim Vorliegen heimlicher Geisteserkrankungen, insbes. bei Hirnarteriosklerose, die zu Schlaganfällen geführt hat, und ihre Feststellung im Prozeß. — Höver, DFG. 40, 81: Zur Behandlung der Testamente Geisteskranker im Erbscheinsverfahren.

Übersicht:

I. Testierunfähigkeit des Entmündigten (Abs. 1) 1
1. Die Entmündigung 1
2. Beginn der Testierunfähigkeit mit Stellung des Entmündigungsantrags 2
3. Widerruf eines vor der Entmündigung errichteten Testaments 3

II. Testierunfähigkeit wegen Geistes- und Bewußtseinsstörung (Abs. 2)
1. Früheres Recht 4
2. Geisteskrankheit und Geistesschwäche
a) Bedeutung der neuen Fassung des Abs. 2 5
b) Berücksichtigung lichter Augenblicke 6
3. Bewußtseinsstörung 7

III. Ergänzende Bemerkungen 8
1. Prüfung der Testierfähigkeit vor Errichtung eines öffentlichen Testaments 8
2. Beweislast 9
3. Testierfähigkeit der Ordenspersonen 10

IV. Verfügungsbefugnis 11

I. Testierunfähigkeit des Entmündigten (Abs. 1).

1. Die Entmündigung. 1

Entmündigt kann werden: 1. wer infolge von Geisteskrankheit oder Geistesschwäche seine Angelegenheiten nicht zu besorgen vermag; 2. wer durch Verschwendung sich oder seine Familie der Gefahr des Notstandes aussetzt; 3. wer infolge von Trunksucht seine Angelegenheiten nicht zu besorgen vermag oder sich oder seine Familie der Gefahr des

Notstands aussetzt oder die Sicherheit anderer gefährdet (BGB. § 6 Abs. 1.) Der wegen Geisteskrankheit Entmündigte ist geschäftsunfähig (BGB. § 104 Nr. 3). Wer wegen Geistesschwäche, wegen Verschwendung oder Trunksucht entmündigt ist, ist beschränkt geschäftsfähig (BGB. § 114). In Übereinstimmung mit dem bisher geltenden Recht (BGB. § 104 Abs. 3, § 2229 Abs. 3) bestimmt der obige § 2 Abs. 1, daß der Entmündigte kein Testament errichten kann, gleichviel aus welchem Grunde die Entmündigung erfolgt ist. Wegen der Fähigkeit zum Abschluß eines Erbvertrags vgl. unten § 29.

2 2. Beginn der Testierunfähigkeit mit Stellung des Entmündigungsantrags.

Die Entmündigung wird nur auf Antrag ausgesprochen (ZPO. §§ 654, 680). Antragsberechtigt sind der Ehegatte, ein Verwandter oder derjenige gesetzliche Vertreter, dem die Sorge für die Person zusteht (ZPO. § 646 Abs. 1, § 680 Abs. 3). Die Entmündigung wird grundsätzlich mit der Zustellung des Entmündigungsbeschlusses wirksam (ZPO. §§ 661, 683; FGG. § 52). An sich wäre also der zu Entmündigende in der Zeit zwischen dem Entmündigungsantrag und dem Entmündigungsbeschluß testierfähig. Da jedoch zu befürchten ist, daß er diese Befugnis dazu benutzen wird, um Anordnungen zum Nachteil des Antragstellers zu treffen, hat § 2, Abs. 1, Satz 2 (in Übereinstimmung mit BGB. § 2229 Abs. 3 Satz 2) bestimmt, daß die Testierunfähigkeit schon mit der Stellung des Antrages eintritt, auf Grund dessen die Entmündigung erfolgt.

Der Entmündigungsbeschluß kann nicht mit der Beschwerde, sondern nur mit der Anfechtungsklage angegriffen werden (ZPO. §§ 567, 663, 664, 680, 684). Wird der Entmündigungsbeschluß infolge einer Anfechtungsklage aufgehoben, so kann die Wirksamkeit des von dem Entmündigten errichteten Testaments nicht auf Grund des Beschlusses in Frage gestellt werden (BGB. § 115 Abs. 1). Stirbt der Entmündigte vor Eintritt der Unanfechtbarkeit, so steht die Entmündigung der Gültigkeit des Testaments nicht entgegen (§ 3 Abs. 1 d. Ges.). Wegen der Wiederaufhebung der Entmündigung vgl. § 3 Abs. 2.

Ein Volljähriger, dessen Entmündigung beantragt ist, kann u. U. unter vorläufige Vormundschaft gestellt werden (BGB. § 1906). Wegen der Rückwirkung dieser Anordnung auf die Testierfähigkeit s. oben § 1 Bem. 6.

3 3. Widerruf eines vor der Entmündigung errichteten Testaments.

Der wegen Geisteskrankheit Entmündigte ist geschäftsunfähig; er kann daher ein vor der Entmündigung errichtetes Testament nicht widerrufen (BGB. § 104 Nr. 3, EntmO. § 3). Die Entmündigung des Erblassers wegen Geistesschwäche, Verschwendung oder Trunksucht steht jedoch dem Widerruf eines vor der Entmündigung errichteten Testaments nicht entgegen (§ 32 Abs. 2 des Ges.).

4 II. Testierunfähigkeit wegen Geistes- und Bewußtseinsstörung (Abs. 2).

1. Früheres Recht.

Nach BGB. § 104 Nr. 2 ist geschäftsunfähig, „wer sich in einem die freie Willensbestimmung ausschließenden Zustande krankhafter Störung der Geistestätigkeit befindet, sofern nicht dieser Zustand seiner Natur nach ein vorübergehender ist". In § 105 heißt es dann weiter: „Die Willenserklärung eines Geschäftsunfähigen ist nichtig. Nichtig ist auch eine Willenserklärung, die im Zustande der Bewußtlosigkeit oder vorübergehenden

Störung der Geistestätigkeit abgegeben wird." Die Unterscheidung zwischen einer länger anhaltenden und einer lediglich vorübergehenden Störung der Geistestätigkeit war für die Errichtung von Testamenten ohne Bedeutung; in jedem der beiden Fälle war ein Testament, das in diesem Zustande errichtet war, nichtig. In dieser Hinsicht war auch die Bewußtseinsstörung der Geistesstörung gleichgestellt.

2. Geisteskrankheit und Geistesschwäche.

a) Bedeutung der neuen Fassung des Abs. 2. 5

§ 2 Abs. 2 nimmt an der bisherigen Regelung keine sachliche Änderung vor. Er soll lediglich die wenig glückliche Fassung der §§ 104, 105 BGB. verbessern. „Krankhafte Störung der Geistestätigkeit" umfaßt sowohl den länger anhaltenden wie den lediglich vorübergehenden Zustand der auf krankhafter Ursache beruhenden Geistesstörung. Unter „Geistesschwäche" ist in unserer Rechtssprache ein leichterer Grad von Geisteskrankheit zu verstehen (vgl. BGB. §§ 6, 104, 114). Eine dauernde oder vorübergehende Geisteskrankheit oder Geistesschwäche macht ein in diesem Zustand errichtetes Testament nur dann nichtig, wenn durch den Geisteszustand die freie Willensbestimmung des Erblassers ausgeschlossen wird. Die Fassung des § 2 Abs. 2, daß der Erklärende nicht in der Lage ist, „die Bedeutung einer von ihm abgegebenen Willenserklärung einzusehen und nach dieser Einsicht zu handeln", ist eine gemeinverständliche Umschreibung des früheren Tatbestandsmerkmals des Ausschlusses der freien Willensbestimmung.

b) Berücksichtigung lichter Augenblicke. 6

Die Nichtigkeit auf Grund des § 2 Abs. 2 tritt nicht ein, wenn der Erblasser bei der Errichtung des Testaments sich in einem sog. lichten Augenblick befand. War der Erblasser also bei der Errichtung des Testaments auf Grund einer (wenn auch vielleicht vorübergehenden) Besserung seines Zustands in der Lage, die Bedeutung einer Erklärung einzusehen und nach dieser Einsicht zu handeln, so ist der Anwendung des § 2 Abs. 2 die Grundlage entzogen (ebenso KG. 17. November 1938 HansRGZ. 39 B 125 und RG. vom 18. Oktober 1944 DR. 45, 54).

Lichte Augenblicke werden dagegen nicht berücksichtigt in den Fällen der Entmündigung (§ 2 Abs. 1). Das Testament eines Entmündigten ist nichtig, auch wenn bewiesen wird, daß der Erblasser trotz der Entmündigung geistig gesund gewesen sei.

3. Bewußtseinsstörung. 7

In § 2 Abs. 2 ist außer Geisteskrankheit und Geistesschwäche auch die Bewußtseinsstörung aufgeführt. Als Hauptbeispiel ist im Gesetz selbst die Trunkenheit erwähnt. Auch die Bewußtseinsstörung kommt als Nichtigkeitsursache nur dann in Betracht, wenn sie so schwer war, daß die freie Willensbestimmung des Erblassers ausgeschlossen war. Hat der Erblasser z. B. das Testament in einer durch leichten Alkoholgenuß lediglich angeheiterten Stimmung errichtet, so wird die Gültigkeit des Testaments nicht auf Grund des § 2 Satz 2 in Zweifel gezogen werden können.

III. Ergänzende Bemerkungen. 8

1. Prüfung der Testierfähigkeit vor Errichtung eines öffentlichen Testaments.

Nach § 14 Abs. 3 des Ges. hat der Richter oder der Notar vor der Aufnahme eines öffentlichen Testaments die Testierfähigkeit von Amts wegen zu prüfen und seine Wahrnehmungen über die Testierfähigkeit in der Niederschrift anzugeben. Diese Verpflichtung gilt auch für den Bürgermeister bei der Aufnahme eines Nottestaments (§ 23 Abs. 1).

Hat jemand, dessen Testierfähigkeit zweifelhaft ist, ein Testament errichtet, so kann der darin eingesetzte Erbe gegen den gesetzlichen Erben, der die Gültigkeit des Testaments bestreitet, nicht etwa schon vor dem Tode des Erblassers Klage auf Feststellung der Wirksamkeit des Testaments erheben, da vor dem Erbfall kein ausreichendes Interesse hierfür gegeben ist (OLG. Köln JW. 30, 2064).

9 2. Beweislast.

Gegenüber einem ordnungsmäßig errichteten Testament ist das Fehlen der Testierfähigkeit als Ausnahme von demjenigen zu beweisen, der sich hierauf beruft (Planck[4] Bd. 5 S. 702 mit Nachweisen). Diese Beweislast ist nur dann umgekehrt, wenn beim eigenhändigen Testament der Tag der Errichtung nicht angegeben ist; nach § 21 Abs. 5 d. Ges. hat in einem solchen Fall derjenige, der sich auf das Testament beruft, nachzuweisen, daß es zu einer Zeit errichtet ist, als der Erblasser nicht geistesgestört war.

10 3. Testierfähigkeit der Ordenspersonen.

Beschränkungen für die Testierfähigkeit von Ordenspersonen sind im deutschen Recht nicht vorgesehen; es ist nicht Aufgabe des bürgerlichen Rechts, die Erfüllung von Verpflichtungen oder religiösen Gelübden der Ordenspersonen sicherzustellen (Motive zum BGB. V, 252).

Die landesgesetzlichen Vorschriften, wonach die Mitglieder religiöser Orden nur mit staatlicher Genehmigung etwas durch Schenkung oder von Todes wegen erwerben können, sind durch Art. 87 EGBGB. aufrechterhalten.

11 **IV. Verfügungsbefugnis.**

Von der Testierfähigkeit, also der Fähigkeit, ein Testament zu errichten, abzuändern oder aufzuheben, ist die Verfügungsbefugnis zu unterscheiden, d. h. die Fähigkeit, über einen Gegenstand auch eine wirksame letztwillige Verfügung zu treffen. Daß der Erblasser Eigentümer des Gegenstandes ist, ist hierzu nicht erforderlich, wenn ein Verschaffungsvermächtnis (BGB. §§ 2169, 2170) gewollt ist. Ist das nicht der Fall, so ist das Vermächtnis unwirksam. Über die Frage, inwieweit der überlebende Ehegatte bei fortgesetzter Gütergemeinschaft über seinen Anteil an dieser letztwillig verfügen kann, s. Straßer in DJ. 1940, 869, weiter Straus in DJ. 1940, 1213 und Weber in DJ. 1941, 49, schließlich Daimer in DJ. 1941, 106. Über Verfügungsbefugnis bei westfälischer Gütergemeinschaft s. Bem. 12 zu § 1.

§ 3.

Sonderfälle bei Entmündigung.

(1) Hat ein Entmündigter ein Testament errichtet, bevor der Entmündigungsbeschluß unanfechtbar geworden ist, so steht die Entmündigung der Gültigkeit des Testaments nicht entgegen, wenn der Entmündigte noch vor dem Eintritt der Unanfechtbarkeit stirbt.

(2) Hat ein Entmündigter nach der Stellung des Antrags auf Wiederaufhebung der Entmündigung ein Testament errichtet, so steht die Entmündigung der Gültigkeit des

Testaments nicht entgegen, wenn die Entmündigung auf Grund des Antrags wieder aufgehoben wird.

§ 3 entspricht dem § 2230 BGB.

I. Tod des Entmündigten vor Eintritt der Unanfechtbarkeit der Entmündigung (Abs. 1). 1

Gemäß § 2 Abs. 1 ist der Entmündigte vom Augenblick des Wirksamwerdens des Entmündigungsbeschlusses ab testierunfähig. Der Entmündigungsbeschluß wird in der Regel mit der Zustellung wirksam (ZPO. §§ 660, 684); er unterliegt nicht der Beschwerde, sondern kann nur binnen eines Monats im Wege der Klage angefochten werden (ZPO. §§ 664, 684). Abs. 1 des obigen § 3 will den Entmündigten vor den Folgen einer übereilten Entmündigung schützen. Solange der die Entmündigung aussprechende Beschluß noch nicht unanfechtbar geworden ist (solange also die Anfechtungsfrist läuft oder über die fristgemäß erhobene Anfechtungsklage noch nicht rechtskräftig entschieden ist), kann man den Entmündigungsbeschluß nicht als unbedingt richtig behandeln (Prot. V, 326). Daher wird in Abs. 1 bestimmt, daß die Entmündigung der Gültigkeit des Testaments nicht entgegensteht, wenn der Entmündigte vor Eintritt der Unanfechtbarkeit stirbt.

Das bedeutet nun nicht, daß ein solches Testament stets gültig sei. Wird nachgewiesen, daß der Entmündigte zur Zeit der Testamentserrichtung geisteskrank war, so ist das Testament nach § 2 Abs. 2 nichtig.

II. Wiederaufhebung der Entmündigung (Abs. 2). 2

1. Wiederherstellung der Testierfähigkeit.

Die Entmündigung ist wieder aufzuheben, wenn der Grund der Entmündigung wegfällt (BGB. § 6 Abs. 2). Die Wiederaufhebung erfolgt nur auf Antrag (ZPO. § 675). Wird die Entmündigung wieder aufgehoben, so ist die aus § 2 Abs. 1 des Ges. folgende Testierunfähigkeit des Entmündigten ausgeräumt. Es kann nun vorkommen, daß der Entmündigte ein Testament errichtet in der Zeit, die zwischen dem Antrag auf Wiederaufhebung und dem die Wiederaufhebung aussprechenden Beschluß liegt. Da mit großer Wahrscheinlichkeit anzunehmen ist, daß dieser Entmündigte bereits bei Stellung des erfolgreichen Wiederaufhebungsantrags wieder gesund war, bestimmt § 3 Abs. 2, daß der Gültigkeit eines solchen Testaments die Entmündigung nicht entgegenstehen soll. Die Wiederherstellung der Testierfähigkeit wird also auf den Zeitpunkt der Antragstellung vorverlegt.

2. Tod des Entmündigten vor Entscheidung über den Wiederaufhebungsantrag. 3

Voraussetzung für die Anwendung des Abs. 2 ist, daß die Entmündigung tatsächlich wieder aufgehoben wird. Stirbt der Entmündigte aber, bevor über den Wiederaufhebungsantrag entschieden worden ist, so ist ein Testament des Entmündigten auch dann unwirksam, wenn es erst nach Stellung des aussichtsreichen Aufhebungsantrags errichtet worden ist. Hierin kann u. U. eine Härte liegen. Vielleicht kann man sich in einem solchen Falle so helfen, daß das Entmündigungsgericht das Aufhebungsverfahren weiterführt und durch Beschluß feststellt, daß vor dem Tode des Entmündigten die Voraussetzungen für Wiederaufhebung der Entmündigung gegeben waren. Einen solchen Beschluß wird man dann einer Wiederaufhebung gleichstellen können (vgl. AG. Breslau DJ. 1937, 945 mit Anm. Vogels; RGK.[9] § 6 Bem. 4).

§ 4.

Ordentliche Testamentsformen.

Ein Testament kann in ordentlicher Form errichtet werden:

1. vor einem Richter oder vor einem Notar;

2. durch eine vom Erblasser nach § 21 abgegebene Erklärung.

§ 4 entspricht dem § 2231 BGB.

Übersicht:

I. Überblick über die Testamentsformen 1
1. Ordentliche Testamentsformen 1
2. Außerordentliche Testametsformen 2
3. Testamente von Wehrmachtsangehörigen 3
4. Konsulartestamente 4
5. Beseitigung der für den hohen Adel in Geltung gewesenen Sondervorschriften 5
II. Vergleich des öffentlichen Testaments und des Privattestaments 6, 7
III. Bedeutung und Auslegung der Fomvorschriften
1. Der Unterschied zwischen Muß- und Sollvorschriften 8
a) Zwingende Formvorschriften 8
b) Ordnungsvorschriften 9
c) Gesichtspunkte für die Abgrenzung von Muß- und Sollvorschriften 10
2. Auslegung der Formvorschriften 11
IV. Vorbehalte für die Landesgesetzgebung
1. Alleinzuständigkeit der Notare (Urkundsmonopol) 12
2. Besondere Urkundspersonen 13
a) Art. 149 EGBGB. 13
b) Art. 150 EGBGB. 14
3. Nachlaßgericht 16
4. Landesgesetzliche Formvorschriften 17
V. Formvorschriften für Testamentserrichtung im Ausland und für Testamente von Ausländern 18, 19.

1 **I. Überblick über die Testamentsformen.**

Das Test.G. unterscheidet, ebenso wie früher das BGB., zwischen ordentlichen und außerordentlichen Testamentsformen.

1. Ordentliche Testamentsformen.

Unter den ordentlichen Testamenten sind zu verstehen: Das vor Richter oder Notar errichtete Testament (öffentliches Testament) und das nach § 21 errichtete Privattestament (eigenhändiges Testament).

2 2. Außerordentliche Testamentsformen.

Im vorliegenden Gesetz sind behandelt das Nottestament vor dem Bürgermeister (§ 23, § 24 Abs. 1) und das Nottestament vor drei Zeugen (§ 24 Abs. 1, 2, § 25). Diese Nottestamente haben nur eine beschränkte Gültigkeitsdauer (§ 26).

3 3. Testamente von Wehrmachtsangehörigen.

Sondervorschriften gelten für die Testamente von Wehrmachtsangehörigen, die sich im mobilen Verhältnis befinden, und zwar auf Grund der Gesetze, die unten in § 27 angeführt sind. Die militärischen Testamente können ordentliche Testamente sein, die einem Testament vor Richter oder Notar entsprechen, oder außerordentliche Testamente, die nur eine begrenzte Gültigkeitsdauer haben. Näheres bei § 27.

4. Konsulartestamente. 4

Deutsche Staatsangehörige im Ausland können Testamente oder Erbverträge auch vor dem deutschen Konsul errichten. Die hierauf bezüglichen Vorschriften sind durch § 50 Abs. 4 des Gesetzes aufrecht erhalten. Näheres bei § 50.

5. Beseitigung der für den hohen Adel in Geltung gewesenen Sondervorschriften. 5

Nach Art. 57, 58 EGBGB. sind unter gewissen Voraussetzungen zugunsten der Landesherren und der Familien des hohen Adels die von den Vorschriften des BGB. abweichenden Bestimmungen der Landesgesetze oder der Hausverfassungen in Kraft geblieben. Dieser Vorbehalt erstreckte sich auch auf etwaige Sondervorschriften über die Errichtung von Testamenten und Erbverträgen. Art. 109 der Weimarer Verfassung von 1919 hat diese Vorrechte nicht unmittelbar aufgehoben, sondern ihre Aufhebung den Landesregierungen aufgegeben (RG. 103, 92): „Öffentlichrechtliche Vorrechte oder Nachteile der Geburt oder des Standes sind aufzuheben." Dies ist geschehen in Preußen durch das Gesetz über die Aufhebung der Standesvorrechte des Adels vom 23. Juni 1920 GS. 367, geändert durch Art. 36 des Ges. vom 22. April 1930 GS. 51 und die ÜberleitungsVO. vom 3. März 1921 GS. 339; weiter s. Gesetz vom 7. Januar 1922 GS. 5 und VO. vom 23. September 1922 GS. 296; in Bayern durch das Gesetz über den Adel vom 28. März 1919 GVBl. 144, durch welches der Adel und damit auch seine Vorrechte aufgehoben sind (vgl. Kratzer, Bayer. VerfUrk. Bem. 2c zu § 15). In Sachsen s. Ges. vom 24. März 1925 GBl. 55; in Württemberg s. § 6 der Verf. vom 20. Mai 1919 RegBl. 87; in Baden s. §§ 9, 66 Verf. vom 29. März 1919 GVBl. 279; in Thüringen s. Ges. vom 6. März 1922 GS. 138 mit PolVO. vom 9. Mai 1922 GS. 143; in Hessen s. Ges. vom 22. Juni 1923 RegBl. 217 und Ges. vom 18. Dezember 1919 RegBl. 1921 S. 1; in Braunschweig s. Art. 3 der Verf. vom 6. Januar 1922 GVS. 56; in Anhalt s. Ges. vom 23. Juli 1919 GS. 103; in Lippe s. ReichsG. vom 27. August 1936 RGBl. II 289; in Schaumburg-Lippe s. Ges. vom 30. April 1928 LVOBl. 177; in Oldenburg s. Ges. vom 3. Juli 1922 GBl. 1099; in Mecklenburg-Schwerin s. Ges. vom 17. Mai 1920 RegBl. 671. Näheres siehe Staudinger-Gramm, Anm. zu Art. 57, 58 EGBGB.

II. Vergleich des öffentlichen Testaments und des Privattestaments. 6

Das vor dem Richter oder dem Notar errichtete ordentliche Testament und das vor dem Bürgermeister errichtete Nottestament haben im Gegensatz zum Privattestament die Eigenschaft einer öffentlichen Urkunde. Ein in dieser Form errichtetes Testament erweist sich für den Erben namentlich dann als wertvoll, wenn sich im Nachlaß Grundstücke oder Hypotheken befinden. Will der Erbe diese Grundstücke oder Grundstücksrechte nach dem Erbfall auf seinen Namen umschreiben lassen, so muß er seine Rechtsnachfolge dem Grundbuchamt nachweisen. Hierüber bestimmt § 35 GBO.: „Der Nachweis der Erbfolge kann nur durch einen Erbschein geführt werden. Beruht jedoch die Erbfolge auf einer Verfügung von Todes wegen, die in einer öffentlichen Urkunde enthalten ist, so genügt es, wenn an Stelle des Erbscheins die Verfügung und die Niederschrift über die Eröffnung der Verfügung vorgelegt werden; erachtet das Grundbuchamt die Erbfolge durch diese Urkunde nicht für nachgewiesen, so kann es die Vorlegung eines Erbscheins verlangen." In der Regel wird also ein Erbe, der seine Berechtigung durch ein öffentliches Testament nachweisen kann, der Mühe und Kosten, die mit der Erwirkung eines Erbscheins verbunden sind, enthoben sein. Ähnliche Erleichterungen genießt er durch öffentl. Testament ausgewiesene Erbe bei der Geltendmachung von Reichsschuldbuchforderungen (Ges. vom 31. Mai 1910, RGBl. 840). Banken, Sparkassen und Versicherungen sind an sich nicht enthalten, die Nachweisung des Erbrechts bei Verfügung über zum Nachlaß gehörige Konten und Depots durch Erbschein zu verlangen. Tatsächlich stellen sie zu ihrer Deckung dieses Verlangen aber regelmäßig, wenn die Erbfolge nicht durch ein öffentliches Testament nachgewiesen werden kann. Siehe auch § 5 Bem. 26.

Für die Beurkundung des Testaments wird eine volle Gebühr, für die zwingend vorgeschriebene amtliche Verwahrung ein Viertel der vollen Gebühr nach den §§ 40, 93 der KostO. erhoben. Für die Erteilung eines Erbscheins wird ebenfalls eine volle Gebühr und daneben noch eine halbe Gebühr für die Beurkundung der nach § 2356 erforderlichen eidesstattlichen Versicherung erhoben (KostO. §§ 43, 99). Im Endergebnis ist also das öffentliche Testament billiger als der Erbschein.

7 Das öffentliche Testament hat gegenüber dem Privattestament ferner den Vorzug, daß es dem Erblasser die Beratung durch den Richter oder Notar sichert, die gemäß § 15 d. Ges. verpflichtet sind, ihn auf Bedenken gegen den Inhalt seiner Erklärung oder auf Zweifel an der Gültigkeit des beabsichtigten Testaments hinzuweisen. Sie sind kraft ihrer Amtspflichten als Urkundspersonen auch gehalten, auf eine klare Gestaltung und zweifelsfreie Ausdrucksweise in der Äußerung des letzten Willens hinzuwirken und so späteren Auslegungsstreitigkeiten vorzubeugen (vgl. z. B. § 30 DOfNot.). Auch Streitigkeiten über die Echtheit eines Testaments sind beim öffentlichen Testament praktisch ausgeschlossen, beim privatschriftlichen Testament aber nicht selten. Ebenso ist einem Streit über die Testierfähigkeit des Erblassers durch die vom Richter oder Notar gemäß § 14 Abs. 3 d. Ges. in der Niederschrift zu treffende Feststellung über die von ihm gemachten Wahrnehmungen regelmäßig vorgebeugt.

Ferner wird das öffentliche Testament stets in besondere amtliche Verwahrung genommen (§§ 20, 37, 38), während das Privattestament nur auf besonderen Antrag des Erblassers amtlich aufbewahrt wird (§ 22).

Nach Vorstehendem werden also die mit der Errichtung eines öffentlichen Testaments verbundenen Kosten durch die mit dieser Testamentsform verbundenen Vorteile reichlich aufgewogen.

8 **III. Bedeutung und Auslegung der Formvorschriften.**

1. Der Unterschied zwischen Muß- und Sollvorschriften.

Das vorliegende Gesetz unterscheidet ebenso wie das BGB. zwischen zwei Arten von Formvorschriften: nämlich zwingenden Vorschriften und bloßen Ordnungsvorschriften.

a) Zwingende Formvorschriften.

Wenn die Einhaltung eines bestimmten Formerfordernisses zwingend vorgeschrieben ist, so bedeutet dies, daß bei einem Verstoß gegen die Vorschrift das Testament nichtig ist (§ 48 Abs. 1 des Ges., § 125 BGB.). In Übereinstimmung mit dem Sprachgebrauch des BGB. bedient sich das vorliegende Gesetz, wenn eine zwingende Regel aufgestellt werden soll, des Wortes „muß“ (sogenannte Mußvorschrift). So heißt es z. B. im § 6 Abs. 1, daß der Richter oder Notar, wenn der Erblasser nach seiner Überzeugung taub, blind oder stumm ist, bei der Beurkundung Überwachungspersonen zuziehen „muß“. Unterbleibt diese Zuziehung, so ist das Testament nichtig.

b) Ordnungsvorschriften. 9

Die Formvorschriften der zweiten Gruppe sind nicht zwingend. Die Nichtbeachtung einer solchen Vorschrift ist für die Gültigkeit des Testaments ohne Bedeutung. Wenn das Gesetz ausdrücken will, daß es sich nur um eine solche bloße Ordnungsvorschrift handelt, so bedient es sich des Ausdrucks „soll" (sogenannte Sollvorschrift). Beispiel: Nach § 6 Abs. 2 kann der Notar bei der Beurkundung des Testaments Zeugen zuziehen; er „soll" es tun, wenn der Erblasser es verlangt. Auf die Gültigkeit des Testaments hat es jedoch keinen Einfluß, wenn der Richter oder Notar trotz des Verlangens des Erblassers die Zuziehung von Zeugen unterläßt. Der Richter oder Notar ist aber verpflichtet, auch diese Sollvorschriften einzuhalten. Ihre Außerachtlassung ist Amtspflichtverletzung.

Wo das Gesetz sich vorzugsweise an rechtlich nicht geschulte Personen wendet, ist der nicht zwingende Charakter der Vorschrift auf andere Weise zum Ausdruck gebracht. So heißt es z. B. in § 21 Abs. 2: „Es ist nicht notwendig aber rätlich." Vgl. ferner § 23 Abs. 6, § 24 Abs. 1, 2, wo ausdrücklich gesagt ist, daß selbst die Nichtbeachtung gewisser Mußvorschriften die Gültigkeit des Testaments nicht berührt.

c) Gesichtspunkte für die Abgrenzung von Muß- und Sollvorschriften. 10

Bei der Schaffung des Gesetzes war beabsichtigt, die Anforderungen an die Errichtung oder Aufhebung einer Verfügung von Todes wegen so zu gestalten, daß unnötige Formenstrenge vermieden, anderseits eine zuverlässige Wiedergabe des Willens des Erblassers sichergestellt wird. Entsprechend dieser Grundeinstellung hat das vorliegende Gesetz die Zahl der Mußvorschriften im Vergleich zum BGB. erheblich vermindert und sich, soweit als irgend möglich, mit bloßen Sollvorschriften begnügt (vgl. z. B. §§ 13, 21).

2. Auslegung der Formvorschriften. 11

Die Grundeinstellung des Gesetzes, daß unnötige Formenstrenge vermieden werden soll, bedeutet keineswegs, daß der Richter sich über zwingende Formvorschriften hinwegsetzen dürfte. Man kann aus ihr jedoch entnehmen, daß der Richter bei Auslegung der zwingenden Formvorschriften keine übertriebene Strenge anwenden soll. Das Gesetz möchte nach Möglichkeit vermeiden, daß ein Testament wegen Formverstoßes für nichtig erklärt wird. Dieser Grundeinstellung des Gesetzes sollte sich auch der Richter bewußt sein, wenn er einen Streit über die Ungültigkeit eines Testaments wegen Formverstoßes zu entscheiden hat. Vgl. hierzu z. B. die bei § 21 Bem. 7 und 8 angeführte Rechtsprechung.

IV. Vorbehalte für die Landesgesetzgebung. 12

1. Alleinzuständigkeit der Notare (Urkundsmonopol).

Nach Art. 141 EGBGB. in Verbindung mit § 77 Abs. 2 der Reichsnotarordnung vom 13. Februar 1937 (RGBl. I, 191) können die Landesgesetze bestimmen, daß für die Beurkundung von Rechtsgeschäften, die nach den Vorschriften des BGB. gerichtlicher oder notarieller Beurkundung bedürfen, nur die Notare zuständig sind. Von diesem Vorbehalt haben u. a. Gebrauch gemacht:

Bayern (Art. 167 AGBGB.; Art. 15 Abs. 2 Bayer. AGGVG.);

Baden (die RNotO. ist dort noch nicht in Kraft, § 86 RNotO.), wo nach § 23 Abs. 3 des BadFGG. vom 13. Oktober 1925 (GVBl. 287) grundsätzlich die Notare zuständig sind.

Alt-Hamburg-Stadt (§§ 8, 9 FGG. vom 29. Dezember 1899);

Bremen (§ 6 AGBGB.).

Diese landesgesetzlichen Vorschriften bleiben bis auf weiteres auch für nach dem TestG. zu errichtende Testamente und Erbverträge aufrechterhalten (§ 50 Abs. 5).

13 2. Besondere Urkundspersonen.

a) Nach Art. 149 EGBGB. blieben die landesgesetzlichen Vorschriften unberührt, nach denen bei der Errichtung einer Verfügung von Todes wegen der Richter an Stelle des Urkundsbeamten der Geschäftsstelle oder der zwei Zeugen eine besonders dazu bestellte Urkundsperson zuziehen konnte. Von diesem Vorbehalt hatten Gebrauch gemacht: Sachsen (§ 46 AGBGB. zugunsten der „Ortsgerichtspersonen") und Thüringen (§ 140 der AVBGB. vom 15. Mai 1923 — GS. 300 — zugunsten der „Amtsschöffen").

Art. 149 EGBGB. ist durch § 50 Abs. 3 Nr. 1 dieses Gesetz aufgehoben. Damit sind auch die vorerwähnten landesgesetzlichen Vorschriften gegenstandslos und die Zuziehung solcher besonderer Urkundspersonen unzulässig geworden.

Nach § 198 FGG. bleiben die landesgesetzlichen Vorschriften unberührt, nach welchen bei der Beurkundung einer Erklärung in den Fällen des § 169 (also bei Beurkundung der Erklärung eines Beteiligten, der taub, blind, stumm oder sonst am Sprechen verhindert ist) an Stelle des Urkundsbeamten der Geschäftsstelle oder der zwei Zeugen eine besonders dazu bestellte Urkundsperson zugezogen werden kann. Von diesem für das allgemeine Urkundenrecht geltenden Vorbehalt hat Sachsen (zugunsten der Ortsgerichtsperson) Gebrauch gemacht (§ 51 des Ges. vom 15. Juni 1900). Dieser § 198 FGG. ist noch nicht aufgehoben. Infolgedessen können in Sachsen die Ortsgerichtspersonen bei der Aufnahme gewöhnlicher öffentlicher Urkunden als Ersatz für die in § 169 FGG. vorgesehenen zwei Zeugen zugezogen werden. Das ändert aber nichts daran, daß die Ortsgerichtspersonen von der Mitwirkung bei Testamenten und Erbverträgen ausgeschlossen sind.

14 b) Nach Art. 150 EGBGB. bleiben die landesgesetzlichen Vorschriften unberührt, nach denen im Falle des § 2249 (Nottestament vor dem Gemeindevorsteher) an Stelle des Vorstehers oder neben dem Vorsteher eine andere amtlich bestellte Person zuständig ist. Auf Grund dieses Vorbehalts hatte u. a. Preußen in Art. 80 AGBGB. bestimmt, daß der Justizminister eine andere zur Errichtung von Testamenten zuständige Person bestellen könne. Da Art. 150 EGBGB. durch § 50 Abs. 3 Nr. 1 dieses Gesetzes aufgehoben ist, haben die hierauf gestützten landesgesetzlichen Vorschriften ihre Kraft verloren. Die auf Grund jener preußischen Anordnungen vom Justizminister bestellten Personen sind seit dem Inkrafttreten dieses Gesetzes zur Aufnahme von Nottestamenten nicht mehr befugt.

15 c) Die OLGPräsidenten hatten nach Ziff. IV der AV. des RJM. vom 4. August 1938 (DJ. 1259; abgedr. oben S. 34, dafür Sorge zu tragen, daß die nach Art. 149, 150 EGBGB. bestellten Personen über das Erlöschen ihre Befugnisse belehrt und ihre Bestallungsurkunden eingezogen wurden, sofern sie lediglich für die Mitwirkung bei der Errichtung von Testamenten und Erbverträgen ausgestellt waren.

16 3. Nachlaßgericht.

Nach Art. 147 EGBGB. konnten die Landesgesetze bestimmen, daß für die dem Nachlaßgericht obliegenden Verrichtung andere als gerichtliche Behörden zuständig sein sollten. Von diesem Vorbehalt haben u. a. Württemberg (zugunsten der Bezirksnotare), Baden (zugunsten der Notare) und Mecklenburg (zugunsten städtischer Behörden) Gebrauch gemacht. Dieser Vorbehalt ist zwar grundsätzlich beseitigt durch die VO. über die Zuständigkeit der Amtsgerichte in Vormundschafts- und Nachlaßsachen vom 10. Juni

1936 (RGBl. I, 488); nach § 2 dieser VO. wird der Zeitpunkt des tatsächlichen Übergangs aber erst bestimmt, was bisher nicht geschehen ist.

Im Rahmen dieses Gesetzes hat die Frage u. a. Bedeutung für die Testamentseröffnung (§ 40 des Gesetzes).

4. Landesgesetzliche Formvorschriften. 17

Art. 151 EGBGB. bestimmt: „Durch die Vorschriften der §§ 2234 bis 2245, 2276 BGB. werden die allgemeinen Vorschriften der Landesgesetze über die Errichtung gerichtlicher oder notarieller Urkunden nicht berührt. Ein Verstoß gegen eine solche Vorschrift ist unbeschadet der Vorschriften über die Folgen des Mangels der sachlichen Zuständigkeit ohne Einfluß auf die Gültigkeit der Verfügung von Todes wegen." Dieser Vorbehalt ist auch nach Inkrafttreten der Reichsnotarordnung vom 13. Februar 1937 in Geltung geblieben (vgl. §§ 1, 75 RNotO. und die Erläuterungen hierzu bei Seybold-Hornig). Die Verletzung fortgeltender landesrechtlicher Beurkundungsvorschriften ist also weiter ohne Einfluß auf die Gültigkeit, da auch das TestG. den Vorbehalt unberührt gelassen hat (ebenso Staudinger-Gramm Anm. 3 zu Art. 151 EGBGB.).

V. Formvorschriften für Testamentserrichtung im Ausland und für Testamente von Ausländern. 18

Ein deutscher Staatsangehöriger kann auch außerhalb des Geltungsgebiets des deutschen Rechts eine Verfügung von Todes wegen in der den deutschen Vorschriften entsprechenden Form errichten; denn die Form des Rechtsgeschäftes bestimmt sich nach den Gesetzen, welche für das den Gegenstand des Rechtsgeschäfts bildende Rechtsverhältnis maßgebend sind (Art. 11 Abs. 1 S. 1 EGBGB.). Es genügt aber auch die Beachtung der Gesetze des Orts, an dem die Verfügung von Todes wegen errichtet wird (Art. 11 Abs. 1 S. 2 EGBGB.).

Die Testierfähigkeit eines deutschen Staatsangehörigen beurteilt sich aber immer nach deutschem Recht (Art. 7 EGBGB.; vgl. § 1 Bem. 3—10).

Ein Ausländer kann in Deutschland ein Testament in den Formen 19
seines Heimatstaates (Art. 11 Abs. 1 S. 1 EGBGB.) oder nach den Formvorschriften seines Aufenthaltsortes, also nach deutschem Recht (Art. 11 Abs. 1 S. 2 EGBGB.) wirksam errichten. Seine Testierfähigkeit beurteilt sich allerdings ausschließlich nach dem Recht seines Heimatstaates (vgl. § 1 Bem. 7).

Dies gilt auch für die Angehörigen der Vereinten Nationen. Soweit sie allerdings den Streitkräften der Vereinten Nationen angehören, in der alliierten Verwaltung Deutschlands ein Amt bekleiden oder Angehörige solcher Personen sind, dürfen öffentliche Urkunden, also auch ein öffentliches Testament vor einem Richter oder Notar, nur mit der vorher zu erholenden Genehmigung der Militärregierung errichtet werden. Die Einzelheiten siehe oben Bem. 7 zu § 1 und Bek. des BayJustMin. vom 24. April bis 30. Mai 1947, BayJustMinBl. 1947 S. 14.

§ 5.

Öffentliches Testament.

Für die Errichtung eines Testaments vor einem Richter oder vor einem Notar gelten die Vorschriften der §§ 6 bis 20.

§ 5 entspricht dem § 2232 BGB.

Übersicht:

I. Überblick über die Regelung des öffentlichen Testaments in den §§ 6 bis 20 1
1. Der Regelfall 1
a) Vorbereitende Tätigkeit 1
b) Die eigentliche Testamentserrichtung 2
c) Die Niederschrift über die Testamentserrichtung 3
d) Verschließung und Verwahrung des Testaments 4
2. Sonderfälle 5
a) Der Erblasser ist minderjährig 5
b) Der Erblasser versteht die deutsche Sprache nicht 6
c) Der Erblasser ist stumm oder sonst am Sprechen verhindert 7
d) Der Erblasser ist taub 8
e) Der Erblasser kann nicht schreiben 9
f) Der Erblasser kann Geschriebenes nicht lesen 10
g) Der Erblasser ist blind 11
II. Die Dienstvorschriften für Notare 12
1. Rechte und Pflichten des Notars 13
a) Keine Mitwirkung bei unerlaubten oder unredlichen Geschäften 13
b) Keine Amtsverweigerung; Geschäftszeit 14
c) Ausschließung vom Amt 15
d) Selbstablehnung des Notars wegen Befangenheit 16
e) Verschwiegenheitspflicht 17
f) Vergütung des Notars 18
g) Armenrecht 19
h) Haftung des Notars 20
2. Äußere Form der notarischen Urkunden 21
III. Anwendbarkeit sonstiger Vorschriften 22
1. Strafvorschriften 22
2. Ergänzende Anwendung des FGG. 23
3. Haftung für Amtspflichtverletzungen des Richters 24
4. Landesgesetzliche Vorschriften 25
IV. Beweiskraft des öffentlichen Testaments 26
1. im Prozeß 26
2. gegenüber dem Grundbuchamt 26
V. Fälle, in denen der Erwerb von Todes wegen einer behördlichen Genehmigung bedarf 27
1. Genehmigung der Militärregierung zur Vornahme der Beurkundung 27
2. Grenzsicherungsgesetz 28
3. Land- und forstwirtschaftliche Grundstücke 29
4. Erwerbsbeschränkungen für juristische Personen, für Ordensmitglieder und für Ausländer 30
5. Errichtung einer Stiftung 31
6. Genehmigung nach den Vorschriften über die Devisenbewirtschaftung 32 und über Vermögensperre 32
VI. Erbschaftssteuer 33

1 **I. Überblick über die Regelung des öffentlichen Testaments in den §§ 6 bis 20.**

1. Der Regelfall.

a) Vorbereitende Tätigkeit.

Der Erblasser kann das Testament nur persönlich errichten (§ 1 Abs. 1). Der Notar stellt die Person und Testierfähigkeit des Erblassers fest (§ 14) und prüft, ob Zeugen zuzuziehen sind (§ 6). Der Notar prüft weiter, ob etwa einer der Ausschließungsgründe der §§ 7 bis 10 gegeben sind.

b) Die eigentliche Testamentserrichtung. 2

Der Erblasser erklärt mündlich seinen letzten Willen oder übergibt eine offene oder verschlossene Schrift mit der mündlichen Erklärung, daß sie seinen letzten Willen enthält (§ 11). Die mitwirkenden Personen müssen bei diesem Vorgang zugegen sein.

c) Die Niederschrift über die Testamentserrichtung. 3

Über die Testamentserrichtung ist eine Niederschrift in deutscher Sprache zu fertigen (§ 13 Abs. 1); die Niederschrift muß den Tag und soll den Ort der Errichtung enthalten, ferner sind der Erblasser und die mitwirkenden Personen zu bezeichnen und die Erklärungen des Erblassers zu beurkunden (§ 13). Die Niederschrift muß vorgelesen, vom Erblasser genehmigt und von ihm eigenhändig unterschrieben werden. In der Niederschrift soll festgestellt werden, daß dies geschehen ist. Die Niederschrift muß auch von den mitwirkenden Personen unterschrieben werden (§ 16 Abs. 4). Die mitwirkenden Personen müssen während der ganzen Verhandlung zugegen sein (§ 12). Über die Zusammenfassung der Erklärung des Erblassers, die Vorlesung und Genehmigung in einem Verhandlungsgang s. § 12 Bem. 1.

d) Verschließung und Verwahrung des Testaments. 4

Der Richter oder Notar soll die Niederschrift in Gegenwart der mitwirkenden Personen und des Erblassers in einen Umschlag nehmen und diesen verschließen und veranlassen, daß das Testament in besondere amtliche Verwahrung gebracht wird (§ 20). Daneben hat er gemäß AV. vom 22. November 1943 (abgedr. oben S. 57) eine beglaubigte Abschrift zu fertigen, in einen besonderen Umschlag zu nehmen, mit dem Amtssiegel zu verschließen und an möglichst sicherer Stelle zu verwahren und den Ort der Verwahrung in der Urk.-Rolle zu vermerken. Über Einzelheiten siehe die angegebene AV. und die Erläuterungen zu § 20.

2. Sonderfälle.

a) Der Erblasser ist minderjährig. 5

Ein über 16 Jahre alter Minderjähriger kann ein Testament errichten. Er bedarf nicht der Zustimmung des gesetzlichen Vertreters (§ 1 Abs. 2, 3). Der Minderjährige kann das Testament nur durch mündliche Erklärung oder durch Übergabe einer offenen Schrift errichten (§ 11 Abs. 3). Ein Minderjähriger soll nicht Testamentszeuge sein (§ 10 Nr. 1).

b) Der Erblasser versteht die deutsche Sprache nicht. 6

Ist der Erblasser nach der Überzeugung des Richters oder des Notars der deutschen Sprache nicht mächtig, so muß bei der Testamentserrichtung ein Dolmetscher zugezogen werden. Die Niederschrift muß in die fremde Sprache übersetzt werden. Die Übersetzung muß vorgelesen werden. Die Übersetzung muß der Niederschrift als Anlage beigefügt werden (§ 18).

Sind sämtliche mitwirkenden Personen nach der Überzeugung des Richters oder des Notars der fremden Sprache mächtig, so ist die Zuziehung des Dolmetschers nicht erforderlich. Unterbleibt die Zuziehung, so muß die Niederschrift in der fremden Sprache aufgenommen werden (§ 19).

c) Der Erblasser ist stumm oder sonst am Sprechen verhindert. 7

Ist der Erblasser nach der Überzeugung des Richters oder des Notars stumm oder sonst am Sprechen verhindert, so muß der Richter einen Urkundsbeamten der Geschäftsstelle oder zwei Zeugen, der Notar einen zweiten Notar oder zwei Zeugen zuziehen (§ 6 Abs. 1). Der am Sprechen verhinderte Erblasser kann das Testament nur durch Übergabe einer Schrift errichten; er muß die Erklärung, daß die Schrift seinen letzten Willen enthalte, eigenhändig niederschreiben (§ 17). Ein am Sprechen verhinderter Erblasser, der auch nicht schreiben kann, ist überhaupt nicht imstande, ein Testament zu errichten. Wegen der Fähigkeit zur Errichtung eines Erbvertrages vgl. unten § 30 Bem. 12.

8 d) Der Erblasser ist taub.

Ist der Erblasser nach der Überzeugung des Richters oder Notars taub, so muß der Richter einen Urkundsbeamten der Geschäftsstelle oder zwei Zeugen, der Notar einen zweiten Notar oder zwei Zeugen zuziehen (§ 6 Abs. 1). Der Erblasser kann das Testament wie jeder andere mündlich oder durch Übergabe einer Schrift errichten (§ 11). Die Niederschrift soll ihm zur Durchsicht vorgelegt werden, auch wenn er dies nicht verlangt. Kann der taube Erblasser Geschriebenes nicht lesen, so soll bei dem Vorlesen der Niederschrift eine Vertrauensperson zugezogen werden, die sich mit ihm verständigen kann (§ 16 Abs. 2).

8a e) Der Erblasser ist taubstumm.

Ist der Erblasser taubstumm, so sind die Vorschriften für taube Erblasser neben denen für solche zu beachten, die stumm sind. Die Zuziehung von Überwachungspersonen (§ 6) ist also geboten. Das Testament kann nur durch Übergabe einer Schrift errichtet werden (§ 17), wobei die Erklärung, daß die Schrift den letzten Willen des Erblassers enthalte, bei der Verhandlung vom Erblasser eigenhändig in die Niederschrift oder auf ein besonderes Blatt zu schreiben ist, das der Niederschrift beigefügt werden muß. Die Niederschrift soll dem Erblasser auch ohne besonderes Verlangen zur Durchsicht vorgelegt werden (§ 16 Abs. 2). Kann der Taubstumme Erblasser nicht lesen, so ist die Errichtung eines Testaments ausgeschlossen, da er, wenn er nicht lesen kann, das Testament gemäß § 11 Abs. 4 nur durch mündliche Erklärung errichten kann; eine solche ist ihm aber, weil er stumm ist, nicht möglich. Die Vermittlung durch einen Dolmetscher ist ausgeschlossen (vgl. § 17 Bem. 1). Praktisch kann damit der Taubstumme ein Testament vor einem Richter oder Notar nur errichten, wenn er schreibenund lesen kann.

9 f) Der Erblasser kann nicht schreiben.

Der des Schreibens unkundige Erblasser kann testieren wie jeder andere, nämlich mündlich oder durch Übergabe einer offenen oder einer verschlossenen Schrift, die er sich von einem anderen hat anfertigen lassen. Überzeugt sich der Richter oder Notar davon, daß der Erblasser nicht schreiben kann, so wird die Unterschrift des Erblassers durch die Feststellung dieser Überzeugung in der Niederschrift ersetzt; in einem solchen Falle muß ein Zeuge zugezogen werden (§ 16 Abs. 3). Kann der Erblasser auch nicht lesen, so gilt auch das nachstehend unter g Gesagte.

10 g) Der Erblasser kann Geschriebenes nicht lesen.

Ist der Erblasser nach der Überzeugung des Richters oder Notars nicht imstande, Geschriebenes zu lesen, so kann er das Testament nur durch mündliche Erklärung errichten (§ 11 Abs. 4). Kann der Erblasser auch nicht unterschreiben, so gilt ferner das unter f Gesagte.

11 h) Der Erblasser ist blind.

Ist der Erblasser nach der Überzeugung des Richters oder des Notars blind, so besteht Zeugenzwang (§ 6 Abs. 1). Kann der Blinde nicht schreiben und Geschriebenes nicht lesen, so gelten ferner die unter e und f dargelegten Besonderheiten.

II. Die Dienstvorschriften für Notare. 12

Die Errichtung eines öffentlichen Testamentes bildet einen Teil der Diensttätigkeit des Notars. Für diese Tätigkeit sind daher auch die Vorschriften der Reichsnotarordnung vom 13. Februar 1937 (RGBl. I, 191) in der Fassung vom 16. Mai 1939 (RGBl. I, 918), der hierzu ergangenen Änderungs- und ErgänzungsVO. vom 1. März 1943 (RGBl. I, 126) sowie der Dienstordnung für Notare vom 5. Juni 1937 (DJ. 874) in der Fassung der verschiedenen inzwischen hierzu ergangenen Änderungen (vgl. hierzu Seybold-Hornig-Lemmens, R. NotO., 3. Aufl. S. 490) maßgebend.

Lassen sich diese allgemeinen Vorschriften mit den §§ 6 bis 20 des Ges. nicht vereinbaren, so gehen die Vorschriften dieses Gesetzes als Sondervorschriften vor.

Zu beachten ist nunmehr auch das *Gesetz Nr. 2 der amerikanischen Militärregierung* über die deutschen Gerichte und die entsprechenden Vorschriften der übrigen Besatzungsmächte. Nach dem genannten Gesetz Nr. 2 (Art. V, Ziff. 9) darf niemand ohne Genehmigung der Militärregierung als Richter oder Notar tätig werden. Die Zuständigkeit zur Wiederzulassung zum Richter- oder Notardienst ist inzwischen auf deutsche Stellen übergegangen; diese Wiederzulassung ist aber Voraussetzung für die Errichtung einer gültigen Urkunde. Ist ein Testament oder ein Erbvertrag von einem Richter oder Notar ohne diese ordnungsmäßige Wiederzulassung errichtet worden, so ist die Urkunde nichtig. Die nachträgliche Wiederzulassung heilt den Mangel nicht, er kann nur dadurch beseitigt werden, daß die Beurkundung ordnungsgemäß wiederholt wird.

Nach Art. V, Ziff. 8 des Gesetzes Nr. 2 hat der Richter oder Notar vor der Ausübung seiner Befugnisse auch den in dem Gesetz nach Wortlaut angegebenen Eid zu leisten; vor der Eidesleistung darf der Richter oder Notar sein Amt nicht ausüben. Trotzdem wird man annehmen müssen, daß eine vor der Eidesleistung errichtete Urkunde gültig ist, wenn die Genehmigung bzw. die Wiederzulassung zum Richter- oder Notardienst von den zuständigen Stellen ordnungsgemäß verfügt ist.

Nach der *Ausführungsverordnung* Nr. 1 zum Milit.-Reg.-Gesetz Nr. 2 ist die Errichtung einer Urkunde durch einen Richter oder Notar nur zulässig, wenn die Beteiligten in der Urkunde oder in einer ihr beigefügten Erklärung unter Eid oder an Eidesstatt versichern, daß die in der Urkunde niedergelegten Erklärungen nach ihrem besten Wissen und Gewissen weder die Übertragung von Rechten, Ansprüchen, Besitz, oder Eigentum, das einer Person gehört, deren Vermögen durch die Militärregierung gesperrt ist, noch eine Geldzahlung durch eine solche Person, noch die Verminderung oder Beeinträchtigung des Wertes solchen Vermögens zur Folge haben werden. Kann diese eidesstattliche Versicherung nicht abgegeben werden, weil eine der beteiligten Personen unter Vermögenskontrolle oder Vermögenssperre steht, so darf die Urkunde nur errichtet werden, wenn hierzu die Genehmigung der Militärregierung im allgemeinen oder für den besonderen Fall vorliegt.

Für Testamente und Erbverträge hat die Militärregierung dahin entschieden, daß *Testamente* keine hiernach verbotenen Verfügungen sind, so daß zur Beurkundung eines Testaments eine Genehmigung nicht erforderlich ist, auch wenn das Vermögen des Erblassers einer Sperre unterliegt.

Zur Beurkundung braucht also weder eine besondere Genehmigung der Militärregierung vorzuliegen, noch muß in eine solche Urkunde die übliche eidesstattliche Erklärung aufgenommen werden. Anders bei *Erbverträgen*. Hier wird von der Militärregierung verlangt, daß entweder von sämtlichen Beteiligten die erwähnte eidesstattliche Erklärung abgegeben wird, oder, falls diese Versicherung nicht abgegeben werden kann, weil durch den Erbvertrag ein Recht an einem gesperrten Vermögen begründet, übertragen, verändert oder aufgehoben werden soll, daß die Genehmigung der Militärregierung zur Errichtung des Erbvertrags vorliegt. (Siehe Bay. Staatsanzeiger **1947**, Nr. 27.) Wird ein Erbvertrag ohne diese Genehmigung errichtet, so ist er nichtig[1]). Ist nur die Aufnahme der eidesstattlichen Versicherung durch ein Versehen unterblieben, so liegt zwar ein pflichtwidriges Handeln des Richters oder Notars vor, die Gültigkeit des Erbvertrags wird man aber bejahen dürfen, wenn die eidesstattliche Versicherung, die auch in gesonderter Erklärung abgegeben werden kann, nachträglich abgegeben wird und die Voraussetzungen für ihre Abgabe schon bei der Beurkundung gegeben waren.

Über die Vorschriften, die zu beachten sind, wenn ein Angehöriger der Vereinten Nationen eine Urkunde vor einem Richter oder Notar errichten lassen will, siehe Bem. 7 zu § 1.

13 1. Rechte und Pflichten des Notars.

a) Keine Mitwirkung bei unerlaubten oder unredlichen Geschäften.

Der Notar hat seine Amtstätigkeit zu versagen, wenn sie mit seinen Amtspflichten nicht vereinbar wäre, insbesondere wenn eine Mitwirkung bei Handlungen verlangt wird, mit denen erkennbar unerlaubte oder unredliche Zwecke verfolgt werden (RNotO. § 15 Abs. 2). Diese Vorschriften gelten auch für die Errichtung von Testamenten und Erbverträgen.

14 b) Keine Amtsverweigerung; Geschäftszeit.

Der Notar darf seine Urkundstätigkeit nicht ohne hinreichenden Grund verweigern. Über Beschwerden wegen Amtsverweigerung wird im Aufsichtswege entschieden (RNotO. § 16). Der Notar soll seine Geschäftsstelle während der üblichen Geschäftsstunden offen halten. Nach 7 Uhr abends und an Sonn- und Feiertagen soll er die sofortige Erledigung der Amstgeschäfte übernehmen, wenn ein Aufschub mit erheblichen Nachteilen für die Beteiligten verbunden wäre (§ 5 DOfNot.).

15 c) Ausschließung vom Amt.

§ 17 RNotO. stellt eine Reihe von Gründen auf, aus denen ein Notar bei der Urkundstätigkeit von der Ausübung seines Amtes ausgeschlossen ist. Ein Verstoß berührt die Amtshandlung nicht (RNotO. § 17 Abs. 2). Die Vorschriften gelten für die gesamte Urkundstätigkeit des Notars, also auch für die Beurkundung von Testamenten und Erbverträgen. Sie treten ergänzend zu den §§ 7, 9, 30 dieses Gesetzes hinzu (Seybold-Hornig-Lemmens, RNotO. § 17 Bem. II 1). Sie gelten bei Beurkundungen auch für den zweiten Notar, auch für den Notarvertreter (RNotO. § 30 Abs. 3) und für den Notarverweser (§ 3 VO. vom 26. Juni 1937, RGBl. I, 663). Der Vertreter des Notars soll sich der Ausübung des Amtes auch insoweit enthalten, als der von ihm vertretene Notar von der Amtshandlung ausgeschlossen sein würde (RNotO. § 32 Abs. 2).

Der Notar ist gemäß § 17 RNotO. von der Urkundstätigkeit ausgeschlossen:

α) „wenn er bei der den Gegenstand des Amtsgeschäfts bildenden Tätigkeit selbst beteiligt ist oder zu einem Beteiligten im Verhältnis

---

[1]) Diesen ursprünglich eingenommenen Standpunkt hat die Mil.-Reg. heute gemildert. Man wird jetzt eine schwebende Unwirksamkeit annehmen dürfen. Vgl. OLG. Düsseldorf vom 19. November 1948 in NJW. **1949**, S. 10.

eines Mitberechtigten oder Mitverpflichteten steht" (RNotO. § 17 Abs. 1 Nr. 1). Abweichend von FGG. § 168 Abs. 2 ist hier unter den Beteiligten nicht lediglich derjenige zu verstehen, dessen Erklärung beurkundet wird, sondern § 17 Nr. 1 hat die Beteiligung „bei den den Gegenstand des Amtsgeschäfts bildenden Angelegenheiten", also die Sachbeteiligung im Auge (Seybold-Hornig-Lemmens, RNotO. § 17 Bem. III 2a, IV 1a);

β) wenn ein Ehegatte, früherer Ehegatte oder Verlobter beteiligt ist (RNotO. § 17 Abs. 1 Nr. 2). Diese Bestimmung geht insofern über § 7 Nr. 1 dieses Gesetzes hinaus, als der Notar auch das Testament seiner Verlobten nicht aufnehmen darf. Ein Verstoß berührt die Gültigkeit des Testaments nicht;

γ) wenn er mit einem Beteiligten in gerader Linie oder im zweiten Grade der Seitenlinie verwandt oder verschwägert ist (RNotO. § 17 Abs. 1 Nr. 3). Diese Vorschrift deckt sich mit § 7 Nr. 2 d. Ges.;

δ) wenn er gesetzlicher Vertreter eines Beteiligten ist oder zu einem Beteiligten in einem ständigen Dienst- oder ähnlichen ständigen Geschäftsverhältnis steht (RNotO. § 17 Nr. 4). Der Notar, der Vormund ist, soll also nicht das Testament seines Mündels beurkunden. Ein Notar, der als Syndikus, Direktor oder in ähnlicher Stellung bei einem Wirtschaftsunternehmen tätig ist, darf das Testament des Inhabers dieses Unternehmens nicht beurkunden (vgl. Seybold-Hornig-Lemmens, RNotO. § 17 Bem. IV 4);

ε) „wenn er in der den Gegenstand des Geschäfts bildenden Angelegenheit Bevollmächtigter eines Beteiligten ist" (RNotO. § 17 Nr. 5). Da der Erblasser nach § 1 Abs. 1 des Gesetzes ein Testament nur persönlich errichten kann, ist diese Bestimmung für Testamente gegenstandslos.

d) Selbstablehnung des Notars wegen Befangenheit. 16

Der Notar kann sich der Ausübung des Amtes wegen Befangenheit enthalten (RNotO. § 17 Abs. 3 Satz 1). Maßgebend ist, ob ein Beteiligter bei verständiger Würdigung der Sache Grund haben kann, an der vollen Unparteilichkeit des Notars zu zweifeln (Seybold-Hornig-Lemmens, RNotO. § 17 Bem. V 1). Fälle dieser Art können bei der Beurkundung eines Erbvertrags, vielleicht auch bei der Errichtung eines Testaments vorkommen.

Nach RNotO. § 17 Abs. 3 Satz 2 kann u. U. auch einer der Beteiligten den Notar ablehnen. Diese Bestimmung kann vielleicht bei der Beurkundung eines Erbvertrages von Bedeutung sein. Für die Beurkundung des Testaments ist sie gegenstandslos, da es hier ja stets vom freien Willen des Erblassers abhängt, ob er sich der Tätigkeit des Notars bedienen will oder nicht und welchen Notar er in Anspruch nimmt.

e) Verschwiegenheitspflicht. 17

Der Notar hat, soweit nicht ein anderes bestimmt ist, über die bei ihm bei seiner Berufsausübung bekannt gewordenen Angelegenheiten Verschwiegenheit gegenüber jedermann zu bewahren und diese auch den bei ihm beschäftigten Personen zur Pflicht zu machen. Die Pflicht zur Verschwiegenheit fällt weg, wenn die Beteiligten den Notar davon befreien (RNotO. § 19).

f) Vergütung des Notars. 18

Der Notar erhält für seine Tätigkeit Gebühren. Die Gebühren richten sich nach der Kostenordnung vom 25. November 1935 (RGBl. I, 1371 mit verschiedenen Änderungen). Vereinbarungen über die Höhe der Kosten sind unwirksam (§ 143 KostO.).

g) Armenrecht. 19

Einem unbemittelten Beteiligten, dem nach den Vorschriften der RZPO. das Armenrecht zu bewilligen wäre, hat der Notar seine Urkundstätigkeit vorläufig gebührenfrei zu gewähren (RNotO. § 18 Abs. 2). Voraussetzung ist, daß der Antragsteller ohne Beeinträchtigung des für ihn und seine Familie notwendigen Unterhalts außerstande ist, die Gebühren des Notars aufzubringen. Die Mittellosigkeit ist durch ein entsprechendes Amtszeugnis nachzuweisen (RZPO. §§ 114, 118).

20 h) Haftung des Notars.

Verletzt der Notar vorsätzlich oder fahrlässig die ihm einem anderen gegenüber obliegende Amtspflicht, so hat er diesem den daraus entstehenden Schaden zu ersetzen. Die Vorschriften über die Amtspflichtverletzungen von Beamten der Reichsjustizverwaltung, die sie bei Ausübung der Rechtspflege begangen haben, gelten entsprechend (RNotO. § 21). Diese Verweisung war notwendig, weil der Notar zwar Träger eines Amtes, aber nicht Beamter im Sinne des Reichsbeamtengesetzes ist. Maßgebend ist in erster Linie § 839 BGB.: Fällt dem Notar nur Fahrlässigkeit zur Last, so kann er nur dann in Anspruch genommen werden, wenn der Verletzte nicht auf andere Weise Ersatz zu erlangen vermag (BGB. § 839 Abs. 1 Satz 2). Die Ersatzpflicht tritt nicht ein, wenn der Verletzte vorsätzlich oder fahrlässig es unterlassen hat, den Schaden durch Gebrauch eines Rechtsmittels abzuwenden (BGB. § 839 Abs. 3); die letztere Vorschrift dürfte für die Beurkundung von Testamenten und Erbverträgen ohne Bedeutung sein.

Der Notar haftet für den Schaden persönlich. Eine Haftpflicht des Reichs besteht nicht (§ 1 der VO. über die Haftung des Reichs für die Justizbeamten vom 3. Mai 1935, RGBl. I, 587, in Verbindung mit § 5 des Gesetzes über die Haftung des Reichs für seine Beamten vom 22. Mai 1910, RGBl. I, 798). Eine Sonderregelung gilt für die badischen Notare und für die württembergischen Bezirksnotare (vgl. Seybold-Hornig-Lemmens, RNotO. § 21 Bem. XVI 3c).

Die vorstehenden Haftungsgrundsätze gelten auch für die Notarvertreter (RNotO. § 30 Abs. 3). Für eine Amtspflichtverletzung des Vertreters haftet der Notar dem Geschädigten neben dem Vertreter als Gesamtschuldner. Im Verhältnis zwischen dem Notar und dem Vertreter ist der Vertreter allein verpflichtet (RNotO. § 35). Auch hier besteht keine Haftpflicht des Reichs.

Auch der Notarverweser haftet für seine Amtspflichtverletzung (§ 3 der VO. vom 26. Juni 1937, RGBl. I, 663). Für eine Amtspflichtverletzung des Notarverwesers haftet die Reichsnotarkammer dem Geschädigten neben dem Notarverweser als Gesamtschuldner. Im Innenverhältnis haftet der Notarverweser allein; eine Haftung des Reichs besteht nicht (§ 7 der VO. vom 26. Juni 1937, RGBl. I, 663).

Mit der Haftung des Notars bei der Beurkundung von Testamenten und Erbverträgen befassen sich eingehend Grunau, DNotZ. 37, 367, 455, 529, 592; Weihe, DNotZ. 38, 767, Hilderscheid in DNotZ. 39, 13 und Daimer in DNotZ. 1941, 1102 sowie 1942, 488. Über das Ausmaß der Belehrungspflicht vgl. DtJ. 1941, 904 sowie 1942, 422 und 1943, 147 und 399.

21 2. Äußere Form der notarischen Urkunde.

Die Dienstordnung für Notare vom 5. Juni 1937 (DJ. 874 mit Änderungen siehe oben Anm. 12) enthält folgende Ordnungsvorschriften: Notarische Urkunden, einschließlich der Testamente und Erbverträge, können handschriftlich mit haltbarer schwarzer Tinte oder mit Schreibmaschine hergestellt werden; dies gilt sowohl für die Urschriften als auch für die Ausfertigungen und Abschriften. Stenographie ist unstatthaft (s. Bem. 3 zu § 13). Zur Herstellung von Ausfertigungen und beglaubigten Abschriften können auch Photokopien benutzt werden (DOfNot. § 24; VO. vom

21. Oktober 1942, RGBl. I, 609, § 1). Die Urkunde kann auch unter Verwendung gedruckter Formblätter hergestellt werden (§ 25). Zur Herstellung von Urkunden sind nur Schreibmaschinen mit deutlichen Schriftzeichen und schwarze Farbbänder, die amtlich auf ihre Eignung zur Herstellung von Urkunden geprüft sind, zu verwenden. Die Urschriften sind unmittelbar mit dem Farbband herzustellen. Für Ausfertigungen und Abschriften können auch deutlich geschriebene Durchschläge verwendet werden (§ 26). Die Urschriften und Ausfertigungen notarischer Urkunden sind auf festem weißen Papier in Din-Format zu schreiben (§ 27). Jede Urkunde, die mehr als einen Bogen umfaßt, ist zu heften; der Heftfaden ist anzusiegeln (§ 28). Ist eine solche Verbindung nicht möglich, weil geeigneter Heftfaden nicht zur Verfügung steht, so soll der Notar die Blätter der Urkunde mit fortlaufenden Zahlen und jedes einzelne Blatt mit Stempel und Unterschrift versehen (AV. d. RJM. vom 27. Juli 1944, DtJust. 227). Es darf nichts geschabt oder sonst unleserlich gemacht werden; wichtige Zahlen sind in Ziffern und Buchstaben zu schreiben (§ 29 Abs. 2). Zusätze und sonstige nicht nur geringfügige Änderungen sollen am Schluß vor den Unterschriften oder am Rande beigefügt und im letzteren Falle von dem Notar und den sonst mitwirkenden Personen unterzeichnet werden (§ 29 Abs. 3). Näheres bei Weihe, DNotZ. 38, 777.

Offensichtliche Schreibfehler kann der Notar auch nach Abschluß der Niederschrift durch einen von ihm zu unterschreibenden Nachtragsvermerk richtigstellen (§ 29 Abs. 4 DOfNot.); bei Testamenten wird dies allerdings in der Regel an der gemäß § 20 des Gesetzes sofort vorzunehmenden Verschließung scheitern. Ergibt sich im übrigen nach Abschluß der Niederschrift die Notwendigkeit einer Änderung oder Berichtigung, so hat der Notar hierüber eine besondere Niederschrift aufzunehmen (§ 29 Abs. 4 S. 2 DOfNot.).

III. Anwendbarkeit sonstiger Vorschriften. 22

1. Strafvorschriften.

§ 348 RStGB. bestimmt: „Ein Beamter, welcher, zur Aufnahme öffentlicher Urkunden befugt, innerhalb seiner Zuständigkeit vorsätzlich eine rechtserhebliche Tatsache falsch beurkundet oder in öffentliche Register oder Bücher falsch einträgt, wird mit Gefängnis nicht unter einem Monat bestraft. Dieselbe Strafe trifft einen Beamten, welcher eine ihm amtlich anvertraute oder zugängliche Urkunde vorsätzlich vernichtet, beiseite schafft, beschädigt oder verfälscht."

§ 349: „Wird eine der im § 348 bezeichneten Handlungen in der Absicht begangen, sich oder einem anderen einen Vermögensvorteil zu verschaffen oder einem anderen Schaden zuzufügen, so ist auf Zuchthaus bis zu zehn Jahren und zugleich auf Geldstrafe zu erkennen."

Die bloß fahrlässige Falschbeurkundung ist nicht mit Strafe bedroht, hat aber die Haftung des Notars zur Folge (vgl. oben Bem. 22).

2. Ergänzende Anwendung des FGG. 23

Neben den §§ 6 bis 20 des Gesetzes und den Vorschriften der RNotO. gelten an sich auch noch die einschlägigen Vorschriften des Reichsgesetzes über die Angelegenheiten der freiwilligen Gerichtsbarkeit. Dies wird in § 168 FGG. ausgesprochen: „Für die gerichtliche und die notarielle Beurkundung eines Rechtsgeschäfts gelten, unbeschadet der Vorschriften des BGB. über die Errichtung von Testamenten und Erbverträgen, die §§ 169 bis 182." Durch die §§ 6 bis 20 des vorliegenden Gesetzes ist aber der Inhalt der §§ 169 bis 182 FGG. tatsächlich fast lückenlos ersetzt, so daß eine ergänzende Anwendung jener Vorschriften aus diesem tatsächlichen Grunde kaum mehr in Frage kommt (vgl. Bem. 5 zu § 30, wo die Anwendung des FGG. noch erwähnt ist).

Von Bedeutung sind noch die allgemeinen Vorschriften des FGG., soweit es sich um die Beurkundungstätigkeit des Richters handelt. Hervorzuheben ist § 167 FGG.: „Für die gerichtliche Beurkundung eines Rechtsgeschäfts sind die Amtsgerichte zuständig." Unter dem „Richter" i. S. des § 5 TestG. ist also das Amtsgericht zu verstehen.

Nach § 6 Abs. 2 FGG. kann sich ein Richter der Ausübung seines Amtes wegen Befangenheit enthalten. Dieser Satz gilt auch für die Beurkundung von Testamenten und Erbverträgen (vgl. RNotO. § 17 Abs. 3 sowie die obige Bem. 16).

24 3. Haftung für Amtspflichtverletzungen des Richters.

Die Haftung für Pflichtverletzung des Richters richtet sich nach § 839 BGB. Nach außen haftet nicht der Richter selbst, sondern das Reich (VO. über die Haftung des Reichs für die Justizbeamten vom 3. Mai 1935 (RGBl. I, 587) in Verbindung mit dem Gesetz über die Haftung des Reichs für seine Beamten vom 22. Mai 1910, RGBl. 798).

25 4. Landesgesetzliche Vorschriften.

Wegen der ergänzenden Anwendbarkeit landesrechtlicher Vorschriften vgl. § 4 Bem. 13—17.

26 **IV. Beweiskraft des öffentlichen Testaments.**

1. Beweiskraft im Prozeß.

Das vor einem Richter oder einem Notar errichtete Testament ist eine öffentliche Urkunde; eine solche Urkunde begründet vollen Beweis des in ihr beurkundeten Vorgangs (RZPO. § 415; Näheres unten § 13 Bem. 4).

2. Beweiskraft gegenüber dem Grundbuchamt.

Gehört zum Nachlaß ein Grundstück, so kann der eingesetzte Erbe durch das öffentliche Testament gegenüber dem Grundbuchamt sein Erbrecht und damit den Eigentumsübergang nachweisen, ohne daß es der Vorlage eines Erbscheins bedarf (GBO. § 35; Näheres oben § 4 Bem. 6, ferner § 28 Bem. 13).

Ebenso kann der Testamentsvollstrecker, wenn seine Bestellung auf einem öffentlichen Testament beruht, seine Befugnis zur Verfügung über einen Nachlaßgegenstand dem Grundbuchamt gegenüber durch das öffentliche Testament nachweisen, ohne daß er genötigt wäre, sich das in § 2368 BGB. vorgesehene Testamentsvollstreckerzeugnis zu beschaffen (GBO. § 35 Abs. 2).

Das öffentliche Testament ist allerdings nicht geeignet, dem Grundbuchamt gegenüber das Bestehen der fortgesetzten Gütergemeinschaft nachzuweisen; dieser Nachweis kann nur durch das besondere in § 1507 BGB. vorgesehene Zeugnis geführt werden (GBO. § 35 Abs. 2). Wird dem Grundbuchrichter ein öffentliches Testament und daneben ein Zeugnis über die Fortsetzung der Gütergemeinschaft vorgelegt, so ist für ihn nur dieses Zeugnis maßgebend (LG. Hamburg HansRGZ. 38 B 113).

27 **V. Fälle, in denen der Erwerb von Todes wegen einer behördlichen Genehmigung unterliegt.**

Die Errichtung eines Testaments oder eines Erbvertrags bedarf im allgemeinen keiner behördlichen Genehmigung. Für einige besondere Fälle ist jedoch eine solche Genehmigung vorgeschrieben:

1. Genehmigung der Militärregierung zur Vornahme der Beurkundung.

Wie oben unter Bem. 12 ausgeführt, ist bei der Beurkundung eines Erbvertrags durch einen Richter oder einen Notar von den Beteiligten die eidesstattliche Erklärung abzugeben, daß durch den Erbvertrag kein Recht an einem gesperrten Vermögen begründet, übertragen, verändert oder aufgehoben wird. Kann diese eidesstattliche Erklärung nicht abgegeben werden, weil ein Recht an einem gesperrten Vermögen durch den Erbvertrag tatsächlich betroffen ist, so muß vor der Beurkundung die Genehmigung der Militärregierung erholt werden und vorliegen. Bei Testamenten gilt dies nicht.

2. Grenzsicherungsgesetz. 28

Nach dem Gesetz über die Sicherung der Reichsgrenze und über Vergeltungsmaßnahmen vom 9. März 1937 (RGBl. I, 981) und der 1. DVO. hierzu vom 17. August 1937 i. d. F. vom 8. Oktober 1941 (RGBl. I, 623) bedarf in der Grenzzone der Erbe eines Grundstücks oder eines Grundstücksteils, der nicht gesetzlicher Erbe nach den Vorschriften des BGB. ist, der Genehmigung der zuständigen Behörde, um das Grundstück zu erhalten. Wird die Genehmigung versagt, so hat der Erbe das Grundstück binnen 12 Monaten an eine zum Erwerb berechtigte Person zu veräußern (§§ 3,4 der VO. vom 17. August 1937, RGBl. I, 905).

Das Grenzsicherungsgesetz ist formell noch nicht aufgehoben; durch den Ausgang des Krieges dürfte seine Anwendung aber gegenstandslos geworden sein. Tatsächlich wird es — soweit hierüber Feststellungen getroffen werden konnten — in den Grenzzonen auch nicht mehr angewandt.

3. Land- und forstwirtschaftliche Grundstücke. 29

Das Kontrollratsgesetz Nr. 45 über die Aufhebung der Erbhofgesetze und die Einführung neuer Bestimmungen über die land- und forstwirtschaftlichen Grundstücke vom 20. Januar 1947 — in Kraft seit 24. April 1947 — (bayer. GVBl. S. 105) hat die gesamte Erbhofgesetzgebung und die Grundstücksverkehrsbekanntmachung vom 15. März 1918 mit allen Änderungen und Ergänzungen aufgehoben (Art. I Abs. 2). Es hat dafür in Art. IV bestimmt, daß die Auflassung eines land- und forstwirtschaftlichen Grundstücks oder die Bestellung eines Nießbrauchs an einem solchen Grundstück ohne Genehmigung der zuständigen deutschen Behörde nichtig ist. Das gleiche gilt für jeden Vertrag, der die Bestellung eines Nießbrauchs oder die Verpflichtung zur Übereignung eines solchen Grundstückes zum Gegenstand hat. Die Genehmigung ist zu versagen, wenn die ordnungsmäßige Bewirtschaftung des Grundstücks zum Schaden der Volksernährung gefährdet erscheint, wenn der Gegenwert in einem groben Mißverhältnis zum Wert des Grundstücks steht oder wenn das Rechtsgeschäft gegen eine vom zuständigen Zonenbefehlshaber erlassene Vorschrift verstößt. Das Gesetz findet auf Nachlässe, die beim Inkrafttreten des Gesetzes noch nicht geregelt sind, Anwendung. Ein Nachlaß gilt als geregelt, wenn gegen eine Person, die das Grundstück als Erbe in Besitz genommen hat, kein die Erbfolge in Frage stellender Anspruch im Klagewege innerhalb dreier Jahre, vom Tode des Eigentümers an gerechnet, geltend gemacht wird.

Die bay. Durchführungsverordnung Nr. 127 vom 22. Mai 1947 — bayer. GVBl. S. 180/248 — zu diesem Kontrollratsgesetz[1]) bestimmt u. a., daß genehmigungsfrei Rechtsgeschäfte zwischen Ehegatten oder Personen sind, die untereinander in gerader Linie verwandt oder verschwägert

---

[1]) In Hessen siehe die DurchfVO. vom 19. Juli 1947 (GVBl. S. 15), in Württemberg-Baden die VO. Nr. 166.

oder in der Seitenlinie im zweiten Grad verwandt sind, sofern es sich nicht um die Veräußerung eines Grundstücks handelt (§ 7). Über die Genehmigung entscheidet bei Grundstücken bis zu 1 ha die untere Verwaltungsbehörde, sonst das Bauerngericht (§ 15).

Für das Gebiet der britischen Zone ist die Militärregierungsverordnung Nr. 84 ergangen, die mit dem Kontrollratsgesetz Nr. 45 am 24. April 1947 in Kraft getreten ist. Sie verfügt in ihrem Artikel I den Ersatz der durch Artikel II des Kontrollratsgesetzes wieder in Kraft getretenen landesrechtlichen Vorschriften über die Vererbung von Liegenschaften durch gesetzliche Erbfolge oder Verfügung von Todes wegen durch die gleichzeitig in Kraft gesetzte Höfeordnung (über diese siehe Anmerkung 11a zu § 1). Für Fideikommisse, Familienstiftungen und sonstigen, der Fideikommißgesetzgebung unterliegenden Grundbesitz bestimmt sie, daß er nach der Verordnung des Präsidenten des Zentraljustizamtes für die britische Zone zur Regelung von Fragen des Fideikommiß- und Stiftungsrechtes vom 25. November 1946 abzuwickeln ist (Art. II). Auch die Fragen der Genehmigungen nach den Artikeln IV, V und VI des Kontrollratsgesetzes, sowie die Grundlinien des Verfahrens, die im einzelnen in der Verfahrungsordnung für Landwirtschaftssachen vom 2. Dezember 1947 (VOBl. BZ. 1947, 157) niedergelegt sind, sind in ihr geregelt.

Für den erbweisen Übergang von Grundbesitz ist eine Genehmigung nicht erforderlich; wird ein land- und forstwirtschaftliches Grundstück aber nicht im Weg der Erbfolge erworben, sondern als Vermächtnis zugewendet, so ist die Erfüllung des Vermächtnisses durch Überlassung des Grundstücks seitens des Erben an den Vermächtnisnehmer ein genehmigungspflichtiges Rechtsgeschäft.

Nach der durch das Kontrollratsgesetz Nr. 45 aufgehobenen Erbhofgesetzgebung war zu verschiedenen Bestimmungen des Anerben die Genehmigung des Anerbengerichts erforderlich. Die Erteilung dieser Genehmigung kommt nicht mehr in Frage, auch wenn die Anerbenbestimmung schon vor Aufhebung der Erbhofgesetzgebung getroffen wurde. Die Anerbengerichte bestehen nicht mehr; es können in solchen Fällen nicht etwa die auf Grund des Kontrollratsgesetzes Nr. 45 und der Durchführungsbestimmungen hierzu gebildeten Bauerngerichte oder sonstigen Genehmigungsbehörden diese Genehmigung erteilen. Anerbenbestimmungen, die nach der Erbhofgesetzgebung der Genehmigung bedurften und zu denen diese Genehmigung nicht schon früher erteilt war, sind damit als Anerbeneinsetzungen ungültig. Sie können aber z. B. wirksame Hoferbenbestimmungen nach der Höfeordnung für die britische Zone sein, oder als solche Hoferbenbestimmungen die etwa nach § 7 Abs. 2 der Höfeordnung erforderliche Zustimmung des Gerichts erhalten und dadurch wirksam werden. Vergleiche im übrigen die Anmerkungen 11 und 11a zu § 1, die sich mit dem früheren Erbhofrecht und der Höfeordnung in dei bιitischen Zone befassen.

30 4. **Erwerbsbeschränkungen für juristische Personen, für Ordensmitglieder und für Ausländer.**

Nach Art. 86—88 EGBGB. sind die landesgesetzlichen Vorschriften unberührt geblieben,

a) welche den Erwerb von Rechten durch juristische Personen beschränken;

b) nach welchen Mitglieder religiöser Orden oder ordensähnlicher Kongregationen nur mit staatlicher Genehmigung von Todes wegen erwerben können;

c) welche den Erwerb von Grundstücken durch Ausländer von staatlicher Genehmigung abhängig machen.

Die Mehrzahl der Länder hat von diesen Vorbehalten Gebrauch gemacht (vgl. Staudinger-Gramm, EGBGB. 10. Aufl. Berlin 1939; siehe auch VO. vom 31. September 1938, RGBl. I, 1141), vgl. über Genehmigung von Schenkungen unter Lebenden und von Todes wegen an juristische Personen in Preußen DNotZ. 1943, 123; über Zuwendungen an Kirchengemeinden auch RG. vom 31. März 1943, DNotZ. 43, 243.

5. Errichtung einer Stiftung. 31

Der Erblasser kann durch Verfügung von Todes wegen eine Stiftung errichten (BGB. § 83). Die Errichtung bedarf der staatlichen Genehmigung (BGB. § 80). Handelt es sich um eine Familienstiftung, so wird in Preußen die Genehmigung durch das Amtsgericht erteilt (preuß. AGBGB. Art. 1, Gesetz vom 18. März 1935, RGBl. I, 381). Wird die Genehmigung nicht vom Erben oder vom Testamentsvollstrecker nachgesucht, so hat das Nachlaßgericht die Genehmigung einzuholen (BGB. § 83).

Wegen der Errichtung von Stiftungen in Zusammenhang mit dem Erlöschen der Familienfideikommisse vgl. Gesetz vom 6. Juli 1938 (RGBl. I, 825) mit DVO. vom 20. März 1939 (RGBl. I, 509) und VO.en über die Verlängerung von Fristen, zuletzt die vom 24. Oktober 1941 (RGBl. I, 661 sowie die VO. über den Waldschutz bei Fideikommißauflösung vom 21. Dezember 1939 (RGBl. I, 2459). Siehe auch die Erläuterungen von Köhler DJ. 38, 1227 und DJ. 39, 584 sowie Weber in DNotZ. 1943, 92: Verfügungsbeschränkungen beim fideikommissarisch gebundenen Grundbesitz. Allerdings ist durch Art. III Abs. 2 des Kontrollratsgesetzes Nr. 45 vom 20. Januar 1947 (s. bay. GVBl. 1947 S. 105) bestimmt, daß alle land- und forstwirtschaftlichen Grundstücke, die bisher in der rechtlichen Form einer bes. Güterart besessen wurden, wie z. B. Fideikommisse und ähnliche gebundene Vermögen, Erbpachtgüter, Lehensbauerngüter, Renten- und Ansiedlungsgüter freies, nur den allgemeinen Gesetzen unterworfenes Eigentum werden.

6. Genehmigung nach den Vorschriften über Devisenbewirtschaftung und über Vermögenssperre. 32

Für die Devisenbewirtschaftung gilt das Kontrollratsgesetz Nr. 53, nach dem sämtliche derartigen Rechtsgeschäfte der Genehmigung der Militärregierung unterliegen.

Für den Vollzug des Militärregierungsgesetzes Nr. 52 über die Sperre und Beaufsichtigung von Vermögen hat die Militärregierung für Bayern klargestellt, daß Erbverträge, durch die ein Recht an einem gesperrten Vermögen begründet, übertragen, verändert oder aufgehoben werden soll, der Genehmigung bedürfen, eine Genehmigung zur Beurkundung von Testamenten jedoch nicht erforderlich ist. SJZ. 1947 S. 454 und oben Bem. 12.

VI. Erbschaftsteuer. 33

Nach dem Erbschaftsteuergesetz i. d. F. vom 22. August 1925 (RGBl. I, 320), geändert durch VO. d. RPräs. vom 1. Dezember 1930 (RGBl. I, 517), durch Bek. vom 25. Juni 1931 (RGBl. I, 346), durch VO. vom 8. Dezember 1931 (RGBl. I, 699) und das Gesetz vom 16. Oktober 1934 (RGBl. I, 1056), unterliegen der Erwerb von Todes wegen, Schenkungen unter Lebenden und Zweckzuwendungen einer besonderen Steuer. Dieses Gesetz ist geändert durch Kontrollratsgesetz Nr. 17 vom 28. Februar 1946 (in Kraft seit 1. Januar 1946, s. bay. GVBl. S. 79) mit Erb.St.DB. 1947 vom 30. September 1947 und neuerdings durch Art. IV des Ges. Nr. 64 vom 20. Juni 1948 (Beil. Nr. 4 zum GVBl.Wi.).

§ 6.
Mitwirkende Personen.

(1) Ist der Erblasser nach der Überzeugung des Richters oder Notars taub, blind, stumm oder sonst am Sprechen verhindert, so muß der Richter einen Urkundsbeamten der Geschäftsstelle oder zwei Zeugen, der Notar einen zweiten Notar oder zwei Zeugen zuziehen.

(2) In anderen Fällen steht es dem Richter oder Notar frei, die im Abs. 1 bezeichneten Personen zuzuziehen. Von dieser Befugnis soll er Gebrauch machen, wenn der Erblasser es verlangt. Die Zuziehung soll unterbleiben, wenn der Erblasser ihr widerspricht.

§ 6 entspricht dem § 2233 BGB.

Übersicht:

I. Grundgedanke der Vorschrift 1
II. Zuziehungszwang bei Gebrechlichkeit des Erblassers (Absatz 1) 2
1. Die in Abs. 1 aufgeführten Gebrechen 2
a) Taubheit 3
b) Blindheit 4
c) Stummheit oder Sprechverhinderung 5
2. Feststellung des Gebrechens 6
3. Die zuzuziehenden Personen
a) Der Urkundsbeamte der Geschäftsstelle 8
b) Der zugezogene zweite Notar 9
c) Die Urkundszeugen 10
III. Die freiwillige Zuziehung der Überwachungspersonen 11
1. Gründe für oder gegen die Zuziehung 11
2. Bedeutung des Abs. 2 für die Gültigkeit der Urkunde 12

1 **I. Grundgedanke der Vorschrift.**

§ 2233 BGB. lautete: „Zur Errichtung des Testaments muß der Richter einen Urkundsbeamten der Geschäftsstelle oder zwei Zeugen, der Notar einen zweiten Notar oder zwei Zeugen zuziehen." Dieser Zuziehungszwang galt gemäß § 2276 auch für den Erbvertrag. Der Zwang zur Zuziehung von Zeugen gefährdet die Geheimhaltung des Testaments und kann dazu führen, daß der Erblasser gemäß § 11 durch Übergabe einer verschlossenen Schrift oder gemäß § 21 eigenhändig testiert; in beiden Fällen ist der Urkundsperson die Möglichkeit genommen, auf den Erblasser belehrend einzuwirken, und zur klaren Gestaltung des letzten Willens und der zweifelsfreien Abfassung desselben beizutragen (vgl. § 15). Es wurde daher angeregt, den Zeugenzwang bei Testament und Erbvertrag grundsätzlich zu beseitigen (vgl. Vogels ZAkDR. 35, 635).

Die Vorschriften des § 6 bringen in teilweiser Verwirklichung dieser Gedanken eine wesentliche Abschwächung des Zeugenzwangs. Die Zuziehung von Überwachungspersonen ist nur noch für den Fall zwingend vorgeschrieben, daß der Erblasser an bestimmten Gebrechen leidet (wenn er taub, blind, stumm oder sonst am Sprechen verhindert ist); in diesem Fall besteht auf Grund der allgemeinen Vorschrift in § 169 FGG. auch bei der Beurkundung eines gewöhnlichen Rechtsgeschäfts Zeugenzwang; insoweit mußte der Zwang auch bei Testament und Erbvertrag aufrechterhalten werden.

Ist jedoch keiner dieser Sonderfälle gegeben, so steht es grundsätzlich im freien Belieben des Richters oder des Notars, ob er Überwachungspersonen zuziehen will oder nicht. Verlangt der Erblasser die Zuziehung oder widerspricht er ihr, so soll der Richter oder der Notar diesen Wünschen nachkommen.

Die Regelung des § 6 gilt auch für den Erbvertrag (§ 30). Sie gilt dagegen nicht für das Nottestament vor dem Bürgermeister. In § 23 Abs. 1 Satz 2 ist vielmehr ausdrücklich bestimmt, daß der Bürgermeister stets zwei Zeugen zuzuziehen hat.

II. Zuziehungszwang bei Gebrechlichkeit des Erblassers (Abs. 1). 2

1. Die in Abs. 1 aufgeführten Gebrechen.

Der Zuziehungszwang besteht nicht schon bei Altersschwäche oder sonstiger allgemeiner Gebrechlichkeit des Erblassers. Bei Geisteskrankheit oder Geistesschwäche ist der Erblasser u. U. gemäß § 2 Abs. 2 testierunfähig. Solange der Erblasser aber testierfähig ist und nur allgemein körperlich oder geistig geschwächt ist, braucht der Notar noch keine Überwachungsperson zuzuziehen. Die Zuziehung ist nur dann zwingend vorgeschrieben, wenn der Erblasser taub, blind, stumm oder sonst am Sprechen verhindert ist.

a) Taubheit. 3

Taub ist, wer des Gehörsinns völlig beraubt oder in so hohem Maße schwerhörig ist, daß eine mündliche Verständigung mit ihm nicht möglich ist. Kann der Taube lesen, so wird der Richter oder der Notar sich mit ihm schriftlich verständigen (vgl. GVG. § 186). Kann der Taube auch nicht lesen, so soll der Richter oder der Notar (zum mindesten bei der Vorlesung der Niederschrift) eine Vertrauensperson zuziehen, die sich mit dem Tauben (durch Zeichen oder in sonstiger Weise) verständigen kann (§ 16 Abs. 2 des Ges.; vgl. § 186 GVG.).

b) Blindheit. 4

Blind ist, wer des Gesichtsinns beraubt ist oder in so hohem Maße des Sehvermögens entbehrt, daß er mit den Augen keine ausreichende Wahrnehmungen mehr machen kann. Als blind im Sinne der obigen Vorschrift ist auch anzusehen, wer vorübergehend seine Augen (etwa wegen eines Verbandes) nicht gebrauchen kann. Nach OLG. Oldenburg (Beschl. vom 27. Februar 1947, Nds. Rpfl. 1948, 175 = NJW. 1949, 80) ist Blindheit auch dann gegeben, wenn der Erblasser wegen Schwachsichtigkeit nicht lesen kann. Wenn der Erblasser nicht lesen kann, kann er nur durch mündliche Erklärung, nicht auch durch Übergabe einer Schrift (§ 11 Abs. 4) testieren. Auch wenn die Unfähigkeit zu lesen ihren Grund in Schwachsichtigkeit hat, wird man ihn aber deshalb nicht schon immer als blind i. S. der Vorschrift des § 6 bezeichnen müssen. Es wird nicht auf die Fähigkeit zu lesen, sondern darauf ankommen, ob der Gesichtssinn ausreicht, den Verhandlungshergang ganz allgemein ausreichend zu beobachten.

Der Blinde kann mündlich oder schriftlich testieren; die von ihm übergebene Schrift kann auch von einem anderen geschrieben sein (§ 11); kann der Blinde seinen Namen schreiben, so muß er die Niederschrift selbst unterschreiben (§ 16 Abs. 4); ist der Blinde dagegen nicht imstande, seinen Namen zu schreiben, so wird die Unterschrift durch die Feststellung, daß der Erblasser nicht schreiben kann, ersetzt (§ 16 Abs. 3).

c) Stummheit oder Sprechverhinderung. 5

Stumm ist, wer infolge eines natürlichen Fehlers keine Sprechlaute hervorbringen kann. Dem Stummen steht gleich, wer aus anderen Gründen (etwa wegen einer vorübergehenden Erkrankung der Sprechorgane) nicht sprechen kann. Kann der Stumme schreiben, so wird sich der Richter oder der Notar mit ihm schriftlich verständigen. Der Stumme kann nur schriftlich testieren (§ 17). Kann der Stumme nicht schreiben, so ist er überhaupt nicht imstande, in Deutschland ein Testament zu errichten (§ 17 des Gesetzes im Gegensatz zu § 178 FGG.). Wegen der Fähigkeit zur Errichtung eines Erbvertrags vgl. § 30 Bem. 12.

6 2. Feststellung des Gebrechens.

Der Zuziehungszwang besteht, wenn der Erblasser nach der Überzeugung des Richters oder des Notars an einem der in Abs. 1 erwähnten Gebrechen leidet. Wie sich die Urkundsperson die Überzeugung von dem Vorhandensein oder dem Fehlen des Gebrechens verschafft, ist ihrem pflichtmäßigen Ermessen überlassen. Die Gültigkeit des Testaments wird nicht dadurch berührt, daß der Richter oder der Notar sich bei Bildung dieser Überzeugung geirrt hat. Hat also z. B. der Notar angenommen, daß der Erblasser noch ausreichendes Sehvermögen besitze, und demgemäß von der Zuziehung der Überwachungspersonen abgesehen, so kann die Gültigkeit des Testaments nicht mit der Begründung angegriffen werden, der Erblasser sei in Wirklichkeit blind gewesen.

7 3. Die zuzuziehenden Personen.

Der Richter muß einen Urkundsbeamten der Geschäftsstelle oder zwei Zeugen, der Notar einen zweiten Notar oder zwei Zeugen zuziehen. „Zuziehen" bedeutet, daß der Richter oder der Notar die zuzuziehenden Personen auffordert, bei der Beurkundung mitzuwirken; es genügt nicht, wenn diese Personen lediglich zufällig anwensend sind oder von einem Beteiligten mitgebracht werden, ohne daß der Notar sich mit ihnen in Verbindung setzt (Hilderscheid, DNotZ. 39, 23 mit Nachweisen; vgl. auch KG. in DR. 1942, 1339 für das Dreizeugentestament). Die Namen der zuzuziehenden Personen müssen in der Niederschrift angegeben werden (§ 13 Abs. 2 Nr. 2); die zugezogenen Personen müssen während der ganzen Verhandlung zugegen sein (§ 12); sie müssen ferner die Niederschrift unterschreiben (§ 16 Abs. 4). Ist die zugezogene Person der Meinung, daß die vom Richter oder dem Notar verfaßte Niederschrift die Testamentserrichtung nicht richtig wiedergebe, so kann sie die Unterschrift verweigern.

Der Richter oder der Notar und die in § 6 Abs. 1 bezeichneten Personen werden im Gesetz unter der Bezeichnung „mitwirkende Personen" zusammengefaßt; diese Bezeichnung erfaßt dagegen nicht auch den Erblasser (vgl. § 13 Abs. 2 Nr. 2).

8 a) Der Urkundsbeamte der Geschäftsstelle.

Die Bezeichnung „Urkundsbeamter der Geschäftsstelle" ist durch Gesetz vom 9. Juli 1927 — RGBl. I, 175 — eingeführt (unter Beseitigung der früheren Bezeichnung „Gerichtsschreiber"). Nach § 153 Abs. 2 GVG. werden die näheren Vorschriften über die Geschäftsstelle von der Landesjustizverwaltung erlassen; in Preußen ist maßgebend das Gesetz vom 18. Dezember 1927 — GS. 209 — und das Gesetz betr. die Dienstverhältnisse der Urkundsbeamten der Geschäftsstelle vom 3. März 1879 — GS. 99 —. Zu erwähnen ist namentlich der § 9 Abs. 2 des Gesetzes von 1879: „Für einzelne dringende Geschäfte kann die Vertretung eines behinderten Urkundsbeamten durch eine jede von dem Richter berufene Person erfolgen." In Bayern ist die Bek. über die Einrichtung der Geschäftsstellen der Gerichte und Staatsanwaltschaften vom 15. Dezember 1931, JMinBl. NF. Bd. III S. 523 maßgebend.

Für den Urkundsbeamten der Geschäftsstelle gelten die Ausschließungsgründe der §§ 7—9.

b) Der zugezogene zweite Notar. 9

Der zweite Notar wirkt nicht als Urkundsperson mit, sondern lediglich zur Überwachung des beurkundenden Notars (vgl. § 9). Für den zweiten Notar gelten die Ausschließungsgründe der §§ 7 bis 9.

Auch der zugezogene Notar ist zur Amtsverschwiegenheit verpflichtet (RNotO. § 19), während für die Zeugen keine gesetzlich ausdrücklich festgelegte Verschwiegenheitspflicht besteht (vgl. unten Bem. 10).

Die Gebühr für den zweiten Notar bestimmt sich nach § 151 KostO.: Der zweite Notar, der auf Verlangen eines Beteiligten anstatt der Zeugen zu einer Beurkundung zugezogen wird, erhält die Hälfte der dem beurkundenden Notar zustehenden Gebühr und bei Geschäften außerhalb seiner Kanzlei daneben die hierfür bestimmte Zusatzgebühr; wird der zweite Notar ohne Verlangen eines Beteiligten anstatt der Zeugen zugezogen (etwa weil er mit dem beurkundenden Notar in Kanzleigemeinschaft steht), so darf der beurkundende Notar hierfür an Gebühren nicht mehr als 2 DM. für jede angefangene Stunde in Rechnung stellen.

c) Die Urkundszeugen. 10

Für die Zeugen gelten die Ausschließungsgründe der §§ 7 bis 10. Die Zeugen werden nicht vereidigt; sie sind verpflichtet, über den Inhalt der Verhandlung Verschwiegenheit zu bewahren. Eine solche Verpflichtung ist zwar nirgends ausdrücklich festgelegt; ihre Verletzung ist auch nicht unter Strafe gestellt. Die Verschwiegenheitspflicht ergibt sich aber aus der Natur der Sache, insbesondere aus dem Vertrauensverhältnis, in das der Zeuge zum Erblasser dadurch tritt, daß er von dessen letztwilligen Anordnungen, seinen Vermögens- und vielfach auch Familienverhältnissen durch die Zuziehung zur Verhandlung Kenntnis erlangt. Der Notar wird die Zeugen regelmäßig auf ihre Pflicht zur Verschwiegenheit hinweisen und nach Möglichkeit darauf sehen, daß nur Personen zugezogen werden, auf deren Verschwiegenheit er sich auch verlassen kann (vgl. auch Seybold-Hornig-Lemmens Anm. I zu § 19 RNotO.).

Bestimmte Vorschriften darüber, welche Vergütung die Urkundszeugen verlangen können, bestehen nicht; es ist weder ein Mindestsatz noch ein Höchstsatz vorgesehen. Die Gebührenordnung für Zeugen und Sachverständige vom 21. Dezember 1925 — RGBl. I, 471 — gilt für Fälle dieser Art nicht; sie kann jedoch als Richtlinie dienen (Höchstsatz 1.50 DM. für die Stunde).

Der Notar kann den Betrag, den er für die Zuziehung hat aufwenden müssen, von dem Erblasser als bare Auslage erstattet verlangen (KostO. § 139 Nr. 4).

III. Die freiwillige Zuziehung der Überwachungspersonen (§ 6 Abs. 2). 11

Ist der Erblasser nicht taub, blind, stumm oder sonst am Sprechen verhindert, so steht es grundsätzlich dem Richter oder dem Notar frei, ob er weitere Personen bei der Testamentserrichtung zuziehen will.

1. Gründe für oder gegen die Zuziehung. 12

Der Richter oder der Notar wird von sich aus die Überwachungspersonen zuziehen, wenn er befürchtet, die Erben könnten den Einwand erheben, der Wille des Erblassers sei in der Niederschrift nicht richtig wiedergegeben oder der Erblasser sei infolge körperlicher oder geistiger Schwäche nicht mehr testierfähig gewesen.

Der Richter oder der Notar soll die anderen Personen ferner dann zuziehen, wenn der Erblasser es selbst verlangt (§ 6 Abs. 2 Satz 2). Der Erblasser wird dieses Verlangen äußern, wenn er mit Streitigkeiten der vorerwähnten Art rechnen zu müssen glaubt.

Die Zuziehung der Zeugen wird besser zu unterbleiben haben, wenn der Erblasser besonderen Wert auf Geheimhaltung des Testaments legt, und Zeugen, auf deren Verschwiegenheit man sich verlassen könnte, nicht zur Verfügung stehen. Der Richter und der Notar soll die Zuziehung unterlassen, wenn der Erblasser ihr widerspricht (§ 6 Abs. 2 Satz 3).

Wegen der Gebühren des zweiten Notars und der Zeugen vgl. oben Bemerkung 9, 10.

13 2. Bedeutung des Abs. 2 für die Gültigkeit der Urkunde.

Auch in den Fällen des Abs. 2 gelten für den Urkundsbeamten der Geschäftsstelle, den zweiten Notar und die Zeugen die Ausschließungsgründe der §§ 7 bis 10. Die zugezogenen Personen müssen während der ganzen Verhandlung zugegen sein (§ 12) und müssen mitunterschreiben (§ 16 Abs. 4).

Wird gegen eine dieser Vorschriften verstoßen, so wird hierdurch die Gültigkeit des Testaments nicht berührt, denn Abs. 2 ist überhaupt nur eine Ordnungsvorschrift. Hat also z. B. ein Zeuge nicht mit unterschrieben, so schadet dies der Gültigkeit des Testaments ebensowenig, wie wenn der Zeuge überhaupt nicht mitgewirkt hätte.

§ 7.

Ausschließung wegen des Verhältnisses zum Erblasser.

Als Richter, Notar, Urkundsbeamter der Geschäftsstelle oder Zeuge kann bei der Errichtung des Testaments nicht mitwirken:

1. der Ehegatte des Erblassers, auch wenn die Ehe nicht mehr besteht;

2. wer mit dem Erblasser in gerader Linie oder im zweiten Grade der Seitenlinie verwandt oder verschwägert ist.

§ 7 entspricht dem § 2234 BGB.

Übersicht:

I. Bedeutung der Vorschrift 1
1. Bedeutung für die Gültigkeit des Testaments 1
2. Anwendungsbereich der Vorschrift 2
II. Die Ausschließung des Ehegatten des Erblassers (§ 7 Nr. 1) 3
1. Bedeutung einer nichtigen Ehe 3
2. Bedeutung einer angefochtenen Ehe 4
3. Bedeutung der Aufhebung oder Scheidung der Ehe 5, 6
4. Bedeutung des Verlöbnisses 7
III. Ausschließung der Personen, die in gerader Linie verwandt oder verschwägert sind (§ 7 Nr. 2) 8
1. Verwandte in gerader Linie 8
2. Verschwägerte gerader Linie 9
IV. Ausschließung der Verwandten oder Verschwägerten der Seitenlinie 10
1. Verwandte im 2. Grade der Seitenlinie 10
2. Verschwägerte im 2. Grade der Seitenlinie 11

I. Bedeutung der Vorschrift. 1

1. Bedeutung für die Gültigkeit des Testaments.

Wer in einem nahen Verwandtschafts- oder Schwägerschaftsverhältnis zum Erblasser steht, bietet keine Gewähr für Unbefangenheit und Unparteilichkeit. Daher können Personen, die zum Erblasser in einem Verwandtschafts- oder Schwägerschaftsverhältnis der in § 7 Nr. 1, 2 bezeichneten Art stehen, bei der Errichtung des Testaments oder Erbvertrags nicht als Richter, beurkundender oder zweiter Notar, Urkundsbeamter der Geschäftsstelle oder Zeugen mitwirken. Diese Vorschrift ist zwingend. Ein Testament, das unter Mißachtung dieser Vorschrift errichtet wird, ist nichtig (§ 48 Abs. 1 des Ges., § 125 BGB.).

Dies gilt für den Richter und den beurkundenden Notar ausnahmslos. Beim Urkundsbeamten der Geschäftsstelle, beim zweiten Notar oder den Zeugen ist zu unterscheiden: Handelt es sich um einen Fall des § 6 Abs. 1, wo diese Personen mitwirken müssen, so macht die Mitwirkung einer nach § 7 ausgeschlossenen Überwachungsperson das Testament nichtig. Liegt jedoch nur ein Fall des § 6 Abs. 2 vor, war also die Mitwirkung dieser Überwachungspersonen nicht unbedingt geboten, so bedeutet der Umstand, daß der Betreffende nach § 7 ausgeschlossen ist, lediglich, daß die Rechtslage so anzusehen ist, wie wenn er überhaupt nicht mitgewirkt hätte. Da die Nichtmitwirkung der Gültigkeit des Testaments in den Fällen des § 6 Abs. 2 nicht entgegensteht, ist demnach auch die Mitwirkung einer nach § 7 ausgeschlossenen Überwachungsperson unschädlich (ebenso Hilderscheid, DNotZ. 39, 26).

Soweit der Notar auf Grund des § 7 von der Amtsausübung ausgeschlossen ist, soll sich auch sein Vertreter der Ausübung des Amtes enthalten (§ 32 Abs. 2 RNotO.).

Der Notar ist verpflichtet zu prüfen, ob bei einer Überwachungsperson Ausschließungsgründe vorliegen; er kann sich aber in der Regel bei den Angaben dieser Personen beruhigen; er braucht die Richtigkeit ihrer Angaben nicht zu untersuchen (RG. JW. 33, 1308[11]).

2. Anwendungsbereich der Vorschrift. 2

Die Vorschrift des § 7 gilt auch für den Genehmigungszeugen des § 16 Abs. 3, nach § 18 auch für den Dolmetscher, nach § 23 für den ein Nottestament beurkundenden Bürgermeister, ferner für die Zeugen beim Dreizeugentestament der §§ 24, 25; die Vorschrift ist entsprechend anzuwenden bei der Beurkundung eines Erbvertrags (§ 30). § 7 gilt entsprechend bei der Beurkundung einer Verfügung von Todes wegen durch einen deutschen Konsul (§ 50, Abs. 3 des Ges. i. V. mit § 16a, § 16b des Gesetzes vom 14. Mai 1936 — RGBl. I, 447, abgedruckt oben S. 72. Sie gilt auch für die Beurkundung eines ordentlichen Testaments oder Erbvertrags vor einem Militärjustizbeamten (Art. 1 §§ 1, 2 des Ges. vom 24. April 1934 — RGBl. I, 335, abgedruckt oben S. 61. Sie ist nicht ausdrücklich für anwendbar erklärt für das Militärtestament im engeren Sinne (Art. 1 § 3 Abs. 1, 3 des Ges. vom 24. April 1934 — RGBl. I, 335); sie dürfte jedoch auch für diese Nottestamente gelten, weil die Ausschließungsgründe des § 7 Nr. 1, 2 in unserem Recht überall wiederkehren, so daß aus ihnen ein das ganze Urkundenrecht beherrschender Grundsatz zu entnehmen ist (vgl. FGG. §§ 6, 170).

Die Vorschrift gilt dagegen nicht für die Vertrauensperson des § 16 Abs. 2; hier hat man von der Beschränkung des § 7 absichtlich abgesehen, da in der Regel nur die nächsten Angehörigen imstande sind, sich mit einem tauben und zugleich schreibensunkundigen Erblasser zu verständigen.

3 **II. Die Ausschließung des Ehegatten des Erblassers (§ 7 Nr. 1).**

Als Richter, Notar usw. ist ausgeschlossen, „der Ehegatte des Erblassers, auch wenn die Ehe nicht mehr besteht."

1. Bedeutung einer nichtigen Ehe.

Für eine nichtige Ehe gilt der Satz in § 23 des Ehegesetzes vom 20. Februar 1946 — bay. GVBl. S. 81 —: „Niemand kann sich auf die Nichtigkeit einer Ehe berufen, solange nicht die Ehe durch gerichtliches Urteil für nichtig erklärt worden ist." Wird die Ehe für nichtig erklärt, so gilt sie als nicht geschlossen und damit ist die Voraussetzung für eine Anwendung des § 7 Nr. 1 weggefallen. Solange die Ehe nicht rechtskräftig für nichtig erklärt ist, ist sie wie eine gültige zu behandeln. Diese Regel gilt auch für den Fall, daß die Ehe nicht in der vorgeschriebenen Form abgeschlossen ist (vgl. § 23 des Ehegesetzes im Gegensatz zu §§ 1329, 1324, 1344 BGB.).

4 ### 2. Bedeutung einer angefochtenen Ehe.

Vor dem Inkrafttreten des Ehegesetzes vom 6. September 1938 (RGBl. I S. 807) konnte eine Ehe aus bestimmten Gründen angefochten werden (§ 1330). Wurde eine Ehe angefochten, so war sie als von Anfang an nichtig anzusehen (§§ 1343, 1344 BGB.). Eine nach den alten Vorschriften erfolgreich angefochtene Ehe hat also (ebenso wie eine für nichtig erklärte Ehe) bei Anwendung des § 7 Nr. 1 auszuscheiden.

3. Bedeutung der Aufhebung oder Scheidung der Ehe.

5 a) Aufhebung der Ehe.

Das Ehegesetz hat die Anfechtung der Ehe durch die „Aufhebung" der Ehe ersetzt (§§ 28 bis 38 des Ehegesetzes vom 20. Februar 1946, bayr. GVBl. S. 81). Die Ehe wird durch gerichtliches Urteil aufgehoben und ist mit der Rechtskraft des Urteils aufgelöst (§ 29 des Ehegesetzes); die Folgen der Aufhebung richten sich nach den Vorschriften über die Folgen der Scheidung (§ 37 des Ehegesetzes, ebenso §§ 33—42 des Ehegesetzes vom 6. Juli 1938, RGBl. I S. 807).

Die aufgehobene Ehe ist also nicht mehr als von Anfang an nichtig anzusehen, sondern für den Zeitraum zwischen der Eheschließung und der rechtskräftigen Aufhebung wird sie wie eine gültige Ehe behandelt. Der Richter oder Notar usw. kann daher ein Testament seines früheren Ehegatten aus der aufgehobenen Ehe nicht beurkunden.

6 b) Scheidung der Ehe.

Sowohl nach altem wie nach neuem Eherecht hat die Scheidung der Ehe nur zur Folge, daß die Ehe für die Zukunft aufgelöst wird; die Scheidung beseitigt die Ehe aber nicht etwa auch für die Vergangenheit (§ 1564 BGB., § 41 des Ehegesetzes). Der Richter oder Notar darf also nicht etwa das Testament seines früheren Ehegatten aus einer geschiedenen Ehe beurkunden. Dasselbe gilt für die Ehe, die nach Todeserklärung des einen Ehegatten durch Wiederverheiratung des anderen Ehegatten aufgelöst wird (§ 1348 BGB., § 38 Abs. 2 des Ehegesetzes).

7 ### 4. Bedeutung des Verlöbnisses.

Nach § 17 Abs. 1 Nr. 2 RNotO. soll sich der Notar der Urkundstätigkeit enthalten, wenn seine Verlobte beteiligt ist. Der Notar soll also bei der Beurkundung des Testaments seiner Braut weder als beurkundender noch als zweiter Notar mitwirken (Seybold-Hornig-Lemmens, RNotO. § 17, IV, 2b); ein Verstoß berührt die Gültigkeit der Amtshandlung nicht (RNotO. § 17 Abs. 2).

Diese Vorschrift gilt nicht für den Richter; er wird sich aber, wenn es sich um die Beurkundung des Testaments seiner Braut handelt, wegen Befangenheit der Amtsausübung zu enthalten haben (FGG. § 6 Abs. 2).

Die Vorschrift des § 17 Abs. 1 Nr. 2 RNotO. gilt ferner nicht für den Urkundsbeamten der Geschäftsstelle und nicht für die Zeugen.

III. Ausschließung der Personen, die in gerader Linie verwandt oder verschwägert sind (§ 7 Nr. 2). 8

1. Verwandte in gerader Linie.

Personen, deren eine von der anderen abstammt, sind in gerader Linie verwandt (§ 1589 BGB.). Der Richter oder Notar kann also nicht das Testament seines Vaters, Großvaters oder seines Kindes, Enkels usw. beurkunden.

Das uneheliche Kind und dessen Vater gelten nicht als verwandt (§ 1589 Abs. 2 BGB.; vgl. § 1705).

Das uneheliche Kind erlangt dadurch, daß sich der Vater mit der Mutter verheiratet, mit der Eheschließung die rechtliche Stellung eines ehelichen Kindes (§ 1719 BGB.).

Ein uneheliches Kind kann auf Antrag seines Vaters durch eine Verfügung der Staatsgewalt für ehelich erklärt werden (§ 1723 BGB.); zuständig ist in der Regel der Landgerichtspräsident (§ 10 der VO. vom 31. Mai 1934 — RGBl. I, 472 in Verbindung mit Nr. 7 der VO. vom 27. Juli 1934 — RGBl. I, 738). Die Wirkungen der Ehelichkeitserklärung erstrecken sich auf die Abkömmlinge des Kindes. Sie erstrecken sich nicht auf die Verwandten des Vaters (§ 1737 BGB.).

Durch die Annahme an Kindes Statt erlangt das Kind die rechtliche Stellung eines ehelichen Kindes des Annehmenden (§ 1757 BGB.). Die Wirkungen der Annahme an Kindes Statt erstrecken sich grundsätzlich auf die Abkömmlinge des Kindes (§ 1762 BGB.). Die Wirkungen der Annahme an Kindes Statt erstrecken sich nicht auf die Verwandten des Annehmenden (§ 1763 BGB.). Die Rechte und Pflichten, die sich aus dem Verwandtschaftsverhältnis zwischen dem Kinde und seinen Verwandten ergeben, werden durch die Annahme an Kindes Statt nicht berührt (§ 1764).

2. Verschwägerte in gerader Linie. 9

Die Verwandten eines Ehegatten sind mit dem anderen Ehegatten verschwägert (§ 1590 BGB.). Die Linie der Schwägerschaft bestimmt sich nach der Linie der sie vermittelnden Verwandtschaft; die Schwägerschaft dauert fort, auch wenn die Ehe, durch die sie begründet wurde, aufgelöst ist (§ 1590 Abs. 2 BGB.).

In gerader Linie verschwägert ist also der eine Ehegatte mit den Eltern, Großeltern usw. des anderen Ehegatten, ferner mit den nicht von ihm selbst stammenden Abkömmlingen des anderen Ehegatten.

Der Vater gilt mit dem Ehegatten seines unehelichen Kindes nicht als verschwägert (§ 1589 Abs. 2 BGB.).

Wird das Kind für ehelich erklärt, so wird der Ehegatte des Kindes nicht mit dem Vater verschwägert und die Frau des Vaters nicht mit dem Kinde (§ 1737 BGB.).

Wird jemand an Kindes Statt angenommen, so wird der Ehegatte des Annehmenden nicht mit dem Kinde verschwägert und der Ehegatte des Kindes nicht mit dem Annehmenden (§ 1763 BGB).

10 **IV. Ausschließung der Verwandten und Verschwägerten der Seitenlinie.**

1. Verwandte im 2. Grade der Seitenlinie.

Personen, die nicht in gerader Linie verwandt sind, aber von derselben dritten Person abstammen, sind in der Seitenlinie verwandt; der Grad der Verwandtschaft bestimmt sich nach der Zahl der sie vermittelnden Geburten (§ 1589 BGB.).

Im zweiten Grade der Seitenlinie verwandt sind die voll- und die halbbürtigen Geschwister. Der Notar kann also nicht das Testament seines Bruders oder seiner Schwester beurkunden, wohl aber das Testament der Abkömmlinge seines Bruders, denn diese sind mit dem Notar bereits im dritten Grade der Seitenlinie verwandt.

Wird ein uneheliches Kind für ehelich erklärt, so erstrecken sich die Wirkungen nicht auf die Verwandten des Vaters (§ 1737 BGB.). Der Notar kann also das Testament des unehelichen für ehelich erklärten Kindes seines Vaters beurkunden, obwohl das Kind blutsmäßig mit ihm im zweiten Grade verwandt ist.

Wird jemand an Kindes Statt angenommen, so erstrecken sich die Wirkungen nicht auf die Verwandten des Annehmenden (§ 1763 BGB.). Nimmt also z. B. eine Frau, die ein uneheliches Kind hat, ein anderes Kind an Kindes Statt an, so sind die beiden Kinder nicht miteinander verwandt.

11 2. Verschwägerte im 2. Grade der Seitenlinie.

Die Verwandten eines Ehegatten sind mit dem anderen Ehegatten verschwägert. Die Linie und der Grad der Schwägerschaft bestimmen sich nach der Linie und dem Grad der sie vermittelnden Verwandtschaft. Die Schwägerschaft dauert fort, auch wenn die Ehe, durch die sie begründet wird, aufgelöst ist (BGB. § 1590).

Hiernach ist im 2. Grade verschwägert der eine Ehegatte mit den voll- und halbbürtigen Geschwistern des anderen Ehegatten. Der Notar kann also z. B. nicht das Testament des Bruders seiner Frau beurkunden, ebensowenig das Testament der Frau seines Bruders, wohl aber das Testament der Frau seines Neffen, denn mit dieser ist er im dritten Grade verschwägert. Ferner das Testament des Schwiegervaters seines Bruders, denn mit diesem ist er überhaupt nicht verschwägert.

Wegen Ehelichkeitserklärung und Annahme an Kindes Statt gilt die Bemerkung 9 entsprechend.

§ 8.

Ausschließung wegen des Verhältnisses zum Bedachten.

(1) Als Richter, Notar, Urkundsbeamter der Geschäftsstelle oder Zeuge kann bei der Errichtung des Testaments nicht mitwirken, wer in dem Testament bedacht oder zum Testamentsvollstrecker ernannt wird oder wer zu einem so Bedachten oder Ernannten in einem Verhältnis der im § 7 bezeichneten Art steht.

(2) Die Mitwirkung einer hiernach ausgeschlossenen Person hat nur zur Folge, daß die Zuwendung an den Bedachten oder die Ernennung zum Testamentsvollstrecker nichtig ist.

§ 8 entspricht dem § 2235 BGB.

Übersicht:

I. Ausschließung des Bedachten 1
1. Der Bedachte 2
2. Testamentsvollstrecker 3
3. Anordnungen, die nicht unter § 8 fallen 4
a) Benennung zu einem vormundschaftlichen Amt 4
b) Zuwendungen an den Schreiber des Testaments 4
II. Folgen eines Verstoßes gegen § 8
1. Nichtigkeit der Zuwendung 5
2. Möglichkeit der Aufrechterhaltung in anderer Form 6

I. Ausschließung des Bedachten. 1

Wer im Testament selbst bedacht ist, ist nicht mehr unparteiisch; er kann daher bei der Beurkundung nicht mitwirken. Die Vorschrift gilt auch dann, wenn das Testament durch Übergabe einer Schrift errichtet wird (vgl. unten Bem. 6). Wird die Schrift offen übergeben, so wird der Richter oder Notar von ihrem Inhalt Kenntnis nehmen (§ 11 Abs. 2 S. 2 d. Ges.) und auf Grund dieser Kenntnis dafür Sorge tragen, daß die Mitwirkung einer nach § 8 ausgeschlossenen Person unterbleibt. Wird die Schrift verschlossen übergeben, so ist der Richter oder Notar befugt, über den Testamentsinhalt insoweit Fragen zu stellen, als die Gefahr einer Unwirksamkeit auf Grund § 8 d. Ges. besteht (Boehmer, Fragen zum Testamentsgesetz, DNotZ. 1940, 143). Eine Pflicht zu solcher Fragestellung wird man aber nur dort annehmen dürfen, wo der Notar aus irgendwelchen Umständen oder Äußerungen Anlaß zu der Annahme hat, daß eine der mitwirkenden Personen bedacht ist.

1. Der Bedachte. 2

Bedacht ist derjenige, der als Erbe oder Vermächtnisnehmer vorgesehen ist (§§ 1937, 1939 BGB.). Auch die Einsetzung als Nacherbe (§ 2100 BGB.) oder Nachvermächtnisnehmer (§ 2191 BGB.) genügt. Die Bestimmung als Ersatzerbe oder Ersatzvermächtnisnehmer hat zwar nur bei Eintritt des Ersatzfalles Bedeutung, gerade für diesen Fall wäre aber auch die Berufung unwirksam, wenn der Ersatzerbe oder Ersatzvermächtnisnehmer bei der Beurkundung mitgewirkt hat. Vgl. Staudinger-Seybold V Berm. 2 der Vorbemerkung vor § 2064 BGB. Nicht als bedacht ist derjenige anzusehen, der durch eine Auflage begünstigt ist (§ 1940 BGB.), da die Auflage keine Zuwendung darstellt (Staudinger-Seybold a. a. O.; ebenso Planck Anm. 2 zu § 2235, Palandt Anm. 1 zu § 8 TestG., RGRK. Anm. 2 zu § 8 TestG., Leopold Testamentsrecht S. 22).

2. Testamentsvollstrecker. 3

Nach dem bisherigen Recht wurde die Ernennung zum Testamentsvollstrecker von der Vorschrift nicht erfaßt. Im § 8 wird jetzt ausdrücklich angeordnet, daß auch die Ernennung zum Testamentsvollstrecker einer Zuwendung gleichzuachten ist. Der Notar kann also keine Anordnung des Erblassers beurkunden, durch die er selbst zum Testamentsvollstrecker ernannt wird. Auch der Vertreter des Notars soll sich der Ausübung seines Amtes enthalten, wenn etwa der von ihm vertretene Notar zum Testamentsvollstrecker ernannt werden soll (§ 32 Abs. 2 RNotO.).

Will der Erblasser einen Notar durch öffentliches Testament zum Testamentsvollstrecker ernennen, so steht ihm frei, das Testament vor einem Richter oder vor einem anderen Notar zu errichten. Es ist dem Erblasser nicht untersagt, den Notar, der seinen letzten Willen beurkundet, in einem rüheren oder späteren Testament vor einem anderen Notar, vor dem Nachlaßgericht oder auch durch ein eigenhändiges Testament zum Testamentsvollstrecker zu bestellen (L. G. Berlin vom 18. Januar 1943 DFG. 43, 96 DR. 43, 1832). Der Notar bedarf zur Übernahme des Amtes als Testamentsvollstrecker nicht der Genehmigung der Aufsichtsbehörde (RNotO. § 9 Abs. 3).

4 3. Anordnungen, die nicht unter § 8 fallen.

a) Benennung zu einem vormundschaftlichen Amt.

Als „bedacht" im Sinne des § 8 ist nicht derjenige anzusehen, der im Testament zu einem vormundschaftlichen Amt benannt wird, denn eine solche Benennung läßt sich, da hier die Pflichten die Vorteile stark überwiegen, mit einer Zuwendung nicht auf die gleiche Stufe stellen (ebenso Planck § 2235 Anm. 2).

Nicht von § 8 des Ges. werden also betroffen Anordnungen im Testament, durch welche der Vater jemanden zum Vormund, Gegenvormund, Pfleger, Beistand der Mutter oder zum Mitglied des Familienrates benennt (§§ 1777, 1792, 1915, 1917, 1694, 1861 BGB.); dasselbe gilt für Anordnungen des Erblassers, durch die er den von ihm benannten Vormund oder Pfleger von gewissen Verpflichtungen befreit (BGB. §§ 1856, 1917). Der Notar bedarf zur Übernahme des Amtes als Vormund oder Pfleger nicht der Genehmigung der Aufsichtsbehörde (RNotO. § 9 Abs. 3). Über die Begünstigung durch eine Auflage s. oben Bem. 2.

b) Zuwendungen an den Schreiber des Testaments.

Nach § 11 Abs. 2 Satz 2 kann die vom Erblasser bei der Testamentserrichtung übergebene Schrift auch von einer anderen Person geschrieben werden. Verfügungen, durch die der Erblasser in dem Testament diesen Schreiber des Testaments bedenkt, fallen nicht unter § 8 (vgl. Planck § 2235 Anm. 3).

c) Der gesetzliche Vertreter des Bedachten ist nicht ausgeschlossen; in einem Testament nach § 23 kann also z. B. der Bürgermeister ein Vermächtnis zugunsten der Gemeinde beurkunden. Recht 08, 593.

5 **II. Folgen eines Verstoßes gegen § 8.**

1. Nichtigkeit der Zuwendung.

Im Gegensatz zu dem Fall des § 7 wird durch einen Verstoß gegen § 8 nicht das ganze Testament nichtig, sondern die Nichtigkeit erfaßt nur die Zuwendung an den Bedachten oder die Ernennung zum Testamentsvollstrecker. Der übrig bleibende Teil des Testaments wird durch § 8 nicht unmittelbar berührt. Die Unwirksamkeit eines Teils des Testaments zieht die Unwirksamkeit der übrigen Verfügungen nur dann nach sich, wenn anzunehmen ist, daß der Erblasser diese ohne die unwirksame Verfügung nicht getroffen haben würde (§ 2085). Bei einem zweiseitigen Erbvertrag hat die Nichtigkeit einer Verfügung im Zweifel die Unwirksamkeit des ganzen Vertrags zur Folge (BGB. § 2298; hierzu Hilderscheid, DNotZ. 39, 25 mit Nachweisen).

6 2. Möglichkeit der Aufrechterhaltung in anderer Form.

Der Erblasser kann nach § 11 das Testament durch Übergabe einer offenen oder verschlossenen Schrift errichten; entspricht diese Schrift für sich allein den Erfordernissen eines eigenhändigen Testaments und ist sie nicht lediglich als Entwurf anzusehen, so kann sie u. U. als eine gültige Grundlage für die Zuwendung angesehen werden (vgl. Planck § 2235 Anm. 3).

Allerdings soll der Notar, wenn er erkennt, daß der Erblasser ihm in der offen oder verschlossen übergebenen Schrift eine Zuwendung macht, seine Mitwirkung bei der Beurkundung des öffentlichen Testaments auch dann versagen, wenn die Schrift für sich allein den Erfordernissen eines eigenhändigen Testaments genügen würde (vgl. RNotO. § 17 Abs. 1 Nr. 1). Wird nicht ihm, sondern einer anderen mitwirkenden Person eine Zuwendung gemacht, so wird der Notar darauf hinwirken, daß an ihrer Stelle eine andere geeignete, nicht bedachte Person zugezogen wird.

§ 9.

Ausschließung wegen des Verhältnisses zu den Urkundspersonen.

Als Urkundsbeamter der Geschäftsstelle oder zweiter Notar oder Zeuge soll bei der Errichtung des Testaments nicht mitwirken, wer zu dem Richter oder dem beurkundeten Notar in einem Verhältnis der im § 7 bezeichneten Art steht.

§ 9 entspricht dem § 2236 BGB.

Übersicht:

I. Bedeutung der Vorschrift 1.
II. Folgen eines Verstoßes gegen die Vorschrift 2.

I. Bedeutung der Vorschrift. 1

Der Urkundsbeamte der Geschäftsstelle, der zweite Notar oder die Zeugen werden bei der Beurkundung des Testaments oder Erbvertrags zugezogen, damit sie den Hergang der Verhandlung überwachen und durch ihre Unterschrift bestätigen, daß die Niederschrift den Hergang richtig wiedergibt. Zu dieser Aufgabe sind sie nicht geeignet, wenn sie zu dem Richter oder dem beurkundenden Notar in einem nahen Verwandtschafts- oder Schwägerschaftsverhältnis stehen. Daher sind sie in einem solchen Falle durch § 9 von der Mitwirkung ausgeschlossen.

Das Verbot gilt auch für den Genehmigungszeugen des § 16 Abs. 3, sowie gemäß § 18 für den Dolmetscher. Es gilt dagegen nicht für die in § 16 Abs. 2 vorgesehene Vertrauensperson.

Die Vorschrift gilt nicht für das Verhältnis der Zeugen untereinander oder für das Verhältnis des Dolmetschers zu den Zeugen. Die Zeugen können also Ehegatten oder Geschwister sein, ebenso kann der Dolmetscher ein Bruder des zweiten Notars sein.

II. Folgen eines Verstoßes gegen die Vorschriften. 2

Ein Verstoß gegen § 2236 BGB., der dem § 9 entspricht, hatte die Nichtigkeit des Testaments zur Folge, weil die Vorschrift dort als zwingender Rechtssatz aufgestellt war. Als Muß-Vorschrift gilt sie auch für die Beurkundung eines gewöhnlichen Rechtsgeschäfts (FGG. § 172). Für den Bereich des TestG. ist der zwingende Satz zu einer Ordnungsvorschrift abgeschwächt. Ein Verstoß berührt also die Gültigkeit des Testaments nicht.

Das bedeutet nun nicht, daß der Richter oder der Notar sich einfach über die Vorschrift hinwegsetzen dürfte. Auch Soll-Vorschriften sind von der Urkundsperson zu beachten; ihre Außerachtlassung ist Amtspflichtverletzung. Es soll lediglich vermieden werden, daß die Beteiligten infolge des ordnungswidrigen Vorgehens der Urkundsperson Schaden erleiden. Kommt ein Verstoß gegen § 9 vor, so kann dies der Aufsichtsbehörde Veranlassung geben, Maßnahmen gegen den Notar oder Richter zu ergreifen (§ 65 RNotO.).

§ 10.

Besondere Ausschließungsgründe für Zeugen.

Als Zeuge soll bei der Errichtung des Testaments nicht mitwirken:

1. ein Minderjähriger;
2. wer die bürgerlichen Ehrenrechte für verlustig erklärt ist, während der Zeit, für welche die Ehrenrechte aberkannt sind;
3. wer nach den gesetzlichen Vorschriften wegen einer strafrechtlichen Verurteilung unfähig ist, als Zeuge eidlich vernommen zu werden;
4. wer geisteskrank, geistesschwach, taub, blind oder stumm ist oder nicht schreiben kann;
5. wer die deutsche Sprache nicht versteht; dies gilt nicht im Falle des § 19;
6. wer als Hausangestellter oder Gehilfe im Dienste des Richters oder des beurkundeten Notars steht.

§ 10 entspricht dem § 2237 BGB.

Übersicht:

I. Bedeutung der Vorschrift 1
II. Die einzelnen Ausschließungsgründe 2
1. Minderjährigkeit (§ 10 Nr. 1) 2
2. Verlust der bürgerlichen Ehrenrechte (§ 10 Nr. 2) 3
3. Unfähigkeit, als Zeuge eidlich vernommen zu werden (§ 10 Nr. 3) 4
4. Körperliche oder geistige Gebrechlichkeit (§ 10 Nr. 4) 5
5. Unkenntnis der deutschen Sprache (§ 10 Nr. 5) 6
6. Hausangestellte und Gehilfen (§ 10 Nr. 6) 7

1 **I. Bedeutung der Vorschrift.**

Die Zeugen werden bei der Testamentserrichtung zur Überwachung des Hergangs der Beurkundung zugezogen. Sie werden zwar nicht vereidigt, wenn aber später Streitigkeiten über die Errichtung entstehen, sollen sie als Zeugen vernommen werden können, und zwar nötigenfalls auch eidlich. § 10 bestimmt daher, daß Personen, die hiernach für die ihnen zugedachte Aufgabe ungeeignet sind, nicht zugezogen werden sollen.

Eine ähnliche Vorschrift ist in § 173 FGG. enthalten. Die Fälle der Nr. 1, 2, 3, 6 waren auch in § 2237 BGB. enthalten. Die Fälle der Nr. 4 und 5 sind neu eingefügt; Rechtslehre und Rechtsprechung nahmen jedoch auch schon bisher an, daß die dort aufgeführten Personen als Zeugen nicht mitwirken dürften.

§ 10 ist eine Ordnungsvorschrift. Ein Verstoß berührt die Gültigkeit des Testaments nicht, kann aber Maßnahmen der Aufsichtsbehörde gegen den Richter oder den Notar zur Folge haben.

II. Die einzelnen Ausschließungsgründe. 2

1. Minderjährigkeit (§ 10 Nr. 1).

Minderjährig ist, wer das 21. Lebensjahr noch nicht vollendet hat (BGB. § 2). Wer für volljährig erklärt ist, ist nicht mehr minderjährig (§§ 3 bis 5 BGB).

§ 10 Nr. 1 darf nicht ausgedehnt werden auf die übrigen Fälle der beschränkten Geschäftsfähigkeit. So fällt z. B. eine Person, die wegen Verschwendung entmündigt ist, nicht unter § 10 Nr. 1.

2. Verlust der bürgerlichen Ehrenrechte (§ 10 Nr. 2). 3

Die Aberkennung der bürgerlichen Ehrenrechte ist in §§ 32 bis 36 RStGB. geregelt. Neben der Todesstrafe und der Zuchthausstrafe kann stets auf Verlust der bürgerlichen Ehrenrechte erkannt werden, neben der Gefängnisstrafe nur unter besonderen Voraussetzungen. Die Dauer des Verlustes beträgt bei Zuchthausstrafe mindestens zwei, höchstens zehn Jahre, bei Gefängnisstrafe mindestens ein, höchstens fünf Jahre (§ 32 RStGB.). Die Aberkennung wird mit der Rechtskraft des Urteils wirksam. Ihre Dauer wird von dem Tage ab berechnet, an dem die Freiheitsstrafe verbüßt, verjährt oder erlassen ist (RStGB. § 36). Nach § 34 RStGB. Nr. 5 bewirkt die Aberkennung unter anderem „die Unfähigkeit, während der im Urteil bestimmten Zeit Zeuge bei Aufnahme von Urkunden zu sein." Diese Vorschrift wird durch den obigen § 8 Nr. 2 dahin abgeschwächt, daß ein so Verurteilter nicht Zeuge sein soll, daß aber seine dennoch erfolgende Mitwirkung die Gültigkeit der Urkunde nicht berührt.

3. Unfähigkeit, als Zeuge eidlich vernommen zu werden (§ 10 Nr. 3). 4

Nach § 161 RStGB. ist bei jeder Verurteilung wegen Meineids auszusprechen, daß der Verurteilte dauernd unfähig ist, als Zeuge eidlich vernommen zu werden.

Durch § 10 Nr. 3 wird klargestellt, daß solche Personen zwar nicht als Zeuge mitwirken sollen, daß aber ein Verstoß gegen diese Vorschrift die Gültigkeit des Testaments nicht berührt.

4. Körperliche oder geistige Gebrechlichkeit (§ 10 Nr. 4). 5

Es bedarf keiner näheren Darlegung, daß Personen, die an den in § 10 Nr. 4 aufgezählten Gebrechen leiden, als Zeugen völlig ungeeignet sind. Dies galt bei Abfassung des BGB. als so selbstverständlich, daß man es nicht besonders ausgesprochen hat. In Österreich, wo das TestG. ja zunächst auch galt (vgl. S. 24 Fußnote 2 und die Erläuterungen zu § 49), waren auch diese Ausschließungsgründe im Gesetz (§ 591 ABGB.) ausdrücklich erwähnt. Im Hinblicke hierauf erschien es zweckmäßig, im TestG. der Vollständigkeit halber und zur Vermeidung von Zweifeln diese Ausschließungsgründe mit aufzuzählen. Die Mitwirkung einer hiernach ausgeschlossenen Person berührt die Gültigkeit der Urkunde nicht. Ein Verstoß gegen § 10 Nr. 4 kann aber ein Anlaß sein, Maßnahmen im Aufsichtswege gegen den Richter oder den Notar zu ergreifen.

5. Unkenntnis der deutschen Sprache (§ 10 Nr. 5). 6

Über die Errichtung des Testaments muß eine Niederschrift in deutscher Sprache aufgenommen werden; der Zeuge muß die Niederschrift unterschreiben (§§ 13 Abs. 1, 16 Abs. 4). Wenn der Zeuge die deutsche Sprache nicht versteht, kann er sich nicht von der Richtigkeit des Inhalts der Niederschrift überzeugen. Die Unterschrift eines solchen Zeugen wäre wertlos. Daher stellt § 10 Nr. 5 klar, daß Personen, die die deutsche Sprache nicht verstehen, als Zeuge ungeeignet sind.

Wird gemäß § 19 die Niederschrift ausnahmsweise in einer fremden Sprache aufgenommen, so genügt es, wenn der Zeuge diese fremde Sprache versteht. In einem solchen Falle ist also § 10 Nr. 5 nicht anzuwenden; hierauf wird in der Vorschrift besonders hingewiesen (§ 10 Nr. 5 Halbs. 2). Versteht der Zeuge bei Aufnahme eines Testaments in fremder Sprache diese fremde Sprache nicht, wohl aber eine andere fremde oder die deutsche Sprache, so ist ein Ausschließungsgrund nach § 10 Ziff. 5 gegeben; außerdem ist in solchem Falle die Aufnahme des Testaments in fremder Sprache unzulässig (vgl. § 19 mit Bem. 3 dort).

7 6. Hausangestellte und Gehilfen (§ 10 Nr. 6).

Der Zeuge soll den Hergang bei der Testamentserrichtung überwachen. Hierzu sind Personen nicht geeignet, die als Hausangestellte oder Gehilfen bei dem Richter oder dem beurkundenden Notar tätig und demnach wirtschaftlich von ihm abhängig sind. Als Hausangestellte kommen hauptsächlich das Hausmädchen des Richters oder Notars oder ein etwa vorhandenes Kindermädchen und als Gehilfen des Notars dessen Kanzleiangestellte (Bürovorsteher, Gehilfen, Schreibkräfte, Boten) in Frage. Der zur Ausbildung überwiesene Referendar oder der den Anwärterdienst ableistende Assessor (§ 5 RNotO.) ist nicht Gehilfe im Dienste des Richters oder Notars. Auch der Urkundsbeamte der Geschäftsstelle, der Amtsgehilfe oder der Behördenangestellte ist nicht Gehilfe des Richters in diesem Sinne, weil er nicht in dessen Dienst steht. Ebenso ist der Notariatsbeamte in Bayern nicht Gehilfe des Notars im Sinne des § 10 Nr. 6, denn auch er steht nicht im Dienst des Notars. Dieser ist vielmehr nur sein Dienstvorgesetzter, während unmittelbarer Dienstherr die Notarkasse, Anstalt des öffentlichen Rechts in München ist (vgl. VO. d. RJM. über die Rechtsverhältnisse der Notariatsbeamten in Bayern vom 2. Juli 1937 (3830/1 a — I a 805) DJ. 1028.

Hausangestellte oder Gehilfen des Erblassers sind nicht ausgeschlossen, wenn nicht andere Ausschließungsgründe vorliegen.

§ 11.

Errichtung des Testaments.

(1) Das Testament wird in der Weise errichtet, daß der Erblasser dem Richter oder dem Notar seinen letzten Willen mündlich erklärt oder eine Schrift mit der mündlichen Erklärung übergibt, daß die Schrift seinen letzten Willen enthalte.

(2) Der Erblasser kann die Schrift offen oder verschlossen übergeben. Die Schrift kann von dem Erblasser oder von einer anderen Person geschrieben sein. Der Richter oder der Notar soll von dem Inhalt der offen übergebenen Schrift Kenntnis nehmen.

(3) Wer minderjährig ist, kann das Testament nur durch mündliche Erklärung oder durch Übergabe einer offenen Schrift errichten.

(4) Ist der Erblasser nach der Überzeugung des Richters oder des Notars nicht imstande, Geschriebenes zu lesen, so kann er das Testament nur durch mündliche Erklärung errichten.

§ 11 entspricht dem § 2238 BGB.

Übersicht:

I. Die drei Errichtungsarten 1
1. Beratung durch den Richter oder Notar 1
2. Bewertung der verschiedenen Errichtungsarten 2
II. Testamentserrichtung durch mündliche Erklärung 3
1. Gebrauch der deutschen Sprache 3
2. Die mündliche Erklärung 4
III. Testamentserrichtung durch Übergabe einer Schrift 5
1. Abfassung der Schrift 5
2. Übergabe der Schrift 6
3. Die begleitende mündliche Erklärung 7
4. Bedeutung der übergebenen Schrift 8
IV. Sonderfälle 9
1. Minderjährigkeit (§ 11 Absatz 3) 9
2. Erblasser kann Geschriebenes nicht lesen (§ 11 Absatz 4) 10
a) Unvermögen, Geschriebenes zu lesen 10
b) Die Überzeugung des Richters oder Notars 11

I. Die drei Errichtungsarten. 1

In § 11 sind dem Erblasser drei Arten der Erklärung seines letzten Willens zur Verfügung gestellt: Er kann das Testament errichten durch mündliche Erklärung oder durch Übergabe einer offenen Schrift oder durch Übergabe einer verschlossenen Schrift.

1. Beratung durch den Richter oder Notar.

Der Erblasser kann das Testament nur persönlich errichten (§ 1 Abs. 1). Er kann also die mündliche Erklärung und die Übergabe der Schrift nicht durch einen Vertreter oder durch einen Boten vornehmen lassen. Das schließt aber nicht aus, daß der Erblasser sich bei seinen Entschließungen von dem Richter oder dem Notar beraten läßt oder sonst eine Person als Beistand oder Berater zuzieht, die dann auf Verlangen des Erblassers auch der Beurkundung beiwohnen kann. Nach § 26 Abs. 1 RNotO. gehört es zum Amt eines Notars, die Beteiligten durch Anfertigung von Urkundsentwürfen und durch Beratung zu betreuen.

Nach § 15 des Ges. soll der Richter oder der Notar den Erblasser auf Bedenken gegen den Inhalt oder auf Zweifel über die Gültigkeit der Erklärung hinweisen. Wegen allgemeiner Beratungs- und Belehrungspflicht s. § 30 DOfNot. und die Erl. bei Seybold-Hornig-Lemmens zu § 21 RNotO. und § 30 DOfNot.

2. Bewertung der verschiedenen Errichtungsarten. 2

Bei Errichtung des Testaments durch Übergabe einer Schrift wird die Schrift selbst, auch wenn sie offen übergeben wird, nicht gemäß § 16 verlesen; hierdurch wird der eigentliche Errichtungsakt abgekürzt und vereinfacht. Ferner wird erreicht, daß die Zeugen ohne Einverständnis des Erblassers von dem Inhalt der Schrift keine Kenntnis erlangen. Insofern ist diese Errichtungsform für die Geheimhaltung des Testaments günstiger als die durch mündliche Erklärung. Die Bedeutung dieses Vorteils hat sich allerdings seit der Abschwächung des Zeugenzwangs durch § 6 stark vermindert. Diesem Vorteil steht der Nachteil gegenüber, daß der Richter oder der Notar dem Erblasser bei der Bildung und Formulierung des letzten Willens nicht immer in der gleichen Weise beratend zur Seite stehen kann, wie dies bei der Errichtung durch mündliche Erklärung möglich ist.

Eine Beratungsmöglichkeit scheidet u. U. völlig aus, wenn der Erblasser eine verschlossene Schrift übergibt, deren Inhalt er auch vorher nicht mit dem Notar besprochen hat. Diese Art der Errichtung ist also diejenige, die am wenigsten Gewähr dafür bietet, daß die getroffenen Bestimmungen gesetzlich zulässig und mit der erforderlichen Klarheit formuliert sind; dies kommt unter anderem darin zum Ausdruck, daß ein Minderjähriger das Testament nur durch mündliche Erklärung oder durch Übergabe einer offenen Schrift errichten darf (§ 11 Abs. 3).

Für den, der Geschriebenes nicht lesen kann, ist die Auswahl noch mehr beschränkt; er kann das Testament nur durch mündliche Erklärung errichten (§ 11 Abs. 4).

3 **II. Testamentserrichtung durch mündliche Erklärung.**

Das Testament wird in der Weise errichtet, daß der Erblasser persönlich dem Richter oder dem Notar seinen letzten Willen mündlich erklärt (§ 11 Abs. 1).

1. Gebrauch der deutschen Sprache.

Für den Regelfall geht das Gesetz davon aus, daß der Erblasser die deutsche Sprache versteht und sich auch dieser Sprache bedient. Die Niederschrift über die Errichtung des Testaments wird in deutscher Sprache aufgenommen (§ 13 Abs. 1) und die Verhandlung wird in deutscher Sprache geführt, damit auch die Zeugen ihr folgen können. Beherrscht der Erblasser die deutsche Sprache nicht, so ist ein Dolmetscher zuzuziehen (§ 18). Von dessen Zuziehung darf nur abgesehen werden, wenn sämtliche mitwirkenden Personen die fremde Sprache verstehen. In diesem Falle wird die Niederschrift in der fremden Sprache aufgenommen (§ 19).

4 2. Die mündliche Erklärung.

Der Erblasser muß seinen letzten Willen mündlich kundtun, also in einer durch lautliche Wortbildung abgegebenen Erklärung. Eine Erklärung durch Zeichen oder auch nur durch Kopfnicken genügt nicht. Es ist aber nicht notwendig, daß die Erklärung in ausführlicher oder zusammenhängender Rede erfolgt; die Erklärung kann auch durch Fragen des Notars und Antworten des Erblassers zum Ausdruck kommen (RG. 63, 86). In der Niederschrift braucht nicht ausdrücklich festgestellt zu werden, daß die Erklärung des letzten Willens mündlich geschehen ist; ist nur die Erklärung des letzten Willens beurkundet, so ist darunter eine mündliche Erklärung zu verstehen (RG. vom 16. Oktober 1939, DJ. 1806 mit Anm. Vogels).

Es ist auch nicht ausgeschlossen, daß der Inhalt der mündlichen Erklärung zur Vorbereitung der Verhandlung bereits vorher in den Entwurf der Testamentsniederschrift aufgenommen wird; der Erblasser muß aber dann in Gegenwart der mitwirkenden Personen, also des Notars und der Zeugen, sein Einverständnis mit dem Entwurf mündlich zum Ausdruck bringen, so daß die mitwirkenden Personen aus dieser mündlichen Erklärung klar erkennen, worauf der wirkliche Wille des Erblassers gerichtet ist (RG. 63, 86). Es genügt also nicht, daß der Notar oder die Zeugen lediglich bei der Verlesung und Unterzeichnung der Niederschrift zugegen sind. Sie müssen vielmehr auch bei Abgabe dieser mündlichen Erklärung anwesend sein (§ 12 des Ges. im Gegensatz zu § 174 FGG.). Siehe hierzu Bem. 1 zu § 12.

5 **III. Testamentserrichtung durch Übergabe einer Schrift.**

Das Testament kann in der Weise errichtet werden, daß der Erblasser dem Richter oder dem Notar eine Schrift mit der mündlichen Erklärung übergibt, daß die Schrift seinen letzten Willen enthält. Diese Erklärung kann der Erblasser nur abgeben, wenn er selbst den Inhalt der Schrift kennt, wovon sich der Richter oder Notar bei Anlaß zu Zweifeln vergewissern wird.

1. Abfassung der Schrift.

Die Schrift kann vom Erblasser oder von einem anderen geschrieben sein (§ 11 Abs. 2 Satz 2). Sie braucht nicht mit einer Unterschrift versehen zu sein. Auch Zeit und Ort der Herstellung der Schrift sind unwesentlich. Die Schrift kann mit der Schreibmaschine oder durch irgendein anderes Verfahren hergestellt sein. Sie kann auch in Stenographie abgefaßt werden, vorausgesetzt, daß ein auch für Dritte verständliches System verwendet wird. Auch Abkürzungen können benutzt werden, wenn sie über den geäußerten Willen keinen Zweifel lassen. Nicht ausgeschlossen ist auch, daß die Schrift in einer fremden Sprache oder in der lateinischen oder in einer sonstigen toten Sprache abgefaßt wird. Vorausgesetzt wird hierbei allerdings, daß der Erblasser selbst imstande ist, die Schrift zu lesen und ihren Inhalt zu verstehen (§ 11 Abs. 4; vgl. unten Bem. 11).

2. Übergabe der Schrift. 6

Die Schrift kann offen oder verschlossen übergeben werden (§ 11 Abs. 2 Satz 1). Bisher wurde angenommen, daß der Richter oder der Notar nicht befugt sei, ohne Einverständnis des Erblassers von der offen übergebenen Schrift Kenntnis zu nehmen. Im Gegensatz hierzu heißt es jetzt in § 11 Abs. 2 Satz 3 ausdrücklich, daß der Richter oder der Notar von dem Inhalt der offen übergebenen Schrift Kenntnis nehmen soll. Auf diese Weise soll dem Richter oder dem Notar ermöglich werden, den Erblasser auf Bedenken gegen den Inhalt oder auf Zweifel an der Gültigkeit der Erklärung aufmerksam zu machen (§ 15). Ist die Schrift verschlossen, so besteht die Möglichkeit zu einer Kenntnisnahme nicht. Besteht Anlaß zu der Vermutung, daß eine der mitwirkenden Personen bedacht sein könnte, so wird der Notar hierüber zur Vermeidung der Nichtigkeit dieser Anordnung den Erblasser befragen (vgl. § 8 Bem. 1).

Es ist nicht unbedingt nötig, daß der Erblasser die Schrift körperlich übergibt; u. U. kann es genügen, wenn der Erblasser erklärt, die Schrift, die der am Bett sitzende Notar vor sich liegen habe, solle als übergeben gelten (RG. 3. Februar 1936, 150, 189 = DJ. 651 Anm. Vogels).

In der Niederschrift muß festgestellt werden, daß die Schrift unter entsprechender Erklärung des Erblassers dem Notar übergeben wurde. Das Fehlen dieser Feststellung hätte die Nichtigkeit des Testaments zur Folge (§ 13 Abs. 2 Ziff. 3).

3. Die begleitende mündliche Erklärung. 7

Der Erblasser muß die Schrift persönlich übergeben und muß hierbei persönlich mündlich zum Ausdruck bringen, daß die übergebene Schrift seinen letzten Willen enthält. Es ist nicht notwendig, daß er sich genau dieser Worte bedient; es genügt, daß dies der Sinn seiner mündlichen Erklärung ist. Der Vorgang kann sich z. B. auch so abspielen: Der Notar nimmt vom Erblasser die Schrift entgegen und richtet an ihn in Gegenwart der Zeugen die Frage, ob dies sein Testament sein soll, und der Erblasser gibt auf diese Frage eine mündliche bejahende Antwort. Auch hier braucht in der Niederschrift nicht festgestellt zu werden, daß die Erklärung mündlich geschehen ist (s. oben Bem. 4), wohl aber ist zwingend vorgeschrieben (§ 13 Abs. 2 Ziff. 3), daß der Inhalt der Erklärung selbst in die Niederschrift aufgenommen wird. Ist der Erblasser stumm oder sonst am Sprechen verhindert, so kann er eine mündliche Erklärung nicht abgeben. In diesem Fall muß die Erklärung, daß die Schrift seinen letzten Willen enthalte, bei der Verhandlung von ihm eigenhändig in die Niederschrift oder auf ein besonderes, ihr als Anlage beizufügendes Blatt geschrieben werden (§ 17).

8 4. Bedeutung der übergebenen Schrift.

Die übergebene Schrift wird der Niederschrift beigefügt (§ 13 Abs. 2 Nr. 3; § 20 Abs. 1). Sie wird hierdurch, obwohl sie nicht verlesen wird, Bestandteil der Niederschrift und erlangt die Eigenschaft einer öffentlichen Urkunde. Sie kann also z. B. gemäß § 35 GBO. zum Nachweis der Erbfolge gegenüber dem Grundbuchamt verwendet werden (vgl. § 4 Bem. 7).

Es empfiehlt sich, daß der Notar die übergebene Schrift oder den Umschlag, in dem sie sich befindet, in der Niederschrift genau bezeichnet. Er beugt hierdurch der Gefahr vor, daß ein Erbe den Vorwurf erhebt, er habe eine unrichtige Urkunde als Beilage genommen (Hilderscheid, DNotZ. 39, 28).

9 **IV. Sonderfälle.**

In den Abs. 3 und 4 des § 11 sind zwei Sonderfälle geregelt.

1. Minderjährigkeit (§ 11 Abs. 3).

Wegen des Begriffs der Minderjährigkeit wird auf § 10 Bem. 2 verwiesen. Ein Minderjähriger unter 16 Jahren ist testierunfähig (§ 1 Abs. 2), ein Minderjähriger über 16 Jahre ist testierfähig; er bedarf nicht der Zustimmung seines gesetzlichen Vertreters.

Der Minderjährige konnte nach § 2238 Abs. 2 BGB. ein Testament nur durch mündliche Erklärung errichten. Das hatte zur Folge, daß ein Minderjähriger, der stumm oder am Sprechen verhindert ist, ein Testament überhaupt nicht errichten konnte. Nach § 11 Abs. 3 kann der Minderjährige ein Testament jetzt auch durch Übergabe einer offenen Schrift errichten. Hierzu konnte sich das Gesetz unbedenklich entschließen, da dem Richter oder dem Notar durch § 11 Abs. 2 Satz 3 in Verbindung mit § 15 zur Pflicht gemacht ist, den Minderjährigen nötigenfalls in geeigneter Weise zu belehren.

10 2. Der Erblasser kann Geschriebenes nicht lesen (§ 11 Abs. 4).

a) Unvermögen, Geschriebenes zu lesen.

Auf welcher Ursache das Unvermögen, Geschriebenes zu lesen, beruht, ist gleichgültig. Der Fall des Abs. 4 ist also sowohl dann gegeben, wenn der Erblasser überhaupt nicht Lesen gelernt hat, als auch dann, wenn er infolge einer dauernden oder vorübergehenden Störung des Sehvermögens Buchstaben nicht zu erkennen vermag.

Wesentlich ist, ob der Erblasser die Schriftzeichen der übergebenen Schrift zu lesen vermag. Diese Voraussetzung ist nicht erfüllt, wenn etwa die übergebene Schrift in griechischen Schriftzeichen abgefaßt ist und der Erblasser diese Schriftzeichen nicht kennt. Blinde können sich einer besonderen für sie geschaffenen Blindenschrift bedienen; sie besteht aus erhabenen oder vertieften Schriftzeichen, die mittels des Tastsinnes abgelesen werden; kann der blinde Erblasser diese Schriftzeichen lesen, so steht ihrer Verwendung in dem zu übergebenden Schriftstück kein Bedenken entgegen. Daß auch der beurkundende Richter oder Notar oder die Zeugen die Schriftzeichen der übergebenen Schrift lesen können, ist nicht erforderlich.

11 b) Die Überzeugung des Richters oder Notars.

In § 2238 Abs. 2 BGB. hieß es: „Wer Geschriebenes nicht zu lesen vermag, kann das Testament nur durch mündliche Erklärung errichten." In § 11 Abs. 4 heißt es dagegen: „Ist der Erblasser nach der Überzeugung des Richters oder des Notars nicht imstande, Geschriebenes zu lesen, so kann er das Testament nur durch mündliche Erklärung errichten." Wie der Richter oder der Notar sich die Überzeugung über die Unkenntnis oder das Unvermögen des Erblassers verschafft, ist seinem pflichtmäßigen Ermessen überlassen. Die neue Fassung stellt klar, daß die Gültigkeit des Testaments nicht berührt wird, wenn der Richter oder der Notar sich bei der Bildung der Überzeugung geirrt haben sollte. Das durch Übergabe einer Schrift errichtete Testament kann also gültig sein, auch wenn die Urkundsperson irrtümlich der Meinung war, der Erblasser sei lesenskundig, während er tatsächlich Geschriebenes nicht lesen konnte. Eine Feststellung der Überzeugung des Richters oder Notars in der Niederschrift ist weder im bejahenden noch im verneinenden Fall geboten; insbesondere ist nicht vorgeschrieben, daß der Richter oder Notar bei Errichtung eines Testaments durch Übergabe einer Schrift feststellt, daß der Erblasser nach seiner Überzeugung Geschriebenes lesen kann. Im einzelnen Fall kann sich aber eine solche Feststellung empfehlen, die dann am besten dahin getroffen wird, daß der Erblasser nach der Überzeugung des Richters oder Notars die übergebene Schrift zu lesen imstande ist. Eine solche Feststellung wird immer dann ratsam sein, wenn ungewöhnliche Schriftzeichen (etwa Stenographie) oder eine fremde Sprache benutzt sind. Im letzteren Fall wird sich die Feststellung zweckmäßig auch darauf erstrecken, daß der Erblasser nach der Überzeugung der Urkundsperson diese Sprache oder den Inhalt der Schrift versteht.

§ 12.

Anwesenheit der mitwirkenden Personen.

Die bei der Errichtung des Testaments mitwirkenden Personen müssen, soweit sich aus § 16 Abs. 2, 3 nicht anderes ergibt, während der ganzen Verhandlung zugegen sein.

§ 12 entspricht dem § 2239 BGB.

I. Anwesenheit während der ganzen Verhandlung. 1

Nach § 174 FGG. brauchen bei der Beurkundung eines gewöhnlichen Rechtsgeschäfts die mitwirkenden Personen nur bei der Vorlesung, Genehmigung und Unterzeichnung der Urkunde zugegen zu sein. Im Gegensatz hierzu schreibt § 12 des Gesetzes vor, daß die bei der Errichtung des Testaments mitwirkenden Personen während der ganzen Verhandlung zugegen sein müssen. Der Richter oder der Notar und die Überwachungspersonen sollen den ganzen Hergang mitansehen, damit sie durch ihre Unterschrift bezeugen können, daß die Niederschrift den wirklichen Vorgang richtig wiedergibt. § 12 ist eine zwingende Vorschrift. Ein Verstoß macht die Urkunde nichtig.

Unter der „ganzen Verhandlung" sind mindestens zu verstehen: die Abgabe der Erklärung des Erblassers (§ 11) sowie die Vorlesung, die Genehmigung und die Unterzeichnung durch den Erblasser und die mitwirkenden Personen (§ 16); hinzu kommt gegebenenfalls die Tätigkeit des Dolmetschers (§ 18). Benutzt die Urkundsperson bei der Errichtung eines Testaments durch mündliche Erklärung einen von ihr — etwa auf Grund vorausgehender Besprechung — vorher gefertigten und geschriebenen Entwurf, so kann die mündliche Erklärung des Erblassers, die Verlesung und die Genehmigung der Testamentsniederschrift in einem einzigen Verhandlungsgang zusammengefaßt werden (RG. vom 16. Oktober 1939, DJ. 1806 mit Anm. Vogels = DR. 1940, 197 = DNotZ. 1940, 72 = RGZ. 161, 378). Nur bei diesem Verhandlungsgang, nicht auch bei der der Fertigung des Entwurfs vorhergehenden Besprechung müssen die mitwirkenden Personen zugegen sein. Die frühere abweichende Rechtsprechung des RG. (vgl. insbes. RGZ. 85, 120) wurde mit Recht aufgegeben. Der Entscheidung kommt für das Recht vor dem TestG., wo allgemein Zeugenzwang bestanden hat, größte Bedeutung zu; sie ist aber auch für das Recht des TestG. von großer Wichtigkeit.

Zur Verhandlung im eigentlichen Sinne gehören dagegen nicht die Handlungen, welche der Richter oder der Notar gemäß § 14 vornimmt, um die Person des Erblassers und seine Testierfähigkeit festzustellen. Diese Dinge dienen der Vorbereitung der eigentlichen Verhandlung. Nicht wesentlicher Teil der Verhandlung sind ferner die in § 20 vorgeschriebenen Handlungen: Einlegung des Testaments in einen Umschlag und Versiegelung des Umschlags. In § 20 heißt es zwar, daß auch diese Handlungen in Gegenwart der mitwirkenden Personen vorgenommen werden sollen. Die Vorschrift ist aber nicht zwingend, sondern nur Ordnungsvorschrift.

2 **II. Die mitwirkenden Personen.**

1. Die Urkundsperson und die Überwachungspersonen.

Unter den „mitwirkenden Personen" sind zu verstehen: Der Richter oder der beurkundende Notar und die in § 6 vorgesehenen Überwachungspersonen, also der Urkundsbeamte der Geschäftsstelle oder der zweite Notar und die beiden Zeugen.

An sich gehören auch die in § 16 Abs. 2 vorgesehene Vertrauensperson und der in § 16 Abs. 3 erwähnte Zeuge zu den mitwirkenden Personen. Durch den auf § 16 hinweisenden Vorbehalt in § 12 wird jedoch zum Ausdruck gebracht, daß die Pflicht, während der ganzen Verhandlung zugegen zu sein, für diese Personen nicht gilt. Diese Personen brauchen vielmehr nur bei der Vorlesung und Genehmigung zugegen zu sein und müssen die Niederschrift mit unterzeichnen (§ 16 Abs. 4; s. Bem. 11 und 15 dort).

3 2. Die Stellung des Dolmetschers.

Im allgemeinen wird angenommen, daß der Dolmetscher nicht zu den „mitwirkenden Personen" gehört (Planck § 2239 Bem. 2). Ob dies richtig ist, kann hier dahingestellt bleiben, denn aus § 18 ergibt sich, daß der Dolmetscher bei allen wesentlichen Teilen der Verhandlung (Erklärung des Erblassers und Unterzeichnung der Niederschrift) zugegen sein muß.

4 3. Der Erblasser ist nicht „mitwirkende Person".

Zu den mitwirkenden Personen im eigentlichen Sinne gehört nicht der Erblasser selbst. Es ist vorgekommen, daß der Erblasser unmittelbar, nachdem er seine Unterschrift abgegeben hat, gestorben ist, so daß die Urkundsperson und die Überwachungspersonen ihre Unterschrift erst nach dem Tod des Erblassers beifügen konnten; hier kann man nicht mehr davon sprechen, daß der Erblasser bei der Unterzeichnung der Niederschrift durch den Notar und die Zeugen „zugegen" war; dennoch steht dieser Umstand der Gültigkeit des Testaments nicht entgegen: ein Verstoß gegen § 12 liegt nicht vor, weil der Erblasser im Sinne des § 12 nicht zu den „mitwirkenden Personen" gehört (vgl. die Ausdrucksweise in § 13 Abs. 2 Nr. 2, ferner § 16 Bem. 16).

§ 13.

Niederschrift über die Errichtung des Testaments.

(1) Über die Errichtung des Testaments muß eine Niederschrift in deutscher Sprache aufgenommen werden.

(2) Die Niederschrift muß enthalten:

1. den Tag der Verhandlung;

2. die Bezeichnung des Erblassers und der mitwirkenden Personen;

3. die nach § 11 erforderlichen Erklärungen des Erblassers und im Falle der Übergabe einer Schrift die Feststellung der Übergabe.

(3) Die Niederschrift soll ferner den Ort der Verhandlung enthalten.

(4) Das Fehlen einer Angabe über den Tag der Verhandlung steht der Gültigkeit des Testaments nicht entgegen, wenn diese Angabe aus dem vom Richter oder Notar nach § 20 auf den Testamentsumschlag gesetzten Vermerk hervorgeht.

(5) Das Testament ist nicht schon deshalb ungültig, weil die Angabe über den Tag der Verhandlung unrichtig ist.

§ 13 Abs. 1 entspricht dem § 2240 BGB.; § 13 Abs. 2, 3 entsprechen dem § 2241 BGB.; § 13 Abs. 4, 5 sind neu.

Übersicht:

I. Niederschrift in deutscher Sprache (Abs. 1) 1
1. Die Niederschrift ist Wesenserfordernis des öffentlichen Testaments 1
2. Deutsche Sprache 2
3. Die äußere Form der Niederschrift 3
4. Beweiskraft der Niederschrift 4
II. Inhalt der Niederschrift (Absatz 2, 3) 5
1. Erklärung des Erblassers 5
2. Ort der Verhandlung 6
3. Tag der Verhandlung (Absatz 2 Nr. 1) 7
a) Grundsätzlich Mußerfordernis 7
b) Ersatz durch den Vermerk auf dem Testamentsumschlag (Absatz 4) 8
c) Unrichtigkeit der Zeitangabe (Abs. 5) 9
4. Bezeichnung des Erblassers und der mitwirkenden Personen (Abs. 2 Nr. 2) 10
a) Die aufzuführenden Personen 10
b) Die Art der Bezeichnung 11

I. Niederschrift in deutscher Sprache (Abs. 1). 1

1. Die Niederschrift ist Wesenserfordernis des öffentlichen Testaments.

Zur Testamentserrichtung genügt nicht, daß der Erblasser die in § 11 vorgesehene Erklärung abgibt; es muß hinzukommen, daß diese Erklärung in einer Niederschrift beurkundet wird. Die Niederschrift ist ein wesentlicher Bestandteil der Testamentserrichtung. Fehlt die Niederschrift ganz oder leidet sie an einem Verstoß gegen eine zwingende Vorschrift, so ist das Testament nichtig. In § 13 Abs. 1 kommt dies zum Ausdruck in dem Wort

„muß". Der gleiche Grundsatz gilt übrigens auch für die Beurkundung eines gewöhnlichen Rechtsgeschäfts (FGG. § 175).

2 2. Deutsche Sprache.

In § 13 Abs. 1 ist zwingend vorgeschrieben, daß die Niederschrift in deutscher Sprache aufgenommen werden muß. Dies entspricht dem Grundsatz des § 184 GVG., § 8 FGG., wonach die Gerichtssprache deutsch ist.

Versteht der Erblasser kein Deutsch, so ist ein Dolmetscher zuzuziehen (§ 18). Auch in diesem Fall ist die Niederschrift in deutscher Sprache abzufassen.

Sind sämtliche mitwirkenden Personen der fremden Sprache, in der sich der Erblasser erklärt, mächtig, so ist die Zuziehung des Dolmetschers nicht erforderlich; unterbleibt dessen Zuziehung, so muß die Niederschrift in der fremden Sprache aufgenommen werden (§ 19). Wird in einem Fall, in dem diese Voraussetzung nicht vorliegt, die Niederschrift in der fremden Sprache aufgenommen, so ist das Testament nichtig.

Der Zwang zum Gebrauch der deutschen Sprache (oder im Fall des § 19 der fremden Sprache) bezieht sich aber nur auf die eigentliche Niederschrift, nicht dagegen auf die vom Erblasser nach § 11 offen oder verschlossen übergebene Schrift, die der Niederschrift als Anlage beigefügt wird. Diese Anlage darf in jeder beliebigen Sprache abgefaßt sein (§ 11 Bem. 5).

3 3. Die äußere Form der Niederschrift.

Die Niederschrift kann handschriftlich mit haltbarer schwarzer Tinte oder mit der Schreibmaschine hergestellt werden (§ 24 DOfNot. vom 5. Juni 1937 — DJ. 874); wird die Urkunde, weil in der Eile Tinte nicht herbeizuschaffen ist, in anderer Weise etwa mit Tintenstift oder gar mit Bleistift hergestellt, so ist dies zwar ordnungswidrig, steht aber der Gültigkeit nicht entgegen; denn der vorerwähnte § 24 DOfNot. enthält nur eine Ordnungsvorschrift. Die Niederschrift kann auch unter Verwendung eines gedruckten Formblatts hergestellt werden; die Aufsichtsbehörde kann die Verwendung unzweckmäßiger Formblätter untersagen (§ 25 DOfNot.). Weitere Einzelheiten über die äußere Form der Urkunde ergeben sich aus §§ 24 bis 29 DOfNot. (vgl. Bem. 23 zu § 5). Die Herstellung der Niederschrift in Stenographie ist nicht statthaft (Leopold S. 29). Ihre Verwendung macht das Testament aber nicht nichtig, da die für notarische Urkunden in §§ 24ff. DOfNot. und für richterliche Urkunden in etwaigen landesgesetzlichen Vorschriften gegebenen Bestimmungen nur den Charakter von Ordnungsvorschriften haben (vgl. Schlegelberger, FGG. Anm. 9 zu § 177).

4 4. Beweiskraft der Niederschrift.

Urkunden, welche von einer öffentlichen Behörde innerhalb der Grenzen ihrer Amtsbefugnis oder von einer mit öffentlichem Glauben versehenen Person innerhalb des ihr zugewiesenen Geschäftskreises in der vorgeschriebenen Form aufgenommen sind, heißen öffentliche Urkunden und begründen, wenn sie über eine vor der Behörde oder der Urkundsperson abgegebene Erklärung errichtet sind, vollen Beweis des durch die Behörde oder die Urkundsperson beurkundeten Vorgangs; der Beweis, daß der Vorgang unrichtig beurkundet sei, ist zulässig (RZPO. § 415). Öffentliche Urkunden, welche einen anderen Vorgang als die Abgabe einer Erklärung zum Gegenstand haben, begründen vollen Beweis der darin bezeugten Tatsache; der Beweis der Unrichtigkeit der bezeugten Tatsache ist zulässig (RZPO. § 418).

Die (unter Einhaltung der zwingenden Vorschriften) vom Richter oder vom Notar über die Errichtung des Testaments aufgenommene Niederschrift ist hiernach eine öffentliche Urkunde. Sie begründet vollen Beweis dafür, daß der Erblasser die in § 11 vorgesehene Erklärung abgegeben oder die offene oder verschlossene Schrift übergeben hat. Sie beweist gegebenenfalls weiter, welche mitwirkenden Personen anwesend waren, wann und wo das Testament errichtet ist, ferner daß die Niederschrift vorgelesen, genehmigt und von den mitwirkenden Personen unterschrieben ist usf.

Wenn die Urkunde in dieser Hinsicht auch vollen Beweis erbringt, so schließt das doch nicht aus, daß der Beweis durch einen Gegenbeweis entkräftet wird. Wenn sich aber jemand darauf beruft, daß die Erklärung des Erblassers unrichtig beurkundet, oder daß in der Urkunde ein darin bezeugter Vorgang unrichtig wiedergegeben sei, so trifft ihn hierfür die Beweislast. Der Beweis einer solchen Unrichtigkeit wird naturgemäß nur sehr schwer zu führen sein, so daß man in der Regel davon ausgehen kann, daß der durch die öffentliche Urkunde erbrachte Beweis in Wirklichkeit kaum zu erschüttern ist.

Gegenüber dem Grundbuchamt ersetzt das öffentliche Testament in der Regel den Erbschein (GBO. § 35; Näheres oben § 5 Bem. 28 und § 4 Bem. 6).

II. Inhalt der Niederschrift (Abs. 2, 3). 5

1. Erklärung des Erblassers.

In § 13 Abs. 2 sind diejenigen Punkte angegeben, die in der Niederschrift auf jeden Fall angegeben werden müssen, nämlich: Tag der Verhandlung, Bezeichnung des Erblassers und der mitwirkenden Personen und die in § 11 vorgesehene Erklärung des Erblassers oder die vom Erblasser bewirkte Übergabe einer Schrift. Die vom Erblasser als Inhalt seines letzten Willens abgegebenen Erklärungen müssen klar und lückenlos wiedergegeben sein. Daß sie allen mitwirkenden Personen auch verständlich sind, ist aber nicht unbedingt erforderlich. So kann z. B. der Name eines Bedachten abgekürzt angegeben werden; wenn nur der Gesamtinhalt keinen Zweifel über die Person des Bedachten läßt. Z. B. kann eine Zuwendung an die „Nichte Sch. L." gemacht werden, auch wenn die mitwirkenden Personen nicht wissen, wer damit gemeint ist. Die Bezeichnung muß nur so sein, daß die bedachte Person ausfindig gemacht werden kann und für die Erbbeteiligten eindeutig feststeht. Ist das Testament durch Übergabe einer Schrift errichtet, so ist die Erklärung des Erblassers, daß die übergebene Schrift seinen letzten Willen enthalte (§ 11 Abs. 1), in die Niederschrift aufzunehmen und außerdem die Tatsache der Übergabe der Schrift festzustellen (§ 13 Abs. 2 Ziff. 3). Ist der Erblasser stumm oder sprechverhindert, so muß er die Erklärung, daß die übergebene Schrift seinen letzten Willen enthält, eigenhändig bei der Verhandlung in die Niederschrift oder auf ein ihr als Anlage beizufügendes Blatt schreiben (§ 17 Abs. 1), worüber noch besondere Feststellung in der Niederschrift zu treffen ist (§ 17 Abs. 2).

2. Der Ort der Verhandlung. 6

Nach § 2241 Nr. 1 BGB. war auch die Angabe über den Ort der Verhandlung ein Wesenserfordernis der Niederschrift; in § 13 Abs. 3 ist diese Bestimmung zu einer Ordnungsvorschrift abgeschwächt.

Die Frage, an welchem Ort das öffentliche Testament aufgenommen wird, ist dadurch von verhältnismäßig geringer Bedeutung. Der Notar soll zwar Amtshandlungen außerhalb seines Bezirks nicht vornehmen, ein Verstoß berührt jedoch die Gültigkeit nicht (RNotO. § 12). Der Notar kann eine gültige öffentliche Urkunde nur auf deutschem Staatsgebiet errichten; ein von einem deutschen Richter oder Notar außerhalb des Staatsgebiets errichtetes öffentliches Testament wäre ungültig. Im Gebäude einer deutschen diplomatischen Vertretung im Ausland kann ein deutscher Notar keine Urkunde wirksam errichten, wohl aber im Gebäude einer ausländischen Vertretung in Deutschland (vgl. Seybold-Hornig-Lemmens RNotO. Bem. II, 2 zu § 12). Die Errichtung außerhalb des deutschen Staatsgebiets liegt so sehr außer dem Bereich jeder Wahrscheinlichkeit, daß sie außer Betracht bleiben kann. Unter diesen Umständen konnte das Gesetz sich bezüglich der Ortsangabe mit einer Sollvorschrift begnügen (§ 13 Abs. 3).

7

3. Der Tag der Verhandlung (Abs. 2 Nr. 1).

a) Grundsätzlich Mußerfordernis.

Die Frage, wann das Testament errichtet ist, hat eine erheblich größere Bedeutung als die Frage nach dem Ort der Errichtung. Die Zeit der Errichtung kann z. B. von Bedeutung sein, wenn der Erblasser zeitweilig nicht testierfähig war oder wenn der Erblasser mehrere Testamente hinterlassen hat und festgestellt werden soll, welches das jüngere ist. Daher hält das Gesetz grundsätzlich an der zwingenden Regel des § 2241 Nr. 1 BGB. (§ 176 Nr. 1 FGG.) fest, daß die Niederschrift eine Angabe über den Tag der Errichtung enthalten muß. Gleichgültig ist, ob diese Angabe am Anfang oder am Schluß der Urkunde (über den Unterschriften) oder auch mitten im Text steht; wesentlich ist, daß die Datumsangabe einen Bestandteil der Urkunde bildet (Abs. 2 Nr. 1).

Das TestG. hat dieses Formerfordernis jedoch stark abgemildert:

8 b) Ersatz durch den Vermerk auf dem Testamentsumschlag (Abs. 4).

Es ist vorgekommen, daß der Notar in der Eile versäumt hat, das Datum in der Niederschrift anzugeben, während er auf dem Testamentsumschlag (§ 20) den Tag der Errichtung angegeben hat. Der Vermerk auf dem Umschlag bildet keinen Bestandteil der Urkunde und reicht daher an sich zur Erfüllung des Formerfordernisses des Abs. 2 Nr. 1 nicht aus. In dem Bestreben, nach Möglichkeit einer auf Formfehlern beruhenden Nichtigkeit von Testamenten vorzubeugen, ist jedoch durch die ausdrückliche Vorschrift des § 13 Abs. 4 der Grundsatz des Abs. 2 Nr. 1 durch eine Ausnahme durchbrochen: Das Fehlen einer Angabe über den Tag der Verhandlung steht der Gültigkeit des Testaments nicht entgegen, wenn diese Angabe aus dem vom Richter oder Notar nach § 20 auf dem Testamentsumschlag gesetzen Vermerk hervorgeht.

Voraussetzung ist, daß der Vermerk vom Richter oder Notar gemäß § 20 niedergeschrieben oder unterschrieben ist. Nach § 20 und nach AV. vom 24. April 1936 — Dt. Just. S. 705 — soll der Richter oder Notar den Vermerk unterschreiben; unbedingt nötig ist dies jedoch nicht. Auch ein nicht unterschriebener Vermerk auf dem Umschlag kann für die Anwendung des Abs. 4 ausreichen, vorausgesetzt, daß der Vermerk von der Hand des Richters oder des Notars stammt; ist er von einem anderen, etwa einem Gehilfen des Notars geschrieben, so liegt ein den Mangel der Datierung der Niederschrift heilender Vermerk nur vor, wenn er vom Notar unterschrieben ist.

Als Ausnahmegesetz ist der Abs. 4 des § 13 keiner Erweiterung fähig. Er darf z. B. nicht etwa auf den Fall ausgedehnt werden, daß sich das Datum der Urkunde auf andere Weise, etwa aus der Urkundenrolle ergibt, die der Notar nach § 7 DOfNot. zu führen hat. Wenn also der Notar weder die Niederschrift selbst noch den Umschlag mit einem Datum versehen hat, so ist die Urkunde nichtig, selbst wenn die Zeit ihrer Errichtung aus der Urkundenrolle einwandfrei zu ermitteln ist.

c) Unrichtigkeit der Zeitangabe (Abs. 5). 9

Nach dem bisher geltenden Recht wurde im allgemeinen angenommen, daß die Urkunde nichtig sei, wenn das Datum mit der Wirklichkeit nicht übereinstimmt, und zwar selbst dann, wenn es sich um ein offenkundiges Versehen oder um eine an sich belanglose Ungenauigkeit handelte. Es konnte z. B. vorkommen, daß der Notar sich im Datum irrte oder sich verschrieb oder daß die Errichtung der Urkunde sich vom Abend des einen Tages bis zum Morgen des anderen Tages hinzog (etwa dann, wenn die Errichtung der Urkunde kurz vor Mitternacht begonnen wurde). In allen diesen Fällen bedeutet es für die Beteiligten eine unbillige Härte, die Gültigkeit des Testaments an einem solchen Punkte scheitern zu lassen.

Daher hat das neue Gesetz in Abs. 5 die Milderung eingeführt, daß die Unrichtigkeit des Datums der Gültigkeit des Testaments nicht entgegensteht. Dies gilt selbst dann, wenn etwa die Urkundsperson das Datum absichtlich unrichtig angegeben haben sollte. In einem solchen Fall hätte allerdings der Notar mit strafgerichtlicher Verfolgung zu rechnen. § 348 RStGB. bestimmt: „Ein Beamter, welcher, zur Aufnahme öffentlicher Urkunden befugt, innerhalb seiner Zuständigkeit vorsätzlich eine rechtlich erhebliche Tatsache falsch beurkundet oder in öffentliche Register oder Bücher falsch einträgt, wird mit Gefängnis nicht unter einem Monate bestraft."

4. Bezeichnung des Erblassers und der mitwirkenden Personen (Abs. 2 Nr. 2). 10

a) Die aufzuführenden Personen.

Ebenso wie § 176 FGG. und § 2241 BGB. verlangt § 13 Abs. 2 Ziff. 2 TestG., daß der Richter oder Notar in der Niederschrift den Erblasser und die mitwirkenden Personen bezeichnet.

Unter den mitwirkenden Personen sind der Richter oder der Notar, der Urkundsbeamte der Geschäftsstelle, der zweite Notar und die beiden Zeugen, ferner die in § 16 Abs. 2 vorgesehene Vertrauensperson und der im § 16 Abs. 3 erwähnte Genehmigungszeuge zu verstehen. Ob auch der Dolmetscher eine mitwirkende Person ist, kann dahingestellt bleiben (§ 12 Bem. 3), da in § 18 Abs. 3 Satz 2 ausdrücklich angeordnet ist, daß die Niederschrift den Namen des Dolmetschers enthalten muß.

b) Die Art der Bezeichnung. 11

Das Gesetz verlangt, daß die mitwirkenden Personen „bezeichnet" werden. Die bloße Unterschrift dieser Personen genügt nicht, da § 16 Abs. 4 diese Unterschrift als selbständiges Erfordernis neben der Bezeichnung aufstellt. Es ist aber nicht unbedingt nötig, daß die mitwirkenden Personen namentlich aufgeführt werden. Es reicht z. B. aus, wenn in der Urkunde die Wendung vorkommt: „Der unterzeichnete Notar und die mitunterzeichneten Zeugen"; hierbei wird vorausgesetzt, daß sich aus der Urkunde entnehmen läßt, wer von den Unterzeichnern der Notar und wer lediglich Zeuge oder zweiter Notar ist. Übereinstimmend hiermit spricht das KG. in dem Beschl. vom 21. September 1939 (DFG. 1939, 206 = DRW. 1939, 1953 = DNotZ. 1940, 75) aus, daß es genügt, wenn die Niederschrift einschließlich der Unterschriften erkennen läßt, wer bei der Testamentserrichtung mitgewirkt hat. Fehlt die Bezeichnung ganz, so kann sie nicht etwa durch den Vermerk auf dem Testamentsumschlag ersetzt werden; § 13 Abs. 4 gilt hier nicht.

Der Notar soll in der Urkunde die Persönlichkeit der Beteiligten so genau bezeichnen, daß Zweifel und Verwechslungen ausgeschlossen sind. Zur Unterscheidung häufig vorkommender Namen sind möglichst der Geburtstag, gegebenenfalls auch Haus- und Besitznummer, bei verheirateten Frauen ihr Mädchenname sowie der Name ihes Ehemannes beizufügen (§ 31 Abs. 5 DOfNot. in der Fassung vom 25. April 1939, DJ. 699).

In der Regel wird der Vor- und Zuname der mitwirkenden Personen anzugeben sein; um Verwechslungen vorzubeugen, wird es rätlich sein, auch den Wohnort und bei größeren Städten die Straße beizufügen (ebenso Lanz, Formbeispiele Anm. 5 Abs. 10). Die Urkunde wäre nicht schon deshalb nichtig, weil eine mitwirkende Person in anderer Weise bezeichnet wurde; so wird z. B. ein Schriftsteller auch mit seinem Pseudonym aufgeführt werden können, wenn die Bezeichnung zur Feststellung der Persönlichkeit ausreicht.

Beim Erblasser ist auch anzugeben, ob der Richter oder Notar ihn kennt oder wie er sich über seine Person Gewißheit verschafft hat (vgl. § 14). Bei den mitwirkenden Personen ist dies nicht vorgeschrieben, aber zu empfehlen.

§ 14.

Feststellung der Person und Prüfung der Testierfähigkeit des Erblassers.

(1) Kennt der Richter oder der Notar den Erblasser, so soll er dies in der Niederschrift feststellen. Kennt er ihn nicht, so soll er angeben, wie er sich Gewißheit über seine Person verschafft hat.

(2) Kann sich der Richter oder der Notar über die Person des Erblassers keine volle Gewißheit verschaffen, wird aber gleichwohl die Aufnahme der Verhandlung verlangt, so soll er dies in der Niederschrift unter Anführung des Sachverhalts und der zur Feststellung der Person beigebrachten Unterlagen angeben.

(3) Der Richter oder der Notar soll sich davon überzeugen, daß der Erblasser testierfähig ist (§§ 1, 2). Er soll seine Wahrnehmungen über die Testierfähigkeit in der Niederschrift angeben.

Übersicht:

I. Feststellung der Person des Erblassers (Abs. 1, 2) 1, 2.
1. Der Erblasser ist der Urkundsperson bekannt (Absatz 1 Nr. 1) 2
2. Die Urkundsperson kann sich Gewißheit über die Person des Erblassers verschaffen (Abs. 1 Satz 2) 3
a) Vorstellung durch Auskunftspersonen (Erkennungszeugen) 3
b) Nachweis der Person durch Urkunden 4
c) Sonstige Erkennungsmittel 5
3. Der Richter oder der Notar kann sich keine volle Gewißheit über die Person des Erblassers verschaffen (Absatz 2) 6
II. Prüfung der Testierfähigkeit des Erblassers (Abs. 3) 7
1. Der Erblasser ist testierfähig 7
2. Der Erblasser ist offenkundig nicht testierfähig 8
3. Die Testierfähigkeit des Erblassers ist zweifelhaft 9

Vorbemerkung. 1

§ 14 enthält einige Soll-Vorschriften über die Feststellung der Person des Erblassers und die Prüfung seiner Testierfähigkeit. Eine dem § 14 entsprechende Vorschrift war im BGB. nicht enthalten. § 14 Abs. 1, 2 entspricht jedoch dem § 176 Abs. 3 FGG. und § 31 DOfNot. § 14 Abs. 3 entspricht inhaltlich dem § 32 Abs. 1 DOfNot. § 14 gilt auch für das Nottestament vor dem Bürgermeister (§ 23 Abs. 1).

Daraus, daß § 14 TestG. keine näheren Vorschriften darüber enthält, welche Mittel geeignet sind, dem Notar Gewißheit über die Person eines ihm unbekannten Beteiligten zu verschaffen, darf allerdings nicht geschlossen werden, daß hierüber das freie Belieben des Notars entscheiden würde. Er hat vielmehr seiner Pflicht zu sorgfältiger Prüfung und Feststellung der Persönlichkeit nur dann genügt, wenn er die auch für sonstige Urkunden hierüber geltenden Amtspflichten (vgl. insbes. § 31 DOfNot.) voll erfüllt hat.

I. Feststellung der Person des Erblassers (Abs. 1, 2). 2

Nach § 13 Abs. 2 Nr. 2 muß die Niederschrift die Bezeichnung des Erblassers enthalten. Wenn der Richter oder der Notar eine Person als Erblasser aufführt, ist er verpflichtet, sich Gewißheit über die Person zu verschaffen. Für die als Zeugen usw. mitwirkenden Personen ist eine Feststellung der Personengleichheit nicht vorgeschrieben, dennoch aber ratsam (vgl. § 13 Bem. 10 und 11).

In § 14 Abs. 1, 2 sind drei Fälle zu unterscheiden:

1. Der Erblasser ist der Urkundsperson bekannt (Abs. 1 Satz 1).

Dieser Fall ist gegeben, wenn der Richter oder der Notar den Erblasser bereits vor der Testamentserrichtung gekannt hat. Die Urkundsperson soll die Tatsache des Bekanntseins in der Niederschrift feststellen etwa in der Form: „Vor dem unterzeichneten Notar erscheint der ihm persönlich bekannte X. Y.".

2. Die Urkundsperson kann sich Gewißheit über die Person des Erblassers, der ihr vorher nicht bekannt war, verschaffen (Abs. 1 Satz 2). 3

„Bei der Beurkundung von Erklärungen hat der Notar äußerste Sorgfalt auf die Feststellung der Persönlichkeit der Beteiligten zu verwenden" (DOfNot. § 31 Abs. 1). Wie sich der Richter oder der Notar die Gewißheit über die Person des Erblassers verschafft, ist seinem Ermessen überlassen. Die Rechtsprechung zieht hier allerdings ziemlich enge Grenzen.

a) Vorstellung durch Auskunftspersonen (Erkennungszeugen).

Das wichtigste Erkennungsmittel ist die Vorstellung durch andere. § 31 Abs. 2 DOfNot. bestimmt hierüber folgendes: „Bei der Vorstellung durch Auskunftspersonen hat der Notar deren Glaubwürdigkeit zu prüfen. Regelmäßig sind nur solche Personen als Erkennungszeugen geeignet, die der Notar selbst als zuverlässig kennt und die nicht an der den Gegenstand der Amtshandlung bildenden Angelegenheit beteiligt sind oder zu einem Beteiligten in näheren verwandtschaftlichen oder sonstigen, dem Notar bekannten Beziehungen stehen."

In der Niederschrift soll der Notar die Namen der Erkennungszeugen anführen. Es ist aber nicht notwendig, daß diese Personen (wenn sie nicht gleichzeitig auch in anderer Eigenschaft mitwirken) die Niederschrift mitunterzeichnen. Sie gehören nicht zu den „mitwirkenden Personen" im Sinne der §§ 12, 16, 20 (ebenso Weihe, DNotZ. 38, 780).

4 b) Nachweis der Person durch Urkunden.

In der Regel wird der Richter oder der Notar, falls der Erblasser nicht durch Erkennungszeugen ausgewiesen wird, die Vorlage eines mit Lichtbild versehenen amtlichen Ausweises verlangen müssen (RG. 156, 82 = DJ. 1937, 1959 = HRR. 38, 69 = JW. 38, 238 Anm. Kersten = DNotZ. 38, 42 Anm. Seybold). Der Notar wird gut tun, diesen Ausweis in der Niederschrift genau zu bezeichnen. Ausweise ohne Lichtbild oder Privatschriftstücke werden im allgemeinen nicht ausreichen. (Ebenso Hilderscheid, DNotZ. 39, 15 mit weiteren Nachweisen.)

Vgl. Gesetz über das Paß-, das Ausländerpolizei- und das Meldewesen sowie über das Ausweiswesen vom 11. Mai 1937 (RGBl. I, 589);

Vgl. weiter die Verordnung über eine allgemeine Registrierung von deutschen Staatsangehörigen, Ausländern und staatenlosen Personen und die Einführung eines einheitlichen polizeilichen Inlandsausweises vom 1. April 1946 (Bay. GVBl. 1949 S. 49). In dieser Verordnung ist für alle Personen deutscher oder ausländischer Staatsangehörigkeit sowie für alle staatenlosen Personen, die das 18. Lebensjahr zurückgelegt haben, die Registrierungspflicht vorgesehen. Durch Verordnung vom 30. Dezember 1948 (Bay. GVBl. 1949, S. 15) ist die Registrierungspflicht auf Personen ab vollendetem 14. Lebensjahr ausgedehnt. Gleichlautende Vorschriften sind in den übrigen Ländern der amerikanischen Besatzungszone ergangen; in den übrigen Besatzungszonen sind entsprechende Vorschriften erlassen. Die Verordnung über Kennkarten vom 22. Juli 1938 (RGBl. I, S. 913) mit den hierzu ergangenen Ergänzungen und Änderungen ist insoweit außer Kraft gesetzt, als ihre Bestimmungen mit den Vorschriften der oben erwähnten Verordnungen in Widerspruch stehen. Vgl. auch Seybold in DNotZ. 1939, S. 583: Feststellung der Persönlichkeit auf Grund Polizeiausweises, wo besonders darauf hingewiesen wird, daß ungültig gewordene Polizeiausweise zur Legitimation ungeeignet sind. Dasselbe gilt für ungültig gewordene Pässe.

5 c) Sonstige Erkennungsmittel.

Wenn der Erblasser schwer erkrankt und Eile geboten ist, wird der Notar nicht immer auf der Vorlage eines mit Lichtbild versehenen Ausweises bestehen können. Unter Umständen kann er sich die Gewißheit über die Person auch auf andere Weise verschaffen; er muß sich in solchem Falle aber darüber klar sein, daß er die Feststellung dann immer auf Grund von Unterlagen trifft, die im Streitfalle von den Gerichten möglicherweise nicht als ausreichend angesehen werden.

6 3. Der Richter oder Notar kann sich keine volle Gewißheit über die Person des Erblassers verschaffen (Abs. 2).

§ 31 DOfNot. bestimmt: „Kann sich der Notar über die Persönlichkeit eines Beteiligten nicht volle Gewißheit verschaffen, so soll er die Vornahme des Geschäfts in der Regel ablehnen. Nimmt er auf Verlangen die Amtshandlung ohne ausreichende Feststellung der Persönlichkeit vor, so soll er dies in der Niederschrift unter Angabe des Sachverhalts und der zur Feststellung der Persönlichkeit vorgebrachten Unterlagen angeben." Der obige § 14 Abs. 2 weicht von dieser Vorschrift insofern ab, als er dem Notar nicht zur Pflicht macht, die Beurkundung des letzten Willens in der Regel abzulehnen, wenn keine Gewißheit über die Person des Erblassers herbeizuführen ist. Wenn der Erblasser erkrankt ist oder sich aus einem anderen Grunde in Lebensgefahr befindet, darf der Notar sich der Errichtung des Testaments nicht entziehen; denn in einem solchen Falle kommt es zunächst darauf an, daß das Testament noch bei Lebzeiten des Erblassers zustande kommt. Die Feststellung der Person muß dann notgedrungen zunächst zurückgestellt werden. Solange der Notar sich über die Person des Erblassers noch keine Gewißheit verschafft hat, kann er sich in der Urkunde über die Personengleichheit des Erschienenen mit dem Erblasser nur unter dem in § 14 Abs. 2 näher bezeichneten Vorbehalt äußern. Der Notar soll also in der Niederschrift angeben, daß er den Erblasser nicht kenne, sich auch keine volle Gewißheit über seine Person habe verschaffen können (etwa weil er lediglich Privatschriftstücke habe vorlegen können), der Erschienene habe dennoch unter Darlegung der Gründe für die Eilbedürftigkeit auf der Beurkundung bestanden. (Ebenso Hilderscheid, DNotZ. 39, 16).

II. Prüfung der Testierfähigkeit des Erblassers (Abs. 3). 7

§ 32 DOfNot. bestimmt: „Vor der Beurkundung von Rechtsgeschäften soll sich der Notar von der Geschäftsfähigkeit der Beteiligten überzeugen. Sind Erklärungen schwerkranker Personen zu beurkunden, so soll er die Tatsache der Erkrankung und seine Feststellungen über die Geschäftsfähigkeit in der Niederschrift angeben. Überzeugt sich der Notar, daß ein Beteiligter die erforderliche Geschäftsfähigkeit nicht besitzt, so hat er die Beurkundung abzulehnen. Bleibt er im Zweifel, so stellt er dies in der Niederschrift fest."

§ 14 Abs. 3 hat einen Teil dieser Sätze übernommen, man kann hiernach folgende Fälle unterscheiden:

1. Der Erblasser ist testierfähig.

Der Richter oder der Notar soll sich davon überzeugen, ob der Erblasser testierfähig ist, ob er also das Mindestalter von 16 Jahren erreicht hat und ob keiner der in § 2 vorgesehenen Hinderungsgründe vorliegt (Entmündigung, Geisteskrankheit, Geistesschwäche, Bewußtseinsstörung). Dies geschieht regelmäßig durch Erörterung des Sachverhalts mit dem Erblasser. Ergibt sich hierbei keinerlei Zweifel an der Testierfähigkeit, so sind weitere Nachforschungen nicht veranlaßt. Besondere Anforderungen an die geistigen Fähigkeiten können nicht gestellt werden. Die Vollendung des 16. Lebensjahres oder die Volljährigkeit nachzuprüfen, besteht regelmäßig kein Anlaß, wenn der Erblasser seinem Aussehen nach hierüber keine Zweifel aufkommen läßt oder die hierüber gestellte Frage bejaht (vgl. RG. in DNotZ. 1936, 391). Ergibt sich allerdings beim Ausfüllen des Testamentsumschlags, der das Geburtsdatum mit anführt, daß der Erblasser noch nicht 16 Jahre alt oder noch nicht volljährig ist, so hat der Richter oder Notar die Folgerungen hieraus zu ziehen.

Ist der Erblasser ein Ausländer, so ist seine Geschäftsfähigkeit nach den Gesetzen seines Heimatstaates zu beurkunden (EGBGB. Art. 7 Abs. 1). Will ein Ausländer im Inland ein Testament errichten, obwohl er nach seinem Heimatrecht geschäftsunfähig ist, so kann er es auch dann nicht gültig in Deutschland errichten, wenn er nach dem deutschen Gesetz geschäftsfähig wäre (EGBGB. Art. 7 Abs. 3). Bei einem Ausländer soll also der Notar prüfen, ob der Erblasser nach seinem Heimatgesetz für die Errichtung des Testaments geschäftsfähig ist (vgl. § 1 Bem. 9). Über die Testierfähigkeit der Bewohner der ehemals von Deutschland einverleibten oder besetzten Gebiete, der Flüchtlinge und der verschleppten Personen siehe § 1 Bem. 7 bis 10.

Kommt der Richter oder der Notar zu dem Ergebnis, daß der Erblasser hiernach für das zu beurkundende Testament geschäftsfähig ist, so wird er dies je nach den Umständen in angemessener Form zum Ausdruck bringen etwa wie folgt: „Umstände, auf Grund deren die Testierfähigkeit des Erblassers in Zweifel gezogen werden könnte, waren nicht ersichtlich."

Oder: „Der Erblasser ist schwer erkrankt und wurde im Bett liegend angetroffen; er befand sich jedoch bei vollem Bewußtsein und war imstande, der Verhandlung in Kenntnis ihrer Tragweite zu folgen."

8 2. Der Erblasser ist offenkundig nicht testierfähig.

Ist der Erblasser ein Deutscher und noch nicht 16 Jahre alt oder ist er entmündigt, ohne daß die Ausnahme des § 3 Abs. 2 gegeben ist, so ist der Erblasser nach §§ 1, 2 nicht imstande, ein Testament zu errichten. Der Notar würde dem Erblasser nur unnötige Kosten verursachen, wenn er trotz dieser Umstände das Testament beurkunden wollte. Daher ist der Richter oder der Notar in einem solchen Falle verpflichtet, die Testamentserrichtung abzulehnen. Dies gilt allerdings nur dann, wenn die Testierunfähigkeit außer Zweifel steht.

9 3. Die Testierfähigkeit ist zweifelhaft.

Kann sich der Richter oder der Notar nicht davon überzeugen, daß der Erblasser testierfähig oder testierunfähig ist, so wird er die Beurkundung des Testaments nicht ablehnen dürfen; dies gilt namentlich dann, wenn der Erblasser lebensgefährlich erkrankt ist. Ist der Erblasser z. B. von der Krankheit so schwer mitgenommen, daß Zweifel darüber bestehen, ob er sich bei vollem Bewußtsein befindet, so wird der Richter sich vielleicht in der Weise helfen, daß er einen Arzt zuzieht, der später in der Lage ist, sich gutachtlich über die Geschäftsfähigkeit des Erblassers zu äußern. In einem solchen Falle empfiehlt es sich, in der Niederschrift die Zuziehung des Arztes und die Wahrnehmungen, die hierzu Veranlassung gegeben haben, zum Ausdruck zu bringen.

Besondere Vorsicht ist geboten, wenn beim Erblasser Anzeichen von Geisteskrankheit vorliegen. Hier wird der Notar die Beurkundung des Testaments nur dann ablehnen dürfen, wenn an der Testier*un*fähigkeit nicht zu zweifeln ist. Bleibt die Testierfähigkeit zweifelhaft, so wird er dennoch das Testament beurkunden, aber gleichzeitig alle Tatsachen feststellen, die für die Beurteilung des Geisteszustandes bei der Testamentserrichtung von Bedeutung sein können (RG. in DJZ. 1921, 73; Lanz, Formbeispiele Anm. 1 Abs. 4). Ist es nicht angängig, diese Feststellungen in der Niederschrift selbst aufzunehmen, so wird der Notar die Feststellungen in geeigneter Weise in seinen Akten zu vermerken haben (Hilderscheid, DNot. 39, 18). Über die spätere Feststellung solcher Erkrankungen vgl. Höver: Zur Behandlung der Testamente Geisteskranker im Erbscheinsverfahren in DFG. 1940, 81 und Meyer: Testierfähigkeit beim Vorliegen heimlicher Geisteserkrankungen, insbes. bei Hirnarteriosklerose, und ihre Feststellung im Prozeß in DJ. 1941, 755.

§ 15.

Bedenken gegen die Errichtung des Testaments.

(1) Der Richter oder der Notar soll den Erblasser auf Bedenken gegen den Inhalt seiner mündlichen Erklärung oder der offen übergebenen Schrift hinweisen.

(2) Bestehen Zweifel an der Gültigkeit des beabsichtigten Testaments, so sollen die Zweifel dem Erblasser mitgeteilt und der Inhalt der Mitteilung und die hierauf vom Erblasser abgegebenen Erklärungen in der Niederschrift festgestellt werden.

Eine dem § 15 entsprechende Vorschrift ist im BGB. nicht enthalten.

Übersicht:

I. Bedenken gegen den Inhalt des Testaments (Abs. 1) 1

II. Zweifel an der Gültigkeit des Testaments (Abs. 2) 2

1. Hinweis auf die Gefahr der Nichtigkeit 2
2. Hinweis auf eine etwa bestehende Genehmigungspflicht 3

I. Bedenken gegen den Inhalt des Testaments (Abs. 1). 1

Der Richter oder der Notar soll den Erblasser bei der Bildung des letzten Willens beraten. Er soll namentlich darauf hinwirken, daß Irrtümer und Zweifel nach Möglichkeit vermieden werden. Er hat zu diesem Zweck den ernstlichen Willen des Erblassers sorgfältig zu ermitteln, den Sachverhalt möglichst vollständig aufzuklären, den Erblasser über die rechtliche Tragweite seiner Erklärung zu belehren und seine Erklärung klar und unzweideutig in der Niederschrift wiederzugeben (DOfNot. § 30 Abs. 1). Bei der Benutzung von Formblättern oder vorbereiteten Entwürfen darf der Wille des Erblassers zugunsten einer Aufrechterhaltung des Vordrucks oder des Entwurfs nicht beeinflußt werden (DOfNot. § 30 Abs. 2). Regelmäßig wird der Notar fragen, ob der Erblasser schon früher eine letztwillige Verfügung errichtet hat und bejahendenfalls darauf sehen, daß Zweifel über das Maß der Fortgeltung der früheren Verfügung nicht entstehen können. Ist der Testator verheiratet und erklärt er, daß er schon ein Testament errichtet hat, so gehört zur Aufklärung des Sachverhalts die Ermittlung, ob es sich dabei etwa um ein gemeinschaftliches Testament oder um einen Erbvertrag handelt, aus dem sich Bindungen ergeben, die der Wirksamkeit der beabsichtigten Verfügung im Wege stehen (OLG. Köln, DNotZ. 1936, 630 und RG. vom 18. Januar 1940, DNotZ. 1940, 152 = DRW. 1940, 723). Bei letztwilligen Verfügungen von Ehegatten ist zu prüfen, ob ein gemeinschaftliches Testament oder ein Erbvertrag die beabsichtigten Ziele am besten verwirklicht (vgl. über die Frage „Gemeinschaftliches Testament oder Erbvertrag" Weihe in DNotZ. 1939, 9, weiter Flatten in DNotZ. 1941, 47 und Senft in SNotZ. 1941, 242). Siehe auch Daimer, Belehrungspflicht bei Beurkundung letztwilliger Verfügungen in Dt.Just. 1941, 1102 und 1942, 488 und 1943, 399; s. ferner Rohs, Belehrungspflicht bei Beurkundung einer Verfügung von Todeswegen DJ. 42, 422, Bärmann, Vorsorgende Rechtspflege und Belehrungspflicht DJ. 1943, 147, sowie die Angaben in Bem. 20 zu § 5.

Diese Belehrungspflicht besteht auch dann, wenn der Erblasser das Testament nach § 11 durch Übergabe einer offenen Schrift errichtet. Dem Richter oder dem Notar ist durch § 11 Abs. 2 Satz 2 zur Pflicht gemacht, von dem Inhalt der offen übergebenen Schrift Kenntnis zu nehmen. Ist die Schrift verschlossen und gibt der Erblasser dem Richter oder Notar vom Inhalt keine Kenntnis, so entfällt auch jede Pflicht zur Belehrung.

Verletzt der Notar seine Pficht, die Beteiligten im Sinne des § 15 zu belehren, so kann er nach § 21 RNotO. mit § 839 BGB. für den Schaden haftbar gemacht werden (vgl. oben § 5 Bem. 20, ferner Hilderscheid, DNotZ. 39, 37).

II. Zweifel an der Gültigkeit des Testaments (Abs. 2). 2

1. Hinweis auf die Gefahr der Nichtigkeit.

Ergeben sich Zweifel an der Gültigkeit des beabsichtigten Testaments, etwa weil ein Verstoß gegen § 48 Abs. 1 vorliegen kann oder weil die Testiefähigkeit des Erblassers nicht feststeht oder weil eine erbvertragliche Bindung entgegensteht, so wird der Richter oder der Notar sich nicht auf die bloße Mitteilung und Erörterung dieser Zweifel beschränken, sondern zu seiner eigenen Entlastung auch in der Niederschrift zum Ausdruck bringen, daß er in dieser Hinsicht seine Schuldigkeit getan hat. Er wird also, wie es im obigen § 15 Abs. 2 heißt, den Inhalt seiner auf die Zweifel hinweisenden Mitteilung und die hierauf vom Erblasser abgegebene Erklärung in der Niederschrift feststellen.

Sollte der Richter oder der Notar zu dem Ergebnis kommen, daß mit dem Testament erkennbar unerlaubte oder unredliche Zwecke verfolgt werden, so hat er seine Amtstätigkeit zu versagen (RNotO. § 15 Abs. 2).

3 2. Hinweis auf eine etwa bestehende Genehmigungspflicht.

Bedarf das Testament oder die Ausführung der in ihm getroffenen Anordnungen der behördlichen Genehmigung, so soll der Richter oder der Notar den Erblasser hierauf hinweisen und einen entsprechenden Vermerk in die Niederschrift aufnehmen; das gilt auch bei Zweifeln über die Genehmigungspflicht (§ 34 Abs. 1 DOfNot.).

Sind wesentliche Teile des Testaments genehmigungspflichtig, so soll der Richter oder der Notar in geeigneten Fällen im Einverständnis der Beteiligten vor der Beurkundung einen Entwurf der wesentlichen Bestimmungen der zuständigen Behörde mit der Bitte um Bekanntgabe etwaiger Bedenken vorlegen; er soll, soweit dies zweckmäßig erscheint, den Beteiligten dieses Verfahren nahelegen (DOfNot. § 34 Abs. 2). Der Erblasser spart bei einem solchen Verfahren unter Umständen die Hälfte der Kosten, da diese nach § 145 Abs. 1 KostO. (i. d. F. der VO. vom 17. Juni 1940, RGBl. I, 882) sich auf die Hälfte ermäßigen, wenn die Genehmigung nicht erteilt wird und die Beurkundung unterbleibt. Im übrigen werden die Kosten des Entwurfs auf die Beurkundungskosten angerechnet (§ 145 Abs. 2 KostO.). Andererseits wird der Notar auch darauf hinweisen, daß durch die Erholung der Äußerung der Genehmigungsbehörde eine manchmal recht lange Zeit verstreicht.

Näheres über die Fälle, in denen eine Genehmigungspflicht besteht, s. oben § 5 Bem. 29—33.

§ 16.

Verlesung, Genehmigung und Unterzeichnung.

(1) Die Niederschrift muß vorgelesen, vom Erblasser genehmigt und von ihm eigenhändig unterschrieben werden. In der Niederschrift soll festgestellt werden, daß dies geschehen ist. Hat der Erblasser die Niederschrift eigenhändig unterschrieben, so wird vermutet, daß sie vorgelesen und von ihm genehmigt ist. Die Niederschrift soll dem Erblasser auf Verlangen auch zur Durchsicht vorgelegt werden.

(2) Ist der Erblasser taub, so soll ihm die Niederschrift zur Durchsicht vorgelegt werden, auch wenn er dies nicht verlangt; in der Niederschrift soll festgestellt werden, daß dies geschehen ist. Kann der taube Erblasser Geschriebenes nicht lesen, so soll bei dem Vorlesen eine Vertrauensperson zugezogen werden, die sich mit ihm zu verständigen vermag; in der Niederschrift soll die Zuziehung festgestellt werden.

(3) Kann der Erblasser nach der Überzeugung des Richters oder des Notars nicht schreiben, so wird die Unterschrift des Erblassers durch die Feststellung dieser Überzeugung in der Niederschrift ersetzt. In einem solchen Falle muß der Richter oder der Notar bei dem Vorlesen und der Genehmigung einen Zeugen zuziehen; der Zuziehung des Zeugen bedarf es nicht, wenn der Richter oder der Notar gemäß § 6 oder nach einer anderen gesetzlichen Vorschrift einen Urkundsbeamten der Geschäftsstelle oder einen zweiten Notar oder zwei Zeugen zuzieht.

(4) Die Niederschrift muß von den mitwirkenden Personen unterschrieben werden.

§ 16 Abs. 1 und 4 entsprechen dem § 2242 BGB.

Übersicht:

I. Bedeutung der Vorschrift 1
II. Verlesung der Niederschrift (Abs. 1 Satz 1) 2
1. Gegenstand der Verlesung 2
2. Art der Verletzung 3
III. Genehmigung der Niederschrift (Abs. 1 Satz 1) 4
IV. Unterzeichnung der Niederschrift durch den Erblasser (Abs. 1 Satz 1)
1. Notwendigkeit der Unterzeichnung 5
2. Art der Unterzeichnung 6
a) Unterzeichnung mit dem Namen 6
b) Eigenhändige Unterschrift 7
V. Feststellung der Verlesung, Genehmigung und Unterzeichnung 8
1. Bedeutung der Feststellung 8
2. Inhalt des Feststellungsvermerks 9
VI. Verständigung mit einem tauben Erblasser (Abs. 2) 10
1. Die Vorlegung zur Durchsicht 10
2. Zuziehung einer Vertrauensperson (Abs. 2 Satz 2) 11
VII. Schreibunfähigkeit des Erblassers (Abs. 3) 12
1. Unterschrift des schreibensunkundigen Erblassers wird durch die Feststellung seiner Schreibbehinderung ersetzt 12
2. Zuziehung eines Genehmigungszeugen (Abs. 3 Satz 2) 13
a) Aufgabe dieses Zeugen 13
b) Entbehrlichkeit des Genehmigungszeugen 14
VIII. Unterschrift der mitwirkenden Personen (Abs. 4) 15
1. Unterschriftszwang 15
2. Art der Unterzeichnung 16

I. Bedeutung der Vorschrift. 1

§ 16 handelt von den Förmlichkeiten, die beim Abschluß der Niederschrift zu beachten sind, nämlich der Verlesung, Genehmigung und Unterzeichnung der Niederschrift sowie von der Verpflichtung der Urkundsperson, den Vollzug dieser drei Dinge in der Niederschrift festzustellen (Abs. 1). Besonderheiten ergeben sich für das Vorlesen, wenn der Erblasser taub ist, und für die Unterzeichnung, wenn der Erblasser nicht schreiben kann (Abs. 2, 3). § 16 Abs. 1, 4 entsprechen dem § 2242 BGB. und § 177 FGG. Der obige Absatz 1 enthält jedoch die sehr bedeutsame Milderung, daß die Feststellung des Verlesens, der Genehmigung und der Unterzeichnung (nicht das Verlesen, die Genehmigung und Unterzeichnung selbst) nur noch Gegenstand einer Soll-Vorschrift ist (Abs. 1 Satz 2, 3). Abs. 2 ist aus Art. 41 des preuß. FGG. entnommen und Abs. 3 deckt sich inhaltlich mit FGG. § 177 Abs. 2, allerdings mit der Neuerung, daß nach § 16 Abs. 3 die Überzeugung der Urkundsperson von der Schreibunfähigkeit des Erblassers, nicht dessen Erklärung hierüber in der Niederschrift festzustellen ist.

Die Vorschriften in Abs. 1 Satz 1 sowie in Abs. 3 und 4 sind zwingend; die Vorschriften in Abs. 1 Satz 2 und 4 und in Abs. 2 sind lediglich Ordnungsvorschriften.

§ 16 gilt auch für das Nottestament vor dem Bürgermeister (§ 23 Abs. 1) und für das Nottestament in besonderen Fällen (§ 24 Abs. 3).

2 **II. Verlesung der Niederschrift (Abs. 1 Satz 1).**

1. Gegenstand der Verlesung.

Die Niederschrift muß vorgelesen werden. Vorzulesen ist insbesondere der in § 13 vorgesehene Inhalt der Niederschrift. Sind der Niederschrift Anlagen beigefügt, so sind auch diese zu verlesen; denn sie bilden einen Teil der Niederschrift. Dies gilt jedoch bei der Errichtung eines Testaments durch Übergabe einer offenen oder verschlossenen Schrift nicht für die übergebene Schrift (§ 11); diese Schrift braucht nicht vorgelesen zu werden; dies versteht sich bei der verschlossenen Schrift von selbst, ist aber auch bei der offenen Schrift in Rechtsprechung und Schrifttum unbestritten, denn sie ist nicht Anlage im Sinn des § 176 Abs. 2 FGG., also Teil der Erklärung des Erblassers. Dessen Erklärung beschränkt sich vielmehr darauf, daß die Schrift seinen letzten Willen enthalte (§ 11 Abs. 1, § 13 Abs. 2 Ziff. 3). Die Ausdrucksweise in § 20 des Gesetzes steht dem nicht entgegen.

Der Vermerk, in dem die Verlesung, Genehmigung und Unterzeichnung festgestellt wird, braucht nicht besonders verlesen zu werden.

3 2. Art der Verlesung.

Wer die Verlesung vornimmt, ist gleichgültig; sie kann also durch den Richter oder den Notar, durch den Urkundsbeamten der Geschäftsstelle, einen der etwa zugezogenen Zeugen oder durch den Schreiber der Niederschrift vorgenommen werden. Auch eine mitanwesende dritte Person kann die Verlesung vornehmen. Einer Feststellung in der Niederschrift, wer die Niederschrift vorgelesen hat, bedarf es nicht. Auch der Bedachte kann die Verlesung vornehmen. Der gegenteiligen Ansicht des KG. im Beschl. vom 16. Juli 1942 (DRW. 1942, 1340 = DFG. 1942, 110), die dort für das Dreizeugentestament ausgesprochen ist, kann nicht zugestimmt werden. Es geht nicht an, allein im Wege der Rechtsprechung unter Berufung auf den Zweck des § 8 TestG. ein zwingendes Formerfordernis aufzustellen, das im Gesetz keinen Ausdruck gefunden hat und aus ihm die Nichtigkeit einer Zuwendung herzuleiten. Beim notarischen oder gerichtlichen Testament wird die Verlesung durch den Bedachten ja höchst selten vorkommen; beim Dreizeugentestament wird sie eher häufig sein. Übrigens befaßt sich die vom KG. am Schluß zur Stütze seiner Ansicht angeführte Literatur und Rechtsprechung nicht mit der Frage, ob die Verlesung der Niederschrift durch den Bedachten zulässig ist.

Die Verlesung muß so geschehen, daß der Erblasser, die Urkundsperson und die mitwirkenden Personen in der Lage sind, bei der Vorlesung zuzuhören. Die Verlesung kann abschnittsweise erfolgen. Wesentlich ist, daß die ganze Niederschrift dem Erblasser und den mitwirkenden Personen vorgelesen wird, damit sie sich davon überzeugen können, daß das Niedergeschriebene mit dem wirklichen Hergang übereinstimmt. Die Verständigung mit dem tauben Erblasser ist in Abs. 2 geregelt (s. unten Bem. 10).

III. Genehmigung der Niederschrift (Abs. 1 Satz 2). 4

Die Niederschrift muß vom Erblasser genehmigt werden. Eine bestimmte Form für diese Genehmigung ist nicht vorgeschrieben. In der Regel wird die Genehmigung darin bestehen, daß der Erblasser mündlich erklärt, er sei mit dem Inhalt der Niederschrift einverstanden; sie gebe seinen letzten Willen richtig wieder oder dergl. Es ist aber nicht notwendig, daß die Genehmigung stets mündlich erklärt wird. Auch eine Bestätigung des Einverständnisses durch bloßes Kopfnicken kann genügen. Unter Umständen kann auch schon in der vorbehaltlosen Unterzeichnung eine Genehmigung erblickt werden.

Der Erblasser kann verlangen, daß ihm die Niederschrift auch zur Durchsicht vorgelegt wird (§ 16 Abs. 1 Satz 4).

IV. Unterzeichnung der Niederschrift durch den Erblasser (Abs. 1 Satz 1). 5

1. Notwendigkeit der Unterzeichnung.

Die Niederschrift muß vom Erblasser eigenhändig unterschrieben werden. Verweigert der Erblasser die Unterschrift, obwohl er schreiben kann, so kommt das Testament nicht zustande. Wird das Testament durch Übergabe einer Schrift errichtet, so wird nur die Niederschrift, nicht auch die offen oder verschlossen übergebene Schrift vom Erblasser unterzeichnet. Werden der Niederschrift andere Anlagen beigefügt, so brauchen auch diese weiteren Anlagen nicht besonders unterzeichnet zu werden.

Kann der Erblasser nicht schreiben (weil er das Schreiben nicht gelernt hat oder weil er wegen Verletzung der Hand oder wegen körperlicher Schwäche die Bewegungen des Schreibens nicht mehr ausführen kann), so wird seine Unterschrift durch eine entsprechende Feststellung ersetzt (Abs. 3, s. unten Bem. 12). Die Unterzeichnung mit einem bloßen Handzeichen reicht als Unterschrift nicht aus.

Ist der Erblasser blind, kann er aber dennoch seine Unterschrift abgeben, so ist die Urkunde nur gültig, wenn er seine Unterschrift beifügt.

Die Unterschrift muß so angebracht sein, daß sie den Inhalt der Niederschrift deckt. Sie wird also in der Regel unter oder neben den Worten „vorgelesen, genehmigt, unterschrieben" stehen.

2. Art der Unterzeichnung. 6

a) Unterzeichnung mit dem Namen.

Der Erblasser muß eigenhändig mit seinem Namen unterschreiben. Die Unterschrift wird in der Regel aus dem Vornamen und dem Familiennamen bestehen. Die Unterzeichnung mit dem Familiennamen allein wird zum mindesten dann genügen, wenn der Anfangsbuchstabe des Vornamens beigefügt wird.

Die in § 21 Abs. 3 für die Unterzeichnung des eigenhändigen Testaments vorgesehenen Erleichterungen gelten hier nicht; die Unterzeichnung mit dem bloßen Vornamen reicht also hier nicht aus, es sei denn, daß es sich um eine Fürstlichkeit handelt (vgl. Staudinger-Riezler, Anm. 13 zu § 126 BGB.). Die Unterzeichnung mit dem bloßen Anfangsbuchstaben des Namens genügt keinesfalls. Heißt z. B. der Erblasser Peter Schmitz, so würde die Unterzeichnung „P. Sch." nicht genügen.

Als ausreichende Unterzeichnung ist es auch nicht anzusehen, wenn der Erblasser sich auf die Beifügung eines Handzeichens beschränkt; denn hier ist ausdrücklich Unterzeichnung mit dem Namen vorgeschrieben. Die abweichende Regelung des § 126 BGB. gilt hier nicht (ebenso Wentzel, DR. Ausg. Österr. 39, 5).

Ehefrauen und Witwen können mit ihrem Mädchennamen rechtswirksam unterschreiben, wenn sie nach Ortsgebrauch diesen Namen weiterführen. für die Rheinprovinz angenommen vom LG. Krefeld 14. November 1907 RheinNotZ. 53, 13, oder wenn die Unterschrift nach der Fassung der Urkunde die Person der Unterzeichnerin klar und unzweideutig erkennen läßt. Grundsätzlich haben sie mit dem Familiennamen des Mannes zu unterschreiben, die Beifügung des Geburtsnamens ist nicht erforderlich." Vgl. hierzu Schlegelberger FGG. 5. Aufl. Anm. 7 zu § 177.

7 b) Eigenhändige Unterschrift.

Der Erblasser muß seinen Namenszug mit der eigenen Hand niederschreiben. Die Beifügung eines Faksimilestempels genügt nicht. Es ist auch nicht zulässig, daß ein anderer dem Erblasser die Hand führt, so daß die Schriftzüge von dem anderen und nicht vom Erblasser selbst herrühren. Es ist nicht unbedingt notwendig, daß die Unterschrift lesbar ist, sie muß aber doch erkennen lassen, daß die Schriftzüge die Unterschrift des Erblassers darstellen sollen.

8 **V. Feststellung der Verlesung, Genehmigung und Unterzeichnung.**

1. Bedeutung der Feststellung.

§ 16 Abs. 1 Satz 2 schreibt vor: „In der Niederschrift soll festgestellt werden, daß die Niederschrift vorgelesen, vom Erblasser genehmigt und von ihm eigenhändig unterschrieben ist." In § 2242 Abs. 1 BGB. sowie in § 177 FGG. findet sich die gleiche Vorschrift, jedoch mit dem bedeutsamen Unterschied, daß dieser Satz dort eine zwingende Vorschrift ist, während er in dem neuen Gesetz zu einer Ordnungsvorschrift abgeschwächt ist.

Früher war das Testament nichtig, wenn der Vermerk „vorgelesen, genehmgt, unterschrieben" fehlte; jetzt ist das Fehlen für die Gültigkeit der Urkunde unschädlich. Ist allerdings der Erbfall vor dem Inkrafttreten des TestG. eingetreten, so ist das Testament nichtig, wenn die Feststellung fehlt (RG. vom 2. Februar 1939, DRW. 1939, 311), auch wenn die Eröffnung erst nach diesem Zeitpunkt stattgefunden hat (§ 51 d. Ges.).

Die Verlesung, Genehmigung und Unterzeichnung durch den Erblasser sind nach wie vor Muß-Erfordernisse. Damit nun die Urkunde aus sich selbst heraus den Beweis dafür erbringt, daß diese wesentlichen Erfordernisse erfüllt sind, stellt § 16 Abs. 1 Satz 2 eine Vermutung auf: „Hat der Erblasser die Niederschrift eigenhändig unterschrieben, so wird vermutet, daß sie vorgelesen und von ihm genehmigt ist." Diese Vermutung bedeutet nun nicht, daß der Notar der Verlesung und Genehmigung keine Bedeutung mehr beizumessen brauche. Der Richter oder der Notar hat vielmehr auch weiterhin die zwingende Vorschrift der Verlesung, Genehmigung und Unterzeichnung zu beachten. Tut er das nicht und wird die Vermutung des Abs. 1 Satz 3 widerlegt, so ist das Testament nichtig.

9 2. Inhalt des Feststellungsvermerks.

Es ist ausreichend, wenn am Schluß der Niederschrift die Worte stehen: „vorgelesen, genehmigt und unterschrieben" oder auch abgekürzt: „v. g. u.".

Die Unterschrift des Erblassers braucht nicht notwendig unter diesem Vermerk zu stehen; die Gültigkeit der Urkunde wird nicht berührt, wenn der Erblasser oder die Überwachungspersonen ihre Unterschriften vor diesem Vermerk anbringen.

VI. Verständigung mit einem tauben Erblasser (Abs. 2). 10

1. Die Vorlegung zur Durchsicht.

Im BGB. und im FGG. war bisher eine Vorschrift darüber, wie sich die Urkundsperson gegenüber einem tauben Erblasser verhalten solle, nicht enthalten. Die Frage war aber landesrechtlich, und zwar u. a. in Art. 41 preuß. FGG. und Art. 29 Abs. 1 BayNotG. mit § 90 BayNotGeschO. geregelt. § 16 Abs. 2 lehnt sich an diese Vorschriften an. Ist der Erblasser taub, so soll ihm die Niederschrift zur Durchsicht vorgelegt werden, auch wenn er dies nicht besonders verlangt; in der Niederschrift soll festgestellt werden, daß dies geschehen ist.

Die Bestimmung ist eine Ordnungsvorschrift; ein Verstoß berührt die Gültigkeit des Testaments nicht. Der Umstand, daß der Erblasser taub ist, entbindet die Urkundsperson aber nicht davon, daß die Niederschrift vorgelesen und vom Erblasser genehmigt wird. Die Vorlesung muß also auch dann erfolgen, wenn die Niederschrift dem tauben Erblasser zur Durchsicht vorgelegt ist. Die Vorlesung hat u. a. die Bedeutung, daß die Überwachungspersonen, die bei der Errichtung eines Testaments durch einen tauben Erblasser nach § 6 Abs. 1 zugezogen werden müssen, von dem Inhalt der Niederschrift Kenntnis erlangen.

2. Zuziehung einer Vertrauensperson (Abs. 2 Satz 2). 11

Kann der taube Erblasser Geschriebenes nicht lesen, so soll bei dem Verlesen eine Vertrauensperson zugezogen werden, die sich mit ihm zu verständigen vermag. In der Niederschrift soll die Zuziehung festgestellt werden. Auch diese Vorschrift ist lediglich eine Ordnungsvorschrift. Ihre Nichtbeachtung berührt die Gültigkeit des Testaments nicht. Der Richter oder der Notar handelt aber pflichtwidrig und unvorsichtig, wenn er eine solche Vertrauensperson nicht zuzieht; denn nur auf diese Weise kann die Urkundsperson sich eine Gewähr dafür verschaffen, daß die Niederschrift den Willen des Erblassers auch richtig wiedergibt.

Auf die Vertrauensperson sind die Ausschließungsgründe der §§ 7 bis 10 nicht anzuwenden. Als Vertrauensperson kann also auch der Ehegatte des Erblassers oder der Vater oder der Sohn des Erblassers tätig werden. Die Vertrauensperson kann auch selbst in dem Testament bedacht sein. Es wäre nicht zweckmäßig gewesen, in dieser Richtung Beschränkungen anzuordnen, da die nächsten Angehörigen nicht selten die einzigen sind, die sich mit dem tauben und zugleich lesensunkundigen Erblasser verständigen können.

Es ist ratsam, daß der Richter oder der Notar sich durch Versuche, die sich nicht auf die Testamentserrichtung beziehen, davon überzeugt, daß der taube und lesensunkundige Erblasser die Zeichensprache der Vertrauensperson wirklich versteht. Es ist ferner gut, wenn auch nicht notwendig, in der Niederschrift festzustellen, daß der Erblasser die Vertrauensperson verstanden hat (vgl. Art. 41 preuß. FGG.). Die Niederschrift soll auch von der Vertrauensperson unterzeichnet werden (§ 16 Abs. 4). Da ihre Zuziehung nur durch Sollvorschrift angeordnet ist, ist das Fehlen ihrer Unterschrift aber ohne Einfluß auf die Gültigkeit, obwohl § 16 Abs. 4 sagt, daß die mitwirkenden Personen unterzeichnen müssen (vgl. unten Anm. 15 a. E.). Als Vertrauensperson kann auch der Urkundsbeamte der Geschäftsstelle, der zugezogene zweite Notar oder ein zugezogener Zeuge tätig sein (vgl. Art. 41 preuß. FGG.).

Die Vertrauensperson braucht nicht während der ganzen Verhandlung zugegen zu sein; es genügt, wenn sie beim Verlesen und bei der Unterzeichnung anwesend ist (vgl. § 12).

12 VII. **Schreibunfähigkeit des Erblassers (Abs. 3).**

1. Die Unterschrift des schreibunfähigen Erblassers wird durch die Feststellung der Überzeugung der Urkundsperson von seiner Schreibbehinderung ersetzt.

Abs. 3 des § 16 befaßt sich mit dem Fall, daß der Erblasser aus irgendeinem Grunde nicht schreiben kann. Die Schreibunfähigkeit kann z. B. darauf beruhen, daß der Erblasser nicht Schreiben gelernt hat, oder darauf, daß er infolge dauernder oder vorübergehender Verletzung oder Lähmung der Hand oder wegen körperlicher Schwäche von seiner Schreibkunde keinen Gebrauch machen kann. Abs. 3 findet keine Anwendung, wenn der Erblasser wenigstens seinen Namen schreiben kann, wenn er auch im übrigen schreibensunkundig ist.

Der Richter oder der Notar soll sich davon überzeugen, daß der Erblasser wirklich nicht imstande ist zu schreiben. Nach § 2242 Abs. 2 BGB. sowie nach § 177 Abs. 2 FGG. genügte es, wenn der Erblasser „erklärt", nicht schreiben zu können. Nach dem TestG. genügt das nicht; es wird jetzt verlangt, daß der Richter oder der Notar von der Schreibunfähigkeit des Erblassers überzeugt ist (§ 16 Abs. 3 Satz 1). Diese Überzeugung ist in der Niederschrift festzustellen. Sie ersetzt die fehlende Unterschrift, und zwar auch dann, wenn die Überzeugung zu Unrecht entstanden ist, der Erblasser also in Wirklichkeit schreiben kann. Die Änderung erklärt sich daraus, daß die Unterschrift des Erblassers unter Umständen ein wichtiges Beweismittel für die Feststellung der Personengleichheit des Erblassers bildet. Wollte man ohne zwingende Gründe auf die Unterschrift des Erblassers verzichten, so würde man es einem Schwindler erleichtern, sich als der Erblasser auszugeben.

Hat der Richter oder der Notar sich von der Schreibunfähigkeit überzeugt, so wird die Unterschrift des Erblassers durch die Feststellung dieser Überzeugung in der Niederschrift ersetzt. Es genügt also nicht etwa, daß der Erblasser die Niederschrift mit einem Handzeichen unterzeichnet. Das Handzeichen ist zwar in §§ 126, 129 BGB. als Unterschriftsersatz zugelassen; dies gilt aber nicht für die Beurkundung eines Testaments. Der Richter oder der Notar muß also seine Überzeugung von der Schreibunfähigkeit des Erblassers auch dann in der Niederschrift feststellen, wenn der Erblasser überflüssigerweise ein Handzeichen unter die Niederschrift gesetzt haben sollte.

Der Satz in der Niederschrift, in dem die Schreibunfähigkeit festgestellt wird, braucht nicht besonders vorgelesen und vom Erblasser genehmigt zu werden; denn dieses Zeugnis über die Schreibunfähigkeit wird von der Urkundsperson und den mitwirkenden Personen ausgestellt; seine Gültigkeit hängt nicht von der Genehmigung des Erblassers ab (Planck[4] § 2242 Bem. 3c).

In der Zeit nach dem Inkrafttreten des Gesetzes ist es wiederholt vorgekommen, daß ein Notar in Unkenntnis der neuen Vorschrift in der Niederschrift lediglich festgestellt hat, der Erblasser habe e r k l ä r t, nicht schreiben zu können. Eine solche Angabe steht der zwingend vorgeschriebenen Feststellung der Überzeugung von der Schreibunfähigkeit des Erblassers nicht gleich. Ein solches Testament ist daher an sich ungültig (§ 48 Abs. 1). Läßt sich jedoch aus dem sonstigen Inhalt der Niederschrift die Überzeugung des Notars von der Schreibunfähigkeit entnehmen (etwa daraus, daß der Erblasser in der Niederschrift als schwer krank bezeichnet wird, der vergeblich Schreibversuche unternommen hat), so ist nach der Rechtspr. des KG. das Fehlen der ausdrücklichen Feststellung ausnahmsweise unschädlich (KG. 26. Januar 1939, JFG. 19, 98 = HRR. 416 = DJ. 434 Anm. Vogels

= DFG. 65; weiter KG. vom 29. Juni 1939. DJ. 1591 Anm. Vogels = ZAkDR. 652 Anm. Boehmer; Hilderscheid, DNotZ. 39, 33). Im Beschl. vom 11. Dezember 1941 (DNotZ. 1942, 184, DR. 1942, 2580) hat das KG. neben der in der Niederschrift festgestellten Erklärung des Erblassers, nicht schreiben zu können, schon die Errichtung des Testaments in dessen Wohnung als ausreichenden, aus dem Testament zu entnehmenden Anhaltspunkt für die Überzeugung des Richters oder Notars von der Schreibunfähigkeit angesehen. Boehmer (DNotZ. 1940, 140) vertritt demgegenüber den Standpunkt, daß zwar die Feststellung der Überzeugung der Urkundsperson von der Schreibunfähigkeit des Erblassers in der Testamentsniederschrift selbst niedergelegt sein müsse, daß es aber auf den formellen Wortlaut dabei nicht ankommen könne. Ist der Protokollvermerk fehlerhaft gefaßt, wie dies bei der Feststellung der Erklärung des Erblassers, nicht schreiben zu können, stets der Fall ist, so kann nach ihm im Wege der sinngemäßen Auslegung dieser fehlerhafte Protokollvermerk nicht nur dann als Feststellung der Überzeugung der Urkundsperson in der Niederschrift gewertet werden, wenn sich aus ihrem Inhalt unmittelbar noch sonstige Anhaltspunkte für das Bestehen dieser Überzeugung ergeben, sondern auch dann, wenn es zwar an solchen Anhaltspunkten in der Niederschrift fehlt, aber andere, außerhalb der Urkunde liegende beweisbare Tatsachen dafür vorgebracht werden können. Seiner Ansicht wird man beipflichten dürfen. Tatsächlich hat ja auch die Rechtsprechung immer, und zwar mit Recht und unter allgemeiner Zustimmung (vgl. die Anm. Vogels in DJ. 1939, 434 und 1049, Boehmer, ZAkDR. 1939, 460 und 652, sowie Ripfel DRW. 1939, 385), einen Ausweg gesucht, um die Wirksamkeit eines Testaments nicht an dem fehlerhaften Wortlaut einer solchen Feststellung scheitern zu lassen. Da sich außerhalb der Niederschrift wohl immer Anhaltspunkte für die Überzeugung der Urkundsperson von der Schreibunfähigkeit finden lassen, wird man wenigstens im Ergebnis auch die Ansicht von Ripfel (DRW. 1939, 385) billigen können, der die Feststellung der Erklärung des Erblassers, nicht schreiben zu können, ganz allgemein für ausreichend erklärt, da die Urkundsperson die Beurkundung ohne Unterschrift des Erblassers nur dann vornehmen darf, wenn sie die Erklärung des Erblassers für richtig hält, so daß die Feststellung dieser Erklärung und die Vornahme der Beurkundung unter Beiziehung eines Schreibzeugen die Überzeugung des Richters oder Notars ausreichend dartun. Nach dem Urteil des OLG. Frankfurt a. M. vom 24. April 1947 ist es unschädlich, daß die Überzeugung des Notars von der Schreibunfähigkeit des Erblassers nicht ausdrücklich in der Niederschrift festgestellt ist, aber aus ihrem sonstigen Inhalt zweifelsfrei hervorgeht (SJZ. 1948, 84 = HEZ 1,34 = NJW 1949, 86).

Wird in der Niederschrift nur festgestellt, daß der Erblasser nicht schreiben könne (also nicht, daß er dies erklärt hat, oder daß die Urkundsperson davon überzeugt ist), so ist damit trotzdem auch die Überzeugung der Urkundsperson festgestellt, denn diese darf eine Tatsache in der von ihr errichteten öffentlichen Urkunde nur dann als gegeben feststellen, wenn sie von ihrem Vorhandensein auch überzeugt ist.

Die Niederschrift über die Testamentserrichtung eines schreibunfähigen Erblassers braucht nicht notwendig zu ergeben, in welchem Abschnitt der Verhandlung der erforderliche Schreibzeuge zugezogen worden ist. Ergibt die Niederschrift darüber nichts oder lassen die getroffenen Feststellungen sogar auf eine Verspätung der Zuziehung (erst nach der Verlesung) schließen, so ist das Testament gleichwohl gültig, wenn die rechtzeitige Zuziehung anderweitig bewiesen werden kann. Die Absicht der Zuziehung braucht dem Zeugen nicht ausdrücklich bedeutet zu werden. Es genügt, daß sie irgendwie für ihn erkennbar geworden ist (KG. vom 28. Januar 1943 DFG. 1943, 42 DNotZ. 43; 179 = DR. 43, 697).

Die Formvorschriften für das Testament gelten auch für den Erbvertrag (§ 30 des Gesetzes). Über die Förmlichkeiten bei Verbindung eines Erbvertrags mit einem Ehevertrag siehe § 30 Bem. 14.

13 2. Zuziehung eines Genehmigungszeugen (Abs. 3 Satz 2).

a) Aufgabe dieses Zeugen.

Bei Schreibunfähigkeit des Erblassers muß der Richter oder der Notar bei dem Verlesen und der Genehmigung der Niederschrift einen Zeugen zuziehen. Dieser Zeuge wird in der Regel „Schreibzeuge" genannt; die Bezeichnung „Genehmigungszeuge" dürfte jedoch der Sache mehr entsprechen. Auf diesen Zeugen sind die Ausschließungsgründe anzuwenden, die gemäß §§ 7 bis 10 allgemein für die bei der Testamentserrichtung mitwirkenden Zeugen gelten.

Eine dem § 16 Abs. 3 Satz 2 entsprechende Vorschrift war im BGB. nicht enthalten, da das BGB. bei der Testamentserrichtung allgemein die Anwesenheit von Überwachungspersonen vorschreibt (§ 2233). Nachdem der Zeugenzwang für den Regelfall durch § 6 Abs. 2 des Gesetzes beseitigt ist, war es notwendig, die Zuziehung des Zeugen für den hier behandelten Ausnahmefall besonders vorzuschreiben. Diese Regelung entspricht dem § 177 Abs. 2 FGG.

Der Genehmigungszeuge braucht nicht bei der ganzen Verhandlung zugegen zu sein. Es genügt, wenn er bei der Verlesung, Genehmigung und Unterzeichnung anwesend ist (Abweichung von § 12). Stellt sich die Schreibunfähigkeit des Erblassers erst heraus, nachdem die Niederschrift bereits verlesen und genehmigt ist, so muß die Verlesung und Genehmigung in Gegenwart des Genehmigungszeugen wiederholt und dies in der Niederschrift besonders festgestellt werden.

Der Genehmigungszeuge ist in der Niederschrift zu bezeichnen (§ 13 Abs. 2 Nr. 2); er muß die Niederschrift mitunterzeichnen (§ 16 Abs. 4).

14 b) Entbehrlichkeit des Genehmigungszeugen.

Der Zuziehung des Genehmigungszeugen bedarf es nicht, wenn der Richter oder der Notar bereits auf Grund einer anderen gesetzlichen Vorschrift einen Urkundsbeamten der Geschäftsstelle, einen zweiten Notar oder einen oder zwei Zeugen zuzieht (§ 16 Abs. 3 Satz 2 Halbs. 2). Dieser Fall ist z. B. gegeben, wenn die Urkundsperson auf Grund § 6 Abs. 1 die Überwachungspersonen zuziehen muß oder auf Grund § 6 Abs. 2 des Gesetzes oder Art. 2 preuß. FGG. freiwillig zugezogen hat. Ein nach § 18 zugezogener Dolmetscher kann jedoch die Zuziehung eines Genehmigungszeugen nicht ersetzen (vgl. § 18 Bem. 7).

15 **VIII. Unterschrift der mitwirkenden Personen (Abs. 4).**

1. Unterschriftszwang.

Die Niederschrift muß von den mitwirkenden Personen unterschrieben werden. Dieser Satz des § 16 Abs. 4 deckt sich mit § 2242 Abs. 3 BGB. und § 177 Abs. 3 FGG. Unter den mitwirkenden Personen sind zu verstehen: der Richter oder der Notar, der Urkundsbeamte der Geschäftsstelle oder der zweite Notar sowie die nach § 6 oder § 16 Abs. 3 zuzuziehenden Zeugen und die nach § 16 Abs. 2 zuzuziehende Vertrauensperson (s. oben Bem. 11); nicht hierher gehört jedoch der Erkennungszeuge (s. oben § 14 Bem. 3). Mitwirkende Person im eigentlichen Sinne ist auch nicht der Dolmetscher.

Kann eine der mitwirkenden Personen nicht schreiben, so kann deren Unterschrift nicht durch ein Handzeichen oder durch die Feststellung der Schreibunfähigkeit ersetzt werden; § 16 Abs. 3 gilt hier nicht. In einem solchen Falle muß ein anderer Zeuge zugezogen und die Verhandlung wiederholt werden; dies gilt jedenfalls dann, wenn es sich um einen Fall handelt, in dem der Zeuge mitwirken muß (§ 6 Abs. 1, § 16 Abs. 3 Satz 2). Ebenso ist zu verfahren, wenn die mitwirkende Person die Unterschrift verweigert.

Fehlt die Unterschrift einer Person, deren Mitwirkung durch eine zwingende Vorschrift angeordnet ist, so ist das Testament nichtig. Fehlt die Unterschrift einer Person, deren Mitwirkung nur durch Sollvorschrift angeordnet ist, so ist dies ohne Einfluß auf die Gültigkeit des Testaments (vgl. § 6 Bem. 12 und § 16 Bem. 11). Ein notarisches Testament, bei dem die Unterschrift des Notars auf der Niederschrift über die Errichtung versehentlich weggeblieben ist, ist nichtig; die fehlende Unterschrift kann nicht durch die auf dem Umschlag befindliche Unterschrift des Notars ersetzt werden (OLG. München 16. Juni 1943 DNotZ. 44, 8).

2. Art der Unterzeichnung. 16

Die mitwirkende Person hat ihre Unterschrift so beizufügen, daß die ganze Niederschrift durch sie gedeckt wird. Da auch die Unterschrift des Erblassers einen wesentlichen Bestandteil der Niederschrift bildet, sind die Unterschriften der mitwirkenden Personen so anzubringen, daß auch die Unterschrift des Erblassers gedeckt wird. Es genügt, wenn die Unterschriften nebeneinander stehen; es ist also nicht unbedingt nötig, daß z. B. die Unterschriften der Zeugen unter der Unterschrift des Erblassers stehen (LG. Hamburg HansRGZ. 38 B 113).

Die mitwirkenden Personen müssen mit ihrem Namen unterzeichnen. Das was oben in Bem. 6 zur Unterschrift des Erblassers bemerkt wurde, gilt auch hier entsprechend. Die mitwirkenden Personen haben die Unterschrift eigenhändig zu bewirken; ein Faksimilestempel genügt nicht. Ebensowenig genügt ein Handzeichen (vgl. oben Bem. 6 a. E.).

Bei der Unterzeichnung müssen gemäß § 12 alle mitwirkenden Personen zugegen sein. Zu den mitwirkenden Personen gehört aber nicht der Erblasser. Sollte also der Erblasser, nachdem er die Niederschrift genehmigt und unterzeichnet hat, sterben oder in Bewußtlosigkeit verfallen, so können trotzdem die mitwirkenden Personen die Niederschrift unterzeichnen; der Umstand, daß der Erblasser schon vor der Beifügung der anderen Unterschriften gestorben oder geschäftsunfähig geworden ist, steht der Gültigkeit des Testaments nicht entgegen (Planck[4] § 2242 Bem 4d, Schlegelberger FGG.[5] § 177 Bem. 15, RG. vom 16. Dezember 1935 DJ. 36, 258 Anm. Vogels = JW. 36, 989 = SeuffA. 90, 113). Siehe auch § 12 Bem. 4.

Ist die Unterzeichnung durch eine oder mehrere der mitwirkenden Personen versehentlich unterblieben, so kann die Unterschrift unter Umständen noch nachträglich beigefügt werden; auch hierbei müssen aber gemäß § 12 sämtliche mitwirkenden Personen zugegen sein. Die nachträgliche Unterzeichnung ist aber nicht mehr zulässig, sobald das Testament gemäß § 20 Abs. 2 in amtliche Verwahrung gegeben ist (vgl. KG. vom 26. Oktober 1939, DFG. 1941, 27).

§ 17.

Verhinderung des Erblassers am Sprechen.

(1) Wer nach der Überzeugung des Richters oder des Notars stumm oder sonst am Sprechen verhindert ist, kann das Testament nur durch Übergabe einer Schrift errichten.

Er muß die Erklärung, daß die Schrift seinen letzten Willen enthalte, bei der Verhandlung eigenhändig in die Niederschrift oder auf ein besonderes Blatt schreiben, das der Niederschrift als Anlage beigefügt werden muß.

(2) Das eigenhändige Niederschreiben der Erklärung sowie die Überzeugung des Richters oder des Notars, daß der Erblasser am Sprechen verhindert ist, soll in der Niederschrift festgestellt werden. Die Niederschrift braucht von dem Erblasser nicht besonders genehmigt zu werden.

§ 17 entspricht dem § 2243 BGB.

Übersicht:

I. Das Testament des Sprechverhinderten 1
1. Keine Erklärung durch Zeichen 1
2. Zeugenzwang 2
3. Entsprechende Anwendung bei den Nottestamenten 3
II. Einzelheiten 4
1. Sprechverhinderung 4
2. Die schriftliche Erklärung des Sprechverhinderten 5
3. Die Feststellung in der Niederschrift (Abs. 2) 6
4. Keine besondere Genehmigung der Niederschrift durch den Erblasser (Abs. 2 Satz 2) 7

1 **I. Das Testament des Sprechverhinderten.**

1. Keine Erklärung durch Zeichen.

Nach § 11 kann das Testament durch mündliche Erklärung oder durch Übergabe einer offenen oder einer verschlossenen Schrift errichtet werden. In Abweichung hiervon bestimmt § 17 Abs. 1 Satz 1, daß der Stumme oder sonst Sprechverhinderte nur durch Übergabe einer (offenen oder verschlossenen) Schrift testieren kann. Die Testamentserrichtung durch mündliche Erklärung ist ihm also verwehrt. Das bedeutet, daß der Stumme oder Sprechverhinderte seine Erklärung auch nicht durch Zeichen oder durch Vermittlung eines Dolmetschers abgeben kann; bei der Beurkundung eines gewöhnlichen Rechtsgeschäfts ist eine Erklärung, die mit Hilfe eines Dolmetschers durch Zeichensprache abgegeben wird, zulässig (FGG. § 178; vgl. GVG. § 186). Nach dem TestG. ist diese Art der Abgabe einer Erklärung jedoch nicht zulässig, sondern durch § 17 ausgeschlossen.

Nach § 2238 Abs. 2 BGB. konnte ein Minderjähriger nur mündlich testieren; die Folge davon war, daß ein sprechverhinderter Minderjähriger nicht testieren konnte. Durch § 11 Abs. 3 ist jetzt dem Minderjährigen gestattet, das Testament auch durch Übergabe einer offenen Schrift zu errichten. Hierdurch ist dem sprechverhinderten Minderjährigen die Errichtung eines Testaments ermöglicht.

In § 11 Abs. 4 ist der Satz aufrechterhalten, daß eine Person, die Geschriebenes nicht lesen kann, ihr Testament nur durch mündliche Erklärung errichten kann. Ist eine solche Person sprechverhindert, so ist sie tatsächlich nicht in der Lage, ein Testament zu errichten; denn nach § 21 Abs. 4 ist auch die Errichtung eines eigenhändigen Testaments verschlossen. Mit diesem Zustand hat sich das neue Gesetz bewußt abgefunden; Unzuträglichkeiten hatten sich aus diesem bereits vorher bestehenden Zustand nicht ergeben (Begründung zu § 17). Wegen der Fähigkeit zur Errichtung eines Erbvertrags vgl. unten § 30 Bem. 12.

2. Zeugenzwang. 2

Bei dem Testament des Stummen oder sonst Sprechverhinderten **müssen** die in § 6 vorgesehenen Überwachungspersonen mitwirken; hier ist der Zeugenzwang beibehalten (§ 6 Abs. 1).

3. Entsprechende Anwendung bei den Nottestamenten. 3

Die Ausführungen zu 1 und 2 gelten auch für das Nottestament vor dem Bürgermeister (§ 23 Abs. 1).

Für das Dreizeugentestament des § 24 ist § 17 nicht für entsprechend anwendbar erklärt, da es nur durch mündliche Erklärung vor drei Zeugen, nicht auch durch Übergabe einer Schrift errichtet werden kann. Da auch für das Dreizeugentestament der Grundsatz gilt, daß der Stumme nicht durch Zeichensprache testieren kann, ist ihm die Errichtung eines solchen Testaments nicht möglich. Die Errichtung des Testaments mit Hilfe eines Dolmetschers ist ausdrücklich ausgeschlossen (§ 24 Abs. 3 Satz 2).

II. Einzelheiten. 4

1. Sprechverhinderung.

Voraussetzung für die Anwendung des § 17 ist, daß der Erblasser stumm oder sonst am Sprechen verhindert ist; es macht keinen Unterschied, ob die Sprechverhinderung dauernd besteht oder nur vorübergehend durch eine Krankheit, durch einen ärztlichen Eingriff, durch hochgradige Heiserkeit oder dgl. verursacht ist (s. oben § 6 Bem. 5).

Maßgebend ist, ob der Richter oder der Notar die Überzeugung gewinnt, daß der Erblasser am Sprechen verhindert ist. Wie die Urkundsperson sich die Überzeugung verschafft, bleibt ihrem Ermessen überlassen. Der Gültigkeit des Testaments steht es nicht entgegen, wenn die Überzeugung der Urkundsperson unrichtig war, wenn also etwa irrtümlich Sprechverhinderung angenommen wurde, obwohl der Erblasser tatsächlich sprechen konnte. Dies schon deshalb, weil auch der nicht am Sprechen verhinderte Erblasser sein Testament durch Übergabe einer Schrift errichten kann.

2. Die schriftliche Erklärung des Sprechverhinderten. 5

Nach § 11 Abs. 1 vollzieht sich die Testamentserrichtung durch Übergabe einer Schrift in der Weise, daß der Erblasser die offene oder verschlossene Schrift übergibt und hierbei die mündliche Erklärung abgibt, daß die Schrift seinen letzten Willen enthalte. Dieses Verfahren wird durch § 17 Abs. 1 Satz 2 für das Testament des Sprechverhinderten abgewandelt: Der Erblasser hat die Erklärung, daß die Schrift seinen letzten Willen enthalte, eigenhändig niederzuschreiben. Der Wortlaut der Erklärung braucht mit den Gesetzesworten nicht übereinzustimmen; es genügt, daß die Erklärung dem Gesetz dem Sinne nach entspricht.

Die Erklärung muß eigenhändig geschrieben sein (näheres hierüber § 16 Bem. 7). Das Niederschreiben muß „bei der Verhandlung" stattfinden, also in Gegenwart der mitwirkenden Personen (§ 12); es ist nicht zulässig, daß der Erblasser die Erklärung schon vorher schreibt und während der Verhandlung nur übergibt; es kommt eben gerade darauf an, daß die Erklärung vor den Augen der mitwirkenden Personen niedergeschrieben wird.

Der Erblasser schreibt die Erklärung entweder unmittelbar in die Niederschrift oder er schreibt sie auf ein Blatt, das der Niederschrift als Anlage beigefügt wird. Der Erblasser muß die Niederschrift unterschreiben; der Erblasser braucht jedoch die Erklärung nicht besonders zu unterschreiben, auch dann nicht, wenn sie auf ein besonderes Blatt geschrieben ist.

Die Anlage muß gemäß § 16 mit vorgelesen werden; sie braucht aber nicht vom Erblasser nochmals genehmigt zu werden (§ 17 Abs. 2 Satz 2). Die mitwirkenden Personen unterschreiben die Niederschrift (§ 16 Abs. 4); sie brauchen die Anlage nicht besonders zu unterschreiben.

6 3. Die Feststellung in der Niederschrift (Abs. 2).

Die Niederschrift ist nur dann vollständig, wenn sie alle Punkte enthält, die für die Gültigkeit der Beurkundung wesentlich sind. Hierzu gehören im vorliegenden Fall die Feststellung, daß der Erblasser nach der Überzeugung der Urkundsperson stumm oder sonst sprechverhindert ist, sowie ferner die Feststellung, daß der Erblasser die in Abs. 1 vorgesehene Erklärung eigenhändig niedergeschrieben hat.

In § 2243 Abs. 2 BGB. waren diese Feststellungen zwingend vorgeschrieben mit dem Ergebnis, daß bei ihrem Fehlen das Testament nichtig war. Das neue Gesetz hat die Bestimmung über die Feststellung zu einer Sollvorschrift abgeschwächt. Das bedeutet, daß die Überzeugung des Richters von der Sprechverhinderung sowie die Tatsache des eigenhändigen Niederschreibens nötigenfalls auch durch andere Beweismittel festgestellt werden können und das Fehlen der Feststellung in der Niederschrift die Gültigkeit des Testaments nicht berührt. Diese Milderung entspricht der Regelung in § 16 Abs. 1 Satz 2.

7 4. Keine besondere Genehmigung der Niederschrift durch den Erblasser (Abs. 2 Satz 2).

Die Niederschrift muß auch bei einem sprechverhinderten Erblasser vorgelesen und vom Erblasser und den mitwirkenden Personen unterschrieben werden (§ 16 Abs. 1, 4). Streng genommen müßte der Erblasser auch noch die Erklärung abgeben, daß er die Niederschrift genehmigt (§ 16 Abs. 1). Diese Genehmigung könnte aber wieder nur durch Abgabe einer schriftlichen Erklärung geschehen; nachdem der Erblasser bereits die in Abs. 1 vorgesehene Erklärung abgegeben hat, erschien eine solche zweite Erklärung entbehrlich. Daher bestimmt Abs. 2 Satz 2 ausdrücklich, daß die Niederschrift vom Erblasser nicht besonders genehmigt zu werden braucht.

§ 18.

Unkenntnis der deutschen Sprache.

(1) Ist der Erblasser nach der Überzeugung des Richters oder des Notars der deutschen Sprache nicht mächtig, so muß bei der Errichtung des Testaments ein vereidigter Dolmetscher zugezogen werden. Auf den Dolmetscher sind die nach den §§ 7 bis 10 für einen Zeugen geltenden Vorschriften entsprechend anzuwenden.

(2) Die Niederschrift muß in die Sprache, in der sich der Erblasser erklärt, übersetzt werden. Die Übersetzung muß von dem Dolmetscher angefertigt oder beglaubigt und vorgelesen werden; die Übersetzung muß der Niederschrift als Anlage beigefügt werden.

(3) In der Niederschrift soll die Überzeugung des Richters oder des Notars, daß der Erblasser der deutschen Sprache nicht mächtig sei, festgestellt werden. Die Niederschrift muß den Namen des Dolmetschers und die Fest-

stellung enthalten, daß der Dolmetscher die Übersetzung angefertigt oder beglaubigt und sie vorgelesen hat. Der Dolmetscher muß die Niederschrift unterschreiben.

§ 18 entspricht dem § 2244 BGB.

Übersicht:

I. Voraussetzungen für die Zuziehung eines Dolmetschers (Abs. 1) 1
1. Unkenntnis der deutschen Sprache 1
2. Die Überzeugung des Richters oder Notars 2
3. Anwendbarkeit bei Nottestament und Erbvertrag 3
4. Gebühren und Auslagen 4

II. Der vereidete Dolmetscher 5
1. Die Ausschließungsgründe der §§ 7 bis 10 5
2. Beeidigung des Dolmetschers 6
3. Richter, Notar oder Überwachungsperson darf nicht zugleich Dolmetscher sein 7

III. Inhalt der Niederschrift (Absatz 3) 8
1. Feststellung der Überzeugung des Richters oder Notars über die Sprachunkenntnis des Erblassers 8
2. Bezeichnung des Dolmetschers 9
3. Feststellung über Anfertigung und Verlesung der Übersetzung 10
4. Unterschrift des Dolmetschers 11

IV. Die Übersetzung der Niederschrift (Abs. 2) 12
1. Herstellung oder Beglaubigung der Übersetzung 12
2. Verlesung d. Übersetzung 13
3. Beifügung der Übersetzung als Anlage z. Niederschrift 14

I. Voraussetzungen für die Zuziehung eines Dolmetschers (Abs. 1). 1

1. Unkenntnis der deutschen Sprache.

Wenn der Erblasser der deutschen Sprache nicht mächtig ist, so muß bei der Errichtung des Testaments ein vereideter Dolmetscher zugezogen werden. Eine Ausnahme hiervon gilt nur dann, wenn sowohl der Richter oder der beurkundende Notar als auch die etwa nach § 6 mitwirkenden Überwachungspersonen der fremden Sprache, in der der Erblasser sich erklärt, mächtig sind (§ 19).

Spricht der Erblasser zwar kein Hochdeutsch, aber Plattdeutsch, so ist er der deutschen Sprache mächtig; die Voraussetzungen für Anwendungen des § 18 sind in einem solchen Fall nicht gegeben. Versteht der Richter oder der Notar das Plattdeutsch nicht, so wird er einen geeigneten Mittelsmann zuziehen. Die Vorschriften des § 18 finden aber auf diesen Mittelsmann weder unmittelbar noch analog Anwendung. Der Mittelsmann braucht in der Niederschrift überhaupt nicht erwähnt zu werden.

2. Die Überzeugung des Richters oder Notars. 2

Nach § 2244 BGB. war der Zwang zur Zuziehung eines Dolmetschers bereits dann gegeben, wenn der Erblasser „erklärte", der deutschen Sprache nicht mächtig zu sein.

Nach Abs. 1 des obigen § 18 ist die Vorschrift dahin verschärft, daß die Zuziehung des Dolmetschers nur erfolgt, wenn der Erblasser nach der Überzeugung des Richters oder des Notars der deutschen Sprache nicht mächtig ist. Hierdurch soll verhindert werden, daß ein Erblasser aus unsachlichen Gründen den Gebrauch der deutschen Sprache ablehnt (Begründung DJ. S. 1254).

Hat der Richter oder der Notar sich geirrt, hat er z. B. einen Dolmetscher zugezogen, obwohl der Erblasser Deutsch versteht, oder hat er umgekehrt die Zuziehung eines Dolmetschers unterlassen, obwohl der Erblasser des Deutschen nur unzulänglich mächtig ist, so wird hierdurch die Gültigkeit des Testaments nicht berührt. Anders ist es nur, wenn der Richter oder der Notar sich nicht geirrt, sondern bewußt gegen die Vorschrift verstoßen hat, dann ist eine Mußvorschrift verletzt. Das Testament ist nichtig.

Hieran ändert sich auch nichts, wenn der Erblasser ausdrücklich auf die Zuziehung eines Dolmetschers verzichtet hat; denn § 18 Abs. 1 ist zwingenden Rechts und damit der Einwirkung des Erblassers entzogen.

3 3. Anwendbarkeit bei Nottestament und Erbvertrag.

Die zu 1 und 2 dargelegten Grundsätze gelten auch für das Nottestament vor dem Bürgermeister (§ 23). Sie gelten ferner für die Beurkundung eines Erbvertrags, wenn einer oder mehrere von den Beteiligten der deutschen Sprache nicht mächtig sind (§ 30). Das Dreizeugentestament des § 24 kann dagegen nicht unter Zuziehung eines Dolmetschers errichtet werden (§ 24 Abs. 3 Satz 3).

4 4. Gebühren und Auslagen.

Gibt der Erblasser seine Erklärung in einer fremden Sprache ab, so wird für die Beurkundung eine Zusatzgebühr in der Höhe der Hälfte der für die Beurkundung erwachsenen Gebühr bis zum Höchstbetrag von 50 DM. erhoben (KostO. § 53 Abs. 1). Diese Zusatzgebühr wird erhoben ohne Rücksicht darauf, ob ein Dolmetscher zugezogen wird oder nicht; sie gilt also sowohl für den Fall des § 18 wie für den des § 19.

Wird ein Dolmetscher zugezogen und zahlt der Richter oder der Notar dem Dolmetscher eine Vergütung, so hat der Erblasser diesen Betrag als Auslage zu erstatten; er wird nicht etwa auf die Zusatzgebühr nach § 53 Abs. 1 verrechnet (§§ 53 Abs. 2, 139 Nr. 4 KostO.).

5 **II. Der vereidete Dolmetscher.**

Auf den Dolmetscher sind die Vorschriften der §§ 7 bis 10 entsprechend anzuwenden und er muß vereidet sein. Nur bei der Testamentserrichtung zu Urkunde eines deutschen Konsuls ist die Beeidigung nicht zwingendes Erfordernis (vgl. oben S. 76 Fußnote 1).

Ein nach den Richtlinien des RJM. ermächtigter Übersetzer (vgl. § 2 der VO. zur Vereinfachung des Verfahrens auf dem Gebiet des Beurkundungsrechts vom 21. Oktober 1942, RGBl. I, 609, und AV. d. RJM. vom 21. Oktober 1942, DJ. 720) steht einem vereideten Dolmetscher nicht gleich. Wird ein solcher Übersetzer zugezogen und ist er nicht zugleich allgemein für gerichtliche oder notarische Angelegenheiten beeidigt, so muß er für den Sonderfall beeidigt werden (s. unten Bem. 6).

1. Die Ausschließungsgründe der §§ 7 bis 10.

Der Dolmetscher soll unparteiisch sein. Es darf als Dolmetscher nicht mitwirken: der Ehegatte des Erblassers oder derjenige, der mit dem Erblasser in gerader oder im zweiten Grade der Seitenlinie verwandt oder verschwägert ist (§ 7); ein Verstoß hiergegen macht das Testament nichtig. Als Dolmetscher soll ferner nicht mitwirken, wer zu dem Richter oder dem beurkundenden Notar in einem nahen Verwandtschafts- oder Schwägerschaftsverhältnis steht (§ 9); ein Verstoß hiergegen berührt jedoch die Gültigkeit des Testaments nicht, da § 9 nur eine Ordnungsvorschrift ist. Als Dolmetscher soll ferner nicht mitwirken, wer im Testament bedacht oder zum Testamentsvollstrecker ernannt wird, oder wer zu dem Bedachten oder Ernannten in einem nahen Verwandtschafts- oder Schwägerschaftsverhältnis steht (§ 8); ein Verstoß hiergegen bewirkt aber nur, daß die Zuwendung oder die Ernennung nichtig ist (§ 8 Abs. 2). Als Dolmetscher soll schließlich nicht mitwirken: ein Minderjähriger oder jemand, der als Hausangestellter oder Gehilfe im Dienst des Richters oder des Notars steht, oder bei dem ein anderer von den in § 10 aufgezählten Hinderungsgründe vorliegt; ein Verstoß berührt die Gültigkeit nicht, da § 10 nur eine Ordnungsvorschrift ist.

Auch eine Frau kann Dolmetscherin sein, vorausgesetzt, daß sie weder zum Erblasser noch zum Richter oder beurkundenden Notar in dem nach §§ 7, 9 unzulässigen Verwandtschafts- oder Schwägerschaftsverhältnis steht.

2. Beeidigung des Dolmetschers. 6

Der Dolmetscher muß (allgemein oder für den Sonderfall) beeidigt sein. Ist die allgemeine Beeidigung nur für gerichtliche Angelegenheiten vorgenommen, so muß der Notar, der einen solchen Dolmetscher zuzieht, ihn bei jeder Amtshandlung besonders beeidigen. Die sonst bei allgemeiner Beeidigung ausreichende Berufung auf den geleisteten Eid genügt hier nicht (vgl. Seybold-Hornig-Lemmens, Anm. III zu § 24 RNotO.). Auch die Beiziehung eines nach der AV. d. RJM. über Vereinfachung des Beurkundungsverfahrens vom 2. November 1942 (DJ. 720) ermächtigten Übersetzers macht die Beeidigung nicht überflüssig (s. oben Anm. 5). Die Beeidigung ist stets notwendig (Ausnahme Verfahren vor einem Konsul s. S. 76 Fußnote 1), auch wenn der Erblasser auf sie verzichten sollte; ein solcher Verzicht ist (in Abweichung von FGG. § 179) unbeachtlich (Ausnahme bei Verbindung eines Erbvertrags mit einem Ehevertrag; vgl. § 30 Bem. 13). Die Regelung des Dolmetscherwesens sowie der Beeidigung des Dolmetschers ist den Landesgesetzen überlassen. In Preußen gilt die Dolmetscherordnung vom 15. Februar 1928 (JMBl. 100), ferner § 10 der AV. vom 5. Februar 1900 (JMBl. 48), AV. vom 19. März 1901 (JMBl. 72), AV. vom 18. Juli 1907 (JMBl. 478).

Für den Notar gilt jetzt § 24 Abs. 3 RNotO.: „Die Notare sind befugt, zu einer Amtshandlung zugezogene Dolmetscher zu beeidigen" (vgl. Hilderscheid, DNotZ. 39, 24 mit Nachweisen). Über die Beeidigung kann eine besondere Niederschrift aufgenommen werden; erforderlich ist dies aber nicht. Am einfachsten ist es vielmehr, die Vornahme der Beeidigung unter Angabe der Eidesformel gleich in der Testamentsniederschrift festzustellen (vgl. Muster für Testament vor Bürgermeister oben S. 55). Vor der Abnahme des Eides ist über dessen Bedeutung zu belehren; über die Belehrung ist ein kurzer Vermerk in die Niederschrift aufzunehmen (§ 42a DOfNot.).

Die Eidesformel für den Dolmetscher lautet: „daß er treu und gewissenhaft übertragen werde" (GVG. § 189). Der Dolmetscher kann den Eid vor oder nach der Übertragung leisten (Hilderscheid, DNotZ. 39, 24 mit Nachweisen).

Bei einem Nottestament kann der Bürgermeister den Dolmetscher beeidigen (§ 23 Abs. 1 Satz 3; Muster oben S. 55).

3. Richter, Notar oder Überwachungsperson darf nicht zugleich Dolmetscher sein. 7

Der Dolmetscher gehört nicht zu den mitwirkenden Personen i. S. des § 12. Es ist also nicht notwendig, daß der Dolmetscher während der ganzen Verhandlung anwesend ist. Die Frage hat allerdings nur geringe Bedeutung, weil er nach § 18 doch auf alle Fälle bei dem größten Teil der Verhandlung zugegen sein muß.

Der Richter, der Notar oder die nach § 6 mitwirkenden Personen können nicht zugleich Dolmetscher sein.

Für das Gebiet der freiwilligen Gerichtsbarkeit ist zwar durch FGG. § 8, GVG. § 190 im allgemeinen gestattet, daß der Dienst des Dolmetschers auch von einem Urkundsbeamten der Geschäftsstelle wahrgenommen wird. Diese Vorschrift gilt aber weder für die Beurkundung von gewöhnlichen Rechtsgeschäften noch für die Beurkundung eines Testaments. Denn bei diesen Beurkundungsgeschäften hat der Dolmetscher die Aufgabe, zwischen dem Erblasser auf der einen Seite und den bei der Beurkundung mitwirkenden Personen auf der anderen Seite als unparteiischer Mittelsmann die sprachliche Verständigung herbeizuführen. Hieraus folgt, daß er eine von den mitwirkenden Personen verschiedene Person sein muß (AV. des Preuß. JM. vom 14. März 1900 — JMBl. 80 —, Planck[4] § 2444 Bem. 3 d, Schlegelberger, § 9 Bem. 11).

8 **III. Inhalt der Niederschrift (Abs. 3).**

Die Niederschrift wird in deutscher Sprache angefertigt (§ 13 Abs. 1). Zu dem Mindestinhalt, der in § 13 vorgeschrieben ist, treten die in § 18 Abs. 3 vorgesehenen Angaben hinzu. Ein Muster für eine solche Niederschrift ist abgedruckt oben S. 55. Vgl. auch oben Bem. 6.

1. Feststellung der Überzeugung des Richters oder Notars über die Sprachunkenntnis des Erblassers.

In der Niederschrift soll die Überzeugung des Richters oder Notars von der Sprachunkenntnis des Erblassers festgestellt werden. In § 2244 war dieser Satz eine Mußvorschrift; in § 18 Abs. 3 ist er zu einer Ordnungsvorschrift abgeschwächt, deren Verletzung die Gültigkeit des Testaments nicht berührt. Hat der Richter oder Notar einen Dolmetscher zugezogen und dies gemäß Abs. 3 Satz 2 in der Niederschrift vermerkt, so spricht eine tatsächliche Vermutung dafür, daß die Urkundsperson der Überzeugung war, der Erblasser sei der deutschen Sprache nicht mächtig gewesen; denn welcher andere vernünftige Grund sollte die Urkundsperson bestimmt haben, einen Dolmetscher zuzuziehen?

9 2. Bezeichnung des Dolmetschers.

Die Niederschrift muß den Namen des Dolmetschers enthalten. In diesem Punkt hat § 18 an der zwingenden Vorschrift des § 2244 BGB. festgehalten. Dies ergab sich aus dem inneren Zusammenhang mit der gleichartigen Vorschrift in § 13 Abs. 2 Nr. 2. In der Tat ist es von wesentlicher Bedeutung, daß unter Umständen bei Streitigkeiten der Dolmetscher als Zeuge für die Richtigkeit seiner Übertragung mitherangezogen werden kann. Wegen der Art der Bezeichnung wird auf § 13 Bem. 11 verwiesen. Eine Angabe, ob die Urkundsperson den Dolmetscher kennt und ob und wie sie sich über seine Persönlichkeit vergewissert hat, ist nicht vorgeschrieben, aber zweckmäßig.

10 3. Feststellungen über Anfertigung und Verlesung der Übersetzung.

Die Niederschrift muß die Feststellung enthalten, daß der Dolmetscher eine Übersetzung der Niederschrift angefertigt oder beglaubigt und die Übersetzung vorgelesen hat. Durch diese Feststellung soll bewiesen werden, daß die in dieser Hinsicht in § 18 Abs. 2 aufgestellten Erfordernisse erfüllt sind.

4. Unterschrift des Dolmetschers. 11

Die Niederschrift muß nach § 16 vorgelesen, vom Erblasser genehmigt und von ihm eigenhändig unterschrieben werden. Die Niederschrift muß nach § 16 Abs. 4 von den mitwirkenden Personen unterschrieben werden. In Ergänzung hierzu schreibt § 18 Abs. 3 Satz 2 vor, daß auch der Dolmetscher die Niederschrift unterschreiben muß. Diese Unterschrift muß in Gegenwart der mitwirkenden Personen geleistet werden (§ 12). Fehlt die Unterschrift, so ist das Testament nichtig.

IV. Die Übersetzung der Niederschrift (Absatz 2). 12

1. Herstellung oder Beglaubigung der Übersetzung.

Nach § 16 muß der Erblasser die Niederschrift genehmigen. Da die Niederschrift in deutscher Sprache abgefaßt ist (§ 13 Abs. 1), kann der Erblasser die Niederschrift nur verstehen, wenn sie ihm vorher übersetzt worden ist. § 18 Abs. 2 schreibt zwingend vor, daß eine schriftliche Übersetzung der Niederschrift anzufertigen ist. Sie kann von dem Dolmetscher oder von einem anderen angefertigt werden; in letzterem Fall hat der Dolmetscher die Übersetzung zu beglaubigen; dies gilt auch dann, wenn die Übersetzung etwa von einem nach der AV. d. RJM. vom 2. November 1942 (DJ. 720) ermächtigten Übersetzer gefertigt ist. Hat der Dolmetscher die Übersetzung angefertigt, so braucht er sie nicht zu unterschreiben. In der Niederschrift ist festzustellen, daß die Übersetzung vom Dolmetscher angefertigt oder beglaubigt ist.

2. Verlesung der Übersetzung. 13

In § 18 Abs. 2 Satz 2 ist zwingend vorgeschrieben, daß der Dolmetscher die Übersetzung zu verlesen hat (§ 16 Abs. 1 Satz 1). Die Verlesung muß durch den Dolmetscher selbst erfolgen; die Verlesung durch den Richter, den Notar oder durch eine andere mitwirkende Person ist unzulässig. In der Niederschrift muß festgestellt werden, daß der Dolmetscher die Übersetzung verlesen hat (Abs. 3).

3. Beifügung der Übersetzung als Anlage zur Niederschrift. 14

Die Übersetzung muß der Niederschrift als Anlage beigefügt werden. Nach § 28 Abs. 2 DOfNot. sind Anlagen, die einen Teil der Niederschriften bilden, mit dieser zu verbinden. Ein Verstoß gegen diese Ordnungsvorschrift berührt jedoch die Gültigkeit des Testaments nicht. Daß die Übersetzung einen Teil der Niederschrift bildet, ergibt sich schon daraus, daß gemäß § 18 Abs. 3 in der Niederschrift auf die Übersetzung hingewiesen werden muß.

Die Übersetzung wird nicht besonders unterschrieben. Die Unterschriften unter der Niederschrift erstrecken sich auf die der Niederschrift als Anlagen beigefügten Schriftstücke, demnach auch auf die Übersetzung.

Die Übersetzung wird gemäß § 20 zusammen mit der Niederschrift in einem Umschlag verschlossen und zur amtlichen Verwahrung abgeliefert.

§ 19.

Niederschrift in fremder Sprache.

(1) Sind sämtliche mitwirkenden Personen nach der Überzeugung des Richters oder des Notars der Sprache, in der sich der Erblasser erklärt, mächtig, so ist die Zuziehung eines Dolmetschers nicht erforderlich.

(2) Unterbleibt die Zuziehung eines Dolmetschers, so muß die Niederschrift in der fremden Sprache aufgenommen werden und die Überzeugung des Richters oder des Notars feststellen, daß die mitwirkenden Personen der fremden Sprache mächtig seien. In der Niederschrift soll die Überzeugung des Richters oder des Notars, daß der Erblasser der deutschen Sprache nicht mächtig sei, festgestellt werden. Eine deutsche Übersetzung der Niederschrift soll als Anlage beigefügt werden.

§ 19 entspricht dem § 2245 BGB.

Übersicht:

I. Fremdsprachiges Testament ohne Dolmetscher 1
II. Die Niederschrift in fremder Sprache 2
1. Abfassung der Niederschrift 2
2. Inhalt der Niederschrift 3
3. Beifügung einer deutschen Übersetzung 4

1 **I. Fremdsprachiges Testament ohne Dolmetscher.**

Ist der Erblasser nach der Überzeugung des Richters oder des Notars der deutschen Sprache nicht mächtig, so muß an sich gemäß § 18 bei der Testamentserrichtung ein Dolmetscher zugezogen werden. Nach obigem § 19 kann ausnahmsweise die Zuziehung des Dolmetschers unterbleiben, wenn sämtliche mitwirkenden Personen der fremden Sprache, deren sich der Erblasser bedient, mächtig sind.

Unter den mitwirkenden Personen sind zu verstehen: Der Richter oder der beurkundende Notar, ferner, wenn Überwachungspersonen zugezogen werden, der Urkundsbeamte der Geschäftsstelle oder der zweite Notar oder die beiden Zeugen. Werden keine Überwachungspersonen zugezogen, so ist der Richter oder der Notar die einzige mitwirkende Person.

Nach § 2245 BGB. genügte es, wenn die mitwirkenden Personen „ihrer Versicherung nach" der fremden Sprache mächtig waren. Um zu verhindern, daß die Vorschrift mißbräuchlich angewendet wird, macht die neue Vorschrift die Anwendbarkeit davon abhängig, daß die mitwirkenden Personen „nach der Überzeugung des Richters oder des Notars" die fremde Sprache beherrschen.

Die Voraussetzungen sind hier also in derselben Weise verschärft, wie in § 18, der ja ebenfalls darauf abstellt, daß der Erblasser „nach der Überzeugung des Richters oder des Notars" der deutschen Sprache nicht mächtig ist.

Sind die Voraussetzungen des § 19 Abs. 1 gegeben, „so ist die Zuziehung eines Dolmetschers nicht erforderlich." Es ist also dem Richter und dem Notar freigestellt, ob er das Testament nach der Regelform des § 18 mit Hilfe eines Dolmetschers oder nach der besonderen Form des § 19 ohne Dolmetscher errichten will. Die Gebühren des Richters oder des Notars sind in beiden Fällen gleich hoch: In § 53 KostO. heißt es: „Gibt ein Beteiligter die zu beurkundende Erklärung in einer fremden Sprache ab, so wird für die Beurkundung eine Zusatzgebühr in Höhe der Hälfte der für die Beurkundung erwachsenden Gebühr bis zum Höchstbetrag von 50 DM. erhoben." Hierbei macht es keinen Unterschied, ob ein Dolmetscher zugezogen wird oder nicht. Die Testamentserrichtung nach § 18 ist nur insofern teurer, als der Erblasser hier noch die Kosten für den Dolmetscher zu tragen hat, während diese Kosten bei § 19 wegfallen; diese Kosten sind aber in der Regel nur gering und haben keine ausschlaggebende Bedeutung.

II. Die Niederschrift in fremder Sprache. 2

1. Abfassung der Niederschrift.

Nach § 13 Abs. 1 muß an sich über die Errichtung des Testaments eine Niederschrift in deutscher Sprache aufgenommen werden. In Abweichung hiervon bestimmt § 19 Abs. 2, daß bei dem Testament eines Sprachfremden, das ohne Zuziehung eines Dolmetschers errichtet wird, die Niederschrift in der fremden Sprache aufgenommen werden muß. Diese Vorschrift ist zwingend. Wird also in einem solchen Falle die Niederschrift in deutscher Sprache aufgenommen, ohne daß ein Dolmetscher mitwirkt, so ist das Testament nichtig.

Die Vorschrift erklärt sich aus der Notwendigkeit, daß der Erblasser die Niederschrift verstehen muß; nur wenn die Niederschrift in der Sprache abgefaßt wird, die der Erblasser selbst beherrscht, hat dieser die Gewähr dafür, daß der Inhalt seinen letzten Willen richtig wiedergibt. Ein Muster für eine solche Niederschrift ist abgedruckt oben S. 56.

2. Inhalt der Niederschrift. 3

Außer dem in § 13 Abs. 2 vorgesehenen Mindestinhalt soll die in fremder Sprache abgefaßte Niederschrift die Überzeugung des Richters oder des Notars feststellen, daß der Erblasser der deutschen Sprache nicht mächtig sei (§ 19 Abs. 2 Satz 2). Nach § 2245 BGB. gehörte diese Feststellung zu den Wesenserfordernissen des Testaments, in obigem § 19 ist sie (ebenso wie in § 18 Abs. 3) zu einem Soll-Erfordernis abgeschwächt. Aus dem Umstand, daß der Richter oder der Notar die Niederschrift in der fremden Sprache abfaßt, geht mit genügender Deutlichkeit hervor, daß die Urkundsperson der Meinung war, daß der Erblasser des Deutschen nicht mächtig sei.

Die Niederschrift ist damit noch nicht vollständig. Durch zwingende Vorschrift ist weiter bestimmt, daß die Niederschrift die Überzeugung des Richters oder des Notars feststellen muß, daß die mitwirkenden Personen der fremden Sprache mächtig seien. In diesem Punkt hat das neue Gesetz an der zwingenden Regel festgehalten, da es in der Tat in einem solchen Falle für den Wert des Testaments von entscheidender Bedeutung ist, daß die mitwirkenden Personen (wenigstens nach der Überzeugung der Urkundsperson) die fremde Sprache verstehen. Die Feststellung ist auch dann erforderlich, wenn keine Zeugen zugezogen werden, der Richter oder Notar also die einzige mitwirkende Person ist. Fehlt die Feststellung, so ist das Testament unwirksam. Ist die Feststellung getroffen, aber nachweisbar unrichtig, etwa weil ein zugezogener Zeuge zwar eine andere, nicht aber die fremde Sprache, in der die Niederschrift aufgenommen ist, versteht, so hängt die Gültigkeit des Testaments davon ab, ob die Zuziehung der Person, bei der der Mangel gegeben ist, zwingend vorgeschrieben ist oder nicht und, wenn sie vorgeschrieben ist, auch davon, ob auch nachgewiesen werden kann, daß der Richter oder Notar den Mangel erkannte und die Feststellung vorschriftswidrig entgegen seiner Überzeugung getroffen hat.

Die Niederschrift muß nach § 16 vorgelesen, vom Erblasser genehmigt und von ihm und den mitwirkenden Personen unterzeichnet werden. Sie wird nach § 20 in einen Umschlag genommen und zur Verwahrung abgeliefert. Die Aufschrift auf dem Testamentsumschlag wird nicht in der fremden Sprache, sondern in deutscher Sprache abgefaßt; dies ist schon deshalb nötig, damit der Beamte, der gemäß AV. vom 15. Juni 1939 (oben S. 35) die Benachrichtigung des Standesbeamten des Geburtsorts des Erblassers vorzunehmen hat, die Vermerke auf dem Umschlag versteht.

4 3. Beifügung einer deutschen Übersetzung.

Durch die Ordnungsvorschrift des § 19 Abs. 2 Satz 3 ist bestimmt, daß der Niederschrift eine deutsche Übersetzung als Anlage beigefügt werden soll. Das Fehlen der Übersetzung macht das Testament nicht ungültig.

Wer die Übersetzung anfertigt, ist dem Ermessen des Richters oder des Notars überlassen. Es ist nicht nötig, daß sie durch einen beeidigten Dolmetscher angefertigt wird. Der Richter oder Notar kann sie auch selbst fertigen. Die Übersetzung wird dadurch, daß sie der Niederschrift als Anlage beigefügt wird, zu einem Bestandteil der Niederschrift und ist daher gemäß § 16 mit zu verlesen. Sie braucht aber nicht besonders unterschrieben zu werden, da die Unterschriften unter der Niederschrift die darin erwähnten Anlagen mit decken. Die Übersetzung wird gemäß § 20 in den Testamentsumschlag mit aufgenommen und bleibt demgemäß bei dem Testament auch während der amtlichen Verwahrung.

Wird das Testament später von einem Richter eröffnet, der die fremde Sprache nicht versteht (§§ 40, 41), so kann der Richter aus der Übersetzung ersehen, welchen Inhalt das von ihm zu verkündende Testament hat. Schon deshalb entspricht es den Belangen aller Beteiligten, daß die Ordnungsvorschrift über die Beifügung der Übersetzung stets beachtet wird.

Für die Erteilung von Ausfertigungen oder Abschriften ist § 3 der AV. vom 21. Oktober 1942 (RGBl. I, 609) maßgebend, vorausgesetzt, daß Richtigkeit und Vollständigkeit der Übersetzung von einem nach den Richtlinien des RJM. ermächtigten Übersetzer bescheinigt sind.

§ 20.

Verschließung und Verwahrung des Testaments.

(1) Der Richter oder der Notar soll die Niederschrift über die Errichtung des Testaments mit den Anlagen, insbesondere im Falle der Errichtung durch Übergabe einer Schrift mit dieser Schrift, in Gegenwart der übrigen mitwirkenden Personen und des Erblassers in einen Umschlag nehmen und diesen mit dem Amtssiegel verschließen. Der Richter oder der Notar soll das Testament auf dem Umschlag nach der Person des Erblassers sowie nach der Zeit der Errichtung näher bezeichnen und diese Aufschrift unterschreiben.

(2) Der Richter oder der Notar soll veranlassen, daß das so verschlossene Testament unverzüglich in besondere amtliche Verwahrung gebracht wird (§§ 37, 38). Dem Erblasser soll über das in Verwahrung genommene Testament ein Hinterlegungsschein erteilt werden.

§ 20 entspricht dem § 2246 BGB.

Übersicht:

I. Bedeutung der Vorschrift 1
1. Zweck der Vorschrift 1
2. Entsprechende Anwendung bei anderen Verfügungen von Todes wegen 2
3. Rückgabe aus der amtlichen Verwahrung 3

II. Die Verschließung der Niederschrift (Abs. 1) 4
1. Die Einlegung der Schriftstücke 4
2. Die Aufschrift auf dem Umschlag 5
3. Die Versiegelung des Umschlags 6

III. Die Ablieferung zur besonderen amtlichen Verwahrung (Abs. 2) 7
1. Die besondere amtliche Verwahrung 7
2. Der Hinterlegungsschein und die Empfangsbescheinigung für den Notar 8
3. Der Vermerk in den Akten des Notars oder des Gerichts 9
4. Kosten 10

I. Bedeutung der Vorschrift. 1

1. Zweck der Vorschrift.

Die Urschriften der notarischen Urkunden bleiben, soweit sie in der Form einer Niederschrift verfaßt sind, in der Regel in der Verwahrung des Notars (DOfNot. § 15). In Abweichung hiervon bestimmt § 20 des Gesetzes, daß der Richter oder der Notar die Niederschrift über die Testamentserrichtung zu verschließen und zur besonderen amtlichen Verwahrung abzuliefern hat. Der Notar behält einen Vermerk über die Testamentserrichtung für seine Urkundensammlung zurück (DOfNot. § 16 Abs. 3). Auf Wunsch des Erblassers kann der Notar auch eine einfache oder beglaubigte Abschrift des Testaments zurückbehalten (vgl. § 31 Bem. 3); hierüber und über seine Pflicht zur Aufbewahrung einer in einem Umschlag verschlossenen beglaubigten Abschrift siehe unten Bem. 9.

Die besondere amtliche Verwahrung ist so geregelt, daß der bestmögliche Schutz gegen Verlust oder Beschädigung der Urkunde gewährt wird (vgl. §§ 37, 38).

Sobald das Testament in Verwahrung genommen wird, erhält der Standesbeamte des Geburtsorts des Erblassers Nachricht von der Testamentsverwahrung; dieser Standesbeamte erhält anderseits Nachricht vom Tode des Erblassers und gibt die Todesnachricht an das Verwahrungsgericht weiter; auf diese Weise wird erreicht, daß das Testament nicht in Vergessenheit gerät, sondern alsbald nach dem Tode des Erblassers eröffnet wird (AV. des RJM. vom 15. Juni 1939, DJ. 1078, abgedruckt oben S. 35ff.

§ 20 ist eine Ordnungsvorschrift. Die Gültigkeit des Testaments wird nicht berührt, wenn die Vorschrift nicht beachtet werden sollte. Der Richter oder der Notar ist aber verpflichtet, der Vorschrift des § 20 nachzukommen, und zwar auch dann, wenn der Erblasser auf Einhaltung der Vorschrift des § 20 verzichten sollte. Vgl. jedoch § 33 Bem. 8 über Rückgabe der Urkunde an den Erblasser vor Ablieferung zur amtlichen Verwahrung bei sofortigem Widerruf.

2. Entsprechende Anwendung bei anderen Verfügungen von Todes wegen. 2

§ 20 bezieht sich auf das öffentliche Testament vor Richter oder Notar. Die Vorschrift gilt entsprechend für das vor dem Bürgermeister errichtete Nottestament des § 23. Für den Erbvertrag gilt § 20 nur, wenn die Vertragschließenden nicht etwas anderes verlangen (§ 31 Abs. 1). Das eigenhändige Testament wird nur auf Verlangen des Erblassers in amtliche Verwahrung genommen (§ 22).

Die militärischen Testamente werden in der Regel beim Oberkommando der Wehrmacht verwahrt (§ 3 des Gesetzes vom 24. April 1934, RGBl. I, 353, und § 3 der DVO. hierzu vom 3. Februar 1936, RGBl. I, 99; das Gesetz und die DVO. sind oben S. 60 ff. abgedruckt).

Die vor einem deutschem Konsul errichteten Testamente werden in der Regel vom Amtsgericht Berlin aufbewahrt (§ 16a des Gesetzes vom 14. Mai 1936, RGBl. I, 477, abgedr. oben S. 72).

3 3. Rückgabe aus der amtlichen Verwahrung.

Wird ein vor einem Richter oder Notar errichtetes Testament aus der amtlichen Verwahrung zurückgenommen, so gilt das Testament als widerrufen (§ 34 Abs. 1); dasselbe gilt für ein vor dem Bürgermeister errichtetes Nottestament (§§ 23, 34). Auch ein eigenhändiges Testament ist dem Erblasser jederzeit auf Verlangen aus der amtlichen Verwahrung zurückzugeben; beim eigenhändigen Testament gilt aber die Rückgabe nicht als Widerruf (§ 34 Abs. 3).

4 **II. Die Verschließung der Niederschrift (Abs. 1).**

1. Die Einlegung der Schriftstücke.

Der Richter oder der Notar soll die Niederschrift über die Testamentserrichtung mit den Anlagen in einen Umschlag nehmen und diesen versiegeln. Bei dieser Einlegung und Versiegelung sollen der Erblasser und die Überwachungspersonen zugegen sein.

Als Anlagen kommen in Betracht: die vom Erblasser gemäß § 11 offen oder verschlossen übergebene Schrift, die in §§ 18, 19 erwähnte Übersetzung und die in § 17 vorgesehene schriftliche Erklärung eines Sprechverhinderten.

Über Rückbehalt einer beglaubigten Abschrift durch den Notar siehe unten Bem. 9.

5 2. Die Aufschrift auf dem Umschlag.

Der Richter oder der Notar soll das Testament auf dem Umschlag nach der Person des Erblassers sowie nach der Zeit der Errichtung näher bezeichnen und diese Aufschrift unterschreiben (§ 20 Abs. 1 Satz 2). Sollte der Richter oder der Notar es versäumt haben, in der Niederschrift den Tag der Verhandlung anzugeben, so kann die Zeitangabe u. U. durch die Angabe auf dem Umschlag ersetzt werden (§ 13 Abs. 4 und Bem. 8 zu § 13).

Hierzu schreibt die AV. vom 15. Juni 1939, DJ. 1078, abgedruckt oben S. 36 ff., noch folgendes vor; der Richter oder der Notar soll auf dem Umschlag angeben: die Vornamen und den Familiennamen des Erblassers, bei Frauen auch den Geburtsnamen, bei sog. Sammelnamen wie Müller und Schulze auch die Namen der Eltern; ferner Geburtstag und Geburtsort des Erblassers sowie Stand, Wohnort, Wohnung und Staatsangehörigkeit des Erblassers. Diese Angaben sollen es dem Verwahrungsbeamten ermöglichen, den Standesbeamten des Geburtsorts von der Testamentserrichtung zu benachrichtigen. Im Geltungsbereich der AV. vom 15. Juni 1939 ist für den Umschlag ein Vordruck von bestimmter Größe vorgeschrieben.

Der Richter oder Notar braucht die Aufschrift auf dem Umschlag nicht persönlich anzufertigen; er soll sie aber unterschreiben (§ 20 Abs. 1 Satz 3 und Bem. 8 zu § 13).

Über den Umschlag bei gemeinschaftlichen Testamenten und Erbverträgen siehe AV. d. RJM. vom 19. Mai 1943, Dt. Just. 287.

6 3. Die Versiegelung des Umschlags.

Nach § 20 Abs. 1 Satz 1 soll der Richter oder der Notar den Umschlag „mit dem Amtssiegel verschließen". Es genügt nicht, daß der Umschlag mit einem Stempel oder mit einer Papiermarke versehen wird; diese bieten keinen genügenden Schutz gegen eine heimliche Öffnung. Der Umschlag ist vielmehr zu versiegeln. Als Stoff zum Siegeln wird in der Regel Siegellack verwendet, in den der Richter oder der Notar das amtliche Prägesiegel eindrückt. Dem Erblasser steht es frei, auch sein persönliches Siegel beizudrücken. Steht dem Notar Siegellack nicht zur Verfügung, so kann, da der Verschluß des Testaments in einem Umschlag als ein „zur Herstellung" der Urkunde gehörendes Erfordernis anzusehen ist, gemäß § 1 der VO. über die Siegelung gerichtlicher und notarischer Urkunden vom 10. Mai 1944 (RGBl. I S. 117) bis auf weiteres auch der Farbdruckstempel verwendet werden. Zweckmäßig geschieht dies in der Weise, daß der Stempel mindestens zweimal auf den Verschluß des Testamentsumschlags aufgedruckt wird (s. DNotZ. 1944, 184).

Das Siegel wird erst bei der Testamentseröffnung geöffnet. In der Niederschrift über die Testamentseröffnung ist festzustellen, ob der Verschluß unversehrt war (§ 40 Abs. 3).

III. Die Ablieferung zur besonderen amtlichen Verwahrung (Abs. 2). 7

1. Die besondere amtliche Verwahrung.

Die amtliche Verwahrung der Testamente wird als „besondere" Verwahrung bezeichnet, weil sie mit besonderen Sicherungsmaßnahmen zum Schutz der Urkunde gegen Verlust oder Beschädigung ausgestattet ist (vgl. §§ 37, 38). Die Regelung der näheren Einzelheiten war im BGB. den Landesgesetzen überlassen. Das neue Gesetz hat in den §§ 37, 38 die landesgesetzlichen Vorschriften beseitigt und durch eine einheitliche Regelung ersetzt. Zuständig ist das Amtsgericht.

Der Richter oder Notar soll veranlassen, daß das Testament unverzüglich in die amtliche Verwahrung gebracht wird (§ 20 Abs. 2 Satz 1; DOfNot. § 16 Abs. 1). Hat sich allerdings der Erblasser gleich nach der Errichtung des Testaments, also noch vor dessen Ablieferung an das Gericht, zum Widerruf entschlossen, so erscheint der Notar berechtigt, dem Erblasser die Urkunde zur sofortigen Vernichtung auszuhändigen, statt sie dem Gericht abzuliefern (DNotZ. 34, 27 und Boehmer in DNotZ. 40, 140; vgl. auch Bem. 3 zu § 34).

2. Der Hinterlegungsschein und die Empfangsbescheinigung für den Notar. 8

Dem Erblasser soll über das in Verwahrung genommene Testament ein Hinterlegungsschein erteilt werden (§ 20 Abs. 2 Satz 2). Der Hinterlegungsschein besteht in einer wörtlichen Abschrift des Eintragungsvermerks im Verwahrungsbuch (Aktenordnung § 27 Abs. 6 in der Fassung des AV. vom 4. August 1938, abgedr. oben S. 28 ff.

Der Hinterlegungsschein wird dem Erblasser, nicht etwa dem Notar erteilt. Wenn der Erblasser das Testament aus der amtlichen Verwahrung zurücknehmen will, hat er den Hinterlegungsschein vorher zurückzugeben (Aktenordn. § 27 Abs. 6 Satz 5). Der Hinterlegungsschein wird sich in der Regel nach dem Tode des Erblassers unter dessen Papieren vorfinden; die Erben können dann aus ihm ersehen, bei welchem Gericht sich ein Testament des Erblassers in Verwahrung befindet.

Bringt ein Notar ein Testament oder einen Erbvertrag gemäß §§ 20, 31 des Gesetzes zur besonderen amtlichen Verwahrung, so hat ihm die Geschäftsstelle des Verwahrungsgerichts auf Verlangen den Empfang zu bescheinigen (Aktenordnung § 27 Abs. 6 Satz 4).

3. Der Vermerk in den Akten des Notars oder des Gerichts. 9

Über jede Verfügung von Todes wegen hat der Notar einen Vermerk für seine Urkundensammlung anzufertigen, der den Namen, Beruf und Wohnort des Erblassers und des zweiten Notars oder der Urkundszeugen sowie Angaben darüber enthält, in welcher Form (§ 11 des Gesetzes) die Verfügung von Todes wegen errichtet ist. Auf das Vermerkblatt ist die Nummer der Urkundenrolle und die nach § 154 Abs. 3 KostO. zurückbehaltende Abschrift der Kostenberechnung zu setzen (DOfNot. § 16 Abs. 3 in der Fassung vom 25. April 1939, DJ. 699). Das Vermerksblatt wird in der Urkundensammlung des Notars mitaufbewahrt (DOfNot. § 20).

Wird das Testament vom Richter beurkundet, so wird hierüber ein ähnlicher Vermerk zu den Testamentsakten zu nehmen sein (vgl. § 27 Abs. 2 der Aktenordnung in der Fassung der AV. vom 4. August 1938, DJ. 1259, abgedruckt oben S. 28ff.).

Durch den letzten Krieg hat sich gezeigt, daß die mit der besonderen amtlichen Verwahrung verknüpften Sicherungsmaßnahmen noch kein ausreichender Schutz vor Zerstörung oder Verlust sind. Aus diesem Anlaß ist die AV. des RJM. vom 22. November 1943 ergangen, welche vorsieht, daß auf Verfügung des Oberlandesgerichtspräsidenten Verfügungen von Todes wegen vom Verwahrungsgericht bei einem anderen Gericht (Aufnahmegericht) untergebracht werden können. Außerdem schreibt die AV. in ihrem § 6 vor, daß der Richter oder Notar von der von ihm errichteten Verfügung von Todes wegen eine beglaubigte Abschrift zurück zu behalten hat, es sei denn, daß die Verfügung von Todeswegen durch Übergabe einer verschlossenen Schrift errichtet ist. Auf der Niederschrift ist die Zurückbehaltung zu vermerken. Die zurückzubehaltende beglaubigte Abschrift ist in einen besonderen Umschlag zu nehmen. Auf ihm ist zu vermerken, daß er die beglaubigte Abschrift der näher zu bezeichnenden Verfügung von Todes wegen enthält. Der Vermerk ist vom Richter oder Notar zu unterzeichnen; der Umschlag ist mit dem Amtssiegel zu verschließen und an möglichst sicherem Orte zu verwahren. Im Urkundenverzeichnis bzw. in der Urkundenrolle ist zu vermerken, wo die Abschrift aufbewahrt wird. Nach der Eröffnung ist die Abschrift an das Eröffnungsgericht abzugeben. Das Eröffnungsgericht hat den Richter oder Notar, der die Beurkundung vorgenommen hat, von der Eröffnung zu benachrichtigen. Durch die AV. des RJM. vom 24. Juni 1944 ist auch noch Vorsorge dafür getroffen, daß bei der Rückgabe eines Testaments aus der besonderen amtlichen Verwahrung der Richter oder Notar vom Verwahrungsgericht von der Rücknahme zu benachrichtigen ist. Der Richter oder Notar hat die Rücknahme auf der bei ihm verbliebenen beglaubigten Abschrift zu vermerken und die beglaubigte Abschrift, soweit dies ohne besondere Schwierigkeiten möglich st. dem Erlasser zurückzugeben.

Die erwähnten allgemeinen Verfügungen des RJM. sind oben S. 57 abgedruckt.

10 4. Kosten.

Für die **Beurkundung** eines **Testaments** wird die volle Gebühr, für die Beurkundung eines Erbvertrags das Doppelte der vollen Gebühr erhoben. Wird über den gesamten Nachlaß oder über einen Bruchteil davon verfügt, so ist der Gebührenberechnung der Wert des nach Abzug der Verbindlichkeiten verbleibenden reinen Vermögens oder der Wert des entsprechenden Bruchteils des reinen Vermögens zugrunde zu legen. Vermächtnisse, Pflichtsteilsrechte und Auflagen werden nicht abgezogen; der Berechnung der Gebühren sind in der Regel die Angaben des Verfügenden über den Geschäftswert zugrunde zu legen, vorbehaltlich späterer Nachforderung (KostO. § 40).

Für die amtliche Verwahrung einer Verfügung von Todes wegen wird bei der Annahme ein Viertel der vollen Gebühr erhoben. Dieselbe Gebühr wird für die Rückgabe erhoben (KostO. § 93). Die vorerwähnten Vorschriften über die Wertberechnung sind entsprechend anzuwenden (KostO. § 95, § 40 Abs. 4).

§ 21.

Eigenhändiges Testament.

(1) Der Erblasser kann ein Testament in ordentlicher Form durch eine eigenhändig geschriebene und unterschriebene Erklärung errichten.

(2) Es ist nicht notwendig, aber rätlich, daß der Erblasser in der Erklärung angibt, zu welcher Zeit (Tag, Monat und Jahr) und an welchem Orte er sie niedergeschrieben hat.

(3) Die Unterschrift soll den Vornamen und den Familiennamen des Erblassers enthalten. Unterschreibt der Erblasser in anderer Weise, etwa lediglich mit dem Vornamen oder durch Angabe der Familienstellung, und reicht diese Unterzeichnung zur Feststellung der Urheberschaft des Erblassers und der Ernstlichkeit seiner Erklärung aus, so steht eine solche Unterzeichnung der Gültigkeit des Testaments nicht entgegen.

(4) Wer minderjährig ist oder Geschriebenes nicht zu lesen vermag, kann ein Testament nicht nach obigen Vorschriften errichten.

(5) Enthält ein nach Abs. 1 errichtetes Testament keine Angabe über die Zeit der Errichtung und ergeben sich hieraus Zweifel über seine Gültigkeit (etwa weil der Erblasser während einer gewissen Zeit wegen Entmündigung testierunfähig war oder weil er mehrere einander widersprechende Testamente hinterlassen hat), so ist das Testament nur dann als gültig anzusehen, wenn sich die notwendigen Feststellungen über die Zeit der Errichtung anderweit treffen lassen. Dasselbe gilt entsprechend für ein Testament, das keine Angabe über den Ort der Errichtung enthält.

§ 21 Abs. 1 entspricht dem § 2231 Nr. 2 BGB.; § 21 Abs. 4 entspricht dem § 2247 BGB.; die Absätze 2, 3 und 5 sind neu.

Goetz, Rechtsvergleichende Untersuchungen über die Form des eigenhändigen Testaments, unter Berücks. des franz., schweizer. und österr. Rechts (Jenaer Diss.). Bleicherode 38. — Roth, DNotZ. 38, 281. Rechtsform und Rechtsformalismus.

Übersicht:

I. Allgemeines 1
1. Vergleich des alten und des neuen Rechts 1
2. Die gesetzliche Regelung des eigenhändigen Testaments 2
II. Die eigenhändig geschriebene und unterschriebene Erklärung (Abs. 1) 3
1. Eigenhändiges Niederschreiben 4
2. Äußere Form und Stoff der Urkunde 5
3. Sprache und Schriftzeichen 6
4. Angabe des Orts und der Zeit der Errichtung des Testaments 7
5. Die Unterschrift des Erblassers (§ 3) 8
6. Spätere Zusätze 9
III. Ausschluß des Minderjährigen und des Lesensunkundigen (Absatz 4) 10
1. Minderjährigkeit 10
2. Unvermögen, Geschriebenes zu lesen 11
IV. Beweislast 12
1. Beweiswert des eigenhändigen Testaments 12
2. Beweis von Ort und Zeit 13
a) Das Testament ist datiert 13
b) Das Testament ist nicht mit einer Zeitangabe versehen (Abs. 5) 13
c) Das Testament ist nicht mit einer Ortsangabe versehen (Abs. 5 Satz 2) 14

1 **I. Allgemeines.**

1. Vergleich des alten und des neuen Rechts.

Das eigenhändige Testament abzuschaffen, wäre trotz der mit ihm verbundenen Gefahren und Nachteile (vgl. Bem. 6 und 7 zu § 4, weiter Singer in DNotZ. 34, 482 sowie Weyer in DNotZ. 35, 348) ein Rückschritt gewesen. Auch der Erbrechtsausschuß der AkDR. hat sich mit eingehender Begründung für dessen Beibehaltung ausgesprochen (Denkschr. S. 41ff.). Die Regelung des BGB. bedurfte aber in mancher Hinsicht der Verbesserung (vgl. v. Hippel, Formalismus und Rechtsdogmatik, dargestellt am Beispiel des eigenhändigen Testaments, Hamburg 1935; Vogels, AkDR. 35, 635; Lange Arch.-ZivPrax. 143, 99).

Nach § 2231 Nr. 2 BGB. konnte ein Testament errichtet werden „durch eine vom Erblasser unter Angabe des Orts und Tages eigenhändig geschriebene und unterschriebene Erklärung". Hierbei war also die Orts- und die Zeitangabe ein Wesenserfordernis des Testaments; fehlte diese Angabe oder war sie nicht eigenhändig geschrieben oder war sie unrichtig, so mußte das Testament als nichtig angesehen werden. Besonderes Aufsehen hat der Beschluß des Kammergerichts vom 3. Februar 1938 JFG. 17, 102 = DJ. 428 erregt, in dem das eigenhändige Testament eines Kaufmanns für nichtig erklärt wurde, weil der Erblasser einen Geschäftsbriefbogen mit vorgedruckter Ortsangabe verwendet hatte, ohne diese Ortsangabe handschriftlich zu wiederholen; im Schrifttum ist die Meinung vertreten worden, daß dieser Beschluß der damaligen Rechtslage entsprach (Boehmer, ZAkDR. 38, 264; KG. 2. Juni 1938, HRR. 1117); im Ergebnis war er aber durchaus unbefriedigend (v. Hippel, JW. 38, 625). Um eine Wiederholung solcher Fälle mit Sicherheit zu verhindern, bedurfte es einer Änderung des Gesetzes.

In dem obigen § 21 Abs. 2 ist jetzt ausdrücklich gesagt, daß die Orts- und Zeitangabe beim eigenhändigen Testament nicht mehr notwendig, sondern nur noch rätlich sind. Sie sind also nicht mehr Wesenserfordernis. Die Gültigkeit des Testaments wird nicht berührt, wenn die Orts- und die Zeitangabe nicht mit der Hand geschrieben, unrichtig oder überhaupt weggelassen sind.

Eine weitere Milderung besteht darin, daß nach Abs. 3 unter Umständen auch die bloße Unterzeichnung mit dem Vornamen oder durch Angabe der Familienstellung (z. B. „Euer Vater") genügt.

2. Die gesetzliche Regelung des eigenhändigen Testaments. 2

Außer den vorerwähnten Bestimmungen des § 21 sind noch folgende Rechtssätze über das eigenhändige Testament zu erwähnen:

Wer minderjährig ist, kann ein eigenhändiges Testament nicht errichten (§ 21 Abs. 4). Diese Beschränkung gilt nicht für das eigenhändige Militärtestament (s. unten § 27 Bem.). Ein eigenhändiges Testament kann ferner nicht errichten, wer Geschriebenes nicht zu lesen vermag (§ 21 Abs. 4).

Das eigenhändige Testament wird auf Verlangen des Erblassers in besondere amtliche Verwahrung genommen (§ 22). Die Rückgabe aus der amtlichen Verwahrung hat nicht die Bedeutung, daß das Testament widerrufen wird (§ 34 Abs. 3).

Ehegatten können ein gemeinschaftliches Testament errichten, und zwar auch in der Form des eigenhändigen Testaments (§ 28).

Das eigenhändige Testament ist ebenso wie das öffentliche Testament vor Richter oder Notar eine ordentliche Testamentsform (vgl. § 4 sowie § 21 Abs. 1). Während die Nottestamente nach § 26 nach einer gewissen Zeit von selbst ihre Gültigkeit verlieren, besteht für das eigenhändige Testament eine solche Zeitgrenze nicht.

Das öffentliche Testament hat die Kraft einer öffentlichen Urkunde; das eigenhändige Testament hat nur die Beweiskraft einer Privaturkunde (vgl. § 4 Bem. 6; ferner unten Bem. 12).

II. Die eigenhändig geschriebene und unterschriebene Erklärung (Abs. 1). 3

Das eigenhändige Testament besteht aus einer „eigenhändig geschriebenen und unterschriebenen Erklärung". Ob in einer solchen Erklärung ein Testament zu erblicken ist, ist dabei Tatfrage. Der Erblasser muß sich der Möglichkeit bewußt gewesen sein, daß seine schriftliche Erklärung ein Testament darstelle und muß dies gebilligt haben. Er muß den Willen zur Errichtung einer Verfügung von Todes wegen wenigstens im Sinn des Bewußtseins gehabt haben, daß das Schriftstück unter Umständen als Testament angesehen werde. Ein Eventualwille in dem Sinn, daß er ein Testament hätte errichten wollen, wenn er das Irrige seiner Auffassung von der Hinfälligkeit früherer Testamente erkannt hätte, genügt nicht (KG. vom 19. Dezember 1940, DFG. 41, 104). Deshalb stellt sich auch ein Brief, der den Formerfordernissen des § 21 genügt, nur dann als Testament dar, wenn der Erblasser die letztwillige Verfügung auch hat treffen wollen (KG. vom 3. Oktober 1940, DFG. 41, 9), mindestens im Sinne des Bewußtseins, der Brief könne unter Umständen als Testament angesehen werden (KG. vom 8. Oktober 1942, DRW. 1943, 1374 = DNotZ. 1943, 159 = DFG. 1943, 43). Hat der Erblasser auf einem Fragebogen, den ihm die Erbschaftssteuerbehörde anläßlich des Todes seiner Ehefrau zugesandt hatte, Bestimmungen über seinen eigenen Nachlaß niedergeschrieben, so kann darin ein wirksames Testament nur gesehen werden, wenn erwiesen ist, daß er damit eine rechtsgeschäftliche Anordnung treffen wollte (RG. vom 17. Juli 1942, DRW. 1340 = RGZ. 169, 254).

4 1. Eigenhändiges Niederschreiben.

Der Erblasser muß die Erklärung durch eigene Schreibtätigkeit anfertigen. In der Regel wird der Erblasser die Schriftzeichen mit der Hand herstellen; denkbar ist jedoch auch, daß er die Feder mit dem Fuß oder auch mit dem Mund führt.

Die Benutzung der Schreibmaschine oder von Stempeln ist unzulässig; ein mit der Schreibmaschine gefertigtes Testament ist unwirksam, auch wenn der Erblasser die Maschine eigenhändig bedient und die Erklärung handschriftlich unterzeichnet. Das neue Gesetz hat bewußt davon abgesehen, die Benutzung der Schreibmaschine zur Herstellung des eigenhändigen Testaments freizugeben; wollte man das Erfordernis der Handschriftlichkeit fallen lassen, so würde die Gefahr der Fälschung und Verfälschung so sehr erhöht, daß die Nachteile die Vorteile weit überwiegen (Begründung zu § 21, DJ. S. 1254).

Es ist zulässig, daß ein anderer den Erblasser bei Anfertigung der handschriftlichen Erklärung unterstützt, indem er etwa dem Erblasser hilft, den Arm oder das Handgelenk zu bewegen; die Unterstützung darf aber nicht so weit gehen, daß die Schriftzüge nicht mehr vom Erblasser, sondern von dem anderen durch Führung der Hand des Erblassers hergestellt werden. Unzulässig ist es auch, daß der Erblasser die von dem anderen geschriebene Erklärung nachmalt oder durchpaust (OLG. München vom 6. Oktober 1936, DNotZ. 37, 68).

Unzulässig ist auch, daß der Erblasser auf eine von einem anderen geschriebene Schrift Bezug nimmt (vgl. KG. 5. Januar 1928 JFG. 5, 157 = R. 28, 816 LG. Berlin vom 30. November 1942, DFG. 1943, 82). Die Bezugnahme auf eine Anlage, die der Erblasser selbst geschrieben, wenn auch nicht unterschrieben hat, ist zulässig. Beispiel: Der Erblasser hat in einem eigenhändigen Testament bestimmt, daß sein Nachlaß an die in der Anlage aufgeführten Personen fallen soll. Hat der Erblasser diese Anlage selbst geschrieben, so ist die Erbeinsetzung wirksam; denn das eigenhändige Testament kann aus mehreren Blättern bestehen und die Unterschrift unter dem Testament deckt auch die darin erwähnte Anlage.

Wer nicht schreiben kann oder wer Geschriebenes nicht lesen kann, ist überhaupt nicht imstande, ein eigenhändiges Testament zu errichten (§ 21 Abs. 4).

Sind in der eigenhändigen Erklärung einzelne Teile vorgedruckt oder von fremder Hand geschrieben, so gelten diese Teile als nicht vorhanden. Der Inhalt des Testaments im übrigen wird hierdurch nicht berührt (ebenso Planck[4] § 2231 Bem. II 2b mit weiteren Nachweisen). Eigenhändig geschriebener Text ist nach wie vor zwingende Formvorschrift des Privattestaments mit der Maßgabe, daß ein Verstoß hiergegen Nichtigkeit bewirkt. Der durch Nichtigkeit Betroffene kann nicht damit gehört werden, das Ergebnis sei den Umständen nach unbillig und widerspreche dem gesunden Volksempfingen (OLG. Düsseldorf vom 17. März 1943, DRW. 43, 698; ebenso LG. Berlin vom 30. November 1942, DFG. 43/82).

5 2. Äußere Form und Stoff der Urkunde.

Das Gesetz enthält keine näheren Vorschriften darüber, welche äußere Form das eigenhändige Testament haben oder aus welchem Stoff es hergestellt sein soll. Das Testament kann also auch in einem Brief niedergeschrieben werden; hierbei ist allerdings besonders zu prüfen, ob der Erblasser in dem Brief nicht etwa lediglich hat mitteilen wollen, daß er an anderer Stelle ein Testament errichtet habe oder daß er demnächst ein Testament zu errichten beabsichtige. Ist jedoch die Ernstlichkeit der Erklärung dargetan, so steht an sich die Briefform der Gültigkeit des Testaments nicht entgegen. Der Erblasser kann sich zur Errichtung des Testaments auch einer Postkarte bedienen (KG. vom 22. Juli 1937, JFG. 16, 91 = HRR. 1504 = DJ. 1393 Anm. Vogels = JW. 2770). Vgl. auch die oben in Bem. 3 angeführten Entscheidungen.

Unerheblich ist auch, aus welchem Stoff die Urkunde hergestellt ist. Sie braucht nicht notwendig aus Papier zu bestehen. Möglich ist, daß das Testament auf eine Tischplatte oder an die Wand geschrieben wird, immer vorausgesetzt, daß es sich um eine ernstliche Willenserklärung handelt.

Ohne Bedeutung ist ferner, welches Schreibmittel der Erblasser verwendet. In der Regel wird die Erklärung mit Tinte geschrieben sein. Der Gültigkeit steht es aber nicht entgegen, wenn die Erklärung mit Tintenstift oder mit Bleistift oder mit Farbe und Pinsel hergestellt wird.

3. Sprache und Schriftzeichen. 6

Der Erblasser kann sich bei Herstellung des eigenhändigen Testaments jeder Sprache bedienen, die er versteht. Er kann also die deutsche oder eine andere lebende Sprache anwenden; auch der Gebrauch der lateinischen oder einer sonstigen toten Sprache ist gestattet.

Der freien Entschließung des Erblassers ist es auch überlassen, welche Schriftzeichen er anwenden will. Er kann Abkürzungen verwenden (vgl. LG. Berlin vom 10. März 1943, DFG. 43, 97) oder die Erklärung auch in Stenographie niederschreiben, wobei er allerdings nur ein System verwenden darf, das auch für Dritte verständlich ist; der Erblasser kann seine Erklärung auch in der sogenannten Rundschrift anfertigen (OLG. München 15. September 1936, DFG. 256 = JW. 37, 44).

Nicht ausgeschlossen ist ferner, daß die Erklärung in griechischen oder hebräischen Schriftzeichen niedergeschrieben wird. In diesem Fall wird jedoch vorausgesetzt, daß der Erblasser diese Schriftzeichen selbst lesen kann; ist diese Voraussetzung nicht gegeben, so ist das Testament ungültig, denn aus § 21 Abs. 4 folgt, daß der Erblasser sich nur einer solchen Schrift bedienen darf, die er selbst zu lesen vermag (ebenso Planck[4] § 2231 II 2d).

4. Angabe des Orts und der Zeit der Errichtung des Testaments. 7

Es ist nicht notwendig aber rätlich, daß der Erblasser in der Erklärung angibt, zu welcher Zeit (Tag, Monat und Jahr) und an welchem Ort er sie niedergeschrieben hat (§ 21 Abs. 2).

Für die Gültigkeit des Testaments ist es unerheblich, ob die Orts- und die Zeitangabe mit der Hand geschrieben, ob sie richtig oder ob sie überhaupt weggelassen sind. Durch diese bedeutsame Formerleichterung wird eine der Hauptquellen für die Nichtigkeit des eigenhändigen Testaments verstopft. Auch doppelte Ortsangabe ist hiernach in jedem Falle unschädlich. (Vgl. für das frühere Recht RG. vom 8. Dezember 1938, DRW. 39, 352.) Die Formerleichterung des § 21 stellt außer Zweifel, daß heute auch im Flugzeug ein wirksames Testament errichtet werden kann, auch wenn hier die Angabe eines Ortes der Errichtung streng genommen nicht möglich ist (vgl. hierzu Seibert in ZAkDR. 38, 666).

Diese Erleichterung gilt auch für solche Testamente, die vor dem Inkrafttreten des Gesetzes errichtet sind, falls der Erbfall erst nach dem 3. August 1938 eintritt (§ 51 Abs. 3).

Die Erleichterung gilt aber nicht für Erbfälle, die bereits vor dem 4. August 1938 eingetreten sind. Durch das Gesetz wird z. B. der Fall des

Testaments mit vorgedruckter Ortsangabe nicht berührt, mit dem das KG. sich in seinem Beschluß vom 3. Februar 1938 — DJ. 428 — befaßt hat. Das Gesetz will nicht, daß alte Erbfälle auf Grund der obenerwähnten Formerleichterung wieder aufgerollt werden (§ 51 Abs. 1). Auch nach bisherigem Recht war ein Testament aber nicht deshalb nichtig, weil es am Datierungstag begonnen, aber erst am folgenden Tag vollendet war (REHG. vom 29. Februar 1940, EHRspr. § 28 REG. Nr. 1 mit Anm. Vogels).

Wegen der Beweisregelung des § 21 Abs. 5 vgl. unten Bem. 12.

8 5. Die Unterschrift des Erblassers (§ 3).

Bisher war streitig, ob der Erblasser das eigenhändige Testament lediglich mit dem Vornamen, mit einem Kosenamen oder durch Angabe der Familienstellung unterzeichnen dürfe. Im allgemeinen wurde die Unterzeichnung mit „Eurer Vater" als unwirksam angesehen (München 6. Juli 1938, JFG. 18, 66 = HRR. 1286). Das TestG. klärt die Streitfrage dahin, daß der Erblasser zwar in der Regel mit seinem Vornamen und seinem Familiennamen unterschreiben soll; unterschreibt der Erblasser aber in anderer Weise, etwa lediglich mit dem Vornamen oder mit den Worten „Euer Vater", so steht dies der Gültigkeit des Testaments nicht entgegen, wenn diese Art der Unterzeichnung zur Feststellung der Urheberschaft des Erblassers und der Ernstlichkeit seiner Erklärung ausreicht (§ 21 Abs. 3). Eine Unterzeichnung, wobei die Familienstellung und der Vorname miteinander verbunden sind (z. B. „Eure Tante Mathilde") wird hiernach wohl stets ausreichen (vgl. OLG. Hamburg, vom 10. Februar 1938 HansRGZ. B 243).

Inzwischen ist eine neue Streitfrage entstanden, nämlich die, welche räumlichen Anforderungen an die Unterschrift zu stellen sind. So hat z. B. das KG. im Beschl. vom 13. Februar 1941 (DFG. 57 = DJ. 531 = DNotZ. 222 = DRW. 1464 mit Anm. Vogels) entschieden, daß die Selbstbenennung des Erblassers in einem eigenhändigen Testament als „Unterschrift" im Sinne des Gesetzes genügen kann, wenn sie geeignet ist, seine Person und sein Bekenntnis zu der schriftlich niedergelegten Erklärung festzustellen und wenn die Erklärung sich ihrer äußeren Erscheinung nach als abgeschlossen darstellt. Ähnlich LG. Hamburg vom 1. Juli 1941, DRW. 42, 1765 = ZAkDR. 42, 110: Enthält ein eigenhändiges Testament weder die Unterschrift noch eine Selbstbenennung des Testators, so ist es gleichwohl formgültig, wenn sich aus der genauen Bezeichnung des Erben und seiner Beziehungen zum Testator dessen Person sicher ergibt und das Testament ersichtlich in sich abgeschlossen ist. Bei einem Testament in Briefform hat das KG. im Beschl. vom 30. November 1939 (DFG. 40, 4 = DRW. 40, 199) angenommen, daß die in dem Brief selbst fehlende Unterschrift des Erblassers durch seine Namensunterschrift auf dem Umschlag ersetzt werden kann. Demgegenüber hat das RG. in seiner Entscheidung vom 12. November 1941 (DNotZ. 42, 308 = DJ. 42, 20 = DRW. 42, 339) ausgesprochen, daß ein eigenhändiges Testament, das weder unterschrieben ist, noch die Bezeichnung des Testators im Text enthält, nichtig ist. Das RG. hat weiter im Urteil vom 1. Juli 1942 (DRW. 1340 = DNotZ. 336) ausgesprochen, daß eine nur am Anfang des Testaments stehende Selbstbenennung des Erblassers keine ausreichende Unterschrift des Testaments ist. In Übereinstimmung hiermit muß man verlangen, daß die Unterschrift als solche erkennbar und so angebracht ist, daß sie die Erklärung deckt. Sie muß also in der Regel am Schluß der Erklärung stehen. Eine nur in den Text eingefügte Namensangabe ist keine Unterschrift und wird auch im gewöhnlichen Leben nicht als solche angesehen. Es bedeutet keine übertriebene Formstrenge, wenn man bei der Verfügung über das Gesamtvermöge , als die sich ein Testament in den meisten Fällen darstellt, verlangt, d ß der Erblasser wenigstens mit einem bescheidenen Ausmaß von Überlegung ans Werk geht und sich, soweit er selbst nicht genügende Kenntnisse besitzt, über Formerfordernisse befragt. Es ist auch nicht zuviel verlangt, wenn als äußeres Zeichen des Abschlusses und der Ernstlichkeit der Erklärung eine Unterschrift gefordert wird, die räumlich so angebracht ist, daß sie die Erklärung nach der Verkehrsauffassung deckt. So kann z. B. eine auf die voll beschriebene Vorderseite eines Blattes quer gesetzte Unterschrift genügen (RG. in LZ. 1920, 161). Vgl. aus der neuesten Rechtsprechung OLG. Freiburg, Beschl. v. 8. 10. 1948, DRZ. 1949, 19 = NJW. 1949, 80 und aus der früheren Rechtsprechung auch JFG. 5, 171; 16, 91 und BayObLG. 31, 316. Über Unterschrift auf dem Briefumschlag als Ersatz für die Unterschrift auf dem Schriftstück s. RG. 61, 7; 110, 166 und OLG. München in JW. 36, 2484 sowie neuerdings KG. vom 30. November 1939 in DFG. 40, 4 = DRW. 40, 199 und zuletzt RG. vom 23. November 1944, DRW. 1945, 55. Über Absendervermerk auf einer Postkarte als Unterschrift s. KG. vom 22. Juli 1937, DJ. 1393 mit Anm. Vogels.

Auch die Unterzeichnung mit den bloßen Anfangsbuchstaben des Vor- und Zunamens reicht als Unterschrift nicht aus. Heißt der Erblasser z. B. Peter Schmitz und unterzeichnet er lediglich mit „P. S." oder „P. Sch." oder „P. Schm ", so liegt kein fertiges Testament vor. Für die Bezeichnung einer Person, die eine Zuwendung erhalten soll, ist aber die Bezeichnung mit den Anfangsbuchstaben ausreichend, wenn feststeht, wer damit gemeint ist (LG. Berlin vom 10. März 1943, DFG. 1943, 97). Besteht das Testament aus mehreren einzelnen Blättern oder Bogen, so braucht nicht jedes Blatt besonders unterschrieben zu sein. Es genügt die Unterschrift auf dem letzten Blatt. Aus dem Inhalt der einzelnen Blätter muß aber hervorgehen, daß die Unterschrift auch den Inhalt der anderen Blätter decken soll.

Durch die vorstehenden Ausführungen sollen aber keine strengen Regeln oder genaue Grenzen für die Gültigkeit eines Testaments gezogen, sondern nur die für gewöhnlich zu stellenden Anforderungen beschrieben werden. Es sind Fälle denkbar, in denen an die Sorgfaltspflicht des Erblassers nur geringere Anforderungen gestellt werden dürfen. Immer ist aber notwendig, daß außer allem Zweifel steht, daß ein abgeschlossenes Testament und nicht nur ein vom Erblasser gefertigter Entwurf vorliegt. Es bleibt abzuwarten, welchen Weg die künftige Rechtsprechung geht. Zunächst hat es den Anschein, daß die Tendenz, die Formstrenge möglichst abzumildern, anhält (vgl. Schilling, die Rechtsprechung der Oberlandesgerichte in Zivilsachen in SDJ. 1948 S. 84).

6. Spätere Zusätze. 9

Hat der Erblasser seine ursprüngliche Erklärung durch spätere Zusätze ergänzt oder abgeändert, so brauchen diese Einschaltungen nicht besonders unterschrieben zu werden. Es genügt, wenn der Erblasser bei Einfügung der Änderungen erkennbar den Willen gehabt hat, daß die alte Unterschrift auch die Änderung mitdecken soll. Keinesfalls ist es notwendig, daß der Erblasser die späteren Änderungen besonders mit einer Zeit- oder Ortsangabe versieht, da nach § 21 Abs. 2 die Angabe von Zeit und Ort überhaupt nicht mehr zu den Wesenserfordernissen des eigenhändigen Testaments gehören.

III. Ausschluß der Minderjährigen und des Lesensunkundigen (Abs. 4). 10

Wer minderjährig ist oder Geschriebenes nicht zu lesen vermag, kann kein eigenhändiges Testament errichten (§ 21 Abs. 4).

1. Minderjährigkeit.

Minderjährig ist, wer das 21. Lebensjahr nicht vollendet hat (BGB. § 2). Wer für volljährig erklärt ist, ist nicht mehr minderjährig (BGB. §§ 3—5); eine Person, die für volljährig erklärt ist, wird also von dem Verbot des § 21 Abs. 4 nicht betroffen. Das von einem Minderjährigen errichtete eigenhändige Testament ist nichtig; es bleibt auch nichtig, wenn der Minderjährige das 21. Lebensjahr überlebt.

Gehört der Minderjährige der Wehrmacht an und befindet er sich im mobilen Verhältnis, so kann er ein eigenhändiges Militärtestament errichten; § 3 des Gesetzes vom 24. April 1934 (RGBl. I, 353, abgedruckt oben S. 62 ff.) macht zwischen volljährigen und minderjährigen Wehrmachtangehörigen keinen Unterschied; eine dem § 21 Abs. 4 entsprechende Regel gilt dort nicht. Das Testament verliert aber, wie jedes Militärtestament, ein Jahr nach Beendigung des mobilen Verhältnisses seine Gültigkeit (vgl. Art. 1 § 3 Abs. 5 des Gesetzes vom 24. April 1934; s. § 27 Bem. 14).

11 2. Unvermögen, Geschriebenes zu lesen.

Wer überhaupt nicht Lesen und Schreiben gelernt hat oder wer infolge einer dauernden oder vorübergehenden Störung des Sehvermögens Buchstaben nicht zu erkennen vermag, kann kein eigenhändiges Testament errichten.

Ein Blinder, der die Blindenschrift beherrscht, ist jedoch nicht gehindert, ein eigenhändiges Testament in dieser Schrift zu errichten.

Im übrigen wird auf § 11 Bem. 10 verwiesen.

12 **IV. Beweislast.**

1. Beweiswert des eigenhändigen Testaments.

Das eigenhändige Testament ist eine Privaturkunde; solche Urkunden begründen, sofern sie vom Aussteller unterschrieben sind, vollen Beweis dafür, daß die in der Urkunde enthaltenen Erklärungen vom Aussteller abgegeben sind (RZPO. § 416). Inwiefern Streichungen, Radierungen, Einschaltungen oder sonstige äußere Mängel die Beweiskraft der Urkunde aufheben, entscheidet das Gericht nach freier Überzeugung (RZPO. § 419). Wird die Echtheit der Unterschrift bestritten, so hat derjenige die Echtheit zu beweisen, der sich auf die Urkunde beruft (RZPO. § 440 Abs. 1). Steht die Echtheit der Unterschrift fest, wird aber die Echtheit der darüber stehenden Erklärung bestritten, so trifft die Beweislast ebenfalls denjenigen, der sich auf das Testament beruft. Die Echtheitsvermutung des § 440 Abs. 2 RZPO. gilt beim eigenhändigen Testament nicht, weil es hier gerade auf den Nachweis der Eigenhändigkeit der ganzen Erklärung, nicht bloß der Unterschrift ankommt (ebenso Planck[4] § 2231 II 6).

Derjenige, der sich auf die Urkunde beruft, hat auch zu beweisen, daß die Urkunde ein Testament und nicht bloß ein Entwurf oder lediglich die Mitteilung eines beabsichtigten oder an anderer Stelle errichteten Testaments darstellt.

Ist das Testament ordnungsmäßig datiert und wird behauptet, daß der Erblasser zur Zeit der Testamentserrichtung nicht testierfähig gewesen ist, so hat derjenige, der sich auf die Testierunfähigkeit beruft, hierfür die Beweislast, denn die Testierfähigkeit ist die Regel und die Testierunfähigkeit ist die Ausnahme. Wer sich auf die Ausnahme beruft, hat sie zu beweisen (ebenso Planck[4] § 2229 Bem. 5, § 2231 II 6). Wegen des undatierten Testaments siehe unten Bem. 13.

Auch aus einem nicht mehr auffindbaren Testament kann ein Erbrecht hergeleitet werden, wenn der Beweis der formgültigen Errichtung des Testaments und des genauen Inhalts erbracht wird (LG. Kaiserslautern vom 17. Oktober 1942, DR. 1943, 1375 = Dt. Just. 1943, 205).

2. Beweis von Ort und Zeit. 13

a) Das Testament ist datiert.

Ist das Testament ordnungsmäßig mit Orts- und Zeitangabe versehen, so spricht eine tatsächliche Vermutung dafür, daß diese Angaben richtig sind. Wer behauptet, daß die Angaben unrichtig sind, hat die Unrichtigkeit zu beweisen (ebenso Planck[4] § 2231 II 4 f mit weiteren Nachweisen).

b) Das Testament ist nicht mit einer Zeitangabe versehen (Abs. 5).

Nach § 21 Abs. 2 kann ein eigenhändiges Testament auch dann gültig sein, wenn es keine Angabe über die Zeit der Errichtung enthält. Hieraus können sich unter Umständen Schwierigkeiten ergeben. War der Erblasser z. B. während einer bestimmten Zeit testierunfähig (etwa weil er zeitweilig entmündigt war), so bedarf es des Nachweises, daß das Testament zu einer Zeit errichtet ist, wo der Erblasser die Fähigkeit zu testieren besaß. Die Beweislast hiefür trifft denjenigen, der sich auf die Gültigkeit des Testaments beruft. Gelingt ihm dieser Beweis nicht, so ist das Testament als ungültig anzusehen (§ 21 Abs. 5).

Im Gesetz selbst ist noch als weiteres Bespiel angeführt, daß der Erblasser mehrere einander widersprechende Testamente hinterlassen hat, von denen eines oder mehrere nicht mit Datum versehen sind. Hat der Erblasser z. B. in einem datierten Testament den A zum Alleinerben und in einem undatierten Testament den B ebenfalls zum Alleinerben eingesetzt, so kommt es nach § 36 darauf an, welches von den beiden Testamenten das jüngere ist. Kann nun B nicht beweisen, daß das undatierte Testament später errichtet ist, als das den A einsetzende Testament, so bleibt die undatierte Erbeinsetzung außer Betracht (§ 21 Abs. 5); auch in diesem Falle muß aber angenommen werden, daß das undatierte Testament wenigstens insoweit gilt, als das datierte nicht mit ihm im Widerspruch steht. Dem undatierten Testament kommt damit die Bedeutung eines vor dem datierten errichteten Testaments zu (vgl. § 36 und Bem. 4 dort). Mehrere Testamente mit demselben Datum sind, wenn sich eine andere Feststellung nicht treffen läßt, als gleichzeitig errichtet anzusehen. Ist der Inhalt der Testamente derart widerspruchsvoll und unklar, daß der wahre Wille des Erblassers nicht ermittelt werden kann, so heben sie sich gegenseitig auf (KG. vom 14. Mai 1942, DNotZ. 1943, 39).

Von dem Fall, in dem eine Zeitangabe überhaupt fehlt, ist der Fall zu unterscheiden, in dem die Zeitangabe nachträglich unleserlich geworden ist. Auf diesen Fall ist die Vorschrift des § 21 Abs. 5 nicht anzuwenden. In der Regel wird sich mit Hilfe anderer Beweismittel feststellen lassen, wie die Zeitangabe ursprünglich gelautet hat (vgl. KG. 7. April 1938, JW. 1601 = HRR. 880). Gelingt dies jedoch nicht, so hängt es von den Umständen des Einzelfalls ab, welche Bedeutung dem Testament zukommt. Hat der Erblasser z. B. in einem Testament, dessen Datum unversehrt ist, den A. zum Alleinerben eingesetzt, und in einem anderen Testament, dessen Datum sich nicht mehr entziffern läßt, den B. ebenfalls zum Alleinerben bestimmt, so heben beide Testamente sich gegenseitig auf und es tritt die gesetzliche Erbfolge ein.

14 c) Das Testament ist nicht mit einer Ortsangabe versehen (Abs. 5 Satz 2).

Im allgemeinen ist es ohne rechtliche Bedeutung, an welchem Ort das Testament errichtet ist; fehlt bei einem eigenhändigen Testament die Ortsangabe, so berührt dies die Gültigkeit nicht (§ 21 Abs. 2). Aus dem Fehlen der Ortsangabe werden sich auch nur selten tatsächliche Schwierigkeiten ergeben.

Immerhin kann es doch Fälle geben, wo wegen des Fehlens der Ortsangabe die Gültigkeit des Testaments zweifelhaft wird. Ist der Erblasser z. B. ein Ausländer und hat er lediglich ein eigenhändiges Testament hinterlassen, das keine Ortsangabe enthält, so kann es gemäß EGBGB. Art. 11 Abs. 1 Satz 2 unter Umständen auf den Beweis ankommen, ob das Testament in Deutschland errichtet ist. Gelingt dieser Beweis nicht so, ist das Testament als ungültig anzusehen (§ 21 Abs. 5 Satz 2).

Es kann vorkommen, daß das Testament eine doppelte Ortsangabe enthält. (Beispiel: der Erblasser benutzt einen Briefbogen mit vorgedruckter Ortsangabe und schreibt einen anderen Ort dazu.) In einem solchen Falle wird sich in der Regel aus dem Inhalt des Testaments oder aus sonstigen Umständen entnehmen lassen, welcher der beiden angegebenen Orte der richtige ist (KG. vom 8. Dezember 1938, JW. 39, 352 = HRR. 39, 150).

§ 22.

Verwahrung des eigenhändigen Testaments.

Ein nach den Vorschriften des § 21 errichtetes Testament ist auf Verlangen des Erblassers in besondere amtliche Verwahrung zu nehmen (§§ 37, 38). Dem Erblasser soll über das in Verwahrung genommene Testament ein Hinterlegungsschein erteilt werden.

§ 22 entspricht dem § 2248 BGB.

Übersicht:

I. Zweck der Vorschrift 1
II. Einzelheiten 2
1. Das Verlangen des Erblassers 2
2. Zuständigkeit und Verfahren des Verwahrungsgerichts 3
3. Der Hinterlegungsschein 4
4. Rückgabe aus der amtlichen Verwahrung 5
5. Kosten 6

1 ### I. Zweck der Vorschrift.

Man hat gegen das eigenhändige Testament u. a. den Einwand erhoben, daß es leicht verfälscht oder unterdrückt werden könne; auch bestehe die Gefahr, daß es infolge Unachtsamkeit beschädigt werde oder abhanden komme. Es läßt sich nicht leugnen, daß diese Gefahren bei dem eigenhändigen Testament, das der Erblasser bei seinem Tode in seiner Wohnung zurückläßt, größer sind als bei einem öffentlichen Testament. Durch § 22 wird dem Erblasser ein Mittel in die Hand gegeben, durch das er die eingangs erwähnten Gefahren erheblich vermindern kann: Das Gesetz gestattet dem Erblasser, das eigenhändige Testament ebenso in besondere amtliche Verwahrung zu geben wie ein öffentliches Testament. Durch die Verwahrung wird das Testament vor Fälschung und Unterdrückung und zufälligem Verlust wirksam geschützt; außerdem wird nach Möglichkeit sichergestellt, daß das Testament alsbald nach dem Tode des Erblassers eröffnet wird.

Die Gültigkeit des Testaments ist jedoch nicht etwa davon abhängig gemacht, daß es in amtliche Verwahrung gebracht wird. Für die Gültigkeit des Testaments ist der Umstand, ob es in amtliche Verwahrung gebracht worden ist oder nicht, ohne Bedeutung.

Bei Verwahrung eines eigenhändigen Testaments hat das Gericht die AV. des RJM. über Benachrichtigung in Nachlaßsachen vom 15. Juni 1939 (DJ. 1078, abgedruckt oben S. 35) zu beachten.

II. Einzelheiten. 2

1. Das Verlangen des Erblassers.

Das eigenhändige Testament wird nicht von Amts wegen, sondern nur „auf Verlangen des Erblassers" in Verwahrung genommen. Für dieses Verlangen ist keine besondere Form vorgeschrieben.

Im allgemeinen wird es sich empfehlen, daß der Erblasser persönlich bei Gericht erscheint; denn das Gericht hat dem Standesbeamten des Geburtsorts des Erblassers von der Testamentsverwahrung Nachricht zu geben. Um die nötigen Unterlagen hierfür zu gewinnen, hat das Gericht die Personalien des Erblassers festzustellen. Dies geschieht am schnellsten, wenn der Erblasser persönlich bei Gericht die erforderlichen Auskünfte über seine Person gibt.

Unbedingt nötig ist das persönliche Erscheinen jedoch nicht. Der Erblasser kann das Testament dem Gericht auch durch einen Boten oder durch die Post übersenden und hierbei schriftlich den Antrag auf Verwahrung stellen und die Angaben über seine Person ebenfalls schriftlich beifügen.

Sollten im Einzelfall Zweifel darüber bestehen, ob der Antrag wirklich vom Erblasser herrührt, so kann das Gericht in geeigneter Weise die Personengleichheit des Einsenders mit dem Erblasser aufklären. Das Gericht kann z. B. nötigenfalls das persönliche Erscheinen des Erblassers anordnen oder ihm aufgeben, den Antrag öffentlich beglaubigen zu lassen.

Das Gericht ist ohne Einverständnis des Erblassers nicht berechtigt, von dem Inhalt des zur Verwahrung eingereichten Testaments Kenntnis zu nehmen. Der Richter ist auch nicht etwa verpflichtet, den Erblasser auf Bedenken gegen den Inhalt oder die Gültigkeit seiner Erklärung hinzuweisen; § 15 gilt hier nicht.

2. Zuständigkeit und Verfahren des Verwahrungsgerichts. 3

Für die besondere amtliche Verwahrung ist jedes Amtsgericht zuständig (§ 37 Abs. 2 Nr. 4, § 49 Abs. 4 Satz 1, 2).

Das Amtsgericht hat das eigenhändige Testament mit dem Amtssiegel zu verschließen (also nicht etwa nur mit einem Stempel) und mit einer das Testament näher bezeichneten Aufschrift zu versehen. Der Richter hat die Aufschrift zu unterschreiben (§ 27 Abs. 3 der Aktenordnung in der Fassung der AV. vom 4. August 1938, DJ. 1259, abgedruckt oben S. 28).

Nähere Einzelheiten sind ferner enthalten in der AV. vom 15. Juni 1939, DJ. 1078, abgedruckt oben S. 35ff.: Für den Umschlag ist ein Vordruck von bestimmter Größe zu verwenden. Der Richter verständigt von der Testamentsverwahrung den Standesbeamten des Geburtsorts des Erblassers oder, wenn der Erblasser im Ausland geboren ist, die Reichskartei für Testamente beim Amtsgericht Berlin. Der Standesbeamte (oder die Reichskartei) erhält später Nachricht vom Tode des Erblassers und gibt diese Nachricht an die Verwahrungsstelle weiter (vgl. hierzu Vogels, DJ. 36, 756).

4 3. Der Hinterlegungsschein.

Das Gericht soll dem Erblasser über das in Verwahrung genommene Testament einen Hinterlegungsschein erteilen (§ 22 Satz 2). Der Hinterlegungsschein besteht aus einer Abschrift der Eintragung im Verwahrungsbuch; er wird vom Amtsrichter und dem Urkundsbeamten der Geschäftsstelle gemeinschaftlich unterschrieben und mit dem Dienststempel versehen (§ 38 des Gesetzes, § 27 Abs. 6 der Aktenordnung in der Fassung der AV. vom 4. August 1938, DJ. 1259, abgedruckt oben S. 28ff.).

5 4. Rückgabe aus der amtlichen Verwahrung.

Der Erblasser kann jederzeit verlangen, daß ihm das Testament aus der amtlichen Verwahrung zurückgegeben wird. Die Rückgabe ist auf die Wirksamkeit des Testaments ohne Einfluß (§ 34 Abs. 3).

Sobald das Gericht vom Tode des Erblassers Kenntnis erlangt, hat es von Amts wegen die Eröffnung des Testaments zu veranlassen (§§ 40, 41).

6 5. Kosten.

Für die amtliche Verwahrung wird bei der Annahme ein Viertel der vollen Gebühr erhoben; für die Rückgabe wird dieselbe Gebühr erhoben (KostO. § 93 Abs. 1, 2).

Für die Eröffnung des Testaments wird, gleichviel, ob es sich in amtlicher Verwahrung befand oder nicht, die Hälfte der vollen Gebühr erhoben (KostO. § 94).

Wird in dem Testament über den ganzen Nachlaß oder über einen Bruchteil davon verfügt, so ist der Gebührenberechnung der Wert des nach Abzug der Verbindlichkeiten verbleibenden reinen Vermögens oder der Wert des entsprechenden Bruchteils des reinen Vermögens zugrunde zu legen; Vermächtnisse, Pflichtteilsrechte und Auflagen werden nicht abgezogen. In der Regel sind bei der Annahme zur Verwahrung und bei der Rückgabe (vorbehaltlich späterer Nachforderung) die Angaben des Erblassers über den Geschäftswert zugrunde zu legen (KostO. § 95 § 40 Abs. 4, 5).

§ 23.

Nottestament vor dem Bürgermeister.

(1) Ist zu besorgen, daß der Erblasser früher sterben werde, als die Errichtung eines Testaments vor einem Richter oder vor einem Notar möglich ist, so kann er das Testament vor dem Bürgermeister der Gemeinde, in der er sich aufhält, errichten. Der Bürgermeister muß zwei Zeugen zuziehen. Die Vorschriften der §§ 7 bis 20 finden Anwendung; der Bürgermeister tritt an die Stelle des Richters oder des Notars. Ist ein Dolmetscher zuzuziehen, so kann der Bürgermeister den Dolmetscher beeidigen.

(2) Die Besorgnis, daß die Errichtung eines Testaments vor einem Richter oder vor einem Notar nicht mehr möglich sein werde, soll in der Niederschrift festgestellt werden. Der Gültigkeit des Testaments steht nicht entgegen, daß die Besorgnis nicht begründet war.

(3) Der Bürgermeister soll den Erblasser darauf hinweisen, daß das Testament seine Gültigkeit verliert, wenn der Erblasser den Ablauf der in § 26 Abs. 1, 2 vorgesehenen

Frist überlebt. Er soll in der Niederschrift feststellen, daß dieser Hinweis gegeben ist.

(4) Für die Anwendung der vorstehenden Vorschriften steht der Vorsteher eines Gutsbezirks dem Bürgermeister einer Gemeinde gleich.

(5) Das Testament kann auch vor demjenigen errichtet werden, der nach den gesetzlichen Vorschriften zur Vertretung des Bürgermeisters oder des Gutsvorstehers befugt ist. Der Vertreter soll in der Niederschrift angeben, worauf sich seine Vertretungsbefugnis stützt.

(6) Sind bei Abfassung der Niederschrift über die Errichtung des in den vorstehenden Absätzen vorgesehenen Testaments Formfehler unterlaufen, ist aber dennoch mit Sicherheit anzunehmen, daß das Testament eine zuverlässige Wiedergabe der Erklärung des Erblassers enthält, so steht der Formverstoß der Gültigkeit des Testaments nicht entgegen.

§ 23 Abs. 1, 2, 4 entsprechen dem § 2249 BGB. Die Absätze 3, 5 sind neu.

Finke, Aufnahme von Nottestamenten durch die Bürgermeister, 2. Aufl. Berlin 1939. — Gutzeit-Wöhrmann, Das Nottestament, 12. Auflage, Berlin 1938. — Gierth, Gemeindetestamentsmappe (mit einer Anleitung zur Errichtung von Nottestamenten, Vordrucken, Schreibzeug und Siegelvorrichtungen). Dresden 1938. — Lucas, RdRN. 38, 953. Das Nottestament vor dem Bürgermeister. — Vogels, StAZ. 38, 425. Beurkundung eines Nottestaments durch den Bürgermeister nach dem Gesetz vom 31. Juli 1938. — Troitzsch, MecklZ. 55, 218. Errichtung von Testamenten vor dem Bürgermeister und dem Gutsvorsteher.

Übersicht:

I. Allgemeines 1
II. Zuständigkeit 2
1. Der Bürgermeister 2
2. Der Vertreter des Bürgermeisters 3
3. Der Gutsvorsteher 4
4. Wegfall des Vorbehalts in Art 150. EGBGB. 5
III. Die Errichtung des Nottestaments 6
1. Zeugenzwang 6
2. Die Ausschließungsgründe der §§ 7 bis 10 7
3. Der Errichtungsakt 8
4. Die Niederschrift über die Errichtung des Testaments 9
a) Feststellung der Besorgnis, daß die Errichtung eines ordentlichen öffentlichen Testaments nicht möglich sei 10
b) Verlesung, Genehmigung, Unterzeichnung der Niederschrift 11
c) Unschädlichkeit v. Formfehlern, die bei Abfassung der Niederschrift unterlaufen 12
5. Ablieferung und Verwahrung 13
6. Kosten 14
7. Haftung des Bürgermeisters oder Gutsvorstehers 15
IV. Schulung des Bürgermeisters für die Errichtung von Nottestamenten 16

I. Allgemeines. 1

Das Gesetz sieht zwei ordentliche Testamentsformen vor: das öffentliche Testament vor Richter und Notar (§§ 5 bis 10) und das eigenhändige Testament (§§ 21, 22). In den §§ 23 bis 26 folgen die Vorschriften über die außerordentlichen oder Nottestamente. Das in § 23 behandelte Nottestament vor dem Bürgermeister ist namentlich auf dem Lande von erheblicher praktischer Bedeutung und wird daher auch Dorftestament genannt. Das Nottestament vor dem Bürgermeister ist vorgesehen bei Lebensgefahr des Erblassers (§ 23 Abs. 1) und für Orte, die infolge außerordentlicher Umstände abgesperrt sind (§ 24 Abs. 1).

Der äußere Hergang bei Errichtung des Nottestaments entspricht dem Hergang bei einem richterlichen oder notariellen Testament. An die Stelle des Richters oder des Notars tritt der Bürgermeister oder Gutsvorsteher oder deren Stellvertreter.

Begreiflicherweise kommt es verhältnismäßig häufig vor, daß dem Bürgermeister bei der Beurkundung eines solchen Testaments Formfehler unterlaufen. Um die hiermit verbundenen Härten und Schwierigkeiten zu vermeiden, hat sich das neue Gesetz bemüht, die Hauptursachen für die Nichtigkeit solcher Testamente auszuräumen: Nach Abs. 2 hat der Bürgermeister in der Niederschrift die Besorgnis festzustellen, daß die Errichtung des Testaments vor dem Richter oder Notar nicht mehr möglich sei; diese Vorschrift war in § 2249 BGB. eine Mußvorschrift; im neuen Gesetz ist sie zu einer Sollvorschrift abgeschwächt. Darüber hinaus ist durch Abs. 6 des § 23 allgemein die Milderung eingeführt, daß Formfehler, die dem Bürgermeister bei der Abfassung der Niederschrift unterlaufen, die Gültigkeit des Testaments in der Regel nicht berühren.

Trotz dieser weitgehenden Milderung der Formenstrenge hält das Gesetz daran fest, daß ein nach § 23 aufgenommenes Testament eine öffentliche Urkunde darstellt. Ihre Beweiskraft richtet sich nach §§ 415, 437 RZPO. Im Grundbuchverkehr kann das nach § 23 errichtete Testament unter Umständen einen Erbschein ersetzen (GBO. § 35).

Dennoch darf nicht übersehen werden, daß ein nach § 23 errichtetes Testament nur ein Notbehelf ist. Das Testament wird in der Überschrift zu § 23 ausdrücklich als „Nottestament" bezeichnet. Die Eigenschaft eines Notbehelfs kommt ferner in der Vorschrift des § 26 zum Ausdruck, wonach das nach § 23 errichtete Testament in der Regel nach 3 Monaten kraft Gesetzes seine Wirksamkeit verliert.

In der Form des § 23 können Ehegatten auch ein gemeinschaftliches Testament errichten (vgl. § 28 Abs. 3); dagegen kommt die Form des § 23 für die Errichtung eines Erbvertrags nicht in Betracht (vgl. § 30).

Die gesetzlichen Vorschriften über die Errichtung von Nottestamenten sind für die Bürgermeister und Gutsvorsteher durch eine Anweisung des RM. des Innern und des RM. der Justiz vom 22. November 1938 näher erläutert worden; die Anweisung ist veröffentlicht in MBliV. 38, 2037 und DJ. 38, 2013; sie ist oben S. 46ff. abgedruckt.

Ähnliche Anweisungen waren auch für das frühere Recht erlassen (Anw. des preuß. Min. d. Innern und des Justizmin. vom 23. Juni 1900, JMBl. 555, in der Fassung vom 4. April 1928, JMBl. 285; bay. Anw. vom 19. Feruar 1900, JMBl. NF. Bd. I, 404). Diese älteren Anweisungen sind jetzt durch die Anw. vom 22. November 1938 überholt.

Der Anweisung vom 22. November 1938 sind einige Muster beigegeben und oben S. 53ff. mit abgedruckt. Muster sind ferner in den Schriften enthalten, die oben unter dem Wortlaut des § 23 aufgeführt sind. Die dort erwähnten Vordrucke werden dem Bürgermeister die Abfassung des Nottestaments erleichtern, vorausgesetzt, daß er sie genau durchliest und sie sorgfältig ausfüllt.

II. Zuständigkeit. 2

Für die Errichtung des Nottestaments nach § 23 ist der Bürgermeister, der Gutsvorsteher oder deren Stellvertreter zuständig. Erweist sich, daß eine an sich unzuständige Person als Bürgermeister, Gutsvorsteher oder Vertreter eines solchen mitgewirkt hat, so kann ein gültiges Testament nach § 23 nicht mehr vorliegen. Dies schließt aber nicht aus, daß die fragliche Person als Zeuge gemäß § 24 Abs. 2 anzusehen ist und daß ein gültiges Testament auf Grund dieser Gesetzesbestimmung vorliegt (vgl. KG. Beschl. vom 24. Juli 1947, NJW. 1948, 188 = SJZ. 1948 Sp. 200 mit zust. Anm. Weigelin).

1. Der Bürgermeister.

Nach § 32 der Deutschen Gemeindeordnung vom 30. Januar 1935 (RGBl. I S. 49) führt der Vorsteher der Gemeinde die Bezeichnung Bürgermeister. Zuständig ist nur der Vorsteher einer Gemeinde, nicht dagegen der Vorsteher eines Gemeindeverbandes oder eines Gemeindeteils. Nimmt z. B. ein preußischer Amtsvorsteher ein Nottestament auf, obwohl er nicht sachlich zuständig ist, so ist das Testament nichtig und der in dem Testamente eingesetzte Erbe kann ihn u. U. wegen des durch die Ungültigkeit verursachten Schadens haftbar machen (RG. vom 8. Dezember 1937 JW. 38, 669 = HRR. 38, 389 = SeuffA. 38, 136).

Örtlich zuständig ist der Bürgermeister der Gemeinde, in welcher der Erblasser sich „aufhält"; es kommt also nicht auf den Wohnsitz, sondern auf den Aufenthalt des Erblassers an. Dies erklärt sich aus dem Zweck der Vorschrift. Ist z. B. der in Königsberg wohnhafte Erblasser bei einer Kraftwagenfahrt in der Gemeinde Bacharach a. Rh. verunglückt, so wäre für ihn die Zuständigkeit des Bürgermeisters der Wohnortgemeinde wertlos; nur der Bürgermeister der Aufenthaltsgemeinde kommt für die sofortige Aufnahme eines Notestaments in Frage.

2. Der Vertreter des Bürgermeisters. 3

Das Testament kann auch vor demjenigen errichtet werden, der nach den gesetzlichen Vorschriften zur Vertretung des Bürgermeisters befugt ist (§ 23 Abs. 5). In § 35 der Deutschen Gemeindeordnung[1]) vom 30. Januar 1935 (RGBl. I, 49; s. auch Art. 20 Abs. 3 der bay. Gemeindeordnung vom 18. Dezember 1945 GVBl. 1946 S. 225) ist die Vertretung wie folgt geregelt:

„(1) Allgemeiner Vertreter des Bürgermeisters ist der Erste Beigeordnete. Die übrigen Beigeordneten sind zur allgemeinen Vertretung des Bürgermeisters nur berufen, wenn der Erste Beigeordnete verhindert ist. Die Reihenfolge richtet sich nach ihrem Dienstalter als Beigeordnete der Gemeinde. Der Bürgermeister kann schriftlich eine andere Reihenfolge bestimmen.

(2) Die übrigen Bürgermeister vertreten den Bürgermeister in ihrem Arbeitsgebiet. Der Bürgermeister kann jede Angelegenheit an sich ziehen.

(3) Der Bürgermeister kann auch andere Beamte und Angestellte mit seiner Vertretung in bestimmten Angelegenheiten beauftragen, sowie Beigeordnete ermächtigen, solche Aufträge in ihrem Arbeitsgebiet zu erteilen."

Ist also der Bürgermeister durch Krankheit, Urlaub, Dienstreise oder aus einem sonstigen Grunde verhindert, so tritt ohne weiteres der allgemeine Vertreter an seine Stelle. Der Bürgermeister kann auch allgemein oder durch

---

[1]) Die Deutsche Gemeindeordnung gilt insoweit noch weiter, als sie nicht durch neue Gesetze — z. B. die bayer. Gemeindeordnung von 1945 — überholt oder als nat. soz. Recht außer Wirksamkeit getreten ist.

Sonderauftrag im Einzelfall einen Beigeordneten oder einen Beamten oder Angestellten mit seiner Vertretung bei der Beurkundung des Nottestaments beauftragen. Er ist jedoch für ordnungsmäßige Auswahl des Vertreters verantwortlich. Erweist sich der Vertreter als ungeeignet, ist z. B. das von dem beauftragten Vertreter beurkundete Testament nichtig, so wird außer dem Vertreter auch der Bürgermeister für den Schaden haftbar gemacht werden können.

Nach § 112 DGO. kann nötigenfalls die Aufsichtsbehörde einen Beauftragten bestellen, der alle oder einzelne Aufgaben der Gemeinde auf deren Kosten wahrnimmt. Ob dieser Beauftragte auch zur Aufnahme von Nottestamenten befugt ist, hängt von dem Umfang seines Auftrags ab. Die Ansicht von Finke (Nottestament S. 11), daß der bestellte Beauftragte niemals zur Aufnahme von Nottestamenten befugt sei, trifft m. E. nicht zu.

Wird das Testament durch einen Beamten oder Angestellten beurkundet, der keine Vertretungsbefugnis hat, so ist das Testament schon aus diesem Grunde unwirksam (vgl. KG. vom 24. Juli 1947, NJW. 1948, 188). Daher soll der Beamte, der das Testament als Vertreter aufnimmt, sich jedesmal Rechenschaft darüber ablegen, worauf sich seine Vertretungsbefugnis stützt; er soll ferner die Quelle seiner Vertretungsbefugnis in der Niederschrift angeben (§ 23 Abs. 5). Dem Richter, der im Erbscheinsverfahren, im Prozeß oder in einer Grundbuchsache mit dem Testament befaßt ist, wird es auf diese Weise erleichtert, die Gültigkeit des Testaments nachzuprüfen.

In der Schrift von Groll, Die Vertretung des Bürgermeisters nach der DGO. (Würzb. Staatsw. Abh. B 7, Leipzig 38), ist die Testamentserrichtung nicht behandelt, die Schrift bringt aber manches Beachtliche über die Vertretung des Bürgermeisters im allgemeinen; s. ferner Brombach, DGWR. 39, 156.

4 3. Der Gutsvorsteher.

Nach § 12 der Deutschen Gemeindeordnung vom 30. Januar 1935 (RGBl. I, 49) soll jedes Grundstück zu einer Gemeinde gehören; aus besonderen Gründen können jedoch auch Grundstücke außerhalb einer Gemeinde verbleiben (gemeindefreie Grundstücke, Gutsbezirke). Der Reichsminister des Innern kann durch Verordnung für gemeindefreie Grundstücke (Gutsbezirke) Vorschriften erlassen (DGO. § 119 Nr. 2). Demgemäß ist die VO. über gemeindefreie Grundstücke und Gutsbezirke vom 15. November 1938, RGBl. I, 1631, ergangen (erläutert von Loschelder in Pfundtner-Neubert I, 18). Die Aufgaben, die in der Gemeinde vom Bürgermeister wahrgenommen werden, liegen im Gutsbezirk dem Gutsvorsteher ob. Bei Behinderung des Gutsvorstehers tritt sein Vertreter an seine Stelle (§ 23 Abs. 5; vgl. §§ 3, 4 der VO. vom 15. November 1938, RGBl. I, 1631 und preuß. Gesetz vom 27. Dezember 1927, GS. 211).

Örtlich zuständig ist der Vorsteher des Gutsbezirks, in dem der Erblasser sich aufhält (§ 23 Abs. 1).

5 4. Wegfall des Vorbehalts in Art. 150 EGBGB.

Nach Art. 150 EGBGB. waren die landesgesetzlichen Vorschriften unberührt geblieben, nach welchen für die Beurkundung eines Nottestaments an Stelle des Bürgermeisters oder neben dem Bürgermeister eine andere amtlich bestellte Person zuständig war. Von diesem Vorbehalt hatte z. B. Preußen Gebrauch gemacht, indem es in Art. 80 Abs. 2 AGBGB. bestimmte, daß der Justizminister andere Personen bestellen konnte, vor denen die Errichtung des Nottestaments zu erfolgen hat.

Dieser Vorbehalt hat keine größere praktische Bedeutung erlangt; ein ausreichendes Bedürfnis für seine Aufrechterhaltung lag nicht vor. Daher ist Art. 150 EGBGB. durch § 50 Abs. 3 Nr. 2 des Gesetzes aufgehoben. Damit sind auch die auf diesen Vorbehalt gestützten landesgesetzlichen Vorschriften, z. B. der vorerwähnte Art. 80 Abs. 2 preuß. AGBGB. hinfällig geworden Die Oberlandesgerichtspräsidenten hatten dafür Sorge zu tragen, daß die betreffenden Personen über das Erlöschen ihrer Befugnisse belehrt und daß ihre Bestellungsurkunden eingezogen wurden (Abschnitt IV der AV. des RJM. vom 4. August 1938, DJ. S. 1259 — abgedruckt oben S. 28ff.). Der preußische Justizminister hatte eine Anweisung für die zur Aufnahme von Nottestamenten bestellten besonderen Urkundspersonen erlassen, und zwar zunächst unter dem 15. März 1904 (JMBl. 90) und später in neuer Fassung unter dem 6. April 1929 (JMBl. 117). Diese Anweisung deckte sich weitgehend mit der in Bem. 1 erwähnten Anweisung für die Bürgermeister vom 23. Juni 1900/4. April 1928; sie ist durch die Beseitigung des Art. 150 EGBGB. gegenstandslos geworden.

III. Die Errichtung des Nottestaments. 6

Die Errichtung des Nottestaments richtet sich nach den für das gerichliche oder notarielle Testament geltenden Vorschriften der §§ 7 bis 20. Der Bürgermeister tritt an die Stelle des Richters oder des Notars (§ 23 Abs. 1). Das bedeutet im einzelnen:

1. Zeugenzwang.

In Abs. 23 Abs. 1 Satz 2 ist ausdrücklich bestimmt, daß der Bürgermeister zwei Zeugen zuziehen **muß**. Die Auflockerung des Zeugenzwangs, die gemäß § 6 für das richterliche oder notarielle Testament gilt, ist beim Nottestament des § 23 nicht anzuwenden. Die Vorschrift über den Zeugenzwang beim Nottestament ist zwingend. Ein Nottestament, das der Bürgermeister etwa ohne Zuziehung von Zeugen errichtet, ist nichtig. Die in § 23 Abs. 6 vorgesehene Unschädlichkeit von Formfehlern bezieht sich nur auf Fehler bei Abfassung der Niederschrift und kann auf die Verletzung anderer zwingender Vorschriften weder unmittelbar noch rechtsähnlich angewendet werden. Hat ein Zeuge tatsächlich mitgewirkt, so ist das bloße Fehlen seiner Unterschrift allerdings nur ein unschädlicher Formfehler (KG. vom 4. Januar 1940, DFG. 15 = DRW. 544).

2. Die Ausschließungsgründe der §§ 7 bis 10. 7

Als beurkundender Bürgermeister oder als Zeuge kann nicht mitwirken: der Ehegatte des Erblassers oder wer mit dem Erblasser in gerader Linie oder im zweiten Grade der Seitenlinie verwandt oder verschwägert ist (§ 7); diese Vorschrift ist zwingend. Ein Verstoß macht das Nottestament nichtig. Die Milderung des § 23 Abs. 6 ist hier nicht anwendbar.

Als beurkundender Bürgermeister oder Zeuge kann ferner nicht mitwirken, wer im Testament bedacht ist oder zu einem so Bedachten in einem nahen Verwandtschafts- oder Schwägerschaftsverhältnis steht (§ 8). Ein Verstoß macht nicht das ganze Testament, wohl aber die Zuwendung nichtig (§ 8 Abs. 2). Wird die Gemeinde bedacht, deren gesetzlicher Vertreter der Bürgermeister ist, so kann er gleichwohl die Beurkundung vornehmen. Recht 08, 593.

Als Zeuge kann nicht mitwirken, wer zu dem beurkundenden Bürgermeister in einem nahen Verwandtschafts- oder Schwägerschaftsverhältnis steht (§ 9). Als Zeuge soll ferner nicht mitwirken, wer minderjährig ist, wer als Hausangestellter im Dienst des Bürgermeisters steht oder wer aus einem anderen der in § 10 aufgezählten Gründe als Zeuge ungeeignet ist.

8 3. Der Errichtungsakt.

Der Erblasser kann das Testament vor dem Bürgermeister durch mündliche Erklärung oder durch Übergabe einer offenen oder verschlossenen Schrift errichten (§ 11). Wer minderjährig ist, kann nur mündlich oder durch Übergabe einer offenen Schrift testieren (§ 11 Abs. 3). Der Bürgermeister soll die Person des Erblassers feststellen und dessen Testierfähigkeit prüfen (§ 14). Er soll den Erblasser auf Bedenken gegen den Inhalt oder auf Zweifel an der Gültigkeit des Testaments aufmerksam machen (§ 15).

Der Bürgermeister soll den Erblasser ferner darauf hinweisen, daß das Testament in der Regel nach 3 Monaten seine Gültigkeit verliert. Er soll in der Niederschrift feststellen, daß dieser Hinweis gegeben ist (§ 23 Abs. 3). Dieser Hinweis ist wichtig, damit der Erblasser, falls er sich wieder erholt, nicht etwa des Glaubens ist, er habe nun ein für die Dauer geltendes Testament errichtet. Dieser Hinweis wird ihm Veranlassung geben, falls er die Dreimonatefrist überlebt, beizeiten ein neues ordentliches Testament zu errichten.

Ist der Erblasser der deutschen Sprache nicht mächtig, so ist ein Dolmetscher zuzuziehen. Ist der Dolmetscher nicht allgemein beeidigt, so kann der Bürgermeister oder der Gutsvorsteher oder der zuständige Vertreter den Dolmetscher für diesen Sonderfall beeidigen (§ 23 Abs. 1 Satz 4). Diese Vorschrift entspricht dem Art. 80 Abs. 3 des preuß. AGBGB. Hierbei wird der Dolmetscher zu schwören haben, daß er treu und gewissenhaft übertragen werde, so wahr ihm Gott helfe (vgl. § 17 der oben in Bem. 1 erwähnten Anweisung für die Bürgermeister vom 22. November 1938 und das Muster auf S. 55). Im übrigen vgl. §§ 18, 19 des Gesetzes und die dortigen Bestimmungen.

Der Bürgermeister und die Zeugen müssen während der ganzen Verhandlung zugegen sein (§ 12). Ein Verstoß macht das Testament nichtig.

Ist der Erblasser stumm oder sonst am Sprechen behindert, so sind die Vorschriften des § 17 anzuwenden. Ein Verstoß hat Nichtigkeit des Testaments zur Folge.

9 4. Die Niederschrift über die Errichtung des Testaments.

Der Bürgermeister muß eine Niederschrift in deutscher Sprache aufnehmen; die Niederschrift soll den in § 13 vorgesehenen Mindestinhalt haben (Tag der Errichtung, Bezeichnung des Erblassers und der mitwirkenden Personen. Wiedergabe der Erklärungen des Erblassers). Die Wiedergabe der Erklärungen des Erblassers ist der Hauptzweck des Testaments. Ihr ist deshalb besondere Aufmerksamkeit zuzuwenden. Bei der Ermittlung des Sinnes einer solchen Niederschrift kann u. U. die Heranziehung von Umständen außerhalb der Urkunde notwendig sein; der so ermittelte Sinn kann dem Wortlaut auch vorgehen (KG. vom 24. Juli 1947, NJW. 1948, 188 = SJZ. 1948 Sp. 200 mit Anm. Weigelin.) Ferner sind folgende Punkte zu beachten:

10 a) Feststellung der Besorgnis, daß die Errichtung eines ordentlichen öffentlichen Testaments nicht möglich sei.

In der Niederschrift soll die Besorgnis festgestellt werden, daß die Errichtung eines Testaments vor einem Richter oder vor einem Notar nicht mehr möglich sein werde (§ 23 Abs. 2 Satz 1). In § 2249 BGB. war dieser Satz eine Mußvorschrift; im neuen Gesetz ist er zu einer Sollvorschrift abgeschwächt. Es empfiehlt sich, auch den Grund, auf den die Besorgnis sich stützt, anzugeben; in der Niederschrift wird etwa zu sagen sein: ,,Der Erblasser wurde im Bett liegend angetroffen. Er ist nach Aussage des anwesenden Arztes lebensgefährlich erkrankt, jedoch bei voller Besinnung. Es war daher zu besorgen, daß er früher sterben werde, als die Errichtung eines Testaments vor einem Richter oder vor einem Notar möglich ist." Das Vorliegen der Besorgnis, daß der Erblasser früher sterben werde, als die Errichtung eines Testaments vor einem Richter oder Notar möglich ist, ist unbedingte Voraussetzung für die Gültigkeit des Nottestaments nach § 23 TestG. (KG. vom 24. Juli 1947, NJW. 1948, 188 = SJZ. 1948, 200); insoweit ist eine Milderung des früheren Rechts nicht eingetreten; lediglich die ausdrückliche Feststellung in der Niederschrift ist nicht mehr zwingend, sondern nur durch Sollvorschrift geboten.

Befindet sich an dem Ort ein Gericht oder ein Notar, so wird der Richter oder Notar in der Regel ebenso schnell heranzuholen sein wie der Bürgermeister. Daher wird hier die Besorgnis in der Regel zu verneinen sein. Handelt es sich jedoch um einen Ort, der vom Sitz des nächsten Gerichts oder Notars nicht in kurzer Zeit erreichbar ist, und schwebt der Erblasser in ernster Lebensgefahr, so wird die in Abs. 1 vorausgesetzte Besorgnis gerechtfertigt sein.

Der Gültigkeit des Testaments steht nicht entgegen, daß die Besorgnis nicht begründet war (§ 23 Abs. 2 Satz 2). Hierbei wird aber vorausgesetzt, daß der Bürgermeister die Besorgnis der ernsten Lebensgefahr des Erblassers wirklich gehabt hat; da der Bürgermeister nicht Arzt ist, darf man an seine Überlegungen über diesen Punkt aber keine besonderen Anforderungen stellen. Ein Nottestament ist also nicht deshalb nichtig, weil der Bürgermeister das vorzeitige Ableben des Erblassers irrtümlich befürchtet; es ist auch nicht deshalb nichtig, weil er, obwohl die Besorgnis sachlich begründet ist, sie nicht hegt (RG. vom 6. März 1943, RGZ. 171, 27 = DNotZ. 43, 215 = DRW. 43, 1376; vgl. auch RG. vom 18. August 1943, DRW. 44, 39 = DNotZ. 44, 27). Beurkundet der Bürgermeister ein Nottestament, obwohl er weiß, daß keine Lebensgefahr für den Erblasser besteht, und ist eine solche auch tatsächlich nicht gegeben, so ist das Testament nichtig (ähnlich Planck[4], § 2249 Bem. 2 mit Nachweisen).

b) Verlesung, Genehmigung, Unterzeichnung der Niederschrift. 11

Die Niederschrift muß vorgelesen, vom Erblasser genehmigt und von ihm eigenhändig unterschrieben werden. In der Niederschrift soll festgestellt werden, daß dies geschehen ist; die Niederschrift muß vom Bürgermeister und den Zeugen unterschrieben werden (§ 16). Ist der Erblasser stumm oder kann der Erblasser nicht schreiben, so gelten die besonderen Vorschriften des § 16 Abs. 2, 3. Über Formfehler s. nachf. Bem. 12.

c) Unschädlichkeit von Formfehlern, die bei Abfassung der Niederschrift unterlaufen. 12

Obwohl die Vorschriften über die Errichtung des notariellen Testaments gegenüber dem alten Recht in zahlreichen Punkten gemildert sind, muß nach den bisherigen Erfahrungen damit gerechnet werden, daß dem Bürgermeister bei Abfassung der Niederschrift dennoch gelegentlich Formfehler unterlaufen. Um nach Möglichkeit zu verhindern, daß das Nottestament aus einem solchen Grund nichtig ist, bestimmt § 23 Abs. 6: Sind „bei Abfassung der Niederschrift" Formfehler unterlaufen, so steht der Formverstoß der Gültigkeit des Testaments nicht entgegen, wenn „dennoch mit Sicherheit anzunehmen ist, daß das Testament eine zuverlässige Wiedergabe der Erklärung des Erblassers enthält". Hierbei macht es keinen Unterschied, ob der Verstoß sich gegen eine Ordnungsvorschrift oder gegen eine Mußvorschrift richtet. Der Satz gilt aber nur für Formfehler, die bei Abfassung der Niederschrift vorkommen; verzeihlich wäre z. B. das Fehlen einer Angabe über den Tag der Errichtung oder das Fehlen der Unterschrift eines Zeugen (ebenso KG. vom 4. Januar 1940, DFG 40,15 = DRW. 40,544). § 23 Abs. 6 gilt dagegen nicht beim Verstoß gegen eine andere zwingende Vorschrift. Hat der Bürgermeister z. B. keinen Zeugen zugezogen oder ist einer der Zeugen wegen naher verwandtschaftlicher Beziehungen nach § 7 ausgeschlossen, so ist das Nottestament ebenso wie nach bisherigem Recht nichtig. Das Fehlen der Vorlesung und Genehmigung ist kein bloßer Formfehler bei Abfassung der Niederschrift (KG. 11. Juli 1940, DJ. 1015), wohl aber das Fehlen der Feststellung hierüber. Fraglich ist, welche Mindestanforderungen an die Niederschrift selbst zu stellen sind. Man wird dem KG. zustimmen können, wenn es für den Begriff der Niederschrift als ausreichend ansieht, daß die erforderlichen rechtserheblichen Umstände und Erklärungen sich aus der Urkunde ergeben, daß sie in ihr irgendwie schriftlich niedergelegt sind, daß dies in Gegenwart der mitwirkenden Personen erfolgt und durch ihre Unterschrift bezeugt ist (KG. Beschl. vom 24. Juli 1947, NJW. 1948, 188 = SJZ. 1948 Sp. 200 mit Anm. Weigelin). Das KG. hat die obigen Tatbestandsmerkmale in einem Testament noch als möglich gegeben angesehen, das eine Angabe der letztwilligen Verfügungen, die Unterschrift des Erblassers hierunter und daran angefügt eine vom Bürgermeister gefertigte, von ihm und den 2 zugezogenen Zeugen unterschriebene „Beglaubigung" der Unterschrift des Erblassers umfaßte. Das OLG. Gera hat in einem ähnlich gelagerten Fall angenommen, daß es an einer Niederschrift überhaupt fehle und deshalb für die Anwendung der Formerleichterungsvorschrift des § 23 Abs. 6 kein Raum mehr sei (SJZ. 1948 Sp. 202 mit Anm. Weigelin und NJW. 1948, 159). Beim Studium der beiden Beschlüsse ist man mit Weigelin (a.a.O.) geneigt, der Ansicht des KG. den Vorzug zu geben.

13 5. Ablieferung und Verwahrung.

Der Bürgermeister soll die Niederschrift über die Errichtung des Nottestaments mit den Anlagen (namentlich also mit der etwa vom Erblasser übergebenen Schrift) in Gegenwart des Erblassers und der Zeugen in einen Umschlag nehmen und diesen versiegeln. Der Bürgermeister soll das Testament auf dem Umschlag nach der Person des Erblassers und nach der Zeit der Errichtung näher bezeichnen und diese Aufschrift unterschreiben. Die Aufschrift wird also etwa lauten: „Inliegend befindet sich das am 1. Dezember 1938 aufgenommene Nottestament des Bauern Peter Schmitz. A-Dorf, den B., Bürgermeister."

Der Bürgermeister soll veranlassen, daß das so verschlossene Testament unverzüglich in besondere amtliche Verwahrung gebracht wird (§ 20 Abs. 2). Zuständig für die besondere amtliche Verwahrung ist das Amtsgericht, zu dessen Bezirk die Gemeinde oder der Gutsbezirk gehört (§ 37 Abs. 2 Nr. 3, § 49 Abs. 4 Nr. 3). Nach der Verschließung fertigt der Bürgermeister einen Vermerk über die Testamentserrichtung. Der Vermerk ist dem Amtsgericht mit einzureichen. Der Bürgermeister erhält eine Empfangsbescheinigung (§ 19 Abs. 2, § 21 Abs. 3 der Anweisung vom 4. April 1928). Die AV. des RJM. vom 15. Juni 1939 DJ. 1078 über die Benachrichtigung in Nachlaßsachen (abgedruckt oben S. 35ff.) findet bei Nottestamenten keine Anwendung, da sich dies bei der kurzen Geltungsdauer der Nottestamente nicht lohnt.

6. Kosten. 14

Wegen der Kosten enthält die Anweisung zur Aufnahme von Nottestamenten vom 28. November 1938 (abgedruckt oben S. 46) folgende Vorschriften. Sie gelten, soweit nicht neuerdings landesgesetzlich etwas anderes bestimmt ist, für das ganze Geltungsgebiet des TestG.:

§ 21.

„(1) An Gebühren erhält der Bürgermeister für die Errichtung eines Testaments beim Wert des Nachlasses

bis	1000 DM.	einschließlich	2 DM.,
bis	5000 DM.	„	5 DM.,
bis	10000 DM.	„	8 DM.,
über	10000 DM.	„	10 DM.

(2) Als Wert des Nachlasses ist der Wert des gegenwärtigen Vermögens des Erblassers nach Abzug der Schulden anzusehen. Wird nicht über den ganzen Nachlaß verfügt, so ist für die Gebührenberechnung der Wert des Gegenstandes, über den verfügt wird, maßgebend."

§ 22.

„An baren Auslagen werden vergütet:

1. die Postgebühren;
2. die an die Zeugen gezahlten Gebühren;

jedem Zeugen kann auf Verlangen für jede angefangene Stunde ein Betrag bis zu 75 Pf. gezahlt werden."

§ 23.

„Der Vorsteher hat die Gebühren und Auslagen von dem Erblasser zu erheben."

7. Haftung des Bürgermeisters oder Gutsvorstehers. 15

Verletzt der Bürgermeister oder der Gutsvorsteher vorsätzlich oder fahrlässig die ihm bei der Errichtung von Testamenten obliegende Amtspflicht, so hat er grundsätzlich dem Geschädigten (z. B. den eingesetzten und infolge der Nichtigkeit ausfallenden Erben) den hieraus entstehenden Schaden zu ersetzen (BGB. § 839). Nach Art. 131 der Weimarer Verfassung trifft nach außen die Verantwortlichkeit grundsätzlich den Staat oder die Körperschaft, in deren Dienst der Beamte steht. Die nähere Regelung liegt der zuständigen Gesetzgebung ob. Für Preußen gilt das Gesetz vom 1. August 1919 — GS. 691 — i. d. Fass. vom 16. November 1920 — GS. 1921, 65 —. Ein solcher Haftungsfall ist behandelt in RG. vom 30. Dezember 1937 JW. 38, 810 = HRR. 38, 389 = WarnE. 38, 48 = SeuffA. 38, 136).

IV. Schulung des Bürgermeisters für die Errichtung von Nottestamenten. 16

Wie sich aus Vorstehendem ergibt, hat das neue Gesetz eine ganze Reihe von Erleichterungen für die Aufnahme von Nottestamenten eingeführt. Dennoch muß sich der Bürgermeister oder Gutsvorsteher bewußt sein, daß die inhaltlich einwandfreie, formgerechte Aufnahme eines Nottestaments stets die volle Aufmerksamkeit und Sorgfalt der Amtsperson erfordert. Der Bürgermeister sollte daher nicht warten, bis er zu einer eiligen Testamentserrichtung gerufen wird, sondern er sollte schon vorher die Vorschriften prüfen und sich so vorbereiten, daß er im Ernstfall allen Anforderungen gewachsen ist. Er wird also die ihm etwa zur Verfügung gestellten Vordrucke genau durchlesen und sich ein Bild darüber machen, welcher Vordruck im einzelnen Fall in Frage kommt. Er wird sich einprägen, daß er bei der Testamentserrichtung Feder und Tinte (am besten einen Füllfederhalter), einen festen Umschlag, Siegellack und ein Petschaft mit dem Amtssiegel bei sich haben muß. Ferner sollte der Bürgermeister mit den Grundzügen unseres Erbrechts vertraut sein, damit er den Erblasser bei der Bildung des letzten Willens beraten und die letztwilligen Bestimmungen in eine klare, von Widersprüchen freie Form zu bringen vermag (vgl. die oben nach dem Wortlaut des § 23 aufgeführten Schriften). Eine gute Darstellung unseres Erbrechts gibt z. B. Knauer, Erbe und Erbschaft, Berlin 1939.

Hat sich der Bürgermeister oder Gutsvorsteher in dieser Weise auf die Testamentserrichtung vorbereitet, so wird es ihm nicht schwer fallen, ein ordnungsmäßiges Nottestament zu beurkunden, wenn er einmal plötzlich an ein Sterbebett gerufen wird.

§ 24.

Nottestament in besonderen Fällen.

(1) Wer sich an einem Orte aufhält, der infolge außerordentlicher Umstände dergestalt abgesperrt ist, daß die Errichtung eines Testaments vor einem Richter oder vor einem Notar nicht möglich oder erheblich erschwert ist, kann das Testament in der durch § 23 bestimmten Form oder durch mündliche Erklärung vor drei Zeugen errichten.

(2) Wer sich in so naher Todesgefahr befindet, daß voraussichtlich auch die Errichtung eines Testaments nach § 23 nicht mehr möglich ist (zum Beispiel infolge eines Unfalls im Gebirge), kann das Testament durch mündliche Erklärung vor drei Zeugen errichten.

(3) Wird das Testament durch mündliche Erklärung vor drei Zeugen errichtet, so muß hierüber eine Niederschrift aufgenommen werden. Auf die Zeugen sind die Vorschriften der §§ 7, 8 und des § 10 Nr. 1 bis 5, auf die Niederschrift die Vorschriften der §§ 13, 14, 16, 19, § 23 Abs. 6 entsprechend anzuwenden; ferner findet § 23 Abs. 2 sinngemäß Anwendung. Unter Zuziehung eines Dolmetschers kann ein Testament in dieser Form nicht errichtet werden.

§ 24 Abs. 1 und 3 entsprechen dem § 2250 BGB.; Abs. 2 ist neu.

Übersicht:

I. Nottestament am abgesperrten Ort (Abs. 1) 1
1. Die Absperrung des Aufenthaltsorts des Erblassers 2
2. Die Errichtung des Nottestaments am abgesperrten Ort 3

II. Das Nottestament bei naher Todesgefahr (Abs. 2) 4
1. Nahe Todesgefahr 4
2. Die Form des Dreizeugentestaments 5
a) Die Ausschließungsgründe der §§ 7, 8 und 10 5
b) Die Errichtung des Testaments 6
c) Die Niederschrift über die Errichtung des Dreizeugentestaments 7
3. Der Beweiswert des Dreizeugentestaments 8

I. Nottestament am abgesperrten Ort (Abs. 1). 1

Während im § 23 der Fall geregelt ist, daß wegen Lebensgefahr des Erblassers voraussichtlich die Testamentserrichtung vor einem Richter oder Notar nicht möglich ist, behandelt § 24 Abs. 1 den Fall, daß die Errichtung des ordentlichen öffentlichen Testaments nicht möglich ist, weil der Erblasser sich an einem abgesperrten Ort befindet.

1. Die Absperrung des Aufenthaltsorts des Erblassers. 2

Nach § 24 Abs. 1 wird vorausgesetzt, daß der Aufenthaltsort des Erblassers „infolge außerordentlicher Umstände dergestalt abgesperrt ist, daß die Errichtung eines Testaments vor Richter oder Notar nicht möglich oder wesentlich erschwert ist". In § 2250 Abs. 1 BGB. war beispielsweise als Ursache für eine solche Absperrung der Ausbruch einer Krankheit angeführt. Dieses Beispiel ist in § 24 Abs. 1 nicht übernommen; denn nach den jetzt geltenden gesundheitspolizeilichen Vorschriften vollzieht sich die Seuchenbekämpfung nicht mehr in der Weise, daß einzelne Ortschaften oder Teile von Ortschaften polizeilich abgesperrt werden, sondern man beschränkt sich in aller Regel darauf, die an einer seuchengefährlichen Krankheit leidenden Personen sofort abzusondern und in besondere Pflegeräume (z. B. in eine Isolierbaracke) zu bringen. Für die so Erkrankten ist in der Regel die Voraussetzung des § 23 gegeben. Dagegen werden die gesunden Personen in dem betreffenden Ort von der Absperrung nicht betroffen; bei ihnen werden also die Voraussetzungen für die Errichtung eines Nottestamentes im allgemeinen nicht gegeben sein. Es erscheint daher nicht angebracht, den Ausbruch einer Krankheit jetzt noch als Hauptbeispiel für das Nottestament am abgesperrten Ort beizubehalten.

Bei den „außerordentlichen Umständen" im Sinne des § 24 Abs. 1 wird man hauptsächlich an Ereignisse anderer Art zu denken haben, etwa an eine Überschwemmung, einen Aufruhr oder an kriegerische Ereignisse.

Nicht notwendig ist, daß eine ganze Ortschaft abgesperrt ist. Es genügt, wenn einzelne Teile der Ortschaft oder auch ein einzelnes Gehöft oder ein einzelnes Haus von der Absperrung betroffen sind.

2. Die Errichtung des Nottestaments am abgesperrten Ort. 3

Ist die unter 1 erörterte Voraussetzung gegeben, so hat der Erblasser die Wahl zwischen zwei verschiedenen Arten von Nottestamenten: Er kann ein Nottestament vom Bürgermeister nach § 23 beurkunden lassen oder er kann ein Testament durch mündliche Erklärung vor drei Zeugen errichten. Daneben steht es ihm frei, die ordentliche Testamentsform des eigenhändigen Testaments nach § 21 zu gebrauchen.

Wählt er die Erklärung vor dem Bürgermeister, so ist § 23 seinem ganzen Umfang nach entsprechend anzuwenden. In der Niederschrift ist u. a. festzustellen, daß der Erblasser durch außerordentliche Umstände abgesperrt und hierdurch an der Errichtung eines ordentlichen öffentlichen Testaments verhindert ist; der Gültigkeit des Testaments steht nicht entgegen, daß der Bürgermeister sich bei Beurteilung dieser Absperrung geirrt hat (§ 23 Abs. 2 Satz 2); vorausgesetzt wird jedoch, daß der Bürgermeister der Überzeugung war, die Testamentsmerkmale des § 24 Abs. 1 seien gegeben. Hat er ein Nottestament aufgenommen, obwohl er wußte, daß weder die Voraussetzung des § 23 noch die des § 24 gegeben waren, so ist das Testament nichtig (vgl. § 23 Bem. 10).

4 **II. Das Nottestament bei naher Todesgefahr (Abs. 2).**

1. Nahe Todesgefahr.

Durch § 24 Abs. 2 ist ein neuer Fall des Dreizeugentestaments eingeführt worden. Nach der neuen Vorschrift kann sich des Dreizeugentestaments auch derjenige bedienen, der sich in so naher Todesgefahr befindet, daß voraussichtlich auch die Errichtung eines Nottestaments vor dem Bürgermeister nicht möglich ist. Als Beispiel wird im Gesetz ,,ein Unfall im Gebirge" angeführt. Von einem Fall naher Todesgefahr wird man vielleicht auch dann sprechen können, wenn ein Luftfahrzeug in eine besondere gefährliche Lage gerät (Gewitter, Brennstoffmangel, bevorstehende Notlandung wegen Motorbeschädigung u. dgl.); vgl. Seibert ZAkDR. 38, 666. Grundsätzlich ist aber nicht notwendig, daß die nahe Todesgefahr durch einen Unfall oder auch nur, daß sie plötzlich entstanden ist. Voraussetzung ist allein, daß sie zu der Zeit, zu der der Erblasser das Testament errichten will, vorliegt. Sie kann auch die Folge einer schon lang bestehenden Krankheit sein. Daß sich der Erblasser der nahen Todesgefahr bewußt ist, ist nicht erforderlich, wohl aber müssen die drei Zeugen von ihr überzeugt sein (vgl. unten Bem. 7) oder es muß die Gefahr zur Zeit der Errichtung tatsächlich bestehen. (RG. vom 18. August 1943, DRW. 44, 39 DNotZ. 44, 27). Gerade wenn sich der Erblasser der tödlichen Gefahr seines Zustandes nicht bewußt ist, ist möglich, daß sich jedermann scheut, ihn an die letztwillige Ordnung seiner Verhältnisse zu mahnen. Geschieht es dann unter dem Zwang der Umstände doch in letzter Minute, so kann es für die Beiziehung einer Amtsperson zu spät sein. In solchem Fall sind die Voraussetzungen für Errichtung eines Dreizeugentestaments gegeben, auch wenn der Erblasser vorher in monatelanger Krankheit immer die Möglichkeit zur Errichtung eines Testaments vor Richter oder Notar gehabt hat oder kurz vorher auch noch ein Nottestament vor dem Bürgermeister hätte errichten können.

5 2. Die Form des Dreizeugentestaments.

Für das vor drei Zeugen erklärte Testament sind einige der für das richterliche Testament geltenden Vorschriften entsprechend anzuwenden (vgl. § 24 Abs. 3). Bei dem Nottestament nach § 24 müssen die 3 Zeugen während der ganzen Testamentserrichtung zugegen sein (LG. Berlin vom 29. Mai 1942, DFG. 43, 8). Zeugen bei der Errichtung des Nottestaments sind nur Personen, die zur Mitwirkung herangezogen sind oder selbst ihre Bereitwilligkeit zur verantwortlichen Mitwirkung zu erkennen gegeben haben (RG. vom 3. November 1944, DRW. 45, 56) und die das Bewußtsein haben, für die richtige schriftliche Wiedergabe der Erklärungen des Erblassers mitverantwortlich zu sein (KG. vom 16. Juli 1942, DRW. 42, 1339 = DFG. 42, 110). Im einzelnen gilt folgendes:

a) Die Ausschließungsgründe der §§ 7, 8 und 10.

Als Zeugen können nicht mitwirken der Ehegatte des Erblassers oder wer mit dem Erblasser in gerader Linie oder im zweiten Grad der Seitenlinie verwandt oder verschwägert ist. Ein Verstoß macht das Testament nichtig (vgl. § 7). Als Zeugen können ferner nicht mitwirken, wer im Testament bedacht ist oder zu einem so Bedachten in einem nahen Verwandtschafts- oder Schwägerschaftsverhältnis steht (vgl. § 8). Als Zeugen sind ferner ungeeignet: der Minderjährige, der Geisteskranke und die sonstigen in § 10 Nr. 1 bis 7 aufgezählten Personen; ein Verstoß gegen § 10 berührt zwar die Gültigkeit des Testaments nicht, wird aber ihren Beweiswert erheblich herabsetzen (vgl. unten Bem. 8).

b) Die Errichtung des Testaments. 6

Der Erblasser kann das Testament nur durch mündliche Erklärung errichten. Die Übergabe einer offenen oder verschlossenen Schrift (vgl. § 11 Abs. 1) ist nicht vorgesehen. Wegen der mündlichen Erklärung wird auf § 11 Bem. 4 verwiesen.

c) Die Niederschrift über die Errichtung des Dreizeugentestaments. 7

Das Testament kommt nicht schon durch die mündliche Erklärung allein zustande; es muß auch eine Niederschrift über die Testamentserrichtung hinzukommen. Ohne die Niederschrift ist das Testament nichtig. Das KG. hat in seinem Beschl. vom 24. Juli 1947 (SJZ. 1948 Sp. 200 mit Anm. Weigelin = NJW. 1948, 188) für das Dorftestament die Mindestanforderungen einer solchen Niederschrift erläutert; seine Ausführungen sind auch auf das Dreizeugentestament anwendbar. Auf die Ausführungen zum obigen Beschl. des KG. in Anm. 12 zu § 23 darf deshalb verwiesen werden; dort ist auch die strengere Ansicht des OLG. Gera im Beschl. vom 19. Juni 1947 (SJZ. 1948 Sp. 202 = NJW. 1948, 159) erwähnt.

In der Niederschrift sind der Tag der Verhandlung, die Bezeichnung des Erblassers und der drei Zeugen und die mündliche Erklärung des Erblassers anzugeben (vgl. § 13). Ferner ist festzustellen, daß der Erblasser sich in so naher Todesgefahr befindet, daß auch die Errichtung eines Nottestaments vor dem Bürgermeister voraussichtlich nicht möglich ist (vgl. § 23 Abs. 2); der Gültigkeit des Testaments steht zwar nicht entgegen, daß diese Voraussicht irrig war (vgl. § 23 Abs. 2 Satz 2); die Zeugen müssen aber bei der Aufnahme des Testaments selbst der Meinung sein, daß eine so nahe Todesgefahr besteht. Da die Zeugen regelmäßig keine Ärzte sind, dürfen an ihre Überlegung hinsichtlich der Gefahrenlage aber keine besonderen Anforderungen gestellt werden. Es genügt, wenn sie mit der Möglichkeit rechnen, daß es für eine Testamentserrichtung vor dem Richter, Notar oder dem Bürgermeister schon zu spät sein könnte. Haben allerdings die Zeugen gewußt, daß der Tatbestand des § 24 Abs. 2 nicht gegeben war, so ist das Testament nichtig (vgl. § 23 Bem. 10; s. ferner oben Bem. 4).

In der Niederschrift soll festgestellt werden, ob die Zeugen den Erblasser gekannt oder wie sie sich Gewißheit über seine Person verschafft haben (vgl. § 14). Die Niederschrift muß verlesen, vom Erblasser genehmigt und von ihm und von den drei Zeugen unterschrieben werden (vgl. § 16). Das Fehlen der Unterschrift eines Zeugen ist allerdings unschädlich, wenn dieser nur sonst das Bewußtsein hatte, für die richtige schriftliche Wiedergabe der Erklärungen mitverantwortlich zu sein (KG. DFG. 1940, 15). Aus diesem Grunde ist es auch ohne Schaden, wenn die Unterschrift eines Zeugen erst später, ja auch wenn sie erst nach dem Tode des Erblassers nachgeholt wird (KG. Beschl. vom 25. April 1946, NJW. 1948, 190). Ähnlich OLG. Gera in NJW. 1948 S. 80 Nr. 110. Auch das Fehlen der Unterschrift des Erblassers ist ohne Schaden, wenn festgestellt ist, daß er zu einer Unterschriftsleistung nicht im Stande war (OLG. Gera a.a.O.). Die Zeugen sind dann gleichzeitig Schreibzeugen gem. § 16. Die fehlende Feststellung von der Schreibunfähigkeit in der Niederschrift ist unschädlich; sie gehört zu den Formfehlern, die gem. Abs. 2 mit § 23 Abs. 6 der Gültigkeit nicht entgegenstehen, wenn nur überhaupt die gem. § 16 Abs. 3 notwendige Überzeugung von der Unfähigkeit zu schreiben vorhanden war. Wer die Verlesung vornimmt, ist gleichgültig; auch ein Bedachter kann die Niederschrift verlesen, wenn er auch nicht als Zeuge mitwirken darf (s. § 16 Bem. 3). Versteht der Erblasser die deutsche Sprache nicht und sind die drei Zeugen der fremden Sprache, in der der Erblasser sich erklärt, mächtig, so ist die Niederschrift in der fremden Sprache aufzunehmen (vgl. § 19). Unter Zuziehung eines Dolmetschers kann das Testament nicht errichtet werden (vgl. § 24 Abs. 3 Satz 3).

Sind bei der Abfassung des Testaments Formfehler unterlaufen (gleichviel ob es sich um einen Verstoß gegen eine Ordnungsvorschrift oder gegen eine zwingende Vorschrift handelt), so ist das Testament dennoch gültig, wenn mit Sicherheit anzunehmen ist, daß es eine zuverlässige Wiedergabe der Erklärung des Erblassers enthält (vgl. § 23 Abs. 6). Hierbei handelt es sich aber nur um Fehler bei der Abfassung der Niederschrift. Ein Verstoß gegen eine andere zwingende Vorschrift macht das Dreizeugentestament nichtig (vgl. § 23 Bem. 12).

Im Gesetz ist nicht vorgesehen, daß das Testament zu versiegeln oder zur amtlichen Verwahrung abzuliefern ist; § 20 ist nicht für entsprechend anwendbar erklärt. Den Zeugen steht es jedoch frei, das Testament dennoch zu versiegeln und in entsprechender Anwendung der §§ 20, 22 beim Amtsgericht abzuliefern.

8 3. Der Beweiswert des Dreizeugentestaments.

Das Testament vor drei Zeugen ist keine öffentliche Urkunde, sondern nur eine Privaturkunde. Ihr Beweiswert richtet sich nach §§ 416, 440 RZPO. (vgl. § 21 Bem. 11).

§ 25.

Seetestament

Wer sich während einer Seereise an Bord eines deutschen, nicht zur Kriegsmarine gehörenden Fahrzeugs außerhalb eines inländischen Hafens befindet, kann ein Testament durch mündliche Erklärung vor drei Zeugen nach § 24 Abs. 3 errichten.

§ 25 entspricht dem § 2251 BGB.

Übersicht:

I. Die Voraussetzungen für Errichtung eines Seetestaments 1
1. Aufenthalt des Erblassers an Bord eines deutschen Fahrzeugs 2
a) Seeschiffe 2
b) Binnenschiffe 3
c) Luftfahrzeuge 4
d) Keine Anwendung des § 25 auf Fahrzeuge der Kriegsmarine 5
2. Seereise 6
3. Anwendungsbereich des § 25 7
II. Die Form des Seetestaments 8
1. Die Zeugen 8
2. Der Errichtungsakt und die Niederschrift 9

1 **I. Die Voraussetzungen für Errichtung eines Seetestaments.**

Schiffe, die sich auf einer Seereise befinden, gelten im internationalen Recht als schwimmende Gebietsteile ihres Landes. § 25 regelt die Frage, unter welchen Voraussetzungen und in welchen Formen auf einem solchen Fahrzeug ein Nottestament errichtet werden kann. Die besondere Testamentsform des § 25 ist nur demjenigen gestattet, der sich während einer Seereise an Bord eines deutschen Fahrzeugs außerhalb eines inländischen Hafens befindet.

1. Aufenthalt des Erblassers an Bord eines deutschen Fahrzeugs. 2

a) Seeschiffe.

In erster Linie ist an Schiffe der deutschen Handeslmarine gedacht. Das Flaggenrecht der Seeschiffe ist im Gesetz vom 22. Juni 1899 (RGBl. 319, geändert durch Gesetz vom 29. Mai 1901, RGBl. 184, durch VO. vom 14. Februar 1939, RGBl. I, 209 und durch VO. vom 21. Dezember 1940, RGBl. I, 1609) geregelt. Nach § 2 des Flaggengesetzes sind zur Führung der deutschen Flagge nur solche Kauffahrteischiffe berechtigt, die sich im ausschließlichen Eigentum von Reichsangehörigen befinden; für die zur Führung der deutschen Flagge befugten Kauffahrteischiffe sind bei den vom RJM. bestimmten Amtsgerichten Schiffsregister zu führen (§§ 1, 3 Schiffsregisterordnung vom 19. Dezember 1940, RGBl. I, 1591). Das Flaggengesetz ist auch anzuwenden auf seegehende Lustyachten und auf Schulschiffe (§ 26 des Flaggenges.). Auch kleinere Fahrzeuge (z. B. Küstendampfer, Motorboote, Segelboote), die wegen ihres geringen Tonnengehalts nicht eintragungspflichtig sind, können als Fahrzeuge i. S. des § 25 des vorliegenden Gesetzes in Frage kommen.

b) Binnenschiffe. 3

Die Anwendung des § 25 ist nicht auf Seeschiffe beschränkt. Auch ein an sich zur Fahrt auf Binnengewässern bestimmtes Schiff kann in Frage kommen, falls es sich im Einzelfall auf einer Seereise, wenn auch vielleicht nur in der Nähe der Küste, befindet. Voraussetzung ist allerdings auch hier, daß es sich um ein deutsches Schiff handelt. Hierbei werden die für Kauffahrteischiffe geltenden Grundsätze entsprechend anzuwenden sein. Wegen der Eintragung der Schiffe im Binnenschiffahrtsregister vgl. die §§ 3ff. der Schiffsregisterordnung vom 19. Dezember 1940 (RGBl. I, 1591).

c) Luftfahrzeuge. 4

In § 25 ist der Ausdruck „Schiff" vermieden und statt dessen der allgemeine Ausdruck „Fahrzeug" verwendet. § 25 wird daher auch anzuwenden sein auf Luftschiffe oder auf Flugzeuge, die sich auf einer „Seereise", also auf einem längeren Flug über See befinden. In der Tat sind die Verhältnisse etwa auf einem Flug des Zeppelinluftschiffs von Europa nach Amerika mit den Verhältnissen auf einer Seeschiffsreise, soweit es sich um die Errichtung eines Testaments handelt, gleichartig. Es erscheint daher zweck- und sinngemäß, den § 25 auch auf solche Fahrzeuge anzuwenden, falls sie sich auf einer Fahrt über See befinden (ebenso Seibert, ZAkDR. 38, 666). Hilfsweise könnte man den § 24 Abs. 1 oder 2 heranziehen.

d) Keine Anwendung des § 25 auf Fahrzeuge der Kriegsmarine. 5

In § 25 ist ausdrücklich bestimmt, daß die Vorschriften über das dort vorgesehene Nottestament auf die zur Kriegsmarine gehörenden Fahrzeuge nicht anzuwenden sind. Für diese Fahrzeuge galten die besonderen Vorschriften über die freiwillige Gerichtsbarkeit in der Wehrmacht vom 24. April 1934 (RGBl. I, 335, abgedruckt oben S. 60ff.). Nach Art. 2 dieses WehrmachtFGGes. galten die besonderen Vorschriften über die Testamente von Wehrmachtangehörigen u. a. für „Personen, die zur Besatzung eines in Dienst gestellten Schiffs oder sonstigen Fahrzeuges der Reichsmarine gehören oder in anderer Eigenschaft an Bord eines solchen Schiffs oder Fahrzeugs sind, solange sich dieses außerhalb eines inländischen Hafens befindet". Die Vorschriften des WehrmachtFGGes. werden durch das vorliegende Gesetz nicht berührt (vgl. unten § 27).

6 2. Seereise.

Die Vorschriften des § 25 gelten nur, wenn sich das Fahrzeug auf einer Seereise, und zwar außerhalb eines inländischen Hafens befindet.

Unter Seereise ist hier die Fahrt auf einem Teil des Meeres zu verstehen. Zur See gehören auch die Küstengewässer; also auch eine Fahrt, die sich ausschließlich innerhalb der Dreimeilenzone hält, ist eine Seefahrt. Als Teil der Seereise wird ferner die Fahrt vom Hafen bis zum offenen Meer zu verstehen sein, z. B. die Fahrt des Seedampfers von Bremen bis Bremerhaven oder umgekehrt, falls diese Fahrt bis zum offenen Meer ausgedehnt wird (ebenso Planck[4] § 2251 Bem. 2a).

Zur Seereise gehört auch der Aufenthalt in einem ausländischen Hafen. § 25 ist dagegen (wie sich schon aus seinem Wortlaut ergibt) nicht anzuwenden, solange sich das Schiff in einem inländischen Hafen befindet. Im inländischen Hafen steht es dem Erblasser frei, sich an einem deutschen Richter oder Notar zu wenden.

§ 25 gilt nur, solange der Erblasser ,,an Bord" des Fahrzeugs befindet. Der Erblasser kann also nicht etwa in einem ausländischen Hafen an Land gehen und dort ein Seetestament nach § 25 errichten.

7 3. Anwendungsbereich des § 25.

Sind die Voraussetzungen zu 1, 2 gegeben, so unterliegt die Anwendung des § 25 keinen weiteren Beschränkungen. Diese Vorschrift gilt also sowohl für deutsche wie für ausländische Staatsangehörige; gleichgültig ist es auch, ob der Erblasser zur Schiffsbesatzung gehört oder ob er Fahrgast ist. Es kommt auch nicht darauf an, ob der Erblasser krank oder gesund ist, oder ob das Fahrzeug sich in Seenot oder außerhalb jeder Gefahr befindet.

Zu beachten ist aber, daß ein nach § 25 errichtetes Testament nur ein Nottestament ist; dies kommt namentlich auch darin zum Ausdruck, daß das Testament nach Ablauf von 3 Monaten nach Beendigung der Seereise seine Gültigkeit verliert (§ 26). Der Erblasser wird daher von der in § 25 vorgesehenen Testamentsform in der Regel wohl nur Gebrauch machen, wenn ein besonderer Anlaß (Erkrankung oder Seegefahr) gegeben ist.

Will jemand auf einer Seereise ein Testament errichten, dessen Gültigkeit nicht in der aus § 26 ersichtlichen Weise beschränkt ist, so steht es ihm frei, ein eigenhändiges Testament nach § 21 niederzuschreiben.

8 **II. Die Form des Seetestaments.**

Das Seetestament besteht in der Abgabe einer mündlichen Erklärung vor 3 Zeugen mit Abfassung einer Niederschrift (§ 25, § 24 Abs. 3).

1. Die Zeugen.

Als Zeugen können alle Personen mitwirken, gegen die keiner der Ausschließungsgründe der §§ 7, 8, 10 Nr. 1 bis 5 vorliegt. Es ist gleichgültig, ob die Zeugen zur Schiffsbesatzung gehören oder lediglich in anderer Eigenschaft, z. B. als Fahrgast sich auf dem Schiff befinden. Die Mitwirkung des Kapitäns oder einer sonstigen Person der Schiffsbesatzung ist zulässig, aber nicht notwendig. Von Bedeutung ist in diesem Zusammenhang § 10 Nr. 5 und § 19, wonach die Zeugen die Sprache, in der der Erblasser sich erklärt, verstehen sollen. § 24 Abs. 3 Satz 3 bestimmt, daß ein Testament in dieser Form nicht unter Zuziehung eines Dolmetschers errichtet werden kann. Bedient sich also der Erblasser der deutschen Sprache, so ist die Niederschrift in deutscher Sprache aufzunehmen und die Zeugen sollen Deutsch verstehen. Erklärt sich der Erblasser in einer fremden Sprache, so ist die Niederschrift in der fremden Sprache aufzunehmen und die drei Zeugen müssen die fremde Sprache verstehen.

2. Der Errichtungsakt und die Niederschrift. 9

Die Testamentserrichtung besteht in der Abgabe einer mündlichen Erklärung vor den 3 Zeugen. Die Testamentserrichtung durch Übergabe einer offenen oder verschlossenen Schrift (vgl. § 11 Abs. 1) ist nicht vorgesehen.

Wesentliches Erfordernis des Testaments ist, daß die Zeugen über die Testamentserrichtung eine Niederschrift aufnehmen. Diese muß den in § 13 vorgesehenen Mindestinhalt haben (Tag der Errichtung, Bezeichnung des Erblassers und der Zeugen, Wiedergabe der Erklärungen des Erblassers). Die Niederschrift muß vorgelesen, vom Erblasser genehmigt und vom Erblasser und den Zeugen unterschrieben werden. Fehler, die bei Abfassung der Niederschrift unterlaufen, sind unter den Voraussetzungen des § 23 Abs. 6 unschädlich (vgl. § 24 Bem. 7 mit § 23 Bem. 12). Ein Verstoß gegen eine sonstige zwingende Vorschrift (z. B. die Mitwirkung eines nach § 7 ausgeschlossenen Zeugen) hat jedoch Nichtigkeit des Testaments zur Folge.

Eine besondere Verschließung und Verwahrung des Testaments ist nicht vorgesehen. In dieser Hinsicht werden in erster Linie die Wünsche des Erblassers selbst maßgebend sein. Die Zeugen können dem Erblasser selbst die Aufbewahrung des Testaments überlassen. Sie können es aber auch mit Einverständnis des Erblassers dem Kapitän oder einer anderen geeigneten Person zur Aufbewahrung übergeben. Das Seetestament verliert gemäß § 26 grundsätzlich nach Ablauf von 3 Monaten nach Beendigung der Seereise des Erblassers seine Gültigkeit. Stirbt der Erblasser auf der Reise, so ist das Testament an das Nachlaßgericht abzuliefern (§ 39).

§ 26.

Gültigskeitsdauer der Nottestamente.

(1) Ein nach § 23, § 24 oder § 25 errichtetes Testament gilt als nicht errichtet, wenn seit der Errichtung drei Monate verstrichen sind und der Erblasser noch lebt.

(2) Beginn und Lauf der Frist sind gehemmt, solange der Erblasser außerstande ist, ein Testament vor einem Richter oder Notar zu errichten.

(3) Tritt im Falle des § 25 der Erblasser vor dem Ablauf der Frist eine neue Seereise an, so wird die Frist mit der Wirkung unterbrochen, daß nach Beendigung der neuen Reise die volle Frist von neuem zu laufen beginnt.

(4) Wird der Erblasser nach dem Ablauf der Frist für tot erklärt, so behält das Testament seine Kraft, wenn die Frist zu der Zeit, zu welcher der Erblasser nach den vorhandenen Nachrichten noch gelebt hat, noch nicht verstrichen war.

§ 26 entspricht dem § 2252 BGB.

Übersicht:

I. Die Drei-Monat-Frist 1
1. Berechnung der Frist (Absatz 1) 2
2. Hemmung der Frist (Absatz 2) 3
3. Unterbrechung der Frist (Abs. 3) 4
II. Das Fortleben des Erblassers 5
1. Beweislast 5
2. Todeserklärung (Abs. 4) 6
III. Wirkung des Überlebens der Frist 7
1. Das Testament gilt als nicht errichtet 7
2. Möglichkeit der Aufrechterhaltung unter besonderen Voraussetzungen 8

1 **I. Die Drei-Monate-Frist.**

In den §§ 23 bis 25 sind die Nottestamente vor dem Bürgermeister und vor drei Zeugen geregelt. § 26 bestimmt, daß diese Testamente nach Ablauf einer gewissen Zeit als nicht errichtet gelten, wenn der Erblasser zu dieser Zeit noch lebt. Die Frist ist so bemessen, daß dem Erblasser die wirksame Erklärung seines letzten Willens nicht über Gebühr erschwert wird; anderseits durfte die Frist nicht zu lange ausgedehnt werden, weil sonst die Gefahr besteht, daß die Nottestamente auch in Fällen verwendet werden, für die sie nicht bestimmt sind.

Der Bürgermeister soll den Erblasser bei der Errichtung des Nottestaments auf diese beschränkte Gültigskeitsdauer hinweisen (§ 23 Abs. 4, § 24 Abs. 1); auch im Hinterlegungsschein wird ein entsprechender Hinweis aufgenommen (Aktenordnung § 27 Abs. 6 in der Fassung der AV. vom 4. August 1938, DJ. 1259, abgedruckt oben S. 30).

2 1. Berechnung der Frist (Abs. 1).

Die Frist von drei Monaten beginnt mit der Errichtung des Testaments (§ 26 Abs. 1). Der Tag der Testamentserrichtung selbst wird nicht mitgerechnet (BGB. § 187 Abs. 1). Die Frist endigt mit Ablauf desjenigen Tages des letzten Monats, welcher durch seine Zahl dem Tage entspricht, an dem das Testament errichtet ist (BGB. § 188 Abs. 1). Fehlt in dem letzten Monat der für den Fristablauf maßgebende Tag, so endigt die Frist mit dem Ablauf des letzten Tages dieses Monats (BGB. § 188 Abs. 2). Hat also z. B. der Erblasser das Nottestament am 30. November errichtet, so endigt die Frist am 28. (oder in Schaltjahren am 29.) Februar des folgenden Jahres.

3 2. Hemmung der Frist (Abs. 2).

Solange der Erblasser außerstande ist, ein Testament vor Richter oder Notar zu errichten, ist die Frist gehemmt, und zwar gilt dies sowohl für den Beginn wie für den Lauf der Frist (§ 26 Abs. 2). Die Hemmung bedeutet, daß der fragliche Zeitraum in die Frist nicht eingerechnet wird (vgl. § 205 BGB.).

Der Beginn der Frist wird also gehemmt sein im Falle der §§ 23, 24 Abs. 2, solange die lebensgefährliche Erkrankung des Erblassers andauert, im Falle des § 24 Abs. 1, solange die Absperrung fortbesteht, im Falle des § 25 bis zur Beendigung der Seereise des Erblassers.

4 3. Unterbrechung der Frist (Abs. 3).

Für das Seetestament sieht das Gesetz eine Unterbrechung der Frist vor, falls der Erblasser vor dem Ablauf der Drei-Monate-Frist eine neue

Seereise beginnt; in diesem Falle beginnt die volle Frist nach Beendigung der neuen Reise von neuem zu laufen (§ 26 Abs. 3).

Hat also z. B. ein Kaufmann auf einem deutschen Schiff eine Seereise nach Mexiko unternommen und auf dem Schiff ein Nottestament errichtet, so beginnt der Lauf der Drei-Monate-Frist an dem Tage, an dem der Erblasser in dem mexikanischen Hafen das Schiff verläßt. Unternimmt der Erblasser innerhalb der nächsten drei Monate keine neue Seereise, so hat das Testament, falls der Erblasser das Ende dieses Drei-Monate-Zeitraums überlebt, seine Gültigkeit verloren. Die Frist ist nicht etwa schon deshalb gehemmt, weil der Erblasser sich im Ausland aufhält; denn es steht ihm frei, ein ordentliches öffentliches Testament vor einer ausländischen Behörde oder vor dem deutschen Konsul zu errichten (§ 50 Abs. 4); diese Möglichkeit reicht zum Ausschluß der in Abs. 2 vorgesehenen Hemmung der Frist aus. Tritt der Erblasser jedoch vor Ablauf der drei Monate eine neue Seereise an, gleichviel ob auf einem deutschen oder auf einem ausländischen Schiff, so beginnt die Drei-Monate-Frist bei Beendigung der neuen Seereise neu zu laufen. Fährt also der Kaufmann im obigen Beispiel, nachdem er sich zwei Monate in Mexiko aufgehalten hat, nach Deutschland zurück, so verliert das Nottestament erst drei Monate nach Ankunft des Erblassers im deutschen Hafen seine Gültigkeit.

II. Das Fortleben des Erblassers. 5

1. Beweislast.

Das Nottestament gilt als nicht errichtet, wenn der Erblasser beim Ablauf der Drei-Monate-Frist noch lebt.

Steht der Tod des Erblassers fest, bestehen aber Zweifel darüber, wann er gestorben ist, so hat derjenige, der sich auf das Ungültigwerden des Testaments beruft, zu beweisen, daß der Erblasser den Ablauf der Frist überlebt hat (ebenso Planck[4] § 2252 Bem. 1 mit Nachweisen).

2. Todeserklärung (Abs. 4). 6

Die Todeserklärung begründet die Vermutung, daß der Verschollene in dem Zeitpunkt gestorben sei, welcher in dem die Todeserklärung aussprechenden Beschluß festgestellt ist (§ 9 des neuen Verschollenheitsges. vom Juli 1939, RGBl. I; eine Regel gleichen Inhalts war enthalten in BGB. § 18 Abs. 1). Würde man bei der Anwendung des § 26 davon ausgehen, daß der Erblasser bis zu dem hiernach vermuteten Todestage gelebt habe, so würde die Frist des § 26 Abs. 1 wohl stets als verstrichen gelten müssen. Eine solche Regelung wäre unzweckmäßig. Um die Aufrechterhaltung des Nottestaments nicht über Gebühr zu erschweren, soll nach § 26 Abs. 4 angenommen werden, der Erblasser habe nur solange gelebt, als sein Fortleben durch entsprechende Nachrichten erwiesen ist. Es soll also nicht vermutet werden, daß er etwa darüber hinaus noch bis zu dem Zeitpunkt weiter gelebt habe, der in der Todeserklärung als Zeitpunkt des Todes angenommen wird.

III. Wirkung des Überlebens der Frist. 7

1. Das Testament gilt als nicht errichtet.

Sind die Voraussetzungen des § 26 Abs. 1 erfüllt, hat also der Erblasser den Ablauf der Drei-Monate-Frist überlebt, so „gilt das Nottestament als nicht errichtet" (§ 26 Abs. 1). Die Rechtslage wird so behandelt, wie wenn das Nottestament überhaupt nicht vorhanden gewesen wäre. Das Testament bleibt beim Tode des Erblassers völlig außer Betracht. Sollte der Erblasser in dem Nottestament ein früheres Testament widerrufen haben, so gilt auch dieser Widerruf als nicht erfolgt (vgl. § 35).

8 2. Möglichkeit der Aufrechterhaltung unter besonderen Voraussetzungen.

Der Erblasser kann das Testament vor dem Bürgermeister u. a. in der Form errichten, daß er eine offene oder verschlossene Schrift übergibt. Es ist nicht ausgeschlossen, daß diese Schrift vom Erblasser selbst geschrieben und unterschrieben ist und daß sie somit die Erfordernisse eines eigenhändigen Testaments im Sinne des § 21 erfüllt. In diesem Falle wird die Gültigkeit dieses eigenhändigen Testaments durch den Ablauf der für das Nottestament geltenden Drei-Monate-Frist nicht berührt (ebenso Planck[4] § 2252 Erl. 1 am Ende).

§ 27.

Testament von Wehrmachtangehörigen.

Unberührt bleiben die besonderen Vorschriften über Testamente von Wehrmachtangehörigen (Gesetz über die freiwillige Gerichtsbarkeit und andere Rechtsangelegenheiten in der Wehrmacht vom 24. April 1934, Reichsgesetzbl. I S. 335, nebst Durchführungsverordnung vom 3. Februar 1936, Reichsgesetzbl. I S. 99; § 1 Nr. 14 der Verordnung über die Einführung von Wehrrecht im Lande Österreich vom 15. Juni 1938, Reichsgesetzbl. I S. 631).

Eine dem § 27 entsprechende Vorschrift ist im BGB. nicht enthalten. Vgl. jedoch Art. 44 EGBGB.

Rehdans-Dombrowski-Kersten, Das Recht der Wehrmacht. — 2. Aufl. Berlin 38. — Wagner-Roeder, Das gesamte deutsche Wehrrecht, Berlin 36. — Dörken, JW. 34, 1631. — Seybold, Das Testament des Soldaten, DNotZ. 1943, 248. — Wagner, Das Militärtestament, ZAkfDR. 43, 223. — Bodensteiner, Formerleichterungen bei Militärtestamenten, DFG. 44, 3. — Hesse, Militärtestament, DJ. 1944, 109. — Huther, Neuregelung der Militärtestamente, DJ. 44, 117.

Übersicht:

I. Allgemeines 1
II. Wehrmachtangehörige im mobilen Verhältnis oder auf See 2
1. Wehrmachtangehörige 2
2. Mobiles Verhältnis 3
3. Wehrmachtangehörige auf See 4
III. Die Verfügungen von Todes wegen von Wehrmachtangehörigen 5
1. Ordentliche militärische Testamente und Erbverträge 5
a) Ordentliche militärische Testamente 6
b) Militärische Erbverträge 7
2. Militärische Nottestamente („Militärtestamente" im engeren Sinn) 8
a) Das eigenhändige Militärtestament 9
b) Das private Militärtestament vor einem oder zwei Zeugen 10
c) Das „öffentliche Militärtestament" (Nottestament) 11
d) das formlose Militärtestament 12

e) Gemeinschaftliche Vorschriften über militärische Nottestamente 13
α) Mobiles Verhältnis 13
β) Unwirksamwerden n. Ablauf eines Jahres 14
f) Anwendbarkeit b. Kriegsgefangenen und Geiseln 15
3. Die Verwahrung der militärischen Testamente beim Oberkommando der Wehrmacht 16

I. Allgemeines. 1

Die Vorschriften und Anmerkungen werden im vollen Umfange trotz der Beseitigung der Wehrmacht beigefügt, weil sie für die Beurteilung der Rechtsgültigkeit der früheren Militärtestamente ausschlaggebend sind, und insoweit auch heute noch von Bedeutung sein können. Noch nicht entlassene Kriegsgefangene können auch heute noch nach den für Militärpersonen geltenden Sondervorschriften wirksam testieren. Die Vorschriften gelten auch noch in Österreich (s. unten Bem. 2 zu § 49).

Die Bestimmungen des Testamentsgesetzes und des Gesetzes über die Angelegenheiten der freiwilligen Gerichtsbarkeit von 1898 gelten an sich auch für die Angehörigen der Wehrmacht. Solange die Wehrmachtangehörigen sich im mobilen Verhältnis oder an Bord eines in Dienst gestellten Schiffes der Reichsmarine befanden, war es ihnen jedoch in der Regel nicht möglich, die Tätigkeit eines deutschen Richters oder Notars in Anspruch zu nehmen. Daher hat das Gesetz über die freiwillige Gerichtsbarkeit der Wehrmacht vom 24. April 1934 (RGBl. I, 335) nebst DVO. vom 3. Februar 1936 (RGBl. I, 99) bestimmt, daß für die Errichtung öffentlicher Urkunden über Erklärungen eines Wehrmachtangehörigen, der sich im mobilen Verhältnis oder auf See befindet, auch die richterlichen Militärjustizbeamten zuständig sind.

Ferner können die Wehrmachtangehörigen, die sich im mobilen Verhältnis oder auf See befinden, Militärtestamente in besonders erleichterter Form errichten.

Das Wehrmacht FGGes. nebst der DVO. gilt für die in § 1 der Militärstrafgerichtsordnung genannten Personen, soweit sie sich im mobilen Verhältnis befinden, ohne territoriale Beschränkung, also auch in den besetzten Gebieten oder im Feindesland (vgl. Fußnote 1 auf S. 60). Der Wortlaut der Vorschriften ist oben S. 60ff. abgedruckt.

Diese Sondervorschriften werden durch das vorliegende Gesetz nicht berührt (§ 27).

Im folgenden soll dargelegt werden, für welchen Personenkreis diese Sondervorschriften gelten (II) und worin die Besonderheiten der Verfügungen von Todes wegen dieser Personen bestehen (III).

II. Wehrmachtangehörige im mobilen Verhältnis oder auf See. 2

Das WehrmachtFGGes. vom 24. April 1934 (RGBl. I, 335) gilt nur für Personen, die sich im mobilen Verhältnis oder auf See befinden.

1. Wehrmachtangehörige.

Der Kreis der hier in Frage kommenden Personen ergibt sich aus Art. 1 des WehrmachtFGGes. in Verbindung mit § 1 der Militärstrafgerichtsordnung vom 29. September 1936 und § 7 des EinfGes. hierzu vom gleichen Tage (RGBl. I, 751). Hiernach besteht der Kreis aus folgenden Gruppen: (1) die Soldaten und Wehrmachtbeamten; (2) die Schiffsangestellten im Sinne des § 166 Abs. 1 MilStGB.; (3) die an Bord eines Schiffes dienstlich angestellten Personen, solange sich das Schiff im Kriegszustand befindet (MilStGB. § 166 Abs. 2); (4) in Kriegszeiten außerdem (a) die Angehörigen des Gefolges im Sinne der §§ 155, 157 Abs. 2 MilStGB.; (b) die zur kriegführenden Wehrmacht zugelassenen ausländischen Offiziere im Sinne des § 157 Abs. 1 MilStGB.; (c) die Kriegsgefangenen im Sinne des § 158 Mil.-StGB. (vgl. hierzu 2. DchfVO. vom 13. September 1939 RGBl. I, 1823 und unten Bem. 15). Das hier mehrfach angeführte Militärstrafgesetzbuch ist in neuer Fassung veröffentlicht durch Bekanntmachungen vom 10. Oktober 1940 (RGBl. I, 1348).

Für die Angehörigen anderer bewaffneter Verbände gilt das WehrmachtFGGes. entsprechend (Art. V der VO. vom 1. Oktober 1939, RGBl. I, 2293). Auf Angehörige der Organisation Todt, des Reichsarbeitsdienstes, des Deutschen Roten Kreuzes und ähnlicher Organisationen sind seine Vorschriften insoweit anwendbar, als diese Personen zum Wehrmachtgefolge gehören. Ein Angehöriger des Luftschutzdienstes gehört aber nicht zu den Angehörigen der Wehrmacht und regelmäßig auch nicht zum Wehrmachtsgefolge (OLG. Kiel, 24. März 1947, SchlHA. 1947, 192 = NJW. 1948 S. 80 Nr. 112).

3 2. Mobiles Verhältnis.

Die unter 1 genannten Personen befinden sich im „mobilen Verhältnis", wenn sie (1) einem mobilen Teil der Wehrmacht angehören oder sich bei ihm befinden oder (2), wenn sie an Bord eines zum Dienst in außerheimischen Gewässern bestimmten Schiffes eingeschifft sind, wenn und soweit der Oberbefehlshaber der Kriegsmarine die Geltung der Vorschriften über das mobile Verhältnis angeordnet hat (§ 7 des EinfGes. zur MilStGO. vom 29. September 1936, RGBl. I, 751 in Verb. mit Art. 1 des WehrmachtFGGes. vom 24. April 1936, RGBl. I, 335.)

4 3. Wehrmachtangehörige auf See.

Die Sondervorschriften über militärische Testamente und Erbverträge gelten auch außerhalb des mobilen Verhältnisses für Personen, die zur Besatzung eines in Dienst gestellten Schiffes oder sonstigen Fahrzeugs der Reichsmarine gehören oder in anderer Eigenschaft an Bord eines solchen Schiffes oder Fahrzeugs sind, solange sich dieses außerhalb eines inländischen Hafens befindet (Art. 2 des WehrmachtFGGes. vom 24. April 1934 oben S. 65).

5 **III. Die Verfügungen von Todes wegen von Wehrmachtangehörigen.**

Die Wehrmachtangehörigen können ordentliche Testamente oder Erbverträge oder militärische Nottestamente (Militärtestamente im engeren Sinne) errichten.

1. Ordentliche militärische Testamente und Erbverträge.

Für die Errichtung von öffentlichen Testamenten von Wehrmachtangehörigen, die sich im mobilen Verhältnis oder auf See befinden, sind neben dem Amtsrichter und dem Notar auch die richterlichen Militärjustizbeamten (Kriegsgerichtsräte, Oberkriegsgerichtsräte usw.) zuständig. Für die Errichtung dieser Urkunden sind die Vorschriften des Testamentsgesetzes vom 31. Juli 1938 maßgebend. An die Stelle der Urkundsbeamten der Geschäftsstelle des Amtsgerichts (vgl. § 6 TestG.) tritt der Urkundsbeamte der Geschäftsstelle des Militärgerichts; Wehrmachtangehörige können als Zeugen auch mitwirken, wenn sie minderjährig sind (WehrmachtFGG. Art. 1 §§ 1, 2; Abweichung von § 10 Nr. 1 des TestG.).

Die Urkunden bedürfen zu ihrer Gültigkeit keiner Ortsangabe (WehrmachtFGG. Art. 1 § 7; Abweichung von TestG. § 13 Abs. 3). Die Urkunden sollen jedoch die Dienststellen der Personen enthalten, welche die beurkundete Erklärung abgegeben oder aufgenommen oder die Urkunde errichtet haben (WehrmachtFFG. Art. 1 § 7).

a) Ordentliche militärische Testamente. 6

Der richterliche Militärjustizbeamte nimmt gemäß § 13 TestG. eine Niederschrift über das vor ihm errichtete öffentliche Testament auf; er verschließt sie in einen Umschlag und liefert diesen unverzüglich an das Oberkommando der Wehrmacht ab (§ 3 DVO. vom 3. Februar 1936, RGBl I, 99, abgedruckt oben S. 67 in Verb. mit dem Erlaß über die Führung der Wehrmacht vom 4. Februar 1938, RGBl. I, 111). Das Oberkommando der Wehrmacht erteilt dem Erblasser einen Hinterlegungsschein; der Erblasser kann jederzeit die Verwahrung des Testaments bei einem Amtsgericht verlangen (§§ 7 bis 9 DVO. vom 3. Februar 1936 oben S. 67). Der Erblasser kann ferner jederzeit die Rücknahme des Testaments aus der amtlichen Verwahrung verlangen; durch die Rückgabe wird das Testament widerrufen (§ 10 DVO. vom 3. Februar 1936 in Verb. mit § 34 TestG.).

Nach dem Tode des Erblassers liefert das Oberkommando der Wehrmacht das Testament an das Nachlaßgericht ab (§ 11 DVO. vom 3. Februar 1936 oben S. 68 in Verb. mit § 39 TestG.).

b) Militärische Erbverträge. 7

Der richterliche Militärjustizbeamte nimmt auch über die Errichtung eines Erbvertrages eine Niederschrift auf (§§ 13, 30 TestG. in Verb. mit Art. 1 § 2 des WehrmachtFGG.). Die Niederschrift ist in der Regel ebenso wie ein öffentliches Testament zu verschließen und dem Oberkommando der Wehrmacht einzureichen. Die Ablieferung unterbleibt, wenn die Parteien ihr widersprechen; in diesem Falle bleibt die Urkunde in der Verwahrung des Militärgerichts, dessen richterlicher Militärjustizbeamter den Vertrag beurkundet hat (DVO. vom 3. Februar 1936 § 12 oben S. 68).

2. Militärische Nottestamente („Militärtestamente" im engeren Sinn). 8

Nach § 3 des WehrmachtFGG. waren drei Arten von „Militärtestamenten" zu unterscheiden, nämlich das eigenhändige Militärtestament, das private Militärtestament vor Zeugen und das öffentliche Militärtestament (Nottestament). Durch die 5. VO. zur Ergänzung des WehrmachtFGG. vom 6. September 1943 (RGBl. I, 537) wurden aber die §§ 3a—3d eingefügt, die weitere bedeutsame Erleichterungen der Form bringen. Insbesondere ist seitdem auch ein formloses militärisches Nottestament möglich (unten Bem. 12).

a) Das eigenhändige Militärtestament. 9

Eine letztwillige Verfügung ist als Militärtestament errichtet, wenn der Erblasser sie eigenhändig geschrieben und unterschrieben hat. Die Angabe von Ort oder Zeit ist nicht notwendig. Enthält ein solches Testament eine Zeitangabe, so wird vermutet, daß sie richtig ist (Art. 1 § 3 Abs. 1a, Abs. 2 des WehrmachtFGG. oben S. 62). Dieses eigenhändige Testament kann auch von einem Minderjährigen errichtet werden; eine Vorschrift, die dem § 21 Abs. 4 TestG. entspricht, ist im WehrmachtFGG. nicht enthalten. Nach § 3a WehrmachtFGG. genügt es sogar, wenn der Erblasser das Testament eigenhändig geschrieben oder unterschrieben hat. Bei eigenhändig geschriebenem Testament ist die Unterschrift nicht mehr unerläßlich, bei eigenhändig unterschriebenem Testament ist nicht mehr erforderlich, daß es eigenhändig geschrieben ist, vorausgesetzt, daß mit Sicherheit anzunehmen ist, daß das Testament den letzten Willen zuverlässig wiedergibt, wofür im Zweifel derjenige beweispflichtig ist, der von einem solchen Testament ein Recht herleitet.

Das eigenhändige Militärtestament ist auf Verlangen des Erblassers von einem richterlichen Militärjustizbeamten entgegenzunehmen und dem Oberkommando der Wehrmacht zur besonderen amtlichen Verwahrung abzuliefern (DVO. vom 3. Februar 1936 § 5 oben S. 67).

10 b) Das private Militärtestament vor einem oder zwei Zeugen.

Eine letztwillige Verfügung kann als Militärtestament ferner gültig errichtet werden, „wenn der Erblasser sie eigenhändig unterschrieben hat und wenn sie außerdem von einem Offizier oder einem Militärbeamten im Offiziersrang als Zeugen oder von zwei sonstigen Zeugen unterschrieben ist" (Art. 1 § 3 Abs. 1b des WehrmachtFGG. oben S. 62). Dieses Testament kann also von einer anderen Person als dem Erblasser selbst geschrieben werden und braucht vom Erblasser nur unterschrieben zu werden. Fehlt die Unterschrift der Zeugen, so ist dies gemäß § 3a WehrmachtFGG. unschädlich, wenn nur mit Sicherheit anzunehmen ist, daß das Testament den letzten Willen des Erblassers richtig wiedergibt. Haben keine Zeugen mitgewirkt, so ist das Testament immer noch als eigenhändiges militärisches Nottestament gültig (vgl. oben Bem. 8); deshalb ist es auch unschädlich, wenn als Zeugen Personen mitgewirkt haben, die an sich nach §§ 7—10 des TestG. als Zeugen ausgeschlossen sind.

Eine Orts- oder Zeitangabe ist nicht erforderlich. Enthält ein solches Testament eine Zeitangabe, so wird vermutet, daß sie richtig ist (WehrmachtFGG. Art. 1 § 3 Abs. 2).

Dieses Testament ist, auch wenn die im Art. 1 § 3 Abs. 1 Ziff. b) des WehrmachtFGG. vorgesehenen Zeugen ordnungsgemäß mitgewirkt haben, kein öffentliches Testament; es bildet nur eine Privaturkunde, und zwar auch dann, wenn ein Offizier oder Militärbeamter die Urkunde mitunterzeichnet hat (vgl. den Gegensatz zwischen Abs. 1 und Abs. 3 des Art. 1 § 3 des WehrmachtFGG.). Das Testament ist auf Verlangen des Erblassers von einem richterlichen Militärjustizbeamten entgegenzunehmen und zur besonderen amtlichen Verwahrung an das Oberkommando der Wehrmacht abzuliefern (DVO. vom 3. Februar 1936 § 5 oben S. 67).

11 c) Das „öffentliche Militärtestament" (öffentl. Nottestament).

Ein Militärtestament ist als öffentliches Testament gültig errichtet, wenn ein Offizier oder ein Militärbeamter im Offiziersrang (unter Zuziehung eines weiteren Offiziers oder Militärbeamten im Offiziersrang als Zeugen oder zweier sonstiger Zeugen) über die mündliche Erklärung des Erblassers eine Verhandlung aufgenommen hat und diese vom Aufnehmenden und den Zeugen unterschrieben worden ist (Art. 1 § 3 Abs. 3 des WehrmachtFGG. oben S. 62). Die Unterschrift des Erblassers selbst ist nicht erforderlich. Ebensowenig ist erforderlich, daß die Verhandlung dem Erblasser vorgelesen und von ihm genehmigt ist; unschädlich ist auch, wenn der Erblasser vor Abfassung der schriftlichen Verhandlung gestorben ist (Art. 1 § 3a WehrmachtFGG.).

Auf den aufnehmenden Offizier und die mitwirkenden Personen sind die Ausschließungsgründe der §§ 7 bis 10 TestG. anzuwenden. Im WehrmachtFGG. ist dies zwar nicht ausdrücklich gesagt; ihre Geltung dürfte jedoch beim öffentlichen Militärtestament anzunehmen sein. Auch die sonstigen Vorschriften der §§ 6—20 TestG. sind nicht ausdrücklich für anwendbar erklärt; sie haben in diesem Falle nur die Bedeutung von Richtlinien, deren Außerachtlassung unschädlich ist.

Der aufnehmende Offizier oder Militärbeamte soll die Niederschrift unverzüglich an einen richterlichen Militärjustizbeamten abliefern; dieser versiegelt das Testament, vermerkt auf dem Umschlag, daß es sich um ein

Militärtestament (Nottestament) handelt und liefert es an das Oberkommando der Wehrmacht ab (DVO. vom 3. Februar 1936 § 4, oben S. 67).

d) Das formlose Militärtestament. 12

Durch Art. 1 § 3c und d des WehrmachtFGG. i. d. F. der VO. vom 6. September 1943 (RGBl. I, 537) wird noch das formlose Testament zugelassen. Voraussetzung für seine Wirksamkeit ist, daß der Erblasser zu der Verfügung durch eine unmittelbare Todesgefahr, in der er sich befand oder zu befinden glaubte, veranlaßt wurde und die urkundliche Festlegung den Umständen nach unmöglich oder nicht zuzumuten war. Das Nachlaßgericht hat in solchem Falle auf Antrag oder von Amtswegen die erforderlichen Ermittlungen über den Inhalt des Testaments anzustellen und ihr Ergebnis schriftlich niederzulegen. Erst die Niederschrift durch das Nachlaßgericht schafft ein Testament, das auch im Rechtsverkehr geltend gemacht werden kann. Die Beweismittel hat derjenige herbeizuschaffen, der sich auf ein solches Testament beruft. Ist die Niederschrift durch das Nachlaßgericht einmal errichtet, so ist das formlose Testament ein im Rechtsverkehr wirksames Testament geworden, auf das sich jedermann berufen kann, für den sich aus dem Testament Rechte ergeben. Da die Niederschrift des Nachlaßgerichts eine öffentliche Urkunde ist, wird man dieses Testament in seiner Beweiskraft einem öffentlichen Testament gleichstellen müssen.

e) Gemeinschaftliche Vorschriften über militärische-Nottestamente. 13

α) Mobiles Verhältnis.

Militärtestamente im engeren Sinn, also militärische Nottestamente (oben a—d) sind nur gültig, wenn sie während des mobilen Verhältnisses (oben Bem. 3) errichtet sind. Ist ein Militärtestament während des mobilen Verhältnisses des Erblassers oder innerhalb von zwei Wochen nach dessen Ende einer Militärbehörde übergeben worden oder ist es in einem Feldnachlaß gefunden worden, so wird vermutet, daß das Testament während des mobilen Verhältnisses errichtet ist (WehrmachtFGG. Art. 1 § 3 Abs. 4, oben S. 62).

Ein vom Erblasser eigenhändig geschriebenes oder eigenhändig unterschriebenes Testament (oben a), das er vor Eintritt in das mobile Verhältnis errichtet hat, ist gültig, wenn der Erblasser zur Zeit seines Todes befugt war, ein Militärtestament zu errichten, d. h. wenn er in diesem Zeitpunkt im mobilen Verhältnis stand. Für die übrigen militärischen Nottestamente gilt diese Erleichterung nicht. Auch für das eigenhändig geschriebene oder unterschriebene Testament gelten sie nur, soweit sie der Aufrechterhaltung der letztwilligen Verfügung dienen und nur, wenn feststeht, daß diese Aufrechterhaltung dem Willen des Erblassers zur Zeit des Erbfalls nicht widersprochen hat.

β) Unwirksamwerden nach Ablauf eines Jahres. 14

Daß es sich bei den Militärtestamenten im engeren Sinne (oben a bis d) um Nottestamente handelt, kommt u. a. in folgender Vorschrift zum Ausdruck: „Militärtestamente" (nicht zu verwechseln mit den ordentlichen militärischen Testamenten i. S. der obigen Bem. 6) verlieren ihre Gültigkeit mit Ablauf eines Jahres nach dem Tage, mit dem für den Erblasser das mobile Verhältnis aufgehört hat. Bei den Testamenten, die außerhalb des mobilen Verhältnisses auf See errichtet werden, richtet sich der Beginn der Frist nach Art. 44 EGBGB. Der Ablauf der Frist wird durch die Unfähigkeit des Erblassers zum Errichten einer anderen letztwilligen Verfügung und ferner dadurch gehemmt, daß nach dem Ende eines mobilen Verhältnisses für ihn ein neues mobiles Verhältnis beginnt (WehrmachtFGG. Art. 1 § 3 Abs. 5, oben S. 62). Für das formlose Militärtestament (vgl. Bem. 12) bestimmt Art 1 § 3c Abs. 2 zusätzlich, daß ein solches Testament als nicht getroffen gilt, wenn seit seiner Anordnung 3 Monate verstrichen sind und der Erblasser noch lebt. Daß eine Niederschrift inzwischen errichtet ist, steht dem nicht entgegen. Für den Beginn der Dreimonatsfrist ist nicht der Zeitpunkt der Errichtung der Niederschrift, sondern der Zeitpunkt der Anordnung maßgebend. Lebt der Erblasser bei Ablauf der Frist nicht mehr, so steht der Wirksamkeit der Anordnung nicht entgegen, daß die Niederschrift durch das Nachlaßgericht noch nicht errichtet ist.

Liegt ein eigenhändig geschriebenes und eigenhändig unterschriebenes Testament eines Wehrmachtangehörigen vor, so kann die Unterscheidung, ob es sich um ein gewöhnliches Testament nach § 21 TestG. mit unbeschränkter Geltungsdauer oder um ein Militärtestament nach obiger Ziff. a handelt, schwierig sein. War der Erblasser bei der Errichtung minderjährig, so ist die Eigenschaft als Militärtestament stets zu bejahen, da es als Testament nach § 21 unwirksam wäre; ein solches Testament verliert seine Gültigkeit also immer nach Ablauf der Jahresfrist des Art. 1 § 3 Abs. 5 WehrmachtFGG., auch wenn der Erblasser inzwischen volljährig geworden ist. Beim eigenhändig geschriebenen und unterschriebenen Testament eines volljährigen Wehrmachtangehörigen wird man ein Testament nach § 21 TestG. annehmen dürfen, wenn sich aus dem Inhalt des Testaments oder anderen Umständen nichts gegenteiliges ergibt. Der Erblasser kann die Wirksamkeit des Testaments ja jederzeit durch dessen Vernichtung aufheben.

15 f) Anwendbarkeit bei Kriegsgefangenen und Geiseln.

Kriegsgefangene und Geiseln können ein Militärtestament im Sinne der Bem. a bis d errichten, solange sie sich in der Gewalt des Feindes befinden (WehrmachtFGG. Art. 1 § 3 Abs. 6, oben S. 62). Die noch nicht entlassenen deutschen Kriegsgefangenen können also auch heute noch Militärtestamente nach Maßgabe der obigen Ausführungen wirksam errichten. Übrigens konnten auch die in deutscher Gewalt befindlichen Gefangenen nach denselben Vorschriften wirksam testieren. Vgl. hierzu die 2. DurchfVO. z. WehrmachtFGG. vom 13. September 1939 (RGBl. I, 1823): „Artikel 1 des Gesetzes über die freiwillige Gerichtsbarkeit und andere Rechtsangelegenheiten in der Wehrmacht vom 24. April 1934 (RGBl. I, 335) gilt für alle in deutscher Gewalt befindlichen Gefangenen, die einer fremden Wehrmacht angehören oder wie Angehörige dieser Wehrmacht zu betrachten sind."

Diese Regelung entspricht Art. 76 des Genfer Abkommens über die Behandlung der Kriegsgefangenen vom 27. Juli 1929 (Bek. vom 29. März 1934, RGBl. 34, II, 207, 227). Dort heißt es: „Die Testamente der Kriegsgefangenen werden unter den gleichen Bedingungen wie die der Militärpersonen des eigenen Heeres zugelassen und errichtet werden. Das gleiche gilt für die Beurkundung der Todesfälle."

16 3. Die Verwahrung der militärischen Testamente beim Oberkommando der Wehrmacht.

Das Oberkommando der Wehrmacht führt eine Liste der von ihm verwahrten Testamente. In dieser Liste sind die militärischen Nottestamente (Militärtestamente im engeren Sinne) besonders zu bezeichnen (DVO. vom 3. Februar 1936, § 6, oben S. 67). Die AV. über Benachrichtigung in Nachlaßsachen vom 15. Juni 1939 (DJ. 1078, abgedruckt oben S. 35) gilt nicht für das Oberkommando der Wehrmacht.

Das Oberkommando der Wehrmacht erteilt dem Erblasser über das in Verwahrung genommene Testament einen Hinterlegungsschein. Handelt es sich um ein Militärtestament im engeren Sinne, so ist in den Schein folgender Vermerk aufzunehmen: „Es wird darauf hingewiesen, daß ein Militärtestament seine Gültigkeit verliert mit Ablauf eines Jahres nach dem Tage, mit dem für den Erblasser das mobile Verhältnis aufgehört hat. Der Ablauf der Frist wird gehemmt durch die Unfähigkeit des Erblassers zum Errichten einer anderen letztwilligen Verfügung und ferner dadurch, daß nach dem Ende seines mobilen Verhältnisses ein solches für ihn neu beginnt" (§ 8 DVO. vom 3. Februar 1936 oben S. 67).

Der Erblasser kann jederzeit die Verwahrung des Testaments bei einem Amtsgericht verlangen. Hat der Erblasser seinen Wohnsitz im Bezirk eines anderen Amtsgerichts, so hat das Amtsgericht, das das Testament in Verwahrung nimmt, diesem Gericht von der Verwahrung Nachricht zu geben (DVO. vom 3. Februar 1936, § 9, oben S. 68, in Verbindung mit §§ 37, 49 TestG.).

Der Erblasser kann jederzeit die Rückgabe des Testaments aus der amtlichen Verwahrung verlangen. Die Rückgabe hat bei einem ordentlichen öffentlichen Testament oder bei einem öffentlichen Militärtestament im engeren Sinne (vgl. Bem. 6) Widerrufswirkung. Bei einem eigenhändigen Militärtestament oder einem privaten Militärtestament vor einem oder zwei Zeugen ist mit der Rückgabe aus der amtlichen Verwahrung nicht ohne weiteres Widerrufswirkung verbunden (DVO. vom 3. Februar 1936 § 10 in Verb. mit § 34 TestG.).

Nach dem Tode des Erblassers hatte das Oberkommando der Wehrmacht ein von ihm verwahrtes Testament an das Nachlaßgericht abzuliefern (DVO. vom 3. Februar 1936 § 11, oben S. 68, in Verb. mit § 39 TestG.).

Über den Verbleib der Wehrmachtstestamente nach 1945 siehe die Fußnote 2 auf S. 68.

§ 28.

Gemeinschaftliches Testament.

(1) Ein gemeinschaftliches Testament kann nur von Ehegatten errichtet werden.

(2) Zur Errichtung eines gemeinschaftlichen Testaments nach § 21 genügt es, wenn einer der Ehegatten das Testament in der dort vorgeschriebenen Form errichtet und der andere Ehegatte die gemeinschaftliche Erklärung eigenhändig mitunterzeichnet. Der mitunterzeichnende Ehegatte soll hierbei angeben, zu welcher Zeit (Tag, Monat und Jahr) und an welchem Orte er seine Unterschrift beigefügt hat.

(3) Ein gemeinschaftliches Testament kann nach § 23, § 24 auch dann errichtet werden, wenn die dort vorgesehenen Voraussetzungen nur bei einem der Ehegatten vorliegen.

§ 28 Abs. 1 entspricht dem § 2265 BGB. § 28 Abs. 2 entspricht dem § 2267 BGB. § 28 Abs. 3 entspricht dem § 2266 BGB.

Weihe, DNotZ. 39, 9 und 247. Gemeinschaftl. Testament oder Erbvertrag? Wiederverheiratungsklausel. — Flatten, DNotZ. 41, 47. Gemeinschaftliches Testament oder Erbvertrag? — Senft, DNotZ. 41, 242. Gemeinschaftliches Testament oder Erbvertrag? — Lindemann, DRW. 1942, 1720. Das gemeinschaftliche Testament. — Lanz, DNotZ. 1943, 88. Das Ehegattentestament im Geltungsbereich des altösterreichischen ABGB.

Übersicht:

I. Begriff und Zulässigkeit des gemeinschaftlichen Testaments 1
1. Begriff und Arten des gemeinschaftlichen Testaments 1, 2
2. Zulässigkeit d. gemeinschaftlichen Testaments (§ 28 Absatz 1) 3, 4
II. Form des gemeinschaftlichen Testaments 5
1. Das gemeinschaftliche öffentliche Testament 6
2. Das gemeinschaftliche eigenhändige Testament (§ 28 Absatz 2) 7
a) Vergleich zwischen dem alten und dem neuen Recht 7
b) Die Haupterklärung 8
c) Die Mitunterzeichnung 9
d) Nachträge zum Testament 10
e) Sonstige Formen des gemeinschaftlichen eigenhändigen Testaments 11
f) Aufrechterhaltung eines unwirksamen gemeinschaftlichen Testaments als einfaches Testament 12
g) Beweiskraft des gemeinschaftlichen eigenh. Testaments 13
3. Das gemeinschaftliche Nottestament (§ 28 Abs. 3) 14
a) Die Errichtung des Nottestaments 14
b) Die Gültigkeitsdauer des gemeinschaftlichen Nottestaments 15

1 **I. Begriff und Zulässigkeit des gemeinschaftlichen Testaments.**

1. Begriff und Arten des gemeinschaftlichen Testaments.

Das Testament ist eine einseitige Erklärung des letzten Willens. Das Wesen des gemeinschaftlichen Testaments besteht darin, daß zwei Erblasser in derselben Urkunde ihren letzten Willen erklären, und zwar jeder für den Fall seines Todes.

Das gemeinschaftliche Testament ist vom Erbvertrag zu unterscheiden. Beim Erbvertrag tritt für die Vertragsparteien sofort mit Vertragsabschluß eine Bindung ein. Beim gemeinschaftlichen Testament ist jeder der beiden Erblasser grundsätzlich befugt, seine Erklärung zu widerrufen. Erst nach dem Tode des einen Ehegatten tritt für den anderen eine gewisse Bindung ein (§ 2271 BGB.). Auf hiernach bindend gewordene letztwillige Anordnungen sind auch die §§ 2287, 2288 BGB. anwendbar; die Anordnungen dürfen nicht mehr durch böswillige Rechtsgeschäfte unter Lebenden vereitelt werden (RGZ. **132**, 1 und neuerlich OGH. f. Brit. Zone, Köln, Urt. vom 22. September 1948, NJW. **1948**, 690). Ob ein gemeinschaftliches Testament oder ein Erbvertrag den Belangen der Ehegatten besser entspricht, hängt von den Umständen des Einzelfalles ab (vgl. die Lit.-Angaben oben).

2 Ihrem Inhalt nach werden verschiedene Arten von gemeinschaftlichen Testamenten unterschieden: Es ist möglich, daß die Verfügungen der beiden Erblasser in keinem inneren Zusammenhang zueinander stehen. Beispiel: A bestimmt, daß bei seinem Tode sein Bruder B sein Erbe sein solle; Frau A bestimmt, daß sie bei ihrem Tode von der Schwester C beerbt werden solle.

In der Regel stehen jedoch die beiden letztwilligen Verfügungen in einem inneren Zusammenhang, indem z. B. die Ehegatten sich gegenseitig bedenken: „Wir setzen uns gegenseitig zu Erben ein." Die gegenseitigen Verfügungen sind in der Mehrzahl der Fälle zugleich wechselbezüglich in dem Sinne, daß die eine Verfügung nur gelten soll, wenn auch die andere gilt. Widerruft also z. B. der eine Ehegatte die wechselseitige Erbeinsetzung, so wird im Zweifel auch die von dem anderen Ehegatten ausgesprochene Erbeinsetzung unwirksam (§ 2270 BGB.). Wie die Ehegatten ihre Bindung an gegenseitige, insbesondere wechselbezügliche Verfügungen knüpfen können, können sie auch das Widerrufsrecht jedes Gatten abweichend von den gesetzlichen Bestimmungen regeln. Der Begriff der „Einseitigkeit" entfällt nicht schon dann, wenn der andere Ehegatte dem Widerruf des einen durch ein nur von diesem errichtetes neues Testament zustimmt, sondern nur durch Errichtung eines neuen gemeinschaftlichen Testaments (RG. Besch. vom 15. Dezember 1944 VI B 26/44, DRW. 1945/76).

Es kann auch Fälle geben, wo bei gegenseitigen Verfügungen eine Wechselbezüglichkeit nicht gewollt ist. Haben z. B. Ehegatten sich gegenseitig zu Erben eingesetzt und ist die Frau vermögenslos, so ist anzunehmen, daß der Mann die Frau auch für den Fall zur Erbin hat einsetzen wollen, daß die von der Frau ausgesprochene Erbeinsetzung aus irgendeinem Grunde hinfällig wird (vgl. §§ 2270, 2271 BGB.; KG. vom 14. November 1935 HRR. 36, 269; KG. vom 8. Oktober 1936; JFG. 14, 288 = DJ. 1696 mit Anm. Vogels; OLG. München vom 4. Mai 1938, JFG. 18, 8 = DFG. 157).

2. Zulässigkeit des gemeinschaftlichen Testaments (§ 28 Abs. 1). 3

Wie unter 1. dargelegt wurde, begründet das gemeinschaftliche Testament zwar zunächst noch keine vertragliche Bindung wie beim Erbvertrag; nach dem Tode des einen Erblassers ist aber doch der andere bei wechselbezüglichen Verfügungen in erheblichem Umfang gebunden. Ein Bedürfnis, einseitige letztwillige Verfügungen in dieser Weise miteinander zu verkoppeln, kann nicht allgemein, sondern nur für Ehegatten anerkannt werden. § 28 Abs. 1 bestimmt daher ausdrücklich: „Ein gemeinschaftliches Testament kann nur von Ehegatten errichtet werden." Wenn andere Personen sich wegen der Regelung erbrechtlicher Fragen binden wollen, so steht es ihnen frei, sich hierfür der Form des Erbvertrages zu bedienen (vgl. § 29, § 50 Abs. 1 des Gesetzes).

Errichten Personen, die nicht miteinander verheiratet sind, ein gemeinschaftliches Testament, so ist es nicht ohne weiteres nichtig, es sei denn, daß es sich um wechselbezügliche Verfügungen handelt. Bestimmen z. B. zwei Brüder in einer gemeinschaftlichen Erklärung, daß sie sich gegenseitig zu Erben einsetzen, so ist diese Erklärung ihrem ganzen Umfang nach unwirksam (RG. 87, 33 und KG. in JFG. 14, 160). Bestimmen sie aber, daß sie, und zwar jeder von ihnen, eine dritte Person zu ihrem Erben berufen, so ist dem Testament für den Erblasser, der die gemeinschaftliche Erklärung eigenhändig geschrieben und unterschrieben hat, die Wirksamkeit nicht zu versagen (KG. vom 17. September 1942, RDW. 1745 = DNotZ. 43, 137). Das gemeinschaftliche Testament kann also als einfaches Testament des einen der beiden Erblasser aufrechterhalten werden. Die gegenteilige Ansicht in der früheren Auflage wird aufgegeben. Ähnlich OLG. Koblenz im Urt. v. 21. Januar 1948; NJW. 1948, 384. Gegen diese Entscheidung und gegen jede Umdeutung eines gemeinschaftlichen Testaments von Nichtehegatten wendet sich Goßrau in NJW. 1948, 365 mit sehr beachtlichen Gründen. Er tritt für die uneingeschränkte Ungültigkeit solcher Testamente ein und will schon den Begriff des gemeinschaftlichen Testaments auf gemeinsame Verfügungen von Ehegatten beschränken.

§ 28 Abs. 1 ist keiner Erweiterung fähig. Auch Verlobte können kein gemeinschaftliches Testament errichten; das von Verlobten errichtete gemeinschaftliche Testament ist nichtig, die Nichtigkeit wird auch durch den späteren Abschluß der Ehe nicht geheilt. Wenn die Verlobten das Bedürfnis haben, sich schon vor der Ehe erbrechtlich zu binden, so steht ihnen die Form des Erbvertrags zur Verfügung (§ 29 Abs. 4). Über die etwaige Geltung des gemeinschaftlichen Testaments Verlobter als wirksames Testament eines von ihnen siehe den vorhergehenden Absatz.

Ist die Ehe nichtig, so ist das gemeinschaftliche Testament der Ehegatten unwirksam (BGB. § 2268). Wird die Ehe vor dem Tode eines der Ehegatten durch Scheidung oder Aufhebung aufgelöst, so hat dies ebenfalls im Zweifel die Unwirksamkeit des gemeinschaftlichen Testaments zur Folge (BGB. § 2268 i. V. mit § 2077 i. d. F. des § 28 der DVO. zum Ehegesetz vom 27. Juli 1938[1]), RGBl. I, 923).

Über die Anerkennung freier Ehe rassisch und politisch Verfolgter nach dem Tode des einen Teiles s. Gesetz Nr. 95 vom 31. Dezember 1947, bay. GVBl. 1948 S. 2. Über die Ungültigkeit der nachträglichen Eheschließung Gefallener s. KG. vom 9. Mai 1947 Jur. Rundschau 47, 113; s. hierzu Doelle in DRZ 1947, 39 und Schetzel in DRZ. 1947, 214.

5 **II. Form des gemeinschaftlichen Testaments.**

Die Ehegatten können das gemeinschaftliche Testament in jeder für die Testamentserrichtung überhaupt zulässigen Form errichten: Sie können also das Testament vor einem Richter oder Notar oder eigenhändig oder auch als Nottestament errichten.

1. Das gemeinschaftliche **öffentliche** Testament.

Für die Errichtung eines gemeinschaftlichen öffentlichen Testaments gelten die allgemeinen Vorschriften über das öffentliche Testament der §§ 5 bis 20.

Ist auch nur einer der beiden Erblasser taub, blind, stumm oder sonst am Sprechen verhindert, so besteht Zeugenzwang (§ 6 Abs. 1). Die Ausschließungsgründe der §§ 7 bis 10 stehen der Errichtung des Testaments entgegen, wenn die dort vorgesehenen Beziehungen auch nur zu einem der Erblasser bestehen.

Nach § 11 kann jeder der beiden Erblasser seinen letzten Willen mündlich erklären oder eine offene oder verschlossene Schrift mit der mündlichen Erklärung übergeben, daß sie seinen letzten Willen enthalte; es ist zulässig, daß der eine Ehegatte mündlich und der andere durch Übergabe einer Schrift testiert. Zulässig ist auch, daß die Erklärungen beider Ehegatten in einer Schrift zusammengefaßt und diese von beiden Ehegatten mit der Erklärung übergeben wird, daß sie ihren gemeinschaftlichen letzten Willen enthält. Verschlossen kann eine solche Schrift nur übergeben werden, wenn beide Ehegatten volljährig sind.

Ist die Ehefrau minderjährig, so kann sie nur mündlich oder durch Übergabe einer offenen Schrift testieren (§ 11 Abs. 3). In einem solchen Fall ist auch für den Mann die Errichtung des Testaments durch Übergabe einer verschlossenen Schrift nicht gestattet, denn der Richter oder der Notar soll in die Lage versetzt werden, den minderjährigen Ehegatten über die Tragweite der Verfügung des anderen Ehegatten zu belehren (vgl. § 15, § 11 Abs. 2 Satz 3).

Kann einer der Ehegatten Geschriebenes nicht lesen, so können beide Ehegatten nur durch mündliche Erklärung testieren (§ 11 Abs. 4).

---

[1]) Durch das Kontrollratsgesetz Nr. 16 (Ehegesetz) vom 20. Februar 1946 ist § 28 der DurchfVO. zum Ehegesetz vom 27. Juli 1938 nicht aufgehoben worden; durch den erwähnten § 28 der DurchfVO. hat § 2077 Abs. 1 Satz 1 seine jetzige Fassung erhalten. Die in § 79 des Kontrollratsgesetzes ausgesprochene Aufhebung der zum früheren Ehegesetz ergangenen Durchführungsvorschriften erstreckt sich nur auf solche Bestimmungen, die mit dem Kontrollratsgesetz unvereinbar sind. Dies trifft für die Änderung des § 2077 nicht zu, da die Bestimmungen des Ehegesetzes von 1938, die zu dieser Änderung geführt haben, unverändert im Kontrollratsgesetz wieder enthalten sind.

Ist einer der Ehegatten stumm, so kann das Testament nur durch Übergabe einer Schrift errichtet werden (§ 17 Abs. 1 Satz 1). Der stumme Ehegatte hat ferner schriftlich zu erklären, daß die übergebene Schrift seinen letzten Willen enthalte (§ 17 Abs. 1 Satz 2), während der andere Ehegatte diese Erklärung gemäß § 11 Abs. 1 mündlich abgibt.

Das gemeinschaftliche Testament wird vom Richter oder Notar gemäß § 20 versiegelt und zur besonderen amtlichen Verwahrung abgeliefert. Auf dem Umschlag sind die Angaben über die Person der beiden Erblasser zu machen; (vgl. Abschnitt I 1 Abs. 4 der AV. vom 15. Juni 1939, DJ. 1078 u. AV. d. RJM. vom 19. Mai 1943 Dt. Just. 43, 287 abgedruckt oben S. 36). Jeder der beiden Erblasser erhält einen Hinterlegungsschein. Das gemeinschaftliche Testament kann nur von beiden Ehegatten gemeinschaftlich aus der amtlichen Verwahrung zurückgenommen werden (§ 34 Abs. 4).

2. Das gemeinschaftliche **eigenhändige** Testament (§ 28 Abs. 2). 7

a) Vergleich zwischen dem alten und dem neuen Recht.

Nach § 2267 BGB. galt folgendes: Zur Errichtung eines gemeinschaftlichen eigenhändigen Testaments war erforderlich, daß der eine Ehegatte das Testament durch eine von ihm unter Angabe des Orts und Tages eigenhändig geschriebene und unterschriebene Erklärung errichtete und daß der andere Ehegatte die Erklärung beifügte, das Testament solle auch als sein Testament gelten; die Beitrittserklärung muß unter Angabe des Orts und Tages eigenhändig geschrieben und unterschrieben sein.

Diese Vorschrift hat sich in vielen Fällen als verhängnisvoll erwiesen. Die nochmalige Orts- und Zeitangabe bei der Beitrittserklärung fehlte fast stets; häufig blieb auch die Beitrittserklärung weg. Der eine Ehegatte beschränkte sich darauf, die Erklärung des anderen mitzuunterzeichnen.

Nach dem TestG. fällt zunächst der Zwang zur Angabe von Ort und Zeit weg, und zwar sowohl bei der Haupterklärung wie bei der Beitrittserklärung (vgl. § 21 Abs. 2). Ferner hat das neue Gesetz davon abgesehen, eine ausdrückliche Beitrittserklärung zu verlangen. Es begnügt sich damit, daß der eine Ehegatte die von dem anderen geschriebene und unterschriebene gemeinschaftliche Erklärung mitunterzeichnet. Schreibt also z. B. der eine Ehegatte nieder: „Wir setzen uns gegenseitig zu Erben ein" und unterzeichnen beide Ehegatten eigenhändig diese Erklärung, so reicht dies für das Zustandekommen eines gemeinschaftlichen Testaments aus.

Wegen der Übergangsregelung vgl. § 51.

b) Die Haupterklärung. 8

Die Haupterklärung muß den Erfordernissen des § 21 entsprechen. Sie muß also eigenhändig geschrieben und unterschrieben sein. Orts- und Zeitangabe sind nicht notwendig aber rätlich (§ 21 Abs. 1, 2).

Ist die Ehefrau minderjährig oder kann einer der Ehegatten Geschriebenes nicht lesen, so können die Ehegatten das gemeinschaftliche Testament nicht in eigenhändiger Form errichten (§ 21 Abs. 4).

Die bloße Mitunterzeichnung des anderen Ehegatten genügt nur dann, wenn die Haupterklärung als „gemeinschaftliche" Erklärung abgefaßt ist. Die Haupterklärung muß also Verfügungen beider Ehegatten enthalten. Beispiel: „Wir setzen uns gegenseitig zu Erben ein"; „Beim Tode des Mannes soll dessen Bruder Erbe sein; beim Tode der Frau soll deren Schwester Erbe sein."

Enthält die Haupterklärung jedoch nur Verfügungen des einen Teils, so liegt keine gemeinschaftliche Erklärung vor und die bloße Mitunterzeichnung genügt nicht, um das Testament zu einem gemeinschaftlichen zu machen. Beispiel: „Beim Tode des Mannes soll dessen Bruder Erbe sein." Wenn die Frau diese Erklärung mitunterzeichnet, so ändert das nichts daran, daß hier nur ein einfaches, nicht ein gemeinschaftliches Testament vorliegt (ebenso Bode, DDJ. 38, 794).

9 c) Die Mitunterzeichnung.

Hat der eine Ehegatte die gemeinschaftliche Erklärung geschrieben und unterschrieben, so braucht der andere Ehegatte diese Erklärung nur eigenhändig mitzuunterzeichnen. Die Angabe von Ort und Tag ist nicht notwendig, aber rätlich (§ 28 Abs. 2 Satz 2).

Die Unterschrift muß so angebracht sein, daß sie die Erklärung des anderen Ehegatten mitdeckt; sie wird also unter dem Wortlaut der gemeinschaftlichen Erklärung stehen müssen. Die Unterschriften der Ehegatten können nebeneinander oder untereinander stehen; welche von beiden oben oder unten steht, ist gleichgültig.

Für die Unterschrift des mitunterzeichnenden Ehegatten gelten die Erleichterungen, die in § 21 Abs. 3 für die Unterzeichnung des eigenhändigen Testaments überhaupt vorgesehen sind.

10 d) Nachträge zum Testament.

Werden an dem gemeinschaftlichen eigenhändigen Testament später Veränderungen vorgenommen, so brauchen diese Zusätze zwar nicht mit Orts- oder Zeitangabe versehen zu sein; die Zusätze müssen aber ebenfalls durch die beiden Unterschriften gedeckt sein. Beide Ehegatten müssen also in der Regel den Zusatz besonders unterschreiben. Ob es genügt, wenn der eine Ehegatte mit Einverständnis des anderen Ehegatten lediglich den Zusatz in den alten Text einfügt, erscheint zweifelhaft. Wenn einem gemeinschaftlichen eigenhändigen Testament von Eheleuten, die sich darin gegenseitig zu Alleinerben einsetzen, ein von der Hand des einen Ehegatten herrührender, durch die Unterschrift nicht mehr gedeckter Zusatz beigefügt ist, wonach „nach unserem Tod unsere beiden Söhne Erben unseres Nachlasses" sein sollen, und wenn der Ehegatte, von dessen Hand dieser Zusatz nicht herrührt, ihn bei Abgabe seiner Unterschrift unter das gemeinschaftliche Testament gekannt, ihn aber inhaltlich nicht gebilligt hat, so kann sich der Tatrichter nicht damit begnügen, diesen Zusatz für rechtsunwirksam zu erklären, weil er durch die Unterschrift nicht gedeckt sei; er muß vielmehr unter Würdigung aller Auslegungsmöglichkeiten klare Stellung nehmen dazu, welchen Willen bei solcher Sachlage die beiden Ehegatten haben erklären wollen (RG. vom 23. Juni 1944 DRW. 1944, 841).

11 e) Sonstige Formen des gemeinschaftlichen eigenhändigen Testaments.

Nach § 28 Abs. 2 soll die bloße Mitunterzeichnung zur Errichtung eines gemeinschaftlichen eigenhändigen Testaments „genügen". Hierdurch wird nicht ausgeschlossen, daß die Ehegatten ein gemeinschaftliches eigenhändiges Testament auch in anderer Form errichten.

Das Testament kann z. B. auch in der Weise errichtet werden, daß jeder Ehegatte einen Teil des Testaments niederschreibt und unterschreibt, sofern er dabei ausdrücklich oder durch die Stellung der Unterschrift zu erkennen gibt, daß der von dem anderen Ehegatten geschriebene Teil des Testaments auch als sein Testament gelten solle (vgl. KG. vom 5. Januar 1928, DJZ. 807 = HRR. 718; OLG. Dresden vom 2. Mai 1928 JFG. 6, 150). Beispiel: Der Ehemann schreibt, er setze seine Frau zur Erbin ein. Die Frau schreibt darunter, daß sie ihren Mann zum Erben einsetze; beide Ehegatten setzen ihre Unterschriften auf dieses Blatt, so daß beide Sätze durch die Unterschriften gedeckt sind. In diesem Fall bilden die beiden Sätze zusammen eine gemeinschaftliche Erklärung der gegenseitigen Erbeinsetzung. Jeder der Ehegatten hat diese Erklärung mitunterzeichnet; damit dürfte den Erfordernissen der §§ 21, 28 Abs. 2 genügt sein.

Für das Zustandekommen eines gemeinschaftlichen Testaments reicht es aber nicht aus, wenn jeder der Ehegatten seine Erklärung selbständig abgibt. Der bloße Umstand, daß die Erklärungen auf demselben Blatt stehen, macht sie nicht ohne weiteres zu einem gemeinschaftlichen Testament. Es muß hinzukommen, daß die beiden letztwilligen Verfügungen sich als in einer einheitlichen Urkunde errichtet darstellen, die den gemeinsamen Willensausdruck zweier Ehegatten, ihre Vermögensverhältnisse von Todes wegen zusammen zu ordnen, erkennen läßt (LG. Berlin vom 18. März 1942, DFG. 43, 12). Auch wenn die Urkunde selbst einen solchen Willen nicht ohne weiteres erkennen läßt, kann im einzelnen Fall dennoch ein gemeinschaftliches Testament gegeben sein, wenn ein dahingehender Wille zuverlässig ermittelt wird (OLG. Freiburg, Beschl. vom 20. Dezember 1947, DRZ. 1948, 179 = NJW. 1949 S. 80 Nr. 113).

f) Aufrechterhaltung eines unwirksamen gemeinschaftlichen Testament als einfaches Testament. 12

Ist das gemeinschaftliche eigenhändige Testament als solches unwirksam, etwa weil die mitunterzeichnende Ehefrau minderjährig ist, so ist zu prüfen, ob die Erklärung des anderen Ehegatten als einfaches Testament aufrechterhalten werden kann. Handelt es sich um wechselbezügliche Verfügungen (Beispiel: „Wir setzen uns gegenseitig zu Erben ein"), so hat die Unwirksamkeit der einen Verfügung in der Regel die Unwirksamkeit der anderen zur Folge. Diese in § 2270 ausgesprochene Vermutung kann jedoch im Einzelfall widerlegt werden. Die Wechselbezüglichkeit im obigen Beispiel ist z. B. dann nicht gegeben, wenn anzunehmen ist, daß der Mann die Frau auch für den Fall zu seiner Erbin eingesetzt hat, daß die von der Frau ausgesprochene Erbeinsetzung unwirksam ist (vgl. oben Bem. 2 a. E. und KG. vom 5. November 1942, DFG. 43, 53 = DRW. 43, 1378).

g) Beweiskraft des gemeinschaftlichen eigenhändigen Testaments. 13

Das eigenhändige Testament ist nur eine Privaturkunde und kann daher gegenüber dem Grundbuchamt nicht den Erbschein ersetzen. Haben Ehegatten in einem gemeinschaftlichen eigenhändigen Testament den Erben des Zuletztversterbenden bestimmt, so ist der überlebende Ehegatte in der Lage, diese Erbeinsetzung in einem öffentlichen Testament zu wiederholen mit der Folge, daß sich der Erbe im Grundbuchverfahren mit Hilfe des zweiten Testaments ausweisen kann (KG. 1. vom Dezember 1938, JFG. 18, 332 = DNotZ. 39, 132 = JW. 39, 353, Anm. Vogels = HRR. 39, 102). Vgl. auch oben § 5 Bem. 28).

3. Das gemeinschaftliche Nottestament (§ 28 Abs. 3).

a) Die Errichtung des Nottestaments. 14

Ist zu besorgen, daß einer der Ehegatten früher sterben werde, als die Errichtung eines Testaments vor Richter oder Notar möglich ist, so können die Ehegatten ein gemeinschaftliches Nottestament vor dem Bürgermeister errichten (§ 28 Abs. 3, § 23 Abs. 1).

Für die Errichtung dieses Testaments sind die Vorsch:iften des § 23 und der §§ 7 bis 20 maßgebend.

Das Nottestament am abgesperrten Ort und das Seetestament können ebenfalls als gemeinschaftliches Testament errichtet werden, falls beide Ehegatten sich an dem abgesperrten Ort oder auf dem Schiff aufhalten (§ 28 Abs. 3, § 24 Abs. 1, § 25). Daß in einem solchen Fall ein gemeinschaftliches Testament zulässig ist, brauchte in § 28 Abs. 3 nicht besonders gesagt zu werden, weil ja der Tatbestand ohne weiteres ergibt, daß die Voraussetzungen für die Errichtung des Nottestaments bei beiden Ehegatten vorliegen.

Ist der eine Ehegatte, etwa infolge eines Unglückfalls, in so naher Todesgefahr, daß auch die Errichtung eines Nottestaments vor dem Bürgermeister nicht mehr möglich ist, so können die Ehegatten auch ein gemeinschaftliches Nottestament vor drei Zeugen errichten (§ 28 Abs. 3, § 24 Abs. 2).

15 b) Die Gültigkeitsdauer des gemeinschaftlichen Nottestaments.

Überleben beide Ehegatten die in § 26 vorgesehene Dreimonatefrist, so wird das gemeinschaftliche Nottestament hinfällig (§ 26 Abs. 1).

Stirbt einer der Ehegatten vor Ablauf der Frist, so ist dieser Teil des Nottestaments wirksam geworden; der andere Ehegatte kann sein Testament nur noch unter den Voraussetzungen des § 2271 BGB. widerrufen oder aufheben. Diese Bindung der überlebenden Ehegatten bleibt bestehen, auch wenn er selbst die Dreimonatefrist überlebt; dieser Teil des Testaments des überlebenden Ehegatten bleibt auch nach Ablauf der Dreimonatefrist in Geltung (ebenso Planck[4] § 2266 Erl. 3).

Zweiter Abschnitt.

Errichtung eines Erbvertrags.

§ 29.

Abschluß eines Erbvertrags.

(1) Der Erblasser kann einen Erbvertrag nur persönlich schließen.

(2) Einen Erbvertrag kann als Erblasser nur schließen, wer unbeschränkt geschäftsfähig ist.

(3) Ein Ehegatte kann als Erblasser mit seinem Ehegatten einen Erbvertrag schließen, auch wenn er in der Geschäftsfähigkeit beschränkt ist. Er bedarf in diesem Falle der Zustimmung seines gesetzlichen Vertreters; ist der gesetzliche Vertreter ein Vormund, so ist auch die Genehmigung des Vormundschaftsgerichts erforderlich.

(4) Die Vorschriften des Abs. 3 gelten auch für Verlobte.

§ 29 Abs. 1 entspricht dem § 2274 BGB. § 29 Abs. 2 bis 4 entsprechen dem § 2275 BGB.

Übersicht:

I. Begriff und Arten des Erbvertrags 1
1. Allgemeines über den Erbvertrag 1—3
2. Arten des Erbvertrags 4
3. Überblick über die Regelung des Erbvertrags 5

II. Abschluß eines Erbvertrags (§ 29) 6
1. Persönliche Mitwirkung des Erblassers (Abs. 1) 6
2. Unbeschränkte Geschäftsfähigkeit des Erblassers (Absatz 2) 7

3. Bei Ehegatten und Verlobten genügt beschränkte Geschäftsfähigkeit (Abs. 3, 4) 8
a) Die Mitwirkung des beschränkt geschäftsfähigen Erblassers 8
b) Die Zustimmung des gesetzlichen Vertreters 9
c) Die Genehmigung des Vormundschaftsgerichts 10
d) Entsprechende Anwendung bei Verlobten 11.

I. Begriff und Arten des Erbvertrags. 1

1. Allgemeines über den Erbvertrag.

Der Erblasser kann durch Vertrag einen Erben einsetzen sowie Vermächtnisse und Auflagen anordnen (Erbvertrag); als Erbe (Vertragserbe) oder als Vermächtnisnehmer kann sowohl der andere Vertragschließende als auch ein Dritter bedacht werden (§ 1941 BGB.). Der Erbvertrag ist also entweder Erbeinsetzungsvertrag, Vermächtnisvertrag oder Vertrag über eine Auflage; andere Verfügungen von Todes wegen als Erbeinsetzungen, Vermächtnisse oder Auflagen konnten früher vertragsmäßig nicht getroffen werden (§ 2278 Abs. 2); gemäß § 2 der VO. über den Anwendungsbereich erbrechtlicher Vorschriften vom 12. Dezember 1941 (RGBl. I, 765, abgedruckt oben S. 27) konnte durch Erbvertrag auch bestimmt werden, daß sich die Beerbung nach dem Recht eines früheren Wohnsitzes richtet. Die praktische Bedeutung dieser Bestimmung lag darin, daß der Erblasser mit ihr festlegte, ob für seine Beerbung das BGB. oder das ABGB. gelten soll; wegen der hiermit verbundenen Auswirkungen und der Bedeutung, die heute einer solchen Bestimmung noch zukommt s. Bem. 10 zu § 1.

Unter den Begriff des Erbvertrags fällt nicht der Erbverzicht (§ 2346), ferner nicht der Vertrag über den Nachlaß eines noch lebenden Dritten (§ 312). Ein Vertrag, durch den sich jemand verpflichtet, eine Verfügung von Todes wegen zu errichten oder nicht zu errichten, aufzuheben oder nicht aufzuheben, ist nach § 2302 nichtig; auch solche Verpflichtungsgeschäfte würden nicht unter den Begriff des Erbvertrags fallen.

Das Wesen des Erbvertrags besteht darin, daß die Parteien grundsätzlich an den Inhalt des Erbvertrags gebunden sind, während das Testament grundsätzlich frei widerruflich ist. Testament und Erbvertrag werden unter dem Oberbegriff der Verfügung von Todes wegen zusammengefaßt. In der Mitte zwischen dem Testament und dem Erbvertrag steht das gemeinschaftliche Testament (siehe oben § 28).

Jeder der Vertragschließenden kann in dem Vertrag einseitig jede Verfügung treffen, die durch Testament getroffen werden kann (§ 2299); im Erbvertrag kann also z. B. einseitig ein Testamentsvollstrecker ernannt, ein anderes Testament widerrufen oder eine Pflichtteilsentziehung ausgesprochen werden. Ferner kann jeder der Vertragschließenden im Erbvertrag auch einseitig eine Erbeinsetzung, ein Vermächtnis oder eine Auflage anordnen; ob eine Anordnung dieses Inhalts vertragsmäßig oder einseitig gedacht ist, ist in Zweifelsfällen durch Auslegung zu ermitteln. 2

Es ist nicht ausgeschlossen, daß in dem Vertrag auch andere Punkte, die vertraglich durch Rechtsgeschäft unter Lebenden geregelt werden können, behandelt werden. So kann mit dem Erbvertrag ein Ehevertrag oder ein Gutsüberlassungsvertrag verbunden werden. Das Verbot des § 2278 Abs. 2 steht einer solchen Ausdehnung des Inhalts des Erbvertrags nicht entgegen, da dieses Verbot sich nur auf Verfügungen von Todes wegen, nicht auf Verfügungen unter Lebenden bezieht (RG. vom 4. Oktober 1937 EHRspr. § 37c Nr. 109). Über die Formvorschriften bei Verbindung mit einem anderen Vertrag s. § 30 Bem. 9, bei Verbindung mit einem Ehevertrag s. § 30 Abs. 2 und Bem. 13 zu § 30. 3

Während das gemeinschaftliche Testament nur von Ehegatten errichtet werden kann (§ 28 Abs. 1), kann der Erbvertrag von beliebigen Personen geschlossen werden, also nicht nur von Ehegatten, sondern auch von Verlobten, von Geschwistern oder von Personen, die überhaupt nicht in einem verwandtschaftlichen Verhältnis zueinander stehen. Außer bei Ehegatten und Verlobten kommt allerdings der Erbvertrag nur selten vor.

Unter Umständen kann ein nichtiger Erbvertrag als einseitige Verfügung von Todes wegen aufrechterhalten werden, wenn er den Erfordernissen eines Testaments entspricht. Vgl. hierzu KG. vom 5. November 1942, DFG. 43, 53 = DRW. 43, 1378; diese Entscheidung befaßt sich zwar mit dem gemeinschaftlichen Testament; ihre Gedanken können aber auch für die Auslegung eines Erbvertrags herangezogen werden.

4 2. Arten des Erbvertrags.

Es ist nicht nötig, daß jeder der beiden Vertragschließenden im Erbvertrag eine Erbeinsetzung, Vermächtnisanordnung, eine Auflage oder überhaupt eine Verfügung von Todes wegen trifft. Enthält der Vertrag nur vertragsmäßige Verfügungen einer der beiden Parteien, ist also nur eine der Parteien als Erblasser beteiligt, so spricht man von einem einseitigen Erbvertrag. Der andere Vertragschließende ist dann lediglich als Vertragsgegner beteiligt, der die vertragsmäßige Bindung des Erblassers annimmt. Der andere Vertragschließende kann selbst der Bedachte sein; denkbar ist aber auch, daß lediglich ein Dritter bedacht ist, so daß der andere Vertragschließende weder als Erblasser noch als Bedachter, sondern lediglich als Empfänger der vertraglichen Bindung an der Abmachung teilnimmt.

Treten beide Vertragschließenden als Erblasser auf, trifft also jeder der beiden Vertragschließenden eine vertragsmäßige Verfügung von Todes wegen (z. B.: „Wir setzen uns gegenseitig zu Erben ein"), so spricht man von einem zweiseitigen Erbvertrag. Ebenso wie beim gemeinschaftlichen Testament können die Verfügungen unabhängig voneinander sein, so daß in Wirklichkeit zwei einseitige Erbverträge in einer Urkunde vereinigt sind. In der Regel stehen aber die Verfügungen im Verhältnis gegenseitiger Abhängigkeit, so daß sie wechselbezüglich (wechselseitig) in dem Sinne sind, daß der Wegfall der einen Verfügung die Unwirksamkeit der anderen zur Folge hat (§ 2298).

5 3. Überblick über die Regelung des Erbvertrags.

Im vorliegenden Gesetz ist nur ein kleiner Teil der gesetzlichen Bestimmungen über den Erbvertrag enthalten. Die §§ 29 bis 31 regeln die Errichtung und Versiegelung des Erbvertrags, die §§ 37 bis 47 seine Verwahrung und Eröffnung.

In § 50 Abs. 3 Nr. 1 des Gesetzes sind nur diejenigen Vorschriften des BGB. aufgehoben, die durch das vorliegende Gesetz ersetzt werden (nämlich die §§ 2274 bis 2277, 2300). Neben dem vorliegenden Gesetz gelten die sonstigen Vorschriften des BGB. über den Erbvertrag weiter, insbesondere die §§ 2278 bis 2299. In diesen Vorschriften ist u. a. die Anfechtung und Aufhebung des Erbvertrags behandelt.

6 **II. Abschluß eines Erbvertrags (§ 29).**

Die Form des Erbvertrags ist in § 30 behandelt. In § 29 sind Bestimmungen über den persönlichen Abschluß und über die Geschäftsfähigkeit enthalten.

1. Persönliche Mitwirkung des Erblassers (Abs. 1).

Ebenso wie der Erblasser ein Testament nur persönlich errichten kann (§ 1 Abs. 1), so kann er auch einen Erbvertrag als Erblasser nur persönlich schließen (§ 29 Abs. 1). Der Erblasser kann sich also bei Abschluß des Erbvertrags weder durch einen gesetzlichen Vertreter noch durch einen Bevollmächtigten vertreten lassen.

Diese Beschränkung gilt aber nur für denjenigen Vertragschließenden, der im Vertrag eine Verfügung von Todes wegen trifft. Handelt es sich um einen einseitigen Erbvertrag, so ist der andere Vertragschließende nicht als Erblasser, sondern lediglich als einfache Vertragspartei beteiligt; für diesen anderen gilt das Verbot der Stellvertretung nicht. Für ihn kann also beim Abschluß des Vertrags ein gesetzlicher oder gewillkürter Vertreter mitwirken. Dies gilt gleichviel, ob der andere Vertragschließende im Vertrag bedacht wird oder nicht.

Im Erbvertrag können auf der einen Seite mehrere Personen als Erblasser beteiligt sein (Beispiel: Die Schwestern A und B setzen ihren Bruder C vertragsmäßig zum Erben ein). Umgekehrt können im Erbvertrag einem Erblasser mehrere andere Vertragschließende gegenüberstehen (Beispiel: Der Bruder C setzt seine Schwestern A und B vertragsmäßig zu Erben ein).

Das in § 29 Abs. 1 enthaltene Verbot der Stellvertretung des Erblassers ist zwingend. Ein Verstoß macht den Vertrag nichtig.

2. Unbeschränkte Geschäftsfähigkeit des Erblassers (Abs. 2). 7

Einen Erbvertrag kann als Erblasser nur schließen, wer unbeschränkt geschäftsfähig ist. Vom Abschluß eines Erbvertrags ist also ausgeschlossen, wer dauernd oder vorübergehend geschäftsunfähig ist oder wer (wegen Minderjährigkeit oder wegen Entmündigung) in der Geschäftsfähigkeit beschränkt ist (vgl. §§ 1, 2). Ein Verstoß hiergegen macht den Vertrag nichtig; er wird auch nicht dadurch gültig, daß der Erblasser nachträglich unbeschränkt geschäftsfähig wird. Hat also z. B. ein Minderjähriger oder ein Entmündigter als Erblasser einen Erbvertrag geschlossen, so bleibt der Vertrag auch dann nichtig, wenn der Minderjährige volljährig oder die Entmündigung aufgehoben wird.

Das Erfordernis der unbeschränkten Geschäftsfähigkeit gilt (ebenso wie das des § 29 Abs. 1) nur für denjenigen Vertragschließenden, der den Vertrag „als Erblasser" schließt. Beim einseitigen Erbvertrag kann also der andere Vertragschließende sich auch dann beteiligen, wenn er geschäftsunfähig oder in der Geschäftsfähigkeit beschränkt ist. Es gelten die allgemeinen Vorschriften: Ist er geschäftsunfähig, so wird er durch seinen gesetzlichen Vertreter vertreten; ist er beschränkt geschäftsfähig und erlangt er durch den Erbvertrag lediglich einen rechtlichen Vorteil, so bedarf er nicht der Zustimmung des gesetzlichen Vertreters (BGB. § 107). Schließt also A mit dem (mindestens 7jährigen) Minderjährigen B einen Erbvertrag, durch den er B zu seinem Erben einsetzt, so bedarf der B, falls er in dem Vertrag selbst keine Verpflichtungen übernimmt, nicht der Zustimmung seines gesetzlichen Vertreters. Dem steht nicht etwa die in § 30 Abs. 1 S. 2 verfügte entsprechende Anwendung des § 14 entgegen. Wenn dort gesagt ist, der Richter oder Notar habe sich von der Testierfähigkeit des Erblassers zu überzeugen, so bedeutet die entsprechende Anwendung dieser Vorschrift auf den Erbvertrag, daß für den Vertragsteil, der nicht als Erblasser auftritt, zu prüfen ist, ob er die Geschäftsfähigkeit für dieses Geschäft besitzt.

3. Bei Ehegatten und Verlobten genügt beschränkte Geschäftsfähigkeit (Abs. 3, 4). 8

a) Die Mitwirkung des beschränkt geschäftsfähigen Erblassers.

In Abweichung von Abs. 2 bestimmt Abs. 3, daß ein Ehegatte als Erblasser mit seinem Ehegatten einen Erbvertrag schließen kann, wenn er in der Geschäftsfähigkeit beschränkt ist; dies gilt entsprechend für Verlobte (Abs. 4).

Ein Ehegatte, der minderjährig oder wegen Verschwendung, Trunksucht oder Geistesschwäche entmündigt ist und daher nach §§ 106, 114 nur beschränkt geschäftsfähig ist, kann also mit dem anderen Ehegatten einen Erbvertrag schließen, in dem er selbst als Erblasser eine Erbeinsetzung, ein Vermächtnis oder eine Auflage anordnet. Die Vorschriften der §§ 1, 2 stehen dem nicht entgegen, da sie nur für Testamente und nicht für Erbverträge gelten.

Der beschränkt geschäftsfähige Erblasser kann den Erbvertrag nach § 29 Abs. 1 nur persönlich schließen. Der gesetzliche Vertreter darf den Erblasser also nicht vertreten; seine Mitwirkung besteht lediglich in der Erteilung (oder Versagung) seiner Zustimmung.

b) Die Zustimmung des gesetzlichen Vertreters. 9

Der beschränkt geschäftsfähige Ehegatte, der als Erblasser einen Erbvertrag schließt, bedarf der Zustimmung seines gesetzlichen Vertreters (§ 29 Abs. 3 Satz 2). Die Zustimmung kann in einer vorherigen Einwilligung oder in einer nachträglichen Genehmigung bestehen (BGB. §§ 183, 184). Die Zustimmung kann in der Urkunde über den Erbvertrag selbst enthalten sein, wenn der gesetzliche Vertreter zu der Beurkundung miterschienen ist und die Zustimmung gleich mit zu Protokoll gegeben hat; sie bedarf aber nicht der für den Erbvertrag bestimmten Form (BGB. § 182 Abs. 2) und kann deshalb auch vorher oder nachher privatschriftlich oder formlos erklärt werden. Um den Beweis für ihr Vorliegen zu sichern, empfiehlt sich aber, sie in öffentlicher oder öffentlich beglaubigter Form niederzulegen. Schließt der beschränkt geschäftsfähige Ehegatte den Erbvertrag ohne Einwilligung des gesetzlichen Vertreters, so gelten die §§ 108, 109 BGB.

Wird der beschränkt geschäftsfähige Ehegatte voll geschäftsfähig, so kann er selbst den Vertrag formlos genehmigen, falls der andere Vertragschließende dann noch lebt (ebenso Planck[4] § 2275 Erl. 2b).

Will der beschränkt geschäftsfähige Erblasser den Erbvertrag durch Vertrag wieder aufheben, so bedarf er hierzu nicht der Zustimmung des gesetzlichen Vertreters (§ 2290 Abs. 2 BGB.). Will eine beschränkte geschäftsfähige Vertragspartei, die nicht als Erblasser beteiligt ist, den Erbvertrag durch Vertrag aufheben, so ist die Zustimmung ihres gesetzlichen Vertreters notwendig, es sei denn, daß die Partei durch den Vertrag lediglich einen rechtlichen Vorteil erlangt (BGB. § 107). Wegen der Genehmigung des Vormundschaftsgerichts beim Aufhebungsvertrag vgl. BGB. § 2290 Abs. 3.

c) Die Genehmigung des Vormundschaftsgerichts. 10

Ist der gesetzliche Vertreter des beschränkt geschäftsfähigen Erblassers ein Vormund, so ist die Genehmigung des Vormundschaftsgerichts notwendig (§ 29 Abs. 2 Halbs. 3). Dies gilt also stets dann, wenn der vertragschließende Ehegatte volljährig und entmündigt ist. Beim minderjährigen Erblasser gilt dies nur, wenn der Minderjährige nicht durch den Inhaber der elterlichen Gewalt, sondern ausnahmsweise (etwa weil die Eltern verstorben sind) durch einen Vormund vertreten wird.

Wird der Erblasser durch einen Pfleger vertreten (vgl. § 1909), so gelten die Vorschriften über die Vormundschaft entsprechend (§ 1915); daher ist auch in einem solchen Fall die Zustimmung des Vormundschaftsgerichts erforderlich.

Steht die elterliche Gewalt der Mutter zu und ist der Mutter gemäß § 1687 ein Beistand bestellt, so bedarf die Mutter der Genehmigung des

Beistandes, nicht dagegen der Genehmigung des Vormundschaftsgerichts (§ 1690). Hat das Vormundschaftsgericht dem Beistand die Vermögensverwaltung des Minderjährigen übertragen, so hat der Beistand die Stellung eines Pflegers; in diesem Fall wird die Zustimmung zum Erbvertrag durch den Pfleger erteilt, der seinerseits der Genehmigung des Vormundschaftsgerichts bedarf (§ 1693).

Das Vormundschaftsgericht kann die Genehmigung zu dem Erbvertrag nur gegenüber dem Vormund erklären (§ 1828); dieser kann aber eine andere Person, auch den amtierenden Notar, ermächtigen, die Erklärung für ihn entgegenzunehmen.

d) Entsprechende Anwendung bei Verlobten. 11

Die Ausführungen zu a) bis c) gelten entsprechend, wenn die Vertragschließenden miteinander verlobt sind. Der beschränkt geschäftsfähige verlobte Erblasser muß den Vertrag persönlich schließen. Er bedarf der Zustimmung seines gesetzlichen Vertreters; ist dieser ein Vormund, so ist auch die Genehmigung des Vormundschaftsgerichts erforderlich.

§ 30.

Form des Erbvertrags.

(1) Ein Erbvertrag kann nur vor einem Richter oder vor einem Notar bei gleichzeitiger Anwesenheit beider Teile geschlossen werden. Die Vorschriften der §§ 6 bis 19, 27 finden Anwendung; was nach diesen Vorschriften für den Erblasser gilt, gilt für jeden der Vertragschließenden.

(2) Für einen Erbvertrag zwischen Ehegatten oder zwischen Verlobten, der mit einem Ehevertrag in derselben Urkunde verbunden wird, genügt die für den Ehevertrag vorgeschriebene Form.

§ 30 entspricht dem § 2276 BGB.

Seybold, DNotZ. 1943, 125: Formvorschriften für den Ehe- und Erbvertrag.

Übersicht:

I. Die Form des Erbvertrags 1
1. Gleichzeitige Anwesenheit beider Teile 2
2. Die gerichtliche oder notarielle Beurkundung 3
a) Zuständigkeit 3
b) Auflockerung des Zeugenzwangs (§ 6) 4
c) Die Ausschließungsgründe der §§ 7 bis 10 5
d) Der eigentliche Errichtungsakt (§ 11) 6
e) Verlesung, Genehmigung und Unterzeichnung (§ 16) 7
f) Kosten 8

II. Der Ehe- und Erbvertrag (Absatz 2) 9
1. Voraussetzungen für die Anwendung des Abs. 2 9a
a) Ehegatten oder Verlobte 9a
b) Verbindung mit einem Ehevertrag 10
2. Die Form des Ehevertrags 11
a) In der Regel kein Zeugenzwang 11
b) Die Beurkundung der Erklärung 12
3. Form des Ehe- und Erbvertrags 13
4. Inhalt des nach § 30 Abs. 2 geschlossenen Erbvertrags 14

1 **I. Die Form des Erbvertrags.**

In § 30 Abs. 1 ist bestimmt, in welcher Form ein Erbvertrag abzuschließen ist, der nicht mit einem Ehevertrag in derselben Urkunde verbunden ist. Die Form des § 30 Abs. 1 deckt sich nicht mit der Form, die nach §§ 168ff. FGG. für die Beurkundung eines gewöhnlichen Rechtsgeschäfts vorgeschrieben ist. Das Gesetz trägt der Besonderheit des Erbvertrags dadurch Rechnung, daß es außer der gerichtlichen oder notariellen Beurkundung die gleichzeitige Anwesenheit beider Teile und die Beobachtung der für das öffentliche Testament vorgeschriebenen Formen verlangt.

In § 30 wird auf die §§ 6 bis 19 verwiesen. Die zahlreichen Abschwächungen der Formenstrenge, die das Recht des BGB. in diesen neuen Vorschriften erfahren hat, kommen also der Form des Erbvertrags zugute.

Wehrmachtangehörige können einen Erbvertrag auch vor einem Kriegsgerichtsrat errichten (vgl. § 27 Bem. 5, 7). Dagegen ist die Errichtung eines Erbvertrags in der Form eines Nottestaments vor dem Bürgermeister oder vor 3 Zeugen nicht zulässig (§ 23 Bem. 1).

2 1. Gleichzeitige Anwesenheit beider Teile.

Bei der Beurkundung eines gewöhnlichen Rechtsgeschäfts genügt es, wenn zunächst der Antrag und sodann die Annahme des Antrags beurkundet wird (BGB. §§ 128, 152). Im Gegensatz hierzu verlangt § 30 Abs. 1 des Gesetzes, daß beim Abschluß eines Erbvertrags beide Teile gleichzeitig anwesend sein müssen. Derjenige, der den Vertrag als Erblasser schließt, muß auch persönlich anwesend sein (§ 29 Abs. 1); der andere Vertragschließende, der selbst keine Verfügung von Todes wegen trifft, braucht nicht persönlich zu erscheinen; für ihn muß aber wenigstens der Vertreter bei der Beurkundung anwesend sein (vgl. § 29 Bem. 7); ein Vertreter ohne Vollmacht (§ 177 BGB.) genügt (vgl. Rechtspr. u. Lit. zu § 925 BGB.), wenn nachträgliche Genehmigung erteilt wird.

Bedarf einer der Vertragschließenden der Zustimmung des gesetzlichen Vertreters (vgl. § 29 Abs. 3, § 29 Bem. 10), so genügt es, wenn der Vertragschließende selbst anwesend ist. Da die Zustimmung nicht der für das Rechtsgeschäft selbst vorgesehenen Form bedarf (BGB. § 182 Abs. 2), braucht der lediglich die Zustimmung erklärende gesetzliche Vertreter beim Vertragsschluß nicht anwesend zu sein.

Die Vorschrift des § 30 Abs. 1 über die gleichzeitige Anwesenheit der Vertragsparteien beim Erbvertrag ist zwingend. Ein Verstoß macht den Vertrag nichtig.

3 2. Die gerichtliche oder notarielle Beurkundung.

Die öffentliche Beurkundung richtet sich nach den §§ 6 bis 19. Was nach diesen Vorschriften für den Erblasser gilt, ist hier auf jeden der Vertragschließenden anzuwenden (§ 30 Abs. 2 Halbsatz 2).

a) Zuständigkeit.

Zuständig ist der Notar oder das Amtsgericht (FGG. § 167). Auf Grund des Vorbehalts in Art. 141 EGBGB. sind die landesgesetzlichen Vorschriften aufrechterhalten geblieben, wonach für die Beurkundung eines Testaments oder Erbvertrags nur die Notare zuständig sind. Dieser Vorbehalt, von dem u. a. Bayern Gebrauch gemacht hat, ist durch § 50 Abs. 5 des Gesetzes bis auf weiteres bestehen geblieben (vgl. § 4 Bem. 12).

4 b) Auflockerung des Zeugenzwangs (§ 6).

Bei der Beurkundung eines Erbvertrags mußte nach §§ 2233, 2276 BGB. der Richter einen Urkundsbeamten der Geschäftsstelle oder 2 Zeugen und der Notar einen zweiten Notar oder 2 Zeugen zuziehen. Durch diese Zuziehung von anderen Personen wurde die Geheimhaltung des Erbvertrags gefährdet. Nicht selten versuchte man dem Zeugenzwang dadurch zu entgehen, daß man mit dem Erbvertrag einen an sich völlig nichtssagenden Ehevertrag verband, so daß gemäß § 2276 Abs. 2 die nicht mit Zeugenzwang verbundene Form des Ehevertrags verwendet werden konnte. Diesen Umweg brauchen die Beteiligten jetzt nicht mehr zu gehen. Nach § 6 ist der Zeugenzwang für das öffentliche Testament und damit auch für den Erbvertrag (abgesehen von den Ausnahmefällen des § 6 Abs. 1) grundsätzlich beseitigt. Damit ist der Hauptunterschied, der bisher zwischen der Form des Erbvertrags und der des Ehevertrags bestand, weggefallen.

Ist einer der Vertragschließenden taub, blind, stumm oder sonst am Sprechen verhindert, so besteht ausnahmsweise auch nach der neuen Vorschrift Zeugenzwang; hierbei macht es keinen Unterschied, ob der Erblasser selbst oder der andere Vertragschließende an dem Gebrechen leidet. Ist der andere Teil vertreten, so kommt es auf die Person des Vertreters, nicht des Vertretenen an. Kann einer der Vertragsschließenden nicht schreiben, so gilt § 16 Abs. 3.

c) Die Ausschließungsgründe der §§ 7 bis 10. 5

Als Richter, Notar, Zeuge oder Dolmetscher kann bei der Errichtung eines Erbvertrags nicht mitwirken, wer mit dem Erblasser oder dem anderen Vertragschließenden verheiratet ist oder gewesen ist oder wer mit einer der Vertragsparteien in gerader Linie oder im zweiten Grade der Seitenlinie verwandt oder verschwägert ist (§ 7). Ein Verstoß macht den Vertrag nichtig.

Wird der andere Vertragschließende durch einen gesetzlichen oder gewillkürten Vertreter vertreten, so kommt es bei Anwendung der Ausschließungsvorschriften der §§ 7 bis 10 auf die Person des Vertretenen an; denn der Vertretene ist hier der „Vertragschließende" im Sinne des § 30, nicht der Vertreter. Der Richter oder der Notar muß sich aber der Ausübung seiner Amtstätigkeit auch dann enthalten, wenn er lediglich zu dem Vertreter in einem Verhältnis der in § 7 bezeichneten Art steht, weil dieser die Erklärungen abgibt, also „Beteiligter" im Sinne der §§ 170—172 FGG. ist; diese zwingenden Bestimmungen des FGG. sind neben den Vorschriften der §§ 7—10 TestG. zu beachten (vgl. Bem. 15 zu § 5).

Die vorstehenden Ausführungen gelten entsprechend für die Ausschließungsgründe der §§ 8 bis 10.

d) Der eigentliche Errichtungsakt (§ 11). 6

Der Erbvertrag kann in der Weise errichtet werden, daß der Erblasser mündlich seine Verfügung von Todes wegen erklärt, oder eine offene oder verschlossene Schrift mit der mündlichen Erklärung übergibt, daß sie seine Verfügung von Todes wegen enthalte (§ 11). Der andere Teil hat mündlich zu erklären, daß er die Erklärung des Erblassers annehme. Es ist nicht unbedingt nötig, daß der andere Teil den Inhalt der verschlossen übergebenen Schrift kennt; in Wirklichkeit wird er seine Annahmeerklärung aber nur abgeben, wenn er sich vorher Gewißheit über den Inhalt der Schrift verschafft hat.

Ist einer der Beteiligten minderjährig, so kann der Erbvertrag nur mündlich oder durch Übergabe einer offenen Schrift errichtet werden (§ 11 Abs. 3). Über Anforderungen und Prüfung der Geschäftsfähigkeit hierbei s. § 29 Bem. 7 und 8. Kann einer der Vertragschließenden Geschriebenes nicht lesen, so kann der Erbvertrag nur durch mündliche Erklärung geschlossen werden (§ 11 Abs. 4). Wirkt ein Vertreter mit, so kommt es hier auf die Person des Vertreters an.

Ist der Erblasser stumm oder sonst am Sprechen verhindert, so kann er den Erbvertrag nur nach § 17 errichten. Der andere Teil kann seine Erklärung mündlich abgeben (§ 11 Abs. 1). Wirkt ein Vertreter mit, so kommt es hier auf die Person des Vertreters an. Ist also der Vertreter stumm, so hat er sich bei Abgabe seiner Annahmeerklärung der Form des § 17 zu bedienen.

Wenn eine der Parteien der deutschen Sprache nicht mächtig ist, muß ein Dolmetscher zugezogen werden (§ 18). Verstehen beide Vertragsteile kein Deutsch und beherrschen sämtliche mitwirkenden Personen die fremde Sprache, so kann die Zuziehung eines Dolmetschers unterbleiben (§ 19). Versteht die eine Partei Deutsch und die andere nicht, so muß ein Dolmetscher zugezogen werden; die Form des § 19 ist in diesem Falle auch dann unzulässig, wenn die deutschsprechende Partei die fremde Sprache versteht. Wirkt ein Vertreter mit, so kommt es auf den Vertreter an. Ist also der mitwirkende Vertreter der deutschen Sprache nicht mächtig, so besteht Dolmetscherzwang.

7 e) Verlesung, Genehmigung und Unterzeichnung (§ 16).

Die Niederschrift über die Errichtung des Erbvertrags muß vorgelesen, von beiden Vertragsparteien genehmigt und von beiden eigenhändig unterschrieben werden (§ 16 Abs. 1).

Ist eine Vertragspartei taub, so soll ihr die Niederschrift zur Durchsicht vorgelegt werden; kann die taube Partei Geschriebenes nicht lesen, so soll ein Vertrauensmann zugezogen werden (§ 16 Abs. 2). Kann einer der Vertragschließenden nicht schreiben, so ist der in § 16 Abs. 3 vorgesehene Genehmigungszeuge zuzuziehen. Wirkt ein Vertreter mit, so kommt es bei Anwendung des § 16 Abs. 2, 3 auf die Person des Vertreters, nicht auf die des Vertretenen an.

Wegen der Verschließung und Verwahrung siehe § 31.

8 f) Kosten.

Während die Beurkundung eines Testaments eine volle Gebühr kostet, ist für die Beurkundung eines Erbvertrags das Doppelte der vollen Gebühr zu erheben (KostO. § 40 Abs. 1). Wird über den ganzen Nachlaß oder einen Bruchteil davon verfügt, so ist der Gebührenberechnung der Wert des nach Abzug der Verbindlichkeiten verbleibenden reinen Vermögens oder der Wert des entsprechenden Bruchteils des reinen Vermögens zugrundezulegen. Vermächtnisse, Pflichtteile und Auflagen werden nicht abgezogen (KostO. § 40 Abs. 4).

Wird mit dem Erbvertrag ein Ehevertrag verbunden, so wird die doppelte volle Gebühr aus dem zusammengerechneten Wert von Erbvertrag und Ehevertrag erhoben (§§ 40 Abs. 3, 38 Abs. 2 KostO.; vgl. Jonas-Melsheimer-Hornig-Stemmler (4) Anm. IV zu § 40 S. 372 und die ständige Rechtspr. von KG. und OLG. München).

9 **II. Der Ehe- und Erbvertrag (Abs. 2).**

Für einen Erbvertrag zwischen Ehegatten oder zwischen Verlobten, der mit einem Ehevertrag in derselben Urkunde verbunden wird, „genügt" die für den Ehevertrag vorgesehene Form. Vgl. unten Bem. 13. Ist der Erbvertrag nicht mit einem Ehevertrag, sondern mit einem anderen Vertrag in einer Urkunde verbunden, was ohne weiteres zulässig ist (vgl. Bem. 3 zu § 29), so sind alle zwingend vorgeschriebenen Förmlichkeiten, die für den Erbvertrag einzuhalten sind, ebenso zu beachten, wie auch die daneben für den anderen Vertrag etwa noch bestehenden Formvorschriften. Eine dem § 30 Abs. 2 TestG. entsprechende Erleichterung gibt es hier nicht.

1. Voraussetzungen für die Anwendung des Abs. 2.

a) Ehegatten oder Verlobte. 9a

Die Vergünstigung des § 30 Abs. 2 gilt nur für einen Erbvertrag, der zwischen Ehegatten oder zwischen Verlobten geschlossen wird. Dies versteht sich im Grunde von selbst, da für andere Personen der Abschluß eines Ehe- und Erbvertrags überhaupt nicht in Frage kommt.

Bei Verlobten hängt die Wirksamkeit des Erbvertrags nicht davon ab, daß dem Verlöbnis eine Eheschließung folgt. Die vertragsmäßige Zuwendung ist jedoch im Zweifel unwirksam, wenn das Verlöbnis vor dem Tode des Erblassers aufgelöst worden ist (§ 2279, § 2077 Abs. 2 BGB.). Sollen die getroffenen Erbbestimmungen nur für den Fall gelten, daß dem Verlöbnis auch die Eheschließung folgt, so ist dies im Vortrag besonders zum Ausdruck zu bringen. Die Verbindung mit dem Ehevertrag kann als solcher Vorbehalt ausgelegt werden, wenn die Umstände des Falles dafür sprechen; zwingend ist eine solche Auslegung aber keineswegs.

b) Verbindung mit einem Ehevertrag. 10

Unter einem Ehevertrag ist eine Abmachung zu verstehen, durch welche die Ehegatten oder die Verlobten ihre güterrechtlichen Verhältnisse regeln, insbesondere auch nach Eingehung der Ehe den Güterstand aufheben oder ändern (§ 1432).

Ein Vertrag, durch den die Verlobten lediglich die Geltung des gesetzlichen Güterstandes vereinbaren, wird in der Regel als Ehevertrag anzusehen sein (RG. vom 4. Mai 1931 Bd. 133, 20). Schließen Ehegatten einen Vertrag, in dem sie lediglich die Geltung des gesetzlichen Güterstandes bestätigen, so wird eine solche Abmachung für sich allein als Ehevertrag nicht ausreichen; denn durch eine solche Abmachung wird der Güterstand weder aufgehoben noch geändert und er enthält auch sonst keine „Regelung güterrechtlicher Verhältnisse". Wollen die Ehegatten unter Beibehaltung des gesetzlichen Güterstandes einen Ehevertrag schließen, so müssen sie mindestens irgendeine von der gesetzlichen Regelung abweichende Abmachung treffen; sie können z. B. bestimmen, daß der Mann von der in § 1377 Abs. 2 vorgesehenen Verpflichtung zur mündelsicheren Anlegung eingebrachten Geldes der Frau befreit sein soll (Meyer, JR. 32, 222), oder daß einzelne von der Frau eingebrachte Gegenstände oder der künftige Erwerb der Frau Vorbehaltsgut sein sollen (Lindemann DNotZ. 34, 101).

Ist der andere Vertrag überhaupt kein Ehevertrag oder ist der Ehevertrag nichtig, so ist die Voraussetzung des § 30 Abs. 2 nicht erfüllt (Dittmar, Mitt. des BayNotV. 31, 193). In einem solchen Fall ist der Erbvertrag nur dann gültig, wenn er zugleich den Formerfordernissen des § 30 Abs. 1 entspricht.

2. Die Form des Ehevertrags. 11

Der Ehevertrag muß bei gleichzeitiger Anwesenheit beider Teile vor Gericht oder Notar geschlossen werden (§ 1434 BGB.). Das Erfordernis der Anwesenheit beider Teile deckt sich mit dem gleichen Erfordernis beim gewöhnlichen Erbvertrag (siehe oben Bem. 2).

Die öffentliche Beurkundung des Ehevertrags richtet sich jedoch nicht nach den §§ 6 bis 19, sondern nach §§ 168 bis 180 FGG. Hieraus ergibt sich im einzelnen:

a) In der Regel kein Zeugenzwang.

Die Frage, wann Zeugen zugezogen werden müssen, ist in FGG. §§ 169, 177 Abs. 2 in derselben Weise geregelt wie in § 6 Abs. 1, § 16 Abs. 3 des vorliegenden Gesetzes. § 6 Abs. 2 gilt für den Ehevertrag nicht, die freiwillige Zuziehung von Zeugen würde jedoch den Ehevertrag nicht unwirksam machen.

Die mitwirkenden Personen brauchen nicht bei der ganzen Verhandlung, sondern nur bei der Verlesung, Genehmigung oder Unterzeichnung des Ehevertrags zugegen zu sein (FGG. § 174 im Gegensatz zu § 12 des Gesetzes).

12 b) Die Beurkundung der Erklärung.

Für den Ehevertrag selbst ist nicht vorgeschrieben, daß die Parteien ihn nur persönlich schließen können. Wird jedoch ein Erbvertrag mit einem Ehevertrag verbunden, so muß der Erblasser persönlich mitwirken; die Geltung des § 29 Abs. 1 wird durch § 30 Abs. 2 nicht berührt, denn die Pflicht zum persönlichen Erscheinen ist keine Formvorschrift (ebenso Planck[4] § 2276 Erl. 4). Der andere Vertragschließende kann sich jedoch, wenn er keine Erbbestimmungen trifft, vertreten lassen.

Über den Ehevertrag muß eine Niederschrift aufgenommen werden. Die Niederschrift muß u. a. den Ort und den Tag der Verhandlung enthalten (FGG. § 176 Abs. 1 Nr. 1). Die Erleichterungen in § 13 des vorliegenden Gesetzes gelten für den Ehevertrag nicht (ebenso Hilderscheid, DNotZ. 39, 30 mit Nachweisen).

Ist einer der Beteiligten stumm oder sonst am Sprechen verhindert und ist ferner eine schriftliche Verständigung mit ihm nicht möglich, so muß bei der Beurkundung ein vereideter Dolmetscher zugezogen werden (FGG. § 178; Abweichung von § 17 des vorliegenden Gesetzes). Auf die Vereidigung kann in diesem Falle nicht verzichtet werden (anders der Dolmetscher nach § 179 Abs. 1 FGG.). In der Niederschrift muß festgestellt werden, daß der Richter oder Notar die Überzeugung gewonnen hat, daß der Beteiligte am Sprechen verhindert und eine schriftliche Verständigung mit ihm nicht möglich ist. Die Niederschrift muß von dem Dolmetscher genehmigt und unterschrieben werden (§ 178 Abs. 2 FGG.). Der Zuziehung eines Zeugen, eines Urkundsbeamten der Geschäftsstelle oder eines zweiten Notars bedarf es in diesem Falle nicht. Damit besteht folgende Rechtslage: Ein schreibensunkundiger Stummer kann kein Testament errichten (§ 17, § 21 Abs. 4 des Gesetzes); einen Erbvertrag kann er nur errichten, wenn der Erbvertrag mit einem Ehevertrag verbunden ist und in der Form des Ehevertrags beurkundet wird.

Ist einer der Vertragschließenden der deutschen Sprache nicht mächtig, so ist ein Dolmetscher zuzuziehen. Die Beurkundung des Ehevertrags in der fremden Sprache ist nicht zulässig (FGG. § 179 im Gegensatz zu § 19 des vorl. Gesetzes). Auf die Beeidigung des Dolmetschers kann (im Gegensatz zum Testament oder Erbvertrag, § 18 TestG.) gemäß § 179 Abs. 1 FGG. wirksam verzichtet werden.

Kann ein Beteiligter nicht schreiben, so hat er dies zu erklären; diese Erklärung (nicht wie beim Testament die Überzeugung der Urkundsperson von der Schreibunfähigkeit) muß in der Niederschrift festgestellt werden. Bei der Vorlesung und Genehmigung muß (wie beim Testament oder Erbvertrag) ein sog. Schreibzeuge zugezogen werden (§ 177 Abs. 2 FGG.).

13 3. Die Form des **Ehe- und Erb**vertrags[1]).

Für den Erbvertrag „genügt" die für den Ehevertrag vorgeschriebene Form, wenn er mit einem solchen in einer Urkunde verbunden ist (§ 30 Abs. 2). Diese dem § 2276 Abs. 2 BGB. entsprechende Vorschrift hatte

[1]) Vgl. Seybold, NDotZ. 1943, 125: Formvorschriften für den Ehe- und Erbvertrag.

früher, als für den Erbvertrag noch allgemein Zeugenzwang bestand (vgl. oben Bem. 4), große Bedeutung. Die Anwendung der Form des Ehevertrags ergab regelmäßig eine Vereinfachung und es war richtig, zu sagen, daß die für den Ehevertrag vorgeschriebene Form „genügte". Auch in § 30 Abs. 2 TestG. ist diese Ausdrucksweise beibehalten. Das heißt aber nicht, daß umgekehrt auch für den Ehevertrag die für den Erbvertrag vorgeschriebene Form, die durch das TestG. zahlreiche Auflockerungen erfahren hat, genügt. Im Gegenteil müssen überall dort, wo für den Ehevertrag zwingende Vorschriften bestehen, diese zur Meidung der Nichtigkeit eingehalten werden, auch wenn sie für den Erbvertrag überhaupt nicht oder nur als Sollvorschriften erlassen sind. Die Ausdrucksweise „genügt" besagt also nicht, daß freie Wahl zwischen der aufgelockerten Form des Erbvertrags und der durch die Anwendbarkeit des FGG. noch streng gebundenen Form des Ehevertrags bestehe. Die letztere muß vielmehr immer eingehalten sein, widrigenfalls der Ehevertrag nichtig ist. Ob sich die Nichtigkeit auch auf den Erbvertrag erstreckt, hängt davon ab, ob wenigstens die Form für diesen eingehalten ist und ob seine Nichtigkeit nach § 139 BGB. anzunehmen ist Ist die Form für den Ehevertrag eingehalten, so genügt sie auch für den Erb vertrag. Im einzelnen ergibt sich damit für den Ehe- und Erbvertrag:

a) Die Niederschrift muß vorgelesen, von den Beteiligten genehmigt und unterschrieben werden.

In der Niederschrift muß festgestellt werden, daß dies geschehen ist (§ 177 Abs. 1 FGG.). Fehlt die Feststellung über die Verlesung, Genehmigung und Unterzeichnung, so ist die Urkunde wegen Verstoßes gegen die zwingende Vorschrift des FGG. nichtig. Die Formerleichterung des § 16 Abs. 1 TestG. greift nicht ein. Auch wenn die Beteiligten die Urkunde unterzeichnet haben, wird nicht vermutet, daß sie vorgelesen und genehmigt wurde. Aber auch diese Vermutung würde nichts nützen, denn nur die in der Urkunde selbst enthaltene Feststellung genügt der zwingend vorgeschriebenen Form. Die Nichtigkeit erfaßt zunächst nur den Ehevertrag; ob sie sich auch auf den Erbvertrag erstreckt, beurteilt sich nach § 139 BGB.

b) Die Niederschrift muß die Angabe von Ort und Tag der Verhandlung enthalten.

Das Fehlen dieser Angaben oder ihre Unrichtigkeit macht die Urkunde nichtig (§ 176 Abs. 1 Nr. 1 FGG.). Die Formerleichterungen des § 13 TestG. sind nicht anwendbar, können aber bedeuten, daß wenigstens der Erbvertrag formgerecht errichtet ist und, wenn § 139 BGB. eine solche Auslegung zuläßt, wirksam bleibt.

a) Kann ein Beteiligter nicht schreiben,

so ist durch § 177 Abs. 2 FGG. zwingend vorgeschrieben, daß seine Erklärung hierüber in der Niederschrift festzustellen ist. Die im TestG. in § 16 Abs. 3 vorgesehene Feststellung der Überzeugung der Urkundsperson von der Schreibunfähigkeit genügt nicht, diese kann nur — was wegen § 30 Abs. 2 TestG. allerdings nicht notwendig ist — neben der Erklärung des schreibunfähigen Beteiligten in der Urkunde festgestellt werden. Im Wege verständiger Auslegung einer etwa unrichtig gefaßten Feststellung würde man allerdings wohl dazukommen, daß auch die Feststellung der Überzeugung der Urkundsperson die Nichtigkeit der Urkunde nicht zur Folge hätte (vgl. Bem. 12 zu § 16).

d) Beteiligter kann nicht deutsch.

Die Niederschrift ist in deutscher Sprache aufzunehmen. Von dieser in § 175 FGG. zwingend gegebenen Vorschrift gibt es für den Ehevertrag keine Ausnahme, so daß auch bei der Verbindung des Ehevertrags mit einem Erbvertrag eine Niederschrift in fremder Sprache gemäß § 19 TestG. unmöglich ist. Nach § 179 FGG. muß bei der Beurkundung ein vereideter Dolmetscher zugezogen werden, es sei denn, daß der Richter oder der Notar der Sprache mächtig ist, in der sich der Beteiligte erklärt. Die Beeidigung des Dolmetschers ist nicht erforderlich, wenn der der deutschen Sprache nicht mächtige Beteiligte darauf verzichtet. Die Möglichkeit solchen Verzichts auf die Beeidigung bedeutet gegenüber der zwingenden Formvorschrift des § 18 TestG. eine Formerleichterung, die auch dem Erbvertrag zugute kommt.

Unterbleibt die Zuziehung eines Dolmetschers, so ist die Beurkundung nicht deshalb unwirksam (FGG. § 179 Abs. 5).

Ist ein Dolmetscher beigezogen, so ist zwingend vorgeschrieben, daß er die Niederschrift dem der deutschen Sprache nicht mächtigen Beteiligten in der fremden Sprache vorträgt und daß in die Urkunde die Feststellung aufgenommen wird, daß dies geschehen ist. In der Niederschrift muß weiter festgestellt werden, daß der Beteiligte der deutschen Sprache nicht mächtig ist (§ 179 Abs. 4 FGG.). Der Dolmetscher muß die Niederschrift unterschreiben. Ist ein Dolmetscher nicht zugegen, weil der Richter oder Notar der fremden Sprache mächtig ist, so hat der Richter oder Notar dem Beteiligten die Niederschrift in der fremden Sprache vorzutragen; in der Niederschrift ist festzustellen, daß dies geschehen ist (§ 179 Abs. 2 FGG.).

Soweit gegenüber den hier angeführten zwingenden Vorschriften § 18 TestG. Erleichterungen enthält, sind sie bei Verbindung eines Erbvertrags mit einem Ehevertrag nicht anwendbar. Soweit § 18 höhere oder andere Anforderungen stellt, genügt die Einhaltung der Vorschriften des § 179 FGG. Es ist also z. B. nicht erforderlich, daß der Urkundsbeamte seine Überzeugung davon feststellt, daß ein Beteiligter der fremden Sprache nicht mächtig ist, wohl aber ist notwendig, daß er diese Unkenntnis objektiv oder doch die Erklärung des Beteiligten hierüber in der Niederschrift feststellt. Bei einer dem Wortlaut nach fehlerhaften Feststellung wird man allerdings im Wege der Auslegung dazu kommen können, trotzdem die Wirksamkeit der errichteten Urkunde zu bejahen (vgl. § 16 Anm. 12).

e) Ein Beteiligter ist stumm und schreibunfähig.

Über die Möglichkeit der Errichtung eines Ehe- und Erbvertrags durch einen am Sprechen verhinderten Beteiligten, der auch nicht schreiben kann, s. oben Bem. 12 Abs. 3).

14 4. Inhalt des nach § 30 Abs. 2 abgeschlossenen Erbvertrags.

In einem Erbvertrag, der unter den Voraussetzungen des § 30 Abs. 2 in der Form eines Ehevertrags abgeschlossen wird, können dieselben Anordnungen getroffen werden, die auch in einem gewöhnlichen Erbvertrag enthalten sein dürfen. Der Vertrag kann also außer vertraglichen Erbeinsetzungen, Vermächtnissen oder Auflagen auch einseitige Verfügungen von Todes wegen enthalten (§§ 2278, 2299 BGB.).

Auch hinsichtlich der Anfechtung oder Aufhebung steht ein nach § 30 Abs. 2 beurkundeter Erbvertrag einem gewöhnlichen Erbvertrag gleich. Die Anfechtung oder Aufhebung des Vertrags braucht nicht notwendig auch das Hinfälligwerden des Ehevertrags nach sich zu ziehen. Denn der Ehe- und der Erbvertrag sind an sich unabhängig voneinander. Der Umstand, daß die beiden Abmachungen in derselben Urkunde stehen, bedeutet noch nicht, daß die Abmachungen zu einer einzigen verschmolzen sind (vgl. § 139 BGB.).

§ 31.

Verschließung und Verwahrung des Erbvertrags.

(1) Die über einen Erbvertrag aufgenommene Urkunde soll gemäß § 20 verschlossen, mit einer Aufschrift versehen und in besondere amtliche Verwahrung gebracht werden, sofern nicht die Parteien das Gegenteil verlangen. Das Gegenteil gilt im Zweifel als verlangt, wenn der Erbvertrag mit einem anderen Vertrag in derselben Urkunde verbunden wird.

(2) Über einen in besondere amtliche Verwahrung genommenen Erbvertrag soll jedem der Vertragschließenden ein Hinterlegungsschein erteilt werden.

§ 31 entspricht dem § 2277 BGB.

Übersicht:

Vorbemerkung 1

I. Die besondere amtliche Verwahrung des Erbvertrags 2
  1. Voraussetzungen für die besondere amtliche Verwahrung 2
  2. Die Verschließung und Ablieferung des Erbvertrags 3
    a) Verschließung 3
    b) Umschlag 4
    c) Die Ablieferung 5
  3. Der Hinterlegungsschein 6
  4. Aufhebung der besonderen amtlichen Verwahrung 7
  5. Kosten 8

II. Verwahrung des Erbvertrags nach den Vorschriften über die einfache Urkundenverwahrung 9
  1. Voraussetzungen für die gewöhnliche Urkundenverwahrung 10
  2. Einzelheiten über die gewöhnliche Urkundenverwahrung 11

Vorbemerkung: 1

§ 31 regelt die Verschließung und Verwahrung des Erbvertrags. § 31 enthält nur Sollvorschriften. Ein Verstoß berührt die Gültigkeit des Vertrags nicht, kann aber unter Umständen eine Schadensersatzpflicht des Richters oder des Notars zur Folge haben.

Für den Erbvertrag kommen 2 Arten der Verwahrung in Frage. Er kann wie jede andere öffentliche Urkunde in der gewöhnlichen Verwahrung des Gerichts oder Notars verbleiben; in der Regel, d. h. wenn die Beteiligten nicht das Gegenteil verlangen, soll er jedoch in die mit besonderen Sicherungen ausgestattete „besondere" amtliche Verwahrung genommen werden.

I. Die besondere amtliche Verwahrung des Erbvertrags. 2

1. Voraussetzungen für die besondere amtliche Verwahrung.

Während das öffentliche Testament vor Richter oder Notar und das Nottestament vor dem Bürgermeister stets in besondere amtliche Verwahrung gebracht werden (§§ 20, 23), wird der Erbvertrag nur dann in besondere amtliche Verwahrung gebracht, wenn die Parteien nicht das Gegenteil verlangen. Das Gegenteil gilt im Zweifel als verlangt, wenn der Erbvertrag mit einem anderen Vertrag in derselben Urkunde verbunden ist.

Der Richter oder der Notar ist, wenn der gegenteilige Wille der Parteien weder ausgesprochen noch gesetzlich vermutet wird, dazu verpflichtet, den Erbvertrag zu verschließen und in besondere amtliche Verwahrung zu bringen. Widerspricht nur einer der Vertragschließenden der besonderen Verwahrung, während der andere diese Verwahrung verlangt, so ist der Widerspruch unbeachtlich. In der Regel werden sich die Parteien allerdings über diesen Punkt einig sein, da ja diese Frage unmittelbar mit der vertraglichen Einigung selbst zusammenhängt.

Die Parteien können die besondere amtliche Verwahrung auch dann verlangen, wenn der Erbvertrag mit einem anderen Vertrag in derselben Urkunde verbunden ist, und zwar selbst dann, wenn er mit einem Ehevertrag verbunden und deshalb gemäß § 30 Abs. 2 in der Form des Ehevertrags beurkundet ist.

Haben die Parteien beim Abschluß des Erbvertrags der amtlichen Verwahrung widersprochen und ist demgemäß der Vertrag unverschlossen in die gewöhnliche Verwahrung des Gerichts oder des Notars genommen, so können sie auch noch nachträglich die besondere amtliche Verwahrung verlangen. Im Gesetz ist dies zwar nicht ausdrücklich vorgesehen; wenn aber nach § 22 ein eigenhändiges Testament jederzeit in besondere amtliche Verwahrung gegeben werden kann, ist nicht ersichtlich, weshalb dieser Schutz dem Erbvertrag versagt sein soll.

3 2. Die Verschließung und Ablieferung des Erbvertrags.

a) Verschließung.

Sind die unter 1 erörterten Voraussetzungen für die besondere amtliche Verwahrung gegeben, so hat der Richter oder der Notar die Niederschrift über die Errichtung des Erbvertrags mit den Anlagen, insbesondere mit der etwa bei der Vertragserrichtung gemäß § 11 Abs. 1 übergebenen offenen oder verschlossenen Schrift, in Gegenwart der Vertragschließenden und der Zeugen in einen Umschlag zu nehmen und mit dem Amtssiegel zu verschließen (§ 20). Wird der Vertrag nicht in besondere amtliche Verwahrung genommen, so ist doch die Verschließung zulässig (vgl. Seybold-Hornig-Lemmens, Anm. II zu § 19 RNotO.). Die vorstehenden Bemerkungen gelten entsprechend für einen Erbvertrag, der von einem Kriegsgerichtsrat beurkundet wird (siehe oben § 27 Bem. 7, ferner § 12 DVO. zum Wehrmacht-FGG. vom 3. Februar 1936 oben S. 68.) Wegen des Erbvertrags, der vor einem Konsul errichtet ist, siehe unten § 50.

Es ist nicht ausgeschlossen, daß der Richter oder Notar mit Einverständnis der Parteien vor der Verschließung eine Abschrift oder eine Ausfertigung der Urkunde zurückbehält. Die Abschrift oder Ausfertigung kann z. B. dazu benutzt werden, um eine etwa vorgeschriebene Genehmigung zu dem Inhalt des Erbvertrags herbeizuführen. Der Genehmigungsbeschluß selbst kann nicht in besondere amtliche Verwahrung genommen werden. Siehe auch § 20 Bem. 1. Nach der immer noch geltenden AV. d. RJM. vom 22. November 1943 (abgedruckt oben S. 57) ist der Notar sogar verpflichtet, eine beglaubigte Abschrift zurückzubehalten, in einen besonderen Umschlag zu nehmen, den Umschlag entsprechend zu beschriften, mit dem Amtssiegel zu verschließen, möglichst sicher aufzubewahren und den Ort der Verwahrung in der Urkundenrolle zu vermerken.

4 b) Der Umschlag.

Der Richter oder der Notar soll den Erbvertrag auf dem Umschlag nach der Person des Erblassers und des anderen Vertragschließenden sowie nach der Zeit der Errichtung näher bezeichnen und diese Aufschrift unterschreiben (§ 20 Abs. 1 Satz 2).

Für den Umschlag ist ein besonderer Vordruck vorgeschrieben (AV. vom 15. Juni 1939, DJ. 1078, abgedruckt oben S. 39). Handelt es sich um einen zweiseitigen Erbvertrag oder sind bei einem einseitigen Erbvertrag auf der einen Seite mehrere Erblasser beteiligt (vgl. § 29 Bem. 4), so ist für jeden Erblasser ein Umschlag zu beschriften (I 1 Abs. 4 der vorgenannten AV.); bei Ehegatten s. AV. d. RJM. vom 19. Mai 1943, Dt. Zust. 287.

c) Die Ablieferung. 5

Für die besondere amtliche Verwahrung der Erbverträge sind die Amtsgerichte zuständig (§ 37). Das Amtsgericht hat auf Grund der Angaben auf dem Umschlag den Standesbeamten des Geburtsortes oder, wenn der Erblasser im Ausland geboren ist, die Reichskartei für Testamente beim Amtsgericht Berlin davon zu verständigen, daß der Erblasser einen Erbvertrag in amtliche Verwahrung hat geben lassen (AV. vom 15. Juni 1939 Abschnitt I 2, abgedruckt oben S. 36).

Über die Errichtung des abgelieferten Erbvertrags hat der Notar einen Vermerk für seine Urkundensammlung anzufertigen; auf das Vermerkblatt ist die Nummer der Urkundenrolle sowie eine Abschrift der Kostenrechnung zu setzen. Das Vermerkblatt wird in der Urkundensammlung aufbewahrt (DOfNot. § 16 Abs. 3, § 20).

3. Der Hinterlegungsschein. 6

Wird der Erbvertrag in besondere amtliche Verwahrung gebracht, so soll das Amtsgericht jedem der Vertragschließenden einen Hinterlegungsschein erteilen (§ 31 Abs. 2). Einen Hinterlegungsschein erhält also jeder der beteiligten Erblasser und jeder der anderen Vertragschließenden, auch wenn er selbst in dem Vertrag keine Verfügung von Todes wegen getroffen, sondern die vertragsmäßigen Verfügungen des Erblassers lediglich angenommen hat.

Der Hinterlegungsschein ist vom Amtsrichter und vom Urkundsbeamten der Geschäftsstelle zu unterschreiben und mit dem Dienstsiegel zu versehen (§ 38 Abs. 2).

Der Hinterlegungsschein besteht in einer wörtlichen Abschrift des Eintragungsvermerks im Verwahrungsbuch. Bringt ein Notar einen Erbvertrag zur besonderen amtlichen Verwahrung, so hat ihm die Geschäftsstelle auf Verlangen den Empfang zu bescheinigen.

4. Aufhebung der besonderen amtlichen Verwahrung. 7

Die besondere amtliche Verwahrung ist wieder aufzuheben, wenn alle Vertragschließenden ein entsprechendes Verlangen an das Gericht richten. Das Gericht darf den Parteien jedoch nicht die Urschrift selbst herausgeben (KG. vom 31. März 1938, JFG. 17, 237 = JW. 1455 = HRR. 730 = DNotZ. 450). Die Aufhebung der besonderen Verwahrung bedeutet vielmehr nur, daß der Verschluß geöffnet und die Urschrift in die gewöhnliche Urkundenverwahrung des Gerichts oder des Notars genommen wird, vor dem die Urkunde errichtet worden ist. Vor der Aufhebung der besonderen Verwahrung sind die Hinterlegungsscheine zurückzufordern (Aktenordnung § 27 Nr. 6 i. d. F. der AV. vom 4. August 1938, DJ. 1259 abgedruckt oben S. 30). Die Urschrift des Erbvertrags darf den Parteien auch dann nicht herausgegeben werden, wenn sie den Erbvertrag aufgehoben haben (vgl. den vorerwähnten Beschl. des KG. vom 31. März 1938; ebenso Weihe DNotZ. 38, 773 und Boehmer in DNotZ. 40, 187; der letztere hält im Falle zweifelsfreier Aufhebung des Erbvertrags den Nachlaßrichter für befugt, von dessen Eröffnung nach § 40 TestG. abzusehen).

Handelt es sich um einen Erbvertrag, der vor einem Kriegsgerichtsrat errichtet war, so war der Erbvertrag auf den übereinstimmenden Antrag der Vertragschließenden aus der Verwahrung des Oberkommandos der Wehrmacht herauszugeben und an das Militärgericht abzuliefern, dessen Kriegsgerichtsrat ihn beurkundet hat. Er blieb dann in der Verwahrung dieses Militärgerichts (DVO. zum WehrmachtFGG. vom 3. März 1936 Abschnitt III, abgedruckt oben S. 68).

Die Aufhebung der besonderen Verwahrung hat auf die Gültigkeit des Erbvertrags keinen Einfluß. Sie hat nicht etwa die Wirkung, daß der Erbvertrag aufgehoben oder widerrufen wird; die Vorschriften des § 34 gelten hier nicht (KG. vom 31. März 1938, JFG. 17, 237 = JW. 1455 = DNotZ. 450 = HRR. 730).

Wollen die Parteien den Vertrag lediglich einsehen oder wollen sie sich eine Abschrift oder eine Ausfertigung erteilen lassen, so öffnet das Gericht den Verschluß, gewährt die Einsicht, fertigt die Abschrift oder die Ausfertigung und nimmt den Erbvertrag erneut unter Verschluß (JFG. 4, 159).

8 5. Kosten.

Für die besondere amtliche Verwahrung des Erbvertrags wird bei der Annahme ein Viertel der vollen Gebühr erhoben. Wird die besondere amtliche Verwahrung auf Verlangen der Parteien wieder aufgehoben, so wird hierfür ebenfalls ein Viertel der vollen Gebühr erhoben (KostO. § 93). Für die Wertberechnung ist, wenn über den Nachlaß oder über einen Bruchteil davon verfügt wird, der Wert des nach Abzug der Schulden verbleibenden reinen Vermögens maßgebend. Vermächtnisse, Pflichtteilsrechte und Auflagen werden nicht abgezogen (KostO. §§ 95, 40 Abs. 4, 5).

9 **II. Verwahrung des Erbvertrags nach den Vorschriften über die einfache Urkundenverwahrung.**

Unter I wurde die „besondere" amtliche Verwahrung des Erbvertrags behandelt. Diese besondere Verwahrung hat den Vorteil, daß der Vertrag gegen Verlust oder Beschädigung geschützt ist. Die besondere Verwahrung hat jedoch auch gewisse Nachteile: Abgesehen davon, daß sie Kosten verursacht (siehe oben Bem. 8), ist es mit gewissen Schwierigkeiten verbunden, wenn die Parteien den Vertrag später einsehen oder sich eine Abschrift oder Ausfertigung erteilen lassen wollen (siehe oben Bem. 7). Das Gesetz läßt daher zu, daß auf Verlangen von der besonderen amtlichen Verwahrung des Erbvertrags abgesehen und der Vertrag in der gewöhnlichen Urkundenverwahrung belassen wird.

10 1. Voraussetzung für die gewöhnliche Urkundenverwahrung.

Der Richter oder Notar soll von der besonderen amtlichen Verwahrung absehen, wenn die Parteien (also der Erblasser und der andere Vertragschließende) das Gegenteil verlangen (vgl. oben Bem. 2). Das Gegenteil gilt im Zweifel als verlangt, wenn der Erbvertrag mit einem anderen Vertrag in derselben Urkunde verbunden ist.

Am häufigsten kommt die Verbindung des Erbvertrags mit einem Ehevertrag vor (§ 30 Abs. 2). Von der besonderen Verwahrung ist abzusehen, gleichviel ob der mit dem Ehevertrag verbundene Erbvertrag in der Form des Erbvertrags oder in der Form des Ehevertrags beurkundet wird (vgl. § 30 Abs. 1, 2).

Denkbar ist auch die Verbindung des Erbvertrags mit einem Erbverzichtsvertrag (i. S. des § 2346 BGB.). Der Erbvertrag kann auch mit einem Vertrag verbunden werden, durch den der andere Teil sich verpflichtet, den Erblasser für dessen Lebenszeit zu unterhalten (sog. Erbverpfründungsvertrag; vgl. § 2295 BGB. und Planck[4] Erl. 1 zu § 2295).

2. Einzelheiten über die gewöhnliche Urkundenverwahrung. 11
Haben die Beteiligten beim Erbvertrag die besondere amtliche Verwahrung ausgeschlossen, so bleibt die Urkunde in der Verwahrung des beurkundenden Gerichts oder Notars (DOfNot. § 16 Abs. 2). Der Richter oder der Notar benachrichtigt den Standesbeamten des Geburtsorts des Erblassers oder die Reichskartei für Testamente beim Amtsgericht Berlin (AV. vom 15. Juni 1939 I 2 Abs. 4, oben S. 36).

Beim gewöhnlichen Rechtsgeschäft kann der Notar ausnahmsweise die Urschrift herausgeben (DOfNot. § 15 Abs. 2). Für Erbverträge kommt dies aber nicht in Frage; hier genügt die Erteilung einer Ausfertigung allen Notwendigkeiten (vgl. DOfNot. § 16 Abs. 1). Da der Notar die Urschrift nach dem Tode des Erblassers an das Nachlaßgericht abzuliefern hat, darf er sie nicht vorher an die Beteiligten herausgeben.

Bei einem Erbvertrag, der sich in der gewöhnlichen Verwahrung des Notars befindet, kann jede Vertragspartei eine Ausfertigung der Urkunde verlangen (FGG. § 182, DOfNot. § 16 Abs. 3, preuß. FGG. Art. 43 bis 50, 51 Abs. 2; vgl. Seybold-Hornig, RNotO. § 19 Bem. III 7). Ist die Urschrift des Erbvertrags nach dem Tode des Erblassers vom Amtsgericht eröffnet, so wird sie nicht an den Notar zurückgegeben, sondern bleibt bei den Eröffnungsakten des Gerichts (DOfNot. § 16 Abs. 2 Satz 3; KG. vom 14. April 1938, DJ. 1280 Anm. Vogels).

Dritter Abschnitt.

Aufhebung des Testaments.

§ 32.

Widerruf des Testaments.

(1) Der Erblasser kann ein Testament sowie eine einzelne in einem Testament enthaltene Verfügung jederzeit widerrufen.

(2) Die Entmündigung des Erblassers wegen Geistesschwäche, Verschwendung oder Trunksucht steht dem Widerruf eines vor der Entmündigung errichteten Testaments nicht entgegen.

§ 32 entspricht dem § 2253 BGB.

Herschel, Der Widerruf des wechselbezüglichen Testaments, DRW. 1944, 109. — Hilderscheid, Der einseitige Widerruf eines gemeinschaftlichen Testaments und der einseitige Rücktritt vom Erbvertrag in der not. Praxis, DNotZ. 1942, 204.

Übersicht:

I. Die Widerruflichkeit des Testaments 1
1. Der Grundsatz 1
2. Kein Verzicht auf die Widerruflichkeit 2
3. Inhalt des Widerrufs 3
4. Form des Widerrufs 4
5. Unwirksamwerden einer Verfügung von Todes wegen kraft Gesetzes 5

II. Die Widerrufserklärung eines Entmündigten 6
1. Grundsätzlich setzt der Widerruf Testierfähigkeit voraus 6
2. Die Ausnahme des § 32 Absatz 2 7
a) Voraussetzungen 7
b) Die Widerrufserklärung d. Entmündigten 8
c) Inhalt der Widerrufserklärung des Entmündigten 9

1 **I. Die Widerruflichkeit des Testaments.**

1. Der Grundsatz.

Während der Erblasser sich durch Abschluß eines Erbvertrags an seine von Todes wegen getroffene Verfügung bindet, kann der Erblasser das Testament jederzeit widerrufen. So erklärt sich auch die Bezeichnung des Testaments als einer „letztwilligen" Verfügung, während der Erbvertrag nur unter den Oberbegriff der „Verfügung von Todes wegen" fällt.

Beim gemeinschaftlichen Testament tritt nach dem Tode des einen Ehegatten für den Überlebenden bei wechselbezüglichen Verfügungen eine Bindung ein (s. oben § 28 Bem. 2; § 2271 BGB.). Zu Lebzeiten beider Ehegatten ist der einseitige Widerruf zwar jederzeit statthaft, bei wechselbezüglichen Verfügungen aber nur in den für den Rücktritt vom Erbvertrag geltenden Formen möglich (§§ 2271, 2296 BGB.); er kann also bei wechselbezüglichen Verfügungen auch nicht durch eine neue Verfügung von Todes wegen durch einen Ehegatten einseitig erfolgen (§ 2271 S. 2 BGB.), sondern gemäß § 2296 Abs. 2 BGB. nur durch Erklärung gegenüber dem anderen Ehegatten, wobei die Erklärung der gerichtlichen oder notariellen Beurkundung bedarf, und zwar auch dann, wenn das gemeinschaftliche Testament als privatschriftliches Testament (§ 28 Abs. 2) errichtet ist. Mündliche Mitteilung des beurkundeten Widerrufs genügt nicht; dem anderen Ehegatten muß vielmehr eine Ausfertigung der gerichtlichen oder notariellen Urkunde zugehen (RG. vom 18. Januar 1940, DNotZ. 152).

2 2. Kein Verzicht auf die Widerruflichkeit.

Der Erblasser kann auf die Widerrufsbefugnis nicht verzichten; denn ein Vertrag, durch den sich jemand verpflichtet, eine Verfügung von Todes wegen aufzuheben oder nicht aufzuheben, ist nach § 2302 BGB. nichtig.

Bestimmt der Erblasser in einem Testament, daß dieses Testament unwiderruflich oder nur in einer bestimmten Form (etwa nur durch ein öffentliches Testament) widerrufen werden könne (sog. derogatorische Klausel), so steht dies mit dem in § 32 Abs. 1 aufgestellten zwingenden Rechtssatz der freien Widerruflichkeit in Widerspruch und ist daher unbeachtlich.

3 3. Inhalt des Widerrufs.

Der Erblasser kann ein Testament ganz widerrufen oder er kann sich darauf beschränken, eine einzelne in seinem Testament enthaltene Verfügung aufzuheben. Hat also z. B. der Erblasser in einem Testament den A und den B zu Erben eingesetzt, so kann er das ganze Testament oder nur die Erbeinsetzung des A oder die des B für sich allein widerrufen. Hat der Erblasser dem C ein Vermächtnis in Geld ausgesetzt, so kann er das Vermächtnis ganz widerrufen oder nach Belieben herabsetzen; diese Herabsetzung wird als Teilwiderruf anzusehen sein.

Der Widerruf kann auch bedingt geschehen. Der Erblasser kann z. B. die in einem Testament enthaltenen Erbeinsetzungen oder Vermächtnisse für den Fall widerrufen, daß der Berechtigte sich dem letzten Willen widersetzt (Verwirkungsklausel). Die Verwirkung tritt im Zweifel nicht ein, wenn der Erbe sich darauf beschränkt, die Echtheit oder die Richtigkeit der Auslegung des Testaments zu bestreiten.

4. Form des Widerrufs. 4

Der Widerruf erfolgt durch Testament, und zwar entweder durch eine ausdrückliche oder durch eine stillschweigende Erklärung (§ 33 Abs. 1, § 36). Der Widerruf kann ferner durch schlüssige Handlungen erklärt werden, z. B. durch Zerreißen, Durchstreichen usw. (§ 33 Abs. 2). Ein öffentliches Testament kann auch dadurch widerrufen werden, daß der Erblasser sich das Testament aus der amtlichen Verwahrung zurückgeben läßt (§ 34). Beim gemeinschaftlichen Testament ist zwischen einseitigen und wechselbezüglichen Verfügungen zu unterscheiden. Einseitige Verfügungen können von jedem Ehegatten allein und in allen zulässigen Formen widerrufen werden, wobei für die Rücknahme eines solchen Testaments aus der amtlichen Verwahrung allerdings § 34 Abs. 4 TestG. zu beachten ist. Wechselbezügliche Verfügungen können von beiden Ehegatten gemeinschaftlich selbstverständlich jederzeit in allen Formen der §§ 32—36 TestG. widerrufen werden. Nach § 2289 BGB. kann dies auch durch Erbvertrag geschehen. Auch einseitig kann jeder Ehegatte eine wechselbezügliche Verfügung jederzeit widerrufen. Der Widerruf hat aber gemäß § 2270 BGB. auch die Unwirksamkeit der in Wechselbeziehung stehenden Verfügung des anderen Ehegatten zur Folge. Außerdem ist ein solcher Widerruf nur nach den für den Rücktritt von einem Erbvertrag geltenden Vorschriften des § 2296 BGB., also nicht durch einen Vertreter und nur durch gerichtliche oder notarielle Urkunde, die dem anderen Ehegatten in Ausfertigung zugehen muß (RG. vom 18. Januar 1940, DNotZ. 152), möglich. Nach dem Tode eines Ehegatten erlischt das Widerrufsrecht für den Überlebenden (§ 2271 Abs. 2 BGB., vgl. auch oben Bem. 1).

Der Erblasser kann den Widerruf nur vornehmen, wenn er testierfähig ist (§§ 1 bis 3); im Rahmen des § 32 Abs. 2 kann ausnahmsweise auch ein Entmündigter einen Widerruf vornehmen.

5. Unwirksamwerden einer Verfügung von Todes wegen kraft Gesetzes. 5

Eines Widerrufs bedarf es nicht, wenn das Testament beim Vorliegen eines bestimmten Sachverhalts bereits kraft Gesetzes nachträglich unwirksam wird, wenn also gewissermaßen das Gesetz selbst den Widerruf ausspricht.

In Betracht kommt z. B. § 2077 BGB. (i. d. F. der DVO. zum Ehegesetz vom 27. Juli 1938[1]) — RGBl. I, 923): „(1) Eine letztwillige Verfügung, durch die der Erblasser seinen Ehegatten bedacht hat, ist unwirksam, wenn die Ehe nichtig oder wenn sie vor dem Tode des Erblassers aufgelöst

[1]) Durch das Kontrollratsgesetz Nr. 16 (Ehegesetz) vom 20. Februar 1948 ist § 28 der Durchführungsverordnung zum Ehegesetz vom 27. Juli 1936 nicht aufgehoben worden; durch den erwähnten § 28 der Durchführungsverordnung hat § 2077 Abs. 1 Satz 1 seine jetzige Fassung erhalten. Die in § 79 des Kontrollratsgesetzes ausgesprochene Aufhebung der zum früheren Ehegesetz ergangenen Durchführungsvorschriften erstreckt sich nur auf solche Bestimmungen, die mit dem Kontrollratsgesetz unvereinbar sind. Dies trifft für die Änderung des § 2077 nicht zu, da die Bestimmungen des Ehegesetzes von 1938, die zu dieser Änderung geführt haben, unverändert im Kontrollratsgesetz wieder enthalten sind.

worden ist. Der Auflösung der Ehe steht es gleich, wenn der Erblasser zur Zeit seines Todes auf Scheidung oder Aufhebung der Ehe zu klagen berechtigt war und die Klage erhoben hatte, sofern im Falle der Scheidung oder Aufhebung der Ehegatte als schuldig anzusehen wäre. (2) Eine letztwillige Verfügung, durch die der Erblasser seinen Verlobten bedacht hat, ist unwirksam, wenn das Verlöbnis vor dem Tode des Erblassers aufgelöst worden ist. (3) Die Verfügung ist nicht unwirksam, wenn anzunehmen ist, daß der Erblasser sie auch für einen solchen Fall getroffen haben würde." Diese Vorschrift wird durch § 2286 BGB. ergänzt; „(1): Ein gemeinschaftliches Testament ist in den Fällen des § 2077 seinem ganzen Inhalt nach unwirksam. (2) Wird die Ehe vor dem Tode eines der Gatten aufgelöst oder liegen die Voraussetzungen des § 2077 Abs. 1 Satz 2 vor, so bleiben die Verfügungen insoweit wirksam, als anzunehmen ist, daß sie auch für diesen Fall getroffen sein würden." Heranzuziehen ist auch § 2270 BGB., nach ihm hat die Nichtigkeit oder der Widerruf einer in einem gemeinschaftlichen Testament getroffenen wechselbezüglichen Verfügung des einen Ehegatten die Nichtigkeit der hiermit in Wechselwirkung stehenden Verfügung des anderen Ehegatten zur Folge. Eines Widerrufs des zweiten Ehegatten bedarf es also nicht. Diese Vorschriften gelten auch für einen Erbvertrag, diejenigen des § 2077 für einen Erbvertrag zwischen Ehegatten oder Verlobten auch insoweit, als ein Dritter bedacht ist (§ 2279).

6 **II. Die Widerrufserklärung eines Entmündigten.**

1. Grundsätzlich setzt der Widerruf Testierfähigkeit voraus.

Der Widerruf ist eine Verfügung von Todes wegen. Der Widerrufende muß also grundsätzlich testierfähig sein. Wer nach §§ 1, 2 testierunfähig ist, kann daher an sich auch nicht ein vorher errichtetes Testament widerrufen. Ist z. B. der Erblasser, der ein gültiges Testament errichtet hat, später in Geisteskrankheit verfallen, so kann er das Testament nicht im Zustande der Geisteskrankheit widerrufen; erfolgt der Widerruf während eines lichten Augenblicks, so kann er wirksam sein (§ 2 Bem. 6). Ist der Erblasser jedoch wegen Geisteskrankheit entmündigt, so ist der Widerruf unwirksam, auch wenn er nachweislich in einem lichten Augenblick erfolgt sein sollte (vgl. § 2 Bem. 6 a. E.).

7 2. Die Ausnahme des § 32 Abs. 2.

a) Voraussetzungen.

Wer wegen Geistesschwäche, Verschwendung oder Trunksucht entmündigt ist, hat die Fähigkeit, ein Testament zu errichten, verloren (§ 2 Abs. 1); er wäre daher an sich auch nicht imstande, ein Testament zu widerrufen. Dies kann jedoch zu Härten und Unbilligkeiten führen, wenn das Testament den veränderten Verhältnissen oder auch dem geänderten Willen des Erblassers nicht mehr entspricht. Die Befugnis, ein Testament zu widerrufen, ist auch nicht so gefährlich wie die Fähigkeit, ein Testament zu errichten; denn der Widerruf hat in der Regel zur Folge, daß die gesetzliche Erbfolge eintritt. So erklärt sich die Vorschrift in § 32 Abs. 2.

Die Begünstigung des § 32 Abs. 2 gilt dagegen nicht für Personen, die wegen Geisteskrankheit entmündigt sind, sie gilt ferner nicht für einen wegen Geistesschwäche Entmündigten, wenn er tatsächlich geisteskrank ist und nicht in einem lichten Augenblick handelt.

8 b) Die Widerrufserklärung des Entmündigten.

Der Entmündigte kann sich aller Formen bedienen, die allgemein für den Widerruf zugelassen sind. Er kann also den Widerruf durch ein eigenhändiges, durch ein öffentliches oder durch ein Nottestament erklären; er kann das frühere Testament auch zerreißen, durchstreichen oder eine sonstige schlüssige Handlung im Sinn des § 33 Abs. 2 vornehmen. Errichtet er ein neues Testament, das von dem früheren abweicht, ohne das alte ausdrücklich zu widerrufen, so ist allerdings kein Widerruf zustandegekommen; denn da er nur widerrufen, aber keine neuen Verfügungen von Todes wegen treffen kann, so ist das neue Testament nichtig und ein nichtiges Testament hat keine Widerrufswirkung (vgl. § 36).

c) Inhalt der Widerrufserklärung des Entmündigten. 9

Der Entmündigte kann das frühere Testament ganz oder auch nur teilweise widerrufen; er kann z. B. eine einzelne Erbeinsetzung streichen oder den Anteil des Erben herabsetzen; ebenso kann er ein Vermächtnis wegfallen lassen oder die ausgesetzte Summe vermindern.

Der Entmündigte kann auch einen vor der Entmündigung ausgesprochenen Widerruf widerrufen und hierdurch das ursprüngliche Testament wieder in Kraft setzen (§ 35, § 36 Abs. 2).

Hat der Entmündigte nach der Entmündigung ein Testament widerrufen, so kann er diesen Widerruf während der Entmündigung nicht mehr widerrufen; denn § 32 Abs. 2 bezieht sich ausdrücklich nur auf den Widerruf von letztwilligen Verfügungen, die vor der Entmündigung getroffen sind.

§ 33.
Form des Widerrufs.

(1) Der Widerruf erfolgt durch Testament.

(2) Ein Testament kann auch dadurch widerrufen werden, daß der Erblasser in der Absicht, es aufzuheben, die Testamentsurkunde vernichtet oder an ihr Veränderungen vornimmt, durch die der Wille, eine schriftliche Willenserklärung aufzuheben, ausgedrückt zu werden pflegt. Hat der Erblasser die Testamentsurkunde vernichtet oder in der bezeichneten Weise verändert, so wird vermutet, daß er die Aufhebung des Testaments beabsichtigt habe.

§ 33 Abs. 1 entspricht dem § 2254 BGB. § 33 Abs. 2 entspricht dem § 2255 BGB.

Übersicht:

I. Der Widerruf durch Testament (Abs. 1) 1
1. Die Form des Testaments 2
2. Inhalt des den Widerruf enthaltenden Testaments 3
3. Kosten 4

II. Widerruf durch Vernichtung od. Veränderung der Testamentsurkunde 5
1. Unschädlichkeit von Veränderungen, die ohne Zutun des Erblassers eintreten 5
2. Vernichtung oder Veränderung der Urkunde als Widerrufshandlungen 6
a) Auch der Widerruf durch schlüssige Handlungen ist eine letztwillige Verfügung 6
b) Vernichtung der Urkunde 7, 8
c) Veränderungen an der Urkunde 9
α) Ungültigkeitsvermerk 9
β) Durchstreichen 10
d) Vorhandensein mehrere Testamentsurkunden 11
e) Vernichtung oder Veränderung eines gemeinschaftlichen Testaments 12
3. Die Widerrufsabsicht 13

1 **I. Der Widerruf durch Testament (Abs. 1).**

Der Widerruf ist eine letztwillige Verfügung. Daher ist das Testament die regelmäßige Form für den Widerruf (§ 33 Abs. 1). Weitere Formen des Widerrufs sind vorgesehen in § 33 Abs. 2 und § 34 (schlüssige Handlungen oder Rückgabe aus der amtlichen Verwahrung). Ein Testament kann ferner durch Abschluß eines Erbvertrags aufgehoben werden (§ 2289). Über den Widerruf eines gemeinschaftlichen Testaments s. Bem. 1 und 4 zu § 32.

Der Widerruf ist nur zugelassen beim Testament. Der Erbvertrag kann nicht widerrufen, sondern nur unter gewissen Voraussetzungen angefochten oder aufgehoben werden (BGB. §§ 2281 ff., 2290 ff.). Der Erblasser kann vom Erbvertrag auch zurücktreten, wenn er sich den Rücktritt vorbehalten hat (§ 2293 BGB.).

2 1. Die Form des Testaments.

Für das einen Widerruf aussprechende Testament gelten dieselben Gültigkeitsvoraussetzungen und Formerfordernisse wie für jedes andere Testament. Der den Widerruf erklärende Erblasser muß also grundsätzlich testierfähig sein (Ausnahme § 32 Abs. 2) ,und er muß die für Errichtung eines Testaments vorgeschriebenen Formvorschriften beachten. Unter den verschiedenen Formen kann er die ihm geeignet erscheinende wählen. Er kann also z. B. ein öffentliches Testament entweder durch ein neues öffentliches Testament (§ 5) oder durch ein eigenhändiges Testament (§ 21) widerrufen. Unter den Voraussetzungen der §§ 23 bis 27 kann er sich für den Widerruf auch der Form eines Nottestaments bedienen, wobei allerdings zu beachten ist, daß dieses Testament nach § 26 grundsätzlich nach Ablauf von drei Monaten „als nicht errichtet gilt", so daß das alte Testament wieder auflebt (§ 26 Bem. 7). Bedient sich der Widerrufende, wenn er Wehrmachtangehöriger im mobilen Verhältnis oder auf See ist (§ 27 Bem. 2 und 3), zum Widerruf eines militärischen Nottestaments (§ 27 Bem. 8 ff.), so verliert das den Widerruf enthaltende Testament 1 Jahr nach Beendigung des mobilen Verhältnisses seine Gültigkeit (s. § 27 Bem. 14), so daß dann das alte Testament wieder gilt.

3 2. Inhalt des den Widerruf aussprechenden Testaments.

Das neue Testament kann sich darauf beschränken, das frühere ganz oder teilweise zu widerrufen. In der Regel wird der Erblasser jedoch in dem neuen Testament zugleich neue Verfügungen von Todes wegen treffen. Es ist auch möglich, daß der Erblasser lediglich neue Verfügungen trifft, die den früheren Verfügungen ganz oder teilweise widersprechen; dann wird das frühere Testament insoweit aufgehoben, als das spätere mit ihm in Widerspruch steht (§ 36 Abs. 1).

Der durch Testament ausgesprochene Widerruf kann seinerseits wieder widerrufen werden. Im Zweifel ist dann die ursprüngliche Verfügung wieder so wirksam, wie wenn sie nicht widerrufen worden wäre (§ 35, § 36 Abs. 2).

4 3. Kosten.

Für die Beurkundung des Widerrufs einer letztwilligen Verfügung wird die Hälfte der vollen Gebühr erhoben. Wird gleichzeitig eine neue Verfügung von Todes wegen beurkundet, so wird die Gebühr für den Widerruf nur insoweit erhoben, als der Geschäftswert der neu errichteten Verfügung hinter dem der widerrufenen Verfügung zurückbleibt (KostO. § 40 Abs. 2). Für die Wertberechnung ist § 40 Abs. 4, 5 KostO. maßgebend.

II. Widerruf durch Vernichtung oder Veränderung der Testamentsurkunde (Abs. 2). 5

1. Unschädlichkeit von Veränderungen, die ohne Zutun des Erblassers eintreten.

Wird die Testamentsurkunde ohne Zutun des Erblassers vernichtet oder verändert, so berührt dies an sich die Gültigkeit des Testaments nicht. Hat z. B. der Mann ein Testament errichtet, in dem er seiner Schwester ein Vermächtnis aussetzt, so bleibt dieses Testament auch dann gültig, wenn die Frau es vor dem Tode des Mannes heimlich verbrennt (RGZ. 101, 197). Veränderungen, die durch Verblassen der Schriftzeichen, durch Beschädigung der Urkunde, Abreißen eines Teils oder dgl. herbeigeführt werden, oder auch das Abhandenkommen der ganzen Urkunde lassen den Bestand des Testaments unberührt (KG. 27. November 1929, Recht 30 Nr. 584 = DRZ. 30, 176; KG. vom 7. April 1938, JW. 1601 = HRR. 880). Die VO. vom 18. Juni 1942 (RGBl. I, 395) über die Ersetzung zerstörter oder abhanden gekommener gerichtlicher oder notarischer Urkunden findet aber auf eigenhändige Testamente keine Anwendung, auch wenn sich das eigenhändige Testament in der besonderen amtlichen Verwahrung des Amtsgerichts befunden hat und dort (etwa durch Kriegseinwirkungen) zerstört worden ist. Vgl. AV. des RJM. vom 2. Juni 1944, Dt. Just. 168.

Ob sich eine teilweise beschädigte, zerstörte oder abhanden gekommene Urkunde noch als Grundlage für das Erbrecht verwenden läßt, ist eine Frage des Beweises (KGJ. 41, 94); auch aus einem Testament, das ein anderer unbefugt zerrissen hat oder das aus anderem Grunde nicht mehr auffindbar ist, können Rechte hergeleitet werden, wenn der Beweis der formgültigen Errichtung dieses Testaments und seines Inhalts erbracht wird (RG. vom 30. Juni 1930, HansRGZ. B, 693; RG. vom 19. Juli 1944, DRW. 44, 842). Dabei muß sich derjenige, der einem anderen die Beweisführung durch Vernichtung eines Testaments erschwert oder unmöglich macht, so behandeln lassen, als ob ein formgültiges Testament errichtet sei; ihm obliegt der Nachweis des Gegenteils (OGH. f. d. brit. Zone, Köln, Urt. vom 5. November 1948, NJW. 1949, 146).

Ist ein Testament ohne Zutun des Erblassers teilweise vernichtet und läßt sich nicht mehr feststellen, welchen Inhalt der vernichtete Teil gehabt hat, so wird der noch erhaltene Teil als Grundlage für das Erbrecht verwendet werden können. Anders ist es nur dann, wenn anzunehmen ist, daß der erhalten gebliebene Teil für sich allein den Willen des Erblassers nicht richtig wiedergibt (KG. vom 30. März 1933, HRR. 1492).

Zur Frage, was zu geschehen hat, wenn in amtliche Verwahrung gegebene handschriftliche Testamente durch Kriegsereignisse vernichtet worden sind, hat das württemberg-badische Justizministerium Nebenstelle Karlsruhe am 19. Januar 1946 folgendermaßen Stellung genommen (SJZ. 1946, 80):

Grundsätzlich ist von der auch bisher feststehenden Tatsache auszugehen: „Ein einmal formgerecht errichtetes Testament bleibt, außer in dem hier nicht gegebenen Fall des § 2255 BGB. (nun § 33 Abs. 2 TestG.) in Geltung, auch wenn die Urkunde wesentliche Veränderungen erfährt oder gar der Vernichtung anheimfällt" (KG. in JW. 38 S. 1601). Es ist Sache dessen, der aus dem Testamente Rechte herleiten will, seine ursprüngliche Formgültigkeit und seinen Inhalt zu beweisen. — Was die gestellten Fragen anlangt, so war bisher herrschende, wenn auch nicht durchaus unbestrittene Meinung, daß bei Vernichtung der Urschrift wohl eine beglaubigte Abschrift des Privattestaments eröffnet werden kann, nicht aber eine einfache Abschrift (vgl. Staudinger, Anm. 1 zu §§ 2260—2263 BGB., Kommentar der Reichsgerichtsräte, Anm. 1 zu § 2260 BGB.). Im allgemeinen wird wohl daran festzuhalten sein, um nicht einer unbeglaubigten Abschrift, für deren Richtigkeit nicht eingestanden werden kann, durch gerichtliche Eröffnung eine größere Autorität zu geben, als sie verdient. Inwieweit in Einzelfällen eine Ausnahme hiervon gemacht werden kann, muß das richterliche Ermessen entscheiden. Die Frage, was geschehen muß, um den Testamentsinhalt möglichst einwandfrei klarzustellen, ist in der VO. d. RJM. vom 2. Juni 1944 Dt. Just. 44, 168 gestreift. Ein solches Verfahren zu betreiben ist Sache der daran Interessierten. Es wird aber auch, nachdem das Testament in amtlicher Verwahrung vernichtet worden ist, Sache der Behörde sein, die Beteiligten auf die rechtlichen Möglichkeiten aufmerksam zu machen und durch Rat zu unterstützen. Sind die Beteiligten selbst nicht in der Lage, die Sache zu betreiben, so kann es Ehrenpflicht des Richters werden, durch Maßnahmen von Amts wegen zu verhüten, daß ein Beweismittel verloren geht oder sonst ein Schaden endgültig entsteht. Auch hier müssen die Einzelheiten dem richterlichen Ermessen überlassen bleiben. Am besten ist es in allen Fällen, eine Einigung unter den Beteiligten herbeizuführen.

6 2 Vernichtung oder Veränderung der Urkunde als Widerrufshandlungen.

Nach § 33 Abs. 2 hat die Veränderung oder Vernichtung der Testamentsurkunde nur dann Widerrufswirkung, wenn der Erblasser sie vornimmt, und zwar in der Absicht, das Testament aufzuheben.

a) Auch der Widerruf durch schlüssige Handlungen ist eine letztwillige Verfügung.

Ebenso wie der Widerruf durch Testament stellt auch der Widerruf durch schlüssige Handlungen eine Verfügung von Todes wegen dar. Dieser Widerruf setzt, abgesehen von der Ausnahme des § 32 Abs. 2, Testierfähigkeit des Erblassers voraus (§§ 1 bis 3). Unter Umständen kann auch der durch schlüssige Handlungen vorgenommene Widerruf wegen Irrtums nach § 2078 BGB. angefochten werden.

7 b) Vernichtung der Urkunde.

Der Tatbestand der Vernichtung ist gegeben, wenn der Erblasser die Urkunde verbrennt, in einzelne Fetzen zerreißt oder zerschneidet oder sie zerknittert in den Papierkorb wirft. Hier wird über die Bedeutung der Handlung als Widerruf kaum ein Zweifel auftreten können.

Es ist nicht notwendig, daß der Erblasser die Vernichtung oder Änderung eigenhändig vornimmt. Er kann sich auch eines anderen als Werkzeug bedienen, Voraussetzung ist aber, daß der andere den Auftrag ausführt. Gibt der Erblasser einem anderen die Weisung, das Testament zu verbrennen, kommt aber der andere dieser Anordnung nicht nach, so ist das Testament nicht vernichtet und nicht widerrufen (KG. vom15. Oktober 1936, JFG. 14, 280 = JW. 37, 476 = HRR. 37, 150).

8 Der Widerruf durch schlüssige Handlungen wird hauptsächlich beim eigenhändigen Testament vorkommen; für das öffentliche Testament ist diese Widerrufsart nur von geringer Bedeutung, weil dieses Testament bereits mit der Rückgabe aus der amtlichen Verwahrung seine Gültigkeit verliert (§ 34). Immerhin lassen sich doch Fälle denken, wo die Vorschrift des § 33 Abs. 2 auch bei einem öffentlichen Testament angewandt werden kann. Hat z. B. der Erblasser seine Ansicht über den Inhalt des Testaments bereits geändert, bevor der Notar die Urkunde nach § 20 zur besonderen Verwahrung abgeliefert hat, so wird der Notar (nach einer allerdings be-

strittenen Ansicht: Planck[4] § 2246 Erl. 3, DNotZ. 34, 27) die Urkunde sofort dem Erblasser zurückgeben können, damit der Erblasser sie in Gegenwart des Notars alsbald wieder vernichtet (Boehmer, DNotZ. 40, 140); durch das Zerreißen der notariellen Niederschrift wird das Testament wirksam widerrufen (vgl. § 34 Bem. 3).

c) Veränderungen an der Urkunde. 9

Nicht jede Veränderung reicht als Ausdruck des Widerrufswillens aus, sondern nur solche Veränderungen, „durch die der Wille, eine schriftliche Willenserklärung aufzuheben, ausgedrückt zu werden pflegt".

α) Ungültigkeitsvermerk.

Der Erblasser kann seinen Widerrufswillen dadurch zum Ausdruck bringen, daß er auf die Testamentsurkunde einen entsprechenden Vermerk setzt, z. B.: „ungültig", „annulliert", „überholt", „veraltet". Dieser Vermerk braucht nicht mit Datum oder Unterschrift versehen zu sein.

Nach § 33 Abs. 2 müssen die Veränderungen an der Urkunde selbst vorgenommen werden („an ihr"). Der Ungültigkeitsvermerk wird daher auf die Urkunde selbst zu setzen sein; steht ein nicht unterschriebener Vermerk dieser Art lediglich auf dem Umschlag und ist die Urkunde selbst unversehrt, so wird dies zu einem Widerruf nicht ausreichen (KG. vom 7. Juli 1938, HRR. 1228). Das Aufbrechen der Siegel des Umschlags genügt für sich allein keinesfalls.

β) Durchstreichen. 10

Wenn der Erblasser die ganze Urkunde mit Tinte durchkreuzt oder wenn er die Unterschrift mit Tinte glatt durchstreicht, so wird sich die Widerrufsabsicht kaum bezweifeln lassen. Es gibt jedoch zahlreiche Grenzfälle. Beschränkt sich z. B. der Erblasser darauf, eine mit Tinte geschriebene Urkunde mit Bleistift zu durchstreichen, oder durchstreicht er die Unterrchrift lediglich durch eine waagrechte Strichelung, so ist es zweifelhaft, ob der Erblasser hiermit bereits den endgültigen Widerrufswillen hat zum Ausdruck bringen wollen (KG. vom 28. November 1927, WarnE. 28, 28 = Recht 28, 299).

Im Wege der Durchstreichung können auch einzelne in dem Testament enthaltene Verfügungen für sich allein widerrufen werden. Solche Durchstreichungen sind nicht deshalb unwirksam, weil sie nicht von der Hand des Erblassers herrühren, sondern in dessen Beisein und in dessen Auftrag von einem Dritten vorgenommen sind (KG. vom 18. April 1929, JFG. 6, 146 = HRR. 1653).

d) Vorhandensein mehrerer Testamentsurkunden. 11

Wenn jemand am gleichen Tage eine letztwillige Verfügung in zwei gleichlautenden, eigenhändig geschriebenen Urkunden niedergelegt hat, ohne eine von ihnen als Abschrift zu bezeichnen, so gelten beide als gleichwertige Urkunden (KG. vom 17. Mai 1934, JW. 2563). Wenn nun der Erblasser eine dieser beiden Urkunden später vernichtet, so ist es Sache freier Beurteilung, ob der Erblasser mit dieser Vernichtung die Absicht verfolgt hat, auch die andere Urschrift zu widerrufen (KG. vom 15. Oktober 1936, JFG. 14, 280 = HRR. 37, 150 = JW. 37, 476).

Hat der Erblasser ein eigenhändiges Testament angefertigt und davon dem darin Bedachten eine eigenhändige Abschrift übergeben, so kann er durch Vernichtung der Urschrift das Testament widerrufen, ohne daß er genötigt wäre, die Abschrift zurückzufordern (OLG. München vom 5. Oktober 1935, HRR. 36, 270).

12 e) Vernichtung oder Veränderung eines gemeinschaftlichen Testaments.

Wird ein gemeinschaftliches Testament vernichtet oder verändert und sind beide Ehegatten mit dieser Handlung einverstanden, so ist das Testament seinem vollen Umfang nach widerrufen, und zwar mit Wirkung für beide Ehegatten.

Hat jedoch einer der Ehegatten die Vernichtung oder Veränderung allein und ohne Einverständnis des anderen Teils vorgenommen, so ist zu unterscheiden, wessen Verfügung durch die Vernichtung oder Veränderung betroffen wird und ob es sich dabei um eine wechselbezügliche Verfügung handelt. Grundsätzlich kann der Ehegatte nur die eigenen Verfügungen, nicht auch die des anderen Eheteils durch Vernichtung oder Veränderung außer Kraft setzen. Ändert oder vernichtet er eine Verfügung des anderen Eheteils, so ist es eine Änderung ohne dessen Zutun, die die Gültigkeit der Verfügung nicht berührt (vgl. oben Bem. 5). Auch bei eigenen Verfügungen besteht die Befugnis zum Widerruf durch Veränderungen an der Testamentsurkunde nur hinsichtlich einseitiger Verfügungen uneingeschränkt. Für wechselbezügliche Verfügungen ist der Widerruf durch Vernichtung oder Veränderung der Urkunde nicht möglich; er ist hier nur durch gerichtliche oder notarielle Urkunde gemäß §§ 2271, 2296 BGB. zugelassen. Eine Vernichtung oder Veränderung der Testamentsurkunde bleibt also hier wirkungslos. Vgl. im übrigen Bem. 1 und 4 zu § 32.

Über den Widerruf eines gemeinschaftlichen Testaments, das wechselbezügliche Verfügungen enthält, siehe Hilderscheid im DNotZ. 1942, 204 und Herschel in DRW. 1944, 109, sowie KG. vom 15. April 1943, DNotZ. 43, 276 und OLG. München vom 28. Juli 1943, DNotZ. 44, 11. Grundsätzlich ist davon auszugehen, daß die Vorschriften über die Aufhebung und den Widerruf einer wechselbezüglichen Verfügung zwingend sind, so daß Billigkeitserwägungen von ihrer Einhaltung nicht befreien können (OLG. München a. a. O.). Nach KG. (vom 15. April 1943) DRW. 43, 697 = DNotZ. 43, 272 kann aber ein Ehegatte eine wechselseitige Verfügung ohne formellen Widerruf durch einseitiges Testament dann abändern, wenn die Abänderung lediglich dem Vorteil des anderen Ehegatten dient. Nach den Grundsätzen über die ergänzende Auslegung kann es nach OLG. München (DNotZ. 44, 11) möglich sein, daß auf Grund völliger Änderung der Verhältnisse eine Wechselbezüglichkeit als nicht mehr gewollt angesehen wird, was dann dazu führt, daß jeder Ehegatte einseitig von Todes wegen über seinen Nachlaß verfügen kann.

13 3. Die Widerrufsabsicht.

Die unter 2 erörterten Handlungen haben nur dann Widerrufswirkung, wenn der Erblasser ,,sie in der Absicht vornimmt, das Testament aufzuheben" (§ 33 Abs. 2 Satz 1). Ob diese Absicht vorgelegen hat, hängt von den Umständen des Einzelfalls ab.

Um den Beweis der Widerrufsabsicht zu erleichtern, stellt § 33 Abs. 2 Satz 2 die Vermutung auf, daß der Erblasser, der die Urkunde vernichtet oder entsprechend verändert hat, die Aufhebungsabsicht gehabt habe; die Vermutung ist widerlegbar (RZPO. § 292).

Hat der Erblasser zwei gleichlautende eigenhändige Testamente errichtet und vernichtet er eine dieser beiden Urschriften, so ist keineswegs sicher, ob nach seinem Willen dann auch die andere Urkunde als aufgehoben gelten soll. Die vorerwähnte Vermutung greift in diesem Falle nicht Platz (s. oben Bem. 11).

Hat der Erblasser lediglich einen Teil der im Testament eingesetzten Erben gestrichen und erschöpfen die Bruchteile, auf welche die übrigen

Erben eingesetzt sind, nicht den ganzen Nachlaß, so kommt es auf den zu ermittelnden Willen des Erblassers an, ob die verbleibenden Erben unter verhältnismäßiger Erhöhung ihrer Bruchteile die alleinigen Erben sein sollen oder ob die frei gewordenen Bruchteile den gesetzlichen Erben des Erblassers zufallen (KG. 18. April 1929, JFG. 6, 146 = HRR. 1653; vgl. Herschel JW. 33, 148).

§ 34.

Rücknahme des Testaments aus der amtlichen Verwahrung.

(1) Ein vor einem Richter oder vor einem Notar oder nach § 23 errichtetes Testament gilt als widerrufen, wenn die in amtliche Verwahrung genommene Urkunde dem Erblasser zurückgegeben wird. Die zurückgebende Stelle soll den Erblasser über die im Satz 1 vorgesehene Folge der Rückgabe belehren, dies auf der Urkunde vermerken und aktenkundig machen, daß beides geschehen ist.

(2) Der Erblasser kann die Rückgabe jederzeit verlangen. Das Testament darf nur an den Erblasser persönlich zurückgegeben werden.

(3) Die Vorschriften des Abs. 2 gelten auch für ein nach § 22 hinterlegtes Testament; die Rückgabe ist auf die Wirksamkeit des Testaments ohne Einfluß.

(4) Ein gemeinschaftliches Testament kann nach vorstehenden Vorschriften nur von beiden Ehegatten zurückgenommen werden.

§ 34 Abs. 1 bis 3 entsprechen dem § 2256 BGB. § 34 Abs. 4 entspricht dem § 2272 BGB.

Übersicht:

I. Widerruf eines öffentlichen Testaments durch Rückgabe aus der amtlichen Verwahrung (Absatz 1, 2) 1
- 1. Die Rückgabe hat die Bedeutung einer den Widerruf aussprechenden Willenserklärung 1
  - a) Zweck der Vorschrift 1
  - b) Testierfähigkeit; Anfechtbarkeit 2
  - c) Anwendungsgebiet der Vorschrift 3
- 2. Das Rückgabeverfahren 4
  - a) Der Antrag 4
  - b) Prüfung des Antrags 5
  - c) Die Rückgabe 6
  - d) Die Belehrung des Erblassers 7
  - e) Rückgabe durch ein ersuchtes Gericht 8
  - f) Kosten 9

II. Die Rückgabe eines eigenhändigen Testaments (Abs. 3) 10
- 1. Anspruch des Erblassers auf Rückgabe 10
- 2. Keine Widerrufswirkung 11
- 3. Rücknahmeverfahren 12
- 4. Entsprechende Anwendung bei privaten Militärtestamenten 12

III. Ergänzende Bemerkungen 13
- 1. Rückgabe eines gemeinschaftlichen Testaments 13
- 2. Nachprüfung gegenstandslos gewordener Testamente 14
- 3. Einsichtnahme und Abschrifterteilung bei einem amtlich verwahrten Testament 15
- 4. Sicherung vor Zerstörung und Verlust 16

1 **I. Widerruf eines öffentlichen Testaments durch Rückgabe aus der amtlichen Verwahrung (Abs. 1, 2).**

1. Die Rückgabe hat die Bedeutung einer den Widerruf aussprechenden Willenserklärung.

a) Zweck der Vorschrift.

Nach § 20 ist der Richter oder der Notar verpflichtet, ein vor ihm errichtetes Testament unverzüglich zur besonderen amtlichen Verwahrung abzuliefern; dieselbe Verpflichtung besteht für den Bürgermeister, der nach § 23 ein Nottestament aufgenommen hat, ferner für den Kriegsgerichtsrat, der ein ordentliches militärisches Testament oder ein öffentliches Militär-(Not)testament aufgenommen oder entgegengenommen hat (§ 27 des Gesetzes; WehrmachtFGG. Art. 1 § 2 Abs. 2, § 3 Abs. 3; DVO. hierzu §§ 3, 4, abgedruckt oben S. 60ff.). Dieselbe Verpflichtung bestand auch für den deutschen Konsul, der das öffentliche Testament eines deutschen Staatsangehörigen beurkundet hat (§ 50 Abs. 4 des Gesetzes; Gesetz vom 14. Mai 1936 §§ 16a, 16b, abgedruckt oben S. 72).

Die amtliche Verwahrung ändert nichts daran, daß der Erblasser, solange er geschäftsfähig ist, auch diese Testamente jederzeit frei widerrufen kann (§ 32). Für die Vornahme des Widerrufs stehen dem Erblasser verschiedene Wege offen. Er kann den Widerruf u. a. auch durch Testament aussprechen (§ 33 Abs. 1); wählt er diesen Weg, so tritt die Widerrufswirkung ein, obwohl sich das Testament noch in der amtlichen Verwahrung befindet.

Wäre dies die einzige Form des Widerrufs, so würden wahrscheinlich zahlreiche aufgehobene öffentliche Testamente in der amtlichen Verwahrung verbleiben und dort unnötigerweise Platz und Arbeit beanspruchen. Ferner bestände die Gefahr, daß der Erbscheinsrichter nach dem Tode des Erblassers in Unkenntnis des Widerrufs das amtlich verwahrte Testament als Grundlage für den Erbschein verwendet.

Aus diesen Erwägungen bestimmt das Gesetz, daß ein öffentliches Testament kraft Gesetzes „als widerrufen gilt", wenn es dem Erblasser persönlich auf sein Verlangen zurückgegeben wird (§ 34 Abs. 1, 2).

2 b) Testierfähigkeit, Anfechtbarkeit.

Die Widerrufswirkung tritt auch dann ein, wenn der Erblasser diese Wirkung nicht kennt und das Testament überhaupt nicht aufheben will.

Die Rücknahme aus der amtlichen Verwahrung ist dennoch als eine Willenserklärung anzusehen. Hieraus folgt u. a., daß die Widerrufswirkung nicht eintritt, wenn der Erblasser bei der Rücknahme im Sinne der §§ 1, 2, 32 nicht testierfähig ist.

Aus der Tatsache, daß der Vorgang der Rücknahme einer Widerrufserklärung gleichzuachten ist, ergibt sich weiter, daß der nach § 34 erfolgende Widerruf gemäß § 2078 angefochten werden kann, wenn der Erblasser sich bei dem Widerruf in einem rechtserheblichen Irrtum befunden hat (KGJ. 41, 97 = RJA. 11, 181). Die Anfechtung kann mit der Begründung vorgenommen werden, daß der Erblasser die rechtliche Bedeutung der Rücknahme als eines Widerrufs nicht gekannt habe (KG. vom 1. August 1940, DRW. 1684 mit Anm. Vogels = DFG. 123); sie kann aber auch vorgenommen werden, wenn der Erblasser zu der Rücknahme durch unrichtige Erwartungen über den weiteren Verlauf eines ihm bekannten Vorfalls (KG. vom 6. November 1941, DFG. 182) oder durch den Irrtum über die Wirksamkeit eines von ihm errichteten späteren Testaments veranlaßt worden ist. Beispiel: Der Erblasser hat in einem öffentlichen Testament seine Frau zur Vorerbin und gewisse Verwandte als Nacherben eingesetzt. Nach einiger Zeit macht er ein neues Testament, in dem er die Frau zur alleinigen Vollerbin einsetzt. In der Annahme, daß das alte Testament gegenstandslos geworden ist, läßt er sich dieses aus der Verwahrung zurückgeben. Nach dem Tode des Erblassers stellt sich heraus, daß das zweite Testament wegen Formmangels nichtig ist. Hier kann die Frau den nach § 34 erfolgten Widerruf des ersten Testaments anfechten, denn der Erblasser würde das erste Testament nicht widerrufen haben, wenn er gewußt hätte, daß das zweite Testament unwirksam war.

Anfechtungsberechtigung, Anfechtungsfrist und Anfechtungserklärung beurteilen sich nach §§ 2080ff. BGB.

c) Anwendungsgebiet der Vorschrift. 3

Die in § 34 Abs. 1 vorgesehene Widerrufswirkung tritt bei der Rückgabe eines jeden in besondere amtliche Verwahrung befindlichen öffentlichen Testaments ein, das vor einem Richter, Notar, Kriegsgerichtsrat oder Konsul errichtet ist. Dasselbe gilt für das (öffentliche) Nottestament vor dem Bürgermeister (§ 23) und für das öffentliche Militärtestament vor einem Offizier oder Militärbeamten im Offiziersrang (WehrmachtFGG. Art. 1 § 3 Abs. 3, DVO. hierzu § 10, oben S. 62, 68).

Nach § 13 EHRV. konnte der Bauer die Erklärung, durch die er für den Erbhof einen Anerben bestimmt oder die nach seinem Tode eintretende Verwaltung und Nutznießung am Erbhof anordnet, außer durch Testament oder Erbvertrag auch mündlich zur Niederschrift vor dem Vorsitzenden des Anerbengerichts oder vor einem Notar abgeben. Diese Urkunde sollte nicht als Testament bezeichnet werden, steht aber im übrigen einem vor Richter oder Notar errichteten Testament gleich. Auch diese Erklärungen wurden in besondere amtliche Verwahrung genommen. Die Rücknahme aus der Verwahrung gilt als Widerruf (§ 34 Abs. 1 des Gesetzes in Verbindung mit § 13 EHRV.). Darüber, welche Bedeutung einer solchen Anerbeneinsetzung heute, nachdem die Erbhofgesetzgebung durch das Kontrollratsgesetz Nr. 45 aufgehoben ist, zukommt, siehe Bem. 11 zu § 1. Der Umstand, daß das heutige Recht eine Anerbeneinsetzung nicht mehr kennt, macht frühere Anerbeneinsetzungen, auch wenn sie in den Formen des § 13 EHRV. vorgenommen wurden, nicht ohne weiteres unwirksam. Es ist vielmehr durch Auslegung zu ermitteln, welche Bedeutung ihnen heute zukommt. Die Rücknahme aus der besonderen amtlichen Verwahrung hat deshalb auch heute noch die volle Bedeutung eines Widerrufs.

Die Widerrufswirkung tritt nur ein, wenn das Testament in besonderer amtlicher Verwahrung gewesen ist. Hat die Urkundsperson aus irgendeinem Grunde das Testament nicht zur besonderen amtlichen Verwahrung gegeben, sondern in einfache Urkundenverwahrung genommen, so fehlt ein Tatbestandsmerkmal des § 34 Abs. 1. Die Rückgabe aus der einfachen Verwahrung reicht für sich allein für einen Widerruf nicht aus; die hinzukommende Vernichtung der Urkunde stellt aber einen solchen dar (vgl. Bem. 7 zu § 20 und Bem. 8 zu § 33).

Die Widerrufswirkung gilt nicht für die Rückgabe eines eigenhändigen Testaments (§ 34 Abs. 3; s. unten Bem. 11), ferner nicht für die Rückgabe eines Erbvertrags (§ 31 Bem. 7).

Ein gemeinschaftliches Testament kann nur auf Verlangen beider Ehegatte zurückgegeben werden (§ 34 Abs. 4).

2. Das Rückgabeverfahren.

a) Der Antrag. 4

Entsprechend dem in § 32 Abs. 1 ausgesprochenen Grundsatz, daß das Testament frei widerruflich ist, kann der Erblasser die Rückgabe jederzeit verlangen (§ 34 Abs. 2). Das Verlangen bedarf keiner bestimmten Form. Der Erblasser kann es mündlich oder schriftlich vor dem Amtsgericht anbringen, bei dem das Testament sich in Verwahrung befindet. Beim gemeinschaftlichen Testament muß der Antrag von beiden Ehegatten gestellt sein.

5 b) Prüfung des Antrags.

Der Richter prüft, ob der Erblasser sich über seine Person genügend ausweisen kann und ob er geschäftsfähig ist (vgl. §§ 1, 2, 14, 32 Abs. 2; s. oben Bem. 2). Der Richter weist den Erblasser ferner nötigenfalls darauf hin, daß er den Hinterlegungsschein zurückzugeben hat (§ 27 Abs. 6 der Aktenordnung i. d. F. der AV. vom 4. August 1938, oben S. 30).

6 c) Die Rückgabe.

Die Herausgabe des Testaments ist vom Amtsgericht anzuordnen und von dem Amtsrichter und dem Urkundsbeamten der Geschäftsstelle gemeinschaftlich zu bewirken (§ 38 Abs. 1). Die Aufgaben des Richters können auch einem Rechtspfleger übertragen werden (Abschnitt III der AV. vom 4. August 1938, geändert durch AV. vom 16. August 1939, oben S. 34).

Das Testament darf nur dem Erblasser persönlich zurückgegeben werden. Wird ihm das Testament nicht persönlich übergeben, sondern durch die Post übersandt, so gilt es nicht als widerrufen, auch wenn der Erblasser den Empfang schriftlich bestätigt hat (KG. vom 8. August 1935, JW. 3559 = DNotZ. 828). Kann der Erblasser (etwa infolge körperlicher Behinderung) nicht mehr selbst zur Gerichtsstelle kommen, so ist die verwahrende Stelle verpflichtet, den Erblasser aufzusuchen und ihm das Testament dort auszuhändigen.

7 d) Die Belehrung des Erblassers.

Der Richter, der dem Erblasser das Testament zurückgibt, soll den Erblasser über die Widerrufswirkung der Rückgabe belehren, dies auf der Urkunde vermerken und aktenkundig machen, daß beides geschehen ist (§ 34 Abs. 4 Satz 2). Die näheren Einzelheiten über den Vermerk auf der Urkunde sowie über die bei den Akten verbleibende Niederschrift ergeben sich aus § 27 Abs. 9, 14 der Aktenordnung i. d. F. der AV. vom 4. August 1938, oben S. 31, 32. Die Niederschrift über die Rückgabe des Testaments wird vom Erblasser zu unterschreiben sein. Diese Unterschrift dient gleichzeitig als Empfangsbestätigung.

8 e) Rückgabe durch ein ersuchtes Gericht.

Wohnt der Erblasser nicht im Bezirk des Amtsgerichts, bei dem das Testament aufbewahrt wird, so wird man ihm nicht zumuten können, nur wegen Empfangnahme des Testaments eine größere Reise zu unternehmen. In einem solchen Falle wird es zweckmäßig sein, daß das verwahrende Gericht das Gericht des Wohnorts des Erblassers im Wege der Rechtshilfe ersucht, das Testament dort dem Erblasser auszuhändigen. Das hierbei vom ersuchten Gericht zu beobachtende Verfahren ist in § 27 Abs. 8 der Aktenordnung i. d. F. der AV. vom 4. August 1938, oben S. 30, geregelt.

Wohnt der Erblasser im Ausland, so wird das Ersuchen um die bei der Rückgabe zu gewährende Rechtshilfe an den deutschen Konsul, solange es keine deutschen Konsuln gibt, an die inländische Besatzungsmacht zu richten sein, die ihrerseits eine geeignete Behörde des Auslandes um die Durchführung der Rückgabe angehen kann. Ist dies ohne Erfolg, so bleibt in einem solchen Fall nur übrig, daß der Erblasser zur Rücknahme persönlich vor der deutschen Behörde erscheint; vielleicht zieht er es aber auch vorvon der Rücknahme abzusehen und den Widerruf durch ein neues Testa, ment auszusprechen.

f) Kosten. 9

Für die Rückgabe einer Verfügung von Todes wegen aus der besonderen amtlichen Verwahrung wird ein Viertel der vollen Gebühr erhoben (KostO. § 93 Abs. 2).

II. Die Rückgabe eines eigenhändigen Testaments (Abs. 3). 10

1. Anspruch des Erblassers auf Rückgabe.

Das eigenhändige Testament wird nur dann in besondere amtliche Verwahrung genommen, wenn der Erblasser es besonders beantragt (§ 22). Da auch das eigenhändige Testament frei widerruflich ist (§ 32), sieht das Gesetz auch hier vor, daß der Erblasser jederzeit die Rückgabe verlangen kann (§ 34 Abs. 3).

Die Rückgabe darf nur an den Erblasser persönlich erfolgen (§ 34 Abs. 2). Ein gemeinschaftliches Testament darf nur von beiden Erblassern zurückgenommen werden (§ 34 Abs. 2).

2. Keine Widerrufswirkung. 11

Im Gegensatz zu der Regelung beim öffentlichen Testament hat die Rückgabe des eigenhändigen Testaments keine Widerrufswirkung (§ 34 Abs. 3). Will der Erblasser das eigenhändige Testament aufheben, so stehen ihm hierfür die in § 33 dargelegten Wege offen: Erklärung durch Testament oder Vernichtung der Urkunde.

3. Rücknahmeverfahren. 12

Für das Rücknahmeverfahren gelten die Ausführungen in Bem. 4 bis 9 entsprechend.

Die oben in Bem. 7 behandelte Belehrung über die Widerrufswirkung fällt naturgemäß weg. Es steht der zurückgebenden Stelle frei, den Erblasser darauf aufmerksam zu machen, daß hier die Rückgabe nicht mit einer Widerrufswirkung verbunden ist.

4. Entsprechende Anwendung auf private Militärtestamente.

Die vorstehenden Ausführungen gelten auch für die Rückgabe eines eigenhändigen Militärtestaments oder eines privaten Militärtestaments vor einem Offizier oder zwei Zeugen (WehrmachtFGG. Art. 1 § 3 Abs. 1a, b in Verbindung mit §§ 9, 10 der DVO. hierzu, oben S. 62, 68).

III. Ergänzende Bemerkungen. 13

1. Rückgabe eines gemeinschaftlichen Testaments.

Ein gemeinschaftliches Testament kann nur von beiden Ehegatten zurückgenommen werden (§ 34 Abs. 4). Wie sich aus der Stellung des Abs. 4 ergibt, bezieht sich diese Vorschrift auf die Rücknahme sowohl eines öffentlichen wie eines eigenhändigen Testaments.

Die verwahrende Stelle darf die Urkunde nur an beide Ehegatten gemeinschaftlich herausgeben. Jeder der Ehegatten hat den ihm erteilten Hinterlegungsschein zurückzugeben. Beide Ehegatten müssen testierfähig sein (§§ 1, 2, 32 Abs. 2).

Handelt es sich um ein gemeinschaftliches öffentliches Testament, so wird durch die Rückgabe das Testament widerrufen. Handelt es sich dagegen um ein gemeinschaftliches Privattestament, so wird die Gültigkeit des Testaments durch die Rückgabe nicht berührt.

Kommt eine Einigung der Ehegatten über die Rücknahme nicht zustande, so bleibt die besondere amtliche Verwahrung aufrechterhalten. Dem Ehegatten, der das Testament widerrufen will, bleibt es unbenommen, den Widerruf gemäß § 33 Abs. 1 durch Testament auszusprechen. Handelt es sich um eine wechselbezügliche Verfügung (BGB. § 2270; oben § 28 Bem. 1), so gelten für den Widerruf die besonderen Vorschriften der §§ 2271, 2296. Das TestG. hat diese Vorschriften unberührt gelassen (vgl. unten § 50 Abs. 3 Nr. 1).

Die Vorschrift, daß das gemeinschaftliche Testament nur von beiden Ehegatten aus der Verwahrung zurückgenommen werden kann, gilt auch dann, wenn die Ehe später durch Scheidung oder Aufhebung gelöst wird (KGJ. 48, 103). Die geschiedenen Ehegatten werden allerdings in der Regel beide zu einer Rücknahme bereit sein; denn nach § 2268 BGB. wird das gemeinschaftliche Testament bei Scheidung oder Aufhebung der Ehe im Zweifel kraft Gesetzes seinem ganzen Inhalt nach unwirksam. Leben die geschiedenen Ehegatten an verschiedenem Ort, z. B. der eine in Köln und der andere in München, so werden sie sich auch darüber einigen müssen, wo die Rückgabe an sie erfolgen soll. Denkbar wäre z. B., daß sie sich auf Frankfurt a. M. einigen; in diesem Falle hätte das Verwahrungsgericht das Amtsgericht Frankfurt a. M. im Wege der Rechtshilfe um die Rückgabe zu ersuchen (vgl. oben Bem. 8).

Ist einer der Ehegatten gestorben, so kommt die Rückgabe an beide Ehegatten nicht mehr in Frage. Der überlebende Ehegatte kann nicht verlangen, daß das gemeinschaftliche Testament nunmehr an ihn allein herausgegeben werde. Das Testament wird vielmehr entweder in die besondere amtliche Verwahrung zurückgebracht (§ 44) oder es bleibt bei den Eröffnungsakten (vgl. § 44 Bem. 6).

Über die Aufhebung der besonderen amtlichen Verwahrung beim Erbvertrag s. § 31 Bem. 7.

14 2. Nachprüfung gegenstandslos gewordener Testamente.

Durch die Folgen des Weltkrieges, namentlich durch die Geldentwertung der Jahre vor 1924 haben sich bei vielen Erblassern die Vermögensverhältnisse erheblich verändert. Es war anzunehmen, daß zahlreiche Testamente, die vor oder während der Inflationszeit errichtet sind, infolge der Neuordnung der Währung nicht mehr durchführbar sind oder Anlaß zu Zweifeln oder Streitigkeiten geben. Um den Erblassern Gelegenheit zu einer Nachprüfung dieser alten Testamente zu geben, hat der Reichsminister der Justiz durch AV. vom 4. Mai 1936, DJ. 748, folgendes angeordnet: Die mit der Testamentsverwahrung betrauten Stellen haben alle diejenigen, die vor dem 1. Januar 1924 ein Testament errichtet und in amtliche Verwahrung gegeben haben, in einem besonderen Schreiben aufzufordern, sich wegen etwaiger Rücknahme des Testaments bei der verwahrenden Stelle zu melden. Nimmt der Erblasser das Testament binnen einer bestimmten Frist zurück, so wird für die Rücknahme keine Gebühr erhoben. Die Frist war ursprünglich auf den 31. Oktober 1936 festgesetzt, wurde jedoch zunächst bis zum 31. Dezember 1936 und dann bis zum 30. September 1938 verlängert (AV. vom 10. September 1936, DJ. 1430 und AV. vom 18. Oktober 1937, DJ. 1637). Eine ähnliche Anordnung hatte schon vorher der sächsische Justizminister durch UmdruckVO. Nr. 408 vom 20. September 1934 getroffen (DNotZ. 34, 957). Näheres über die Durchführung dieser Maßnahme siehe bei Vogels DJ. 36, 756 und DJ. 37, 1766. Die Währungsumstellung am 21. Juni 1948 dürfte in ähnlicher Weise eine Nachprüfung früher errichteter Testamente auf ihre Durchführbarkeit empfehlenswert erscheinen lassen. Amtliche Verlautbarungen, insbesondere Kostenvergünstigungen sind bis jetzt aus diesem Anlaß nicht verfügt.

Der Nachprüfung gegenstandslos gewordener Testamente dient z. T. auch die Vorschrift des § 46 TestG. mit § 27 Abs. 10 AktenO. (abgedruckt oben S. 31f.), nach der alljährlich im Oktober das Verwahrungsbuch daraufhin durchzusehen ist, ob noch Verfügungen solcher Personen aufbewahrt werden, deren Tod gerichtskundig ist. Gleichzeitig ist ein Verzeichnis darüber aufzustellen, welche Testamente seit mehr als 30 Jahren und welche Erbverträge seit mehr als 50 Jahren sich in amtlicher Verwahrung befinden. S. hierzu auch AV. vom 23. September 1939, DJ. 1558, abgedruckt oben S. 31 Fußnote 1.

3. Einsichtnahme und Abschrifterteilung bei einem amtlich verwahrten (noch nicht eröffneten) Testament. 15

Der Erblasser, der ein Testament in besondere amtliche Verwahrung gegeben hat, kann ein berechtigtes Interesse daran haben, die Urkunde einzusehen oder sich eine Abschrift oder Ausfertigung davon erteilen zu lassen. Es ist die Meinung vertreten worden, daß das Gericht während der Dauer der besonderen amtlichen Verwahrung auch mit Einverständnis des Erblassers nicht befugt sei, die Siegel aufzubrechen. Daher dürfe das Gericht dem Erblasser weder Einsicht noch Abschriftentnahme gestatten. Wenn der Erblasser dennoch hierauf bestehe, so stehe ihm lediglich der Weg offen, das Testament aus der Verwahrung zurückzunehmen.

Dieser Weg führt jedoch nicht zu einem befriedigenden Ergebnis. Handelt es sich um ein privates Testament, so ist zwar die Rückgabe auf die Wirksamkeit des Testaments ohne Einfluß. Die Rückgabe aus der Verwahrung und die erneute Ablieferung zur Verwahrung verursachen jedoch Kosten (vgl. § 93 KostO.), die sich bei einer bloßen Einsichtnahme oder Abschrifterteilung nicht rechtfertigen lassen. Handelt es sich um ein öffentliches Testament, so würde die Rückgabe kraft Gesetzes den Widerruf des Testaments zur Folge haben; da dies in dem hier behandelten Falle der Absicht des Erblassers zuwiderläuft, kommt eine Rückgabe nicht in Frage.

Die herrschende Meinung geht daher jetzt davon aus, daß der Erblasser Einsicht und Abschrift bei einem privaten oder öffentlichen Testament auch während der Zeit verlangen kann, in der sich die Urkunde in besonderer amtlicher Verwahrung befindet (KG. in JFG. 4, 145 = JW. 27, 1650; Planck[4] § 2264 Erl. 5; RGRKomm. § 47 TestGBem. 3a. E.). Bei diesem Vorgang ist allerdings besondere Vorsicht anzuwenden. Das Gericht wird gut tun, den Erblasser bei der Öffnung der Siegel zuzuziehen, über die Öffnung eine Niederschrift aufzunehmen und die Unversehrtheit des Verschlusses festzustellen; es wird sich ferner empfehlen, den Erblasser auch bei der Wiederverschließung zuzuziehen (OLG. 9, 411; JW. 1922, 22).

4. Sicherung vor Zerstörung und Verlust. 16

Die Erfahrungen des letzten Krieges haben gezeigt, daß die mit der besonderen amtlichen Verwahrung verbundenen Sicherungsmaßnahmen noch kein völliger Schutz vor Zerstörung und Verlust sind. Aus diesem Grunde wurde durch AV. vom 22. November 1943 ergänzt durch AV. vom 24. Juni 1944 (abgedruckt oben S. 57) angeordnet, daß der Richter oder der Notar, der ein Testament oder einen Erbvertrag beurkundet, hiervon eine beglaubigte Abschrift zu fertigen, in einen Umschlag zu nehmen, diesen Umschlag zu siegeln und entsprechend zu beschriften und an einen besonders sicheren Ort aufzubewahren hat. Über die Einzelheiten siehe den Wortlaut der allgemeinen Verfügungen und Bem. 9 zu § 20.

§ 35.

Widerruf des Widerrufs.

Wird der durch Testament erfolgte Widerruf einer letztwilligen Verfügung widerrufen, so ist im Zweifel die Verfügung wirksam, wie wenn sie nicht widerrufen worden wäre.

§ 35 entspricht dem § 2257 BGB.

Übersicht:

I. Der Widerruf des Widerrufs 1
II. Die einzelnen Widerrufsarten 2
1. Der Widerruf ist durch Testament erfolgt 3
2. Der Widerruf ist durch Vernichtung oder Rückgabe aus der amtlichen Verwahrung erfolgt 4
a) Kein Wiederaufleben kraft Gesetzes 4
b) Wiederherstellung des alten Testaments durch Errichtung eines neuen 5

1 **I. Der Widerruf des Widerrufs.**

Wenn der Erblasser ein Testament widerruft, so wird das Testament unwirksam. Hebt er später den Widerruf wieder auf, so versteht es sich nicht von selbst, daß das aufgehobene Testament hierdurch wieder auflebt. An sich müßte der Erblasser vielmehr das aufgehobene Testament wieder neu errichten. Aus praktischen Erwägungen hat das Gesetz diese Regelung jedoch nicht starr durchgeführt: Ist der Widerruf der Verfügung durch Testament erfolgt und wird dieses widerrufende Testament wieder aufgehoben, so soll die aufgehobene Verfügung so wirksam sein, wie wenn sie nicht widerrufen worden wäre.

Dieser Satz war in § 2257 BGB. als zwingende Regel aufgestellt. Es kann jedoch sein, daß das Wiederherstellen der früheren Verfügung dem Willen des Erblassers nicht entspricht. Daher sind in dem neuen Gesetz die Worte „im Zweifel" eingefügt. Die Vorschrift ist jetzt nur eine Auslegungsregel; sie stellt eine Vermutung auf, die im Einzelfall durch Nachweis des entgegenstehenden Willens des Erblassers widerlegt werden kann. Es hängt also von den Umständen ab, ob bei Widerruf des durch Testament ausgesprochenen Widerrufs die ursprüngliche Verfügung wieder auflebt oder auch weiterhin als aufgehoben zu betrachten ist.

2 **II. Die einzelnen Widerrufsarten.**

Nach §§ 33, 34 stehen dem Erblasser zur Aufhebung seiner letztwilligen Verfügung drei Formen des Widerrufs zur Verfügung: (1) Er kann den Widerruf durch Testament aussprechen; (2) er kann das Testament vernichten oder verändern; (3) er kann das öffentliche Testament aus der amtlichen Verwahrung zurücknehmen. Die Regel des § 35 gilt nur im ersten Fall.

3 1. Der Widerruf ist durch Testament erfolgt.

Hat der Erblasser den A zum Erben eingesetzt, dann ein zweites Testament errichtet, in dem er das erste für widerrufen erklärt und hebt er dieses zweite Testament durch Vernichtung, Änderung, Rücknahme aus der amtlichen Verwahrung oder durch ein drittes Testament wieder auf, so gilt im Zweifel die Erbeinsetzung des A als wieder hergestellt. Hat der Erblasser in dem zweiten Testament das ursprüngliche nicht ausdrücklich, sondern mittelbar dadurch aufgehoben, daß er eine widersprechende Verfügung getroffen hat (indem er etwa den B zum Alleinerben einsetzt) und hebt er dieses zweite Testament wieder auf, so lebt das alte Testament auch in diesem Falle im Zweifel wieder auf; dies ist in § 36 Abs. 2 ausdrücklich ausgesprochen.

4 2. Der Widerruf ist durch Vernichtung oder Rückgabe aus der amtlichen Verwahrung erfolgt.

a) Kein Wiederaufleben kraft Gesetzes.

Hat der Erblasser den Widerruf des ursprünglichen Testaments in der Weise vorgenommen, daß er das Testament vernichtet oder das öffentliche

Testament aus der besonderen amtlichen Verwahrung zurückgenommen hat und widerruft er den in dieser Form erfolgten Widerruf (etwa indem er das zerrissene Testament wieder zusammenklebt oder das öffentliche Testament erneut zur amtlichen Verwahrung abliefert), so findet § 35 keine Anwendung; das frühere Testament lebt nicht wieder auf.

Dies gilt auch dann, wenn der Erblasser den Widerruf des ursprünglichen Testaments zunächst in einem Testament ausgesprochen und gleichzeitig oder hinterher das bereits widerrufene Testament vernichtet oder aus der Verwahrung zurückgenommen hat. Der Satz des § 35 bedeutet nur, daß die Wirkung des durch Testament ausgesprochenen Widerrufs beseitigt wird. Hat der Erblasser noch andere Handlungen vorgenommen, die für sich allein als Widerruf ausreichen (Vernichtung, Rücknahme des öffentlichen Testaments aus der Verwahrung), so können diese Handlungen durch den bloßen Widerruf des durch Testament erfolgten Widerrufs nicht unschädlich gemacht werden.

b) Wiederherstellung des alten Testaments durch Errichtung eines neuen. 5

Will der Erblasser das auf andere Weise als durch Testament widerrufene alte Testament wieder herstellen, so muß er es neu errichten; er muß also entweder ein neues öffentliches Testament beurkunden lassen oder ein neues eigenhändiges Testament anfertigen.

Der Erblasser kann hierbei nicht etwa ohne weiteres auf das alte Testament Bezug nehmen. Hat er z. B. ein öffentliches Testament errichtet und dieses durch Rücknahme aus der amtlichen Verwahrung widerrufen und schreibt er nun auf das alte Testament eigenhändig den Satz nieder: „Dieses Testament soll wieder gültig sein. Peter Schmitz", so reicht dies zur Wiederherstellung des alten Testaments nicht aus, denn in einem eigenhändigen Testament kann er nicht auf ein Schriftstück Bezug nehmen, das von einem anderen geschrieben ist (§ 21 Bem. 3).

Anders ist es nur, wenn das aufgehobene Testament ebenfalls ein eigenhändiges war. Hat also z. B. der Erblasser ursprünglich ein eigenhändiges Testament errichtet, dieses durch Durchstreichen seiner Unterschrift aufgehoben und setzt er auf dieses frühere eigenhändige Testament den Satz: „Das vorstehende Testament soll wieder gültig sein. Peter Schmitz", so hat er das aufgehobene Testament durch Wiederbeifügung der Unterschrift zu einem neuen Testament gleichen Inhalts gemacht und den Form-Erfordernissen des § 21 genügt. Diese Wiederherstellung beruht aber nicht auf § 35, sondern auf § 21 des Gesetzes (vgl. KG. vom 5. Januar 1928, JFG. 5, 157 = Recht 28, 816).

Hat der Erblasser das ursprüngliche eigenhändige Testament mit Bleistift durchstrichen und radiert er diese Durchstreichung wieder aus oder unterpunktiert er das Durchstrichene, so reichte dies nach dem Recht des BGB. wegen des Datumzwangs zur Herstellung des neuen Testaments nicht aus. Nachdem aber in § 21 Abs. 2 beim eigenhändigen Testament das Erfordernis der Orts- und Zeitangabe weggefallen ist, dürfte ein Testament auch durch Ausradieren oder Unterpunkten von Durchstreichungen neu errichtet werden können. Ein Widerruf des Widerrufs bzw. eine Neuerrichtung eines eigenhändigen Testaments kann auch darin gefunden werden, daß der Erblasser das Testament neu datiert und unterschreibt (KG. vom 14. Mai 1942, HRR. 42, 755 = DRW. 42, 4295 = DNotZ. 43, 39).

§ 36.

Widerruf durch späteres Testament.

(1) Durch die Errichtung eines Testaments wird ein früheres Testament insoweit aufgehoben, als das spätere Testament mit dem früheren Testament in Widerspruch steht.

(2) Wird das spätere Testament widerrufen, so ist im Zweifel das frühere Testament in gleicher Weise wirksam, wie wenn es nicht aufgehoben worden wäre.

§ 36 entspricht dem § 2258 BGB.

Übersicht:

I. Die Aufhebung durch späteres Testament 1
1. Grundsatz 1
2. Das spätere Testament muß wirksam errichtet sein 2
a) Gültiges Testament 2
b) Später eintretende Unausführbarkeit des zweiten Testaments ist im Zweifel unbeachtlich 3
3. Das widersprechende Testament muß später errichtet sein als das andere 4
II. Widerruf des späteren Testaments (Abs. 2) 5
1. Die Auslegungsregel des § 36 Abs. 2 5
2. Form des Widerrufs 6

1 **I. Die Aufhebung durch späteres Testament.**

1. Grundsatz.

In den §§ 32 bis 35 sind die Fälle behandelt, in denen der Erblasser sich darauf beschränkt, ein früheres Testament unwirksam zu machen, wo also die Wirkung seiner Handlungen sich im Außerkraftsetzen des alten Testaments erschöpft. Es kommt aber häufig vor, daß der Erblasser seinem geänderten Willen nicht durch ausdrückliche Beseitigung des früheren, sondern durch Errichtung eines neuen Testaments Ausdruck verleiht. In einem solchen Fall bedarf es der Klärung, welches von den beiden Testamenten des Erblassers maßgebend sein soll. § 36 entscheidet diese Frage dahin, daß die Weitergeltung des ersten von dem Inhalt des zweiten abhängt. Das erste Testament gilt grundsätzlich weiter; beide Testamente gelten nebeneinander. Das frühere gilt nur insoweit als stillschweigend widerrufen, als das spätere mit ihm in Widerspruch steht.

Beispiel: Der Erblasser hat ursprünglich den A zum Alleinerben eingesetzt und dem B ein Vermächtnis von 1000 DM. ausgesetzt; in einem späteren Testament setzt er den C zum Alleinerben ein, ohne das erste Testament ausdrücklich zu widerrufen. Hier ist die Erbeinsetzung des A aufgehoben, das Vermächtnis zugunsten des B jedoch im Zweifel unberührt geblieben.

Die vorstehenden Ausführungen gelten entsprechend, wenn der Erblasser einen Erbvertrag schließt, der mit einem früheren Testament in Widerspruch steht (BGB. § 2289).

Ein Widerspruch ist noch nicht gegeben, wenn ein späteres Testament nichts von einer Anordnung eines früheren Testaments erwähnt, und sich deshalb auch nicht über die Fortgeltung einer solchen Anordnung äußert. Erwähnt z. B. ein späteres Testament nichts von der in einem früheren Testament angeordneten Testamentsvollstreckung, so liegt darin noch kein Widerspruch mit dem früheren Testament und damit auch kein

Widerruf der Testamentsvollstreckung (LG. Berlin vom 18. Januar 1943, DFG. 43, 96).

2. Das spätere Testament muß wirksam errichtet sein. 2

a) Gültiges Testament.

Die in § 36 Abs. 1 vorgesehene Aufhebungswirkung setzt voraus, daß das spätere Testament gültig errichtet ist. Ist das spätere Testament aus irgendeinem Grunde überhaupt nicht wirksam zustande gekommen, so wird die Weitergeltung des früheren Testaments nicht berührt.

Die Aufhebungswirkung tritt also z. B. nicht ein, wenn das neue Testament an einem wesentlichen Formfehler leidet und nichtig ist (§ 48), wenn das neue Testament wegen Irrtums erfolgreich angefochten wird (BGB. §§ 142, 2078), wenn das neue Testament ein Nottestament ist und der Erblasser die Dreimonatefrist des § 26 Abs. 1 oder die Jahresfrist des Art. 1 § 3 Abs. 5 WehrmachtFGG. überlebt (§ 26 Bem. 6; § 27 Bem. 14) oder wenn das neue zugunsten des Ehegatten errichtete Testament wegen Scheidung oder Aufhebung der Ehe kraft Gesetzes als unwirksam gilt (BGB. §§ 2077, 2268; vgl. oben § 32 Bem. 5).

Das spätere Testament kann unter Umständen auch in der Weise errichtet werden, daß es in ein früheres Testament eingefügt wird. Hat z. B. der Erblasser in einem eigenhändigen Testament den A zum Erben eingesetzt und fügt er später in dieses Testament einen Satz ein, durch den er den B zum Miterben zu gleichen Teilen macht, so ist das Testament in seiner jetzigen Gestalt maßgebend; A und B sind also vom Erblasser je zur Hälfte zu Erben eingesetzt. Früher, als für das eigenhändige Testament noch Datumzwang galt, waren solche Einschaltungen ohne besondere Unterschrift nicht möglich. Seitdem durch § 21 Abs. 2 der Datumzwang beseitigt ist, sind solche Einschaltungen, falls sie eigenhändig geschrieben und durch die alte Unterschrift des Erblassers gedeckt sind, als gültig anzusehen (§ 21 Bem. 9).

b) Später eintretende Unausführbarkeit des zweiten Testaments ist im Zweifel unbeachtlich. 3

Ist das spätere Testament wirksam errichtet, so bleibt die Aufhebungswirkung im Zweifel auch dann bestehen, wenn das spätere Testament ohne Zutun des Erblassers ganz oder teilweise abhanden gekommen ist (vgl. § 33 Bem. 5). Hat z. B. der Erblasser nacheinander zwei Testamente errichtet, ist aber das zweite gegen den Willen des Erblassers abhanden gekommen und läßt sich der Inhalt dieses Testaments nicht mehr mit Sicherheit feststellen, obwohl feststeht, daß damit das erste Testament vollständig außer Kraft gesetzt werden sollte, so bleibt der darin liegende stillschweigende Widerruf des ersten Testaments im Zweifel in Geltung, so daß in einem solchen Fall die gesetzliche Erbfolge Platz greift (KG. vom 18. Juli 1935, DNotZ. 824 = JW. 3122 = HRR. 1522).

Die Aufhebungswirkung des zweiten Testaments bleibt im Zweifel auch dann aufrechterhalten, wenn das zweite Testament aus einem anderen Grunde nicht ausgeführt wird. Hat der Erblasser z. B. zunächst den A zum Alleinerben und in einem zweiten Testament den B ebenfalls zum Alleinerben eingesetzt, so bleibt das erste Testament aufgehoben, auch wenn B vor dem Erblasser stirbt oder die Erbeinsetzung ausschlägt; etwas anderes würde nur dann gelten, wenn etwa anzunehmen ist, daß A nach dem Willen des Erblassers Ersatzerbe sein solle.

Wegen des Widerrufs des späteren Testaments siehe unten Bem. 5.

4 3. Das widersprechende Testament muß später errichtet sein als das andere.

Errichtet der Erblasser gleichzeitig zwei Testamente, die mit einander in Widerspruch stehen, so heben sie sich gegenseitig in soweit auf, als dieser Widerspruch reicht. Dieselbe Wirkung tritt ein, wenn der Erblasser zwei einander widersprechende Testamente hinterläßt, von denen sich nicht feststellen läßt, welches das ältere und welches das jüngere ist. Hinterläßt er mehrere Testamente, die mit demselben Datum versehen sind, so sind sie, wenn sich nicht eine andere Feststellung treffen läßt, als gleichzeitig errichtet anzusehen, so daß sich die in ihnen enthaltenen widersprechenden Anordnungen gegenseitig aufheben (KG. vom 14. Mai 1942, HRR. 42, 755 = DRW. 42, 4296). Das österreichische ABGB. hat für diesen Fall eine andere Lösung. Es bestimmt im § 715, daß bei einander widersprechenden, gleichzeitig errichteten Testamenten, beide Testamente nebeneinander gelten, soweit sie nebeneinander bestehen können. Beispiel: Man findet im Nachlaß zwei nicht datierte Testamente, deren zeitliche Reihenfolge nicht aufzuklären ist; in dem einen ist A, in dem anderen B zum Alleinerben eingesetzt. Nach österreichischem Recht gelten dann A und B je zur Hälfte als Erben eingesetzt. Der erwähnte § 715 ABGB. ist allerdings durch § 50 Abs. 3 des TestG. in Österreich vorübergehend, nämlich vom Inkrafttreten des TestG. bis zu seiner Wiederaufhebung (Bem. 6 zu § 50) außer Kraft gewesen. Für Erbfälle, die in dieser Zeit eingetreten und abgewickelt worden sind, hat er deshalb keine Anwendung gefunden. In Erbfällen, die erst seit der Aufhebung des TestG. in Österreich zur rechtlichen Behandlung gekommen sind, war die Auslegungsregel des § 715 ABGB. aber wieder anzuwenden, auch wenn der Zeitpunkt der Testamentserrichtung in die Zeit gefallen ist, in der § 715 ABGB. nicht gegolten hat.

Das TestG. hat sich dem Vorbild der Regelung im österreichischen Recht nicht angeschlossen. Es vermeidet eine ausdrückliche Regelung für den hier behandelten Fall. Es ist deshalb nicht ausgeschlossen, daß bei der Auslegung zweier gleichzeitig errichteter Testamente die Absicht des Erblassers festgestellt wird, beide Testamente nebeneinander gelten zu lassen und, soweit sie sich scheinbar widersprechen, so auszulegen, daß sie nebeneinander bestehen können. Ist nach den Umständen des Falles aber anzunehmen, daß eine solche Auslegung mit dem Willen des Erblassers nicht vereinbar wäre, so bleibt es bei der oben aufgestellten Regel, daß sich zwei gleichzeitig errichtete Testamente oder zwei Testamente, die nach den gesetzlichen Vermutungen als gleichzeitig errichtet gelten, ohne daß sich feststellen läßt, welches früher oder welches später errichtet ist, insoweit aufheben, als sie sich gegenseitig widersprechen. Ist der Inhalt solcher Testamente derart widerspruchsvoll und unklar, daß sich der wahre Wille des Erblassers nicht ermitteln läßt, so können sie sich auch in vollem Umfange gegenseitig aufheben (KG. vom 14. Mai 1942, HRR. 42, 755 = DRW. 42, 4296).

Findet sich im Nachlaß ein datiertes Testament und ein undatiertes eigenhändiges Testament, so ist ebenfalls zu prüfen, welches von beiden das jüngere ist. Läßt sich der Zweifel nicht aufklären, so bleibt auf Grund der ausdrücklichen Vorschrift in § 21 Abs. 5 das undatierte Testament grundsätzlich außer Betracht. Das undatierte gilt also nur insoweit, als das datierte nicht mit ihm in Widerspruch steht (vgl. § 21 Bem. 13).

5 **II. Widerruf des späteren Testaments (Abs. 2).**

1. Die Auslegungsregel des § 36 Abs. 2.

Hat der Erblasser den A zum Alleinerben und in seinem späteren Testament den B ebenfalls zum Alleinerben eingesetzt, so ist die Erbeinsetzung des A gemäß § 36 Abs. 1 aufgehoben. Widerruft nun der Erblasser das zweite Testament, so kann es zweifelhaft sein, ob das erste Testament wieder aufleben soll. Das Gesetz entscheidet diese Frage dahin, daß es auf den Willen des Erblassers ankomme. Es wird vermutet, daß dieser Wille auf ein Wiederaufleben des ersten Testaments gerichtet sei; diese Vermutung ist jedoch widerlegbar.

Diese Regel war auch in § 2258 Abs. 2 BGB. enthalten; dort war sie jedoch als zwingender Rechtssatz aufgestellt. In dem neuen Gesetz ist sie (ebenso wie in dem ähnlich liegenden Fall des § 35) zu einer bloßen Beweisregel abgeschwächt.

Bei Anwendung des § 36 Abs. 2 wird vorausgesetzt, daß das alte Testament nicht auf andere Weise widerrufen, also nicht etwa nach § 33 Abs. 2 vernichtet oder nach § 34 als öffentliches Testament aus der amtlichen Verwahrung zurückgenommen ist. Ein so widerrufenes Testament kann nicht auf Grund des § 36 Abs. 2 wieder aufleben (vgl. § 35 Bem. 4).

2. Form des Widerrufs. 6

Voraussetzung für die Anwendung des § 36 Abs. 2 ist, daß das spätere Testament widerrufen wird. In welcher Form der Erblasser diesen Widerruf vornimmt, ist unerheblich. Es macht also keinen Unterschied, ob der Erblasser das spätere Testament zerreißt oder aus der amtlichen Verwahrung zurücknimmt oder durch ein drittes Testament ausdrücklich widerruft oder stillschweigend aufhebt. Der Widerruf muß aber wirksam sein. Die in § 36 Abs. 2 vorgesehene Wirkung tritt also z. B. nicht ein, wenn der Erblasser bei Vornahme der Widerrufshandlung i. S. der §§ 1, 2, 32 Abs. 2 nicht testierfähig war.

Vierter Abschnitt.

Amtliche Verwahrung und Eröffnung von Testamenten und Erbverträgen.

§ 37.

Zuständigkeit für die besondere amtliche Verwahrung.

(1) Für die besondere amtliche Verwahrung der Testamente und der Erbverträge sind die Amtsgerichte zuständig.

(2) Örtlich zuständig ist:

1. wenn das Testament oder der Erbvertrag vor einem Amtsgericht errichtet ist, dieses Gericht;

2. wenn das Testament oder der Erbvertrag vor einem Notar errichtet ist, das Amtsgericht, in dessen Bezirk der Notar seinen Amtssitz hat;

3. wenn das Testament vor dem Bürgermeister einer Gemeinde oder dem Vorsteher eines Gutsbezirks errichtet ist, das Amtsgericht, zu dessen Bezirk die Gemeinde oder der Gutsbezirk gehört;

4. wenn das Testament nach § 21 errichtet ist, jedes Amtsgericht.

(3) Der Erblasser kann jederzeit die Verwahrung bei einem anderen Amtsgericht verlangen.

(4) Das Gericht, welches das Testament oder den Erbvertrag in Verwahrung nimmt, hat, wenn der Erblasser seinen Wohnsitz in dem Bezirk eines anderen Gerichts hat, diesem von der Verwahrung Nachricht zu geben.

Eine dem § 37 entsprechende Vorschrift war im BGB. nicht enthalten.

Übersicht:

I. Die besondere amtliche Verwahrung von Testamenten und Erbverträgen 1—3
II. Zuständigkeit für die besondere amtliche Verwahrung 4
1. Sachliche Zuständigkeit 4
a) Grundsatz 4
b) Übergangsregelung 5
2. Örtliche Zuständigkeit (Absatz 2, 3) 6
a) Regelmäßige Zuständigkeit 6
b) Abweichende Bestimmung durch den Erblasser 7
c) Die Benachrichtigung des Amtsgerichts des Wohnorts 8
d) Die Benachrichtigung des Standesamts oder der Reichskartei für Testamente 9
3. Kosten 10
III. Sicherung gegen Zerstörung u. Verlust durch Kriegswirkungen 11

1 **I. Die besondere amtliche Verwahrung von Testamenten und Erbverträgen.**

Der Richter oder Notar, der ein Testament beurkundet hat, soll veranlassen, daß das Testament unverzüglich in besondere amtliche Verwahrung genommen wird (§ 20 Abs. 2); dieselbe Verpflichtung besteht für den Bürgermeister, der ein Nottestament beurkundet hat (§ 23 Abs. 1).

Ein eigenhändiges Testament wird in besondere amtliche Verwahrung genommen, wenn der Erblasser es beantragt (§ 22). Ein Erbvertrag ist zur besonderen Verwahrung abzuliefern, wenn die Parteien nicht das Gegenteil verlangen; das Gegenteil gilt im Zweifel als verlangt, wenn der Erbvertrag mit einem anderen Vertrag in derselben Urkunde verbunden ist (§ 31).

Der Konsul, der ein öffentliches Testament oder einen Erbvertrag beurkundete, hatte die Urkunde an das Amtsgericht Berlin zur besonderen Verwahrung abzuliefern. (S. § 50 Abs. 4 TestG. mit § 16a des Ges. vom 14. Mai 1936 (abgedruckt oben S. 72). Der Kriegsgerichtsrat, der ein öffentliches Testament oder einen Erbvertrag beurkundet oder entgegengenommen hat, hatte die Urkunde an das Oberkommando der Wehrmacht abzuliefern, wo sie in besonderer amtlicher Verwahrung verblieb; der Erblasser kann jedoch jederzeit verlangen, daß das Testament oder der Erbvertrag beim Amtsgericht verwahrt werde (DVO. zum WehrmachtFGes. § 3 Abs. 2 und § 9, oben S. 68f.).

2 Im BGB. war die besondere amtliche Verwahrung zwar vorgesehen, jedoch nicht näher geregelt. Die Regelung der Einzelheiten blieb der Landesgesetzgebung überlassen. Das BGB. regelte weder die Zuständigkeit noch das bei der amtlichen Verwahrung einzuhaltende Verfahren. Man sah dies als eine Angelegenheit der Landesjustizverwaltung an. Nachdem die Justizhoheit auf das Reich übergegangen und die gesamte Justizverwaltung Reichssache geworden war (Gesetz zur Überleitung der Rechtspflege auf das Reich vom 21. Januar 1935, RGBl. I, 68), bestand kein Anlaß, die verschiedenartige landesgesetzliche Regelung auf diesem Gebiet aufrecht-

zuerhalten. Daher wird jetzt in den §§ 37, 38 sowie in den Vollzugsbestimmungen die besondere amtliche Verwahrung einheitlich geordnet.

Die „besondere" amtliche Verwahrung unterscheidet sich von der ge- 3
wöhnlichen Urkundenverwahrung dadurch, daß die Annahme, die Aufbewahrung und die Rückgabe mit besonderen Sicherungen gegen Verlust oder Beschädigung ausgestattet sind. In § 37 ist die Zuständigkeit und in § 38 das Verfahren geregelt.

Aus Anlaß des Krieges sind noch besondere Sicherungsmaßnahmen gegen Zerstörung durch Feindeinwirkung angeordnet worden. Hierüber siehe unten Bem. 11.

II. Zuständigkeit für die besondere amtliche Verwahrung. 4

1. Sachliche Zuständigkeit.

a) Grundsatz.

Für die besondere amtliche Verwahrung der Testamente und Erbverträge sind die Amtsgerichte zuständig. Dies gilt, wenn man von der Verwahrung der militärischen Testamente durch das Oberkommando der Wehrmacht absieht, ganz allgemein, insbesondere auch für die vor einem Notar errichteten Testamente und Erbverträge.

Die Amtsgerichte waren schon vor der Geltung des TestG. im weitaus größten Teil des Reichs als Testamentsverwahrungsstellen bestimmt, so namentlich in Preußen durch Art. 81 ABGB. und in Bayern durch § 79 der Reichsnotarordnung in Verbindung mit AV. vom 23. April 1937 — DJ. 646 — und vom 24. April 1937 — DJ. 646. Die Notare konnten vor der Geltung des Test-G. Testamente nicht mehr in besondere Verwahrung nehmen, und zwar gleichviel, ob es sich um ein eigenhändiges oder um ein öffentliches Testament handelt, das der Notar selbst oder ein anderer Notar beurkundet hat.

Auf Grund eines Vorbehalts in der Reichsnotarordnung waren bis zum Inkrafttreten des TestG. in Württemberg noch die Bezirksnotare zur besonderen amtlichen Verwahrung zuständig (RNotO. § 85; württ. AGBGB. vom 29. Dezember 1931). Dieser Vorbehalt ist durch § 37 Abs. 1 des vorliegenden Gesetzes beseitigt. Auch in Württemberg sind jetzt die Amtsgerichte, und zwar ausschließlich, für die besondere amtliche Verwahrung der Testamente und Erbverträge zuständig.

b) Übergangsregelung. 5

Testamente und Erbverträge, die sich bei den württembergischen Bezirksnotaren (oder etwa noch bei einer sonstigen anderen Stelle als bei den Amtsgerichten) in besonderer amtlicher Verwahrung befanden, waren unverzüglich an das für den Bezirk der bisherigen Verwahrungsstelle zuständige Amtsgericht abzugeben (Abschnitt V der AV. vom 4. August 1938 — DJ. 1259 — abgedruckt oben S. 34).

Die Abgabe der Testamente und Erbverträge ist in der vorerwähnten AV. in Verbindung mit AV. vom 23. April 1937 — DJ. 646 — geregelt, und zwar wie folgt:

Eine Gerichtsgebühr für die Übernahmed er Verwahrung wurde nicht erhoben. Der Notar hatte ein Verzeichnis der beim Inkrafttreten dieses Gesetzes in seiner besonderen amtlichen Verwahrung befindlichen Testamente, Erbverträge und Erklärungen über den Anerben i. S. des § 13 EHRV. aufzustellen und zusammen mit den abzuliefernden Urkunden dem Amtsgericht in doppelter Ausfertigung zu überreichen. In dem Verzeichnis war bei den Verfügungen von Todes wegen, die seit dem 1. Juli 1936 in Verwahrung genommen sind, anzugeben, welche Stelle nach der AV. vom 15. Juni 1939 (oben S. 35) benachrichtigt worden ist. Das Amtsgericht hatte eine Ausfertigung des Verzeichnisses mit seiner Empfangsbescheinigung versehen, dem Notar zurückzugeben. Das Amtsgericht hatte dem Erblasser einen Hinterlegungsschein zu erteilen und den ihm vom Notar erteilten Hinterlegungsschein zurückzufordern. Die Benachrichtigung des Standesbeamten oder der Reichskartei für Testamente nach der AV. vom 24. April 1936 konnte auf die Fälle beschränkt bleiben, in denen eine solche Benachrichtigung nicht schon durch den Notar erfolgt war.

Diese Übergangsregelung war, soweit ersichtlich, nur für die württembergischen Bezirksnotare von Bedeutung. Die Vorschriften, wonach das Oberkommando der Wehrmacht für die besondere amtliche Verwahrung von militärischen Testamenten zuständig ist, werden durch dieses Gesetz nicht berührt (§ 27).

6 2. Örtliche Zuständigkeit (Abs. 2, 3).

a) Regelmäßige Zuständigkeit.

Das Gesetz stellt nicht darauf ab, wo der Erblasser wohnt, sondern darauf, wo die Urkunde errichtet ist. Demnach ist zuständig: bei einem vor Gericht errichteten Testament dieses Gericht selbst, bei einem notariellen Testament oder bei einem vor dem Bürgermeister errichteten Nottestament das Amtsgericht, in dessen Bezirk der Notar oder der Bürgermeister ihren Amtssitz haben. Im Gegensatz hierzu ist für die Verwahrung des eigenhändigen Testaments jedes Amtsgericht im gesamten Deutschen Reich zuständig (§ 37 Abs. 2 Nr. 4, § 49 Abs. 4 Nr. 2).

Für die vor dem Konsul errichteten Testamente und Erbverträge war das Amtsgericht Berlin zuständig (Gesetz vom 14. Mai 1936, § 16a oben S. 72).

7 b) Abweichende Bestimmung durch den Erblasser.

Der Erblasser kann jederzeit verlangen, daß das Testament oder der Erbvertrag bei einem anderen Gericht verwahrt wird (§ 37 Abs. 3 des Gesetzes; § 9 der DVO. zum WehrmachtFGG., oben S. 68). Dieses ,,Verlangen" ist an keine bestimmte Form gebunden. Der Erblasser kann dieses Verlangen auch sogleich bei der Testamentserrichtung stellen. In diesem Falle schickt der Notar oder der beurkundende Richter das Testament sofort nach der Errichtung an das vom Erblasser bezeichnete Amtsgericht.

Stellt der Erblasser das Verlangen nach Verwahrung bei einem anderen Gericht erst, nachdem es bereits in Verwahrung genommen ist, so übersendet das ursprünglich zuständige Gericht die Verfügung von Todes wegen mit den Akten unter Beachtung der für wichtige Postsendungen geltenden Vorschriften an das neue Gericht. Das alte Gericht nimmt den Postschein und die Empfangsanzeige des neuen Gerichts als Beleg zu seinen Akten. Das neue Gericht zieht den alten Hinterlegungsschein gegen Erteilung eines neuen zu den Akten ein (§ 27 Abs. 7 der Aktenordnung in der Fassung der AV. vom 4. August 1938, oben S. 30).

Der Erblasser kann die Verwahrungsstelle so oft wechseln, als es ihm gut scheint. Eine besondere Gebühr entsteht hierdurch nicht; er hat aber jedesmal die durch die Versendung entstehenden Auslagen zu tragen.

Ist der Erblasser geschäftsunfähig (etwa durch Entmündigung wegen Geisteskrankheit), so kann das Verlangen nach einem Wechsel der Verwahrungsstelle nur durch den gesetzlichen Vertreter des Erblassers geäußert werden (LG. Ulm vom 12. Februar 1932 Mitt. des WürttNotV. S. 117).

c) Die Benachrichtigung des Amtsgerichts des Wohnorts. 8

Eine gewisse Wahrscheinlichkeit spricht dafür, daß der Erblasser an seinem Wohnort sterben wird. Bei dem Amtsgericht seines Wohnorts wird man auch am ehesten ein Testament vermuten. Um die Nachforschung nach dem Testament zu erleichtern, bestimmt daher § 37 Abs. 4, daß das verwahrende Gericht, wenn der Erblasser nicht in seinem Bezirk wohnt, das für den Wohnort des Erblassers zuständige Amtsgericht von der Verwahrung zu benachrichtigen hat.

Der Urkundsbeamte der Geschäftsstelle beim Amtsgericht des Wohnorts trägt die Namen der Personen, für die bei einem anderen Gericht eine Verfügung von Todes wegen verwahrt wird, in das alphabetische Namensverzeichnis ein (§ 27 Abs. 3 der Aktenordnung). Nur auf diese Weise kann sichergestellt werden, daß die Anzeige auch ihren Zweck erfüllt.

d) Die Benachrichtigung des Standesamtes oder der Reichskartei für Testamente. 9

Es ist verhältnismäßig häufig vorgekommen, daß das Nachlaßgericht nach dem Tode des Erblassers nichts davon erfahren hat, daß der Erblasser bei einer anderen Stelle ein Testament in besondere amtliche Verwahrung gegeben hatte (vgl. die statistische Übersicht bei Vogels DJ. 37, 1766). Da man nicht weiß, wo der Erblasser einmal sterben wird, ist es auch nicht möglich, schon gleich bei der Einlieferung des Testaments in die amtliche Verwahrung das Nachlaßgericht zu verständigen. Es muß daher eine Stelle zwischengestaltet werden, die mit Sicherheit später einmal von dem Tode des Erblassers benachrichtigt wird. Diese Stelle ist der Standesbeamte des Geburtsorts oder, wenn der Erblasser im Auslande geboren ist, die Reichskartei für Testamente beim Amtsgericht Berlin.

Durch die AV. über die Benachrichtigung in Nachlaßsachen, früher vom 24. April 1936, jetzt vom 15. Juni 1939 (abgedruckt oben S. 35) ist angeordnet, daß das Gericht, welches das Testament oder den Erbvertrag in besondere amtliche Verwahrung nimmt, den Standesbeamten des Geburtsorts oder die Reichskartei auf einem besonderen Vordruck von der Verwahrung zu benachrichtigen hat (vgl. auch § 27 Abs. 4 der Aktenordnung und Abschnitt III der AV. vom 14. Februar 1937, DJ. 258). Der Standesbeamte sammelt die Anzeigen und macht auf der Geburtsurkunde einen auf die Anzeige hinweisenden Vermerk. Erhält nun der Standesbeamte des Geburtsregisters durch Vermittlung des Standesbeamten des Sterbeorts Nachricht vom Tode des Erblassers (§ 69 der 1. AusfVO. zum Personenstandsgesetz vom 19. Mai 1938 — RGBl. I, 533), so hat er die Todesanzeige alsbald an die Verwahrungsstelle weiterzugeben. Diese veranlaßt dann, daß das Testament erröffnet wird. Die Einzelheiten dieser Regelung sind in 4 Aufsätzen von Vogels behandelt (DJ. 36, 756; StAZ. 36, 190; DFG. 36, 209; DJ. 39, 1197). Die Regelung ist ferner inhaltlich wiedergegeben in §§ 294—297 der amtlichen Dienstanweisung für die Standesbeamten vom Dezember 1938 (erschienen im Verlag für Standesamtswesen in Berlin).

Eine allgemeine Benachrichtigungspflicht der Standesämter dahin, daß diese alle Sterbefälle den Nachlaßgerichten mitzuteilen hätten, besteht nicht. Soweit eine solche Pflicht aber bisher auf Grund landesrechtlicher Vorschriften gegeben war, besteht sie auch fort. Vgl. den gemeinsamen Erl. d. RJM. und des RMdI. vom 20. März 1940, DJ. 395 (abgedruckt oben S. 43).

10 **3. Kosten.**

Für die besondere amtliche Verwahrung einer Verfügung von Todes wegen wird bei der Annahme ¼ der vollen Gebühr erhoben (KostO. § 93 Abs. 1). Diese Gebühr deckt die ganze Dauer der Verwahrung. Wird auf Verlangen des Erblassers das Verwahrungsgericht gewechselt (§ 37 Abs. 3) oder wird ein gemeinschaftliches Testament oder ein Erbvertrag nach dem Tode des Erstversterbenden eröffnet und danach erneut in Verwahrung genommen (§§ 44, 45) oder wird der Verschluß eines Testaments geöffnet, um dem Erblasser Einsicht zu gewähren (§ 34 Bem. 15), so wird die Gebühr nicht etwa wieder von neuem erhoben. Die bei der Annahme errichtete Gebühr deckt auch die oben in Bem. 8, 9 erwähnten Benachrichtigungen und die Erteilung des Hinterlegungsscheins (vgl. Jonas-Melsheimer, Reichskostenordnung § 93 Bem. II 2).

Läßt sich der Erblasser das Testament zurückgeben (vgl. § 34), so wird hierfür ebenfalls ¼ der vollen Gebühr erhoben. Wegen der gebührenfreien Rückgabe der Testamente, die vor dem 1. Januar 1924 in Verwahrung gegeben sind, siehe oben § 34 Bem. 14.

11 **III. Sicherung gegen Zerstörung und Verlust durch Kriegswirkungen.**

Aus Anlaß des letzten Krieges hat sich gezeigt, daß zur Sicherung gegen Zerstörung und Verlust der in besondere amtlichen Verwahrung befindlichen Testamente und Erbverträge durch Fliegerangriffe und sonstige Kriegseinwirkungen noch besondere Vorkehrungen erforderlich sind, die durch die AV.en des RJM. vom 22. November 1943 (Dt. Just. 545) und vom 24. Juni 1944 (Dt. Just. 201) getroffen sind. Sie sind oben S. 57 ff. abgedruckt. Nach ihnen kann der OLGPräs. die Verwahrung von einem Gericht an ein anderes (Aufnahmegericht) vorlegen; außerdem hat der Richter oder Notar, der ein Testament oder einen Erbvertrag beurkundet hat, eine beglaubigte Abschrift zurückzubehalten und an möglichst sicherem Ort zu verwahren. Näheres siehe Bem. 9 zu § 20.

§ 38.

Verfahren bei der besonderen amtlichen Verwahrung.

(1) Die Annahme zur Verwahrung sowie die Herausgabe des Testaments oder des Erbvertrags ist von dem Amtsgericht anzuordnen und von dem Amtsrichter und dem Urkundsbeamten der Geschäftsstelle gemeinschaftlich zu bewirken. Bei der Führung des Verwahrungsbuchs sind die Vermerke über die Annahme und die Herausgabe von dem Amtsrichter und dem Urkundsbeamten der Geschätfsstelle zu unterschreiben.

(2) Die Verwahrung erfolgt unter gemeinschaftlichem Verschluß des Amtsrichters und des Urkundsbeamten der Geschäftsstelle. Der Hinterlegungsschein ist von ihnen zu unterschreiben und mit dem Dienststempel zu versehen.

Eine dem § 38 entsprechende Vorschrift war im BGB. nicht enthalten.

Übersicht:

Vorbemerkung 1
I. Die Annahme zur besonderen amtlichen Verwahrung 2
1. Die Ablieferung des Testaments 2
2. Die Annahmeverfügung 3
3. Die Bewirkung der Annahme 4
a) Eintragung im Verwahrungsbuch 4
b) Die Verschließung im Testamentsschrank 5
4. Der Hinterlegungsschein und die Empfangsbestätigung 6
5. Benachrichtigung 7
II. Herausgabe aus der amtlichen Verwahrung 8
1. Die Ausgabeverfügung 8
a) Die Verfügung zur Rückgabe an den Erblasser 8
b) Herausgabe zur Eröffnung 9
c) Die Verfügung zur Gewährung der Einsichtnahme 10
d) Prüfung der Fälle a) bis c) durch den Richter 11
2. Die Bewirkung der Herausgabe 12
a) Die Löschung im Verwahrungsbuch 12
b) Die Übergabe an den Erblasser 13
c) Belehrung des Erblassers 14
III. Haftung und Kosten 15
1. Haftung 15
2. Kosten 16

Vorbemerkung. 1

Während in §§ 20, 22, 23, 27, 31, 50 Abs. 4 Fälle aufgeführt sind, in denen die besondere amtliche Verwahrung einer Verfügung von Todes wegen stattfindet und in § 37 die sachliche Zuständigkeit für die Verwahrung dem Amtsgericht zugewiesen ist, regelt § 38, in welcher Weise die Verwahrung zu bewirken ist. Im BGB. war die Regelung dieser Frage den Landesgesetzen überlassen (vgl. § 37 Bem. 2). Sie ist ergänzt durch die Vorschriften der AV.en des RJMin. vom 22. November 1943 (Dt. Just. 545) und vom 24. Juni 1944 (Dt. Just. 201) über die Sicherung der Testamente und Erbverträge gegen Kriegseinwirkungen, die auch heute noch in Geltung sind. Im einzelnen siehe den Wortlaut der allgemeinen Verfügungen, der oben S. 57 abgedruckt ist und die Bem. 9 zu § 20.

Die mit der Annahme oder Herausgabe einer Verfügung von Todes wegen zusammenhängenden richterlichen Aufgaben können einem Rechtspfleger übertragen werden (s. unten § 38 Bem. 5; Abschn. III der AV. vom 4. August 1938, oben S. 34).

I. Die Annahme zur besonderen amtlichen Verwahrung. 2

1. Die Ablieferung des Testaments.

Der Richter, der Notar oder der Bürgermeister, der ein Testament beurkundet hat, ist verpflichtet, für die unverzügliche Ablieferung des Testaments zu sorgen. Es ist nicht notwendig, daß die Urkundsperson die Urkunde persönlich beim Gericht abliefert; die Urkunde kann auch durch die Post oder durch einen Boten übermittelt werden.

Der Richter oder der Notar hat für die Verschließung des Testaments oder Erbvertrags einen Umschlag mit vorgeschriebenem Aufdruck zu verwenden, aus dem die Personalien des Erblassers ersichtlich sind (§ 20 Bem. 5). Er hat außerdem eine beglaubigte Abschrift bei seinen Akten zurückzubehalten, in einen besonderen Umschlag, der entsprechend zu beschriften ist, zu nehmen und an möglichst sicherem Ort zu verwahren und hierüber einen Vermerk auf dem Testament selbst und in der Urkundenrolle zu machen. Auf diese Weise soll der Zerstörung und dem Verlust durch Kriegseinwirkungen vorgebeugt werden. Siehe hierüber Bem. 9 zu § 20.

Auch der Konsul hatte auf dem Umschlag die gleichen Angaben wie der Richter oder der Notar zu machen (Allgemeine Dienstinstruktion zum Konsulargesetz i. d. F. der Bekanntmachung vom 5. November 1938, RMBl. Nr. 47, zu § 16a Nr. 16, abgedruckt oben S. 77). Auch auf dem Umschlag des Testaments von Wehrmachtangehörigen sind ähnliche Angaben über den Erblasser vorgeschrieben (§ 3 der DVO. zum Wehrmacht-FGG., oben S. 67).

Der Erblasser, der ein eigenhändiges Testament zur amtlichen Verwahrung abliefert, kann das Testament entweder persönlich übergeben oder durch Brief oder Boten der Verwahrungsstelle zusenden (§ 22 Bem. 2). Die Verwahrungsstelle verschließt das eigenhändige Testament in einem Umschlag mit vorgeschriebenem Aufdruck und trägt auf ihm die Angaben über die Person des Erblassers ein (AV. vom 15. Juni 1939 Abschn. I 1 Abs. 2, abgedruckt oben S. 36).

3 2. Die Annahmeverfügung.

Der Richter prüft, ob die Voraussetzungen für die Annahme des Testaments oder des Erbvertrags zur besonderen amtlichen Verwahrung gegeben sind, ob also überhaupt ein Testament oder Erbvertrag vorliegt, ob die sachliche und die örtliche Zuständigkeit gegeben ist, ob der Umschlag und der Verschluß den Vorschriften entsprechen; er ordnet, wenn zu Beanstandungen kein Anlaß besteht, die Annahme zur Verwahrung an.

Der Richter braucht nicht zu prüfen, ob das Testament oder der Erbvertrag gültig ist. Liefert z. B. der Erblasser ein eigenhändiges Testament ab, das wegen Formfehlers offenbar nichtig ist (etwa weil es mit Schreibmaschine angefertigt ist), so wird er gut tun, den Erblasser auf diese Fehlerhaftigkeit aufmerksam zu machen. Eine Verpflichtung hierzu besteht für den Richter jedoch nicht. Der Richter ist auch nicht berechtigt, wegen offenkundiger Nichtigkeit des Testaments dessen Verwahrung abzulehnen; besteht der Erblasser, nachdem er über die Nichtigkeit belehrt ist, dennoch auf der Verwahrung, so hat der Richter die Annahme zur Verwahrung anzuordnen.

Bei einem Erbvertrag hat der Richter zu prüfen, ob etwa die Beteiligten der besonderen amtlichen Verwahrung widersprechen. Liegt ein solcher Widerspruch vor, so darf er den Erbvertrag nicht in Verwahrung nehmen (§ 31). Widerspricht nur einer der Vertragschließenden der besonderen amtlichen Verwahrung, während der andere sie verlangt, so ist der Widerspruch unbeachtlich. Dies folgt aus § 31 (s. Bem. 2 dort). Bei einem gemeinschaftlichen eigenhändigen Testament wird der Richter die Annahme zur Verwahrung nur anordnen dürfen, wenn beide Ehegatten den Antrag stellen; widerspricht einer der Ehegatten, so wird das Testament nicht in Verwahrung genommen werden können (vgl. §§ 22, 28, 34 Abs. 4).

4 3. Die Bewirkung der Annahme.

Die Annahmeverfügung des Richters ist dem Verwahrungsbeamten in Urschrift vorzulegen (§ 27 Abs. 5 der AktenO., oben S. 30). Die Annahme selbst ist vom Amtsrichter und dem Urkundsbeamten der Geschäftsstelle gemeinschaftlich zu bewirken (§ 38 Abs. 1 Satz 1).

a) Eintragung im Verwahrungsbuch.

Der Urkundsbeamte führt über die zur Verwahrung angenommenen Verfügungen von Todes wegen ein besonderes Verwahrungsbuch nach dem Muster 5a der AktenO. (§ 27 Abs. 4 der AktenO., oben S. 29). Die Nummer der Eintragung ist auf dem Umschlag zu vermerken. Der Vermerk über die

Annahme im Verwahrungsbuch wird vom Richter und vom Urkundsbeamten der Geschäftsstelle unterschrieben (§ 38 Abs. 1 Satz 2).

b) Die Verschließung im Testamentsschrank. 5

Die Verfügungen von Todes wegen werden unter gemeinschaftlichen Verschluß der beiden Verwahrungsbeamten an einem feuersicheren Ort in der Nummernfolge des Verwahrungsbuches aufbewahrt (§ 38 Abs. 2 des Gesetzes; § 27 Abs. 4 AktenO., oben S. 29). In der Regel wird hierzu ein eiserner Schrank verwendet, der mit zwei verschiedenen Schlössern versehen ist und nur geöffnet werden kann, wenn beide Schlösser gleichzeitig betätigt werden. Den Schlüssel zu dem einen Schloß hat der Amtsrichter, den Schlüssel zu dem anderen hat der Urkundsbeamte der Geschäftsstelle. Da bei allen Verfügungen von Todes wegen ein Umschlag von der gleichen Größe verwendet wird, lassen sich die Umschläge im Testamentsschrank übersichtlich einordnen, so daß ein im Einzelfall benötigtes Stück mit Hilfe des alphabetischen Namensverzeichnisses und des Verwahrungsbuches schnell herausgefunden werden kann.

Die Annahme zur Verwahrung ist auf der Annahmeverfügung zu bestätigen (§ 27 Abs. 5 der AktenO.).

Wird ein Erbvertrag oder ein gemeinschaftliches Testament nach dem Tode eines der Vertragschließenden oder Verfügenden eröffnet, so ist die Urkunde in der Regel alsbald wieder in die besondere amtliche Verwahrung zurückzubringen, und zwar in jedem Falle in die des Nachlaßgerichts (vgl. §§ 44, 45 des Gesetzes und § 27 Abs. 4 AktenO., oben S. 29).

4. Der Hinterlegungsschein und die Empfangsbestätigung. 6

Dem Erblasser ist über das in Verwahrung genommene Testament ein Hinterlegungsschein zu erteilen (§ 20 Abs. 2, §§ 22, 23 Abs. 1, § 27). Beim Erbvertrag erhält jeder der Vertragschließenden einen Hinterlegungsschein (§ 31 Abs. 2).

Der Hinterlegungsschein besteht in einer wörtlichen Abschrift des Eintragungsvermerks im Verwahrungsbuch (§ 27 Abs. 6 AktenO.).

Bei Nottestamenten soll der Hinterlegungsschein einen Hinweis darauf enthalten, daß das Testament nach § 26 des Gesetzes nach Ablauf von 3 Monaten seine Gültigkeit verliert. Ein entsprechender Vermerk ist für die militärischen Testamente vorgesehen (§ 8 DVO. zum WehrmachtFGG., oben S. 67).

Der Hinterlegungsschein ist vom Amtsrichter und vom Urkundsbeamten der Geschäftsstelle zu unterschreiben und mit dem Dienststempel zu versehen (§ 38 Abs. 2 des Gesetzes). Der Hinterlegungsschein ist der Annahmeverfügung bei ihrer Rückleitung beizufügen und von der Geschäftsstelle dem Erblasser auszuhändigen (§ 27 Abs. 6 AktenO.).

Bringt ein Notar oder ein Bürgermeister ein Testament zur amtlichen Verwahrung, so hat die Geschäftsstelle ihm auf Verlangen den Empfang zu bestätigen (§ 27 Abs. 6 AktenO.).

5. Benachrichtigung. 7

Das Amtsgericht benachrichtigt von der Verwahrung den Standesbeamten des Geburtsortes des Erblassers oder die Reichskartei für Testamente (AV. vom 15. Juni 1939, oben S. 35; vgl. § 37 Bem. 9). Das Amtsgericht gibt ferner, wenn der Erblasser nicht im Bezirk des Verwahrungsgerichts wohnt, dem Amtsgericht des Wohnorts von der Verwahrung Nachricht (§ 37 Abs. 4; vgl. § 37 Bem. 8).

8 **II. Herausgabe aus der amtlichen Verwahrung.**

1. Die Ausgabeverfügung.

a) Die Verfügung zur Rückgabe an den Erblasser.

Der Erblasser kann jederzeit verlangen, daß ihm das Testament aus der amtlichen Verwahrung zurückgegeben werde, gleichviel, ob es sich um ein öffentliches oder um ein Privattestament, um ein ordentliches oder um ein Nottestament handelt (§ 34 des Gesetzes).

Ein gemeinschaftliches Testament kann nur von beiden Ehegatten zurückgenommen werden (§ 34 Abs. 4).

Auch bei einem Erbvertrag wird auf übereinstimmenden Antrag aller Beteiligten die besondere amtliche Verwahrung aufgehoben. Die Urschrift wird aber nicht den Parteien ausgehändigt, sondern bei dem Gericht oder dem Notar, vor dem der Vertrag errichtet ist, in gewöhnliche Urkundenverwahrung genommen (§ 31 Bem. 7; § 12 DVO. zum WehrmachtFGG., oben S. 68).

9 b) Herausgabe zur Eröffnung.

Erfährt das Gericht, bei dem die Verfügung von Todes wegen verwahrt wird, daß der Erblasser gestorben ist, so hat es von Amtswegen die Eröffnung des Testaments zu veranlassen (§§ 40, 41 des Gesetzes, § 27 Abs. 10 AktenO.). Zu diesem Zweck wird das Testament aus der besonderen amtlichen Verwahrung herausgenommen. Handelt es sich um das Testament nur eines Erblassers, so ist die Herausgabe endgültig. Bei einem gemeinschaftlichen Testament oder einem Erbvertrag ist diese Herausgabe nicht endgültig, sondern nur vorübergehend (vgl. §§ 44, 45).

10 c) Die Verfügung zur Gewährung der Einsichtnahme.

Der Erblasser kann auch verlangen, daß ihm das in besonderer amtlichen Verwahrung befindliche Testament zur Einsichtnahme vorgelegt wird. Diese Gewährung der Einsicht ist jedoch keine Herausgabe im Sinne des § 38. Der Verschluß wird geöffnet und nach Gewährung der Einsicht wieder neu angelegt. Über diesen Vorgang ist eine Niederschrift für die Testamentsakten zu fertigen (s. § 34 Bem. 15).

11 d) Prüfung der Fälle a bis c durch den Richter.

Der Richter prüft, ob die Voraussetzungen für die Herausgabe gegeben sind, und ob der Antragsteller sich genügend über seine Person ausgewiesen hat. Bei einem Erbvertrag oder einem gemeinschaftlichen Testament wird er darauf zu achten haben, daß sämtliche Beteiligten der Herausgabe zustimmen. Er wirkt ferner darauf hin, daß vor Aushändigung der Verfügung von Todes wegen der Hinterlegungsschein zurückgegeben wird (§ 27 Abs. 6 der AktenO.). Liegt kein Anlaß zu Beanstandungen vor, so ordnet der Richter die Herausgabe an.

12 2. Die Bewirkung der Herausgabe.

Die Ausgabeverfügung, in der die Nummer des Verwahrungsbuches anzugeben ist, wird dem Verwahrungsbeamten in der Regel in Ausfertigung zugeleitet, damit er diese als Beleg beim Verwahrungsbuch behalten kann. Ausnahmsweise ist jedoch auch die Vorlage in Urschrift zulässig (AktenO. § 27 Abs. 5).

a) Die Löschung im Verwahrungsbuch.

Nachdem der unter gemeinschaftlichem Verschluß des Richters und des Urkundsbeamten der Geschäftsstelle stehende Testamentsschrank geöffnet und das Testament herausgenommen ist, wird die Herausgabe im Verwahrungsbuch vermerkt und dieser Vermerk vom Richter und dem Urkundsbeamten unterschrieben (§ 38 Abs. 1).

b) Die Übergabe an den Erblasser. 13

Das Testament darf nur an den Erblasser persönlich, das gemeinschaftliche Testament nur an die beiden Ehegatten persönlich herausgegeben werden (§ 34 Abs. 2, 4). Wohnt der Erblasser nicht im Bezirk des Gerichts, so ist ein anderes Gericht um die Herausgabe an den Erblasser zu ersuchen (§ 34 Bem. 6; § 27 Abs. 8 der AktenO.). Wegen der Erbverträge s. oben Bem. 8.

c) Belehrung des Erblassers. 14

Handelt es sich um ein öffentliches Testament, so ist der Erblasser darüber zu belehren, daß durch die Rückgabe das Testament kraft Gesetzes als widerrufen gilt; ein entsprechender Vermerk ist auf die Testamentsurkunde zu setzen. Für die Akten ist eine Niederschrift über diesen Vorgang anzufertigen (§ 34 Abs. 1 Satz 2 des Gesetzes; § 27 Abs. 9 der AktenO., oben S. 31).

Auch bei Rückgabe eines ordentlichen öffentlichen militärischen Testaments oder eines öffentlichen Militär(Not-)testaments ist der Erblasser entsprechend zu belehren (§ 27 Abs. 14 der AktenO., oben S. 33).

Diese Belehrung paßt aber nicht in jedem Fall. Ein eigenhändiges Testament oder ein nicht öffentliches Militärtestament wird durch die Rückgabe in seiner Wirksamkeit nicht berührt (s. § 34 Bem. 11, § 27 Bem. 15). In diesem Falle ist die Belehrung naturgemäß nicht zu erteilen.

III. Haftung und Kosten. 15

1. Haftung.

Gerät die Urkunde bei der Verwahrungsstelle in Verlust oder wird sie an einen Unberechtigten ausgehändigt und trifft den Richter oder den Verwahrungsbeamten ein Verschulden, so kann der Geschädigte hierfür u. U. Schadensersatz verlangen (BGB. § 839). Das Gleiche gilt für den Richter oder Notar, der es unterlassen hat, eine beglaubigte Abschrift gemäß § 6 der AV. vom 22. November 1943 (abgedruckt oben S. 59) bei seinen Akten zurückzubehalten (vgl. Bem. 9 zu § 20), wenn bei Zerstörung der Urschrift durch Kriegseinwirkung dadurch ein Schaden entsteht, daß auch die beglaubigte Abschrift nicht zur Verfügung steht.

Kosten. 16

Für die besondere amtliche Verwahrung und für die Rückgabe an den Erblasser aus der besonderen amtlichen Verwahrung wird je ¼ der vollen Gebühr erhoben (KostO. § 93). Näheres oben bei § 37 Bem. 10.

§ 39.

Ablieferungspflicht.

(1) Wer ein Testament, das nicht in besondere amtliche Verwahrung gebracht ist, im Besitz hat, ist verpflichtet, es unverzüglich, nachdem er von dem Tode des Erblassers Kenntnis erlangt hat, an das Nachlaßgericht abzuliefern.

(2) Befindet sich ein Testament bei einer anderen Behörde als einem Gericht in amtlicher Verwahrung, so ist es nach dem Tode des Erblassers an das Nachlaßgericht abzuliefern. Das Nachlaßgericht hat, wenn es von dem Testament Kenntnis erlangt, die Ablieferung zu veranlassen.

§ 39 entspricht dem § 2259 BGB.

Vogels, DRpfl. 38, 274. Die Ablieferung von Testamenten und Erbverträgen an das Nachlaßgericht.

Übersicht:

Vorbemerkung 1
I. Das Testament befindet sich in der Hand eines Besitzers, der nicht eine Behörde ist (Abs. 1) 2
1. Besitzer eines Testaments 2
a) Besitzer eines eigenhändigen Testaments 2
b) Besitzer eines öffentlichen Testaments 3
c) Besitzer eines Erbvertrags 4
2. Jedes Testament und jeder Erbvertrag sind abzuliefern 5
a) Ablieferungspflichtige Schriftstücke 5
b) Nichtablieferungspflichtige Schriftstücke 6
3. Abzuliefern ist die Urschrift des Schriftstücks 7
4. Die Testamente und Erbverträge sind an das Nachlaßgericht abzuliefern 8
a) Sachliche Zuständigkeit 8
b) Örtliche Zuständigkeit 9
5. Zwangsmittel des Nachlaßgerichts oder der Beteiligten 10
II. Das Testament befindet sich bei einer Behörde in Verwahrung (Abs. 2) 11
1. Verwahrung von Testamenten oder Erbverträgen durch nichtgerichtliche Behörden 11
2. Pflicht des Nachlaßgerichts, auf die Ablieferung hinzuwirken 12
3. Das Testament befindet sich bei einer gerichtlichen Behörde in Verwahrung 13

1 Vorbemerkung.

Das Gesetz will verhindern, daß nach dem Tode des Erblassers die Erbfolge verdunkelt wird. Daher sorgt es dafür, daß die vom Erblasser hinterlassenen Testamente (soweit sie sich nicht bereits vorher in besonderer amtlichen Verwahrung befinden) unverzüglich an das Nachlaßgericht abgeliefert werden. Das Nachlaßgericht hat dann das Testament zu eröffnen (§ 40). Eine Anordnung des Erblassers, durch die er verbietet, das Testament abzuliefern oder zu eröffnen, ist nichtig (§ 43). Die Vorschriften des § 39 gelten entsprechend auch für den Erbvertrag (§ 45).

§ 39 unterscheidet drei Fälle: (1) das Testament befindet sich in der Hand eines Besitzers, der nicht eine Behörde ist; (2) das Testament befindet sich in der Verwahrung einer anderen Behörde als eines Gerichts; (3) das Testament befindet sich in der amtlichen Verwahrung eines Gerichts.

2 **I. Das Testament befindet sich in der Hand eines Besitzers, der nicht eine Behörde ist (Abs. 1).**

Der Besitzer eines Testaments ist verpflichtet, es unverzüglich, nachdem er vom Tode des Erblassers Kenntnis erlangt hat, an das Nachlaßgericht abzuliefern.

1. Besitzer eines Testaments.

a) Besitzer eines eigenhändigen Testaments.

Wenn der Erblasser ein eigenhändiges Testament errichtet und nicht gemäß § 22 zur besonderen amtlichen Verwahrung abgeliefert hat, so wird er das Testament in der Regel in seinem Schreibtisch aufbewahren; wer nach dem Tode des Erblassers das Testament findet und an sich nimmt, ist kraft Gesetzes zur Ablieferung verpflichtet (vgl. auch § 857 BGB.: „Der Besitz geht auf den Erben über").

Es kann auch sein, daß der Erblasser noch zu seinen Lebzeiten das Testament einer Privatperson in Verwahrung gibt mit der Weisung, es nach seinem Tode dem Gericht abzuliefern; in diesem Falle ist der Besitzer sowohl auf Grund des Auftrags des Erblassers als auch auf Grund der gesetzlichen Anordnung des § 39 Abs. 1 zur Ablieferung verpflichtet. Aber selbst wenn der Erblasser dem Besitzer keinen Auftrag zur Ablieferung erteilt, oder wenn er gar die Ablieferung ganz oder auf Zeit verbietet, besteht auf Grund der zwingenden Vorschrift des § 39 die Pflicht zu unverzüglicher Ablieferung (vgl. Bem. 2 zu § 43). Unverzüglich ist dabei die Ablieferung nur, wenn jedes schuldhafte Zögern vermieden wird (vgl. § 121 BGB.).

b) Besitzer eines öffentlichen Testaments. 3

Ein öffentliches Testament ist stets sofort nach der Errichtung in besondere amtliche Verwahrung zu bringen (§ 20 Abs. 2, § 23 Abs. 1; § 3 DVO. zum WehrmachtFGG., oben S. 67). Hier wird also eine Ablieferung nach § 39 nur ausnahmsweise in Frage kommen: Stirbt z. B. der Erblasser unmittelbar nach der Testamentserrichtung, so hat der Notar oder der Bürgermeister das Testament nicht zur besonderen amtlichen Verwahrung, sondern unmittelbar zur Eröffnung an das Nachlaßgericht abzuliefern. Die gleiche Verpflichtung hat der Notar oder der Bürgermeister, wenn er entgegen der gesetzlichen Vorschrift das Testament nicht zur besonderen amtlichen Verwahrung abgeliefert, sondern bei sich zurückbehalten haben sollte.

c) Besitzer eines Erbvertrags. 4

Der Erbvertrag wird nicht in besondere amtliche Verwahrung gebracht, wenn die Parteien ihr widersprechen (§ 31); der Erbvertrag bleibt dann zunächst in der Verwahrung des Gerichts oder des Notars, vor dem der Vertrag errichtet ist. Erhält das beurkundende Gericht Nachricht vom Tode des Erblassers, so hat es selbst die Eröffnung zu veranlassen (§§ 40, 41). Erhält der Notar Nachricht vom Tode des Erblassers, so hat er den Erbvertrag dem Nachlaßgericht zur Eröffnung abzuliefern; eine beglaubigte Abschrift der Urkunde nebst Kostenrechnung ist zur Urkundensammlung zu nehmen (§§ 45, 39 Abs. 1; DOfNot. § 16 Abs. 2 in der Fassung vom 25. April 1939, DJ. 699).

Nach § 41 der bay. Nachlaßordnung vom 20. März 1903 (JMBl. NF. I, 459) hatte das Amtsgericht allwöchentlich den Notaren seines Bezirks eine Liste der Todesanzeigen zu übersenden; auf Grund dieser Liste prüfte der Notar, ob er etwa einen Erbvertrag eines Verstorbenen in Verwahrung hat. Die erwähnte Vorschrift der bayerischen Nachlaßordnung ist nicht ausdrücklich aufgehoben. Das BayJustMin. betrachtet sie aber durch die vorgeschriebenen Benachrichtigungen in Nachlaßsachen (vgl. AV. vom 15. Juni 1939, oben S. 35) als gegenstandslos und hat demgemäß angeordnet, daß die Übersendung der Totenlisten unterbleibt (Beck vom 30. Oktober 1948, BayJustMinBl. 1948 S. 61). Vgl. den gemeinsamen RdErl. des RJM. und des RMdI. vom 20. März 1940, DJ. 395, abgedruckt oben S. 43.

Damit der Notar die in seiner Verwahrung befindlichen Erbverträge, für die ja regelmäßig die besondere amtliche Verwahrung ausgeschlossen ist, hinsichtlich der Ablieferungspflicht genügend überwachen kann, empfiehlt sich die Führung eines alphabetischen Verzeichnisses oder einer Kartei, besonders in den Gebieten, in denen der Notar auf Grund der ihm regelmäßig zugehenden Todesnachrichten laufend Nachschau halten muß.

Ist der Notar verstorben und hat das Amtsgericht seine Akten in Verwahrung genommen (RNotO. § 39), so hat das Amtsgericht, sobald es vom Tode des Erblassers Nachricht erhält, den Erbvertrag nach §§ 40 oder 41 zu eröffnen.

5 2. Jedes Testament und jeder Erbvertrag sind abzuliefern.

a) Ablieferungspflichtige Schriftstücke.

Der Besitzer hat jede Urkunde abzuliefern, die sich äußerlich als ein Testament darstellt. Dies gilt auch dann, wenn das Testament wegen Formfehlers ungültig ist (KG. vom 17. September 1936, JFG. 14, 158 = DJ. 1619 Anm. Vogels = JW. 3485 = HRR. 1563), oder wenn es durch ein späteres Testament oder durch Streichungen widerrufen ist. Auch ein öffentliches Testament, das der Erblasser sich hat zurückgeben lassen und das deshalb gemäß § 34 kraft Gesetzes als widerrufen gilt, ist abzuliefern; denn auch ein solches Testament kann unter gewissen Voraussetzungen für die Erbfolge noch von Bedeutung sein (KG. vom 11. Februar 1937, JFG. 15, 92 = JW. 1734 = HRR. 933 = DRpfl. 168 = DNotZ. 38, 312).

Abzuliefern ist auch ein Testament, das aus irgendeinem sonstigen Grunde unwirksam oder unausführbar geworden ist. Die Ablieferung entfällt z. B. nicht deshalb, weil das Testament wegen Verstoßes gegen ein gesetzliches Verbot oder gegen die guten Sitten oder aus anderem Grunde unwirksam ist, oder weil der darin eingesetzte Erbe bereits vor dem Erblasser gestorben ist.

Abzuliefern ist auch ein Testament, in dem der Besitzer des Testaments zum Alleinerben eingesetzt ist, ferner ein Testament, in dem keine Erbeinsetzung, sondern nur ein Vermächtnis oder eine Auflage angeordnet ist, oder ein Testament, in dem lediglich bestimmt ist, daß der Nachlaß an die gesetzlichen Erben fällt.

Es macht auch keinen Unterschied, ob das Testament des deutschen Erblassers im Inland oder im Ausland errichtet ist.

Unbeachtlich ist ferner, ob der Erblasser ein Deutscher oder ein Ausländer ist. Nach § 1960 BGB. hat das deutsche Nachlaßgericht den Nachlaß des Ausländers zu sichern; hierzu gehört auch die Sicherstellung eines von ihm im Inland hinterlassenen Testaments. Wegen der Eröffnung des Testaments eines Ausländers s. § 40 Bem. 2.

6 b) Nichtablieferungspflichtige Schriftstücke.

Nicht abzuliefern ist ein Erbverzichtsvertrag; denn er wird im BGB. nicht als eine Verfügung von Todes wegen behandelt (§ 2346).

Nicht ablieferungspflichtig ist ferner ein Schriftstück, in dem der Erblasser lediglich seinen Willen zur Feuerbestattung bekundet (vgl. §§ 2, 4 des Gesetzes über die Feuerbestattung vom 15. Mai 1934, RGBl. I, 380; §§ 1, 5 der DVO. hierzu vom 10. August 1938, RGBl. I, 1000; Haberstumpf BayRpflZ. 30, 220); denn eine solche Erklärung ist ihrem Inhalt nach keine Verf. v. T. w. (vgl. §§ 1937—1941 BGB.).

3. Abzuliefern ist die Urschrift des Schriftstücks. 7

Nach § 39 ist das „Testament" abzuliefern; hierunter ist die Urschrift des Schriftstücks, nicht etwa bloß eine Abschrift zu verstehen.

Dies ergibt sich aus der Natur der Sache. Bei einem eigenhändigen Testament läßt sich z. B. die Echtheit eines Schriftstücks nur an Hand der Urschrift prüfen. Auch beim öffentlichen Testament ist es wichtig, daß das Nachlaßgericht die Möglichkeit erhält, die Echtheit der Unterschrift des Erblassers und der sonstigen Unterschriften zu prüfen.

Die Urschrift ist auch dann abzuliefern, wenn es sich um einen Erbvertrag handelt, der sich noch in der Verwahrung des beurkundenden Notars befindet. Während der Notar sonst nur Ausfertigungen herausgeben darf, hat er beim Erbvertrag ausnahmsweise die Urschrift herzugeben. Dies wird jetzt in § 16 Abs. 2 DOfNot. ausdrücklich bestätigt.

Befindet sich die Urschrift des Testaments eines Deutschen im Ausland und verbietet das ausländische Recht die Aushändigung der Urschrift oder ist ihre Ablieferung aus anderem Grunde nicht möglich, so ist derjenige, der eine beglaubigte Abschrift oder eine Ausfertigung der Urkunde in Händen hat, verpflichtet, an Stelle der Urschrift die Abschrift oder die Ausfertigung abzuliefern (ebenso Planck[4] § 2259 Erl. 3; vgl. LG. Berlin vom 6. Februar 1942, DFG. 88).

4. Die Testamente und Erbverträge sind an das **Nachlaßgericht** abzuliefern. 8

Nach § 39 ist das Testament an das Nachlaßgericht abzuliefern. Für die sachliche und örtliche Zuständigkeit gilt folgendes:

a) Sachliche Zuständigkeit.

Für die dem Nachlaßgericht obliegenden Verrichtungen sind die Amtsgerichte zuständig (FGG. § 72). Nach Art. 147 EGBGB. sind jedoch die landesgesetzlichen Vorschriften unberührt geblieben, nach denen für die dem Nachlaßgericht obliegenden Verrichtungen andere als gerichtliche Behörden zuständig sind. Dieser Vorbehalt ist noch für Württemberg, Baden und Mecklenburg von Bedeutung. Die Verrichtungen des Nachlaßgerichts werden ausgeübt: in Württemberg von den Bezirksnotaren; in Baden von den Notaren und in Mecklenburg in einigen Städten von städtischen Behörden.

b) Örtliche Zuständigkeit. 9

Die örtliche Zuständigkeit bestimmt sich nach dem Wohnsitz, den der Erblasser zur Zeit des Erbfalls hatte; in Ermangelung eines inländischen Wohnsitzes ist das Gericht zuständig, in dessen Bezirk der Erblasser zur Zeit des Erbfalles seinen Aufenthalt hatte (FGG. § 73). Das Gericht ist für den gesamten beweglichen und unbeweglichen Nachlaß zuständig, auch soweit es sich um Grundbesitz im Ausland handelt (§ 3 Abs. 3 S. 2 der VO. vom 12. Dezember 1941 mit Art. 24 EGBGB. und § 73 FGG.).

Hatte der Erblasser zur Zeit des Erbfalls im Inland weder Wohnsitz noch Aufenthalt, so ist das Amtsgericht Berlin zuständig; dieses Gericht kann jedoch die Sache aus wichtigem Grunde an ein anderes Gericht abgeben; die Abgabeverfügung ist für dieses Gericht bindend (§ 14 der VO. zur Vereinheitlichung der Zuständigkeit in Familien- und Nachlaßsachen vom 31. Mai 1934 — RGBl. I, 472 —).

Ist der Erblasser ein Ausländer und hatte er zur Zeit des Erbfalls weder Wohnsitz noch Aufenthalt im Inland, so ist jedes Gericht, in dessen Bezirk sich Nachlaßgegenstände befinden, in Ansehung aller im Inland befindlichen Nachlaßgegenstände zuständig (FGG. § 73 Abs. 3); vorausgesetzt ist aber, daß das deutsche Gericht überhaupt zur Mitwirkung bei der Regelung der erbrechtlichen Verhältnisse des Ausländers berufen ist, welche Frage sich nach materiellem Recht beurteilt (vgl. Bem. 2 zu § 40).

10 5. Zwangsmittel des Nachlaßgerichts oder der Beteiligten.

Das Nachlaßgericht kann im Falle des § 39 Abs. 1 dem Besitzer des Testaments durch Ordnungsstrafen zur Ablieferung des Testaments anhalten (FGG. § 83 Abs. 1). Dies ist aber kein Grund, Zwangsmittel gleich bei der ersten Aufforderung zur Ablieferung oder sonst in Fällen anzudrohen, in denen ein sachlicher Anlaß hierzu nicht besteht. Auch sonst ist auf eine den Verhältnissen angemessene Form des Schriftwechsels zu achten (vgl. AV. d. RJM. vom 20. Oktober 1941, DJ. 1006).

Besteht Grund zu der Annahme, daß jemand ein Testament im Besitz hat, zu dessen Ablieferung er nach § 39 Abs. 1 verpflichtet ist, so kann er vom Nachlaßgericht zur Leistung des Offenbarungseides angehalten werden (FGG. § 83 Abs. 2).

Ist die Ablieferung des Testaments ohne Gewalt nicht auszuführen, so kann auf Grund einer besonderen Verfügung des Gerichts auch Gewalt gebraucht werden (FGG. § 33 i. d. F. der VO. vom 5. August 1935 — RGBl. I, 1065 —); die Ausübung von Gewalt kann z. B. in Frage kommen, wenn sich das Testament in einem Banksafe befindet, zu dem der Schlüssel nicht aufgefunden werden kann.

Glaubt das Nachlaßgericht, keinen Anlaß zum Einschreiten zu haben, so kann u. U. auch in Frage kommen, daß einer der Beteiligten Klage gegen den Besitzer der Urkunde erhebt mit dem Antrage, ihn zur Ablieferung an das Nachlaßgericht zu verurteilen.

Wer ein Testament unberechtigterweise vernichtet, beschädigt oder unterdrückt, wird mit Gefängnis und Geldstrafe bestraft (RStGB. § 274 Nr. 1).

11 **II. Das Testament befindet sich bei einer Behörde in Verwahrung (Abs. 2).**

1. Verwahrung von Testamenten oder Erbverträgen durch eine nichtgerichtliche Behörde.

Die Testamente, die von Wehrmachtangehörigen im mobilen Verhältnis oder auf See errichtet worden sind, waren zur besonderen amtlichen Verwahrung an das Oberkommando der Wehrmacht abzuliefern (§§ 3, 4 DVO. zum WehrmachtFGG., oben S. 67). Sobald das Oberkommando der Wehrmacht vom Tode des Erblassers Kenntnis erhielt, lieferte es das Testament oder den Erbvertrag an das Nachlaßgericht ab (§ 11 DVO. zum WehrmachtFGG., oben S. 68). Was inzwischen aus den Akten des Oberkommandos der Wehrmacht geworden ist, entzieht sich der Kenntnis des Verfassers. Es muß wohl angenommen werden, daß die noch dort verwahrten Testamente verloren gegangen sind[1]).

Unter § 39 Abs. 2 gehört auch der Fall, daß die Polizeibehörde die Sachen des Erblassers nach dessen Tode sichergestellt und hierbei ein Testament vorgefunden hat. Zu denken ist ferner an die Fälle, wo ein Testament in einem Strafverfahren beschlagnahmt ist und sich in den Händen der Polizei oder der Staatsanwaltschaft befindet.

12 2. Pflicht des Nachlaßgerichts, auf die Ablieferung hinzuwirken.

Befindet sich das Testament bei einer Behörde, so ist diese verpflichtet, das Testament an das Nachlaßgericht abzuliefern. Verzögert sich die Ablieferung, so hat das Nachlaßgericht auch seinerseits auf die Ablieferung

[1]) Vgl. Fußnote 2 auf Seite 68.

hinzuwirken, indem es die Behörde an die Ablieferungspflicht erinnert (§ 39 Abs. 2 Satz 2).

Weigert sich die Behörde, das Testament herauszugeben, so kann das Nachlaßgericht nicht etwa die in § 3 FGG. vorgesehenen Zwangsmittel anwenden; diese Vorschrift ist ausdrücklich auf die Fälle des § 39 Abs. 1 beschränkt. In den Fällen des § 39 Abs. 2 ist es Sache der Aufsichtsbehörde, die Stelle, die zu Unrecht die Ablieferung verweigert, zur Erfüllung ihrer Pflicht anzuhalten. Das Nachlaßgericht wird sich demnach nötigenfalls mit einer Aufsichtsbeschwerde an die höhere Stelle zu wenden haben.

3. Das Testament befindet sich bei einer gerichtlichen Behörde in Verwahrung. 13

Befindet sich das Testament in der besonderen amtlichen Verwahrung des Nachlaßgerichts, so bedarf es keiner Ablieferung; das Nachlaßgericht hat vielmehr selbst die sofortige Eröffnung zu veranlassen (§ 40).

Befindet sich das Testament oder der Erbvertrag bei einem anderen Amtsgericht in besonderer amtlichen Verwahrung oder in einfacher Urkundenverwahrung, so hat dieses Amtsgericht die Eröffnung zu bewirken und nach der Eröffnung die Urschrift des Testaments oder des Erbvertrags an das Nachlaßgericht zu übersenden (§ 41); ebenso KG. vom 13. Februar 1941 (DJ. 407 = DFG. 44 = DRW. 1074 = DNotZ. 339).

Es kann sein, daß das Testament sich in den Händen eines Prozeßgerichts oder eines Strafgerichts befindet; auf Fälle dieser Art bezieht sich der § 41 nicht, vielmehr hat in einem solchen Falle das Gericht auf Grund des § 39 Abs. 2 das Testament an das Nachlaßgericht abzuliefern.

§ 40.

Eröffnung des Testaments durch das Nachlaßgericht.

(1) Das Nachlaßgericht hat, sobald es von dem Tode des Erblassers Kenntnis erlangt, zur Eröffnung eines in seiner Verwahrung befindlichen Testaments einen Termin zu bestimmen. Zu dem Termin sollen die gesetzlichen Erben des Erblassers und die sonstigen Beteiligten, soweit tunlich, geladen werden.

(2) In dem Termin ist das Testament zu öffnen, den Beteiligten zu verkünden und ihnen auf Verlangen vorzulegen. Die Verkündung darf im Falle der Vorlegung unterbleiben. Die Verkündung unterbleibt ferner, wenn im Termin keiner der Beteiligten erscheint.

(3) Über die Eröffnung ist eine Niederschrift aufzunehmen. War das Testament verschlossen, so ist in der Niederschrift festzustellen, ob der Verschluß unversehrt war.

§ 40 entspricht dem § 2260 BGB.

Übersicht:

I. Allgemeines 1
II. Voraussetzungen für die Testamentseröffnung 2
1. Zuständigkeit des Nachlaßgerichts 2
a) Sachliche Zuständigkeit 2

b) Örtliche Zuständigkeit 3
c) Zuständigkeit innerhalb des Gerichts (Richter od. Rechtspfleger) 4, 5
2. Kenntnis des Nachlaßgerichts vom Tode des Erblassers 6
a) Nachweis des Todes des Erblassers 6
b) Benachrichtigung des Nachlaßgerichts vom Tode des Erblassers 7
c) Eröffnung ohne Vorliegen einer bestimmten Nachricht vom Tode des Erblassers 8
3. Vorliegen eines Testaments oder Erbvertrags 9, 10
III. Das Eröffnungsverfahren 11
1. Bestimmung des Eröffnungstermins und Ladung der Beteiligten 11
2. Der Eröffnungstermin 12
3. Niederschrift über den Eröffnungstermin 13
4. Verbleib des Testaments od. Erbvertrags nach der Eröffnung 14
5. Kosten 15
IV. Bedeutung der Testamentseröffnung 16

1 **I. Allgemeines.**

Testamente sind in der Regel versiegelt. Nach dem Tode des Erblassers wird der Verschluß des Testaments geöffnet. Den Beteiligten wird Gelegenheit gegeben, hierbei anwesend zu sein. Der Inhalt des Testaments wird ihnen durch Verlesung oder schriftliche Benachrichtitung mitgeteilt. Über die Eröffnung wird eine Niederschrift aufgenommen.

Dieses ganze Verfahren wird unter der Bezeichnung „Eröffnung des Testaments" zusammengefaßt. Das Verfahren besteht also aus der unter Fertigung einer Niederschrift erfolgenden Eröffnung und Verlesung des Testaments sowie aus der schriftlichen Benachrichtigung der nicht erschienenen Beteiligten vom Inhalt des Testaments.

Die Vorschriften der §§ 40 bis 42 gelten auch für das gemeinschaftliche Testament (§ 44) und für den Erbvertrag (§ 45). Eine Anordnung des Erblassers, durch die er verbietet, das Testament alsbald nach dem Tode zu eröffnen, ist unbeachtlich (§ 43).

2 **II. Voraussetzungen für die Testamentseröffnung.**

Die Testamentseröffnung setzt voraus: (1) Zuständigkeit des Nachlaßgerichts, (2) Kenntnis des Nachlaßgerichts vom Tode des Erblassers und (3) Vorliegen einer Verfügung von Todes wegen.

1. Zuständigkeit des Nachlaßgerichts.

a) Sachliche Zuständigkeit.

Sachlich zuständig ist in der Regel das Amtsgericht (FGG. § 72). Auf Grund des Art. 147 EGBGB. werden die Verrichtungen des Nachlaßgerichts vorläufig noch ausgeübt in Württemberg von den Bezirksnotaren, in Baden von den Notaren und in Mecklenburg in einigen Städten durch städtische Behörden; die Überleitung dieser Aufgaben auf die Amtsgerichte ist in diesen Ländern noch nicht durchgeführt. Siehe hierzu auch Bem. 8 zu § 39.

Ist der Erblasser Ausländer, so ist zunächst zu prüfen, welchen materiellen Vorschriften der Nachlaß untersteht. Diese Frage beantwortet sich nach Art. 25 EGBGB., soweit nicht durch Staatsverträge eine Sonderregelung getroffen ist. Untersteht der Nachlaß ausländischem Recht, so ist das deutsche Gericht nicht befugt, das Testament des Ausländers zu eröffnen; es hat vielmehr das Testament zur Ablieferung an das zuständige ausländische Gericht bereit zu halten (vgl. KG. vom 4. Februar 1937, JFG. 15, 78 = DJ. 554 mit Anm. Vogels = JW. 1728). Hängt vom Inhalt des Testaments ab, ob auf den Nachlaß inländisches oder ausländisches Recht anzuwenden ist und ob hiernach die Mitwirkung des deutschen Gerichts überhaupt in Frage kommen kann, so kann das deutsche Gericht das Testament eröffnen, um die Frage seiner Zuständigkeit zu klären (Schlegelberger FGG.[5] § 83 Bem. 6; Höver DFG. 37, 133).

b) Örtliche Zuständigkeit. 3

Örtlich zuständig ist das Gericht, in dessen Bezirk der Erblasser seinen Wohnsitz oder (beim Fehlen eines inländischen Wohnsitzes) seinen Aufenthalt hat (FGG. § 73). Näheres bei § 39 Bem. 9. Hat ein anderes Amtsgericht als das Nachlaßgericht das Testament oder den Erbvertrag in besonderer amtlicher Verwahrung oder in gewöhnlicher Urkundenverwahrung, so liegt dem anderen Amtsgericht die Eröffnung des Testaments oder Erbvertrags ob (§§ 41, 45); ebenso KG. vom 13. Februar 1941 (DJ. 407 = DFG. 44 = DRW. 1074 = DNotZ. 339).

Ist die sachliche Zuständigkeit für die Eröffnung des Testaments eines Ausländers gegeben (hierüber s. oben Bem. 2), so richtet sich die örtliche Zuständigkeit nach § 73 Abs. 4 FGG.

Ist die sachliche und die örtliche Zuständigkeit des Nachlaßgerichts gegeben, so hat das Nachlaßgericht (vom Fall des § 41 abgesehen) das Testament selbst zu eröffnen. Es ist nicht zulässig, ein anderes Amtsgericht unter Übersendung des Testaments im Wege der Rechtshilfe um die Eröffnung zu ersuchen (BayObLG. vom 18. März 1931, 31, 91 = JW. 32, 1395 = BayRpflZ. 31, 244 = BayNotV. 31, 184).

c) Zuständigkeit innerhalb des Gerichts (Richter oder Rechtspfleger). 4

Die Testamentseröffnung ist eine Angelegenheit der freiwilligen Gerichtsbarkeit, die vom Amtsrichter zu erledigen ist; bei Anfertigung der Niederschrift kann er einen Urkundsbeamten der Geschäftsstelle zuziehen (vgl. preuß. FGG. vom 21. September 1899 — GS. 249 — Art. 2 Abs. 2, Art. 53ff.).

Nach Art. VI § 2 des Gesetzes zur Entlastung der Gerichte vom 11. März 1921 (RGBl. 229) sind die Landesjustizverwaltungen ermächtigt, auf dem Gebiet der freiwilligen Gerichtsbarkeit den Urkundsbeamten der Geschäftsstelle (als Rechtspfleger) mit der selbständigen Erledigung von Geschäften zu beauftragen, die nach reichsrechtlichen Vorschriften durch den Richter wahrzunehmen sind; dem Rechtspfleger sollen nur solche Geschäfte übertragen werden, die einfacherer Art sind und zu deren Erledigung er mit Rücksicht auf seine Berufsausbildung und die durch seine praktische Betätigung gewonnenen Erfahrungen geeignet ist. Die Beurkundung einer Verfügung von Todes wegen oder eines Ehevertrags sowie die Verhängung von Ordnungsstrafen können einem Rechtspfleger nicht übertragen werden.

Von dieser reichsgesetzlichen Ermächtigung haben alle Länder in mehr 5
oder minder großem Umfange Gebrauch gemacht. In Preußen ist die Übertragung richterlicher Geschäfte auf den Rechtspfleger geregelt durch AV. vom 1. März 1928 — JMBl. 140 (geändert 30. April 1931 — JMBl. 175 — und 22. März 1932 — JMBl. 66). Die Nachlaßsachen sind in § 24 dieser AV. behandelt; hiernach sind zur selbständigen Wahrnehmung durch den Rechtspfleger geeignet: (1) Verhandlungen über Annahme und Rückgabe von Verfügungen von Todes wegen und die auf Grund der Verhandlungen zu erlassenden Verfügungen (vgl. oben §§ 34, 38); (2) die Aufforderung zur Ablieferung eines Testaments oder Erbvertrags (vgl. oben § 39); (3) der Landgerichtspräsident oder der Amtsgerichtspräsident können weitere Geschäfte einfacherer Art (mit gewissen in der AV. ausdrücklich vorbehaltenen Ausnahmen) auf den Rechtspfleger übertragen. In Bayern ist Rechtsgrundlage

für die Übertragung richterlicher Geschäfte die Bek. über die Geschäftsvereinfachung bei den Justizbehörden vom 21. Dezember 1929 (BayJMin.-Bl. NF. Bd. III S. 341). Nach § 3 derselben können Geschäfte auf dem Gebiet der nicht streitigen Rechtspflege, deren Erledigung keine sachliche Stellungnahme bedeutet, übertragen werden.

6 2. Kenntnis des Nachlaßgerichts vom Tode des Erblassers.

Das Testament oder der Erbvertrag darf nicht vor dem Tode des Erblassers, soll aber alsbald nach dem Tode des Erblassers eröffnet werden.

a) Nachweis des Todes des Erblassers.

Der Tod wird nachgewiesen durch Vorlage der standesamtlichen Sterbeurkunde (Personenstandsges. vom 3. November 1937 — RGBl. I, 1146 mit AusfVO. vom 19. Mai 1938 — RGBl. I, 533). Auslandspersonenstandsges. vom 4. Mai 1870 i. d. F. des Art. 2 des Gesetzes vom 14. Mai 1936 — RGBl. I, 447).

Der Tod kann ferner nachgewiesen werden durch Vorlage des Urteils, durch das der Erblasser für tot erklärt wird (BGB. §§ 13ff., ZPO. §§ 961ff.; Verschollenheitsgesetz vom 4. Juli 1939, RGBl. I, 1186; geändert durch VO. vom 17. Januar 1942, RGBl. I, 31 und durch VO. vom 20. Januar 1943, RGBl. I, 66).

7 b) Benachrichtigung des Nachlaßgerichts vom Tode des Erblassers.

Eine allgemeine Benachrichtigungspflicht der Standesämter, jeden Sterbefall den Nachlaßgerichten mitzuteilen, besteht nicht. Nur in einzelnen Ländern war eine solche eingeführt; die diesbezüglichen landesrechtlichen Vorschriften sind nicht außer Kraft gesetzt, sondern bestehen fort (RdErl. d. RJM. und des RMdJ. vom 20. März 1940, DJ. 395, abgedruckt oben S. 43) Wie erhält nun in den übrigen Gebieten des Reiches das Nachlaßgericht Kenntnis vom Tod eines Erblassers, der ein Testament hinterlassen hat?

Ist das Testament nicht in amtlicher Verwahrung und wird dem Nachlaßgericht das Testament gemäß § 39 vom Besitzer oder von einer Behörde abgeliefert, so wird der Ablieferer gleichzeitig vom Tode des Erblassers Mitteilung machen.

Befindet sich das Testament in besonderer amtlicher Verwahrung, so ist es früher häufig vorgekommen, daß das verwahrende Gericht vom Tode des Erblassers keine Nachricht bekam, so daß das Testament bei der Nachlaßabwicklung nicht berücksichtigt werden konnte. Um diesem Mißstand abzuhelfen, ist durch AV. vom 15. Juni 1939 i. d. F. der AV. vom 19. Mai 1943 — oben S. 35 — vorgeschrieben, daß der Standesbeamte des Geburtsregisters jedesmal Nachricht erhält, wenn ein Testament oder Erbvertrag in besondere amtliche Verwahrung genommen wird; dieser Standesbeamte verständigt dann später die verwahrende Stelle, sobald er seinerseits durch den Standesbeamten des Sterberegisters den Tod des Erblassers erfährt (Näheres oben § 37 Bem. 9).

Die AV. vom 15. Juni 1939 erfaßt nicht die Nottestamente, weil sich bei diesen wegen ihrer kurzen Gültigkeitsdauer die Einschaltung des Standesbeamten nicht lohnt. Die AV. erstreckt sich ferner nicht auf die militärischen Testamente, die beim Oberkommando der Wehrmacht in besondere Verwahrung gegeben wurden; auch hier erschien die Einschaltung der Standesbeamten unangebracht, weil die militärischen Testamente nur von Wehrmachtangehörigen im mobilen Verhältnis oder auf See errichtet werden können.

c) Eröffnung ohne Vorliegen einer bestimmten Nachricht vom Tode des Erblassers. 8

Befindet sich ein Testament seit mehr als 30 Jahren, ein Erbvertrag seit mehr als 50 Jahren in amtlicher Verwahrung, so hat die verwahrende Stelle die Eröffnung zu veranlassen, wenn nicht feststeht, daß der Erblasser noch lebt (§ 46). Wegen der Nachprüfung von alten Testamenten aus der Zeit vor 1924 und der Testamente, die seit mehr als 30 Jahren und der Erbverträge, die seit mehr als 50 Jahren verwahrt werden, siehe oben § 34 Bem. 14.

3. Vorliegen eines Testaments oder Erbvertrags. 9

Das Nachlaßgericht hat jede „in seiner Verwahrung befindliche" Verfügung von Todes wegen des Erblassers zu eröffnen. Dies sind die Testamente und Erbverträge, die sich bei dem Gericht in besonderer amtlicher Verwahrung befinden, ferner die Testamente und Erbverträge, die dem Gericht gemäß § 39 abgeliefert werden und schließlich die Erbverträge, die das Gericht selbst beurkundet und in gewöhnliche Urkundenverwahrung genommen hat. Hierher gehören aber auch die bereits früher nach dem Ableben eines von mehreren Erblassern eröffneten und nicht wieder oder nicht in die besondere amtliche Verwahrung gebrachten, sondern offen aufbewahrten Testamente und Erbverträge (vgl. § 44 Bem. 4—7 und § 45 Bem. 2). Ebenso gehören hierher die Erbverträge, die auf Grund des § 39 RNotO. (Erlöschen des Amts oder Versetzung eines Notars — Verwahrung der Akten und Bücher des Notars durch das Amtsgericht) vom Gericht in Verwahrung genommen sind. Die Nachforschung, ob sich eine Verfügung von Todes wegen in der Verwahrung des Nachlaßgerichts befindet, hat sich deshalb auf alle diese Möglichkeiten zu erstrecken. Eine einfache Abschrift eines Testaments ist aber nicht zum Gegenstand der Eröffnung zu machen (LG. Berlin vom 6. Februar 1942, DFG. 88), wohl aber kann eine mangels Erreichbarkeit der im Ausland befindlichen Urschrift eingereichte beglaubigte Abschrift eines Testaments eröffnet werden (LG. Berlin a. a. O.), ebenso eine beglaubigte, bei den Akten des beurkundenden Notars befindliche Abschrift, wenn die Urschrift durch Kriegseinwirkungen oder durch sonstige Umstände untergegangen oder unauffindbar geworden ist. Vgl. Bem. 9 zu § 20.

Zu eröffnen sind Testamente jeder Art. Es macht also keinen Unterschied, ob es sich um ein ordentliches oder um ein Nottestament, um ein öffentliches oder ein privates, um das Testament eines Wehrmachtangehörigen oder um ein vor dem Konsul errichtetes Testament handelt; gleichgültig ist auch, ob das Testament im Inland oder im Ausland errichtet ist. Wegen des Testaments eines Ausländers siehe oben Bem. 2 und 3.

Die Eröffnungspflicht entfällt nicht etwa deshalb, weil das Testament beim Nachlaßgericht offen eingeliefert wird; in einem solchen Falle braucht das Testament zwar nicht mehr geöffnet zu werden, aber das Eröffnungsverfahren muß doch stattfinden; denn dieses umfaßt auch die Verkündung und die Benachrichtigung der Beteiligten (oben Bem. 1). Ferner ist die förmliche Eröffnung des Testaments in mancher Hinsicht für dessen weitere Verwendung von Bedeutung (siehe unten Bem. 16).

Die Eröffnung des Testaments hängt auch nicht davon ab, ob das Testa- 10
ment formgültig und rechtswirksam ist. Ein Schriftstück, das seinem Inhalt nach eine letztwillige Verfügung des Erblassers darstellt, ist auch dann zu eröffnen, wenn es offenbar wegen Formmangels unwirksam ist (KG. vom 17. September 1936, JFG. 14, 158 = DJ. 1619 Anm. Vogels = JW. 3485 = HRR. 1563; OLG. München 4. Dezember 1936 JFG. Erg. 16, 71). Boehmer tritt in DNotZ. 40, 187 allerdings dafür ein, daß der Nachlaßrichter bei zweifelsfreier Aufhebung eines Erbvertrags — der ja nicht wie ein Testa-

ment dem Erblasser zur Vernichtung ausgehändigt und dadurch der späteren Eröffnung entzogen werden kann (vgl. § 31 Bem. 7) — von dessen Eröffnung abzusehen befugt ist.

Auch Testamente, die durch ein späteres Testament oder durch Rückgabe aus der amtlichen Verwahrung widerrufen sind, sind zu eröffnen (vgl. § 39 Bem. 5). Auch aus einem nicht mehr auffindbaren Testament kann ein Erbrecht hergeleitet werden, wenn der Beweis der formgültigen Errichtung des Testaments und des genauen Inhalts erbracht wird (LG. Kaiserslautern vom 17. Oktober 1942 DJ. 43/205 = DRW. 43, 1375. Vgl. Bem. 5 zu § 33). Die nicht auffindbare oder zerstörte Urkunde kann aber selbstverständlich nicht eröffnet werden. Die Berücksichtigung ihres Inhalts ist im Erbscheins- oder im Prozeßverfahren zu betreiben.

Hat der Erblasser ein Nottestament errichtet, so entfällt die Eröffungspflicht nicht etwa deshalb, weil mehr als 3 Monate seit der Testamentserrichtung verstrichen sind. Die Frage, ob das Testament als nicht errichtet gilt oder ob der Ablauf der Frist etwa nach § 26 gehemmt war, ist nicht im Eröffnungsverfahren, sondern im Erbscheins- oder im Prozeßverfahren zu entscheiden.

Die Pflicht des Gerichts zur Eröffnung des Testaments beruht unmittelbar auf dem Gesetz. Der Umstand, daß etwa die Beteiligten der Eröffnung widersprechen oder auf sie verzichten, ist unbeachtlich. Das Testament ist trotz einem solchen Verzicht oder Widerruf zu eröffnen (vgl. § 43).

11 **III. Das Eröffnungsverfahren.**

Sind die unter II erörterten Voraussetzungen gegeben, so hat das Nachlaßgericht alsbald einen Termin zur Eröffnung des Testaments oder des Erbvertrags zu bestimmen.

1. Bestimmung des Eröffnungstermins und Ladung der Beteiligten.

Das Gericht soll den Termin festsetzen, „sobald" es vom Tode des Erblassers Kenntnis erlangt. Aus dieser Vorschrift in Verbindung mit § 43 ergibt sich, daß das Gericht das Eröffnungsverfahren nicht hinauszögern darf. Das Gericht soll die Terminsbestimmung unverzüglich vornehmen und den Termin nicht zu weit hinausrücken.

Das Gericht soll zu dem Termin die gesetzlichen Erben des Erblassers und die sonstigen Beteiligten laden, aber nur „soweit tunlich". Wird also z. B. ein eigenhändiges Testament offen beim Nachlaßgericht abgeliefert und ersieht das Gericht hieraus, daß der Erblasser andere Personen als die gesetzlichen Erben in dem Testament als Erben oder Vermächtnisnehmer bedacht hat, so soll das Gericht auch diese Personen laden.

Da das Eröffnungsverfahren nicht zu lange verzögert werden darf, soll das Gericht wegen der Namen dieser Personen oder wegen ihrer Anschriften keine umständlichen Ermittlungen vornehmen, sondern sich mit dem begnügen, was ohne Zeitverlust festgestellt werden kann.

Die Ladung braucht nicht unbedingt durch Zustellung zu erfolgen (vgl. FGG. § 16 Abs. 2 Satz 2). Es ist zweckmäßig, in der Ladung zum Ausdruck zu bringen, daß der Geladene nicht verpflichtet sei, in dem Termin zu erscheinen und daß die nicht erschienenen Beteiligten von dem sie betreffenden Inhalt des Testaments nach der Eröffnung in Kenntnis gesetzt werden (vgl. § 42 des Gesetzes, § 31 der bay. Nachlaßordnung vom 20. März 1903, BayJMBl. NF. I, 459).

2. Der Eröffnungstermin. 12

Vor der Eröffnung des Testaments oder Erbvertrags wird das Gericht den Erschienenen die Verfügung von Todes wegen vorzeigen und feststellen, ob die Siegel unverletzt sind (vgl. § 40 Abs. 3).

Danach hat das Gericht das Testament zu öffnen und zu verkünden, indem es den Wortlaut des Testaments verliest oder den Inhalt genau angibt; bei einem öffentlichen Testament bezieht sich dies sowohl auf die Niederschrift über die Errichtung als auch auf die Anlagen, insbesondere auf die vom Erblasser gemäß § 11 Abs. 1 übergebene Schrift.

Das Gericht legt den Beteiligten auf Verlangen das Testament zur Einsichtnahme vor; wird das Testament allen Beteiligten vorgelegt, so kann die Verkündung unterbleiben (§ 40 Abs. 2 Satz 2).

Bisher war streitig, ob das Gericht die Verfügung von Todes wegen auch dann zu verkünden habe, wenn keiner der Beteiligten erschienen ist (vgl. Planck[4] § 2260 Erl. 4c). Die herrschende Meinung bejahte diese Frage. Es leuchtet aber nicht recht ein, wem damit gedient ist, daß der Eröffnungsrichter das Testament in einem leeren Zimmer vorliest. In dem neuen Gesetz ist die Streitfrage daher dahin entschieden, daß die Verkündung (nicht etwa die ganze Eröffnung) unterbleibt, wenn im Termin keiner der Beteiligten erschienen ist (§ 40 Abs. 2 Satz 3).

3. Niederschrift über den Eröffnungstermin. 13

Über die Eröffnung ist eine Niederschrift aufzunehmen (§ 40 Abs. 3). In der Niederschrift ist Tag und Ort der Verhandlung und der Hergang der Eröffnung festzustellen; die Namen der erschienenen Beteiligten werden anzugeben sein. War das Testament verschlossen, so ist in der Niederschrift festzustellen, ob der Verschluß unversehrt war (§ 40 Abs. 3 Satz 2). Enthält das Testament ausgestrichene oder radierte Stellen oder ist es mit Überschreibungen oder Randbemerkungen versehen oder weist es sonstige äußere Besonderheiten auf, so ist es ratsam, auch dies in der Niederschrift anzugeben (vgl. § 32 der bay. Nachlaßordnung).

Es empfiehlt sich auch, auf dem Testament oder dem Erbvertrag selbst den Tag und den Ort der Eröffnung zu vermerken.

Die Niederschrift ist vom Richter und dem etwa zugezogenen Urkundsbeamten der Geschäftsstelle zu unterzeichnen. Inwieweit die Niederschrift vorgelesen und von den erschienenen Beteiligten zu genehmigen und zu unterzeichnen ist, bleibt dem Ermessen des Richters überlassen (preuß. FGG. Art. 53, 55).

4. Verbleib des Testaments oder Erbvertrags nach der Eröffnung. 14

In der Regel bleibt die Urschrift des Testaments bei den Akten des Nachlaßgerichts.

Auch ein gemeinschaftliches Testament oder ein Erbvertrag bleibt offen bei diesen Akten. Nach dem Tode des Erstversterbenden werden sie nur dann in besondere amtliche Verwahrung zurückgebracht, wenn sie sich vor der Eröffnung in dieser Verwahrung befunden haben oder wenn der Überlebende diese Verwahrung nachträglich beantragt (§§ 44, 45 dieses Gesetzes, § 27 Abs. 11 der Aktenordnung oben S. 32). Enthält das Testament oder der Erbvertrag nur Anordnungen, die sich auf den mit dem Tod des erstversterbenden eintretenden Erbfall beziehen (z. B. das gemeinschaftliche Testament enthält nur die gegenseitige Erbeinsetzung der Ehegatten), so ist die weitere besondere amtliche Verwahrung ausgeschlossen (§ 44 Abs. 3).

Die Urschrift des Testaments oder Erbvertrags darf weder an die Beteiligten noch an den beurkundenden Notar herausgegeben werden (DOfNot. § 16 Abs. 2, KG. vom 31. März 1938, JFG. 17, 237 = JW. 1455 = DNotZ. 450 = HRR. 730; KG. vom 14. April 1938, DJ. 1280 Anm. Vogels). Auch ein dem Nachlaßgericht zur Eröffnung eingereichtes eigenhändiges Testament ist, selbst wenn es wegen Formmangels nichtig ist, dauernd bei den Akten des Nachlaßgerichts zu behalten (KG. vom 20. November 1930 JM. 31, 1373; ebenso KG. vom 25. Februar 1943, DFG. 43, 51 = DRW. 43, 1381 = DNotZ. 44, 9).

Die Verfügungen von Todes wegen sowie die hierauf bezüglichen Akten, Register und Bücher, insbesondere die Verwahrungsbücher mit Ausnahme der Akten, die lediglich zurückgegebene Testamente betreffen, werden dauernd aufbewahrt (vgl. AV. des RJM. vom 26. April 1937, DJ. 643, über die Aussonderung und Vernichtung der Akten, Register und Urkunden bei den Justizbehörden, Abschnitt II A a 4). Landesrechtliche Vorschriften für die Aussonderung und Vernichtung der Akten gelten nur insoweit, als sie hierzu ergänzende Bestimmungen treffen.

15 5. Kosten.

Für die Eröffnung einer Verfügung von Todes wegen wird die Hälfte der vollen Gebühr erhoben (KostO. § 94). Werden mehrere Verfügungen von Todes wegen desselben Erblassers bei demselben Gericht gleichzeitig eröffnet, so ist nur eine Gebühr nach dem zusammengerechneten Wert zu erheben; soweit mehrfach über den ganzen Nachlaß oder über denselben Bruchteil verfügt ist, kommt der Wert nur einmal in Betracht (KostO. § 95).

Bei einem gemeinschaftlichen Testament, das sowohl nach dem Tode des Erstversterbenden wie nach dem Tode des Überlebenden eröffnet wird, ist die Gebühr bei der ersten und bei der zweiten Eröffnung zu erheben, und zwar jedesmal nach dem Wert des Nachlasses des betreffenden Erblassers (vgl. Jonas-Melsheimer, KostO. § 95 Bem. II 2).

Die Kosten sind Nachlaßverbindlichkeiten i. S. des § 1967 Abs. 2 BGB. Im Nachlaßkonkurs können diese Forderungen als Masseschulden geltend gemacht werden (KO. § 224 Nr. 4).

16 **IV. Bedeutung der Testamentseröffnung.**

Die Gültigkeit des Testaments hängt zwar nicht davon ab, daß es eröffnet wird; die Testamentseröffnung ist aber dennoch in mancher Hinsicht von rechtlicher Bedeutung.

Ist der Erbe durch Verfügung von Todes wegen berufen, so beginnt die Frist für die Ausschlagung der Erbschaft nicht vor der Verkündung der Verfügung (§ 1944 Abs. 2 Satz 2); hierbei wird in den Fällen des § 40 Abs. 2 Satz 2, 3 die Eröffnung der Verkündung gleichzuerachten sein. Wer auf Grund einer Verfügung von Todes wegen die Erteilung eines Erbscheins verlangt, hat die Verfügung von Todes wegen, auf der sein Erbrecht beruht, anzugeben (§ 2355); er wird hierbei das Gericht zu bezeichnen haben, das die Verfügung von Todes wegen eröffnet hat.

Soll ein öffentliches Testament oder ein Erbvertrag an Stelle eines Erbscheins gegenüber dem Grundbuchamt zum Nachweis der Erbfolge verwendet werden, so ist dem Grundbuchamt die Verfügung sowie die Niederschrift über die Eröffnung der Verfügung vorzulegen (GBO. § 35). Diese Vorschrift gilt entsprechend für den Nachweis der Erbfolge gegenüber dem Schiffsregister (FGG. § 107 Abs. 2) sowie gegenüber dem Reichsschuldbuch (§ 11 Abs. 2 Reichsschuldbuchges. vom 31. Mai 1891 — RGBl. 321 — i. d. F. des Gesetzes vom 6. Mai 1910 — RGBl. 665). Über die Frage, ob auch ein nur zum Teil eröffnetes und verkündetes gemeinschaftliches Testament den Erbschein ersetzt, siehe Semprich und Kaulbach, DJ. 1940, 59.

§ 41.

Eröffnung durch ein anderes Gericht.

Hat ein anderes Gericht als das Nachlaßgericht das Testament in amtlicher Verwahrung, so liegt dem anderen Gericht die Eröffnung des Testaments ob. Das Testament ist nebst einer beglaubigten Abschrift der über die Eröffnung aufgenommenen Niederschrift dem Nachlaßgericht zu übersenden; eine beglaubigte Abschrift des Testaments ist zurückzubehalten.

§ 41 entspricht dem § 2261 BGB.

I. Die Eröffnung durch ein anderes Gericht als das Nachlaßgericht. 1

1. Zweck der Vorschrift.

Die Eröffnung des Testaments ist grundsätzlich Sache des Nachlaßgerichts (§ 40); zu diesem Zweck hat jede Person und jede Behörde, die eine Verfügung von Todes wegen des Erblassers in Besitz hat, nach dem Tode des Erblassers unverzüglich die Urkunde an das Nachlaßgericht abzuliefern (§ 39). Diese Regelung wird in § 41 durch eine Ausnahme durchbrochen: Befindet sich nämlich die Verfügung von Todes wegen bei einem anderen Gericht als dem Nachlaßgericht in amtlicher Verwahrung, so soll dieses Gericht die Urkunde nicht uneröffnet dem Nachlaßgericht übersenden, sondern zunächst selbst das Testament eröffnen, eine beglaubigte Abschrift zurückbehalten und erst dann die Urschrift der Verfügung von Todes wegen nebst einer Abschrift der Eröffnungsniederschrift an das Nachlaßgericht übersenden. Wird die Verfügung von Todes wegen auf diese Weise durch das Verwahrungsgericht eröffnet, so vermindert sich die Gefahr, die mit der Übersendung einer so wichtigen Urkunde verbunden ist. Sollte die Sendung wirklich einmal verloren gehen, so kann wenigstens ihr Inhalt auf Grund der zurückbehaltenen beglaubigten Abschrift festgestellt werden.

Die Vorschrift des § 41 gilt auch für gemeinschaftliche Testamente und für Erbverträge (§§ 44, 45).

2. Voraussetzungen für Anwendung der Vorschrift. 2

a) Fälle der besonderen amtlichen Verwahrung.

Die Ausnahme des § 41 gilt nur, wenn „ein anderes Gericht als das Nachlaßgericht" das Testament „in amtlicher Verwahrung" hat. Unter „Gericht" ist hier zweifellos nicht ein Straf- oder Prozeßgericht, sondern das Amtsgericht als Gericht der freiwilligen Gerichtsbarkeit zu verstehen. In der weitaus größten Mehrzahl der Fälle wird es das Amtsgericht sein, das die Verfügung von Todes wegen in besondere amtliche Verwahrung genommen hat (vgl. § 37).

b) Fälle der gewöhnlichen Urkundenverwahrung. 3

Die Anwendung des § 41 beschränkt sich aber nicht auf die Fälle der besonderen amtlichen Verwahrung, sondern man wird sie auch erstrecken müssen auf die Fälle, in denen die Verfügung von Todes wegen sich bei dem Amtsgericht in der gewöhnlichen Urkundenverwahrung befindet. Hat also z. B. ein Amtsgericht einen Erbvertrag, der mit einem Ehevertrag in derselben Urkunde verbunden ist, beurkundet und ihn gemäß § 31 in die gewöhnliche Urkundenverwahrung genommen, so wird das Verwahrungsgericht nach dem Tode des Erblassers den Erbvertrag gemäß §§ 41, 45 zu eröffnen und erst nach der Eröffnung an das Nachlaßgericht abzuliefern haben (ebenso nunmehr das KG. im Beschl. vom 13. Februar 1941, DNotZ. 339 = DJ. 407 = DFG. 44 = DRW. 1074). Dasselbe gilt, wenn ein Notar den Erbvertrag beurkundet und in gewöhnliche Verwahrung genommen und wenn nach dem Erlöschen des Amts des Notars das Amtsgericht gemäß § 39 RNotO. die Akten des Notars übernommen hat.

Zu denken ist ferner an den Fall, daß das Amtsgericht ein öffentliches Testament beurkundet und dieses ausnahmsweise (etwa weil der Erblasser sofort nach der Errichtung gestorben ist) nicht in die besondere amtliche Verwahrung, sondern in die gewöhnliche Urkundenverwahrung genommen hat (vgl. § 39 Bem. 3).

Während des Krieges sind zur Sicherung gegen Fliegerangriffe und sonstige Kriegsgefahren Verfügungen von Todes wegen vielfach von dem Gericht, in dessen besonderer amtlicher Verwahrung sie sich befanden (Verwahrungsgericht), an ein anderes Gericht (Aufnahmegericht) verlagert worden. Über die Voraussetzungen und das Verfahren hierbei siehe die AV. des RJM. vom 22. November 1943, Dt. Just. 545 und die AV. des RJM. vom 24. Juni 1944, Dt. Just. S. 201, beide abgedruckt oben S. 57 ff. Für die Eröffnung bestimmt § 3, Abs. 3 der AV. vom 22. November 1943, daß diese dem Aufnahmegericht obliegt. Nach der Eröffnung ist das Testament nebst einer beglaubigten Abschrift der über die Eröffnung aufgenommenen Niederschrift dem Nachlaßgericht zu übersenden; eine beglaubigte Abschrift des Testaments ist beim Aufnahmegericht zurückzubehalten. Ist das Verwahrungsgericht nicht das Nachlaßgericht, so ist ihm von der Übersendung Mitteilung zu machen.

4 **II. Verfahren des Verwahrungsgerichts.**

Liegen die unter I dargelegten Voraussetzungen vor, so hat das Verwahrungsgericht die Verfügung von Todes wegen 1. zu eröffnen und 2. die Urkunde dem Nachlaßgericht zu übersenden.

1. Die Eröffnung der Verfügung von Todes wegen.

Für die Eröffnung der Verfügung von Todes wegen durch das Verwahrungsgericht gelten dieselben Vorschriften wie für die Eröffnung durch das Nachlaßgericht. Die Bemerkungen zu § 40 gelten entsprechend. Das Verwahrungsgericht hat namentlich auch seine sachliche Zuständigkeit zu prüfen. Ist z. B. der Erblasser ein Ausländer und vollzieht sich dessen Beerbung ausschließlich nach fremdem Recht, so ist weder das Nachlaß- noch das Verwahrungsgericht zur Eröffnung zuständig, sondern das Testament ist uneröffnet zur Verfügung des ausländischen Gerichts zu halten (vgl. § 40 Bem. 2).

5 2. Die Übersendung der Verfügung von Todes wegen an das Nachlaßgericht.

Nach der Eröffnung läßt das Verwahrungsgericht eine beglaubigte Abschrift der Verfügung von Todes wegen fertigen, und zwar einschließlich der ihr etwa beigefügten Anlagen. Diese Abschrift bleibt mit der Urschrift der Eröffnungsniederschrift in den Händen des Verwahrungsgerichts.

Das Verwahrungsgericht übersendet die Urschrift der Verfügung von Todes wegen nebst einer beglaubigten Abschrift der Eröffnungsniederschrift an das Nachlaßgericht. Dieses Gericht hat dann die bei der Testamentseröffnung nicht erschienenen Beteiligten gemäß § 42 zu verständigen.

Die Urschrift der Verfügung von Todes wegen bleibt dem Nachlaßgericht. Dies gilt auch dann, wenn es sich um ein gemeinschaftliches Testament oder einen Erbvertrag handelt. Die Urschrift bleibt also dort entweder bei den Eröffnungsakten oder sie wird dort gemäß §§ 44, 45 erneut in besondere amtliche Verwahrung genommen.

3. Kosten. 6

Für die Eröffnung des Testaments wird die Hälfte der vollen Gebühr erhoben (§ 94 KostO.). Die Gebühr umfaßt sowohl die Tätigkeit des Verwahrungsgerichts wie die des Nachlaßgerichts. Die Gebühr wird stets durch das Nachlaßgericht (nicht durch das Verwahrungsgericht) erhoben, und zwar auch im Falle des § 41 (KostO. § 95 Abs. 3).

Werden mehrere Verfügungen von Todes wegen desselben Erblassers bei demselben Gericht gleichzeitig eröffnet, so ist nur eine Gebühr nach dem zusammengerechneten Wert zu erheben; soweit mehrfach über den ganzen Nachlaß oder über denselben Bruchteil verfügt ist, kommt der Wert nur einmal in Betracht (§ 95 Abs. 2 KostO.). Wird eine mehrmalige Eröffnung verschiedener Verfügungen von Todes wegen nur durch unrichtige Sachbehandlung erforderlich, so können die hieraus entstandenen Mehrkosten nicht zur Erhebung kommen (§ 15 KostO.; vgl. Jonas-Melsheimer-Hornig-Stemmler[4] Anm. II 3 zu § 95 KostO.).

Ist ein in besonderer amtlichen Verwahrung befindliches Testament (oder ein Erbvertrag) aus Sicherheitsgründen in Anwendung der AV. d. RJM. vom 22. November 1943 (abgedruckt oben S. 57) verlagert und wird außer beim Aufnahmegericht auch beim Verwahrungsgericht ein Testament oder ein Erbvertrag desselben Erblassers eröffnet, so gilt für die anfallenden Kosten § 4 der erwähnten AV.

§ 42.

Benachrichtigung der Beteiligten.

Das Nachlaßgericht hat die Beteiligten, welche bei der Eröffnung des Testaments nicht zugegen gewesen sind, von dem sie betreffenden Inhalt des Testaments in Kenntnis zu setzen.

§ 42 entspricht dem § 2262 BGB.

I. Die Mitteilungspflicht. 1

Für die Geltendmachung von Rechten, die der Erblasser dem Erben, dem Vermächtnisnehmer oder sonstigen Beteiligten in seiner Verfügung von Todes wegen zugewendet hat, ist es von erheblicher Bedeutung, daß der Bedachte rechtzeitig von der Zuwendung Kenntnis erlangt; ferner hängt der Beginn der Ausschlagungsfrist von dieser Kenntniserlangung ab (§ 1944 BGB.). Die Verkündung im Eröffnungstermin reicht zur Unterrichtung der Beteiligten nicht aus: da man in der Regel erst durch die Eröffnung erfährt, wer im Testament bedacht ist, können nicht immer alle Beteiligten geladen werden; außerdem besteht für die Geladenen keine Verpflichtung, im Termin zu erscheinen.

Das Gesetz legt daher dem Nachlaßgericht die Verpflichtung auf, die im Eröffnungstermin nicht erschienenen Beteiligten von Amts wegen von dem sie betreffenden Inhalt des Testaments zu benachrichtigen. Die Vorschrift gilt entsprechend auch für den Erbvertrag (§ 45). Auch dann, wenn die Verfügung von Todes wegen gemäß § 41 durch das Verwahrungsgericht eröffnet ist, liegt die Benachrichtigungspflicht dem Nachlaßgericht ob.

Die Benachrichtigung bezieht sich auf jede eröffnete Verfügung von Todes wegen. Sie entfällt nicht deshalb, weil die Verfügung wegen Formmangels oder wegen Verstoßes gegen ein gesetzliches Verbot unwirksam ist. Liegt der Formmangel oder die Nichtigkeit offenkundig zutage, so empfiehlt es sich, daß das Gericht in der Mitteilung hierauf aufmerksam macht. Eine Verpflichtung zu diesem Hinweis ist dem Gericht durch § 42 jedoch nicht auferlegt.

2 **II. Einzelheiten.**

1. Zu benachrichtigen sind alle „Beteiligten".

Beteiligt sind diejenigen, denen durch die Bestimmung des Testaments Rechte gewährt oder genommen werden oder deren Rechtslage durch das Testament oder den Erbvertrag in sonstiger Weise unmittelbar beeinflußt wird (RG. vom 17. November 1919, RJA. 16, 200). Wer hiernach beteiligt ist, hängt also von dem Inhalt der Verfügung von Todes wegen ab. Gemeint sind zunächst die im Testament eingesetzten Erben, Nacherben, Ersatzerben, Vermächtnisnehmer, Testamentsvollstrecker, ferner diejenigen, die nach § 2194 die Erfüllung einer Auflage verlangen können. Ob die Zuwendungen mit einer aufschiebenden oder auflösenden Bedingung versehen sind, ist unerheblich.

Hat der Erblasser nach § 1938 einen gesetzlichen Erben ausgeschlossen oder ihn auf den Pflichtteil gesetzt oder ihm den Pflichtteil entzogen (§§ 2333 ff.), so ist der hiervon Betroffene zu verständigen.

Sollte der Erblasser seine gesetzlichen Erben eingesetzt haben, ohne sie namentlich zu benennen, so hat das Gericht von Amts wegen Ermittlungen darüber anzustellen, wer diese gesetzlichen Erben sind, damit sie von der Erbeinsetzung benachrichtigt werden können.

Hat der Erblasser andere als die gesetzlichen zu Erben eingesetzt, ohne die gesetzlichen Erben in der Verfügung von Todes wegen zu erwähnen, so wird das Nachlaßgericht zum mindesten die pflichtteilsberechtigten gesetzlichen Erben, also in der Regel die Kinder und den Ehegatten des Erblassers, zu unterrichten haben (vgl. § 2303 BGB.).

Von den Vermächtnissen und Auflagen sind nicht nur die Bedachten, sondern auch diejenigen zu verständigen, die durch die Zuwendungen belastet werden; denn auch sie geht dieser Teil des Testaments an.

Hat der Erblasser in einem gemeinschaftlichen Testament oder in einem Erbvertrag Bestimmungen sowohl für den Fall seines Vorversterbens als auch für den Fall seines Überlebens getroffen, so sind, falls er vorverstirbt, nur diejenigen zu benachrichtigen, die für diesen Fall bedacht sind, nicht dagegen auch diejenigen, die lediglich für den nicht eingetretenen Fall bedacht sind, daß der Erblasser seinen Ehegatten überlebt (KG. vom 10. Juli 1930, JW. 31, 1373).

3 2. Art der Benachrichtigung.

Das Nachlaßgericht hat jeden Beteiligten „von dem ihn betreffenden Teil" der Verfügung von Todes wegen zu benachrichtigen. Dem Einzelnen braucht also nicht das ganze Testament, sondern nur der Teil mitgeteilt zu werden, der für ihn von Bedeutung ist. Die Benachrichtigung kann in der Übersendung einer Abschrift, eines Auszugs oder auch in einer Wiedergabe des Inhalts des betreffenden Teils der Verfügung von Todes wegen bestehen.

Eine bestimmte Form für die Benachrichtigung ist nicht vorgeschrieben. Da es sich nicht um die Mitteilung einer gerichtlichen Verfügung handelt, findet § 16 FGG. keine Anwendung. Die Benachrichtigung kann mündlich oder schriftlich, durch einfachen Brief oder durch Zustellung erfolgen. Nicht ausgeschlossen ist auch, daß das Nachlaßgericht das Gericht des Wohnorts oder des Aufenthaltsorts des zu Benachrichtigenden im Wege der Rechtshilfe um die Bekanntgabe ersucht.

3. Benachrichtigung des Finanzamts wegen der Erbschaftsteuer. 4

Nach § 27 Abs. 2 des Erbschaftsteuergesetzes vom 22. August 1925 (RGBl. I, 320) in der Fassung vom 16. Oktober 1934 (RGBl. I, 1036) und des Kontrollratsgesetzes Nr. 17 vom 28. Februar 1946 (BayGVBl. S. 79) hat das Nachlaßgericht von Amts wegen dem Finanzamt eine beglaubigte Abschrift der eröffneten Verfügungen von Todes wegen mitzuteilen.

In § 16 der AusfBest. zum Erbschaftsteuergesetz vom 13. Juli 1926 (RMBl. 745) ist ergänzend hierzu folgendes bestimmt[1]).

(1) Die Gerichte haben alsbald nach Eröffnung einer Verfügung von Todes wegen den wesentlichen Inhalt dem Finanzamt mitzuteilen oder diesem eine beglaubigte Abschrift der Verfügung zu übersenden; dabei haben sie sich über die Rechtsgültigkeit der Verfügung zu äußern. Im Falle der Eröffnung eines gemeinschaftlichen Testaments oder eines Erbvertrags ist nur der wesentliche Inhalt des verkündeten Teils mitzuteilen oder eine Abschrift dieses Teils zu übersenden. Die Übersendung einer beglaubigten Abschrift hat immer zu geschehen, wenn das Finanzamt sie verlangt. Hat das Gericht die Verfügung nach der Eröffnung an das Nachlaßgericht abgeliefert, so liegen die Verpflichtungen diesem ob.

(2) Bei der Übersendung haben die Gerichte die ihnen bekannt gewordenen, für die Erbschaftssteuer erheblichen Umstände mitzuteilen, insbesondere

a) Veränderungen in der Person der Erben, Vermächtnisnehmer, Testamentsvollstrecker (durch Tod, Eintritt eines Ersatzerben, Erbausschlagung, Niederlegung des Amts u. dgl. und Veränderungen in den Verhältnissen dieser Personen (Namens-, Berufs-, Wohnungsveränderungen usw.);

---

[1]) Siehe hierzu die AV. des RJM. vom 3. April 1943 (Dt. Just. S. 246 = DNotZ. 1943, 141) über die Beistandspflichten der Gerichte, Notare und sonstigen Urkundspersonen bei der Besteuerung von Erbschaften und Schenkungen. Durch diese AV. ist den Gerichten die Übersendung verschiedener Abschriften und Erklärungen erlassen. In Bayern gelten die Erleichterungen dieser AV. nicht mehr. Sie ist durch die Bekanntmachung des Bay. Staatsministeriums der Justiz vom 20. September 1946 (Bay. JustMinBl. 1947, S. 6) aufgehoben. Das Bay. Staatsministerium der Finanzen hat dafür andere Erleichterungen in den Beistandspflichten gewährt, nämlich die Mitteilungen gemäß § 16 der AusfBest. z. Erbschaftssteuergesetz erlassen, wenn der Wert des Nachlasses 500.— RM. (jetzt DM.) nicht übersteigt oder wenn der Nachlaß ausschließlich in Hausrat besteht, dessen gemeiner Wert den Betrag von 5000.— RM (jetzt DM.) nicht übersteigt oder wenn die Nachlaßverhandlungen alsbald abgeschlossen werden können.

b) den Betrag und die Zusammensetzung des Nachlasses, soweit er dem Gericht bekannt geworden ist.

(3) Enthält die Eröffnungsverhandlung derartige Angaben oder solche, die für die Beurteilung der Rechtsgültigkeit der Verfügung von Todes wegen von Bedeutung sind, so ist ein Auszug dieser Verhandlung beizufügen.

(4) Für die Übersendungsschreiben ist Muster 6 maßgebend. Dem Gericht erst nachträglich bekannt gewordene, für die Erbschaftsteuer erhebliche Umstände sind dem Finanzamt ebenfalls mitzuteilen.

Die örtliche Zuständigkeit des Finanzamtes richtet sich nach dem Wohnsitz, hilfsweise nach dem gewöhnlichen Aufenthaltsort des Erblassers. Näheres in § 74 RAbgO. vom 22. Mai 1931, RGBl. I, 161, in der Fassung vom 1. Dezember 1936, RGBl. I, 961, i. V. mit § 2 der AusfBest. zum Erbschaftsteuergesetz vom 13. Juli 1926, RMBl. 745, und der VO. vom 28. Dezember 1934, RMBl. 35, 3.

§ 43.

Nichtigkeit eines Eröffnungsverbots.

Eine Anordnung des Erblassers, durch die er verbietet, das Testament alsbald nach seinem Tode zu eröffnen, ist nichtig.

§ 43 entspricht dem § 2263 BGB.

1 1. Zweck der Vorschrift.

Die obige Vorschrift, die wörtlich dem § 2263 BGB. entspricht, wird in den Motiven Bd. V S. 307 damit begründet, daß dem Erblasser nicht die Befugnis eingeräumt werden könne, die Nichtbefolgung der Vorschriften über die Testamentseröffnung anzuordnen und hierdurch die Entscheidung der Frage, wer Erbe sein soll, im Dunkeln zu lassen. Diese Begründung trifft auch heute noch zu. Die Vorschrift gilt für den Erbvertrag entsprechend (§ 45).

2 2. Inhalt der Vorschrift.

Eine Anordnung, durch die der Erblasser verbietet, ein Testament alsbald nach seinem Tode zu eröffnen, ist nichtig. Auch eine Anordnung, durch die er verbietet, ein Testament gemäß § 39 dem Nachlaßgericht abzuliefern oder gemäß § 42 die Beteiligten von seinem Inhalt zu verständigen, würde dem Zweck des Gesetzes zuwiderlaufen und darf daher ebenfalls nicht beachtet werden.

§ 43 gilt auch für gemeinschaftliche Testamente. Wenn in einem solchen Testament etwa gesagt wird, daß es erst nach dem Tode des Überlebenden eröffnet werden solle, so ist diese Anordnung nichtig und darf nicht befolgt werden. Der Wunsch nach Geheimhaltung der Verfügungen, die der Überlebende für den zweiten Erbfall getroffen hat, wird in § 44 Abs. 1 nach Möglichkeit berücksichtigt.

§ 44.

Eröffnung des gemeinschaftlichen Testaments.

(1) Bei der Eröffnung eines gemeinschaftlichen Testaments sind die Verfügungen des überlebenden Ehegatten, soweit sie sich sondern lassen, weder zu verkünden, noch sonst zur Kenntnis der Beteiligten zu bringen.

(2) Von den Verfügungen des verstorbenen Ehegatten ist eine beglaubigte Abschrift anzufertigen. Das Testament ist wieder zu verschließen und in die besondere amtliche Verwahrung zurückzubringen.

(3) Die Vorschriften des Abs. 2 gelten nicht, wenn das Testament nur Anordnungen enthält, die sich auf den ersten, mit dem Tode des Erstversterbenden eintretenden Erbfall beziehen, zum Beispiel dann, wenn das Testament sich auf die Erklärung beschränkt, daß die Ehegatten sich gegenseitig zu Erben einsetzen.

§ 44 entspricht dem § 2273 BGB.

Übersicht:

I. Die Behandlung des gemeinschaftlichen Testaments beim ersten Erbfall 1
1. Allgemeines 1
2. Verkündung der Verfügungen des erstversterbenden Ehegatten 2
3. Die Geheimhaltung der Verfügungen des überlebenden Ehegatten 3
4. Verbleib des Testaments nach der ersten Eröffnung 4
a) Das Testament enthält nur Anordnungen, die sich auf den ersten Erbfall beziehen 4
b) Das Testament enthält Anordnungen, die auch für den Tod des überlebenden Ehegatten von Bedeutung sind 5, 6
II. Die Behandlung des Testaments beim Tode des Überlebenden 7
1. Die Wiedereröffnung 7
2. Verbleib des Testaments nach der Wiedereröffnung 8
3. Kosten 8

I. Die Behandlung des gemeinschaftlichen Testaments beim ersten Erbfall.

1. Allgemeines. 1

Gemeinschaftliche Testamente können nur von Ehegatten errichtet werden (§ 28). Das gemeinschaftliche Testament kann ein eigenhändiges, ein öffentliches oder auch ein Nottestament sein (s. die Erl. zu § 28). Die Vorschriften der §§ 39 bis 43 gelten auch für das gemeinschaftliche Testament.

Handelt es sich um ein eigenhändiges, nicht zur besonderen Verwahrung gegebenes Testament, so hat der Besitzer, also in der Regel der überlebende Ehegatte, das Testament alsbald nach dem Tode des Erstverstorbenen an das Nachlaßgericht abzuliefern (§ 39). Ein vom Erblasser ausgesprochenes Verbot, das Testament vor dem Tode des Überlebenden zu eröffnen, ist nichtig (§ 43).

Zu dem Eröffnungstermin hat das Nachlaßgericht, die gesetzlichen Erben des erstverstorbenen Ehegatten und die sonstigen Beteiligten, soweit tunlich, zu laden (§ 40 Abs. 1). In dem Termin ist das Testament zu öffnen; zu verkünden sind nur die Verfügungen des verstorbenen Ehegatten, während die des überlebenden Ehegatten, soweit sie sich sondern lassen, geheimzuhalten sind.

2. Verkündung der Verfügungen des erstverstorbenen Ehegatten. 2

Das gemeinschaftliche Testament enthält stets eine Verfügung von Todes wegen für den ersten, mit dem Tode des Erstversterbenden eintretenden

Erbfall. Haben die Ehegatten sich z. B. gegenseitig zu Erben eingesetzt, so wird diese Erbeinsetzung bei dem ersten Erbfall verkündet.

Nicht selten enthält das gemeinschaftliche Testament darüber hinaus noch Anordnungen, die sich auf den zweiten Erbfall beziehen. Haben die Ehegatten sich z. B. gegenseitig zu Vorerben und ihre Kinder zu Nacherben eingesetzt, so kann kein Zweifel darüber bestehen, daß auch diese Nacherbeneinsetzung bereits beim Tode des Erstversterbenden mitzuverkünden ist.

Zweifel können bei folgendem Fall entstehen: Die Ehegatten setzen sich gegenseitig zu Vollerben ein und bestimmen weiter, daß nach dem Tode des Überlebenden dessen Nachlaß an die Kinder fallen soll, und zwar als Erben des Überlebenden (§ 2269 BGB.); hier hat der Erstversterbende die Kinder nur für den Fall zu seinen Erben eingesetzt, daß er selbst der Überlebende sein sollte. Da dieser Fall nicht eingetreten ist, könnte man die Meinung vertreten, daß die Erbeinsetzung der Kinder, soweit sie vom Erstverstorbenen ausgeht, durch dessen Tod zunächst gegenstandslos geworden und daß dieser Teil des Testaments erst beim Tode des überlebenden Ehegatten zu verkünden sei. Hierbei wird aber übersehen, daß die beiden Teile der Verfügung des erstverstorbenen Ehegatten eine Einheit bilden. Das, was dieser Erblasser gewollt hat, kann man nur dann erkennen, wenn man sowohl die Einsetzung des überlebenden Ehegatten wie die von ihm (wenn auch nur bedingt) ausgesprochene Einsetzung der Kinder betrachtet. Die Kenntnis des zweiten Teils der Verfügung des Erstverstorbenen ist für die Kinder z. B. von Bedeutung für die Frage, ob sie ihren Pflichtteil fordern oder sich mit der Aussicht auf Beerbung des überlebenden Ehegatten begnügen wollen. Daher hat das Gericht bei dem ersten Erbfall auch denjenigen Teil der Verfügungen des Erstverstorbenen zu verkünden, den dieser nur für den Fall getroffen hat, daß er der Überlebende sein sollte (ebenso RG. vom 5. März 1936, 150, 315 = JFG. 13, 290 = JW. 1832 = HRR. 954 = DFG. 106 mit zust. Anm. Vogels = DNotZ. 366 mit abl. Anm. Pütz).

3 3. Die Geheimhaltung der Verfügungen des überlebenden Ehegatten.

Der überlebende Ehegatte hat wie jeder Erblasser ein berechtigtes Interesse daran, daß die von ihm selbst für seinen eigenen Tod getroffenen Verfügungen nicht bereits vor seinem Tode verkündet werden. Daher bestimmt § 44 Abs. 1, daß diese Verfügungen grundsätzlich weder zu verkünden noch sonst zur Kenntnis der Beteiligten zu bringen sind. Dieser Teil des Testaments darf also weder gemäß § 40 verlesen oder den Beteiligten vorgelegt, noch gemäß § 42 den Beteiligten inhaltlich oder dem Wortlaut nach mitgeteilt werden. Auch darf den Beteiligten in diesen Teil des Testaments nicht gemäß § 47 Einsicht gewährt werden. Wollen die Beteiligten die Verfügung des Erstgeborenen einsehen, so ist der Teil des Testaments, der die Verfügungen des Überlebenden enthält, zu verdecken.

Diese Vorschrift enthält jedoch eine wesentliche Einschränkung: die Pflicht zur Geheimhaltung der Verfügungen des Überlebenden gilt nur insoweit, als diese Verfügungen sich von den Anordnungen des erstverstorbenen Ehegatten sondern lassen (§ 44 Abs. 1). Lautet also etwa das gemeinschaftliche Testament dahin, daß die Ehegatten sich gegenseitig zu Erben einsetzen und daß ihre Kinder Erben des Überlebenden sein sollen, so ist eine Sonderung nicht möglich; daher ist in einem solchen Falle das ganze Testament zu verkünden (RG. vom 5. März 1936, 150, 315; KG. vom 31. Oktober 1929 Recht 30, 434).

4. Verbleib des Testaments nach der ersten Eröffnung. 4

Die weitere Behandlung des zum erstenmal eröffneten gemeinschaftlichen Testaments hängt von dessen Inhalt ab.

a) Das Testament enthält nur Anordnungen, die sich auf den ersten Erbfall beziehen.

Es kann sein, daß der Inhalt des Testaments sich auf Anordnungen beschränkt, die ausschließlich für den ersten Erbfall von Bedeutung sind. Im Gesetz selbst wird als Beispiel angeführt, daß das Testament lediglich eine gegenseitige Erbeinsetzung der Ehegatten enthält; als weitere Beispiele seien die (auf die fortgesetzte Gütergemeinschaft bezüglichen) Anordnungen aus §§ 1512—1516 BGB. erwähnt.

In einem solchen Falle hat das Testament für den zweiten, mit dem Tode des überlebenden Ehegatten eintretenden Erbfall keine Bedeutung mehr; eine nochmalige Eröffnung bei diesem zweiten Erbfall wäre zwecklos. Das gemeinschaftliche Testament wird daher in diesem Falle ebenso behandelt wie ein einseitiges Testament: es verbleibt offen bei den Akten des Nachlaßgerichts (§ 44 Abs. 3). Vgl. hierzu das mit dieser Ansicht übereinstimmende Gutachten des KG. vom 8. Februar 1940, bekanntgegeben durch AV. d. RJM. vom 12. März 1940 (DJ. 366).

Vor Erlaß des neuen Gesetzes war die Frage streitig. Die jetzt in § 44 Abs. 3 enthaltene Regel wurde bereits für das frühere Recht vertreten von Planck[4] § 2273 Erl. 3a, OLG. Dresden vom 4. September 1935 DRpfl. Nr. 458 und Ebert DGWR. 37, 38, jedoch abgelehnt vom RG. in RGZ. 137, 228 und 150, 315 sowie vom KG. in JFG. 14, 168.

b) Das Testament enthält Anordnungen, die auch für den Tod des überlebenden Ehegatten von Bedeutung sind. 5

Enthält das Testament Anordnungen auch für den zweiten Erbfall (Beispiel: „Wir setzen uns gegenseitig zu Erben ein: Erben des Überlebenden sind unsere Kinder"), so ist das in § 44 Abs. 2 vorgeschriebene Verfahren einzuhalten:

Von den Verfügungen des verstorbenen Ehegatten ist eine beglaubigte Abschrift anzufertigen; diese verbleibt offen bei den Eröffnungsakten und vertritt, soweit möglich, für die weitere Nachlaßabwicklung die Urschrift. In dem Beglaubigungsvermerk zu diesem Auszug ist zu bezeugen, daß weitere Verfügungen von Todes wegen des Erstverstorbenen in dem Testament nicht enthalten sind (vgl. PrFGG. Art. 57 Abs. 2, Art. 47 Satz 2 .

War das Testament vor der Eröffnung in besonderer amtlicher Verwahrung gewesen, so wird es von Amts wegen wieder in einem Umschlag verschlossen und versiegelt und in die besondere amtliche Verwahrung zurückgebracht. Zuständig für diese besondere Verwahrung ist das Nachlaßgericht, und zwar auch dann, wenn das Testament vorher bei einem anderen Gericht in Verwahrung gewesen sein sollte (§ 27 Abs. 4 der AktenO. in der Fassung vom 4. August 1938, oben S. 29). Weigert sich das Verwahrungsgericht, welches das gemeinschaftliche Testament nach § 41 eröffnet hat, die Urschrift des Testaments nach der Eröffnung an das Nachlaßgericht zu übersenden, so steht dem Nachlaßgericht hiergegen die Beschwerde zu (KG. 1. Oktober 1935 JFG. 14, 168 = DFG. 260 = HRR. 1642). 6

Handelt es sich um ein eigenhändiges gemeinschaftliches Testament, das vorher nicht in besondere amtliche Verwahrung gegeben worden war (vgl. § 22), so wird es auch jetzt nicht in die besondere Verwahrung genommen, sondern es bleibt offen bei den Eröffnungsakten. Das Testament darf nicht an den überlebenden Ehegatten herausgegeben werden (§ 34 Bem. 13). Der überlebende Ehegatte kann jedoch auf Grund des § 22 verlangen, daß es nachträglich in die besondere amtliche Verwahrung genommen werde, es sei denn, daß der Ausnahmefall des § 44 Abs. 3 vorliegt (§ 27 Abs. 11 der AktenO., oben S. 32).

7 **II. Die Behandlung des Testaments beim Tode des Überlebenden.**

1. Die Wiedereröffnung.

Enthält das Testament Anordnungen, die auch für den Tod des Überlebenden von Bedeutung sind (Beispiel: „Wir setzen uns gegenseitig zu Erben ein; der Überlebende soll von unseren Kindern beerbt werden"), so ist das Testament beim Tode des Überlebenden nochmals zu eröffnen. Hierbei macht es keinen Unterschied, ob das Testament nach der ersten Eröffnung wieder verschlossen und in die besondere Verwahrung genommen oder ob es offen bei den Eröffnungsakten aufbewahrt worden war. Ohne Bedeutung ist auch, ob das Testament bei der ersten Eröffnung (wegen Untrennbarkeit der beiderseitigen Anordnungen) bereits seinem ganzen Inhalt nach verkündet worden war; auch in diesem Falle ist das Testament nochmals zu eröffnen und zu verkünden (RG. vom 14. Juli 1932 137, 222, JW. 33, 161 = Recht 33, 713; vgl. die AV. des PrJM. vom 12. Juni 1933 DJ. 187; ebenso Bode, DDJ. 38, 795).

Die nochmalige Eröffnung ist u. a. von Bedeutung wegen der Benachrichtigung der Beteiligten (die nicht immer mit den beim ersten Erbfall Beteiligten personengleich sind), für die Benachrichtigung des Finanzamts (§ 42 Bem. 4) und wegen des Beginns der Ausschlagungsfrist (§ 9144 Abs. 2 Satz 2).

Enthält das Testament dagegen **keine** Anordnungen, die auch für den Tod des Überlebenden von Bedeutung sind, so ist es nach dem Tode des Überlebenden **nicht** nochmals zu eröffnen (vgl. § 44 Abs. 3 und das Gutachten des KG. vom 8. Februar 1940, bekanntgegeben durch AV. des RJM. vom 12. März 1940, DJ. 366).

2. Verbleib des Testaments nach der Wiedereröffnung.

Ist das Nachlaßgericht des ersten Erbfalls auch für den zweiten Erbfall zuständig, so bleibt das Testament bei den Akten dieses Gerichts.

Es kann jedoch auch sein, daß für den ersten und für den zweiten Erbfall verschiedene Nachlaßgerichte zuständig sind. Hat z. B. der erstverstorbene Ehegatte im Bezirk des Nachlaßgerichts A gewohnt und wohnt die überlebende Ehefrau bei ihrem Tode im Bezirk des Nachlaßgerichts B, so wird das Testament zwar nach dem ersten Erbfall vom Gericht A verwahrt und nach dem zweiten Erbfall ebenfalls vom Gericht A eröffnet. Danach hat das Gericht A jedoch das Testament gemäß § 41 an das nunmehr zuständige Nachlaßgericht B abzugeben; bei diesem Gericht verbleibt das Testament endgültig (OLG. München vom 25. April 1936 JFG. 14, 73).

3. Wegen der Kosten der Wiedereröffnung vgl. § 40 Bem. 15.

§ 45.

Eröffnung des Erbvertrags.

Die für die Eröffnung eines Testaments geltenden Vorschriften der §§ 39 bis 44 sind auf den Erbvertrag entsprechend anzuwenden, die Vorschriften des § 44 Abs. 2, 3 jedoch nur dann, wenn sich der Erbvertrag in besonderer amtlicher Verwahrung befindet.

§ 45 entspricht dem § 2300 BGB.

I. Die Behandlung des Erbvertrags beim ersten Erbfall. 1

§ 45 schreibt vor, daß auf die Eröffnung des Erbvertrags die Vorschriften der §§ 39 bis 44 entsprechend anzuwenden sind.

1. Ablieferung und Eröffnung.

Befindet sich der Erbvertrag in der gewöhnlichen Urkundenverwahrung eines Notars, so hat der Notar den Erbvertrag nach dem Tode des Erblassers an das Gericht abzuliefern (§ 39). Dies gilt auch für den Erbvertrag, den die Parteien aufgehoben haben (vgl. KG. vom 31. März 1938 JFG. 17, 237 = JW. 1455 = DNotZ. 450 = HRR. 730). War der Erbvertrag in besondere amtliche Verwahrung genommen, so wird er vom Nachlaß- oder vom Verwahrungsgericht eröffnet (§§ 40, 41). Das Verwahrungsgericht eröffnet den Erbvertrag auch dann, wenn er sich dort nur in der einfachen Urkundenverwahrung befindet (s. § 41 Bem. 3).

Zum Eröffnungstermin sind die Beteiligten zu laden (§ 40 Abs. 1). Zu den Beteiligten gehört stets auch der andere Vertragschließende. In dem Eröffnungstermin sind nur die Verfügungen des erstverstorbenen Erblassers zu verkünden. Die Verfügungen des Überlebenden werden, soweit sie sich sondern lassen, nicht mitverkündet (§ 44 Abs. 1, § 44 Bem. 3).

Durch die AV. vom 15. Juni 1939, oben S. 35 ist Vorsorge getroffen, daß der Notar oder die Verwahrungsstelle rechtzeitig vom Tode des Erblassers Kenntnis erhält. Ferner sind in einzelnen Gebieten landesrechtliche Vorschriften erlassen, die den Standesämtern die Mitteilung von Sterbefällen an die Nachlaßgerichte zur Pflicht machen (vgl. die AV. des RJM. vom 20. März 1940, DJ. 395, abgedruckt oben S. 43). Diese Vorschriften gelten fort. In Bayern gilt auch noch § 41 der Nachlaßordnung vom 20. März 1903 (JMBl. N. F. I, 459), nach welchem die Nachlaßgerichte den in ihrem Bezirk amtierenden Notaren wöchentliche Verzeichnisse der angezeigten Sterbefälle der über 16 Jahre alten Personen zu übersenden haben. An Hand dieser sogenannten Totenlisten stellt der Notar fest, ob einer der Verstorbenen einen in seiner Verwahrung befindlichen Erbvertrag hinterlassen hat (vgl. § 39 Bem. 4). Neuerdings betrachtet allerdings das Bay. Just.-Min. durch die vorgeschriebene Benachrichtigung in Nachlaßsachen (AV. vom 15. Juni 1939, oben S. 35) die Vorschrift des § 41 der Nachlaßordnung als gegenstandslos und hat deshalb verfügt, daß die Übersendung der Totenlisten an die Notare in Zukunft unterbleibt (Bek. vom 30. Oktober 1948, Bay. Just.-Min. Bl. 1948 S. 61).

2. Verbleib des Erbvertrags nach der ersten Eröffnung. 2

Enthält der Erbvertrag lediglich Anordnungen, die sich auf den ersten Erbfall beziehen, so bleibt er offen in der Verwahrung des Nachlaßgerichts (§ 44 Abs. 3; vgl. § 40 Bem. 14, § 44 Bem. 4; DOfNot. § 16 Abs. 2).

Handelt es sich jedoch um einen zweiseitigen Erbvertrag (§ 29 Bem. 4) und enthält er Anordnungen, die für den zweiten Erbfall von Bedeutung sind, so ist die Behandlung verschieden, je nachdem ob der Erbvertrag vorher in besonderer Verwahrung gewesen ist oder nicht.

Befand er sich in besonderer Verwahrung, so läßt das Eröffnungsgericht eine beglaubigte Abschrift der Verfügungen des erstverstorbenen Erblassers anfertigen; die Urschrift des Vertrages wird von neuem in einen Umschlag verschlossen und versiegelt und in besondere amtliche Verwahrung genommen (§ 44 Abs. 2).

Befand sich der Erbvertrag vorher in gewöhnlicher Urkundenverwahrung, so wird er nicht etwa dem Notar zur weiteren Verwahrung zurückgegeben, sondern er bleibt offen bei den Akten des Nachlaßgerichts (DOfNot.

§ 16 Abs. 2; AktenO. § 27 Abs. 11 Satz 3, oben S. 32; KG. vom 14. April 1938 JFG. 17, 259 = DJ. 1280 Anm. Vogels = ZAkDR. 676 Anm. Weber = JW. 1836 = DNotZ. 39, 426; die abweichende Entscheidung des KG. vom 13. Februar 1936 JFG. 13, 297 = DFG. 83 Anm. Vogels = JW. 1468 = DNotZ. 688 ist überholt).

Die vorstehenden Ausführungen gelten auch dann, wenn der Erbvertrag mit einem anderen Vertrag (z. B. mit einem Ehevertrag) in einer Urkunde verbunden ist (vgl. § 31 Abs. 1 Satz 2); denn in den Vorschriften, die den Verbleib des Erbvertrags nach der ersten Eröffnung regeln, wird für den Fall des Doppelvertrages keine Ausnahme vorgesehen (ebenso Hilderscheid, DNotZ. 39, 42). Es ist auch nicht anzunehmen, daß sich aus der Anwendung dieser Vorschriften in einem solchen Falle Unzuträglichkeiten ergeben.

3 **II. Die Behandlung des Erbvertrags beim zweiten Erbfall.**

1. Wiedereröffnung.

Enthält der Erbvertrag Verfügungen, die auch für den zweiten Erbfall von Bedeutung sind (Beispiel: „Wir setzen uns gegenseitig zu Erben ein; Erben des Überlebenden sollen unsere Kinder sein"), so ist der Erbvertrag nach dem Tode des Überlebenden nochmals zu eröffnen, gleichviel ob er sich in besonderer oder in einfacher Verwahrung befand oder ob er beim ersten Erbfall vollständig verkündet worden ist oder nicht (vgl. oben § 44 Bem. 7, ferner RG. 48, 96 und KGJ. 46, 138).

4 2. Verbleib des Erbvertrags nach der zweiten Eröffnung.

Der wiedereröffnete Erbvertrag bleibt offen bei den Eröffnungsakten des Nachlaßgerichts. Die Frage, inwieweit das Gericht die Einsicht gestatten und Abschrift erteilen kann, richtet sich nicht nach § 47 des Gesetzes, sondern nach § 34 FGG. Hiernach „kann" das Gericht die Einsicht jedem gestatten, der ein „berechtigtes" Interesse glaubhaft macht; das gleiche gilt für die Erteilung einer Abschrift; die Abschrift ist auf Verlangen zu beglaubigen. (Vgl. auch Art. 50 PrFGG.: „Die Einsicht der notariellen Protokolle kann denjenigen gestattet werden, in deren Interesse die Urkunde errichtet worden ist, sowie den Rechtsnachfolgern dieser Personen. Das gleiche gilt für die Erteilung einer einfachen oder beglaubigten Abschrift").

§ 46.

Eröffnung für Testamente und Erbverträge.

Befindet sich ein Testament seit mehr als dreißig Jahren, ein Erbvertrag seit mehr als fünfzig Jahren in amtlicher Verwahrung, so hat die verwahrende Stelle von Amts wegen, soweit tunlich, Ermittelungen darüber anzustellen, ob der Erblasser noch lebt. Führen die Ermittelungen nicht zu der Feststellung des Fortlebens des Erblassers, so ist das Testament oder der Erbvertrag zu eröffnen. Die Vorschriften der §§ 40 bis 42 sind entsprechend anzuwenden.

Eine dem § 46 entsprechende Vorschrift ist im BGB. nicht enthalten.

Vogels, ZAkDR. 38, 666. Die Eröffnungsfrist für Testamente und Erbverträge.

Übersicht:

I. Die Eröffnungsfrist 1
1. Zweck der Vorschrift 1
2. Geltungsbereich der Vorschrift 2
II. Verfahren 3
1. Verzeichnis der alten Testamente und Erbverträge 3
2. Ermittlungen über das Fortleben des Erblassers 4
3. Eröffnung des Testaments od. Erbvertrags 5
4. Bedeutung der Eröffnung 6

I. Die Eröffnungsfrist. 1

1. Zweck der Vorschrift.

Im Gesetz ist zwar dafür Vorsorge getroffen, daß das Verwahrungsgericht möglichst bald vom Tode des Erblassers benachrichtigt wird (vgl. § 40 Bem. 7). Es kommt aber dennoch verhältnismäßig oft vor, daß die Stelle, bei der das Testament oder der Erbvertrag verwahrt wird, vom Tode des Erblassers keine Kenntnis erhält. Da die Verfügungen von Todes wegen nun nicht ewig uneröffnet liegen bleiben können, so war es notwendig, nach einer bestimmten Anzahl von Jahren die Verfügungen ohne Rücksicht auf den Eingang einer Todesnachricht zu eröffnen.

In Art. 82 des preuß. AGBGB. sowie in der Mehrzahl der entsprechenden Vorschriften der übrigen Länder war diese Frist auf 54 Jahre festgesetzt. Man ging hierbei davon aus, daß die Testierfähigkeit mit Vollendung des 16. Lebensjahres beginnt und daß die durchschnittliche Lebensdauer der Erblasser 70 Jahre nicht überschreitet; so ergibt sich aus 70—16 die Zahl 54 (vgl. Planck[4] § 2260 Erl. 9). Diese Frist hat sich jedoch als zu lang erwiesen. In der Regel lassen sich nach so langer Zeit weder der Nachlaß noch die Erben ermitteln, so daß die Verfügung von Todes wegen trotz ihrer Eröffnung nicht mehr ausgeführt werden kann.

§ 46 hat daher die landesgesetzlichen Vorschriften über die Eröffnungsfrist beseitigt und durch eine einheitliche Regelung ersetzt. Danach beträgt die Eröffnungsfrist bei Testamenten 30 Jahre und bei Erbverträgen 50 Jahre. Die Frist wurde bei Erbverträgen länger bemessen, weil solche Verträge in der Regel zusammen mit einem Ehevertrag bei der Eheschließung, also in jungen Jahren, geschlossen werden, während es ziemlich selten vorkommt, daß ein gesunder Mensch schon früh sein Testament macht. Obwohl gemeinschaftliche Testamente wirtschaftlich nicht selten die gleiche Bedeutung haben wie ein Erbvertrag, beträgt die Eröffnungsfrist bei ihnen dennoch nicht 50, sondern nur 30 Jahre. Das Gesetz rechnet damit, daß das Nachlaßgericht bei einem gemeinschaftlichen Testament die Nachforschungen nach dem Fortleben der Erblasser mit besonderer Sorgfalt vornimmt.

Wegen der besonderen Maßnahmen zur Nachprüfung der vor dem 1. Januar 1924 in Verwahrung gegebenen Testamente siehe § 34 Bem. 14.

2. Geltungsbereich der Vorschrift. 2

§ 46 gilt zunächst für alle Testamente und Erbverträge, die sich in besonderer amtlicher Verwahrung befinden. Regelmäßig sind gemäß § 37 die Amtsgerichte für die Verwahrung zuständig. § 46 galt aber auch für Testamente, die beim Oberkommando der Wehrmacht verwahrt wurden, ist insoweit aber durch den Untergang der Wehrmacht gegenstandslos geworden.

§ 46 gilt ferner für die Erbverträge, die von einem Gericht, einem Notar oder einem Kriegsgerichtsrat beurkundet worden sind und gemäß § 31 in der einfachen Urkundenverwahrung der beurkundenden Stelle verblieben sind (ebenso Boehmer, DNotZ. 40, 187). In diesem Falle ist das beurkundende Amtsgericht oder Militärgericht oder der beurkundende Notar für die Durchführung des § 46 verantwortlich. Ist das Amt des Notars erloschen und sind seine Akten gemäß § 39 RNotO. von einem Amtsgericht übernommen, so liegen die in § 46 vorgesehenen Pflichten bezüglich dieser Notariatsakte diesem Amtsgericht ob. Hierbei handelt es sich nur um Erbverträge; da diese nach Nummernfolge geordnet zwischen den übrigen Urkunden liegen, ist eine zuverlässige Überwachung der Eröffnungspflicht nur möglich, wenn aus der mit den Urkunden abgelieferten Urkundenrolle ein besonderes Verzeichnis erstellt, oder doch die Urkundenrolle jährlich darauf durchgesehen wird, welche Erbverträge in dem 50 Jahre zurückliegenden Jahr errichtet worden sind.

§ 46 gilt auch für solche Testamente und Erbverträge, die sich beim Inkrafttreten des Gesetzes bereits in amtlicher Verwahrung befanden. Die verwahrenden Stellen hatten also alsbald zu prüfen, ob die jetzt von ihnen seit 30 oder 50 Jahren verwahrten Verfügungen von Todes wegen zu eröffnen waren. Die hierzu erforderlichen Ermittlungen werden allerdings bei den Testamenten auf Grund der AV. vom 11. Mai 1936 (10. September 1936, 19. Oktober 1937) über die Nachprüfung gegenstandslos gewordener Testamente bereits im wesentlichen durchgeführt worden sein (vgl. oben § 34 Bem. 14).

3 **II. Verfahren.**

1. Verzeichnis der alten Testamente und Erbverträge.

Alljährlich im Oktober hat beim Amtsgericht der zweite Verwahrungsbeamte das Verwahrungsbuch daraufhin durchzusehen, ob noch Verfügungen solcher Personen aufbewahrt werden, deren Tod gerichtskundig ist. Gleichzeitig hat er ein Verzeichnis darüber aufzustellen, welche Testamente seit mehr als 30 Jahren und welche Erbverträge seit mehr als 50 Jahren sich in amtlicher Verwahrung befinden (§ 27 Abs. 10 AktenVO. in der Fassung vom 4. August 1938, oben S. 31).

In dieses Verzeichnis sind zunächst diejenigen alten Verfügungen von Todes wegen aufzunehmen, die sich in besonderer amtlicher Verwahrung befinden (§ 37); daneben aber auch die Erbverträge, die vom Gericht beurkundet und gemäß § 31 in die einfache Verwahrung genommen sind. Hat das Gericht auf Grund des § 39 RNotO. die Akten eines Notars übernommen, dessen Amt erloschen ist, so sind auch die von diesem Notar beurkundeten Erbverträge zu berücksichtigen.

Da die Vorschrift sich auch auf Testamente und Erbverträge bezieht, die bereits vor dem Inkrafttreten des Gesetzes in Verwahrung genommen sind, waren im Jahre 1938 die Testamente aus den Jahren vor 1909 und die Erbverträge aus den Jahren vor 1889 zu eröffnen.

Das Verzeichnis muß aber nicht jedes Jahr neu erstellt werden. Es kann auch dadurch auf dem Laufenden gehalten werden, daß Eröffnungen usw. vermerkt und das Verzeichnis jeweils im Oktober um den hinzutretenden Jahrgang ergänzt wird. Zu beachten bleibt auch, daß das Verwahrungsbuch alljährlich daraufhin durchzusehen ist, ob noch Verfügungen solcher Personen verwahrt werden, deren Tod gerichtskundig ist. (Vgl. AV. d. RJM. vom 23. September 1939, DJ. 1558, abgedruckt oben S. 31, Fußnote 1.)

Auch der Notar wird alljährlich festzustellen haben, welche Erbverträge seit 50 Jahren bei ihm in der einfachen Verwahrung liegen.

4 2. Ermittlungen über das Fortleben des Erblassers.

Nach Ablauf der 30jährigen oder 50jährigen Frist hat die verwahrende Stelle auf Grund des vorerwähnten Verzeichnisses von Amts wegen, soweit tunlich, Ermittlungen darüber anzustellen, ob der Erblasser noch lebt.

Die Ermittlungen werden in der Regel mit einer Anfrage bei der Polizeibehörde des Orts beginnen, in dem der Erblasser bei der Errichtung des Testaments oder Erbvertrags gewohnt hat. Ferner wird eine Anfrage an den Standesbeamten des Geburtsorts zu richten sein, da dieser den Tod des Erblassers im Geburtsregister zu vermerken hat (vgl. § 40 Bem. 7). Vom Ergebnis dieser ersten Anfragen hängt es ab, welche weiteren Ermittlungen vorzunehmen sind (Anfrage bei dem beurkundenden Notar, bei Verwandten, bei der Dienstbehörde des Erblassers usw.).

Führen die Ermittlungen zu dem Ergebnis, daß der Erblasser noch lebt, so bleibt das Testament oder der Erbvertrag weiter in Verwahrung. Die Ermittlungen nach dem Fortleben des Erblassers sind nicht alljährlich, sondern in Zeitabschnitten von etwa drei bis fünf Jahren zu wiederholen (AV. d. RJM. vom 23. September 1939, DJ. 1558, oben S. 31, Fußnote 1).

3. Eröffnung des Testaments oder Erbvertrags. 5

Läßt sich nicht feststellen, daß der Erblasser noch lebt, so wird das Testament oder der Erbvertrag von Amts wegen eröffnet, und zwar ohne Rücksicht darauf, ob der Tod des Erblassers festgestellt ist oder nicht. Ist bei einem gemeinschaftlichen Testament oder bei einem Erbvertrag festgestellt, daß noch einer der Erblasser lebt, so wird nur der Teil verkündet, der die Verfügungen des anderen Erblassers enthält (§§ 44, 45).

Für die Eröffnung ist das in §§ 40, 41 bezeichnete Amtsgericht zuständig. Befindet sich das Testament oder der Erbvertrag in der Verwahrung eines Militärgerichts, des Oberkommandos der Wehrmacht oder eines Notars, so haben diese Stellen das Testament an das Nachlaßgericht zur Eröffnung abzuliefern (vgl. § 39).

Zur Eröffnung sind die gesetzlichen Erben und die sonstigen Beteiligten (z. B. bei einem Erbvertrag der andere Vertragschließende) zu laden (§ 40 Abs. 1). Die im Eröffnungstermin nicht erschienenen Beteiligten sind von dem sie betreffenden Inhalt des Testaments gemäß § 42 zu benachrichtigen. Das Gericht hat von Amts wegen nach den Anschriften der gesetzlichen oder eingesetzten Erben zu forschen (§ 42 Bem. 2).

Wegen der Kosten der Eröffnung siehe § 40 Bem. 15.

4. Bedeutung der Eröffnung. 6

Stellt sich nachträglich heraus, daß der Erblasser doch noch lebt, so wird die Gültigkeit des Testaments oder Erbvertrags durch die bereits zu Lebzeiten des Erblassers erfolgte Eröffnung nicht berührt (ebenso Planck[4] § 2260 Erl. 8). Das Gericht wird die Verfügung von Todes wegen, falls sie vorher in besonderer Verwahrung gewesen war, wieder zu verschließen und in die besondere Verwahrung zurückzubringen haben. In der Regel wird es sich empfehlen, den Erblasser von der vorzeitigen Eröffnung zu verständigen und ihm die Wahl zu lassen, ob er das Testament nach § 34 zurücknehmen oder weiter in der Verwahrung belassen will.

§ 47.

Einsichtnahme, Abschrifterteilung.

Wer ein rechtliches Interesse glaubhaft macht, ist berechtigt, ein eröffnetes Testament einzusehen sowie eine Abschrift des Testaments oder einzelner Teile zu fordern; die Abschrift ist auf Verlangen zu beglaubigen.

§ 47 entspricht dem § 2264 BGB.

1 Vorbemerkung.

Nach §§ 40, 42 ist das Testament oder der Erbvertrag den „Beteiligten" zu verkünden oder in anderer Weise bekanntzugeben. Bei einem gemeinschaftlichen Testament oder bei einem Erbvertrag sind nach dem ersten Erbfall die Verfügungen des Überlebenden, soweit sie sich sondern lassen, nicht zu verkünden, sondern geheimzuhalten (§§ 44, 45).

Ob bei einem Erbvertrag darüber hinaus anderen Personen Einsicht gewährt werden kann, bestimmt das Gericht nach freiem Ermessen (§ 34 FGG.; oben § 45 Bem. 4).

In dem obigen § 47 wird unter gewissen Voraussetzungen ein Recht auf Einsichtnahme in ein eröffnetes Testament sowie auf Abschrifterteilung gewährt.

2 **I. Voraussetzungen für das Recht auf Einsichtnahme und Abschrifterteilung bei einem Testament.**

Das Recht auf Einsichtnahme in das Testament steht jedem zu, der ein rechtliches Interesse glaubhaft macht.

1. Glaubhaftmachung eines rechtlichen Interesses.

Der Begriff des „rechtlichen" Interesses ist enger als der des „berechtigten" Interesses. Berechtigt könnten auch Interessen wissenschaftlicher, künstlerischer oder geschäftlicher Art sein; das „rechtliche" Interesse wird jedoch in der Regel nur dann gegeben sein, wenn die Verfolgung oder Verteidigung der Rechte des Antragstellers die Einsichtnahme geboten oder wenigstens erwünscht erscheinen läßt. Beispiel: Der gesetzliche Erbe behauptet, das Testament, das für ihn nachteilige Anordnung enthält, sei gefälscht oder verfälscht; hier werden sowohl der gesetzliche Erbe wie die Personen, die sich auf die Gültigkeit des Testaments berufen, die Urkunde einsehen können.

Zum Glaubhaftmachen können alle geeigneten Beweismittel, insbesondere auch Urkunden verwendet werden; auch die Versicherung an Eides Statt kann zur Glaubhaftmachung ausreichen (FGG. § 15 Abs. 2, vgl. RZPO. § 284).

3 2. Vorliegen eines eröffneten Testaments.

§ 7 gilt nur für Testamente, die eröffnet sind. Vor dem Erbfall kann nur der Erblasser selbst Einsicht nehmen und Abschrifterteilung beanspruchen (§ 34 Bem. 15). In § 47 ist in erster Linie an Testamente gedacht, die nach der Eröffnung offen bei den Akten des Nachlaßgerichts verbleiben. Ein gemeinschaftliches Testament wird in der Regel nach dem ersten Erbfall wieder verschlossen und in die besondere Verwahrung genommen. Das schließt nicht aus, daß der Verschluß wieder geöffnet wird, um einem Berechtigten Einsicht in den Teil des Testaments zu gewähren, der die Verfügungen des Erstverstorbenen enthält. Da sich aber stets eine beglaubigte Abschrift dieser Verfügungen bei den Nachlaßakten befindet (§ 44), wird an das rechtliche Interesse, die Urschrift einzusehen, ein strenger Maßstab anzulegen sein.

4 3. Antrag.

Die in § 47 vorgesehene Tätigkeit des Gerichts setzt einen Antrag voraus. Wird der Antrag auf Gewährung der Einsicht oder auf Abschrifterteilung abgelehnt, so steht dem Antragsteller die einfache Beschwerde an das Landgericht und gegebenenfalls die weitere Beschwerde an das Kammergericht oder an das Oberlandesgericht München offen (FGG. §§ 19ff.; VO. vom 23. März 1936 — RGBl. I, 251 in der Fassung der VO. vom 11. Juli 1938 — RGBl. I, 903; hierzu Saage, DFG. 38, 165).

II. Inhalt und Umfang des Rechts. 5

1. Einsichtnahme.

Der Berechtigte kann das Testament nebst seinen Anlagen und die Niederschrift über die Eröffnung des Testaments einsehen. Soll nach § 44 ein Teil des Testaments geheimgehalten werden, so ist dieser Teil zu verdecken.

Der Berechtigte kann das Testament grundsätzlich nur bei der Stelle einsehen, die das eröffnete Testament in Verwahrung hat. Ist der Wohnort des Berechtigten vom Sitz des Nachlaßgerichts weit entfernt, so kommt vielleicht in Frage, daß die nachlaßgerichtlichen Akten an das für den Wohnort des Berechtigten zuständige Amtsgericht übersandt werden, damit der Berechtigte bei diesem Gericht das Testament einsehen kann. Einen Anspruch auf ein solches Entgegenkommen hat der Einsichtberechtigte jedoch nicht; das Gericht entscheidet über Anträge dieser Art nach freiem Ermessen.

2. Abschrifterteilung. 6

Der Berechtigte kann verlangen, daß für ihn eine einfache oder eine beglaubigte Abschrift des Testaments oder einzelner Teile angefertigt wird. Die Art, wie die Abschrift oder der Auszug beglaubigt wird, ist in den Landesgesetzen geregelt. Für Preußen ist maßgebend das preuß. FGG. vom 21. September 1899 (Art. 35, 47, 57, 59). Bei größeren Gerichten pflegt die Abschrift von Testamenten auf fotographischem Wege hergestellt zu werden (Fotokopie; fotostatischer Abdruck; vgl. VO. vom 21. Oktober 1942, RGBl. I, 609, § 1). Nicht ausgeschlossen ist auch, daß dem Berechtigten eine Ausfertigung des öffentlichen Testaments gewährt wird (ebenso Planck[4] § 2264 Erl. 3d). Vgl. auch § 27 Abs. 12 AktenO., oben S. 32.

Auf Wunsch ist dem Berechtigten auch eine beglaubigte Abschrift der Eröffnungsniederschrift zu geben, falls er ein rechtliches Interesse hierfür glaubhaft macht (vgl. GBO. § 35, FGG. § 107 Abs. 2).

§ 47 gewährt nicht das Recht zu verlangen, daß das Testament einem Sachverständigen zur Echtheitsuntersuchung übergeben werde (LG. Danzig vom 8. Dezember 1930 — DanzMonSchr. 32, 13).

3. Umfang des Rechts. 7

Der Berechtigte kann nicht immer Einsicht und Abschrift des ganzen Testaments verlangen. Ein Einschränkung seines Rechts ergibt sich für gemeinschaftliche Testamente bereits aus § 44. Aber auch bei einem einfachen Testament hat der Richter im Einzelfall zu prüfen, ob nicht gewisse Teile des Testaments (z. B. vertrauliche Mitteilungen über Pflichtteilsentziehungsgründe) vor Dritten geheimzuhalten sind (ebenso Planck[4] § 2264 Erl. 3c).

Fünfter Abschnitt.

Schlußvorschriften.

§ 48.

Nichtigkeit einer Verfügung von Todes wegen.

(1) Eine Verfügung von Todes wegen ist nichtig, soweit sie gegen zwingende gesetzliche Vorschriften verstößt.

(2) *Eine Verfügung von Todes wegen ist nichtig, soweit sie in einer gesundem Volksempfinden gröblich widersprechenden Weise*

gegen die Rücksichten verstößt, die ein verantwortungsbewußter Erblasser gegen Familie und Volksgemeinschaft zu nehmen hat[1]).

(3) **Eine Verfügung von Todes wegen ist nichtig, soweit ein anderer den Erblasser durch Ausnutzung seiner Todesnot zu ihrer Errichtung bestimmt hat.**

Siehe hierzu das Kontrollratsgesetz Nr. 37 vom 30. Oktober 1946, im Wortlaut abgedruckt oben S. 26 und Seybold im Gesetz und Recht, Heft 15 S. 459.

Übersicht:

Vorbemerkung 1
- I. Nichtigkeit wegen Verstoßes gegen zwingende gesetzliche Vorschriften (Abs. 1) 2
  - 1. Verstoß gegen zwingende Formvorschriften 2
  - 2. Verstoß gegen ein gesetzliches Verbot 3
- II. Verstoß gegen die guten Sitten 4
  - 1. Die Regelung des § 48 Absatz 2 4
  - 2. Die neue Rechtslage 5
  - 3. Die Rechtsprechung 6
    - a) Entscheidungen, die unter dem Gesichtspunkt des § 138 BGB. bestehen bleiben 7
    - b) Entscheidungen, deren weitere Anwendbarkeit zweifelhaft erscheint 8
    - c) Entscheidungen, die durch das Kontrollratsgesetz unanwendbar geworden sind 9
  - 4. Rückwirkende Kraft 10
    - a) Rückwirkung bei Inkrafttreten des TestG. 10
    - b) Rückwirkung der Aufhebung des § 48 Abs. 2 TestG. 11
- III. Nichtigkeit wegen Ausnutzung der Todesnot des Erblassers (Abs. 3) 12
- IV. Folgen der Nichtigkeit 13

1 Vorbemerkung.

Im § 48 wird dem Richter zur Pflicht gemacht, von Amts wegen gewissen Verfügungen die Anerkennung zu versagen. Abs. 1 behandelt den Verstoß gegen eine zwingende gesetzliche Vorschrift; Abs. 2 den Verstoß gegen die Rücksichten gegenüber Familie und Volksgemeinschaft (durch das Kontrollratsgesetz Nr. 37 aufgehoben) und Abs. 3 schützt den Erblasser gegen die Ausnutzung seiner Todesnot.

§ 48 bezieht sich auf Verfügungen von Todes wegen jeder Art, also sowohl auf Testamente wie auf Erbverträge (RG. vom 25. Februar 1944, DRW. 44, 494 und 45, 76).

Ist der Erblasser Ausländer oder staatenlos, so ist § 48 nur anzuwenden, wenn der Erblasser nach deutschem Recht beerbt wird (vgl. EGBGB. Art. 26, 27 und Art. 29 in der Fassung vom 12. April 1938, RGBl. I, 380; Greiser, DFG. 39, 55).

I. Nichtigkeit wegen Verstoßes gegen zwingende gesetzliche Vorschriften (Abs. 1).

Abs. 1 umfaßt sowohl den Verstoß gegen zwingende Formvorschriften als auch den Verstoß gegen ein gesetzliches Verbot.

2 1. Verstoß gegen zwingende Formvorschriften.

Bereits in § 125 BGB. ist ausgesprochen, daß ein Rechtsgeschäft nichtig ist, wenn es der durch Gesetz vorgeschriebenen Form ermangelt.

---

[1]) Abs. 2 ist durch das Kontrollratsgesetz Nr. 37 außer Kraft gesetzt.

Der Ton liegt in § 48 Abs. 1 TestG. auf dem Wort „zwingend". In diesem Gesetz kommen zahlreiche zwingende, aber auch viele nicht zwingende Formvorschriften vor. Wenn das Gesetz zum Ausdruck bringen will, daß eine Formvorschrift zwingend ist, so bedient es sich des Wortes „muß"; handelt es sich dagegen nur um eine Ordnungsvorschrift, so ist das Wort „soll" gebraucht (vgl. § 4 Bem. 8, 9).

Als Beispiel möge § 6 dienen. Ist der Erblasser stumm, so „muß" der Richter oder Notar gemäß § 6 Abs. 1 bei der Beurkundung weitere Personen zuziehen; tut er dies nicht, so ist das Testament oder der Erbvertrag nichtig. Liegt jedoch keiner der besonderen Fälle des § 6 Abs. 1 vor, verlangt der Erblasser aber ausdrücklich, daß dennoch weitere Personen zuzuziehen sind, so „soll" der Richter oder der Notar dem Verlangen nachkommen. Ein Verstoß gegen diese Pflicht läßt jedoch die Gültigkeit der Verfügung von Todes wegen unberührt (vgl. ferner den Gegensatz zwischen §§ 7, 8 einerseits und §§ 9, 10 anderseits). Die Beispiele lassen sich noch um zahlreiche weitere vermehren.

Die Nichtigkeit eines Testaments als Folge der Verletzung einer zwingenden Formvorschrift kann nicht mit der Begründung ausgeräumt werden, daß das Ergebnis den Umständen nach unbillig sei und deshalb dem gesunden Rechtsempfingen widerspreche und die gute Sitte verletze oder damit, daß die Vorschrift im allgemeinen oder für den besonderen Fall zwecklos sei, oder damit, daß ihr Zweck schon auf andere Weise erreicht werde (KG. vom 28. April 1938 JW. 1720).

2. Verstoß gegen ein gesetzliches Verbot. 3

§ 134 BGB. bestimmt: „Ein Rechtsgeschäft, das gegen ein gesetzliches Verbot verstößt, ist nichtig, wenn sich nicht aus dem Gesetze ein anderes ergibt." Durch § 48 Abs. 1 wird bestätigt, daß dieser Rechtsgedanke für Verfügungen von Todes wegen jeder Art gilt, also nicht nur für Erbverträge, sondern auch für einseitige und für gemeinschaftliche Testamente, gleichviel in welcher Form sie errichtet sind. Fälle, in denen ein Testament wegen Verstoßes gegen ein gesetzliches Verbot nichtig sind, sind aufgeführt bei Hilderscheid, DNotZ. 39, 38.

II. Verstoß gegen die guten Sitten. 4

1. Die Regelung des § 48 Abs. 2.

Nach § 138 BGB. ist ein Rechtsgeschäft nichtig, das gegen die guten Sitten verstößt. Dieser allgemeine Rechtsgrundsatz galt und gilt auch für die letztwilligen Verfügungen. Das TestG. ging aber über diese Rechtsnorm hinaus; nach § 48 Abs. 2 TestG. war ein Testament oder ein Erbvertrag nichtig, soweit dessen Inhalt gegen die Rücksichten verstieß, die ein verantwortungsbewußter Erblasser gegen Familie und Volksgemeinschaft zu nehmen hat, sofern dieser Verstoß dem gesunden Volksempfinden gröblich widerspricht. Es ist klar, daß eine so weit gefaßte Gesetzesvorschrift dem richterlichen Ermessen einen weiten Spielraum gewährte und daß die Gefahr bestand, daß politischer Druck dieses freie richterliche Ermessen in Willkür verwandeln könnte. Es sind daher zu dieser Bestimmung auch eine große Zahl von Entscheidungen ergangen und veröffentlicht worden. (Siehe hierzu z. B. Greiser in DFG. 39, 52 „§ 48 Abs. 2 des Testamentsgesetzes", Wentzel in DR. Ausg. Österreich 39, 4 „Nichtigkeit einer Verfügung von Todes wegen", Roth in DRW. 1941, 166 „Zum § 48 Abs. 2 des TestG.").

5 2. Die neue Rechtslage.

Nach der Besetzung Deutschlands war zunächst streitig, ob die Vorschrift des § 48 Abs. 2 TestG. noch gelte oder als nationalsozialistische Rechtsnorm zu erachten und daher entsprechend dem Kontrollratsgesetz Nr. 1 vom 20. August 1945 automatisch aufgehoben sei, (vgl. dazu Meiß in SJZ. 1946, 65 „Zur Frage der Weitergeltung des § 48 Abs. 2 TestG."). Nunmehr ist durch das Kontrollratsgesetz Nr. 37 vom 30. Oktober 1946, abgedruckt oben S. 26 die Bestimmung des § 48 Abs. 2 TestG. ausdrücklich aufgehoben worden. Für die Beurteilung der Nichtigkeit von letztwilligen Verfügungen aus sachlichen Gründen ist daher wieder ausschließlich das Recht des § 138 BGB. maßgebend, das zwar auch während der Geltung des § 48 Abs. 2 TestG. nicht außer Kraft gesetzt, wohl aber gegenüber den weiter reichenden neuen Vorschriften in den Hintergrund getreten war. Diese neue Rechtsgrundlage ist gemäß Art. II des Kontrollratsgesetzes auf alle Fälle anzuwenden, die bei der Verkündung des Gesetzes noch nicht entgültig geregelt sind. (Siehe auch Seybold in Gesetz und Recht S. 459.)

Nach § 138 BGB. ist ein Rechtsgeschäft nichtig, das gegen die guten Sitten verstößt. Was unter „guten Sitten" zu verstehen ist, beurteilt sich in erster Linie nach Absicht, Beweggrund und Gesinnung des Erblassers (vgl. RGZ. 166, 395 = DRW. 41, 2203 = Dt. Just. 41, 750 mit Anm. Vogels; ebenso RG. vom 28. November 1941, DRW. 42, 538 = HRR. 42 Nr. 269 und LG. Berlin vom 10. April 1942, DFG. 42, 111) und nach dem herrschenden Rechtsbewußtsein und dem Anstandsgefühl aller gerecht und billig Denkenden (siehe Reichsgerichtsrätekommentar zu § 138 BGB.)

Der Prüfung der Sittenwidrigkeit ist nicht die Zeit der Errichtung der letztwilligen Verfügung, sondern diejenige des Erbfalles zugrunde zu legen (RG. vom 25. Februar 1944, DRW. 44, 494).

6 3. Die Rechtsprechung.

Die umfangreiche Rechtsprechung zu § 48 Abs. 2 TestG. ist nun aber nicht ohne weiteres durch die neue Rechtslage überholt und bedeutungslos geworden; es muß vielmehr geprüft werden, ob und inwieweit die ergangenen Urteile unter dem ausschließlichen Gesichtspunkt des § 138 BGB. aufrechterhalten bleiben; dabei kann als Ausgangspunkt dieser Prüfung auch heute die Entscheidung des RG. vom 15. Februar 1940, DRW. 917, genommen werden, nach der ein nach § 48 Abs. 2 TestG. als der umfassenderen Bestimmung für gültig erachtetes Testament nicht etwa nach § 138 BGB. nichtig sein kann; alle negativen, die Nichtigkeit nach § 48 Abs. 2 verneinenden Entscheidungen sind daher ohne weiteres auch für die neue Rechtslage zutreffend.

Man kann die ergangenen Entscheidungen zu § 48 Abs. 2 TestG. in drei Gruppen einteilen:

7 a) Entscheidungen, die unter dem Gesichtspunkt des § 138 BGB. bestehen bleiben:

Ist der Gegenstand einer letztwilligen Verfügung teilbar, so kann das Gericht eine gegen die guten Sitten verstoßende Verfügung auch teilweise aufrechterhalten, da die Nichtigkeit nur insoweit anzunehmen ist, als der Verstoß reicht (OLG. Stuttgart vom 6. Februar 1941, DNotZ. 41, 423; RG. vom 22. Dezember 1941, DRW. 42, 847 mit Anm. Hopp). Ist nur ein Teil einer letztwilligen Verfügung nichtig, so ist aus §§ 139, 2085 BGB. zu entnehmen, inwieweit der übrige Teil des Testaments oder Erbvertrags aufrechterhalten werden kann. Ein sittenwidriges Testament kann nicht durch Anerkennung seitens der Erben dieses Merkmals entkleidet und damit rechtswirksam werden (OLG. München vom 10. November 1939, HRR. 1940 Nr. 354).

An der gesetzlichen Erbfolge wird durch § 138 BGB. (und früher durch § 48 Abs. 2 TestG.) nichts geändert; der Mörder der Ehefrau bleibt deshalb gesetzlicher Erbe gemeinsamer Kinder (LG. Berlin vom 1. November 1940, DFG. 41, 103 mit Anm. Vogels).

Ein Verstoß gegen die gute Sitte (oder früher ein solcher gegen § 48 Abs. 2) liegt nicht vor, wenn das Erbe ehelicher Kinder durch eine Zuwendung an eine nicht verwandte Person verringert wird (OLG. München vom 30. Juni 1939, HRR. Nr. 542), z. B. wenn neben den zu Alleinerben eingesetzten beiden Söhnen ein Drittel des Nachlasses für die Stiefmutter der Schwiegertochter als Vermächtnis ausgesetzt ist (OLG. Düsseldorf vom 24. April 1940, DRW. 1424 mit Anm. Vogels). Ein solcher Verstoß liegt auch nicht darin, daß Ehegatten sich gegenseitig zu Alleinerben einsetzen und der eine von ihnen hierbei seine Kinder aus erster Ehe unberücksichtigt läßt oder auf den Pflichtteil beschränkt (KG. vom 7. Dezember 1939, Recht 1940 Nr. 2285). Die Erbeinsetzung eines außerehelichen, für ehelich erklärten Kindes zum Nachteil ehelicher Kinder kann nicht ohne weiteres als nichtig angesehen werden, auch dann nicht, wenn damit zugleich die an der Scheidung der Ehe des Erblassers schuldige Mutter des Kindes durch Einräumung eines lebenslänglichen Nießbrauchs gesichert worden ist. (RG. vom 4. November 1941, Recht 1942, Nr. 2581 = Warn. RSpr. 42, 78). Die seitens einer Erblasserin geübte testamentarische Bevorzugung der langjährigen treuen Pflegerin in schwerer, höchst ansteckender Krankheit vor ihrem unehelichen Kind, zu dem seit der Geburt jahrzehntelang keine Beziehungen bestanden, ist ebensowenig nichtig (OLG. Düsseldorf vom 17. Februar 1943, DNotZ. 43, 221 = DR. 43, 853), wie die Berufung der Ehefrau zur Alleinerbin und die Beschränkung der Kinder auf verhältnismäßig geringe Beträge, auch wenn die Kinder von dieser Ehefrau nicht abstammen und damit die Gefahr besteht, daß bei ihrem Tode den Kindern nichts mehr zufällt.

Ganz allgemein wird man heute davon ausgehen dürfen, daß eine Verletzung der gesetzlich oder durch die gute Sitte gebotenen Rücksicht auf die Verwandten in der Regel nur bejaht werden kann, wenn die im Gesetz vorgesehenen Pflichtteilsrechte verletzt sind. Zum Ausgleich einer solchen Verletzung stellt das BGB. die Pflichtteilsergänzungsansprüche zur Verfügung, so daß eine Nichtigkeit, wenn nicht andere Verstöße gegen die gute Sitte vorliegen, wegen der verwandtschaftlichen Beziehung übergangener Personen kaum in Frage kommt. Es muß abgewartet werden, welche Wege hier die künftige Rechtsprechung geht.

Die Zuwendungen an eine Maitresse haben die Rechtsprechung schon immer beschäftigt. Ein Vermächtnis, das eine Belohnung für außerehelichen Geschlechtsverkehr darstellt, ist regelmäßig wegen Verstoßes gegen die guten Sitten nichtig, auch wenn es nicht gleichzeitig die Fortsetzung des Geschlechtsverkehrs begünstigen sollte. Waren aber andere, nicht verwerfliche Beweggründe mitbestimmend, so entscheidet der überwiegende Beweggrund über die Gültigkeit oder Nichtigkeit im ganzen, bei Gleichwertigkeit beider Arten von Beweggründen sind die §§ 139, 2085 BGB. unter Berücksichtigung des in § 138 BGB. ausgesprochenen Grundsatzes anzuwenden (RG. vom 17. September 1940 SeuffA. 95, 17 = Recht 41, Nr. 1151). Der Nichtigkeit der Vermögenszuwendung an eine Ehebrecherin kann nicht entgegengehalten werden, daß die Zuwendung auch deshalb gemacht worden sei, weil die Ehebrecherin auf Wunsch des Verstorbenen ihre Stellung aufgegeben habe (OLG. München vom 10. November 1939, HRR. 40 Nr. 354). Eine Verfügung von Todes wegen, mit der eine 78jährige Erblasserin einen in anstößigen Beziehungen zu ihr stehenden erheblich jüngeren Mann (unter Übergehung ihrer Geschwisterkinder) zum Alleinerben eingesetzt hat, ist mindestens nicht im vollen Umfang wirksam (KG. vom 2. Januar 1942, DNotZ. 42, 227). Die Einsetzung eines Testamentserben durch eine 26 Jahre ältere Erblasserin ist unsittlich und nichtig, wenn die Erbeinsetzung auf Grund geschlechtlicher vorwiegend perverser Beziehungen erfolgt ist (LG. Berlin vom 10. April 1943, DFG. 42, 19).

Zuwendungen an die Braut, die dem Erblasser den Geschlechtsverkehr gestattet hatte, sind auch dann nicht sittenwidrig, wenn die Heiratserlaubnis wegen Tuberkulose des Erblassers versagt worden ist, beide Teile aber an ihrem Verlöbnis und ihrer inneren Zuneigung festgehalten haben (RG. vom 20. Dezember 1940, DRW. 41, 1612 mit Anm. Vogels = DNotZ. 41, 334). Es widerspricht auch nicht der guten Sitte, wenn der Erblasser seine Fahrnisse seiner Braut vermacht, auch wenn die Gegenstände aus dem Nachlaß seiner ersten Frau stammen und Erbe der einzige Sohn aus dieser Ehe ist (Karlsruhe vom 7. Januar 1942, HRR. 42, 690 = DR. 42, 3907).

Zuwendungen an eine Religionsgesellschaft verstoßen selbstverständlich nicht gegen die gute Sitte, auch wenn der Gegenstand der Zuwendung ein Grundstück ist. Den gleichen Standpunkt hat das KG. auch unter der Geltung des § 48 Abs. 2 TestG. eingenommen (KG. vom 2. April 1942, DFG. 76 = DRW. 937).

Die Zuwendung an eine staatsfeindliche Organisation ist auch heute nichtig.

8 b) Entscheidungen, deren weitere Gültigkeit und Anwendbarkeit zweifelhaft erscheint.

Schon oben wurde darauf hingewiesen, daß die Übergehung naher Verwandter nur in Ausnahmefällen als Verstoß gegen die gute Sitte und damit als Nichtigkeitsgrund erachtet werden kann, weil die vom Gesetz gewollten unverletzlichen Rechte dieser Verwandten durch die Bestimmungen über den Pflichtteil gewahrt sind. Trotzdem sind durchaus Fälle denkbar, in denen die Beschränkung pflichtteilsberechtigter Personen auf den Pflichtteil einen Verstoß gegen die gute Sitte darstellen kann. Der Verstoß gegen die gute Sitte liegt aber nicht in der Beschränkung auf den Pflichtteil, sondern in den Beweggründen und Verfügungen, die zur Beschränkung auf den Pflichtteil geführt haben. Diese Beweggründe und Verfügungen können auch bei Fehlen pflichtteilsberechtigter Personen einen Verstoß gegen die gute Sitte darstellen, so daß die Nichtigkeit in solchem Falle auch entfernteren Verwandten zugute kommt. Eine Beurteilung ist hier nur von Fall zu Fall möglich; allgemeine Regeln lassen sich nicht aufstellen. Die Rechtsprechung zu § 48 Abs. 2 TestG. kann selbstverständlich nicht als Richtschnur herangezogen werden, kann aber wohl Gedanken enthalten, die auch unter dem Gesichtspunkt eines Verstoßes gegen die gute Sitte von Bedeutung sind. Aus dieser Rechtsprechung seien erwähnt: KG. vom 18. August 1944, DRW. 45, 79: Teilweise Nichtigkeit der Berufung der Braut unter Beschränkung eines minderjährigen Kindes auf den Pflichtteil; KG. vom 7. Dezember 1939, Recht 40, Nr. 2285: Übergehung der Kinder erster Ehe zugunsten des zweiten Ehegatten, wenn der Nachlaß in der Hauptsache ererbtes Vermögen darstellt, das vom verstorbenen Elternteil der Kinder herstammt; RG. vom 14. Dezember 1943, Recht 44 Nr. 100 = DRW. 44, 375: Enterbung von Kindern aus unbegründeter Gehässigkeit zugunsten entfernter Verwandter. Ob die Zuwendung von Familienerinnerungsstücken, Familienschmuck und Familienwertstücken bei Vorhandensein nicht allzu ferner Verwandter an einen Familienfremden gegen die gute Sitte verstößt, erscheint fraglich. Eine Entscheidung wird nur nach den Umständen des einzelnen Falles getroffen werden können.

c) Entscheidungen die zweifellos durch das Kontrollratsgesetz Nr. 37 unanwendbar geworden sind. 9

Hierher gehören alle Entscheidungen, welche eine Verfügung von Todes wegen aus rassischen Gründen für nichtig erklären. Überholt sind aber auch die Überlegungen, durch die sich die Rechtsprechung bemüht hat, innerhalb der Verwandtschaft oder Familie durch Interessenabwägung den freien Willen des Erblassers unter Bezugnahme auf § 48 Abs. 2 zu beschränken. Der Grundsatz der Testierfreiheit findet nur dort seine Grenze, wo ein wirklicher Verstoß gegen die gute Sitte vorliegt. Ein solcher ist nicht schon dann gegeben, wenn sich ein näherer Verwandter zugunsten eines entfernteren zu Unrecht übergangen glaubt oder wenn eine Mehrheit von Verwandten der Ansicht ist, die Familienrücksichten hätten den Erblasser von einer Zuwendung an einen Familienfremden abhalten müssen.

4. Rückwirkende Kraft. 10

a) Rückwirkung bei Inkrafttreten des TestG.

Die Frage der Rückwirkung war bei Inkrafttreten des § 48 Abs. 2 TestG. ebenso zu überlegen, wie bei seiner Außerkraftsetzung. Das TestG. hat bestimmt, daß § 48 Abs. 2 nicht für Erbfälle gilt, die sich vor Inkrafttreten des TestG. ereignet haben. Es war also auf den Zeitpunkt des Todes des Erblassers abgestellt. Ist der Erblasser vor dem Inkrafttreten des TestG. gestorben, so kam eine Anwendung des § 48 Abs. 2 nicht in Frage; ist er nachher gestorben, so war die Vorschrift anwendbar, auch wenn das Testament vorher errichtet wurde. Die Vorschrift des § 51 Abs. 2 TestG. stand dem nicht entgegen, da sie sich in der Hauptsache auf die Form, nicht aber auf den Inhalt der Verfügung von Todes wegen bezieht (KG. vom 16. Februar 1939, Dt. Just. 39, 573, mit Anm. Vogels = DRW. 39, 313).

Die Frage der Anwendung des § 48 Abs. 2 TestG. machte besondere Schwierigkeiten bei gemeinschaftlichen Testamenten, wenn der eine Erblasser vor, der andere nach Inkrafttreten des TestG. gestorben ist. (Vgl. zu dieser Streitfrage KG. vom 19. April 1939, DRW. 39, 1389 = Dt. Just. 39, 1145 mit Anm. Vogels.) Durch das Kontrollgesetz ist diese Frage endgültig erledigt. In jedem noch nicht abgewickelten Erbfall ist § 48 Abs. 2 TestG. unanwendbar, gleichgültig, ob es sich um ein einfaches oder um ein gemeinschaftliches Testament handelt. Auch wenn ein gemeinschaftliches Testament vorliegt und der eine Erblasser vor Inkraftttreten des Kontrollratsgesetzes verstorben ist, kommt bei der Abwicklung des Nachlasses des zweiten Ehegatten eine Anwendung des § 48 Abs. 2 TestG. nicht mehr in Frage.

b) Rückwirkung der Aufhebung des § 48 Abs. 2 TestG. 11

Die Regelung des Kontrollratsgesetzes Nr. 37, das den § 48 Abs. 2 TestG. außer Kraft gesetzt hat, stellt nicht auf den Zeitpunkt des Todes des Erblassers ab; es hat auch nicht etwa den Zeitpunkt der Testamentserrichtung als maßgebend angesehen, sondern in seinem Art. II bestimmt, daß das Gesetz auf alle Erbfälle anzuwenden ist, die bei der Verkündung des Gesetzes, das ist am 30. Oktober 1946, noch nicht endgültig geregelt sind. Das Kontrollratsgesetz hat also darauf verzichtet, bereits abgewickelte Erbfälle wieder aufzugreifen, hat aber sonst für sich in Anspruch genommen, daß es vom Zeitpunkt seiner Verkündung an grundsätzlich für alle noch nicht abgewickelten Erbfälle anwendbar ist, gleichgültig, wann die letztwillige Verfügung errichtet und gleichgültig, wann der Erblasser verstorben ist.

Wann ein Erbfall endgültig geregelt ist, kann äußerst zweifelhaft sein. Wo, wie in Bayern, der Erbe von Amts wegen zu ermitteln ist (vgl. Art. 3 des Gesetzes betreffend das Nachlaßwesen vom 9. August 1902 — GVBl. S. 463), wird man einen Erbfall nicht als endgültig geregelt ansehen können, ehe nicht das Nachlaßgericht die Akten über den Erbfall geschlossen hat. Wo eine Erbenermittlung von Amts wegen nicht vorgeschrieben ist, wird von einer endgültigen Regelung eines Erbfalles erst die Rede sein können, wenn sämtliche Personen, die an der Regelung ein rechtliches Interesse haben, diese Regelung als durchgeführt erachten. Dies kann der Fall sein, ohne daß das Nachlaßgericht tätig geworden ist. Soweit das Nachlaßgericht auf Antrag eines Beteiligten aber in Tätigkeit getreten ist, wird man eine endgültige Regelung nicht annehmen können, ehe nicht das Nachlaßgericht seine Tätigkeit abgeschlossen hat. Führt die Tätigkeit des Nachlaßgerichts nicht zu einer Einigung der Parteien oder ist ein Rechtsstreit über das Erbrecht anhängig, so kann von einer endgültigen Regelung des Erbfalles nicht die Rede sein, ehe nicht die Einigung zwischen den Beteiligten erzielt oder der Rechtsstreit beendet ist.

Besondere Aufmerksamkeit erfordert auch hier wieder das gemeinschaftliche Testament. Ist bei einem gemeinschaftlichen Testament der erstverstorbene Ehegatte während der Geltungszeit des § 48 Abs. 2 verstorben, und ist bei der Regelung seines Nachlasses eine Nichtigkeit nach § 48 Abs. 2 TestG. angenommen oder durch die Gerichte festgestellt worden, so kann dies Auswirkungen auf die Vermögenslage und die letztwilligen Verfügungen des noch lebenden Ehegatten haben. Im Hinblick auf diese Auswirkungen ist es denkbar, daß man den Erbfall des erstverstorbenen Ehegatten trotz Vorliegens einer rechtskräftigen Entscheidung als noch nicht endgültig geregelt ansieht und daß sich als Folge davon ergibt, daß der schon abgewickelte Erbfall des erstverstorbenen Ehegatten aus Anlaß der Nachlaßregelung des zweiten Ehegatten nochmals aufgegriffen wird

12 **III. Nichtigkeit wegen Ausnutzung der Todesnot des Erblassers (Abs. 3).**

Nach § 2078 Abs. 2 BGB. kann eine letztwillige Verfügung angefochten werden, soweit der Erblasser zu der Verfügung widerrechtlich durch Drohung bestimmt worden ist. Wer den Erblasser widerrechtlich durch Drohung bestimmt hat, eine Verfügung von Todes wegen zu errichten oder aufzuheben, ist gemäß § 2339 Nr. 3 erbunwürdig (vgl. § 542 BGB.).

§ 48 Abs. 3 bestimmt darüber hinaus, daß eine Verfügung von Todes wegen nichtig sein soll, soweit ein anderer den Erblasser durch Ausnutzung seiner Todesnot zu ihrer Errichtung bestimmt hat. Diese Bestimmung ist durch das Kontrollratsgesetz Nr. 37 nicht aufgehoben, also nach wie vor in Geltung.

Unter „Todesnot" wird man in der Hauptsache die Angst des Sterbenden vor einer Bestrafung im Jenseits zu verstehen haben. Das Anwendungsgebiet des § 48 Abs. 3 ist nicht allzuweit. Die Vorschrift kann sich nur auf Testamente beziehen, die erst auf dem Sterbebett errichtet sind. Voraussetzung ist ferner, daß der Erblasser unter dem Druck einer Persönlichkeit gestanden hat, die dem Sterbenden mit Höllenstrafen gedroht und ihn unter bewußter Ausnutzung der hierdurch erzeugten Angst zu Verfügungen irgendwelcher Art bestimmt hat. Die Verfügungen brauchen an sich nicht verwerflich zu sein. Verwerflich ist aber, die Todesnot des Erblassers in dieser Weise auszunutzen. Dies gilt auch dann, wenn der Handelnde von der Richtigkeit seines Tuns und davon überzeugt ist, daß seine Einwirkung auf den Erblasser diesem nur zum Heil gereicht.

Vor Übertreibungen ist aber zu warnen. Nicht jedes auf dem Sterbebett errichtete Testament, das auf Zureden eines anderen zustandekommt, ist nach § 48 Abs. 3 nichtig. Bei der Bestimmung geht der Gesetzgeber davon aus, daß der Richter von ihr nur mit Vorsicht und nur auf Grund überzeugend festgestellter, schwerwiegender Tatsachen Gebrauch macht. Jede Willkür bei der Handhabung des § 48 Abs. 3 würde zu einer ernsten Erschütterung der Rechtssicherheit und des Rechtsfriedens führen.

§ 48 Abs. 3 ist nicht rückwirkend auf Erbfälle anzuwenden, die sich vor dem Inkrafttreten des Gesetzes ereignet haben.

IV. Folgen der Nichtigkeit. 13

Steht fest, daß die Verfügung des Erblassers ganz oder teilweise nichtig ist, so ist die Rechtslage so, als wenn die Verfügung oder der nichtige Teil der Verfügung überhaupt nicht errichtet wäre. Der Richter hat z. B. im Erbscheinsverfahren die Nichtigkeit von Amts wegen zu berücksichtigen.

§ 49.

Sondervorschriften für das Land Österreich.

(1) *Testament im Sinne dieses Gesetzes ist auch das Kodizill (§§ 552, 553 des Allgemeinen Bürgerlichen Gesetzbuches).*

(2) *Urkundsbeamter der Geschäftsstelle im Sinne dieses Gesetzes ist ein beeidigter Schriftführer oder ein sonstiger Beamter der Geschäftsstelle.*

(3) *Die Vorschriften des § 1 Abs. 3 gilt auch für eine Person, der gemäß § 8 der österreichischen Entmündungsordnung vom 28. Juni 1916 (RGBl. Nr. 207) ein vorläufiger Beistand bestellt worden ist.*

(4) *Für die besondere amtliche Verwahrung der Testamente ist zuständig:*

1. *im Falle des § 20 Abs. 2 das Bezirksgericht oder der Notar, vor dem das Testament errichtet ist;*
2. *im Falle des § 22 jedes Bezirksgericht;*
3. *im Falle des § 23 das Bezirksgericht, in dessen Bezirk der Bürgermeister seinen Amtssitz hat.*

(5) *Die Vorschrift des § 32 Abs. 2 gilt für alle beschränkt entmündigten Personen.*

1. Geltung des Gesetzes in Österreich. 1

Das TestG. ist in Österreich am 4. November 1938 in Kraft getreten (§ 50 Abs. 2). Dies galt jedoch nicht für das ganze Gesetz: Von der Einführung waren die §§ 29 bis 31 (Erbvertrag) und die §§ 37 bis 47 (Verwahrung und Eröffnung der Verfügungen von Todes wegen ausgenommen). Es galten also nur die §§ 1 bis 28 (Errichtung eines Testaments), §§ 32 bis 36 (Aufhebung eines Testaments), § 48 (Nichtigkeit einer Verfügung von Todes wegen) und die Schlußvorschriften der §§ 40 bis 52.

Das Gesetz enthält nur einen kleinen Ausschnitt aus dem Gesamtgebiet der erbrechtlichen Vorschriften. Die übrigen Bestimmungen, die für Deutschland hauptsächlich im BGB. und für Österreich im ABGB. enthalten sind, konnten nicht sofort vereinheitlicht werden. § 49 enthält einige Vorschriften, die das neue Gesetz mit dem übrigen österreichischen Recht in Einklang bringen sollten.

Durch § 1 Nr. 5 des Gesetzes vom 1. Oktober 1938 (RGBl. I, 1333) war die Gemeinde Jungholz (Verwaltungsbezirk Reutte) des österr. Landes Tirol und die Gemeinde Mittelberg (Verwaltungsbezirk Bregenz) des österr. Landes Vorarlberg am 15. Oktober 1938 an das Land Bayern gefallen. Das Testamentsgesetz hat in diesen beiden Gemeinden trotzdem zunächst lediglich in dem beschränkten Umfang gegolten, in dem es im übrigen Österreich galt (VO. vom 5. Oktober 1938, RGBl. I, 1339). Mit Wirkung vom 1. Juni 1939 ab war jedoch in diesen beiden Gemeinden das gesamte Reichsrecht durch einen einheitlichen Gesetzesbefehl eingeführt worden (VO. vom 27. Mai 1939, RGBl. I, 971). Daher galt dort das ganze TestG. ohne Einschränkung. Mit dem Ausgang des letzten Krieges sind diese Gebiete an Österreich zurückgefallen; sie unterstehen damit wieder österreichischem Recht.

2 **2. Aufhebung des TestG. in Österreich.**

Durch den Ausgang des Krieges hat Österreich seine Selbständigkeit wieder erlangt. Dies hat allerdings nicht bedeutet, daß die dort während der Angliederung an das Reich eingeführten gesetzlichen Vorschriften von selbst außer Kraft getreten sind. Es erscheint aber selbstverständlich, daß die Gesetzgebung im Lande Österreich darauf hinzielt, das frühere österreichische Recht wieder herzustellen. Zunächst wurden schon im Jahre 1945 alle nationalsozialistischen Gesetzesbestimmungen außer Kraft gesetzt. und die österreichische Staatsbürgerschaft wiederhergestellt (vgl. Bem. 8 zu § 1). Inwieweit hierdurch das Testamentsgesetz betroffen war, mag hier dahingestellt bleiben. Inzwischen wurde nämlich das TestG. noch ausdrücklich außer Kraft gesetzt, und zwar durch Bundesgesetz vom 12. Dezember 1946 (BundesgesBl. für die Republik Österreich 1947, S. 306), das nachfolgend wiedergegeben ist:

„30. Bundesgesetz vom 12. Dezember 1946 über die Wiederherstellung des österreichischen Testamentsrechtes.

Der Nationalrat hat beschlossen:

§ 1. (1) Das Gesetz über die Errichtung von Testamenten und Erbverträgen vom 31. Juli 1938, Deutsches RGBl. I S. 973 (GBl. f. d. L. Ö. Nr. 346/1938) wird, soweit es in der Republik Österreich noch in Geltung steht, aufgehoben.

(2) Gleichzeitig treten die durch das in Abs. (1) genannte Gesetz aufgehobenen Vorschriften des früheren österreichischen Rechtes in der Fassung vom 13. März 1938 wieder in Kraft. Insbesondere treten wieder in Kraft: die §§ 566 bis 569, 573, 577 bis 591, 594 bis 601, 713 bis 715, 717 bis 719, 721 bis 723 des Allgemeinen bürgerlichen Gesetzbuches und die §§ 70 bis 75 der österreichischen Notariatsordnung. Letztwillige Verfügungen können wieder durch Notariatsakte (§§ 52ff. der österreichischen Notariatsordnung) errichtet werden.

§ 2. (1) Wurde eine letztwillige Verfügung vor dem Inkrafttreten dieses Bundesgesetzes errichtet, so sind für Ihre Gültigkeit die bisherigen Vorschriften maßgebend, auch wenn der Erblasser erst nach dem Inkrafttreten dieses Bundesgesetzes stirbt.

(2) Bei Erbfällen, die sich nach dem Inkrafttreten dieses Bundesgesetzes ereignen, sind vorher errichtete letztwillige Verfügungen auch als gültig anzusehen, wenn sie den nunmehr wieder geltenden Vorschriften

entsprechen. Das gleiche gilt bei Erbfällen, die sich vor dem Inkrafttreten des Gesetzes ereignet haben, wenn die letztwillige Verfügung nach dem 1. März 1945 errichtet worden ist.

(3) Die Bestimmungen der Abs. (1) und (2) über die Gültigkeit letztwilliger Verfügungen gelten auch für die Gültigkeit der Aufhebung letztwilliger Verfügungen.

§ 3. Die bis zum 27. April 1945 in der Republik Österreich in Kraft gestandenen Vorschriften über Militärtestamente bleiben auch für die Gültigkeit letztwilliger Verfügungen maßgebend, die nach diesem Zeitpunkte aus Anlaß des Weltkrieges 1939 bis 1945 gemäß diesen Vorschriften errichtet sind.

§ 4. Ein vor dem Inkrafttreten dieses Bundesgesetzes ergangenes Urteil, das eine letztwillige Verfügung für ungültig erklärt hat, die gemäß den Bestimmungen der §§ 2 und 3 nunmehr als gültig anzusehen ist, steht der Geltendmachung der Rechte aus der letztwilligen Verfügung nicht entgegen. Das gleiche gilt für solche letztwillige Verfügungen betreffende Erklärungen in Vergleichen, Anerkenntnissen oder Verzichten.

§ 5. (1) Dieses Bundesgesetz tritt am 14. Tage nach seiner Verlautbarung in Kraft[1]).

2. Mit der Vollziehung der Bundesgesetze ist das Bundesministerium für Justiz betraut."

Inkraft geblieben sind hiernach die Vorschriften über Militärtestamente, nämlich das Deutsche Wehrmacht FGGes. vom 24. April 1934 und die DurchführungsVO.en hierzu, die in Österreich durch § 1 Ziff. 14 der VO. vom 15. Juni 1938 (RGBl. I, 631) eingeführt wurden. Die später ergangenen Durchführungsverordnungen sind ohne weiteres mit ihrem Erlaß im Gebiet des Landes Österreich in Kraft getreten. Der Wortlaut der Vorschriften selbst ist oben S. 60ff. abgedruckt. Im übrigen darf auf die Bemerkungen zu § 27 verwiesen werden.

§ 50.

Inkrafttreten.

(1) **Das Gesetz tritt mit dem auf seine Verkündung folgenden Tage in Kraft.**

(2) *Die Inkraftsetzung der §§ 29 bis 31, 37 bis 47 für das Land Österreich bleibt vorbehalten; die übrigen Vorschriften des Gesetzes treten im Lande Österreich drei Monate nach seiner Verkündung in Kraft. Bis zur Inkraftsetzung der §§ 37, 38 richtet sich die Verwahrung von Testamenten und Erbverträgen im Lande Österreich, vorbehaltlich des § 49 Abs. 4, nach den österreichischen Vorschriften.*

(3) **Mit der Inkraftsetzung treten jeweils die entgegenstehenden Vorschriften außer Kraft. Aufgehoben werden insbesondere:**

1. **die §§ 2064, 2229 bis 2267, 2272 bis 2277, 2300 des Bürgerlichen Gesetzbuches und die Artikel 149, 150 des Einführungsgesetzes zum Bürgerlichen Gesetzbuch;**

[1]) Da das fragliche neunte Stück des Bundesgesetzblattes am 22. Februar 1947 ausgegeben und versandt wurde, ist das Gesetz am 8. März 1947 in Kraft getreten.

2. *die §§ 566 bis 659, 573, 577 bis 601, 713 bis 715, 717 bis 719, 721 bis 723 des Allgemeinen Bürgerlichen Gesetzbuches und die §§ 70 bis 75 der österreichischen Notariatsordnung; die Errichtung von Testamenten durch Notariatsakt (§§ 52 und folgende der österreichischen Notariastordnung) findet nicht mehr statt.*

(4) **Unberührt bleiben die Vorschriften über die Errichtung von Testamenten und Erbverträgen vor den deutschen Konsuln (§§ 16a, 16b des Gesetzes vom 8. November 1867 in der Fassung des Gesetzes vom 14. Mai 1936, Reichsgesetzbl. I S. 447). Der nachstehende Abs. 6 findet Anwendung.**

(5) **Unberührt bleiben bis auf weiteres die gesetzlichen Vorschriften, wonach für die Errichtung eines ordentlichen öffentlichen Testaments oder eines Erbvertrags nur die Notare zuständig sind.**

(6) **Soweit in anderen Gesetzen auf die durch dieses Gesetz aufgehobenen Vorschriften verwiesen ist, treten die entsprechenden Vorschriften dieses Gesetzes an ihre Stelle.**

Übersicht:

I. Inkrafttreten des Gesetzes 1
1. In Deutschland (Abs. 1) 1
2. Inkrafttreten in den ehemals der deutschen Herrschaft unterstellten Gebieten (Abs. 2). 2
II. Aufhebung entgegenstehender Vorschriften (Abs. 3) 3
1. In Deutschland
a) Aufhebung von Vorschriften des BGB. 3
b) Aufhebung von Vorschriften des EGBGB. 4
2. In Österreich 5
a) Aufhebung von Vorschriften des ABGB. 5
b) Aufhebung von Vorschriften der österreichischen Notariatsordnung 5
c) Wiederherstellung des alten Rechtszustandes 6
d) Aufrechterhaltene österreichische Vorschriften 7
3. Aufhebung von sudetendeutschen Vorschriften 8
4. Aufhebung von memelländischen Vorschriften 9
5. Aufhebung von Vorschriften in den übrigen Erweiterungsgebieten des Reichs 10
III. Errichtung einer Verfügung von Todes wegen vor dem deutschen Konsul (Abs. 4) 11
IV. Urkundsmonopol der Notare (Abs. 5) 12
V. Änderung von Verweisungen (Abs. 6) 13

1 **I. Inkrafttreten des Gesetzes**

1. in Deutschland (Abs. 1).

Das Gesetz ist mit dem auf seine Verkündung folgenden Tage in Kraft getreten. Da die Nr. 123 des Teils I des Reichsgesetzblatts, in dem das Gesetz abgedruckt ist, am 3. August 1938 ausgegeben wurde, ist es also mit Beginn des 4. August 1938 in Kraft getreten.

2 2. Inkrafttreten in den ehemals der deutschen Herrschaft unterstellten Gebieten (Abs. 2).

Wenn auch nach dem Zusammenbruch 1945 die ehemaligen Erweiterungsgebiete unter die frühere Souveränität zurückgefallen sind, so wird doch die Einführung des TestG. in diesen Gebieten hier dargestellt, weil sie bei der Prüfung der Rechtsgültigkeit letztwilliger Verfügungen, die in diesen Gebieten während des Anschlusses an das Reich errichtet worden sind, auch heute noch von Bedeutung sein kann. Außerdem ist das TestG. in diesen Gebieten mit der Rückkehr unter ihre frühere Herrschaft nicht ohne weiteres, sondern erst nach Maßgabe der Gesetzgebung dieser Gebiete außer Kraft getreten. So hat das TestG. z. B. in Österreich im wesentlichen bis zum 8. März 1947 gegolten (vgl. § 49 Bem. 2).

Während das neue Gesetz für das Altreich nur eine verhältnismäßig geringe Abweichung vom geltenden Recht mit sich brachte, bedeutete es für die Erweiterungsgebiete in vielen Punkten etwas Neues. Es mußte daher den Gerichten, Notaren und der Bevölkerung Zeit gelassen werden, um das neue Recht kennen zu lernen und sich auf das Inkrafttreten einzustellen. Daher schob § 50 Abs. 2 das Inkrafttreten in Österreich um drei Monate hinaus. Das Gesetz trat demnach dort erst am 4. November 1938 in Kraft. Maßgebend ist die Verkündung im Reichsgesetzblatt. Die Kundmachung im Landesgesetzblatt für Österreich (LGBl. 346/1938) ist in diesem Zusammenhang unbeachtlich.

Über das Inkrafttreten und die Rechtsverhältnisse in den an das Land Bayern gefallenen Gemeinden Jungholz und Mittelberg s. § 49 Bem. 1.

Die Vorschriften über den Erbvertrag (§§ 29 bis 31) sowie über die Verwahrung und Eröffnung der Verfügungen von Todes wegen (§§ 37 bis 47) ließen sich schlecht in das sonstige österreichische Recht einfügen und waren daher in Österreich nicht eingeführt.

In den sudetendeutschen Gebieten ist das TestG. am 1. Mai 1939 in Kraft getreten, und zwar mit denselben Beschränkungen, die in § 50 Abs. 2, § 49 für Österreich vorgesehen sind (VO. vom 22. 2. 1939 RGBl. I, 290). Auf Grund des Gliederungsgesetzes vom 25. März 1939 (RGBl. I, 745) waren kleinere Teile der sudetendeutschen Gebiete (Hultschiner Ländchen und Böhmerwald südlich der Further Senke) in Preußen und Bayern eingegliedert; in diesen Teilen trat das gesamte Reichsrecht am 1. Juli 1939 in Kraft. Infolgedessen galten von da ab in diesen Landesteilen auch die §§ 29—31, 37—47 TestG.); diese Gebiete sind nunmehr an die Tschechoslowakei zurückgegliedert.

In Böhmen und Mähren galt das TestG. nicht (vgl. Art. 12 des Erl. vom 16. März 1939, RGBl. I, 485; VO. vom 3. April 1939, RGBl. I, 704). Aus allgemeinen Grundsätzen (EGBGB. Art. 7, 11, 24) folgte jedoch, daß die Testierfähigkeit der deutschen Staatsangehörigen sich nach deutschem Recht richtete (vgl. § 1 Bem. 7).

Im Memelland, im Gebiet der freien Stadt Danzig und den sonstigen eingegliederten Ostgebieten sowie in den Gebieten von Eupen, Malmedy und Moresnet war das TestG. ohne Einschränkung in Kraft gesetzt. Über den Zeitpunkt des Inkrafttretens und die sonstigen hier einschlägigen Rechtsverhältnisse s. den als Einleitung gegebenen Überblick S. 9f.

Über die Auswirkungen des Erwerbs der deutschen Staatsangehörigkeit der deutschblütigen Bewohner der Gebiete der Untersteiermark, Kärntens, Krains, im Elsaß, in Lothringen und Luxemburg und der Umsiedler aus Lettland, Estland, Litauen, Bessarabien, aus der Bukowina und der Dobrudscha s. § 1 Bem. 8.

II. Aufhebung entgegenstehender Vorschriften (Abs. 3). 3

Mit der Inkraftsetzung des neuen Rechts traten jeweils die entgegenstehenden Vorschriften außer Kraft.

I. In Deutschland.

a) Aufhebung von Vorschriften des BGB.

Am 4. August 1938 sind die in obigem § 50 Abs. 3 Nr. 1 aufgeführten 47 Paragraphen des BGB. aufgehoben worden. An ihre Stelle sind die folgenden Vorschriften getreten:

§ 2064 = § 1 Abs. 1	§ 2252 = § 26
§ 2229 = § 1 Abs. 2, 3, § 2 Abs. 1	§ 2253 = § 32
§ 2230 = § 3	§ 2254 = § 33 Abs. 1
§ 2231 = §§ 4, 21	§ 2255 = § 33 Abs. 2
§ 2232 = § 5	§ 2256 = § 34
§ 2233 = § 6	§ 2257 = § 35
§ 2234 = § 7	§ 2258 = § 36
§ 2235 = § 8	§ 2259 = § 39
§ 2236 = § 9	§ 2260 = § 40
§ 2237 = § 10	§ 2261 = § 41
§ 2238 = § 11	§ 2262 = § 42
§ 2239 = § 12	§ 2263 = § 43
§ 2240 = § 13 Abs. 1	§ 2264 = § 47
§ 2241 = § 13 Abs. 2	§ 2265 = § 28 Abs. 1
§ 2242 = § 16	§ 2266 = § 28 Abs. 3
§ 2243 = § 17	§ 2267 = § 28 Abs. 2
§ 2244 = § 18	§ 2272 = § 34 Abs. 4
§ 2245 = § 19	§ 2273 = § 44
§ 2246 = § 20	§ 2274 = § 29 Abs. 1
§ 2247 = § 21 Abs. 4	§ 2275 = § 29 Abs. 2—4
§ 2248 = § 22	§ 2276 = § 30
§ 2249 = § 23	§ 2277 = § 31
§ 2250 = § 24	§ 2300 = § 45
§ 2251 = § 25	

4 b) Aufhebung von Vorschriften des EGBGB.

Durch den obigen § 50 Abs. 3 werden die Art. 149, 150 EGBGB. aufgehoben. Zur Erläuterung wird auf § 4 Bem. 13, 14 verwiesen. Die Oberlandesgerichtspräsidenten hatten die betreffenden Personen über das Erlöschen ihrer Amtsbefugnisse zu unterrichten und dafür zu sorgen, daß die gegenstandslos gewordenen Bestallungen zurückgegeben wurden (Abschn. IV der AV. vom 4. August 1938, oben S. 34).

Um zu veranschaulichen, wie die Aufhebung des Art. 150 EGBGB. sich auswirkt, sei folgendes Beispiel angeführt: Der preußische Justizminister hatte durch AV. vom 7. Juli 1900, JMBl. 504, auf Grund des Art. 80 Abs. 2 AGBGB. bestimmt, daß in den Kreisen Husum, Norderdithmarschen und Süderdithmarschen zur Aufnahme von Nottestamenten usw. die Vorsteher der Kirchspielslandgemeinden sowie die Vorsteher der Dorfschaften oder Bauernschaften zuständig sein sollen. Diese AV. war mittelbar auf Art. 150 EGBGB. gestützt und hat daher vom 4. August 1938 ab ihre Gültigkeit verloren. Es ergibt sich daher folgende Rechtslage. Auf Grund der Ausführungsvorschriften zur Deutschen Gemeindeordnung sind die Dorfschaften und Bauernschaften den Gemeinden und die Kirchspielslandgemeinden den Gemeindeverbänden gleichgestellt worden. Da nach § 21 des Gesetzes nur noch die Bürgermeister der Gemeinden zur Aufnahme von Nottestamenten zuständig sind, konnten vom 4. August 1938 ab in den genannten Kreisen nur noch die Bürgermeister der Dorfschaften, Bauernschaften und der sonstigen Gemeinden, dagegen nicht mehr die Vorsteher der Kirchspielslandgemeinden ein Nottestament aufnehmen. Ein nach dem 3. August 1938 vor dem Vorsteher eines solchen Gemeindeverbandes errichtetes Nottestament ist nichtig (vgl. § 23 Bem. 2).

2. In Österreich. 5

Am 4. November 1938 traten in Österreich die in § 50 Abs. 3 Nr. 2 erwähnten Vorschriften außer Kraft.

a) Aufhebung von Vorschriften des ABGB.

Die aufgehobenen Vorschriften des ABGB. wurden durch folgende Vorschriften ersetzt:

§ 566 = § 2 Abs. 2
§ 567 = § 2 Abs. 2
§ 568 = § 2 Abs. 1
§ 569 = § 1 Abs. 2
§ 573: vgl. § 2 Bem. 13
§ 577 = § 4
§ 578 = § 21
§§ 579—581 ersatzlos weggefallen
§ 582: vgl. § 21 Bem. 3
§ 583 = § 28 Abs. 1
§§ 584—585: vgl. § 24 Abs. 2, § 25
§ 587 = § 11
§ 588 = § 13
§ 589 = § 6
§ 590 ersatzlos weggefallen
§ 591 = § 10
§§ 592, 593 waren bereits früher aufgehoben
§ 594 = § 8
§ 595: vgl. § 8 Bem. 4
§ 596 = § 8
§§ 597, 598 = §§ 24, 25
§ 599 = § 26
§ 600 = § 27
§ 601 = § 48 Abs. 1
§§ 713, 714 = § 36
§ 715: vgl. § 21 Abs. 5
§ 717 = § 33
§ 718 = § 32
§ 719 = § 33 Abs. 1
§ 721 = § 33 Abs. 2
§ 722: vgl. § 33 Bem. 5
§ 723 = § 35

b) Aufhebung von Vorschriften der österr. Notariatsordnung.

Die österreichische Notariatsordnung datiert vom 25. Juli 1871 RGBl. 75. Sie ist seitdem wiederholt geändert worden. Durch das vorliegende Gesetz wurden die §§ 70 bis 75 aufgehoben; sie behandeln die Aufnahme von „letztwilligen Verfügungen mit der Kraft gerichtlicher letztwilliger Anordnungen". An ihre Stelle traten die §§ 5 bis 20 des vorliegenden Gesetzes.

Nach österreichischem Recht konnte das Testament auch durch einen einfachen Notariatsakt (nach den Vorschriften über die Beurkundung von Rechtsgeschäften unter Lebenden) aufgenommen werden (§§ 52ff. der Notariatsordnung). Von jetzt ab konnte der Notar ein Testament nur noch nach den §§ 5 bis 20 dieses Gesetzes aufnehmen (s. oben § 50 Abs. 3 Nr. 2 Halbs. 2).

c) Wiederherstellung des alten Rechtszustandes. 6

Inzwischen wurde durch das 30. Bundesgesetz vom 12. Dezember 1946 (abgedruckt oben Bem. 2 zu § 49) der frühere Rechtszustand dadurch wiederhergestellt, daß das TestG. aufgehoben und die früheren Vorschriften des ABGB. und der Notariatsordnung wieder in Kraft gesetzt wurden. Für Erbfälle, die sich nach Inkrafttreten (8. März 1947) des Bundesgesetzes ereignen, sind vorher errichtete letztwillige Verfügungen auch dann als gültig anzusehen, wenn sie zwar nicht den Vorschriften des TestG., sondern den jetzt wieder geltenden Vorschriften entsprechen. Das gleiche gilt bei Erbfällen, die sich zwar vor Inkrafttreten des 30. Bundesgesetzes ereignet haben, wenn die letztwillige Verfügung nach dem 1. März 1945 errichtet ist.

Im übrigen vgl. Bem. 2 zu § 49.

7 d) Aufrechterhaltene österreichische Vorschriften.

Eine Reihe von Vorschriften des österreichischen Rechts, die mit der Testamentserrichtung eng zusammenhängen, ist in Österreich nie außer Kraft getreten. Da ihre Kenntnis in der Übergangszeit noch von Bedeutung sein kann, seien sie nachfolgend wiedergegeben. Die Testierfähigkeit hat vor dem TestG. im Geltungsbereich des ABGB. schon mit der Vollendung des 14. Lebensjahres begonnen (§§ 21, 569 aaO.). Diese Vorschriften sind zwar durch das TestG. aufgehoben; die Gültigkeit eines auf Grund dieser Vorschriften in Österreich vor dem Inkrafttreten des TestG. von einem 14jährigen errichteten Testaments wird aber hierdurch nicht berührt (§ 51 Abs. 2 TestG.). Die Wirksamkeit eines Testaments, das ein beschränkt Entmündigter (d. i. ein Volljähriger, der zwar nicht unfähig ist, seine Angelegenheit zu besorgen, aber wegen Geisteskrankheit oder Geistesschwäche zur gehörigen Besorgung seiner Angelegenheiten eines Beistands bedarf § 1 Abs. 2 der österrEntmO.) gemäß § 569 ABGB. gültig errichtet hatte, wird durch das TestG. nicht berührt (§ 51 Abs. 2 TestG.). Der Entmündigte konnte aber kein neues Testament mehr errichten. Eine dem Art. 215 EGBGB. entsprechende Regelung ist im TestG. nicht enthalten; dem Widerruf des vorher errichteten Testaments steht aber die Entmündigung nicht entgegen (entsprechende Anwendung des § 32 Abs. 2 TestG.).

Nach § 573 ABGB. waren Ordenspersonen in der Regel nicht befugt zu testieren; diese Regelung wurde durch § 50 Abs. 3 TestG. aufgehoben. Dagegen verblieb es bei der Bestimmung des § 539 ABGB., daß Ordensgeistliche in der Regel erbunfähig sind.

Nach §§ 40, 165 ABGB. ist das uneheliche Kind auch mit seinem Vater verwandt; im Geltungsbereich des ABGB. ist dies als Ausschließungsgrund i. S. d. § 7 Ziff. 2 TestG. zu berücksichtigen.

Gemäß § 2 der VO. über den Anwendungsbereich erbrechtlicher Vorschriften vom 12. Dezember 1941 RGBl. I S. 765 kann im Erbvertrag bestimmt werden, daß sich die Beerbung nach dem Recht eines früheren Wohnsitzes richtet. Die praktische Bedeutung dieser Bestimmung liegt darin, daß der Erblasser mit ihr festlegt, ob für seine Beerbung das (reichsdeutsche) BGB. oder das (österreichische) ABGB. gelten soll. Wegen der hiermit verbundenen Auswirkungen ist anzunehmen, daß diese Bestimmung nicht nur einseitig, sondern auch erbvertragsmäßig getroffen werden konnte; der Wortlaut des angegebenen § 2 der VO. spricht jedenfalls für diese Auslegung. Vgl. im übrigen hierzu Bem. 10 zu § 1.

Die Vorschriften über den Erbvertrag galten in Österreich nicht. Das erklärt sich daraus, daß dort der Erbvertrag als Ehepakt angesehen wird. Die Regelung des Erbvertrags ist so eng mit den Bestimmungen über die Ehepakte verflochten, daß die Herausnahme der Formvorschriften sich nur schwer hätte durchführen lassen. Die österr. Vorschriften über den Erbvertrag wurden daher durch das TestG. nicht berührt (s. §§ 1217, 1249 bis 1266 ABGB.). Im übrigen ist darauf zu verweisen, daß der Erbvertrag nur in der Form eines Notariatsaktes geschlossen werden konnte; es war also die Beurkundung durch den Richter nicht zulässig. In Tirol und in den ehemals zu Tirol gehörenden Teilen Kärntens galt der Notariatszwang nicht; er wurde erst mit VO. vom 6. Juli 1939, RGBl. I S. 1195, mit Wirkung vom 1. August 1939, eingeführt. Vorher konnte in diesen Gebieten der Erbvertrag auch in den für ein gemeinschaftliches Testament zugelassenen Formen geschlossen werden (§ 1249 ABGB.).

Die Vorschriften über die amtliche Verwahrung galten in Österreich nicht. Die Verwahrung der Testamente richtete sich dort nach dem bisherigen Recht:

a) Das notarielle Testament: Das vom Notar beurkundete Testament verbleibt zunächst in der Verwahrung des Notars, der die Urkunde aufgenommen hat (§§ 49, 50 österr. NotO., § 49 Abs. 4 Nr. 1 TestG.). Der Notar gibt die in der AV. vom 15. Juni 1939 (s. oben S. 35) vorgeschriebene Nachricht. Der Notar darf bei Lebzeiten des Erblassers eine Abschrift der Urkunde nur dem Erblasser selbst oder dessen Bevollmächtigten erteilen (§ 96 österr. NotO.). Sobald der Notar den Tod des Erblassers erfährt, hat er, ohne einen Auftrag abzuwarten, die Urschrift des Testaments dem Gericht seines Amtssitzes zur Kundmachung einzureichen. (§§ 111, 146, 151 österr. NotO.). Durch VO. d. Justizministers vom 27. März 1900 JMVBl. Nr. 18 sind Vorkehrungen getroffen, um die Kundmachung der letztwilligen Anordnungen sicherzustellen, die mit den Akten eines Notars zur Aufbewahrung an die Gerichtshöfe übergeben wurden.

b) Das private Testament: Bisher konnte der österreichische Notar ein vom Erblasser errichtetes eigenhändiges Testament in Verwahrung nehmen (§ 104 ff. österr. NotO.). Hierfür war der österr. Notar gemäß § 22 TestG. nicht mehr zuständig. Seine Zuständigkeit ist jetzt wiederhergestellt.

Das Testament ist in der Geschäftsstelle des Gerichts „strenge zu verwahren" (§§ 68, 69 d. Außerstreitverfahrens-Ges. vom 9. August 1854). Die Vorschriften über die „strenge Verwahrung" waren in §§ 285, 286 der Geschäftsordnung vom 5. Mai 1897, RGBl. Nr. 112 enthalten; diese ist durch VO. vom 1. März 1930 BGBl. Nr. 74 Art. II A 3 aufgehoben; die Aufbewahrung wichtiger Urkunden ist seitdem im § 170 der Geschäftsordnung für die Gerichte 1. und 2. Instanz geregelt.

3. Aufhebung von sudetendeutschen Vorschriften. 8

In den sudetendeutschen Gebieten war das Testamentsgesetz am 1. Mai 1939 in Kraft getreten (VO. vom 22. Februar 1939, RGBl. I, 290). Bis dahin waren dort die Vorschriften des österr. ABGB. und der österr. Notariatsordnung maßgebend. Wegen Aufhebung dieser Vorschriften gelten die vorstehenden Bemerkungen entsprechend. Die Aufhebung des TestG. richtet sich hier nach dem Recht der Tschechoslowakei. Einzelheiten sind unbekannt.

4. Aufhebung von memelländischen Vorschriften. 9

Im Mememlland war das TestG. mit dem gesamten übrigen Reichsrecht am 1. Mai 1939 in Kraft getreten (Gesetz vom 23. März 1939, RGBl. I, 559). Im Memelland war bis dahin das Recht des BGB. in Geltung geblieben; in Ergänzung des BGB. war das memelländische Gesetz betr. mit Formfehlern behaftete Testamente vom 6. Oktober 1938 (ABl. 709) ergangen, wonach der Richter Formfehler, die bei Abfassung eines eigenhändigen Testaments oder eines Nottestaments unterlaufen waren, für unschädlich erklären konnte. Dieses Gesetz war vom 1. Mai 1939 ab stillschweigend aufgehoben (§ 50 Abs. 3); es galt nur noch für Erbfälle, die sich vor dem 1. Mai 1939 ereignet haben (§ 51 Abs. 1). Vgl. VO. vom 28. April 1939, RGBl. I, 849.

Ob das TestG. im Memelland heute noch gilt, ist dem Verfasser unbekannt. Diese Frage beantwortet sich nach den Vorschriften, die dort seit der Lösung von Deutschland erlassen worden sind.

5. Aufhebung von Vorschriften in den übrigen Erweiterungsgebieten des Reichs. 10

In den übrigen Erweiterungsgebieten des Reichs (Danzig, eingegl. Ostgebiete, Eupen, Malmedy und Moresnet) war bei Einführung des deutschen Rechts das TestG. schon erlassen; es ist dort entweder mit dem gesamten

Reichsrecht (Danzig, s. Gesetz vom 1. September 1939, RGBl. I, 1547; Eupen, Malmedy und Moresnet, s. Führ.-Erl. vom 23. Mai 1940, RGBl. I, 803) oder mit dem bürgerlichen Recht (eingegliederte Ostgebiete, s. § 1 Ziff. 1 und § 9 Abs. 1 der VO. vom 25. September 1941, RGBl. I, 597) in Kraft getreten, wodurch das früher in diesen Gebieten geltende Recht mit dem Inkrafttreten des deutschen Rechts (über den Zeitpunkt s. Einleitungsübersicht S. 9f.) seine Wirksamkeit verloren hat. Über die Bedeutung des TestG. für die Bewohner in Untersteiermark, Kärnten, Krain, Elsaß, Lothringen und Luxemburg, die deutsche Staatsangehörige geworden sind, und für die eingegliederten Umsiedler s. § 1 Bem. 7—10.

11 **III. Errichtung einer Verfügung von Todes wegen vor dem deutschen Konsul (Abs. 4).**

Deutsche Staatsangehörige konnten vor einem deutschen Konsul ein Testament oder einen Erbvertrag errichten (§§ 16a, 16b des Konsulargesetzes in der Fassung vom 14. Mai 1936, oben S. 71; hierzu Dienstinstruktion vom 13. Juni 1936 (RMBl. 157) und vom 5. November 1938 (RMBl. Nr. 47, abgedruckt oben S. 73), ferner AV. d. RJM. vom 11. März 1937 (DJ. 531, abgedruckt oben S. 80). Die Vorschriften hierüber sind auch heute noch nicht aufgehoben aber praktisch gegenstandslos, da Deutschland z. Zt. keinerlei Auslandsvertretung, auch keine Konsulate unterhält.

12 **IV. Urkundsmonopol der Notare (Abs. 5).**

Nach § 50 Abs. 5 bleiben die in Bayern, Baden, Hamburg und Bremen geltenden Vorschriften über das Urkundsmonopol der Notare bis auf weiteres unberührt; vgl. hierüber § 4 Bem. 12.

13 **V. Änderung von Verweisungen (Abs. 6).**

Soweit in anderen Gesetzen auf die durch dieses Gesetz aufgehobenen Vorschriften verwiesen ist, treten die entsprechenden Vorschriften dieses Gesetzes an ihre Stelle. Die Auswechslung ist in diesem Buch u. a. durchgeführt bei der DVO. zum WehrmachtFGG., oben S. 66, und bei den §§ 16a, 16b des Konsulargesetzes (oben S. 71).

§ 51.

Übergangsvorschriften.

(1) Das Gesetz gilt nicht für Erbfälle, die sich vor seinem Inkrafttreten ereignet haben.

(2) Die vor dem Inkrafttreten des Gesetzes erfolgte Errichtung oder Aufhebung eines Testaments oder Erbvertrags wird nach den bisherigen Vorschriften beurteilt, auch wenn der Erblasser nach dem Inkrafttreten des Gesetzes stirbt.

(3) Bei Erbfällen, die sich nach dem Inkrafttreten des Gesetzes ereignen, sind an die Gültigkeit eines Testaments keine höheren Anforderungen zu stellen, als nach diesem Gesetz für ein Testament der betreffenden Art zulässig ist, auch wenn das Testament vor dem Inkrafttreten dieses Gesetzes errichtet ist. Dies gilt entsprechend für Erbverträge.

Vorbemerkung: 1

Das Gesetz ist in Deutschland am 4. August 1938 in Kraft getreten (§ 50). Über das Inkrafttreten in Gebieten, die ehemals dem deutschen Reich eingegliedert, oder seiner tatsächlichen Herrschaft unterstellt waren siehe die Bem. zu § 50; dort ist auch für diese Gebiete im einzelnen dargelegt, von wann ab das TestG. galt und entgegenstehende Vorschriften außer Kraft gesetzt wurden.

1. Keine Anwendung auf Erbfälle, die sich vor dem Inkrafttreten des Gesetzes ereignet haben (Abs. 1). 2

Durch das vorliegende Gesetz wird die Formenstrenge, die bisher für die Errichtung von Testamenten und Erbverträgen galt, in zahlreichen Punkten abgemildert. Nach § 2231 Nr. 2 BGB. mußte z. B. das eigenhändige Testament auch eine vom Erblasser eigenhändig geschriebene Angabe über den Ort und die Zeit der Errichtung enthalten. Danach war ein Testament, bei dem die Ortsangabe nicht geschrieben, sondern vorgedruckt war, wegen Verstoßes gegen eine zwingende Formvorschrift nichtig (§ 21 Bem. 1). Nach § 21 des vorliegenden Gesetzes ist beim eigenhändigen Testament die Angabe von Ort und Zeit zwar rätlich aber nicht mehr notwendig. Sie gehören nicht mehr zu den Wesenserfordernissen des eigenhändigen Testaments.

Diese Formerleichterungen kommen jedoch einem Testament nicht mehr zugute, wenn der Erbfall bereits vor dem Inkrafttreten des vorliegenden Testaments eingetreten ist. Die auf Grund des früheren Rechts bereits verwirklichte Erbfolge soll durch das vorliegende Gesetz nicht nachträglich geändert werden.

Ist z. B. in einem vor dem 4. August 1938 errichteten öffentlichen Testament entgegen der zwingenden Vorschrift des § 2242 BGB. nicht festgestellt, daß der Erblasser die Niederschrift genehmigt hat, und ist der Erbfall vor dem 4. August 1938 eingetreten, so bleibt es bei der Nichtigkeit des Testaments (RG. vom 2. Februar 1939, DRW. 311 = DRpfl. 183 = HRR. 39, 492 = SeuffA. 93, 148).

2. Weitergeltung der früheren Vorschriften bei alten Testamenten und Erbverträgen (Abs. 2). 3

Ist ein Testament oder ein Erbvertrag nach dem bisher geltenden Recht gültig errichtet oder rechtmäßig wieder aufgehoben, so soll es hierbei sein Bewenden haben, auch wenn der Erblasser nach dem Inkrafttreten dieses Gesetzes stirbt. Dies gilt auch für Testamente, die verschwunden sind (vgl. Bem. 5 zu § 33). Steht nicht fest, ob ein verschwundenes Testament bei Inkrafttreten des TestG. noch vorhanden war, so richtet sich die Frage seiner Gültigkeit nach altem Recht; war es aber nach Inkrafttreten des TestG. noch vorhanden, so ist seine Gültigkeit nach § 33 Abs. 2 TestG. zu beurteilen (RG. vom 19. Juli 1944, DRW. 842).

Nach österreichischem Recht war ein wegen Verschwendung Entmündigter insofern testierfähig, als er über die Hälfte seines Vermögens von Todes wegen verfügen konnte (ABGB. § 568). Ein auf Grund dieser Vorschrift vor dem Inkrafttreten des vorliegenden Gesetzes gültig errichtetes Testament blieb gültig, obwohl der Erblasser nach § 2 Abs. 1 dieses Gesetzes mit dessen Inkrafttreten die Testierfähigkeit verloren hat (vgl. die Bem. 5 bis 7 zu § 50). Weiteres Beispiel: Nach österreichischem Recht konnte ein Testament auch in der Weise errichtet werden, daß der Erblasser die von einem anderen geschriebene Erklärung eigenhändig vor 3 Zeugen unterschrieb (ABGB. § 579). Die Gültigkeit eines Testaments, das vor dem

Inkrafttreten dieses Gesetzes in dieser Weise wirksam errichtet worden ist, wurde durch das vorliegende Gesetz nicht berührt, auch wenn der Erblasser erst nach dem Inkrafttreten dieses Gesetzes starb.

4 3. Ausdehnung der Formerleichterungen auf ältere Testamente und Erbverträge (Abs. 3).

a) Testamente.

In Abweichung von Abs. 2 wendet Abs. 3 die im vorliegenden Gesetz vorgesehenen Formerleichterungen auf ältere Testamente und Erbverträge an, vorausgesetzt, daß der Erbfall erst nach dem Inkrafttreten dieses Gesetzes eintritt.

Hat also z. B. der Erblasser im Jahre 1937 ein eigenhändiges Testament errichtet und hierbei den Ort nicht handschriftlich angegeben oder kein Datum vermerkt, so ist das Testament an sich nach § 2231 Abs. 2 BGB. nichtig; hierbei bleibt es auch, wenn der Erblasser vor dem Inkrafttreten des Gesetzes gestorben ist (§ 51 Abs. 1). Das gleiche gilt, wenn bei einem öffentlichen Testament in der Niederschrift die Genehmigung des Erblassers nicht festgestellt ist (RG. vom 2. Februar 1939, DRW. 311). Stirbt der Erblasser jedoch erst nach dem Inkrafttreten des Gesetzes, so sind an die Gültigkeit des Testaments keine höheren Anforderungen zu stellen, als nach diesem Gesetz für ein solches Testament zulässig ist. Nach § 21 Abs. 2 des Gesetzes ist die Angabe von Ort oder Zeit nicht mehr Wesenserfordernis des eigenhändigen Testaments. Daher stehen die vorerwähnten Formverstöße der Gültigkeit des Testaments nicht mehr entgegen, ebensowenig das Fehlen einer Feststellung über die Genehmigung (§ 16 Abs. 1 S. 2 und 3 des Gesetzes).

5 b) Erbverträge.

Ähnlich ist es beim Erbvertrag: Nach bisher geltendem Recht mußten beim Erbvertrag grundsätzlich 2 Zeugen zugezogen werden (§§ 2276, 2233 BGB.). Hat nun bei einem vor dem Inkrafttreten des Gesetzes errichteten Erbvertrag ein Zeuge mitgewirkt, der nach § 2234 BGB. kraft Gesetzes ausgeschlossen war, so ist der Erbvertrag an sich nichtig. Hierbei behält es sein Bewenden, wenn der Erblasser vor dem Inkrafttreten dieses Gesetzes gestorben ist (§ 51 Abs. 1). Überlebt jedoch der Erblasser das Inkrafttreten dieses Gesetzes, so bleibt der Formverstoß außer Betracht, da die Erleichterungen des TestG. (§§ 30, 6) dann auch auf den Erbvertrag anzuwenden sind. In Abs. 3 wird zwar nur von Testamenten gesprochen, ebenso ist § 51 Abs. 3 in § 30 nicht erwähnt. Es handelt sich hier aber nur um Redaktionsversehen; zweifellos gilt § 51 Abs. 3 auch für den Erbvertrag.

Enthält der Erbvertrag vertragsmäßige Verfügungen von Todes wegen beider Vertragschließenden (vgl. § 29 Bem. 4), so gelten die nachstehenden (Bem. 6) Ausführungen zum gemeinschaftlichen Testament entsprechend.

6 c) Gemeinschaftliches Testament.

Bei einem gemeinschaftlichen Testament sind folgende Fälle zu unterscheiden:

α) Sind beide Erblasser vor dem 4. August 1938 verstorben, so richtet sich die Beurteilung der Formgültigkeit des Testaments ausschließlich nach altem Recht.

β) Ist das gemeinschaftliche Testament zwar vor dem 4. August 1938 errichtet, haben aber beide Ehegatten diesen Tag überlebt, so werden Formverstöße im Rahmen des § 51 Abs. 3 geheilt.

γ) Die dritte Gruppe umfaßt die Fälle, in denen der eine Erblasser vor dem 4. August 1938 gestorben ist, während der andere diesen Tag überlebt hat. Beispiel: Die Eheleute A setzen sich gegenseitig zu Erben und ihre Kinder zu Erben des Überlebenden ein; außerdem ordnet Frau A einige Vermächtnisse an. Der Mann hat die Erklärungen eigenhändig geschrieben, datiert und unterschrieben; die Frau hat eigenhändig, aber ohne Datum darunter geschrieben, daß dieses Testament auch ihr Testament sein soll. Nach BGB. § 2267 ist ein gemeinschaftliches Testament nicht zustandegekommen, weil das Fehlen des Datums bei der Erklärung der Frau diese Erklärung nichtig macht; die Nichtigkeit der Erklärung der Frau hat nach § 2270 BGB. in der Regel die Nichtigkeit der Erklärung des Mannes zur Folge.

Es fragt sich nun, ob diese Rechtslage durch § 51 Abs. 3 geändert wird; denn nach § 28 TestG. wäre die Erklärung der Frau trotz des Fehlens des Datums gültig. Hat dies nun zur Folge, daß nachträglich auch die Erklärung des bereits vor dem 4. August 1938 verstorbenen Mannes wirksam wird? Diese Frage ist zu verneinen; denn der vor dem Stichtag eingetretene Erbfall ist nach § 51 Abs. 1 ausschließlich nach altem Recht zu beurteilen. Denkbar ist dabei allerdings, daß das Testament des Mannes als sein einseitiges Testament Wirksamkeit behalten hat (vgl. Bem. 12 zu § 28). Der Umstand, daß auf Grund des neuen Gesetzes die Erklärung des überlebenden Ehegatten vielleicht wirksam geworden ist, bleibt bei Beurteilung der Erklärung des Erstverstorbenen aber außer Betracht (KG. vom 20. Oktober 1938, JFG. 18, 242 = JW. 3169 Anm. Vogels = ZAkDR. 39, 173 Anm. Boehmer = HRR. 38, 1603 = DNotZ. 39, 134; ebenso Bode, DDJ. 38, 794).

Ist die letztwillige Verfügung des Erstverstorbenen als einfaches Testament gültig geblieben, so werden sich auch gegen die Wirksamkeit der Verfügungen des Überlebenden, deren Formmangel durch den Tod nach Inkrafttreten des TestG. geheilt ist, regelmäßig keine Bedenken erheben. Ob auch bei Nichtigkeit der Erklärung des Erstverstorbenen dennoch die Erklärung des Überlebenden ganz oder teilweise aufrechterhalten werden kann, richtet sich nach BGB. §§ 139, 2085, 2270 (vgl. Vogels, JW. 38, 3169 a. E.). Über einen Fall, in dem solche Aufrechterhaltung zweifellos mit Recht bejaht wurde, s. LEHG. Celle vom 6. März 1940, EHRspr. Nr. 4 zu § 50 EHRV. Stehen die Verfügungen der Ehegatten in Wechselbeziehung, so kann eine nach altem Recht formnichtig gewesene, nach neuem Recht formgültig gewordene Verfügung des Überlebenden hiernach gleichwohl noch daran scheitern, daß ihre nach altem Recht begründet gewesene Formnichtigkeit die Verfügung des Zuerstverstorbenen unwirksam gemacht hat, diese Unwirksamkeit aber nunmehr auf die Verfügung des Überlebenden zurückwirkt (KG. vom 14. September 1939, DJ. 1872). Ist wegen Formnichtigkeit der Verfügungen des einen Ehegatten eine Bindung des anderen nicht eingetreten und hat dieser darauf seine Verfügung in einem neuen einseitigen Testament widerrufen, so war dieser Widerruf, obwohl nicht der Form des § 2296 Abs. 2 BGB. entsprechend, bis zum Inkrafttreten des TestG. zweifellos wirksam. Er ist auch durch das TestG nicht unwirksam geworden, auch wenn das gemeinschaftliche Testament auf Grund der Formerleichterungen des TestG. nun in vollem Umfang als formgültig erscheint (KG. vom 7. November 1940, DRW. 1941, 103 mit Anm. Vogels).

§ 52.

Durchführungsvorschriften.

Der Reichsminister der Justiz wird ermächtigt, Vorschriften zur Durchführung und Ergänzung dieses Gesetzes zu erlassen und die Vorschriften des Bürgerlichen Gesetzbuches und andere Gesetze zu ändern und zu ergän-

zen, um sie mit den Bestimmungen dieses Gesetzes in Einklang zu bringen.

§ 52 enthält die übliche Ermächtigung zum Erlaß von Durchführungsvorschriften. Seit dem Fortfall einer Reichsregierung wird man annehmen müssen, daß die Befugnisse der Reichsregierung und der einzelnen Ressortminister, soweit sie nicht den Besatzungsmächten vorbehalten sind, auf die Staatsregierungen der einzelnen Länder und ihre Ressortminister übergegangen sind. In Bayern ist dies durch das Gesetz vom 8. Mai 1948 (BayGVBl. S. 82) ausdrücklich ausgesprochen.

Sachverzeichnis

Die fett gedruckten Zahlen bedeuten die Paragraphen des TestG., die danebenstehenden Ziffern verweisen auf die Anmerkungen. Auf einzelne Seiten des Buches ist durch S. mit Seitenzahl hingewiesen.

A

ABGB, Aufhebung der Vorschriften des **50,** 5; Wiederherstellung des alten Rechtszustandes **50,** 6

Abgesperrter Ort, Nottestament am **24,** 1—3

Abgrenzung, Gesichtspunkt für, von Muß- u. Sollvorschriften **4,** 10

Abhandenkommen d. Testamentsurkunde **33,** 5

Abkürzung des Namens eines Bedachten **13,** 5

Abkürzungsverzeichnis S. VI

Ablehnung des Notars wegen Befangenheit **5,** 16

Ablieferung des öffentl. Testaments zur Verwahrung **20,** 7; **38,** 2; eines Nottestaments **23,** 13; eines Erbvertrags **31,** 3; Pflicht zur — von Testament oder Erbvertrag nach dem Tode des Erblassers **39**

Abschrifterteilung bei noch nicht eröffnetem Testament **34,** 15; bei eröffnetem Testament **47**

Adel, Beseitigung der Vorrechte des **4,** 5; Unterschrift eines Angehörigen des hohen —s **16,** 6

Akten, Aussonderung und Vernichtung der **40,** 14

Aktenordnung, Anpassung der — an das TestG. S. 28

Allgemeine Verfügung über Benachrichtigung in Nachlaßsachen S. 35; AV. über Eröffnung gemeinschaftlicher Testamente S. 44; AV. über Aufnahme von Nottestamenten S. 48; AV. über Sicherung der Testamente S. 57 AV. über die Verwahrung von Testamenten bei den Amtsgerichten S. 28; AV. über Verwahrung konsularischer Urkunden S. 80;

Alliierte Kontrollratsbehörde, Gesetz Nr. 37 S. 26; Aufhebung des Eheges. durch — **28,** 5 Fußnote 1; **32,** 5 Fußnote 1

Alte Testamente, Eröffnung von **46,** 3—6

Amt des Notars **5,** 12—20

Amtsgeheimnis, Pflicht zur Wahrung des Amtsgeheimnisses **5,** 17; bei mitwirkenden Zeugen **6,** 10

Amtsgericht, Zuständigkeit des — zur Testamentserrichtung **5,** 23; **50,** 12; **4,** 12
— zur Testamentsverwahrung **37,**
— zur Testamentseröffnung **40,** 2—4

Amtliche Verwahrung 37, 38

Amtspflichtverletzung, Haftung für — des Notars **5,** 20; des Richters **5,** 24; des Bürgermeisters **23,** 15

Amtsschöffe in Thüringen **4,** 13

Amtssiegel bei Verschließung des Testaments **20,** 6

Amtsverweigerung, keine — des Notars **5,** 14

Amtsvorsteher, keine Befugnis des — zur Aufnahme von Nottestamenten **23,** 2

Anfangsbuchstaben, Unterzeichnung mit **21,** 8; **16,** 6

Anfechtung eines Testaments **48,** 12; Bedeutung der — einer Ehe bei Testamentserrichtung **7,** 4; der Rücknahme aus der amtl. Verwahrung wegen Irrtums **34,** 2

Anlagen zur Niederschrift **11,** 8; **16,** 2; Übersetzung der Niederschrift als **18,** 14; **19,** 4

Annahme zur amtlichen Verwahrung **38,** 2

Anwendungsbereich erbrechtlicher Vorschriften, VO. über den — S. 27
Anwesenheit der mitwirkenden Personen **12,** 1; gleichzeitige — beider Teile beim Erbvertrag **30,** 2
Arbeitsdienst, Militärtestament von Angehörigen des **27,** 2
Armenrecht bei Amtshandlungen des Notars **5,** 19
Aufhebung eines Testaments **32;** durch späteres Testament **36** 1; entgegenstehender Vorschriften **50,** 3—10; der amtlichen Verwahrung eines Erbvertrags **31,** 7; der Ehe als Ausschließungsgrund **7,** 5
Auflage als Gegenstand eines Erbvertrags **29,** 1; Begünstigung durch — kein Ausschließungsgrund **8,** 2
Auflösung der Ehe, Unwirksamwerden eines Testaments bei **32,** 5
Aufnahmegericht, Unterbringung von Testamenten im **20,** 9; Wortlaut der entspr. AV. S. 57
Aufrechterhaltung einer nichtigen Verfügung **8,** 5, 6; eines unwirksamen gemeinschaftl. Testaments als einfaches Testament **28,** 12
Aufschrift auf dem Testamentsumschlag **20,** 5; beim Erbvertrag **31,** 4
Ausfertigung einer notarischen Urkunde **5,** 21; eines noch nicht eröffneten Testaments **34,** 15; eines eröffneten Testaments **47,** 1; Beweiskraft der — eines öffentl. Testaments **4,** 6; **5,** 26
Ausgabeverfügung, Herausgabe des Testaments aus Verwahrung durch **38,** 8
Auskunftspersonen 14, 3
Ausland, Formvorschriften für Testamentserrichtung im **4,** 18, 19; — vor den deutschen Auslandsbehörden **50,** 11
Ausländer, Testierfähigkeit eines **1,** 7; Deutschstämmige — **1,** 8; Behandlung des Testaments eines **40,** 2, 3; Erwerbsbeschränkung für **5,** 30
Auslandsbehörden, Vorschriften für das Verfahren der S. 71
Auslegung von Formvorschriften **4,** 8—11
Ausnutzung der Todesnot des Erblassers **48,** 12
Ausschließung der Urkundspersonen bei der Testamentserrichtung wegen des Verhältnisses zum Erblasser **7;** wegen des Verhältnisses zum Bedachten **8;** wegen des Verhältnisses zu den Urkundspersonen **9;** besondere Ausschließungsgründe bei einem Notar **5,** 15; des Dolmetschers **18,** 5; eines Zeugen wegen Verlesens der Niederschrift **16,** 3; Ausschließungsgründe bei Nottestament **23,** 7; **24,** 5
Äußere Form der notarischen Urkunde **5,** 21; der Testamentsniederschrift **13,** 3; des Erbvertrags **30**
Außerordentliche Testamentsformen 4, 2
Ausweispapier 14, 4

B

Baden, ausschließliche Zuständigkeit der Notare in — **4,** 12; Notare in — als Nachlaßgericht **4,** 16; **39,** 8
Bauernschaft in Holstein **50,** 4
Bayern, Urkundsmonopol der Notare in **4,** 12; Mitteilung von Sterbefällen S. 43; **45,** 1; Übertragung richterl. Geschäfte auf Rechtspfl. **40,** 5; Testamentsregister der Notare in **39,** 4
Beamtenhaftung 5, 24
Bedachter, Ausschließung wegen des Verhältnisses zum **8,** 1; Begriff **8,** 2
Bedenken gegen die Errichtung des Testaments **15**
Beeidigung des Dolmetschers **18,** 6; der Zeugen **6,** 10
Befangenheit des Notars als Ablehnungsgrund **5,** 16
Beginn der Testierfähigkeit **1,** 3; — eines Ausländers **1,** 7
Beglaubigung der Übersetzung der Niederschrift **18,** 12; **19,** 4; der Unterschrift des Erblassers als Nottestament vor Bürgermeister **23,** 12

Beistand bei der Testamentserrichtung **1,** 2
Beistandspflichten der Gerichte und Notare bei Erhebung der Erbschaftsteuer **42,** 4
Belehrung des Erblassers bei Testamentserrichtung **15,** 1; bei Rückgabe des Testaments **38,** 14
Benachrichtigung in Nachlaßsachen, AV. vom 15. 6. 1939 (früher 24. 4. 1936) S. 35; des Nachlaßgerichts vom Tode des Erblassers **40,** 7, **45,** 1; der Beteiligten vom Inhalt des Testaments **42,** 1—3; des Finanzamts wegen der Erbschaftssteuer **42,** 4
Beratung des Erblassers bei Testamentserrichtung **1,** 2; **11,** 1; **15,** 1
Berechnung der Dreimonatefrist bei Nottestament **26,** 2; der Jahresfrist bei Militärtestament **27,** 14
Berechtigtes Interesse für Einsicht oder Abschrift **47,** 2, 3
Berichtigung von Schreibfehlern **5,** 21
Berlin, Reichskartei für Testamente beim AG. **37,** 9
Berufskonsul s. Konsul
Besatzungsmacht bei Rückgabe von Testamenten im Ausland **34,** 8
Beschränkte Geschäftsfähigkeit beim Erbvertrag **29,** 8, 9
Besetzung Deutschlands, Neue Rechtslage durch **48,** 5
Besitzer eines Testaments, Ablieferungspflicht des **39,** 2—5
Besondere amtliche Verwahrung 37
Bessarabien, Staatsangehörigkeit und Testierfähigkeit der Umsiedler aus **1,** 8
Beteiligte bei Testamentseröffnung **42,** 2
Beteiligung des Notars als Ausschließungsgrund **5,** 15; eines Bedachten oder des eingesetzten Testamentsvollstreckers **8**
Beweiskraft des öffentlichen Testaments **5,** 26; **13,** 4; des Nottestaments **23,** 1; des Dreizeugentestaments **24,** 8
Beweislast, Verteilung der — bei eigenhändigem Testament **21,** 12; für Testierunfähigkeit **2,** 9
Bewußtseinsstörung, Testierunfähigkeit wegen **2,** 4—7
Bezeichnung des Erblassers und der mitwirkenden Personen in der Testamentsniederschrift **13,** 10, 11; des Dolmetschers **18,** 9
Bezirksnotare in Württemberg, Tätigkeit als Nachlaßgericht **4,** 16; **39,** 8
Bindung beim Erbvertrag **29,** 1; beim gemeinschaftlichen Testament **28,** 1
Binnenschiff, Seetestament auf **25,** 3
Blindheit, Begriff der — **6,** 4; Zeugenzwang bei — des Erblassers **5,** 11; **6,** 4; des Zeugen als Ausschließungsgrund **10,** 5
Blindenschrift, Verwendung der — zulässig **11,** 10; **21,** 11
Braut, Mitwirkung der — bei Testamentserrichtung **7,** 7; kein gemeinschaftliches Testament von Brautleuten **28,** 3; Erbvertrag mit Braut **29,** 9
Bremen, Urkundsmonopol der Notare in **4,** 12
Brief als eigenhändiges Testament **21,** 5, 8
Bukowina, Staatsangehörigkeit und Testierfähigkeit der Umsiedler aus der **1,** 8
Bürgerliche Ehrenrechte, Verlust der — als Ausschließungsgrund für Zeugen **10,** 3
Bürgerliches Gesetzbuch, Aufhebung von Vorschriften des **50,** 3
Bürgermeister, Anweisung für den zur Aufnahme von Nottestamenten S. 47; Nottestament vor dem **23**; Haftung des — bei Nottestament **23,** 15; Vertreter des — **23,** 2, 3

D

Danzig, Staatsangehörigkeit und Testierfähigkeit der Bewohner in **1,** 8
Datum der Niederschrift über die Testamentserrichtung **13,** 7, 8, 9; beim eigenhändigen Testament **21,** 7, 13

Deutsche Sprache, Abfassung der Testamentsniederschrift in **11,** 3; **13,** 2; Unkenntnis der — bei Erblasser **5,** 6; **18,** 1; bei Zeugen **10,** 6
Deutsche Volksliste 1, 8
Deutscher Konsul, Testament vor **50,** 11
Deutsches Rotes Kreuz, Militärtestament von Angehörigen des **27,** 2
Deutscher Staatsangehöriger, Beerbung eines — **1,** 10; Erwerb der deutschen Staatsangehörigkeit **1,** 8
Deutschstämmige Ausländer **1,** 8; Personen in den dem Reich eingegliederten Gebieten **1,** 8
Devisenbewirtschaftung, Vorschriften über **5,** 32
Dienstanweisung für die Standesbeamten **37,** 9
Dienstinstruktion zum Konsulargesetz S. 73; **50,** 11
Dienstordnung für Notare **5,** 12, 21
Displaced Persons, Anwendungsbereich der erbrechtl. Vorschriften für — S. 27; Staatsangehörigkeit der **1,** 8
Dobrudscha, Staatsangehörigkeit und Testierfähigkeit der Umsiedler aus der **1,** 8
Dolmetscher, Anwesenheit des — bei Testamentserrichtung **12,** 3; Zuziehung des **18,** 1
Doppelte Ortsangabe bei eigenhändigem Testament **21,** 14
Dorfschaft in Holstein **50,** 4
Dorftestament vor dem Bürgermeister **23,** 1
Dreimonatefrist bei Nottestament **26,** 1
Dreizeugentestament 24, 4—8
Durchführungsvorschriften zum TestG. **52**
Durchschläge bei Schreibmaschine **5,** 21
Durchsicht, Vorlegung der Niederschrift zur **16,** 10
Durchstreichen der Testamentsurkunde **33,** 10

E

Echtheit des eigenhändigen Testaments **21,** 12
Ehegatte des Erblassers kann nicht Urkundsperson sein **7,** 3; gemeinschaftliches Testament von **28**; Erbvertrag von **30,** 9
Ehemals besetzte Gebiete, Testierfähigkeit der Personen in — **1,** 8
Ehevertrag, Anwendung der Form des — für Erbvertrag **30,** 11—13
Ehrenrechte, Verlust der bürgerlichen — als Ausschließungsgrund für Zeugen **10,** 3
Eidesunfähigkeit als Ausschließungsgrund für Zeugen **10,** 4
Eigenhändiges Testament 21; gemeinschaftliches **28,** 7; Verwahrung des **22;** Militärtestament **27,** 9
Einbürgerung, Wirkung auf Testierfähigkeit **1,** 8
Einfache Urkundenverwahrung bei Erbvertrag **31,** 9—11
Einführungsgesetz zum BGB., Vorbehalte des **4,** 12—17; Aufhebung von Vorschriften des **50,** 4
Einseitiger Erbvertrag 29, 2, 4
Einseitigkeit beim gemeinschaftl. Test. **28,** 2
Einsichtnahme bei amtlich verwahrtem Testament **34,** 15; **38,** 10; bei eröffnetem Testament **47,** 1
Elsaß 1, 8
Empfangsbestätigung, Ausstellung der — für Notar **38,** 6
Entmündigter, Tod des — vor Entscheidung über den Aufhebungsantrag — **3,** 3
Entlastungsbestimmungen (Rechtspfleger), durch Neuregelung nicht berührt S. 34; **40,** 4
Entmündigung, Testierunfähigkeit bei **2,** 1; Wiederaufhebung der **3,** 2; Widerruf eines Testaments trotz **32**
Entwurf eines Testaments **21,** 12
Erbeinsetzungsvertrag 29, 1
Erbfolge, Nachweis der **40,** 16; **4,** 6; **5,** 26
Erbhofrecht, Aufhebung des — **1,** 11
Erblasser, Bezeichnung des — in der Niederschrift **13,** 10, 11; Feststellung der Person des **14,** 1—6; nicht „mitwirkende Person" **12,** 4; bei Erbvertrag **29,** 6, 7; Unterschrift des — bei öffentl. Testa-

ment **16,** 5—7; bei Privattestament **21,** 8
Erbrechtliche Vorschriften, VO. über den Anwendungsbereich — S. 27
Erbrechtsregister, Vorschrift der Aktenordnung über S. 28
Erbschaftssteuer 5, 33; Benachrichtigung des Finanzamts wegen **42,** 4
Erbschein, Bedeutung des öffentl. Testaments für **4,** 6; **5,** 26; öffentliches Testament statt — **40,** 16
Erbverpfründungsvertrag 31, 10
Erbvertrag, Errichtung eines **29;** Verwahrung des **37;** Eröffnung des **45;** Nichtigkeit des **48;** Ablieferung des — nach dem Tode des Erblassers **39,** 5, 7; Errichtung eines — vor dem Konsul **50,** 11; Militärischer **27,** 7
Erbverzicht ist kein Erbvertrag **29,** 1; **31,** 10; nicht ablieferungspflichtig **39,** 6
Erkennungsmittel, sonstige bei Feststellung des Erblassers **14,** 5
Erkennungszeugen 14, 3
Erklärung, mündliche — bei Testamentserrichtung **11,** 3, 4; **13,** 5
Erläuterungen zum Testamentsgesetz S. 82
Ernstlichkeit der Erklärung bei eigenhändigem Testament **21,** 8
Eröffnung eines Testaments **40;** eines gemeinschaftl. Testaments S. 44; **44;** eines Erbvertrags **45;** durch das Verwahrungsgericht **41** 1—4
Eröffnungsfrist 46, 1, 2
Eröffnungstermin 40, 12
Errichtung eines Testaments **1; 11;** eines Erbvertrags **29;** eines Nottestaments **23,** 6; **24,** 6; eines konsularischen Testaments **50,** 11; Bedenken gegen die — eines Testaments **15**
Errichtungsarten für Testamente **11,** 1
Erweiterungsgebiete des Reichs, Aufhebung der Vorschriften in **50,** 10
Erwerbsbeschränkungen für Ausländer **5,** 30; für juristische Personen **5,** 30; für Ordenspersonen **5,** 30
Estland, Staatsangehörigkeit und Testierfähigkeit der Umsiedler aus **1,** 8
Eupen 1, 8

F

Fahrlässigkeit, Haftung für — des Notars **5,** 20; des Richters **5,** 24; des Bürgermeisters beim Nottestament **23,** 15
Familie, Verstoß gegen Rücksichten gegenüber **48**
Familienfideikommisse 5, 31
Farbband bei Schreibmaschie **5,** 21
Farbdruckstempel bei Fehlen des Siegellacks **20,** 6
Fehlen der Unterschrift beim eigenhändigen Testament **21,** 8
Fehler bei Niederschrift über Nottestament **23,** 12; **24,** 7
Feiertag, Tätigkeit des Notars am **5,** 14
Feindeinwirkung, Sicherung der Testamente gegen — S. 57
Feststellung der Person des Erblassers **14,** 1—6; der Testierfähigkeit des Erblassers **14,** 7—9; der Stummheit **17,** 6; der Verlesung, Genehmigung und Unterzeichnung der Niederschrift **16,** 8; der Überzeugung von der Schreibunfähigkeit **16,** 12
Feuerbestattung 39, 6
Fideikommisse 5, 31
Finanzamt, Benachrichtigung des — wegen Erbschaftssteuer **42,** 4
Fliegerangriffe, Sicherung von Testamenten gegen **41,** 3
Flüchtlinge, Testierfähigkeit der **1,** 9
Formblätter 5, 21
Formenstrenge S. 82; **21,** 8; Übergangsregelung **51,** 4
Formfehler bei Nottestament vor dem Bürgermeister **23,** 12; beim Dreizeugentestament **24,** 7; bei Unterschrift eines eigenhändigen Testaments **21,** 8
Formverstoß, Nichtigkeit wegen **48,** 2
Formvorschriften 4, 9—12; landesgesetzliche **4,** 17; beim eigenhändigen Testament **21,** 8; beim Ehe- und Erbvertrag **30,** 13; für Testamentserrichtung im Ausland

und für Testamente von Ausländern **4,** 18
Fortgesetzte Gütergemeinschaft, Nachweis des Bestehens der **5,** 26
Fortleben des Erblassers bei Nottestament **26,** 5; bei Militärtestament **27,** 14
Fotokopie 5, 21
Freie Ehe, Anerkennung der — bei rassisch oder politisch Verfolgten **28,** 3
Freiwillige Gerichtsbarkeit, Anwendbarkeit des Ges. über **5,** 23; Gesetz über die — in der Wehrmacht S. 67
Fremde Sprache, Niederschrift in **19**
Fremdsprachiges Testament ohne Dolmetscher **19,** 1
Frist von drei Monaten bei Nottestament **26;** von einem Jahr bei Militärtestament **27,** 14; für Eröffnung von Testamenten oder Erbverträgen **46**

G

Gebrechlichkeit des Erblassers **6,** 2—6; des Zeugen **10,** 5
Gebühren für Testament **20,** 10; für Verwahrung oder Rückgabe **20,** 10; für Eröffnung **40,** 15; **41,** 6; für Erbvertrag **30,** 8; s. auch Kosten
Geburtsregister, Bedeutung des — bei der Benachrichtigung in Nachlaßsachen S. 37
Geburtstag bei Prüfung der Testierfähigkeit **1,** 3
Gefangene s. Kriegsgefangene
Gegenseitiges Testament 28, 2
Gegenstandslos gewordene Testamente, Nachprüfung von **34,** 14
Geheimhaltung der Verfügungen des Überlebenden bei gemeinschaftl. Testament **44,** 3; der Verhandlungen bei Testamentserrichtung durch Notar **5,** 17; durch die Zeugen **6,** 10
Gehilfen des Richters oder Notars sollen nicht Zeugen sein **10,** 7
Gemeinschaftliches Testament 28; Widerruf **33,** 12; Eröffnung **44;** Anwendung der Übergangsvorschriften bei **51,** 6; Rückgabe eines — aus der amtl. Verwahrung **34,** 13; Umdeutung in Einzeltestament **28,** 3
Geiseln, Militärtestament der **27,** 15
Geisteskrankheit, Testierfähigkeit wegen **2,** 5; Entmündigung wegen **2,** 1, 2; eines Zeugen **10,** 5
Geltungsbereich erbrechtlicher Vorschriften, VO. über den S. 27
Gemeinde, Bürgermeister der — zur Aufnahme von Nottestament befugt **23,** 2
Gemeindefreie Grundstücke 23, 4
Gemeindeverband, Vorsteher eines — für Nottestament nicht zuständig **23,** 2
Genehmigung der Testamentsniederschrift durch den Erblasser **16** 4; bei Erbvertrag **30,** 7; behördliche — des Erwerbs von Todes wegen **5,** 27—29
Genehmigungspflicht, Hinweis auf **15,** 3
Genehmigungszeuge bei Schreibunfähigkeit des Erblassers **16,**13,14
Geschäftsfähigkeit des Erblassers bei Testament **1,** 3; **2,** 1; eines Ausländers zur Testamentserrichtung **1,** 7; bei Erbvertrag **29,** 8, 9; bei Widerruf des Testaments **32,** 6, 7; bei Rücknahme des Testaments **34,** 1, 2
Geschäftsstelle, Urkundsbeamter der **6,** 8
Geschäftszeit des Notars **5,** 14
Gesetzlicher Vertreter, Mitwirkung des — bei Erbvertrag **29,** 9, 10; keine Mitwirkung des — bei Testament **1,** 4; kann nicht als Notar mitwirken **5,** 15
Gesetzliches Verbot, Nichtigkeit wegen Verstoßes gegen **48,** 3
Gewaltanwendung zur Erzwingung der Ablieferung eines Testaments **39,** 10
Glaubhaftmachung des rechtlichen Interesses bei Einsicht und Abschrift **47,** 2, 3
Gleichzeitige Anwesenheit beider Teile beim Erbvertrag **30,** 2
Grenzsicherungsgesetz 5, 28
Grundbuchamt, Beweiskraft des öffentlichen Testaments gegenüber dem **5,** 26; **40,** 16
Gültigkeitsdauer des Nottesta-

ments **26**; beim gemeinschaftl. Nottestament **28**, 15; des Militärtestaments **27**, 14
Gütergemeinschaft, Fortgesetzte **5**, 26; Westfälische **1**, 12
Gutsbezirk 23, 4
Gutsvorsteher, Nottestament vor dem **23**, 4; Anweisung hierzu S. 47

H

Haftung des Notars **5**, 20; des Richters **5**, 24; des Bürgermeisters bei Nottestament **23**, 15; für Testamentsverwahrung **38**, 15
Hamburg, Urkundsmonopole der Notare in **4**, 12
Handgeschriebenes Testament 21
Handzeichen, Gebrauch eines — bei Testament unzulässig **16**, 6; Gebrauch des — bei Unterschrift des Zeugen unzulässig **16**, 16
Hausangestellte des Richters oder Notars sollen nicht Zeuge sein **10**, 7
Heftfaden 5, 21
Hemmung der Dreimonatefrist bei Nottestament **26**, 3; der Jahresfrist bei Militärtestament **27**, 14
Herausgabe aus der amtlichen Verwahrung **38**, 8
Hinterlegungsschein über in Verwahrung gegebenes Testament 30; insbes. beim öffentl. Testament **20**, 8; beim eigenhändigen Testament **22**, 4; beim Erbvertrag **31**, 6; Ausstellung des **38**, 6
Hultschiner Ländchen, Inkrafttreten des TestG. im **50**, 2

I

Inkrafttreten 50
Interlokales Geltungsgebiet des BGB. **1**, 10
Inhalt der Niederschrift **13**; bei Unkenntnis der deutschen Sprache **18**, 8; bei Niederschrift in fremde Sprache **19**, 3
Inhaltsübersicht S. V
Interlokales deutsches Recht **1**, 10
Irrtum bei Rücknahme des Testaments **34**, 2

J

Jungholz, Geltung des TestG. in **49**, 1
Juristische Personen, Erwerbsbeschränkungen für **5**, 30

K

Kärnten 1, 8
Kennkarte in der US-Zone, franz. und engl. Zone **14**, 4
Kirchspielslandgemeinde in Holstein **50**, 4
Kodizill 49
Konsul, Testament vor deutschem **50**, 11; Wortlaut des Gesetzes vom 14. 5. 1936 S. 71; Dienstinstruktion für S. 73; gerichtliche Verwahrung der Urkunden von S. 80
Kontrollrat siehe Alliierte Kontrollratsbehörde
Kosten der Testamentserrichtung **20**, 10; eines Erbvertrags **30**, 8; eines Nottestaments vor dem Bürgermeister **23**, 14; der amtlichen Verwahrung **37**, 10; der Verwahrung eines Erbvertrags **31**, 8; der Verwahrung eines eigenhändigen Testaments **22**, 6; der Annahme und Rückgabe eines amtlich verwahrten Testaments **38**, 16; der Testamentseröffnung **40**, 15; Vergleich der — von öffentl. Testament und Erbschein **4**, 6
Kostenordnung 5, 18
Krain 1, 8
Kriegseinwirkung, Schutz vor, bei der amtl. Verwahrung **20**, 9; **38**, 2; Zerstörung der Testamente durch **33**, 5; Sicherung vor Zerstörung **34**, 16; Haftung des Richters bei Verlust der Urkunde durch **38**, 15
Kriegsgefangene, Militärtestament der **27**, 15
Kriegsmarine, keine Anwendung des gewöhnlichen Seetestaments bei **25**, 5; sondern Militärtestamente **27**, 2
Kurzschrift s. Stenographie

L

Ladung der Beteiligten zum Eröffnungstermin **40**, 11
Landesgesetzgebung, Vorbehalt zugunsten der **4**, 12—17
Land- und forstwirtschaftliche Grundstücke, Genehmigung bei Auflassung usw. **5**, 29

Lesensunkenntnis des Erblassers **5,** 10; **11,** 10; bei — des tauben Erblassers Zuziehung einer Vertrauensperson **16,** 11
Lettland, Umsiedler aus — Testierfähigkeit und Staatsangehörigkeit **1,** 8
Lichte Augenblicke, Berücksichtigung — bei einem Geisteskranken **2,** 6
Liegefrist für Testamente und Erbverträge **46**
Litauen, Staatsangehörigkeit und Testierfähigkeit der Umsiedler aus **1,** 8
Löschung im Verwahrungsbuch **38,** 12
Lothringen 1, 8
Luftschutz, Militärtestament von Angehörigen des **27,** 2
Luftschutzdienst kein Wehrdienst **27,** 2; Angehöriger des — kein Wehrmachtstestament **27,** 3
Luxemburg 1, 8
Luftfahrzeug, Nottestament in **25,**4

M

Mädchenname bei Ehefrauen und Witwen, Unterzeichnung mit **16,** 1
Malmedy 1, 8
Mätresse, Erbeinsetzung einer **48,** 7
Matrikelführer, Mitwirkung des — bei der Benachrichtigung in Nachlaßsachen S. 35
Mecklenburg, städtische Behörden in — als Nachlaßgericht **4,** 16; **39,** 8
Mehrere Testamentsurkunden 33, 11; **36**
Memelland, Einführung des Testamentsgesetzes **50,** 2; Aufhebung von Vorschriften des **50,** 9; Staatsangehörigkeit der Bewohner im **1,** 8
Milderung des Zeugenzwangs S. 3
Militärjustizbeamte, Zuständigkeit der — für Testament von Wehrmachtangehörigen **27,** 1
Militärregierung, Genehmigung zur Vornahme von Beurkundungen **5,** 27, 12
Militärtestament S. 60; **27;** s. auch Wehrmacht; formloses **27,** 12
Minderjährigkeit des Erblassers bei Testamentserrichtung **1,** 3—5; **5,** 5; **11,** 9; kein eigenhändiges Testament bei **21,** 10; als Ausschließungsgrund für Zeugen **10,** 2; Testament bei — eines Wehrmachtangehörigen **21,** 10; **27,** 14
Mitteilung von Sterbefällen an die Nachlaßgerichte, gemeins. Erl. d. RJM. u. d. RMdJ. v. 20. 3. 1940 S. 43
Mittelberg, Geltung des TestG. in **49,** 1
Mitunterzeichnung des Ehegatten bei gemeinschaftlichem Testament **28,** 9; der Zeugen bei öffentl. Testament **16,** 15; der Zeugen bei Nottestament **23,** 12; **24,** 7; des Dolmetschers **18,** 11
Mitwirkende Personen 6; Anwesenheit der **12;** Bezeichnung der **13,** 10; Unterschrift der **16,** 15; der Dolmetscher keine **18,** 7
Mobiles Verhältnis der Wehrmachtangehörigen **27,** 3, 13
Monopol, Urkundsmonopol der Notare **4,** 12
Moresnet 1, 8
Mündliche Erklärung, Testamentserrichtung durch **11,** 3, 4
Muster für Testamentsniederschriften eines Bürgermeisters S. 53
Mußvorschriften 4, 8; **48,** 2

N

Nachlaß, Vertrag über — eines Dritten kein Erbvertrag **29,** 1
Nachlaßgericht, Ablieferung von Testament an **39,** 8; Eröffnung eines Testaments durch das **40;** landesrechtliche Vorschriften über das **4,** 16; **39,** 8; örtliche Zuständigkeit **39,** 9
Nachträge bei eigenhändigem Testament **21,** 9; bei gemeinschaftlichem Testament **28,** 10
Nachtzeit, Tätigkeit des Notars zur **5,** 14
Nachweis der Person durch Urkunden **14,** 4; des Todes des Erblassers **40,** 6; der Erbfolge **40,** 16
Name des Erblassers bei Unterschrift **16,** 6; bei Unterzeichnung eines eigenhändigen Testaments **21,** 7
Nichtige Ehe, Bedeutung der — bei Testamentserrichtung **7,** 3; für ge-

meinschaftliches Testament **28**, 4; **32**, 5; für Erbvertrag **32**, 5

Nichtigkeit einer Verfügung von Todes wegen **48**; **32**, 5; eines Eröffnungsverbots **43**; einer Zuwendung wegen Verstoßes gegen § 8 **8**, 5; der Bestimmung der Urkundsperson zum Testamentsvollstrecker **8**, 3

Niederschrift über die Testamentserrichtung **13**; Verlesung der **16**; Übersetzung der **18**, 14; in fremder Sprache **19**, 2; über Errichtung eines Nottestaments **23**, 9; bei Dreizeugentestament **24**, 7; bei Seetestament **25**, 9; über Testamentseröffnung **40**, 13, 16; Mindestanforderung bei Nottestament **23**, 12; **24**, 7

Notar, Errichtung eines Testaments vor dem **5**; Ausschließung des — vom Amt **5**, 15; Vergütung des **5**, 18; Urkundsmonopol des **4**, 12; Dienstvorschriften für die — **5**, 12; Haftung des **5**, 20; Verschwiegenheitspflicht des **5**, 17

Notariatsbeamte in Bayern als Testamentszeugen **10**, 7

Notarielles Testament 5

Notarische Urkunde, äußere Form **5**, 21; ergänzende Anwendung des FGG. **5**, 23

Notarvertreter 5; Haftung **5**, 20

Notarverweser 5; Haftung **5**, 20

Nottestament vor dem Bürgermeister **23**; Anweisung hierzu vom 22. 11. 1938 **47**; in besonderen Fällen **24**; vor drei Zeugen **24**, 4—8; Seetestament **25**; Militärtestament **27**; Gültigkeitsdauer des **26**; **27**, 13; gemeinschaftliches **28**, 14

O

Oberkommando der Wehrmacht, Zuständigkeit des — zur Verwahrung von Wehrmachttestamenten **27**, 16; an Stelle des Reichskriegsministers S. 67 Fußnote 2

Öffentliches Testament, Vergleich mit Privattestament **4**, 6, 7; Vorschriften für **5**; Beweiskraft des **5**, 26; gemeinschaftl. **28**, 5; Militärtestament **27**, 11

Örtliche Zuständigkeit für Verwahrung der Verfügungen von Todes wegen **37**, 6; des Nachlaßgerichts **39**, 9; **40**, 3

Österreich, Wirksamwerden des TestG. u. wieder außer Kraft treten **49**, **50**; Eingliederung S. 27; Staatsangehörigkeit in S. 87

Österreichische Notariatsordnung, Aufhebung von Vorschriften der **50**, 5; Wiederherstellung des österr. TestR. **50**, 6

Österreichisches Bundesgesetz v. 12. Dez. 1946 **49**, 2

Ordenspersonen, Erwerbsbeschränkungen für **5**, 30; Testierfähigkeit der **2**, 10

Ordentliche Testamentsformen 4

Ordnungsstrafen des Nachlaßgerichts **39**, 10

Ordnungsvorschriften 4, 9

Organisation Todt, Militärtestament von Angehörigen **27**, 2

Ort der Testamentserrichtung bei öffentlichem Testament **13**, 6; bei eigenhändigem Testament **21**, 7, 13; bei gemeinschaftlichem Testament **28**, 9

Ortsgerichtsperson in Sachsen **4**, 13

Ostgebiete, Staatsangehörigkeit u. Testierfähigkeit der Personen in den **1**, 8

P

Persönliche Errichtung des Testaments **1**, 1; des Erbvertrags **29**, 6

Pflicht zur Ablieferung von Testament oder Erbvertrag nach Tod des Erblassers **39**, 1

Photokopie, Verwendung der — als beglaubigte Abschrift **5**, 21

Postkarte als eigenhändiges Testament **21**, 5

Preußen, Übertragung richterl. Geschäfte auf Rechtspfleger **40**, 4

Privattestament 21; Vergleich des — mit dem öffentlichen Testament **4**, 6

Prüfung der Testierfähigkeit vor Errichtung eines — **2**, 8; **14**, 7

R

Radieren bei öffentl. Urkunden unzulässig **5**, 21
Rassisch und politisch Verfolgte, freie Ehe der **28**, 3
Rechtliches Interesse für Abschrifterteilung **47**, 2—7
Rechtspfleger, Zuständigkeit des — für Testamentseröffnung S. 45; **40**, 4; für Annahme und Herausgabe von Testamenten **38**, 1
Reichsarbeitsdienst, Militärtestamente von Angehörigen des **27**, 2
Reichsjustizminister, Ermächtigung des — zum Erlaß von Durchführungsvorschriften **52**
Reichskartei für Testamente beim Amtsgericht Berlin S. 36; **37**, 9; **31**, 11
Reichskostenordnung **5**, 18; **20**, 10; siehe Kostenordnung
Reichskriegsminister s. Oberkommando der Wehrmacht S. **67**, **68**, Fußnote 2, 3
Reichsnotarkammer, Haftung der **5**, 20
Reichsnotarordnung **5**, 12
Reichsschuldbuch, Nachweis der Erbfolge gegenüber dem **40**, 16
Religionsdiener, Ausnutzung der Todesnot durch **48**, 12
Richter, Errichtung des Testaments vor dem **5**; Haftung **5**, 24; im Sinne des § 5 ist das Amtsgericht **5**, 23
Rotes Kreuz, Militärtestament von Angehörigen des **27**, 2
Rückgabe eines Testaments aus der amtl. Verwahrung **22**, 5; **34**; **38**
Rückgabeverfahren bei der amtl. Verwahrung **34**, 4
Rückwirkung der Einführung und der Aufhebung des § 48 Abs. 2 **48**, 10, 11
Rundschrift, Verwendung der — bei eigenhändigem Testament **21**, 6

S

Sachsen, Ortsgerichtsperson **4**, 13
Schadensersatz bei Amtspflichtverletzung s. Haftung
Scheidung der Ehe, Bedeutung der — bei Testamentserrichtung **7**, 6; für Wirksamkeit eines gemeinschaftl. Testaments **28**, 4; **32**, 5; bei Erbvertrag **32**, 5
Schiffsregister, Nachweis der Erbfolge gegenüber **40**, 16
Schlüssige Handlungen, Widerruf durch **33**, 6
Schlußvorschriften **48 ff.**
Schreiber des Testaments, Zuwendung an den **8**, 4
Schreibfehler, Beseitigung offensichtlicher **5**, 21
Schreibmaschine, Verwendung der — bei öffentlichem Testament **5**, 21; unzulässig bei Privattestament **21**, 4
Schreibmittel bei eigenhändigem Testament **21**, 4, 5
Schreibunfähigkeit, Besonderheiten der Testamentserrichtung bei **5**, 9; **16**, 12; Feststellung der Überzeugung des Notars von der — beim Testament **16**, 12; beim Ehe- und Erbvertrag **30**, 13
Schreibunkenntnis, kein eigenhändiges Testament bei **21**, 10; eines Zeugen ist Ausschließungsgrund **10**, 5
Schreibzeuge bei Schreibunfähigkeit des Erblassers **16**, 13
Schrift, Testamentserrichtung durch Übergabe einer **11**, 5; bei eigenhändigem Testament **21**, 4, 6
Schriftzeichen bei eigenhändigem Testament **21**, 6
Schulung des Bürgermeister für die Aufnahme von Nottestamenten **23**, 16
Schwägerschaft, Ausschließungsgrund bei Testamentserrichtung **7**, 1, in gerader Linie **7**, 9; in der Seitenlinie **7**, 11
Seereise, Testamente bei **25**, 6
Seetestament **25**
Seuchentestament **24**, 2
Sicherung der Reichsgrenze **5**, 28
Sicherung der Testamente gegen Kriegseinwirkungen **20**, 9; Wortlaut der AV. S. 57
Siegel auf Testamentsumschlag **20**, 6
Sippe, Wohl der S. 82
Sittenwidrige Testamente **48**, 4
Sonntag, Tätigkeit des Notars am **5**, 14

Späteres Testament, Aufhebung durch **36,** 1; bei undatiertem Testament **21,** 13; **36,** 4
Sprache bei öffentlichem Testament **11,** 3; **13,** 2; bei eigenhändigem Testament **21,** 6; öffentliches Testament in fremder **19**
Sprachverhinderung, Besonderheiten des öff. Testaments bei **6,** 5; **17,** 1; s. auch Stummheit
Staatsangehörigkeit der Personen in den dem Reich eingegliederten Gebieten **1,** 7; der deutschstämmigen Ausländer **1,** 8; der umgesiedelten Personen **1,** 8
Staatsregierung der einzelnen Länder § 11; Übergang der Befugnisse der Reichsregierung auf — **52**
Städtische Behörden in Mecklenburg als Nachlaßgericht **4,** 16; **39,** 8
Standesamt, Mitwirkung des — bei der Benachrichtigung in Nachlaßsachen S. 35; **37,** 9; Mitteilung von Sterbefällen durch S. 43
Stellvertretung, keine — bei Testamentserrichtung **1,** 1; bei Erbvertrag **29,** 6
Stenographie bei öffentlichem Testament **11,** 5; **13,** 3; bei eigenhändigem Testament **21,** 6
Sterbefälle, Mitteilung von, gem. Erl. d. RJM. u. d. RMdJ. v. 20. 3. 1940 S. 43; **45,** 1
Sterberegister, Bedeutung des — bei der Benachrichtigung in Nachlaßsachen S. 43; **37,** 9; **45,** 1
Steuern s. Erbschaftssteuer, Urkundensteuer
Stiftung, Errichtung einer **5,** 31
Stoff der Urkunde bei eigenhändigem Testament **21,** 5
Strafvorschriften gegen Falschbeurkundung **5,** 22; gegen Urkundenunterdrückung **39,** 10
Stummheit, Besonderheiten der Testamentserrichtung bei — des Erblassers **5,** 7; **6,** 5; **17,** 1; des Zeugen Ausschließungsgrund **10,** 5; beim Ehe- und Erbvertrag **30,** 12, 13
Sudetenland, Anwendungsbereich der Vorschriften im — S. 27; Inkrafttreten des TestG. — **50,** 1; Aufhebung von Vorschriften **50,** 8

T

Tag der Errichtung bei öffentlichem Testament **13,** 7; bei eigenhändigem Testament **21,** 7, 13
Taubheit des Erblassers, Besonderheiten der Testamentserrichtung bei **5,** 8; **6,** 3; bei gleichzeitiger Lesensunkenntnis **16,** 10, 11; des Zeugen als Ausschließungsgrund **10,** 5
Taubstummheit 5, 8
Testament, Überblick S. 1; Errichtung eines **1;** öffentliches **5;** eigenhändiges **21;** gemeinschaftliches **28;** des Wehrmachtangehörigen **27;** Verwahrung des **20;** **37;** Vordruck für den Umschlag des S. 39; **13,** 8; Aufhebung des **32;** Eröffnung des **40;** Nichtigkeit des **48;** Widerruf des **32**ff.; widersprechende Testamente **36,** 4
Testamentsgesetz, Wortlaut S. 12; Erläuterungen S. 82; Übersicht über den Inhalt S. 1
Testamentskartei des Standesbeamten S. 37; der Notare **39,** 4
Testamentsregister der Notare in Bayern **39,** 4
Testamentsschrank 38, 5
Testamentsumschlag, Vermerk auf **13,** 8
Testamentsvollstrecker, Einsetzung zum — als Ausschließungsgrund **8,** 3; Nachweis der Verfügungsbefugnis des **5,** 26
Testierfähigkeit 1, 3; Fehlen der **2;** eines Ausländers **1,** 7; der Personen in den dem Reich ehemals eingegliederten Gebieten und der Umsiedler **1,** 7, 8; der Ordenspersonen **2,** 10; Prüfung der **14,** 7
Thüringen, Amtsschöffen in **4,** 13
Tinte bei notarischen Urkunden **5,** 21
Tod des Erblassers, Benachrichtigung des Nachlaßgerichts vom **40,** 7; Ablieferung von Testament oder Erbvertrag nach **39;** Mitteilung der Todesfälle an die Nachlaßgerichte S. 35
Todeserklärung, Bedeutung der — bei Nottestament **26,** 6
Todesgefahr, Nottestament bei **24,** 4

Todesnot des Erblassers, Ausnützung des **48,** 12
Totenlisten in Bayern S. 43; **39,** 4
Trunksucht, Entmündigung wegen **2,** 1

U

Überblick über das neue Testamentsrecht S. 1
Übergabe einer Schrift, Testamentserrichtung durch **11,** 6
Übergangsvorschriften 51
Überleben der Frist beim Nottestament **26,** 7; beim Militärtestament **27,** 14
Übersetzer, ermächtigter — ist kein vereidigter Dolmetscher **18,** 5; bei Erteilung von Ausfertigungen oder Abschriften **19,** 4
Übersetzung der deutschen Niederschrift **18,** 12; deutsche — bei Testament in fremder Sprache **19,** 4
Überwachungspersonen bei öffentl. Testament **6**
Überzeugung des Richters oder Notars von der Lesensunkenntnis des Erblassers **11,** 11; von der Schreibunfähigkeit **16,** 12; von der Sprachunkenntnis des Erblassers **18,** 2; von vorhandener Blindheit, Taubheit, Sprechverhinderung **6,** 6
Ukraine, Staatsangehörigkeit und Testierfähigkeit der in die deutsche Volksliste aufgenommenen Personen **1,** 8
Umdeutung eines gemeinschaftl. Testaments in Einzeltestament **28,** 3
Umschlag für das Testament S. 39; für den Erbvertrag S. 36; **31,** 4; Bedeutung des Vermerks auf **13,** 8
Umsiedler, Staatsangehörigkeit u. Testierfähigkeit der **1,** 8
Unanfechtbarkeit der Entmündigung **3,** 1
Unauffindbare Testamente, Ableitung von Rechten daraus **21,** 12; **40**; 10
Uneheliches Kind, Mitwirkung des — bei Testamentserrichtung **7,** 8, 9
Unerlaubte Geschäfte, keine Mitwirkung des Notars bei **5,** 13
Unfähigkeit als Zeuge eidlich vernommen zu werden **10,** 4
Ungültigkeitsvermerk auf Testamentsurkunde **33,** 9
Unkenntnis der deutschen Sprache **18;** bei Zeugen **10,** 6
Unredliche Geschäfte, keine Mitwirkung bei **5,** 13
Unrichtigkeit der Zeitangabe bei öffentlichem Testament **13,** 9; bei eigenhändigem Testament **21,** 13
Unterbrechung der Dreimonatefrist bei Nottestament **26,** 4; der Jahresfrist bei Militärtestament **27,** 14
Unterschrift des Erblassers bei öffentl. Testament **16,** 5; Ersatz der — bei Schreibunfähigkeit **16,** 12; der mitwirkenden Personen **16,** 15; des Dolmetschers **18,** 11; des Erblassers bei eigenhändigem Testament **21,** 8; bei gemeinschaftlichem Testament **28,** 9; der Zeugen bei Nottestament **23,** 12; **24,** 7
Unvermögen des Erblassers, Geschriebenes zu lesen **5,** 10; **11,** 10; bei taubem Erblasser **16,** 10, 11; zu sehen, zu hören, zu sprechen **6;** zu sprechen und zu schreiben **30,** 12
Unwirksamwerden einer Verfügung von Todes wegen **32,** 5
Urkundenverwahrung bei Erbvertrag **31,** 9
Urkundsbeamter der Geschäftsstelle, Zuziehung des — bei öffentl. Testament **6,** 8; Mitwirkung bei der amtlichen Verwahrung **38;** s. auch Rechtspfleger
Urkundsmonopol der Notare **4,** 12; **50,** 12
Urkundsperson, besondere — nach Landesrecht **4,** 13, 14, 15

V

Veränderung, Widerruf durch — der Testamentsurkunde **33,** 5
Verbleib des gemeinschaftlichen Testaments nach Eröffnung **44,** 4; des Erbvertrags nach Eröffnung **45,** 2
Verbotsgesetz, Nichtigkeit wegen Verstoß gegen **48,** 3
Verbrennen der Testamentsurkunde **33,** 5

Vereidigung des Dolmetschers **18,** 6; bei Nottestament durch den Bürgermeister **23,** 8; des Notars **5,** 12; keine — der Zeugen **6,** 10
Vereinte Nationen, Angehörige der **1,** 7
Verfahren bei der besonderen amtlichen Verwahrung **38**
Verfügungsrecht des Erblassers **2,** 11
Vergütung des Notars **5,** 18; des Dolmetschers **18,** 4; der Zeugen **6,** 10
Verkündung des Testaments im Eröffnungstermin **40,** 12; bei einem gemeinschaftl. Testament **44,** 2; eines Erbvertrags **45,** 1
Verlesung der Testamentsniederschrift **16,** 2, 3; der Übersetzung der Niederschrift **18,** 13; eines Erbvertrags **30,** 7; durch den Bedachten **16,** 3
Verlöbnis als Ausschließungsgrund bei Testamentserrichtung **7,** 7
Verlobte können Erbvertrag schließen **29,** 8; können kein gemeinschaftl. Testament errichten **28,** 3
Verlust der bürgerl. Ehrenrechte bei Zeugen als Ausschließungsgrund **10,** 3
Vermächtnisvertrag 29, 1
Vermerk in den Gerichts- od. Notarsakten über eine Verfügung von T. w. **20,** 9;
Vermögenssperre, eidesstattliche Erklärung über **5,** 12; Genehmigung der Militärregierung **5,** 32
Vernichtung der Testamentsurkunde **33,** 5—8; der Gerichtsakten **40,** 14
Verschleppte Personen s. Displaced Persons
Verschließung des öffentl. Testaments **20,** 4; des Erbvertrags **31,** 3; im Testamentsschrank **38,** 5
Verschollenheitsgesetz, Bedeutung des — bei Nottestament **26,** 6
Verschwägerte in gerader Linie **7,** 9; in der Seitenlinie **7,** 11 (Ausschließungsgrund)
Verschwendung, Entmündigung wegen **2,** 1
Verschwiegenheitspflicht des Notars **5,** 17; der Zeugen **6,** 10
Versiegelung des Testamentsumschlages **20,** 6
Verstoß gegen die guten Sitten **48,** 4
Vertrauensperson, Mitwirkung einer — bei Taubheit des Erblassers **16,** 11
Vertreter, Mitwirkung des gesetzl. — bei Erbvertrag **29,** 9; des Notars **5,** 20; **7,** 1; des Bürgermeisters **23,** 2, 3
Verwahrung, Ablieferung des öffentl. Testaments zur **20;** des eigenhändigen Testaments **22;** des Nottestaments **23,** 13; des Dreizeugentestaments **24,** 7; des Erbvertrags **31,** 1, 2; des Militärtestaments **27,** 16; Rücknahme aus der **34;** Verfahren bei der Annahme zur — und Herausgabe **38;** AV. hierzu S. 28
Verwahrungsbuch S. 29; **38,** 4
Verwahrungsgericht, Testamentseröffnung durch **41,** 4
Verwandtschaft, Ausschließungsgrund bei Testamentserrichtung **7,** 1; in gerader Linie **7,** 8; in der Seitenlinie **7,** 10
Verweisungen, Änderung von **50,** 13
Volksliste deutsche **1,** 8
Vorbereitung der Testamentserrichtung **5,** 1; eines Protokollentwurfs **12,** 1
Vordrucke, Sammlung von — für Nottestamente S. 53, s. auch Literaturangabe bei § 23
Vorläufige Vormundschaft 1, 6
Vorlegung der Niederschrift zur Durchsicht **16,** 10
Vormundschaftliches Amt, Benennung zu einem — kein Ausschließungsgrund **8,** 4
Vormundschaftsgericht, Genehmigung eines Erbvertrags durch **29,** 10; keine Mitwirkung des — bei Testamentserrichtung **1,** 4
Vorname, Unterzeichnung mit dem — bei öffentl. Testament **16,** 6; bei eigenhändigem Testament **21,** 8
Vorstellung des Erblassers durch die Erkennungszeugen **14,** 3

W

Waffen-SS, Militärtestament von Angehörigen der **27,** 1, 2

Wahlkonsul s. Konsul

Wechselbezügliches gemeinschaftliches Testament 28, 2; Widerruf eines **33,** 12; **34,** 13; Übergangsregelung **51,** 6

Wechselseitiger Erbvertrag 29, 4

Wehrmacht, Vorschriften für — Wortlaut S. 60; Beurteilung früherer Militärtestamente nach Beseitigung der — **27,** 1; Wehrmacht FGG. Durchführung u. Ergänzung VO. — S. 66; Verbleib der Wehrmachtstestamente nach Kriegsende S. 68

WehrmachtFGG. vom 24. 4. 1934, Wortlaut S. 60; Erläuterung **27;** s. auch Militärtestament; Übertragung richterl. Geschäfte auf Urkundsbeamte der Geschäftsstellen S. 61 Fußn. 2

Wehrmachtsgefolge, Geltung des WehrmachtFGG. für **27,** 2

Westfälische Gütergemeinschaft, Verfügung von Todes wegen bei **1,** 12

Widerruf des Testaments **32;** des Widerrufs **35;** des späteren Testaments **36,** 5

Widersprechende Testamente **36**

Wiederaufhebung der Entmündigung **3,** 2

Wiedereröffnung eines gemeinschaftl. Testaments beim Tode des Überlebenden **44,** 7; des Erbvertrags **45,** 3

Wiederherstellung eines widerrufenen Testaments **35,** 5

Willensmängel bei Rücknahme des Testaments **34,** 2

Württemberg s. Bezirksnotare

Z

Zeichensprache, keine Verwendung der — bei öffentlichen Testamenten **17,** 1

Zeitangabe bei öffentlichem Testament **13,** 7; — bei eigenhändigem Testament **21,** 7, 13; bei gemeinschaftlichem Testament **28,** 7—9

Zerreißen der Testamentsurkunde **33,** 7

Zeugen, Zuziehung von **6,** 1, 10; beim Erbvertrag **30,** 4; Zeugenzwang in besonderen Fällen **6,** 1, 2; beim Nottestament **23,** 6; beim Seetestament **25,** 8; Schreibzeuge bei Schreibunfähigkeit des Erblassers **16,** 13; Erkennungszeuge **14,** 3; Ausschließungsgründe für Zeugen **7, 8, 9, 10;** Dreizeugentestament **24;** Vergütung der **6,** 10; Fehlen der Unterschrift eines Z. bei Nottestament **24,** 7

Ziel des Erbrechts S. 82

Zusätze bei eigenhändigem Testament **21,** 9; bei gemeinschaftlichem Testament **28,** 10

Zuständigkeit bei der amtl. Verwahrung **22,** 3

Zuständigkeit für die Beurkundung eines Erbvertrags **30,** 3; des Bürgermeisters für Nottestament **23,** 2; des Verwahrungsgerichts **37,** 4; des Nachlaßgerichts **39,** 8, 9; des Rechtspflegers **40,** 4; des Rechtspflegers beim Militärgericht S. 61

Zwangsmittel des Nachlaßgerichts zur Ablieferung des Testaments **39,** 10

Zweifel an der Gültigkeit des Testaments **15,** 2; an der Testierfähigkeit des Erblassers **14,** 9

Zweiseitiger Erbvertrag 29, 4

Zweiter Notar, Zuziehung des — bei Testamentserrichtung **6,** 9

Zwingende Formvorschriften 4, 8; **48,** 2